U0632469

分卷主编　葛夫平

# 中华民国时期外交文献汇编

## 1911—1949

第二卷

下

中华书局

## (三)关于中国各项问题的讨论

说明:华盛顿会议,旨在限制军备兼讨论太平洋与远东问题。缩减军备会议,中国未参与。但远东问题,实际上主要是中国问题。1921年11月16日,太平洋与远东问题委员会举行第一次会议。中国首席代表施肇基向会议提出了中国代表团“用以解决中国问题”的十项原则,要求:一、关税自由,二、租借地之退还,三、治外法权之收回,四、撤去客邮,五、撤废无线电台,六、撤退驻华军队、巡警,七、取消势力范围,八、确守战时中立,九、取缔各国对华相互缔约行为,十、现有成约之法律上地位问题,十一、山东问题,十二、废止中日二十一条之要求。太平洋与远东问题委员会共召开31次会议。最后于1922年2月6日签署九国间关于中国关税税则之条约(简称关税条约)、九国间关于中国事件应适用各原则及政策之条约(即九国公约)。此外,还通过一系列议决案:关于在中国之领事裁判权议决案、关于在中国之外国邮局议决案、关于在中国之外国军队议决案、关于统一中国铁路议决案并附中国声明书、关于裁减中国军队议决案、关于中国及有关中国之现有成约议决案、关于在中国无线电台议决案并附声明书、关于远东问题审议局之议决案、各国连同中国在内赞同关于中东铁路之议决案。华盛顿会议虽然没有完全满足中国的要求,但中国还是收回了山东主权和部分其他权益。此次会议对民国外交具有深远的影响。

### 1. 华盛顿会议的宗旨与原则

**第一次大会议事录(节译)**

1921年11月12日

一九二一年十一月十二日星期六

限制军备会议兼讨论太平洋与远东问题第一次大会于是日上午十时三十分在华盛顿大陆纪念堂开会，由美国国务卿许士君为主席。

（中略）

主席请美国大总统演说。

美国大总统致词

今日得欢迎诸代表同莅美京集会，实深庆幸。惟是欢迎诸君，不仅因吾人最近曾为同一主义同受牺牲，共遭患难，均分胜利，国际关系益臻亲密之故，亦因诸君所代表之国民其信仰行为系于未来人类祸福者至大，是以欢迎诸君之余更不胜欣悦。

此次会议性质关系重要无待粉饰，既无夸张之心而对于未列席各国礼应尊重，更无贬抑之意，他日会议既竣，所奏功效裨益于人类幸福世界进步可断言也。

诸代表莅此集会，可为二十世纪文化上良知觉悟之明证，然此会并非忧难悔过之会，亦非战胜各国议订和约之会，更非列国尝试改造人类之会，盖可谓为召集全球各处人士利用人类善性以改良国际邦交之会也。

此会虽由本大总统正式提倡，其实并非美利坚一国之私意，乃厌战悔祸，渴盼建设，酷爱亲睦之世人，以及为人道主义疾声呼吁，愿得长保和平者所同具之公意也。

此世人公意不难领会，如战胜则荣，成功则喜，对自由则爱，为祖国则忠，与夫忧患之可痛，债负之难当，破亡之可悲，凡是种种，均具同感。吾美近方为战死美兵举行葬礼，全国人士挥泪致敬，亿兆斯民或发为言论，或愁然缄默，蔑不回忆此不可恕之祸，因不可计之损失，不可言喻之牺牲与痛苦，皆蹙然不解，以为人道真义何由得伸，上帝昭昭，岂能恕此？纵云人类互相仇怨，亦无须如此代价，好大喜功，尤不应有此牺牲。苟有误会，不难解和。总期处处以诚相接，以信相待。何况自由公理人所同欲，原应认为世人所公有，二者相辅而行，不容偏废。即人世权利亦系出自天赋，近世惨剧皆缘未明此中真理所致。今日世界不惜以武力为自防之具，为侵人之器者，亦系缅越此权利范围之故。实则只须一点诚意，互相谅解可矣。

今幸由此世界大战剧变之结果而新睦谊、新信仰、新希望皆于以成立，惟尽力为之之责，端在吾辈。今凡肩负重债之人民亟求轻减其最要要之负累，被摧残之人类咸望销灭杀人之利器，万邦民众稍具知识者怵于穷兵之损失，浩大负担之有增靡，已无不愿军备得真正裁减，斥战争为非法行为，嗟彼黔首平时踊跃输财，战时捐躯报国，宁不愿掌国钧者酌移破坏之费，以作建设之用，改良民生之道，以福后世之人耶？是故在上者若不亟图拯救之方，影响所及不特原状不能恢复，担负不能轻释，而自有战史以迄于今兵祸之酷，日甚一日，摧毁之力，日烈一日，吾人自诩之文明岂非愈就退化？

吾美利坚合众国今日开诚布公，欢迎诸君，无所恐怖，不怀私意，无可疑之仇雠，无侵人之意，亦不惧人之我侵。吾美之所有者，已为满足，不再欲攘人以自肥，但愿与诸君共成伟业，共成各国所不能独成之伟业。

吾人愿与诸君共列此席，以诚相接，故敢坦怀迎迓，与诸君协力合作，世人惟盼吾人静察现状，惟其实行非有牺牲绝无补救，所谓牺牲者，乃公同之牺牲，非一国之牺牲也。

然此种牺牲并非谓损人权利，抑人自由，绝人希望，亦非谓否认他国之需要，此不特吾美己所不欲亦不欲施之于人，且不损尊荣，不辱国体，不过图众心一致，少为战争之准备，多谋和平之幸福已耳。

今诸君集会于斯，自有无穷希望。惟各国需要之不同，各处情形之特异，亦应统并筹顾，方称公允。而国家忧患若不顾及，仍必一事无成。凡百忧患之因似宜共图袪除，非可出以阴谋所能济事。际此文化日退之时，应秉诚信公正之心，由各决断有为之群伦领袖相与开诚接洽，庶其有豸。

无论何国，若其岁费支出漫无限制，人民生活之资，企业之本，横遭剥削，则其失败可以立待。故裁减军备一事，即使吾人无此高洁纯正之觉悟,而国家支出之多,为数之巨,事实具在,亦终不得不出于裁减军备之一途。即使此种远到高尚之见识不足以动人,曷不将权量利害就竞造军备之重负与凶危而三思之?

旷古迄今确未闻人类中有此良心之呼吁,虽正义、良知、互助三者明示坦途,而仍囿于私欲,从未能觉悟其非,此实不可为讳者。

今仅就吾美国而言,亿兆人众莫不愿缩减武备,销弭兵氛。吾人自问不怀贰意,不挟阴谋,亦深信世界各国之人当同具此善意。所以今日不仅竭诚致意欢迎诸君,而对于诸君尤具绝对信仰焉。

吾人集会宗旨,既在维持人道主义,则不难以信实诚笃光荣之意将世人天良经此战争锋镝之锻练复为战后恐慌所激发者为之发挥无遗。本大总统惟盼会议得有妥协,为和平之保障,并互订条约,以释重负而保安宁。此事告成,不独各国之光荣,抑亦吾美之光荣,行见普天之下万众腾欢歌诵之声传诸万代(众鼓掌)。

许士君谓:“本会以英、法语文为正式语文,业经各代表一致同意。顷间美国大总统之演词已用此两种文字分送诸君,今为节省时间起见,似可无须再行口头翻译。”因询勃利安君,曰:“勃利安君尊意云何?”

勃利安君谓:“本席敬谢主席知照,今演词既有译文,为免空费时间起见,本国代表团自不再请由口头译成法文。”

许士君谓:“本会议现已开幕,先当讨论本会如何组织之法。”

白尔福君谓:“顷美国大总统向本会所致盛词,业将本会如何进行方法为之指示,并于演词之末提出箴言,即信实诚笃光荣三者是已。美国务卿适才提议着手组织会务,本席以为若非先有主席主持会中讨论事宜,则不特不能遵行美总统之训词,且亦无从讨论美国务卿之提议。就本席所知,按照向来通行之例,凡召集会议并招待会众之国,即就此国代表中推举一人,主持会务。今日亦应适用此种惯例,而本席所以当面推许者,因美国国务卿不仅有此特定之资格,而其个人资望亦堪肩此责任,允称厥职(众鼓掌)。盖主持国际大会议之人所应具之才能、性情、礼貌、阅历，凡是种种资格，美国国务卿均并而有之，本席今敢不避僭越，代表列席诸君，请蠲除一切讨论表决之虚文，即请美国国务卿为主席，主持今日及以后大会及各委员会之会务。

设本席所言能邀各代表全体同意，且料其必能同意，即可视本席已得全权即请许士君立就主席之职，主持一切会务。”（众鼓掌）

许士君谓：“今承诸君谬相推重宠以斯职，谨当遵命负此责任，而被邀预会各国代表对于会务均愿出以友谊，协力合作，本席尤为感谢。当本会召集以前数月之间，各方即表示一种恳切意愿，望本会由适宜行动以副视线，环集吾人之世人期望，此种现象即足为本会成功之预兆。美国大总统邀请英、法、义、日四国参与限制军备会议兼讨论太平洋与远东问题，在美总统之意，本拟邀同其他各国一体列席，嗣因现时应先注重时势所趋之实际需要问题，所以仅邀请各协约参战大国，此数国因战时发生之情势，实操有全球大部分军备之权，故限制军备一案，必先与此数国一商榷之。复因其他各国在远东亦均有利益关系，于讨论太平洋与远东各问题，似应请其加入，于是经五大国同意，又邀请比国、中国、和兰、葡萄牙参预讨论。至本会所以将太平洋与远东问题列入议事日程，在当时提议之意，以为如此办理不但于限制军备事项之妥协不致有所妨碍延搁，且可趁此集会将各国在远东应取之方针政策务求一致，则于限制军备之妥协亦有所助，似此则国际纷争之因，不难减免或竟得销弭之，凡参预本会各国可乘此时机交换意见，定能得妥协之基础，藉以表示永久睦谊之诚意。本会开幕之先，世人议论可分为两种见解：其一谓限制军备问题须俟远东问题讨论已有结果之后方可审量；其二则谓远东问题应缓至限制军备案能得妥协以后再行讨论。以本席所见，则此极端相反之两说均无充分理由可资采择，今若将军备问题延期讨论，致失世人对于本会之期望，甚属失策，世人既盼本会设法将竞造军备所增人民负担为之减轻，吾美政府亦以为吾人应尽力以偿其期望，刻不容缓（众鼓掌）。故本席今提议限制军备问题即行着手办理。然此并非谓远东各问题应从缓讨论，此类重要问题亦属急待解决，惟盼应付此案能迅筹一妥善之法并由各委员会分任办理，以资进行而克告成，免致讨论一案时对于他项问题之审量处理有所妨碍。”

(中略)

“召集此会时暂拟议事日程内其他项事拟不于此时提出讨论。顷本席所致演词已抄成英、法文，分送各代表，可否不再口头翻译，与美总统演词同样办理？”

勃利安君谓：“自可不必翻译。”

主席谓：“本会现应推举秘书长一席。本席拟推贾莱德君充任斯职，当以无人发言，任贾莱德君为本会秘书长，业经各代表同意。(众鼓掌)兹提议由五国代表团首席代表或由首席代表指定之代表，组织限制军备问题之程序委员会，未知各代表赞同此办法否？当以无人发言，此提议即经通过，由五国首席代表或其指定代表组织限制军备之程序委员会。复拟由九国首席代表或由首席代表指定之代表组织太平洋与远东问题之程序委员会，未知各代表能赞成否？当以无人发言，此议业经各代表通过，由九国首席代表组织一太平洋与远东问题之程序委员会。今日散会后务请各代表即将全权凭证送交本会秘书长。”

(中略)

主席谓：“请参与讨论远东问题之各国代表请其一一发言，谅本会同人当无不赞同，兹当先请比代表发言。”

卡德男爵谓：“本席发言极为简单，凡为保障和平暨保障正大光明之和平所取种种办法，我比国无不掬诚表示同意。”(众鼓掌)

主席谓：“兹当一聆中国代表之言论。”

施肇基君谓：“此次召集各国会议，中国政府愿表示其欣感之意，深信现在为良好时机，正宜融洽太平洋有关系各国之政治及经济上利益。此次集会由美国柬请参与，而会议地点又在美国京城，此中国人民更为欣感者,中国人民及其政府自必竭诚共襄会务,以观厥成。同人等渴望本会事业得有有利于世界之佳果,今得许士君主持会务,同人等觉有把握必能达此目的。"(众鼓掌)

主席请和兰代表发言。

楷南皮克爵士谓:"本席兹得略述数语,深为荣幸。前承美国邀请本国参预讨论太平洋与远东各问题,本席得躬预其盛,谨当代表和兰人民向美政府致谢。此次承美政府之邀请,本国极以为荣,被邀之国原有限制,和兰亦非不知。吾和兰国在世界上既不尚军备,亦不希图有此军备,吾和兰为一八九九及一九零七年两次保和会召集开会之地,虽吾王族国徽所镌'永保勿失'之字样亦应适用于我殖民地,而吾和兰于和平及国际协助之事向极尽力,本席今可切实声明,一国民心踊跃抱无穷希望信用者,即吾和兰国也。至于太平洋问题,吾和兰于三百年以来即在一面积甚广之地五千万人口以上行使领土主权,并负安宁之责,从可知吾国与此次讨论事宜关系之深。故此次或提出建议,或用他种适当方法,苟能裨益本会,自甚乐而为之,且吾和人心思与美国此次提倡之意极相符合,会议如能成功,克收宏效,吾国极为欣幸,且愿尽力为之赞助。"(众鼓掌)

主席请葡萄牙代表发言。

阿而戴子爵谓:"此会召集宗旨高尚,吾葡国惟有极端表示同情,其能妨碍达此目的者,只此国家自私之一端,苟仍于此自私之见执迷不悟,曷不思国家威权无论如何重大,而经此大战困苦颠连之亿万民众其威权尤为重大,设吾人再不于此次会议于永久和平为之促进一步,则彼哀哀无告之民亦惟吾人之是问矣。"(众鼓掌)

主席谓:"诸君现在尚有意见发表否?"

洛治君谓:"本席拟请俟本日散会后于下星期二即十一月十五日上午十一时再行集会。"

主席询各代表赞成此议否,当以并无异议,遂定于十一月十五日下星期二上午十一时再行集会。

遂散会,时正十二时二十五分,俟十一月十五日下星期二上午十一时再行召集开会。

《外交文牍——华盛顿会议案》(上)

## 第二次大会议事录(节译)

1921 年 11 月 15 日

一九二一年十一月十五日星期二

限制军备会议兼讨论太平洋与远东问题第二次大会于是日上午十一时在华盛顿大陆纪念堂开会,由美国国务卿许士君为主席。

主席谓:"第一次大会议事录业经分送各代表,其似应更正之处亦经交秘书长办理。查本会人数既众而议事手续又须得全体同意,故于进行会议时一切浮文礼节务求蠲免,为是所有上次议事录如无人表示异议,当即作为已经各代表同意。

(中略)

兹向大会报告太平洋与远东问题之议事日程及会议程序。委员会业于昨日集会,此委员会系由各代表团首席代表暨九国简派参与讨论太平洋与远东问题之各代表所组织而成。今该委员会提议请由大会指派美比英中法义日和葡各全权代表组织委员会,讨论太平洋与远东问题并将议决事项报告大会,复得随时组织分股。此项提议未知是否可得各代表同意?"旋以无人发言,此项提议当作为通过,各委员会亦即依此成立。

(中略)

勃利安君谓:"本席兹提议下次大会日期可由主席定夺,因主席熟悉各委员会会务进行若何及何时召集大会最为适宜。"

主席谓:"顷勃利安君提议下次大会日期由本席决定,因本席熟悉各委员会进行程度及应行报告各件之情形云云。兹本席于谘询诸君对此提议是否赞同或有何意见以前当先提出一事,即今日成立之限制军备委员会即于本日下午集会,其钟点俟本席与各代表团首席代表就其便利上与之商榷后再为提出。又为讨论太平洋与远东问题所组之委员会亦于明日上午或下午召集,以便审量各该问题。兹应询勃利安君提议之本日大会散会后由本席定期召集一节未知各代表是否赞同?”当以无人发言,各代表均表赞同,遂照此提议办理。本日大会,遂于十二时四十五分散会,下次大会由主席召集之。

《外交文牍——华盛顿会议案》(上)

## 太平洋与远东问题委员会第一次会议议事录

1921 年 11 月 16 日

一九二一年十一月十六日星期三

在全美洲联合会哥伦布室开会

出席人名如下:

美利坚合众国　许士君　参议员洛治君　参议员恩特华特君　罗脱君　随同出席者拉安脱君　马克茂雷君

比利时国　卡德男爵　随同出席者雪尔浮克吕君　吴德爵士

不列颠帝国　白尔福君　黎勋爵　健特士爵士　鲍腾爵士　上议院议员皮尔斯君　散尔孟爵士　萨斯赤利君　随同出席者韩盖爵士　史潘令君　朱尔典爵士

中华民国　施肇基君　顾维钧君　王宠惠君　随同出席者刁作谦君　赵泉君　金问泗君

法兰西国　勃利安君　维维亚尼君　沙罗君　尤赛龙君　随同出席者麦西利君　楷美娄君

义大利国　上议院议员司强曹君　上议院议员阿而白丁尼君　随同出席者卫诺司达侯爵　苛拉君

日本国　德川公爵　加藤男爵　币原男爵　随同出席者埴原君　左分利君　千桥君

和兰国　楷南皮克爵士　贝拉斯爵士　莫来史古君　随同出席者史带根鲍爵士　安求利诺君

葡萄牙国　阿而戴子爵　物司康赛雷斯君

秘书长　带同毕挨明德君

通译员　楷美林克君

华盛顿会议大会秘书长被推为本委员会秘书,并得携同助理秘书到会。

议定每代表团得带秘书一人、专门委员一人随同到会。

旋即讨论本委员会于会议事务是否应有一速记报告,主席及施肇基君、司强曹君、白尔福君均参预讨论。当经决定秘书长应将会议事项制一明白详核之记录,并应商同各代表团秘书,拟一会议记录,撮要分送各代表团核准之。各代表得随时令速记员将一切宣言逐句记录,并由秘书长常备一速记员以应此用。

主席以通知性质先行声明,太平洋与远东问题可以不必延至限制军备问题协议妥洽后始行讨论,此次美国邀请各国参预会议,讨论此太平洋与远东问题,其意在力求各该问题得有完全谅解,并于一切可以发生冲突之原因,予以考量,尽力消弭。又欲达此结果,实无有过有推诚交换意见之一法。

吾美国与参与本会议之各国历来友谊素睦,而于讨论各案内中国尤有特殊之关系。中国国民于往昔颇多建树,吾美国对于中国人民在今日由旧式政府以入于新式政府之过渡时代深表同情,甚望中国终能建设一强固之中央政府,与美国在一七八三年条约成立后经过困难时代之事实相同,在美国政府观之,以中国现在之情形,当不至不能建设强固之中央政府。

美国对于日本人民亦表友谊,且于其性质极为赞许。在此次会议中,无论何国均不欲对于他人之进化发达加以限制,各国均应享均等机会,倘中国门户开放,日本即系接近门户之国。

旋略为讨论各项原则,然并未提及详细之会议程序。又谓:"本席提出之暂订议事日程内除中国问题外其他应议事项为西伯利亚问题、太平洋内委任统治岛屿问题、太平洋海底电线暨其他电信交通问题,其中关于后列各问题,美国政府与日本政府之谈判颇为顺利,谅日本大使当亦以为然。”即经日本大使承认此说。

施肇基君谓:“前以中国代表团名义对于主席表示对华之友谊同情深为感谢,今中国政体由保守专制之政府改为近世民主之政府不过十年,其现在所处之艰难,中国亦非不知,然皆属自然之因果。数百年来中国为一和平之国,尊重公理甚于武力,此为一般公认之事实,兹得参预此次会议,甚望于解决中国种种困难有所裨益。”

于是宣读其宣言书如下:

兹因会议讨论远东政局,中国实有占重要部分之必要。中国代表等以为本代表团宜首先宣布概括原则,用以导引本会解决各种问题。至所望本会采用此项原则,实施于某某特种事件,本代表团当于随后提出之。但目前仅提出原则,宣读于后。

兹拟定此项原则,其宗旨盖在得有规例,俾远东与太平洋方面现在及将来各种政治经济问题可依此规例有最公平之解决,而仍注意关系各国之权利与正当利益,如此庶使中国之特殊利益与世界各国一般之利益可得融和,中国所亟愿从事者,匪特求维持和平且愿增进各国物质之进步与文化之发达,并愿以广大之天然富源供各国人民之需用,而求得与各大民族享平等之关系以为报偿。为达此目的起见,务使中国按照本国人民之智能需要,得有机会自行发展其政治上之组织实属必要。中国现正竭力应付种种困难问题,为一国政体根本变更时所不可免者。若假以机会,则此种种问题,吾国自能解决,是则不惟谓中国应免外国侵犯之危害,而亦谓依情势所许中国应脱离掣肘行政自主及阻碍相当国课收入之种种限制也。兹中国政府按照本会议之议事日程提出下列概括原则,用以解决中国问题,请本会予以考虑而通过之。

(一)(甲)各国允尊重并遵守中华民国领土之完整及政治与行政之独立;

(乙)中国方面自愿担任不以本国领土或沿海地方无论何处割让

或租借于无论何国。

(二)中国既完全赞同所称开放门户或又称有约各国工商业机会均等之原则,故愿承认并实施此原则于中华民国各地,无有例外。

(三)各国为增进彼此信任及维持太平洋与远东和平起见议定,倘不先期通知中国,俾有参加之机会,不得互相缔结直接有关中国或太平洋与远东和平之条约或协约。

(四)无论何国在中国或对于中国要求之特别权利、优越权利、特免权暨一切成约,不问其性质若何,其契约根据若何,均应宣布凡此等权利或将来所要求者若未经宣布,概作无效,其现已知悉或应行宣布之特别权利、优越权、特免权暨一切成约,应予审查,以便确定其范围与效力,如属有效,亦应使之不相抵触,并与本会议所宣布之原则互相融合。

(五)凡中国政治、司法、行政之行动自由上现受之限制,应立即废止或于情势所许时废止之。

(六)中国现时之成约,无限期者,概须附以相当确定之期限。

(七)为解释让与特别权利或优越权利之条文时,应依照通行之解释原则,以有利于让与人方面严格解释之。

(八)将来遇有战争时,中国如不加入战团,应完全尊重中国中立之权利。

(九)应订立条款,以便和平解决太平洋与远东之国际纷争。

(十)应订定条款,以便随时召集会议,讨论关于太平洋与远东之国际问题,并为缔约国决定共同政策之基础。

主席声称:"中国建议案既如此重要,似宜留待研究后再行讨论。"

于是,讨论本委员会之会议程序主席与白尔福君、鲍腾爵士、顾维钧君、恩特华特君、洛治君、司强曹君,均经加入讨论。顾维钧君提议谓:"各概括问题于提交分股委员会审查以前应先由全体委员会讨论。"

嗣将会议程序通过如下:

（甲）由各代表团之首席代表组织程序委员会，整理太平洋与远东项下之各种问题，并将各问题应行讨论之类别次序拟具办法，报告全体委员会。

（乙）倘本委员会决定于下次开会举行概括讨论时不必讨论详细事件，如此则可知数种问题已能意见一致。

（丙）凡提交分股委员会审查之各事项，专门委员对于政治问题不得有所决定，仅能提出报告及解决事实问题而已。

（丁）由各代表团首席代表互相商定集会时日后再将下届委员会开会时日决定，通知主席召集之。

遂即散会，由主席召集下次会议。

《外交文牍——华盛顿会议案》（上）

## 中国提出的十条原则

1921 年 11 月

### 原则十条

施代表于十一月十六日在第一次太平洋暨远东委员会提出原则十条并宣言如左：

本会讨论远东政局，中国在事实上自然居重要地位，中国代表团曾经慎重考量，亟应于最早时机提出原则大纲数项，诚以该大纲为适足引导大会解决各种问题者也。至应如何决定原则内之某种特别施行办法，此固本代表团有待于大会分别解决者，惟目前本代表仅先提出原则数项，宣读于后：

吾人当磋定下开原则之时，曾抱定索求某项规则之宗旨，庶现在及将来之远东与太平洋各种政治经济问题，得按该规则为最公道之解决，同时并求对于各有关系国之权利及正当利益俱受相当之注意。

于是本代表团实谋取所以融和中国特别利益与世界普通利益之道。中国所亟欲有为者，匪独求维持和平，更愿增进各国之物质与文化之发展。故愿开发本国之天然富源，俾凡需要中国之物产者，皆有取给之处，而本国所愿取偿者，则为愿得与各民族自由平等交易之便利而已。

为欲达到上述之目的起见，中国必须享有各种机会，俾其建设内政制度，得适合本国人民之才能及需要。中国现正从事于艰难问题，盖大凡国家改革政体，自有艰难问题发生也。中国之问题，中国自能解决之，惟须得机会以办理之耳。所谓机会者，不徒指应免除中国为外力强行侵犯之危害而言，且指应就情势所能办到者，将中国所受之各处限制一概解除。缘此项限制现实剥夺中国之行政自由，并阻碍中国得适当之国库收入焉。中国政府依照大会之议事日程，提出原则大纲如下，以供大会对于解决关系中国各问题，加以考量，并予采择施行。

第一条

甲项　各国约定尊重并遵守中华民国领土完全及政治上行政上独立之原则。

乙项　中国自愿声明不以本国领土或沿海地方之无论何处割让或租借与无论何国。

第二条

中国既极赞同所称开放门户主义，即与约各国一律享有工商业机会均等主义，故自愿承认该项主义，并实行于中华民国各地方，无有例外。

第三条

为欲增进彼此间之信任暨维持太平洋及远东之和平起见，各国允许除先期通知中国俾有机会参预外，不于彼此间订立直接关系中国或太平洋及远东和平之条约或协定。

第四条

无论何国在中国或对于中国要求之各种特别权利、或特别利益、或享受特免之权利及一切成约，不论其性质若何，或契约上之根据若何，均当宣布，凡此项要求或将来所为之要求，未经宣布者，均视为无效。其现已知悉或将来宣布之特别权利、或特别利益、或享受特免之权利及成约，当予审查，以便确定其范围与效力，其经审定有效者，并当一一融和，且与本会议宣布原则谐合。

第五条

中国政治上法权上行政上之自由行动之各种限制立时取消，或按情形从速废止之。

第六条

中国现时之成约，其无限期者，概须附以相当明确限期。

第七条

凡关于给与特别权利或特别利益之文据，应依照通行之解释原则，从严格解释之，俾于给与权利国有益。

第八条

将来如有战争，中国倘不加入，则中国处于中立，一切利权应完全尊重。

第九条

应订立和平解决条文，以便解决在太平洋及远东地方之国际间争议问题。

第十条

关于太平洋及远东国际间诸问题，应预订将来会议时期之条文，以便按期讨论而为各签约国取决共同政策之基础。

中国第二历史档案馆藏北洋政府外交部档案

## 华盛顿会议中国代表会议宣言书

兹因会议讨论远东政局，中国实有占重要部分之必要，中国代表等以为本代表团宜首先宣布概括原则，用以导引本会解决各种问题，至所望本会采用此项原则，实施于某某特种事件，本代表团当于随后提出之，但目前仅提出原则宣读于后。

兹拟定此项原则，其宗旨盖在得有规例，俾远东与太平洋方面现在及将来各种政治经济问题可依此规例有最公平之解决，而仍注意关系各国之权利与正当利益，如此庶使中国之特殊利益与世界各国一般之利益可得融合，中国所亟愿从事者，匪特求维持和平，且愿增进各国物质之进步与文化之发达，并愿以广大之富源供各国人民之需用，而求得与各大民族享平等之关系，以为报偿。为达此目的起见，务使中国按照本国人民之智能需要，得有机会自由发展其政治上之组织，实属必要。中国现正竭力应付种种困难问题，为一国政体根本变更知所不可免者，若假以机会，则此种种问题吾国自能解决，是则不惟谓中国应免外国侵犯之危害，而亦谓依情势所许，中国应脱离掣肘行政自主及阻碍相当国课收入之种种限制也。咨中国政府按照本会议之议事日程，提出下列概括原则，用以解决中国问题，请本会予以考虑而通过之。

凡中国政治司法行政之行动自由上现受之限制，应立即废止，或于情势所许时废止之。

中国第二历史档案馆藏北洋政府外交部档案

## 太平洋与远东问题委员会第二次会议议事录

1921 年 11 月 19 日

一九二一年十一月十九日星期六上午十一时

在全美洲联合会哥伦布室开会

出席人名如下：

美利坚合众国　许士君　参议员洛治君　罗脱君　参议员恩特华特君　随同出席者拉安脱君　马克茂雷君

比利时国　卡德男爵　随同出席者雪尔浮克吕君　吴德爵士

不列颠帝国　白尔福君　黎勋爵　健特士爵士　鲍腾爵士　皮尔斯君　散尔孟爵士　萨斯赤利君　随同出席者韩盖爵士　兰谟生君

中华民国　施肇基君　顾维钧君　王宠惠君　随同出席者刁作谦君　赵泉君　徐兆熊君

法兰西国　勃利安君　维维亚尼君　沙罗君　随同出席者麦西利君　楷美娄君

义大利国　上议院议员司强曹君　上议院议员利西君　上议院议员阿而白丁尼君　随同出席者卫诺司达侯爵　苛拉君

日本国　加藤男爵　德川公爵　随同出席者埴原君　左分利君　千桥君

和兰国　楷南皮克爵士　贝拉斯爵士　随同出席者史带根鲍爵士　安求利诺君

葡萄牙国　阿而戴子爵　物司康赛洛斯君

秘书长　带同奥史庞君

通译员　楷美林克君

主席报告:"前经指派各代表团首席代表组织程序委员会以便拟具太平洋与远东各问题讨论时之会议程序,兹该委员会已于十一月十七日开会,业将会议程序问题详加审核,并以中国建议各案除二三例外其余均可归入美国议事日程各大纲内合并讨论,是以拟具办法二项:即(一)应举行一概括讨论,并不指定范围,讨论时委员会中无论何人均得提出意见;(二)委员会次即讨论美国提出议事日程内各议题,其中与中国代表团建议各案关涉者随即连带讨论之,至中国建议案第九第十二项并不在美国议事日程内者,在详细讨论之际,不论何时均可与以考量,凡本委员会所欲讨论之事自可随时讨论。

又据程序委员会之意,以为由概括讨论意见易于一致,至详细事件必须特加注意者可交由特组之专门分股委员会审查,由其调查事实,但关于责任上之原则问题若亦提交分股办理,则不能有何进步。是以与其将各问题中较易妥协者提出讨论似不如将各问题尽量逐一讨论,将困难之点暂为搁置,以待另行考虑之为愈。盖每一问题必有可以妥协之点,亦必有意见歧异之点。总之,该程序委员会所拟定者:(一)本委员会应将太平洋与远东各问题不问其与中国建议案有关与否均举行概括讨论;(二)议事日程内所列各事项应依次讨论之;(三)在详细讨论议事日程内各问题,应将具体上意见一致之点先为提出,其不易立即妥协之点暂为搁置,俟有最适当处理之法再行解决之。"

以上由主席提出程序委员会之报告即经全体一致通过，主席即宣告开始概括讨论。

于是加藤男爵发表声明如下：

（一）日本代表团以为中国现在之困难半由于国内情势半由于国外关系，吾日人渴望中国得从速恢复和平，重行统一，然吾日人于一切行动凡足以解说为干涉中国内政者均欲避免，凡此次会议所应办者，在吾日人视之，惟为改正中国之外交关系而使中国自行解决其国内之情势。

（二）今日本代表团愿向中国代表团及本会议声明保证，日本之志愿无非欲与中国敦睦最亲善之邦交，凡中国正当合法之期望，吾日人当尽力所及求其实现，吾日人在中国无论何处绝不为推广领土之政策所影响，并赞成在中国之“开放门户”及“均等机会”原则并无条件亦无保留。吾日本所最期望于中国者，只在供给吾日本工业所必需之原料及人民食物，至由中国购入此等物料，亦如吾日本与中国之一切贸易，并不要求特别权利或优先权利，只与各国共相从事于公正信实之商业竞争而已。

至于废止领事裁判权问题或亦为中国代表团提出最重要问题之一，吾日本愿与其他各国代表团协同，尽力解决，得一公平办法，使各方均能满意。

此次前来参与会议，并非增进吾国自私利益，实与关系各国共图保证远东和平与国际友谊。

（三）日本代表团洞知此次会议之主要目的在共同制定政策暨数种原则，以为参与会议各国将来行事之指南。凡本会议视为可以讨论之一切问题，吾日本虽无不愿加以说明或与以讨论，然若将多数不甚重要问题详细审量，以至讨论之事任意延长，斯则吾日本代表团所不取者。

施肇基君起问可否将加藤男爵之演词抄给一份与中国代表团，加藤男爵答曰可。

主席起谓:“今概括讨论由加藤男爵首先发言,不胜欣幸。今仍可继续讨论之。”

勃利安君谓:“法国与中国毗邻相接,计接境界线约长一千五百公里,故法国对于种种办法可使此大国于民主政治之下恢复均势,使中国人民获有一切所欲之保障,犹之他国人民所欲得者,吾法国均极表同情,是以法国代表团愿以善意考虑中国要求之全部。然本席以为倘本会欲达实际可行之结果,须将各种问题分别逐一讨论。盖中国各项要求中大半应逐一概括讨论,例如中国领土完整原则,在法国方面固完全赞成,惟中国疆界应先决定,则此原则方有重要意义之可言。此不过仅举一例以示每一事项必须循序进行,以达共同解决。”

卡德男爵声明如下:

“比利时对于审量远东问题所具之精神,本席略为说明之。

美国国务卿在本委员会第一次开会时所致之词,其思想高尚,吾比利时深为赞同。

至关于中国事项,比国与中国邦交辑睦已历有年,且曾加入建筑中国铁道事业,为最早协助中国开发富源之国,比国亦在中国设有重要实业与经济事业。

本席近二十五年来在中国小驻已非一次,以个人所得之经验,鉴于中国在此时期所得之进步及其解决国内困难之方法,可以深信其将来不可限量。

此次会议凡足以保证中国领土完整并予以解决种种困难方法所决定之办法,吾比国极愿参预其事,比国深信巩固政府权力为一切进步之必要条件,亦为此次会议协同中国拟定条款使之实施所不可少之事。

比国亦赞成开放门户政策并无保留,并愿各国工商业得完全真正均等机会以开发中国富源,此实大有利于中国及世界各国人民之事。

比国闻中国代表声称在中国领土各部实施商业自由政策并无例外深为满意,然商业自由非由各国人民得有发展经济必需之权利不能发生完全效力。

至中国关税，比国亦愿与关系各国一致，允予酌量增加。

又各国之意原欲俟中国政府改良司法行政得有种种保障，将筹备事业办理完竣，即逐渐放弃领事裁判权，吾比国亦愿与各国同样办理云。"

楷南皮克爵士起谓："现在讨论之事，关于普通性质而亦确实重要者，无甚可言之处，然本席亦以中国邻邦代表名义声明，和兰代表团愿将中国提出各项原则及有关世界安宁各问题加以研究，并以对华友谊同情之精神为之审量，实为欣幸。在太平洋沿岸和兰之友邦甚多，中国亦为和兰友邦之一，今中国乘此会议所与之机会确实主张其权利，明白宣告其地位，并确切解说其志愿，当知和兰必竭诚赞助中国，以冀实现其正当之期望，使其尽力于内政之巩固，因中国内政均与太平洋问题有关也。"

白尔福君谓："本席之意以为，关于此提出之普通问题，既经各代表发表言论已甚详尽，本席可无庸再赘一词，盖本国政府对此各问题已屡有所声明，本席无复可言，即如中国之门户开放，领土完整以及任中国自行改革管理内政与俟有机会废止领事裁判权改归中国法庭裁判，凡此种种原则均经本国政府屡屡明白宣布矣。"

司强曹君谓："本席以义大利代表团名义声明，本代表团与以上各国代表所表示之意完全符合。关于中国问题，本代表团甚愿与其他各代表团格外注意并以至诚之情感予以审量，凡于保证中国之自由发展，保障各国均等待遇以促进中国进步与对华商业苟有所表决，本代表团无不赞助之。"

阿而戴子爵谓："葡萄牙国代表团今睹参预本会议各国代表为全体利益计无不愿中国统一发达表示意见，几全体一致，不胜欣忭，本席愿与各代表一致表示此意愿。"

施肇基君谓："各代表团对于中国及中国之建议案一致表示友谊同情，今特以中国代表团名义为之致谢，各建议案中多数应与其适用办法一并审量，中国代表团届时当再提出详细讨论，今各代表既表示友谊与一致精神,是于此次会议之成功定必大有裨益。"

罗脱君起谓:"本席对于葡萄牙代表之意见极表赞同,即仅将原则提出并无最高之价值。然关于中国问题,各国皆明白表示愿其克奏成效,则先提原则亦为必不可少之初步,当美国前总统麦坚尼时代国务卿海氏宣布赞成'开放门户'政策,本席其时正与海氏同为阁员,故个人或于此不免先有成见,今见各国均佥然同声赞成此原则,不胜欣悦,复聆各代表团陈述之意见,拟将各方意思胪列于下:(一)全体皆已协允尊重中华民国之独立暨其领土与行政之完整;(二)全体皆已协允遵行一种政策,使中国按照光复后之新形势得自行发展,造成有力政府之机会;(三)全体亦皆已协允各国在中国全境内工商业之机会均等,凡曾研究远东及太平洋问题者皆知此类原则业已屡经宣布不止一次,如一九〇二年、一九〇五年及一九一一年之中英各条约、一九〇七年之法日协约、一九〇五年之朴资茂斯日俄和约及一九〇八年所谓高平鲁德协约,均已一再申明。是此类原则已为文明各国所采用之政策,今拟将此类原则全部重行宣述,倘本委员会赞成,本席拟将此各项原则归入一种议案,以便将来审量。关于此种议案,兹有两事应加说明:即(一)关于此种议案对于现行条约或协约之效力,似应将已定事实均与以承认,而于表示全体意愿所拟之协约内尤应明示,对于审查后有效各约曾让与权利者并无干涉之意,但此等权利所有人仍得自行变通归还中国,所有加于中国之限制亦应说明;(二)勃利安君曾问及何为中国,本席以为中国本部与中国行使宗主权各地之间宜加区别,此议案似可仅及于中国本部,因本委员会倘必须议及边远区域,不过徒滋纠纷,其边远区域可俟日后议及之。今欲将二事同时并提,为不可能之事。倘本委员会以此说为然,则关于中国本部,本席愿提出一议案。"

白尔福君谓:"本席不过愿说明罗脱君愿担任拟一议案为本委员会以后议事根据,此种核实办法,本席极表赞同,此外无人能较罗脱君担任此事更为胜任愉快,是以本席提议由本委员会允认其事,罗脱君谓之议案于解决本委员会应议各问题必能一确切之进步。"

罗脱君谓:“本席提议将此事由本席担任办理或托他人办理均可。”

主席谓:“全体意思皆愿罗脱君担任其事。”

顾维钧君谓:“本席对于白尔福君之意以担任拟此议案无人能较罗脱君更为胜任愉快云云,本席深表赞同,此种提案可使本会议事务及其进行得以便利,本席尤为欣忭。

本国代表施肇基君前因各代表对华均表友好同情曾致感激之意,兹罗脱君又表示对华同情并赞助之意,故本席对于罗脱君亦应致谢,复以罗脱君言及中国之领土与行政完整,保证中国工商业之机会均等及审查中国之现行各约三项原则拟提请本会议协定云云,本席实深满意。

至‘何为中国’一问题,本席对于罗脱君之意未能确切了解,因欲证实中国领土主权之原则当不仅仅以中国本部为限,如罗脱君所言者,中华民国之领土已确实明定于中国宪法之内,无论何种问题,凡足使人感想以为拟图变更中国疆界者,中国代表团不能讨论之,盖本席与本代表团同人系以中华民国之名义参与此会议,而中华民国之领土自当视为一国家单位。

至于行政完整一事,今日中华民国各部之行政现状,诚有异同之处,从大体言之,中国本部之行政成为一单位,而民国之其他各部行政又成为数单位,然此为中华民国内部之组织办法,至由中国以外之世界观之,则中国行政完整之原则应以中华民国全国为一单位而证实之,似甚明晰,是以本席希望罗脱君拟此议案时请将此项说明注意及之。”

罗脱君答谓:“顾维钧君以身为中国宪法所束缚,故除中国宪法所载者外其他中国疆土之界说殊觉不能自由审量及之,本席于此固甚了解其意,但本席发言并非如中国之一国民亦非如身为中国宪法所束缚者,顷提出意见不过希望本委员会不致牵涉权限以外之问题,且本委员会目的所在无非赞助中国应处于不至发生争议之地位。至于起草议案一事,本席甚愿担任,此时并未草就,日后当有以提出之。”

顾维钧君谓:“本席闻罗脱君确实保证之声明极为钦佩。顷本席发言之意乃欲以议案证实中国土地完整之原则,不当仅以中国人所称二十二行省之中国本部为限,乃当以中华民国全国之领土为根据。中华民国领土完整一事,现在并无问题,不过重行证明之。易言之,中华民国之领土应视为一单位,若罗脱君之意,其用中国本部之名词不过用为指明中国各行省与边远疆地即民国之其他各部行政管理之区别者,则本席当不复更有所言。”

主席谓:“处理‘何为议案’之问题与处理‘何为中国’之问题,其难正自相同。以本席所了解,似罗脱君之意以本委员会现应将出席各代表已表示之原则拟一宣言,尽力订成协约,可至如何程度,倘于讨论具体问题以前未能乘此时机而利用之,则或不免铸成大错。至罗脱君担任之事困难不少,亦不必讳言,缘此协约应包含愈广为妙,并非欲预为确定各项问题,乃欲促成全体之妥洽,此拟订议案之词句现可不必讨论,须俟起草后再行提出讨论,本委员会今可静俟此案之提出而先行讨论议事日程内其他问题。

至于报章公布事宜,各代表团自可将自己声明公布之,由各首席代表将其愿宣布者嘱其秘书办理,惟关于罗脱君担任拟具之议案似宜不予公布,是以发与各报之通告应以各代表所愿公布之事为限,并声明本委员会举行概括讨论后即行散会。”

遂即散会。

《外交文牍——华盛顿会议案》(上)

## 第四次大会议事录

1921年12月10日

一九二一年十二月十日星期六

限制军备会议兼讨论太平洋与远东问题第四次大会于是日上午十一时在华盛顿大陆纪念堂开会,由美国国务卿许士君为主席。

主席谓:“上次大会议事录业经分送,其更正之处亦已交秘书长办理,倘无异议,则此项修正议事录即可作为通过。

本席兹向大会报告太平洋与远东委员会会务进行殊称满意。该委员会先依照议事日程及会议程序委员会拟具之办法在该委员会将各问题概括讨论一过,然后将美国政府暂订议事日程内所列太平洋与远东问题项下各问题分别详加讨论。

其第一应议事项为中国问题在概括讨论之际曾以参与本会议各国名义发表最重要之宣言,表述其意愿尊重中国主权与独立暨行政完整并互相遵守公平与均等机会之原则。

又该委员会以为于审量议事日程内各问题以前似宜将此具体表述之意愿即委员会对于应讨论各事之意思拟成一原则之宣言。

当即由该委员会请罗脱君起草拟定此种原则宣言,复经该委员会通过作为议决案,兹提出大会,请由大会正式通过之。

此案在委员会曾经概括讨论,又大会各代表既皆出席于该委员会,故本席以为大会中可不必再行概括讨论,自该委员会开会以来,此为第一次提出议案于大会,应请大会即予议决为要。

兹将委员会通过后提交大会之议案宣读如左:

参与此次会议之各国即美利坚合众国、比利时国、不列颠帝国、法兰西国、义大利国、日本国、和兰国及葡萄牙国皆切愿:

(一)尊重中国主权与独立暨领土与行政之完整;

(二)给予中国完全无碍之机会,发展并维持一有力巩固之政府;

(三)施用各国之权势,以期切实设立并维持各国在中国全境工商业机会均等之原则;

(四)不得因中国状况乘机营谋特别或优先权利,致损及友邦人民之权利,并不得奖许有害友邦安全之行动。

此宣言之重要,几无须为之说明,其实此无异一种盟约,予中国以确实保证,使免侵犯其主权与独立暨行政自由,并各国间相互保证关于中国事项切实遵守机会均等之原则,无论何国不得营谋特别或优先权利,损及他国之权利。

此事既经各代表讨论如此详尽,本席以为现在只须请各代表之正式同意,以便载入此次大会议事录内。又此项宣言固为中国以外各国所发表者,但既属提出大会之一种议案,请中国亦予同意极为适当,倘以此办法为然,拟即请各国表示同意。”

兹请各国代表依次声明同意。并谓:“美利坚合众国同意,比利时国如何?”

卡德男爵曰:“同意。”

主席问:“不列颠帝国如何?”

白尔福君曰:“同意。”

主席问:“中华民国如何?”

施肇基君曰:“同意。”

主席问:“法兰西国如何?”

维维亚尼君曰:“同意。”

主席问:“义大利国如何?”

司强曹君曰:“同意。”

主席问:“日本国如何?”

加藤男爵曰:“同意。”

主席问:“和兰国如何?”

贝拉斯爵士曰:“同意。”

主席问:“葡萄牙国如何?”

阿而戴子爵曰:“同意。”

主席谓:“此案业已一致通过。”

“当太平洋与远东问题委员会通过此项原则后复议及美国政府拟定议事日程内所列之各事项。

第一关于中国事项为领土与行政之完整,但前项通过之原则就具体之声明而言已将此事包括净尽,故该委员会即进而讨论此原则适用上似应考虑之各详细事件,又当该委员会于概括讨论之际由中国代表团提出建议案,请委员会审量,其中第五条为中国政治司法及行政上行动自由之现有限制应立即废止或体察情形从速废止之云云,并由中国代表陈述此条建议所称限制之种种详细事件，请委员会注意。

其第一事为领事裁判权问题，经该委员会详细讨论后通过一议案如下：兹本席欲乘间说明一事，即罗脱君拟具四大原则之议案，系于一九二一年十一月二十一日由该委员会通过，今拟将此议案之日期载入议事录内，因此日期于讨论他案时常引用之。

此领事裁判权问题经该委员会于十一月二十九日详细讨论后通过议案如左：

以下所列参与限制军备会议讨论太平洋及远东问题之各国代表，即美利坚合众国、比利时国、不列颠帝国、法兰西国、义大利国、日本国、和兰国及葡萄牙国，因注意于一九〇二年九月五日中英条约、一九〇三年十月八日中美条约、一九〇三年十月八日中日条约，各该国允助中国政府，以便实行其所表示改良司法制度期等于泰西各国之志愿，并宣言一俟中国法律地位及施行该项法律之办法并他项事宜皆能满意时即预备放弃其领事裁判权；又因关于此事同情促进中国代表团于一九二一年十一月十六日所表示应将中国政治上、法权上、行政上自由行动之现有各种限制立时取消或体察情形从速废止之愿望；又因任何决定关于达此目的之适当动作，应就中国法律司法制度及司法行政手续之复杂情形，考察详悉，方有依据，此则本会议所不能决定者，决议上列各国政府应组织一委员会（各该政府各派委员一人），考察在中国领事裁判权之现在办法，以及中国法律司法制度暨司法行政手续，以便将考察所得关于各该项之事实报告于上列各国政府，并将委员会所认为适当之方法可以改良中国施行法律之现在情形，及辅助并促进中国政府力行编订法律及改良司法，足使各国逐渐或用他种方法放弃各该国之领事裁判权者建议于上列各国政府。本议决案所拟设之委员会应于本会议闭会后三个月内按照上列各国政府嗣后所定详细办法组织之，应令该委员会于第一次集会后一年以内将报告及建议呈送。

上列各国之每国可自由取舍该委员会建议之全部或任何一部，但无论如何各该国中之任何一国不得直接或间接以中国给予政治上或经济上任何特别让与或恩惠或利益或免除为条件而采取该项建议之全部或任何一部。

追加议决案一

未画押之各国,在中国依条约有领事裁判权者,于本会闭会后三个月内,将声明加入之文件交由美国政府,通知各画押国,亦得加入关于在中国领事裁判权及施行法律之议决案。

追加议决案二

设立委员会调查并报告在中国领事裁判权及施行法律之议决案,中国业已注意对于上列各国于中国政府取消领事裁判权之愿望表示同情深为惬意,并宣言拟派一人为代表,有列席该委员会为会员之权。惟对于该委员会建议之全部或任何一部,中国得自由取舍。再中国愿助该委员会,予以一切便利,俾得完成其职务。

以上各议案业经太平洋与远东委员会各代表详细审量通过,现在大会中倘无异议,谅必愿予正式通过。

本席兹请各国声明同意。

美利坚合众国同意,未知比利时国如何?"

卡德男爵曰:"同意。"

主席问:"不列颠帝国如何?"

白尔福君曰:"同意。"

主席问:"中华民国如何?"

施肇基君曰:"同意。"

主席问:"法兰西国如何?"

维维亚尼君曰:"同意。"

主席问:"义大利国如何?"

司强曹君曰:"同意。"

主席问:"日本国如何?"

加藤男爵曰:"同意。"

主席问:"和兰国如何?"

贝拉斯爵士曰:“同意。”

主席问:“葡萄牙国如何?”

阿而戴子爵曰:“同意。”

主席谓:“各该案均已一致通过。”

“又关于限制中国行政自由项下尚有其他问题,亦已审量,现仍在讨论中,该委员会已决定办法,但此时即行提出此问题之报告,尚未免为时太早。

该委员会复讨论中国代表团建议第八条如左:

将来发生战争时,中国如不加入战团,应完全尊重中国中立之权利。

此项建议已由该委员会通过,今提出大会请予同意。

美利坚合众国同意,比利时国如何?”

卡德男爵曰:“同意。”

主席问:“不列颠帝国如何?”

白尔福君曰:“同意。”

主席问:“中华民国如何?”

施肇基君曰:“同意。”

主席问:“法兰西国如何?”

维维亚尼曰:“同意。”

主席问:“义大利国如何?”

司强曹君曰:“同意。”

主席问:“日本国如何?”

加藤男爵曰:“同意。”

主席问:“和兰国如何?”

贝拉斯爵士曰:“同意。”

主席问:“葡萄牙国如何?”

阿而戴子爵曰:“同意。”

主席谓:“业已一致通过。”

“又该委员会随将中国建议第三条加以审量,此第三条原文如左:

各国为巩固相互之信用及维持太平洋与远东之和平起见议定:非先通知中国,使有参与之机会,不得自相订立直接有关中国或有关上述区域和平之条约或协约。

委员会当将此事讨论详尽,并一致表示愿赞助中国设立及维持一巩固有力之政府,但同时以为凡并不违反通过之原则,亦不至有侵犯中国利益权利之事,则各国缔结条约之自由亦不能受其限制,故于讨论后通过一案,提出大会,其文如左:

参与此次会议各国,即美利坚合众国、比利时国、不列颠帝国、中华民国、法兰西国、义大利国、日本国、和兰国及葡萄牙国,兹愿协定:不得彼此间或单独或联合与任何一国或数国订立条约、协定、协议,或协商足以侵犯或妨害该委员会于十一月二十一日通过议案内声明之各项原则。

按声明各项原则之议案,即首先提交大会经大会通过者。今大会对于此案是否愿予同意? 吾美利坚合众国同意,比利时国如何?”

卡德男爵曰:“同意。”

主席问:“不列颠帝国如何?”

白尔福君曰:“同意。”

主席问:“中华民国如何?”

施肇基君曰:“同意。”

主席问:“法兰西国如何?”

维维亚尼君曰:“同意。”

主席问:“义大利国如何?”

司强曹君曰:“同意。”

主席问:“日本国如何?”

加藤男爵曰:“同意。”

主席问:“和兰国如何?”

贝拉斯爵士曰:“同意。”

主席问："葡萄牙国如何？"

阿而戴子爵曰："同意。"

主席谓："此案现已一致通过。"

"又关于中国各问题，现仍由太平洋与远东委员会陆续讨论，正在进行中，将来可由已通过之各案与现经该委员会审量后提交大会之其他问题汇成一种相当条约，经参与本会议各国先行签订，此外各国亦可有加入之志愿与机会。此则为本会议所深盼而亦本席个人所厚望者，此种条约大致关涉远东问题与对华政策及关系各国之领土地位，谅此次会议之结果至少当有此类条约之成立也。"（众鼓掌）

"兹复有一事，虽非完全本会议事日程内之问题而亦应通知本会者，拟请洛治君在本会报告之。"（众鼓掌）

洛治君谓："关于太平洋内各岛领地属地，业由四大国订立条约。兹本席得将此约草案向本会报告实不胜荣幸。按该约条文本极简略，而于世界和平关系至重且钜，请为宣读之如左：

美利坚合众国、不列颠帝国、法兰西国、日本国，关于各该国在太平洋区内之各岛领地及属地，为保存其一般和平及维持其一切权利起见，当经决定对此缔结约章，并派定各全权。

美利坚合众国大总统派（全权衔名从略）；

大不列颠与爱尔兰暨海外属地君主，印度皇帝，并代表坎拿大、澳大利亚、纽丝纶、南菲洲、印度各属地派（全权衔名从略）；

法兰西国大总统派（全权衔名从略）；

日本国皇帝派（全权衔名从略）。

各全权将所奉全权证书互相校阅，均属妥协，议定条款如左：

第一条　各缔约国关于各该国在太平洋区内之各岛领地及属地之权利赞成互相尊重。如任何缔约国之间有因任何太平洋问题发生争执，以致牵连及于所云之各该国权利而不能以外交手段圆满解决，且势将波及彼此间目前存在之辑睦者，应即召集各缔约国，成一协会，提出此事，以期考量而调处之；

第二条　所云之权利，倘任何一国有加侵犯之举动，则各缔约国应尽情互相知会，以期接洽，而取其最为得力之方法，共同进行或单独进行，应付此项局势之紧急；

第三条　本约效力之存在，自其发生效力之时起算，定期十年，俟其期限既满之后仍继续有效，惟缔结此约之任何国得以十二个月前之通知废止之；

第四条　本约应按照各缔约国宪法手续速行批准，其批准文件交存华盛顿，一俟全部交到，本约即行有效，其一千九百十一年七月十三日在伦敦所订之英日协约亦即行废止。

在美国方面，签订本约须视关于雅普岛及太平洋内赤道以北所谓委任统治各岛地位之美日协约之订立为衡（该约磋商已大致就绪），并以太平洋内赤道以南委任统治各岛作为保留。

所有按照国际法原则专归各该国本国管辖范围内之问题，不在本约所称之争执以内，亦应注意及之。

本席顷谓本约条文至为简略，本会可知本席所言之不谬，因此约所载可以数语包括之，即四缔约国应互相尊重各该国在太平洋内各岛领地及属地之权利，倘对于此项权利起有争执时，各缔约国得召集会议，共同调处；倘其他无论何国侵犯此项权利时，亦以相仿办法应付之；本约以十年为有效期间；又自各缔约国依宪法手续批准后所有一九一一年七月十三日在伦敦订立之英日协约即行废止。本约内容尽此而已，凡签订本约各国必须尊重其他缔约国之权利，而于发生争执取用何种方法以前应先与各缔约国一为商榷，并不用强力以实行本约条文之规定，亦无须何种陆海军制裁以庇护此简略条文或为之后盾。

盖消弭战争之最善方法，即在消弭一切惹起战争之原因。本约草案即欲于此地球上一大区域内消弭战争之原因，以缔约各国之诚信，由外交方法公同考核，和衷办理，解决种种争执。或有谓本约适用之区域不至惹起若何重大争执，故此类条约无甚重要者。但世间土地无论如何荒僻，如何辽远，殊难决其不致惹起国际或部落间之重大争执，或竟引起战争。已往历史昭然可考,矧太平洋群岛距离人民繁殖之大陆纵远,但亦非羌无价值之荒岛可比。又太平洋西南群岛在太平洋中所占面积至为辽阔,东起马吉士 Marquesas 群岛,西讫菲律宾群岛,北自阿鲁兴 Aleution 群岛,南临南极冰带岛屿,纵横繁赜莫测,不能确实知其几何,只知菲律宾群岛似有岛屿三千一百有余,其中已命名者仅一千六百,昔鲁易司蒂芬逊氏游历太平洋群岛,方离去某岛,或询其何以至萨马岛 Samoa,彼答以只有离去一岛,向左转而已,于此可见太平洋各岛屿之密接,其言谅在座诸君当无不聆及,诗人勃郎宁氏有诗曰:

'宛彼散漫之群岛兮,纵横海面如池荷。'

此二句不啻为此咏之。

虽然太平洋诸岛屿所散聚之区域至为辽阔,以希腊群岛与爱琴海上 Aegean Sea 群岛之名列史籍,见之歌咏,除误航之海员与失途之探险家外,尚有茫乎不知其所在者,其他更无论焉。盖太平洋各岛屿,大若澳大利亚,小若珊瑚岛,暨矗立海面,其深不知若干英里之荒礁,星罗棋布,而尤以太平洋西南各岛屿大多数为世人所不知。但此类岛屿别具引人入胜之魔力,似为厌恶商业冲要路线者特设此以避尘嚣。曩读梅斐尔氏及鲁易司蒂芬逊氏之著作,辄神往于所述奇岛异迹之胜,今太平洋各岛亦无不具此胜趣也。然太平洋群岛尚不仅此,于天然美景引人胜趣而外别有可贵者,在其最大岛屿,地土丰腴,气候和畅,并有人类所欲之种种富源,如澳大利亚无限之矿产及海洋中之珠宝皆是,且各岛内复有巨大之森林暨疏旷之平原,可致文明人类之富庶。一言以蔽之,太平洋群岛实具有大宗未经开辟之富源,富源所在,为野心家所必争,而人欲之冲突,实为战争之导线,考诸往史,历历不爽。

自古迄今,除接近大陆诸岛屿外,以面积辽阔之太平洋及散聚洋面诸岛屿,纵未显著惹起大战之事迹,惟去今未久,已有三大国为远僻群岛问题起有争执,纷纷派舰调往萨摩岛。是以由统治太平洋群岛各国间有所妥协,关系世界和平至为重要,今兹订立条约,即欲试图由负责各国推诚相与,以保此一大区域之安谧。现今世界方经大战,每一忆及，辄觉寒栗，吾人衷心无不以为前此涂炭生灵颠危家国之惨剧，苟吾人力所能抑，决不使之重复发生，嗣后世界各国果其心目中犹希肇战祸，作长胜之梦，则无论何种盟约，何种信条，均不能阻遏。唯一经回想一九一四年大战所受之惨痛，则为避免未来战事之最有效方法，惟有诉诸人类之良心及感情与公理，并高尚之感触耳。

今日四大国间缔结此约，即用此法，盖藉四国诚意，实践此约，将来国际万一起有争端，即可凭此以弭战祸。倘此心理人所同具，则国际诚意最为可恃。本席个人确信世人心理蔑不以为诸国之诚意可以信赖暨本席提出条约内所列之计画为可恃也。

以前订立此类条约，往往失败，然近今以来，全世界男女心理大为变动，今日真正可恃者，唯缔约各国之诚意是赖，自对德战事以来，所经惨痛之试验，世人意愿当与前不同，今订此约，既全恃签约诸国之意愿与荣誉，则征诸经验尚希各国人民无问男女，于精神上事实上共起而匡吾辈之不逮，俾此约克成佳果，实深企望。”（众鼓掌）

主席请维维亚尼君发言（众鼓掌）。

维维亚尼君谓：“本席敬以法兰西共和政府名义代为发言。顷洛治君宣读之约章附以详明简括之诠释，极表赞同，毫无隐饰保留之意（众鼓掌）。

法兰西国一俟此约批准交换后当立即担负该约之义务并行使该约所予之权利。今各国代表会集于此，举行签字，本席敢竭诚以告诸君，吾法兰西自有史以来凡有盟约无不矢诚信守，数年以前且以无数国民之血保守信誓，为众所共见。

此约经洛治君为之宣读、诠释后，其法律上、外交上之价值已深印吾人脑海。吾人不得不表示意愿一致，综该约所载，曰四缔约国对于各该国在太平洋区内各岛领地或属地之权利互相尊重，曰遇有因各该岛问题发生争执未能以外交方法圆满解决时，各缔约国应协议而调处之。曰若其他无论何国侵犯此项权利，各缔约国协同商处，以应付此项紧急之情势。曰以十年为该约有效期间，末复声明于该约批准交换之日起，英日盟约即行废止云云。

是本约法律上之价值已如上述，吾人苟不及今引伸此约精神之所在与此可作记念之日期，则不特自误，且辜负美国招待之盛意，并辜负吾侪所任之职守。本约精神，洛治君顷已言之，即不诉诸海陆军之制裁，只由四缔约国愿保世界一大区域之和平者，协同磋商，则和平自能保障而存在。本席言此，在此会堂之中，演台之上，声浪纵极微弱，亦足以闻于全球。此种盟约举世足式，而在此宣读之后，签字之后，各国诚意允洽之后，本席敢谓此次躬逢之盛会已克竟全功矣。

当美利坚提议此会之声传达我国，我国声复赞同之日。预料前来预会难免挫折，即洛治君顷于演说时亦不无忧形于色，可以想见。兹将当时事实略为陈述。自停战以来，参战各国人民以所牺牲与所收获者较，不禁骤怀失望，而默察公理，是否可操优胜？当时尚不知此种会议有何效果抑徒为形式上之结合？其结果能否使世界和平大放光明抑仍黑黯如故？凡此种种疑问，顷已一一解答。兹幸海军军备议定裁减和平约章即行缔结，可谓此次会议克竟全功，从此世界人民可以征信智识、道德与夫良知均有进步。

顷洛治君谓本约效力适用于广僻辽远之区域，而仍望此和平意愿能推而及于世界其他区域，以我法兰西国民闻此能不感慨?！盖吾法国所受战祸至惨且剧，至今茔墓累累，万千相接，而春光短促，所放之花犹不足遍酹烈士之幽魂，故我法兰西人闻而踊跃欢迎者，莫若'和平'二字。

诸君须知，战端初肇，我法兰西力图避免。今日植身演台，犹是当年掌握国政时主持非战之人，尚忆一九一四年七月三十一日我不恤撤退法军，离境十里，我不恤割地让敌，求免冲突，我不恤于全欧皆兴兵戎方下动员之令，苟最后一小时一分钟犹有几许希望，无不伫候以求免战，及其势不可当，不得不为公理而战，为自由而战，为文化命运而战，固不独为法兰西一国之尊严而战也。今日战争已成过去，本席非敢谓代表其他欧洲各国，但各国代表苟一言及其辞必与我吻合，兹有一言相告,吾人并不请美国干预欧事业,一致尊重美国主权,如美国对于欧洲有所论列,请予以信任而公平裁判之。盖欧洲大陆有二千年之历史,自来因政治、宗教暨国民间或国际之种种扰攘已流万斛血泪,其边土复屡受蹂躏,愁怨之声弥漫全欧,卒复酿成大战,所有各国之物质精神戕贼无遗,此岂仅得谓之战争?吾人躬与其役者,实不啻一种革命,由此革命将军阀主义、专制主义划除净尽,其未受训练不知自由为何物之新进国民,则为之起死而肉骨,然则国际均势何能速复?欧陆和平何能立见?种种纷难冲突何能悉平?犹之飓风初息,余波尚荡漾于水面,吾人现已推诚与诸君接洽,尚祈出以信任之心。凡参与此次会议诸君,当年为公理不得不出于一战,并不欲姑息再构若何纷乱者,自无不矢诚以图人类与国际之永久和平,但须知公理一日不伸,即和平一日无望。"(众大鼓掌)

主席请白尔福君演辞(众鼓掌)。

白尔福君谓:"顷洛治君所读约章,条文明晰,辞句郁美,为诸君所共闻。法国一大伟人有感于此约之关系世界邦交,因之发表意见,堪称当世豪辩,亦为诸君所共闻。

以本席而言,对于此约本无辞以复加,乃不惮扰诸君之清听者,非欲讨论条约之全体,不过于其中一款直接有关英日二国而实则关系于世界全局者,一为说明之。

该约第四条载有本约经缔约国批准施行之日英日盟约即行废止一节,谅皆注意。本席深觉英日盟约有不免令美国舆论界多滋疑虑猜忌,甚且有难以释怀之处,但以历史的眼光观之,此种态度未免令人惊讶,因英日盟约缔结者之心理无论好意恶意,与美利坚合众国之利益绝不相关,盟约所载之事与美国毫无牵涉,犹之与秘鲁或智利相似。

然则美国舆论变更初态,其故安在?以本席之推测,似此变态实发生于太平洋方面国际形势之紧张(本席深望此紧张之形势从此中止)(众鼓掌)。然无论如何,此种形势确曾发现于太平洋,致美国批评家互相问难,以为英日因何结此盟约?究竟再有何益?彼等追念此约原为防止俄德侵掠远东而设,今俄罗斯有何可虑? 德意志有何可惧? 此二国既不足为患,是此约成立之原因被历史之变迁已不存在,此约何以继续有效? 倘现在不甚融洽之邦交将来更不融洽,则此项盟约于意料中所能变化之事件岂不发生妨碍?

美国之见解如此。为本席所知者,惟尚有其他见解。本席亦愿诸君知之,即反对此项见解者亦当表示同情。本席又料能听我今将发表之言论无逾美利坚人,诸君须知英日盟约本非必须重订之约,一俟缔约国中之一国正式声明废止,即属无效。至该约缔结之动因,诚不复惹世界之注意。唯是该约成立至今垂二十年,于两次大战中同受牺牲,同经忧患,同出全力,皆此约之效验。

今以二国曾共经患难,决不能于事后遽行分道扬镳,各不相顾,俨如火车中二旅客偶聚数时即可分袂自去,此其中自有联络二国情意之处,较之仅以约章条文更为密切。且无端毁弃一约,即此约无甚效用,亦必惹起一国误会,正与保存该约,引起其他一国之误会相同。吾英国因之遂陷于二重困难:一为保全该约所滋之误会,一为废弃该约所滋之误会。踌躇久之,思所以解误会而排疑难,足以消释世人所盼和平曙光之妨碍者,惟有将此陈腐无用之旧约取消之,废弃之,而代以新订有效之约,凡与太平洋区域有关各国均行加入而已(众鼓掌)。

我英国政府所以筹划此问题之苦衷,谅可由此寥寥数语为之剖白。今此问题竟能解决,其为快惬,不可言喻。

当二十年前本席居政府领袖,为手签英日盟约之人,而英法协约亦为本席于执政时缔结者,且终吾之世,实为操英国语言之两大民族间坚毅主持亲善之一人(众鼓掌)。今本席目睹四国签字于本约之下,以保证一大区域内各该国间之和协,其欣慰为何如。

顷主席于本日开会之初尝谓本案非完全本会议事日程内之问题,此言诚是。唯是世间无论男女,凡聆悉关于本案之讨论,复聆洛治君将该约宣读与其诠释,暨维维亚尼君之伟辩声述,该约对于法国之效力者能一审究其内容与纲要无不以为,议事日程之曾否列入姑不具论,而今兹适合世人心理当无逾于此约,为裁减舰队预筹进行方法亦无逾于此约,而裁减舰队为吾人最大胜利之一,本席实企望之。"(众大鼓掌)

主席请德川公爵演说(众鼓掌)。

德川公爵起谓:"兹于洛治君、维维亚尼君、白尔福君所已言者更有所言,似嫌辞费,但稍加数语当亦所许。此重要盟约之条文在保障彼此安宁与邦交亲善,为诸君所共知,我日本全国当无不赞同此案,亦不必赘言(众鼓掌),由此保证我日本在太平洋内可以安享和平(众鼓掌)。

至于行将废止之英日盟约,顷白尔福君于该约维持自由和平之功效尽情阐述,本席愿表同情。"(众鼓掌)

主席请司强曹君演说(众鼓掌)。

司强曹君谓:"兹悉在太平洋有领岛之四国间缔结条约,并于订立以前先行宣布。义大利代表团闻之不胜欣忭。

该约内所有保障世界和平所采之方法,吾人惟有尽情赞同,其所引各项原则实与以和平手段消弭民族纷争之政纲相符。

本席敢竭诚以祝该约为太平洋上最优美最永久之和平保障。"(众鼓掌)

主席请楷南皮克爵士演说(众鼓掌)。

楷南皮克爵士谓:"兹于诸君所已言者可否容本席更进片言?

此次会议堪称盛会,而于此会议中主席曾将国际妥协之成绩宣示吾人,并以之昭告于世之关心于斯者,又报告有关中国各项议决案吾人既与本会发起之初意表示同情,故对各该案一致同意,复经公布美英日法间订立之四国盟约,本席于此敢信此盟约之消息传至本国,必为和兰人所欢迎,因该约所适用之区域与和兰属地毗连,吾国当以此约力能促进太平洋之和平安谧必为历史上辟一新纪元之初步,因此吾人对于本会主席亦当竭诚致贺。

又与此盟约相连属之有关中国各议案将完成关系各国政策之一致妥洽,此政策一致并推及于主席所提关于维持一般现状之其他问题。

由此观之,吾人于恢复信用之途已有一大进步,恢复信用为世人所期望,而亦吾人所以来此集会之主因也。"(众鼓掌)

主席请施肇基君演说(众鼓掌)。

施肇基君谓:"本席对于本会业已告成之事,惟有起而与顷者发言诸君同为极满意之表示。

今晨所报告之草约,关于维持一般和平并藉和平手段解决各该国在太平洋区域各岛领地或属地之权利上所发生之争执者,各国愿一致赞同,中国代表团对之殊为欣感。

中国代表团预料将由世界各国连同中国在内补订一约(众鼓掌),以便本满足各国之基础厘正远东情势,并盼设有和平解决将来争执之规定如主席所言者。

在会议中讨论中国所提各项建议及其他议案,各国均能以友谊相待,中国代表团深为感动,确信其余关于中国主权及合法希望诸问题亦必能得圆满解决,在中国方面自当竭力获此效果,无论何时尽心赞助,以维持中国与他国之邦交,如此则保守太平洋与远东和平之势力益见增进。"(众鼓掌)

主席请卡德男爵演说(众鼓掌)。

卡德男爵谓:"顷各代表各抒所见,发为谠论,使此会议之日声价大增,永垂纪念,本席衷心赞同,实为荣幸。"(众鼓掌)

主席请阿尔戴子爵演说(众鼓掌)。

阿尔戴子爵谓:"围聚此席各代表所已言者,业已尽善尽美,本席即欲复加亦无多辞。唯是今日所议约章有一特点敢为提出,以求注意或蒙原宥,该约中较之条文尤令人感动者,在其想像之心理,而此心理为对于未来抱无穷希望之世人所同具,若欲规避此约所定之责任,自属易事,甚或谓起草此约之人于长篇条文之内对于履行目的本欲示以无所信用,不知惟此于荣誉忠正互相信任之四大国乃克签订此类条约而能予以无上权力,盖出以如此之信用,世间各国方无敢背叛。"(众鼓掌)

主席谓："今日所讨论者，为一极简明之约，谅诸君于国际条约从未见有如此词简意赅者，亦可知世间最大之事亦即最简之事，俟此约施之实行，于保证永久和平之中可信吾人所为者，为从古所未为也。"（众鼓掌）

兹于散会以前报告太平洋与远东委员会当于下星期一日上午十一时开会，再如承诸君许可，下次大会当由本席定期召集，赓续讨论，以便公同协议完成会务，绝不妨碍无论何国之自由，而对于本会应加考虑之种种问题务使自然合理之期望悉得满意，而仍保存和平上之根本利益，并为疲于战争之世人谋未来之安谧。"（众鼓掌）

本日大会遂于是日下午一时十七分散会，下次大会由主席召集。

《外交文牍——华盛顿会议案》（上）

## 第七次大会议事录（节译）

1922年2月6日

一九二二年二月六日星期一

限制军备会议兼讨论太平洋与远东问题第七次大会于是日上午十时十分钟在华盛顿大陆纪念堂开会，由美国国务卿许士君为主席。

主席谓："二月四日第六次大会议事录业已分送更正，现在如无异议当作为通过。

关于解决山东问题之中日条约现已于星期六日签字，兹向大会报告之。（众鼓掌）

现在应将本会通过各约举行签字，各代表团各按国名首字字母之前后依次签字，如美利坚合众国、比利时国、不列颠帝国、中华民国、法兰西国、义大利国、日本国、和兰国、葡萄牙国。

各代表团当逐一将其缔结之约悉行签字。兹应由美国代表团首先签字。

计应签之约共有五种，开列于后：

解释各岛领地各岛属地之四国续约

限制海军军备条约

关于潜艇毒气条约

关于中国政策条约

关于中国关税税则条约”

主席请美国大总统演说(众起立鼓掌)。

美国大总统致词

本大总统在三月以前曾以诚挚之词欢迎诸君莅兹美京,并将邀请诸君之用意、会议四周之空气、与夫吾人盼其实现之期望,曾为诸君约略说明。

今日来兹克观厥成,尤为欣幸。凡值得办理之事件,竟能静观其成功,实人生最为惬意之事,亦人生最偿素愿之事。

本大总统于各国元首中独得躬逢盛会,前来致词,自宜代表本国人民谨向诸君致谢道贺,抑亦敢谓即代表全世界为诸君谢贺也(众鼓掌)。私心欣幸,曷能言喻?

本会议洵可谓业已完成一伟业,有时颂功致词或失之过当,是以本大总统益加矜持,然确堪言之而无愧者,即各国以国家尊荣互相遵守在此表示之诚信,实为人类事业中辟一新而更善之纪元也(众鼓掌)。

此次事绩简而言之能使世人发生新希望者,其景象为何如?会议仅有九国,环球各邦虽未全列席,而与现今问题有直接关系之各国,已将关系重要利害相共之问题、国际纷争危及邦交之问题与负担增重同趋败亡之问题会同集议,一一协商,卒能不损主权,不伤国体,不侵国威,藉世界舆论之发扬,得全体一致之表决,乃于功业告成之际,会议斯行闭幕,其愉快为何如?(众鼓掌)果世界渴望和平之保障曷睹本会议事之成绩,美国人民同深欢跃。惟当诸君成绩尚少,表示议事迁延日复一日,意见一致尚未妥协,种种困难内外交迫之时,其能料及此次列强会议能得全体协商妥洽者甚少。盖议决事项取从多数,难免不损及国家权利,而今则列国会议既无胜败优劣之分,又无弱肉强食之事,凡来集会咸出诚意,无不发现文化之良知而予世界舆论以具体表示。

今诸君虽经种种困难,卒能协商妥洽,公布于世。凡有关国家荣誉,绝无更张。而于不名誉之事,则一致声讨。凡失得爽信之事,举世预备宣布之(众鼓掌)。

夫弭兵谋和,并非创举。开会集议,相示以诚,亦非异事。而善战者服上刑,固属屡见之事。海牙保和公约即事前弭兵之先例,维也纳柏灵公约又为战后惩创之明证也。

然海牙公约以某国无协力互助之诚意而致失败,竟演最大之惨剧。维也纳与柏灵公约欲于非理战争之中而求和平,是已先种未来冲突之因,一旦信用失效,交恶愈烈。

此次会议之成立,得形势较优者,平心论之,皆缘人类之进步,邦交之密切,复藉交通运输之便利。以世界舆论之鼓吹,乃得静心协议。以正义而求和平,斯和平之保障益坚。

此次会议适值距战争痛苦之日稍远,得以和衷共济。而战争恐怖之时,犹能追忆,各具厌战悔祸之意。一举兼得,宁非幸事?往昔此种会议所著功效,年日久远,即不免推翻。惟诸君此次所成伟业,确与寻常不同,缘未播冲突之因,决无反悔,以至藉武力为解决之事(众鼓掌)。

此次告成之事何者最佳姑不必论,仅择其一,已足证本会成功而有余(众鼓掌)。若从全体而观,是已将四周空气为之一新,无异达旦呼吸,神清气爽,抱无穷希望也。

本会诸君已将各大国求和厌战熟筹审虑之诚意为之书明,已将竞造军备互相摧残之狂妄为之揭出(众鼓掌)。从此,制止恶魔,减轻负担所有战争之痛苦,战争之足召败亡而遗重累,其唯一消弭之方法全在终止未来战争之筹备,移人力于和平之建设事业,诸君亦为之晓示世界,俾众咸知。

现在全世界尚未完全平靖。有此先例,可予在恐慌中生活者以新希望,今在此议席意见业已妥协。在文化发展者之心目中,已视战争为可厌可恨之事(众鼓掌)。

本大总统从前亦信应有战争之准备，亦为主张军备之一人，而今始信群众心理，世界舆论，求以公理为准，实有较妥之准备。而求达此公理，由和平会议亦较由武力解决为愈。

回思前事，本极简易。当诸君在十二星期以前来此集会，除各代表团向各本国政府负责外，尚无何种契约，何种义务，不过为人类服务，激于世人良心之感动，为舆论所指导耳。

乃诸君订立条约，并无何种阴谋，何种攻守同盟，亦无何种牵涉，竟能凭理讨论，一一妥协，于是国际邦交为之一新，和平保障益臻巩固，伟业告成庆幸无似。

此次会议以理论互相接触，各能蠲除私见，推诚谅解（众鼓掌）。使挟私见者忸怩不前，然后交换意见，排除纷争，卒能了解人类期望如何一致，各国期望如何调解，和平安宁如何成立。

当本会开幕时，本大总统曾告诸君，以美国意愿在弭兵止战，不欲攘人以自肥，不惧人之来侵，只欲与诸君尽力共成伟业，共成此各国所不能独成之伟业云云。今日得观成功，实深欣幸。

或以为此次订立之停止海军准备将与条约同时满期失效，窃意不信为然（众鼓掌）。后此十年吾人中不难默察，世界舆论将因经验增进势力愈厚，必能使各国政府体上天好生之德，注意民生较之注意于军备破坏事业为尤切。此次会议既经各国一致标示和平方针，将来于相当情形中召集同样会议，明定宗旨，尤必能将人类种种事业悉依此方针而贯澈之。国际谅解业已发端，行见大放光明，照耀全球矣。

吾美利坚合众国谨向本会诸君致贺道谢，即以吾人所感人类进步保障和平与幸福之意，为比、英、中、法、义、日、和、葡各国庆祝之。

本大总统随时由本国代表报告得悉诸君治事之成绩与和协之精神，人人推诚相与，意见一致以达成功。盖无此一致，本会即不免失败；有此一致，足以奋兴世界而有余。

兹对于美国代表团诸君亦不能不表谢忱，谅为本会诸君所能鉴原者。国务卿许士君、洛治君、恩特华特君、罗脱君以及代表团全体均能代表美国政府、人民与人道主义，各以干练之才具、怀抱之学识，勤奋不倦，克底于成。又美国咨询委员会以美国正确之舆论，足为合众国行政之方针者，供给本国代表团，其功亦不可湮没。

今乃于疮痍未复、余痛犹存之时，困于苛税，颠连呼吁，将苏未苏之际，大难方平，奋争求治，全球失望之下，忽现欢呼之声，不仅出自吾人，不仅出自诸君，亦不仅出自参与本会各国全体，实出于全世界人民之心坎，岂不猗欤！岂不盛欤（众大鼓掌）！

主席谓："本会议现当闭幕。"时为一九二二年二月六日星期一上午十一时十五分钟。

《外交文牍——华盛顿会议案》（上）

## 2. 关于废除列强在华特权问题

### 顾维钧与朱尔典谈话

1921 年 10 月 25 日

顾使在英访朱尔典，谈及华盛顿会议议案，询以对于中国收回关税自由权意见如何。朱云：一时恐难办到，因加税则必裁厘。中国大局纠纷，省自为政，各省中如有反抗实行裁厘，中央无可如何，外商必受其累。顾使答：中国现在政局不靖，最大原因在于财政困难。收回关税权后，财政必有起色，中央威望、权利即可逐渐恢复。且裁厘一端，中国人民素以为然，殷实商贾主张尤力。苟有不肯实行之省，舆论反对，势必甚烈，此实可为全国裁厘之保证云云。

《秘笈录存》，第 421 页

### 外交部致顾维钧、施肇基、王宠惠

1921 年 11 月 12 日

第三二五八号。

此次太平洋会议，我国承美政府好意邀请参与，原以中美邦交，素称敦睦，极盼会议获有成效，不愿发生险阻，坠于半途，故始终以和平之精神，冀收公正之效果。惟往往在我提案，有一国作梗，即不能进行，如修正关税，即其一端。现在美国对于会议结束有无把握，美外部前拟会议议事日程是否已无形取消，抑赓续讨论？统希密向许斯探询详复切盼。外交部十二日，京字七十七号。

中国第二历史档案馆藏总统府军事处档案

## 施肇基、顾维钧、王宠惠来电

华盛顿，1921 年 11 月 16 日

今晨太平洋远东股开会情形，顷电计达。闭会后，钧与法总理谈，彼言中国提议甚佳。经请其遇事相助，彼允竭力。并言解决远东问题，望能由中、法、英、美、日、义等国会订一种协商为宜。答以此与中国意见相同。又与英、比、印代表谈，其语气似以中国提议规模阔大。葡代表言中国所提宗旨稳健。日代表态度尚无明确表示。其余各国代表以散会已晚，未及晤谈。特闻。基、钧、惠。十六日。

《秘笈录存》，第 402 页

## 顾维钧、施肇基、王宠惠来电

华盛顿，1921 年 11 月 21 日

极密。十九日上午开全体大会，主席报告中国所提十条，讨论程序前已经常委会决定先从大体讨论，再照美拟日程逐件归入研究。查该十条，除第九、第十两条并非专属中国问题，似可随后讨论外，其余均纯为美拟日程，惟他国代表看法以为，此外尚有别条不专属中国者，亦得提请缓议，俾便先决原则，如有同意之点，即可无须讨论，其意见歧异之处，再行详细研究云云。经日本、法、比、荷、英、义、葡各国代表既美代表罗脱氏对于十条大纲先后表示好意。日本代表谓中国内外情形均多困难，惟本会只能解决该国外交问题，内政当任其自由发展，至于中日友谊，日本极愿继续，并当扶助中国，俾得遂其正当志愿，日本并赞助门

户开放,使各国享有均等机会,初无自立政策,即购办日本所互易于中国之原料及食品,亦不甚为便利,其领事裁判权之归还,实为其中最重之一,愿与各国共定惬意条件。再本会宗旨正大光明,决定原则以为将来政策之指导,故不必有意诿诸本国政府云云。当经基声请将其演说辞用洋文□录送一分,日本代表首肯。法总理谓,欲求讨论有结果,必须逐条为详细之大体讨论,各种名词尤应明晰,当详加讨论。众发言毕,基谓各代表洞悉远东情形,对于各原则一律表示赞助,极感盛意,惟极盼讨论各点,拟请保留,随后答复之权。至我国提案原则而外,尚有施行办法,本代表团当俟办法提出,一并说加讨论,甚望各国代表本于今日所察之实情,郑重讨论,则本会之成功,可操左券矣等语。次美代表罗脱氏谓,各项原则业经各国一再表示赞同,今为迅速达到结合起见,应请复核议决案,以为讨论基础,惟该议决案有须注意两点:一、中国现行条约及既成之事实;二、中国领土之界说,如保护地及守御所关之地,似与中国本部之领土有别,应以后者为基础云云。英代表即请罗脱氏起草,众无异议,钧起立,谓本代表赞成以罗脱氏为起草员。惟解释中国领土似不当以中国本部为基础,盖中国领土权限所及,本国宪法中明文规定不能迁就,本代表团亦谓全国人民固无权将领土有所变迁,即罗脱氏之意,当亦以领土完整为不独关系中国本部而言,并且推及于宪法所指定之全数。至行政完整一节,本部与其余各地之行政,对内或有区别,对外原属一体,想罗脱氏所指亦最后就中国全部而言。以上各点,拟请罗君起草时注意为要等语。罗答已领解顾君之意,彼于中国宪法范围内之事实暂勿记录,彼之职分系根据会中赞成之意见从事起草,起草时并不愿列入发生疑虑之各点等语。钧又谓:本国宪法对于中国本部适用,包括二十二行省连其他各地乃为中国内之领土,罗脱氏对于中国领土之解释谅亦指中国全部而言,不独以本部为标准,至于各地行政制度,彼此或有不同,然中国领土之完整当已不成问题,并以罗君之意倘果如是,则本代表可无须赘辞云云。主席谓议决案尚未草就,可无须预商,俟草就提出后讨论较为便利,应请罗君即行起草,俟下星期一午后续议。许斯同时谒嘱严守秘密,万乞注意。基、钧、惠。二十一日。

中国第二历史档案馆藏总统府军事处档案

## 外交部致代表团

1921 年 11 月 22 日

昨接十五日洋文两电悉。所提原则十条,尚为允当,惟加税一层是否于第五条下提出。北京舆论尚无异辞,均认为和平诚恳,但以为提案虽分十条,彼此脉络则相关联,若有一、二条不能通过,即失提案精神,希望极力设法,以期全案通过。语颇中肯。再,来电由无线电转者往往四、五日方到,且有脱落句,以后请勿再由无线电拍发,以免延误。外交部。二十二日。

《秘笈录存》,第 404 页

## 在华客邮分股委员会第一次会议议事录

1921 年 11 月 26 日

一九二一年十一月二十六日下午三时

在全美洲联合会董事室开会

出席人名如下:

美利坚合众国　参议员洛治君(主席)　随同出席者马克茂雷君　拉安脱君

不列颠帝国　健特士爵士　随同出席者朱尔典爵士　兰谟生君

中华民国　施肇基君　随同出席者刁敏谦君　顾泰来君

法兰西国　维维亚尼君　随同出席者楷美娄君

日本国　埴原君　随同出席者木村君　小町君

秘书长由毕挨朋德君代表出席　通译员楷美林克君

主席洛治君谓:"太平洋与远东问题委员会今晨开会时似众意佥同均欲将在华客邮机关撤退以助中国。本分股即由现在在华设有客邮各国代表组织而成,担任拟具撤消客邮之议案。现已请健特士爵士拟妥此项草案。”

健特士爵士说明:“此项草案或有应行更正之处,本席拟作为讨论之基础,兹提出如下:

关于中国政府表示在华之外国邮局期得撤消之志愿,认为公平,因即议决:

(一)有该项邮局之四国允许照下列条件将其撤消:

(甲)中国保持切实办理之邮务;

(乙)中国政府应保证现在邮务行政暨外国邮务总办之地位无变更之意。

(二)为使中国及有关系之各国举行必要之设备起见,此项办法实行之期不得逾一年,即不得逾一九二三年一月一日。”

主席谓:“对于此案首节,谅无异议。”

维维亚尼君谓:“本国政府愿赞同此案全部。”

埴原君谓:“本席拟于本案首节加入一句,使此案只限于适用无条约规定之邮局。”

健特士爵士谓:“租借地内之邮局并无包括在内之意。”

维维亚尼君谓:“租借地内邮局问题可俟讨论租借地更重要问题时再为提出讨论。”

埴原君谓:“为免将来误会,本席愿将租借地及铁路界内之邮局不在此案规定以内。”

主席问:“关于租借地各协约条约内是否载有外国邮局之条款?”

健特士爵士答谓:“当草拟此案时并未料其应适用于各租借地在租借期内,如威海卫等,是以现在讨论可不必涉及租借地。”

埴原君谓:“关于铁路区域问题,依本席解说条约,以为凡在日本管辖之铁路区域以内,日本自有设置各邮局之权。”

施肇基君问:“埴原君所指,系何种条约?又系何条?”

埴原君谓:“按照扑资茂斯日俄和约,日本已继承俄国在南满洲铁路区域及租借地内各项权利。”

主席谓:“租借地与铁路合同情形并不相同。”

埴原君谓:“在此两种区域内,日本行使行政权实际相同。”

主席问:“此项铁路权利是否连有土地租约在内,或仅为一路线之权利?”

埴原君答谓:“日本不但在路线上有管理权,且于路轨两旁沿路之地亦有管理权,此铁路区域在法律上地位与租借地相同,日本于种种方面均得行使权力,连同赋税、巡警、邮政在内。”

主席谓:“此或可称为一路线上之权利。”

健特士爵士谓:“此中似不无误会,本席提议拟于本案首节内‘外国邮局’数字之后加入‘除在租借地或为约章特别规定者外’数字。”

此项修正即经通过。

施肇基君问:“第二条规定是否各外国邮局当于一九二三年一月一日撤消完竣?”

健特士爵士谓:“本席拟将原文稍加修改,第二款末行拟改为‘此项办法实行之期不得逾一九二三年一月一日’。”

埴原君谓:“对于规定撤消日期,本席于大体并无异议,但非得本国政府之训示,实不能赞同现拟之日期,盖所拟撤消客邮究须若干时日,日本代表团中实无人熟悉其事。”

主席谓:“倘不规定一日期,则此约实毫无价值。”

埴原君亦以为然。

施肇基君谓:“关于第一条(乙)项之条件,本席于太平洋及远东问题委员会本晨开会时答复白尔福君之际已声明保证。”

维维亚尼君谓:“本案规定之日期,虽属必要时间,但因埴原君所取态度,势必延迟解决,现在并无他法,惟有等候埴原君之确实答复而已。”

主席亦谓:“应等候埴原君奉有政府训令再行决定。本席以为,尚有一事未为此案所规定而亦须考量者,即稽查邮件中有无应行纳税之物。以本席所料,在本国及其他各国,海关官员均有此稽查之权,今中国倘无此权，则不免因私运而致国税收入受重大损失，此项权力既为保护税收所必不可少，故中国亦应检查邮包所装之物件。”

施肇基君谓：“此事关系最大者，为私运药品，如吗啡高加音、鸦片等物，中国应于一切邮递包裹得自由查验。”

维维亚尼君问：“英文内‘邮递包裹’字样是否与法文相同？又邮递包裹是否不受查验？”

主席答谓：“查验范围似应较广，将一切邮递物件均包括在内。”

健特士爵士谓：“英国代表团赞成于本案内加入此项规定。”

维维亚尼君谓：“法国亦表赞成。”

主席问：“埴原君之意见如何？”

埴原君谓：“据本席所知，中国应有查验邮件及征收关税之权。”

施肇基君问：“日本代表团是否谓日本将予中国一切利便以便查验邮件？”

埴原君答谓：“以本席记忆所及，关于查验邮件以及预防私运似已协定办法，本席虽不确知此项协定之内容若何，而固知中国官吏已有此权。”

施肇基君谓：“倘合日本代表团之意，本席愿将此项规定加入本案。”

主席谓：“美国税关固有查验邮件之职务，未知埴原君对于加入此项规定有无异议？”

埴原君答曰：“并无异议。”

其他各代表对于此节亦均表示赞同。

主席复将讨论结果说明大概，“以本分股各代表除撤消客邮之实行日期外其余各事均已赞成。关于实行日期，俟埴原君于日后通知日本政府训令后再为决定。又本分股拟于十一月二十八日上午报告委员会，倘此时并无异议，似宜即将此案重行起草，加入各项修正，以便提出委员会。惟关于日期一事，仍旧保留，特本席希望日本政府早日答复”。

当经指定兰谟生君及其他专门委员将此案重行起草，又拟一简略通告（送登报纸），声明本分股委员会已经开会，拟具报告，将在华客邮撤消云云。

本分股遂于四时后即行散会。

散会后各专门委员仍出席,重拟此案。各委员衔名如下:美国马克茂雷君、英国朱尔典爵士、兰谟生君、中国刁敏谦君、日本国木村君、小町君。

提交客邮起草分股之议案以便重行起草,其文如下:

关于中国政府表示在中国境内之外国邮局除在租借地或为约章特别规定者外期得撤消之志愿,认为公平,因即决议:

(一)有该项邮局之四国允认照下列条件将其撤消:

(甲)中国保持切实办理之邮务;

(乙)中国政府保证现在邮务行政暨外国邮务总办之地位无变更之意。

(二)为使中国及有关系之国举行必要之设备起见,此项办法实行之期不得逾一九二三年一月一日。

《外交文牍——华盛顿会议案》(下)

## 在华客邮起草分股委员会第一次会议议事录

1921年11月26日

一九二一年十一月二十六日星期六下午四时十五分

在全美洲联合会董事室开会

出席人名如下:

美利坚合众国　马克茂雷君

不列颠帝国　朱尔典爵士　随同兰谟生君

中华民国　刁敏谦君

日本国　木村君　小町君

在华客邮分股委员会提交专门委员之议案内拟加入一款,规定中国官吏得查验由外国邮局递至之各项邮件,其文如下:

关于中国政府表示在中国境内之外国邮局除在租借地或为约章特

别规定者外期得撤消之志愿，认为公平，因即决议：

（一）有该项邮局之四国允许照下列条件将其撤消：

（甲）中国保持切实办理之邮务；

（乙）中国政府保证现在邮务行政暨外国邮务总办之地位无变更之意。

（二）为使中国及有关系之国举行必要之设备起见，此项办法实行之期不得逾一九二三年一月一日。

此案经讨论后，客邮起草分股一致赞同以下列一款加入此案如下：

外国邮局尚未完全撤消以前，该有关系之四国各担任予中国海关官员以充分之方法，俾得在各外国邮局查验各项邮件，意在察知所装之件应否纳税，是否违禁之品或违反海关章程及中国法律。

木村君与小町君声称："如不于'各项邮件'之后加入'寻常信件不在此例'字样，实难赞同。"

嗣以此项修正涉及事实问题，本分股无权解决，当经决定，将此意见歧异之点报告客邮分股主席，请其斟酌办理。

客邮分股通过原案与本起草分股所拟增之款暨日本专门委员提出之修正合并如下：

关于中国政府表示在中国境内之外国邮局除在租借地或为约章特别规定者外期得撤消之志愿，认为公平，因即决议：

（一）有该项邮局之四国允许照下列条件将其撤消：

（甲）中国保持切实办理之邮务；

（乙）中国政府保证现在邮务行政暨外国邮务总办之地位无变更之意。

（二）为使中国暨有关系之国举行必要之设备起见，此项办法实行之期不得逾一九二三年一月一日。

（三）外国邮局尚未完全撤消以前，该有关系之四国各担任予中国海关官员以充分之方法，俾得在各外国邮局查验各项邮件（寻常信件不在此例），意在察知所装之件应否纳税，是否违禁之品或违反海关章程及中国法律。

《外交文牍——华盛顿会议案》(下)

## 施肇基、顾维钧、王宠惠来电

华盛顿,1921 年 11 月 26 日

税则案,中国提议各条,大众之反动力颇佳,但订立条件,似不能免。与各国代表团会谈于别项条件以外,所有厘金之废除及所加税收用于公益事业之担保二条,均以为必不可少之条件。多数代表团谓:此项担保,应以各国团体稽核用款、考查帐目。基等均信,反对此项计划欲求有效,并保持尊荣,必须在我有切实之陈说。基等可否陈说由中国自设一董事会办理其事?该会以财政总长及至有信用之公众团体,如中国银行团者组织而成,并以总税务司为管理帐务之员。更有紧要之事于内外□□□□有益者,外国专门委员之言,谓众意对于出口税宜行减少,窃思此项条陈甚可施行,因其得大众之欢心,而于税则问题亦易于解决也。分会定星期一、二会议。以上二节,应如何之处,希速示遵。基、钧、惠。二十六日。

《秘笈录存》,第 421 页

## 外交部致代表团

1921 年 11 月 28 日

廿六日两电所称监督用途条件,核与安格联建议相同,现经详细考虑,于法律实无根据,碍难施行。查民国三年审计院制,原系事前监督,仍拟因仍旧制,将新加关税腾出之一部,由审计院事前监督,较为可行。除原有外国顾问外,并可酌派有关系国人充顾问从事稽核。特先电复,俟决议再详达。外交部。二十八日。

《秘笈录存》,第 421 页

## 在华领事裁判权分股委员会第一次会议议事录

1921 年 11 月 28 日

一九二一年十一月二十八日(星期一)上午十时

在全美洲联合会董事室开会

出席人名如下:

美利坚合众国　参议员洛治君

比利时国　吴德勋爵　随同出席者雪尔浮克吕君

不列颠帝国　上议院议员皮尔斯君　随同出席者朱尔典爵士　马尔铿君　诺尔斯君

中华民国　王宠惠君　随同出席者罗文幹君

法兰西国　沙罗君　随同出席者楷美娄君

义大利国　上议员阿而白丁尼君　随同出席者费雷梯君

日本国　埴原君　随同出席者木村君

和兰国　楷南皮克爵士　随同出席者安求利诺君

葡萄牙国　物司康赛雷斯君

秘书长带同威尔逊君　通译员楷美林克君

主席洛治君谓:"本分股委员会之设立,其目的在拟具议案,组织调查委员会,将在华领事裁判权制度及其司法行政调查报告,兹将所拟草案分送各代表并宣读如下:

组织法家委员会调查报告在华领事裁判权及司法行政之议案

以下所列参与限制军备会议讨论太平洋及远东问题之各国代表,即美利坚合众国、比利时国、不列颠帝国、法兰西国、义大利国、日本国、和兰国及葡萄牙国,因注意于一九〇二年九月五日中英条约、一九〇三年十月八日中美条约、一九〇三年十月八日中日条约,各该国允助中国政府以便实行其所表示改良司法制度,期等于泰西各国之志愿,并宣言一俟中国法律地位及施行该项法律之办法并他项事宜皆能满意时,即预备放弃其领事裁判权;又因关于此事,同情促进中国代表团于一九二一年十一月十六日所表示应将中国政治上、法权上、行政上自由行动之现有各种限制立时取消或体察情形从速废止之愿望;又因任何决定关于达此目的之适当动作,应就中国法律司法制度及司法行政手续之复杂情形考察详悉方有依据,此则本会议所不能决定者。

今议决,上列各国政府应组织一法家委员会(各该政府各派委员一人),考察在中国领事裁判权之现在办法以及中国法律司法制度暨司法行政手续,以便将考察所得关于各该项之事实报告于上列各国政府,并将委员会所认为适当之方法,可以改良中国施行法律之现在情形及辅助并促进中国政府力行编订法律及改良司法,足使各国逐渐或用他种方法放弃各该国之领事裁判权者,建议于上列各国政府。

该法家委员会应于本会议闭会后一个月内由上列各国政府嗣后所定详细办法组织之,应令该委员会于成立后一年以内将报告及建议呈送。

上列各国之每国可自由取舍该委员会建议之全部或任何一部,但无论如何各该国中之任何一国不得直接或间接以中国给予政治上或经济上任何特别让与或恩惠或利益或免除为条件而采取该项建议之全部或任何一部。

皮尔斯君问:"本议案内所用'法家'字样究竟意义若何?"

主席答谓:"就普通意义而言,此字有法律人员之意义。"

皮尔斯君复谓:"据本席意见,单由法律人员组织之委员会未必一定完善,盖新司法制度最重于便利商业,是以加派有商业经验之委员似觉妥善。"

楷南皮克爵士谓:"案内所用法家字样,果有限制的法津人员意义,则此语应予更改,且将来应调查之问题固不尽法律问题,各委员对于中国及其商业情形更应有完全知识,今若于案内此点不加修改,则将来必有窒碍难行之处。"

主席谓:"应研究之主要问题在司法行政。据本席之意,可任各国委派其所欲派之委员较为妥当,即将'法家'字样删除,似亦不妨。如各委员无异议,则仅用委员会字样。"

埴原君谓:“关于各国委员人数,应有明确规定。例如:各国委员人数不得过一人或二人。”

主席答谓:“业经规定委员九人,且信九人所作之事能较十八人为多,惟每委员自得随意携带秘书或专门顾问一人。”

王宠惠君谓:“本案未规定如何与中国政府联络,应请分股注意。”

主席谓:“本席预料中国政府应有代表一人参列委员会,但在本案内再加一行予中国以派遣代表列席委员会之权,亦属易事,但不如另列一款较之重拟首节为妥。”

皮尔斯君谓:“本案为中国以外各国之一种协定,中国为表示赞同起见,须另提一案载明中国对于上述议案业已注意并宣告拟委派代表一人。”

主席谓:“中国应包括在出席委员会各国内,兹提议增加一款,声明中国将派委员一人,且对于皮尔斯君所拟增之相类条文,仍不妨通过之。”

楷南皮克爵士谓:“依本席所见,似应由对于中国地位表示同意之各国间订一确切协定较为适当。”

沙罗君谓:“本案乃各国对中国建议之一种答复,盖中国既向各国要求放弃领事裁判权,故应予以答复,经各国签字,然后再分别讨论办理中国问题。”

主席询问:“本股对于此项提议之意见如何?”

埴原君赞同沙罗君及楷南皮克爵士之提议。

皮尔斯君问:“在中国有领事裁判权而未参与本会议之其他各国,如西班牙、挪威、瑞典,应如何办法?各该国能否遣派代表,在考查司法委员会列席?”

楷南皮克爵士问:“是否欲将此案通知各该国?”

主席答谓:“可另行通过一案,载明在中国有领事裁判权之其他各国,如愿意时得加入本案,派遣代表列席委员会亦属易易。”

沙罗君谓:“本案应即予赞同,且本案为原则问题,应照原文加以讨论。”

楷南皮克爵士谓:“该委员会考察时间极为短促,不克竣事,应请注意。该委员会应自第一次开会日起,予以一年期限,以便拟具报告,较之自成立日起为愈。”

沙罗君及埴原君赞成此提议。

主席问:“有无异议?如无异议,当将议案原文内‘成立后’数字改为‘第一次集会后’数字。”

阿而白丁尼君谓:“未参与本会议各国,如赞同本案时,似应请其赞同本案全部为宜。”

主席谓:“本席与阿而白丁尼君之意相同。”

皮尔斯君谓:“中国亦应表示赞同。”

主席谓:“若无异议,已经赞同之各修正案应予通过。本席将自拟一款,为其他各国与中国之加入条款,并请王宠惠君将中国地位依其意见亦自拟一款。”

楷南皮克爵士谓:“未参与本会议之各国,不特应加入领事裁判权一案,即其他事项亦可加入。此项问题应留后再议,或特设一委员会专司其事。”

主席谓:“本席以为本案所载原则应与他项问题分别讨论。”

至是遂即散会。

《外交文牍——华盛顿会议案》(下)

## 在华领事裁判权分股委员会第二次会议议事录

1921 年 11 月 28 日

一九二一年十一月二十八日(星期一)下午四时

在全美洲联合会董事室开会

出席人名如下:

美利坚合众国　参议员洛治君

比利时国　吴德勋爵　随同出席者雪尔浮克吕君

不列颠帝国　参议员皮尔斯君　随同出席者朱尔典爵士　马尔铿君　诺尔斯君

中华民国　王宠惠君　随同出席者罗文幹君

法兰西国　沙罗君　随同出席者楷美娄君

义大利国　参议员阿而白丁尼君　随同出席者费雷梯君

日本国　埴原君　随同出席者木村君

和兰国　楷南皮克爵士　随同出席者安求利诺君

葡萄牙国　物司康赛雷斯君

秘书长带同克莱逊君　通译员楷美林克君

主席洛治君宣读本股上午开会时通过各案如下：

组织委员会调查报告在华领事裁判权及司法行政之议案

以下所列参与限制军备会议讨论太平洋及远东问题之各国代表，即美利坚合众国、比利时国、不列颠帝国、法兰西国、义大利国、日本国、和兰国及葡萄牙国，因注意于一九〇二年九月五日中英条约、一九〇三年十月八日中美条约、一九〇三年十月八日中日条约，各该国允助中国政府以便实行其所表示改良司法制度，期等于泰西各国之志愿，并宣言一俟中国法律地位及施行该项法律之办法并他项事宜皆能满意时即预备放弃其领事裁判权；又因关于此事，同情促进中国代表团于一九二一年十一月十六日所表示应将中国政治上、法权上、行政上自由行动之现有各种限制立时取消或体察情形从速废止之愿望；又因任何决定关于达此目的之适当动作，应就中国法律司法制度及司法行政手续之复杂情形考查详悉，方有依据，此则本会议所不能决定者，今议决：

上列各国政府应组织一委员会（各该政府各派委员一人），考查在中国领事裁判权之现在办法以及中国法律司法制度暨司法行政手续，以便将考察所得关于各该项之事实报告于上列各国政府，并将委员会所认为适当之方法，可以改良中国施行法律之现在情形及辅助并促进中国政府力行编订法律及改良司法，足使各国逐渐或用他种方法放弃各该国之领事裁判权者，建议于上列各国政府，该委员会应于本会议闭会后一个月内由上列各国政府嗣后所定详细办法组织之,应令该委员会于第一次集会后一年以内将报告及建议呈送。

上列各国之每国可自由取舍该委员会建议之全部或任何一部,但无论如何,各该国中之任何一国不得直接或间接以中国给予政治上或经济上任何特别让与或恩惠或利益或免除为条件而采取该项建议之全部或任何一部。

王宠惠君问:"若将'在一个月内'数字改为'在三个月内'数字,未知有无异议?"

此项修正即经全体赞同。

主席宣读一追加议案应加入于前述议案之后,其文如下:

未画押之各国,在中国依条约有领事裁判权者,将声明加入之文件交由美国政府,通知画押各国,得加入本案。

皮尔斯君谓:"加入本案,即有派遣代表参与委员会之权,是以拟于'有领事裁判权者'数字后加'于本会闭会后三个月内'一句为妥。"

此项修正即经通过。

主席谓:"本案系单独提出,应与上午业经讨论通过之案分别办理,故于上午之案以不加他项修改为宜。"

皮尔斯君谓:"不再修改或可用他项名称如'乙种提案'亦可。"

沙罗君谓:"前项议案业经表决,现在讨论之案为:(甲)本股上午开会时提出之第二案;(乙)顷所提出之第二案。本分股现既讨论第二案,应予中国代表以发表意见之机会。"

主席问:"第二案应否视为第一案之一部分?"

楷南皮克爵士问:"关于加入本案各国之权利,究属如何? 尤以有无派遣代表参与考察委员会之权?"

主席答谓:"各该国之权利,不能有何区别,因各该国与缔约国原享同等权利负同等义务,加入二字已明言之。"

沙罗君谓:"本席并无异议,不过只涉远东各国之权利,似应预为讨论,且讨论须有限制,对于何国真享有领事裁判权者,应洽商妥协。

盖有数国确因条约享有领事裁判权,其他数国系由商约取得者,亦有数国所得权利殊不确定,而与领事裁判极相似者。本席以为此事应先提出,但无论如何,上午所拟组之委员会人数不宜过多,本日上午开会时主席洛治君以会议时委员人数愈少,办事愈捷,本席颇赞同其意。"

楷南皮克爵士谓:"与中国有约而未参与本会之各国地位(本席并无排除之意),殆为一概括问题,对于他项议案,例如关税议案,亦必提及拟将此问题留待相当时期合并概括讨论。未知本股以为然否?"

主席谓:"委员会审议之领事裁判权,仅指各国已设有法庭者,似与其他各国无涉,至关于关税、铁道各项权利,则不在本问题以内。"

沙罗君谓:"本席虽不反对楷南皮克爵士将此事详尽研究之意,而与主席洛治君亦极表同意,本席以为只限于享有此项法权之各国可以加入,本日上午开会时之讨论既以各该国为限,应仍将讨论事宜明为确定,不必推广。"

主席谓:"本案乃指未画押而依条约有领事裁判权之各国,在美国'领事裁判权'数字只有一种意义,即在外国之裁判权,是以若言领土外之裁判权,似较为明了。"

皮尔斯君问:"各该国是否能于闭会后三个月内加入本案?"

主席遂宣读修正案如下:

未画押之各国,在中国依条约有领事裁判权者,于本会闭会后三个月内将声明加入之文件交由美国政府,通知各画押国,得加入关于在中国领事裁判权及施行法律之议决案。

此修正案即经通过,并无异议。

主席谓:"本股兹应审议中国愿提出之议案。"

王宠惠君遂声明如下:

设立委员会,调查并报告在中国领事裁判权及施行法律之议决案,中国业已注意。对于上列各国于中国政府取消领事裁判权之愿望表示同情,深为惬意,并宣言拟派一人为代表,有列席该委员会为会员之权。惟对于该委员会建议之全部或任何一部,中国得自由取舍。再,中国愿助该委员会予以一切便利，俾得成其职务。

主席谓："本股对于此项声明并无异议。"

遂即散会。

《外交文牍——华盛顿会议案》（下）

## 中国关税分股委员会第一次会议议事录

1921 年 11 月 29 日

一九二一年十一月二十九日（星期二）下午三时

在全美洲联合会董事室开会

出席人名如下：

美利坚合众国　参议员恩特华特君　随同出席者雷君

比利时国　楷铁尔君　随同出席者雪尔浮克吕君

不列颠帝国　鲍腾爵士　随同出席者斯密斯爵士　朱尔典爵士　克析史底君

中华民国　顾维钧君　随同出席者谢宝天君　李景铭君　金问泗君

法兰西国　沙罗君　随同出席者杜显纳君　楷美娄君　贾尼叶君

义大利国　上院议员阿而白丁尼君　随同出席者乔尼尼君　费雷梯君

日本国　埴原君　随同出席者小田切君

和兰国　贝拉斯爵士　随同出席者安求利诺君　史带根鲍爵士　维登君

葡萄牙国　物司康赛雷斯君

秘书长带同奥史庞君　保罗君　通译员楷美林克君

主席（恩特华特君）宣告秘书长与助理员拟将本股议事录仿照全体委员会议事录办法记载之，未知有无异议，此议即经分股委员会各代表赞成。

主席又称倘各代表并无异议，本分股委员会应即进行会务，请中国代表将在全体委员会说明者外尚有其他声明否？

顾维钧君谓："本席前在全体委员会曾将关于关税问题之情形有所说明，并提出三种建议如下：(一)关税自主权应由出席各国议定，于届一定时期后交还中国；(二)中国进口税则应自一九二二年一月一日起立即增加至切实值百抽一二·五；(三)应由中国与各国从速协定一种新税制，俾中国对于各种进口物品得自由征收适当关税至议定之最高税率为度，例如对于奢侈品与必需品等类，可有区别税率之权。

兹为便利讨论起见，本席备有一表将提交分股委员会讨论之问题胪列在内，兹本席特宣读如下：

(一)现行值百抽五之进口税应即增加至切实值百抽一二·五。

(二)中国允于一九二四年一月一日裁厘，各国亦于同日允将一九〇二年中英条约及一九〇三年中美、中日条约所载进出口附加税实行征收，并允对于奢侈品于切实值百抽一二·五进口税以外另征附加税，亦于同日实行，至条约规定之其他各节，中国与各国按照前述各约之条文仍旧履行。

(三)自此次协定后五年以内，再以条约商订新关税制度，对于进口各物以值百抽二五之最高税率为度，在此最高限度之内，中国可自由订定税则。此新税制实施之期，应至下列第五节所载时期届满时为止。

(四)现在适用于陆路输入或输出各货物之减收关税制应即废除。

(五)凡中国与各国规定征收关税子口税及其他税项所订条约之条文，自此次协定签字后届满十年应即废止。

(六)中国自愿声明，对于海关行政之现行制度并无根本之变更，亦无以业经抵押外债之关税收入移作他用之意。

本席原拟将此项提案付印，对于各该问题之讨论次序，本席并无意见，惟愿将第一段首先讨论之。"

主席问："从事讨论现行关税之增加可能性，未知有无异议？"当以此种讨论方法无人表示异议。

顾维钧君谓："中国海关税则因受各国条约之限制异常低微，几及八十年矣，在一八六〇年与一九〇二年间中国不能实行修改税则，迨一九〇二年曾为一度之修改后，复于一九一八年重行修改一次，但虽经修改现有税则，仍不过切实值百抽三 · 五。夫关税为国家收入上一种极重要之税源，在中国为尤甚，固无庸赘述。盖中国实业尚未充分发展，人民犹多，注重农产，其他税收如地亩税等又不易加征，故中国政府所赖以挹注者，大半持海关收入一项，而照现在金银汇兑情形，所有一切海关收入只足以应付外债，更无余赀以应建设事业之急需，如教育、公益、造路及其他增进人民幸福之改革，本席切望各代表与本席同此观念，对于立即增加税则至值百抽一二 · 五之事即予赞同。"

主席谓："现在顾君提出之案是于原案内复连带提及两事：即废除厘金及对于各国划一税率。顾君所称关税增至值百抽一二 · 五为合理之举云云，本席知顾君之所谓合理者，无非就中国政府之需要而言，本分股委员会亦可暂允所拟增之数，而视其他连带提及二事是否能达到结果，然后决定之。此时对于进行程序不妨各抒所应否先讨论中国经济上之需要是否确需有值百抽一二 · 五之进口税，抑将以上三种问题同时讨论？

至埴原君所询各节，据本席所知，中国要求于将来自由厘订征收关税，目前先请变更条约，俾得征收值百抽一二 · 五之关税，今第一步办法似可将中国加税之需要先行调查，其他问题稍缓再予考量。"

顾维钧君谓："当本席说明中国政府之需要须增加所拟税则时，绝无意引起此问题，使中国政府所视为需要者是否成立，应否由分股委员会考虑认为实在需要，至于将来关税，本席希望或能订一协定，不必细究中国政府之财政状况，倘分股委员会必从事考量中国政府财政上之需要，则分股各代表对于中国财政状况及中国政府需要发表之意见难免不受中国人民之指摘，今中国代表团愿以各种说明供给本股，而本股亦可免审查全部财政问题之繁琐也。"

楷铁尔君谓："大体上本席赞成顾君意见，似以不先讨论中国之需要为愈，宁即讨论分股委员会是否能赞同拟增税率至值百抽一二 · 五之数。"

鲍腾爵士谓:"本席对于顾君意见颇表同情,但应注意者即税率增至值百抽一二·五之问题与一九〇二年中英马凯条约内裁撤厘金问题有密切关系,此项条约之条款当已尽人皆知,可不赘述。倘不裁撤厘金则税率增至值百抽一二·五之事,本席颇难同意。以本席所了解,似顾君提案拟将税率立即增加。"

顾维钧君谓:"本席原拟一九二二年一月一日为增加税率日期,嗣以'立即'二字代此日期,盖按照习惯,凡变更税则须三个月前先行通知之。

至鲍腾爵士所询一节,照本席提案,中国厘金拟于一九二四年一月一日裁撤之。"

鲍腾爵士谓:"本席对于一九〇二年中英条约内两国政府所持之意见自知不能与之相左,又凡本会议应办之事皆须有重要事项以为根据,但本席希望中国代表办理此事似应注意于节省不生产之费用而尤以节省军费为最要,复可提出一种办法使增收税款用于铁路事业,庶中国发达得以增进,本席之作此拟议无非抱援助中国之热诚,谅顾君当不河汉斯言。"

顾维钧君谓:"鲍腾爵士之同情盛意极为感佩,本席所以对此提议竭力答覆者,正为与中国人民抱具诚挚之一人予以说明耳。

至于增收税款之用途,中国政府之意本拟用于建筑道路并增进公共卫生及公益事业或提出一部份以偿外借亦无不可,中国舆论及政府意思愿将增收之款用于建设事业。兹为保证此项用途起见,中国政府拟委托审计院办理其事,该院系因善后借款由中国政府与外国银行团订约设立者,该院有外国顾问帮同办事,颇得承办借款之外国银行家赞许。"

旋经鲍腾爵士有所询问,顾维钧君答谓,该院职权并不办理外债事宜,惟与一九一三年商借之二千五百万金磅善后借款有关耳,今中国政府更拟借重海关人员,藉其襄助,以备咨询,庶此项基金确能用于原拟用途,不致有误。

主席谓:"顾君提出之问题今可即予讨论。"

埴原君谓:"中国提议增加关税,日本虽与表示同情,但以为讨论增加关税问题须经详细考察,似属一重大事项,按中日商务占日本对外贸易三分之一,日本对于此事并无私见,且愿援助中国,但由分股委员会决定关税应增至若何程度极感困难,增加关税于原则上当无不赞同,日本亦不反对此原则,但有数种问题如裁撤厘金必须先行圆满解决,本席以为可由他种方法讨论此事,似较妥善。按中日条约曾载有数种关税之附加税,可以增加,现在若循此途解决其事,最为便易。若欲解决根本问题,则非数月或一年不可,且由分股办理实属过于繁琐。"

主席谓:"以本席所知,埴原君之提议系谓关税之概括增加问题,不应讨论,惟日本代表团愿照一九〇三年中日条约之规定允予增加。"

埴原君谓:"于现行税则上增收附加税,当为关系各国最不反对之办法,至由他种看法,本席亦愿讨论此问题,但应有一专门委员会,以便研究各详细事项。"

物斯康赛雷斯君谓:"本席深知中国有增加进口税之必要,按照现行多数条约可随时修改各种商品已定之税则,未知现提之案于实行上对于条约内之修改有无抵触,抑或可代以他种修改?"

主席谓:"本席可断言,美国极愿中国有相当税收,庶可建立巩固政府,行使职权,美国愿尽力以赴,克成斯愿。惟有一议为美国所不能赞同者,即由美国运往中国之进口货独受增加关税之歧视,美国代表团虽允其议,亦不能担保批准。凡由美国运往之进口货应与他国货物立于同等地位,中国门户开放应对各国一律开放,除此节应加考虑外,美国无不尽力从事以副中国之意愿。"

沙罗君谓:"现提之案应俟其他两问题先行讨论后方能确切决定,分股委员会对于增加关税问题届时可再行讨论之,盖加税问题不能与裁厘问题分离讨论,诚如鲍腾爵士所言者,虽然中国现在财政情形异常竭蹶,亟需款项以维政务,由种种方面观察,此层最关紧要。鲍腾爵士宁愿根据一九○二年之条约,但切实裁厘尚须时日,而际此中国情形仍无所补救,至日本提议增收附加税,须俟专家报告,因其复杂繁琐,亦非一时所能办竣,倘中国能确保裁厘,可暂允增税,在研究裁厘之际或将关税暂允增至值百抽一二·五,此乃一种互让方法。又主席之意以为应予中国以恢复信用上必需之便利,本席亦以为然,因一国政府之强固全赖对外信用也。"

埴原君谓:"本席所提之附加税,可依据现行税率计算之,此不过一种过渡办法,嗣后再行修改税则。中国既急需款项,则按照现行税率加征一附加税为最敏捷办法,无须长期调查。"

主席谓:"中国对于需要品及奢侈品拟分别税率,若对于各物一律值百抽七·五,则此事恐难办到,或听由中国自行厘订附加税之总数亦无不可。"

埴原君谓:"本席谅并未予人一种感想,以为日本已愿允许中国征值百抽七·五之附加税,盖此项提议尚须详加考虑。"

顾维钧君谓:"以本席所能了解,中国提案与埴原君之建议相差只在'切实'两字。按现行税则,系根据一九一二年与一九一六年间之平均物价,所以现在征抽之数名为值百抽五,其实不过值百抽三·五。埴原君之建议,其办法虽较简单而实际收入相差甚远,盖名为值百抽一二·五,其实仅切实值百约抽八·七五而已。"

鲍腾爵士谓:"本席对于埴原君提议之见解大致相同,至本席所提之事乃一极重要条件,即将增收关税用于生利之用途。英国代表团顾问曾将此全案加以研究,并以为若能依照上述条件办理,在裁撤厘金以前可将税则立即修改,增至切实值百抽七·五,并可对于数种奢侈品增抽附加税。俟厘金实行裁撤时,再将税则增至切实值百抽一二·五,复于四年后再行修正一次,以后则每七年修改一次。至于主席所谓门户开放与机会均等各节,本席亦愿附议赞成。"

贝拉斯爵士谓:"现在经过之讨论,无非说明中国愿立即从海关收入上增加税款,所以,现在问题在应知用何方法可以达此目的。以一九一八年修改税则所得之经验，即可知为决定切实税率所遇种种困难，今日本代表所提办法是否为较简便、较有效之办法，中国代表团盍一考量之。”

埴原君经阿白丁尼君之询问，答谓：“附加税总数一事，日本政府或愿考量，本席不便擅定，俟下次会议时当将此事告知本分股委员会。”

主席谓：“倘能履行巩固远东情势之计划，乃最为紧要之事。中国必须有充分收入，庶政务得以进行。本席以输出国代表之资格固信，增加税则亦与美国有利，因其可以巩固情势。故本席极愿成立一种协定，盖支付关税既为消费者负担，是受此加税之负担者仍为华人。苟税率不至增加过高，妨碍商务，则他国人民不至受其影响。厘订关税仅值百抽五或值百抽七而谓能碍及运华商货之数量，实不敢信。故本席希望分股办理此事务从宽大。”

顾维钧君谓：“主席提及办理此问题应有之精神，本席殊为感佩。其他各代表以及日本代表谅均具此精神无疑，因此，并盼分股办理此事定能迅速进行，本席并非催迫。日本代表声明其能赞同增抽附加税若干，不过愿其于今日有所表示。鲍腾爵士已提出一种建议，至其他已提之案，本席愿与诸君一审其利弊，倘本会能探知日本代表团对于附加税之意思，则于事大有裨益。”

埴原君谓：“由日本政府所得消息，中国政府近向日本及他国政府提议，按照现行税则增加四分之一之附加税，以应目前急需。日本愿赞同此议，但本席尚未研究中国之提议，而愿知拟加之税是否只供中国目前之需要？”

阿而白丁尼君谓：“以本席了解，埴原君所言果属不谬，则其税率不过由切实值百抽三 · 五增至值百抽四 · 四而已。”

顾维钧君谓：“埴原君所称之中国提议，乃因中国政府前为筹集款项以偿某项外债起见曾提及此事，是不过将条约上应得之切实值百抽五税率中增加切实值百抽四 · 四而已。”

遂即延会。

《外交文牍——华盛顿会议案》(下)

## 中国关税分股委员会第二次会议议事录

1921年11月30日

一九二一年十一月三十日(星期三)下午三时三十分

在全美洲联合会董事室开会

出席人名如下:

美利坚合众国　参议员恩特华特君　随同出席者雷君

比利时国　楷铁尔君　随同出席者雪尔浮克吕君

不列颠帝国　鲍腾爵士　随同出席者朱迩典爵士　斯密斯爵士　克利史底君

中华民国　顾维钧君　随同出席者金问泗君　谢宝天君

法兰西国　沙罗君　随同出席者楷美娄君　贾尼叶君　多瑞君

义大利国　上院议员阿而白丁尼君　随同出席者乔尼尼君　费雷梯君

日本国　小田切君　随同出席者佐古君　子持君　樱内君

和兰国　贝拉斯爵士　随同出席者史带根鲍爵士　维登君　安求利诺君

葡萄牙国　物司康赛雷斯君

代秘书长奥史庞君　威而逊君　通译员楷美林克君

主席(恩特华特君)先将中国代表团于第一次会议时提出议案分送各代表一份,并问有无讨论。

鲍腾爵士谓:“分股委员会多数代表咸请本席将在第一次会议时所言者详细申述一遍,今本席特再说明之。当一九一二年按照条约应行之修改税则延至一九一八年始克举行,今本席提议将一九二二年到期应行之修改立即举行或尽速办理。据专家意见,可于四五个月内办竣。本届修改可将现有之值百抽三·五至值百抽四之税则改为切实值百抽五，照本席之提议，以后定为每七年修改一次。惟今日世界商业情形变迁无常，下届修改之期可定为四年以代七年之期，即于一九二六年举行，届时不过经一计算之手续，即将切实值百抽五之税率增至值百抽七·五。此外，中国对于数种奢侈品如烟、酒等类，可增加税率。此后，按照一九〇二年中英条约，于裁撤厘金后其税率可增至值百抽一二·五。本席对于中国代表团之目的虽表同情，然现在即欲决定日期废止关于关税之条约，似属难行，日后之发展情形亦须顾及之，又未经参与本会议之数国如不允可，则前订各约亦不能置之不问。"

主席谓："鲍腾爵士之提议是否包括一种了解将现在之海关管理不加变动？"

鲍腾爵士谓："诚然。"并谓："顷本席所述下届修改税则之日期有所误会，顷谓一九二二年到期今始知修改，时日业已过期。"

顾维钧君问："照鲍腾爵士之提议，是否须将税则立即修改，俾得征收切实值百抽五之税？"

鲍腾爵士答曰："然。"旋复经顾君询及此次修改之结果是否可加征值百抽二·五，亦答曰："然。"

小田切君提出日本说帖如下：

"日本在华商业既占中国对外贸易全额十分之三以上，即在日本对外贸易亦占同等比例，是修改税则后最受痛苦者亦惟日本。

日本商品多半售于中国下级人民以供日用之需，且由日本输入之货实为大多数小本制造家之出品，若税则遽行增高，一方面足使在华物价飞涨，平民生活昂贵，一方面且使日本工业大受影响，故修改税则自以逐渐进行，最为紧要，俾两国人民于经济生活得以从容调剂，由此以观，日本代表团不得不声明，订定税率骤增至切实值百抽七·五，即较现行值百抽三·五加增一倍有余，本席以为不能施之实行，至为抱歉。关于值百抽一二·五之税率允属不成问题。

由日本代表团视之，修改现行税则至切实值百抽五，允称正当，复与中政府及北京外交团间之协定亦相吻合。惟改正手续须经一年半载,日本代表团为避免延迟起见拟提一通融办法,既免延迟,复于中国政府大有利益。其办法为何,即对于沿海及进出口物品征收附税百分之三十,可使中政府之收入约增二千万银元,若仅对于进口货增加税则至切实值百抽五,则只能增收一千六百万元之谱。

此种附税并非尽属创举,盖本年各国曾允于各项关税上加抽一成附税,以一年为期,作为振灾临时办法。据海关人员估计,此一成附税约可收入七百万银元。

日本代表团对于提议增税一事并无始终绝对不赞成之意,且愿帮助中国政府修改税则,一九〇三年中日商务航海续约内已经载明之。

至若提议在中国组织一中外委员会,研究此增税裁厘之困难问题,并拟具切实可行之计划,送交各关系国政府,日本绝不反对。"

顾维钧君谓:"本席现在只对小田切君之说帖加以讨论,至鲍腾爵士之提议当稍缓再加研究。今于讨论日本代表之提议以前,应请诸君了解本席对于日本代表关心中国增税后之影响殊为感佩,又遽行加税或致中国生活程度受大影响一节多承顾虑,尤为铭感。但此种增税依据鲍腾爵士之提议,计算于现在物价,增加不及百分之三·五,应请注意。故本席对于此种顾虑不能赞同。至于日本工业之利害,本席不愿妄加评论。但如鲍腾爵士提议所增之税即增至值百抽七·五,即以中日商务占日本贸易全额百分之三十而论,日本商人所增负担亦不过多六百万元,且此数当由日本全国分担之故,此层顾虑本席亦不能与日本代表表示同情,且增至值百抽五不能为一种特别让与权利,盖条约内已订定值百抽五之税率也。"

顾维钧君旋以各种表册分送各代表,续谓:"中国于二十年间所收之税,其平均税率只有值百抽三·四八,以与条约订定之值百抽五相比较,其所受损失之总数当在二万另七百万元。本席讨论此事所持理由,不过欲反覆说明中国要求并未过奢,在中国代表团视之,犹以为中国提议甚属和平。日本代表所拟增抽三成附税一节,其济急一时之美意殊为感佩,但所得之数仍不敷用,仅将税率增至值百抽四·七而已。所有提议组织委员会，本席以为并不适宜，又非必要，盖税则上之现在地位已有条约规定之，复从另一表册而观，可知英、德等国之关税与中国关税相比较，大相悬殊。当一八九九年以前，日本平均税率尚不及切实值百抽五。迨至一八九九年，日本收回关税自主权后增加税率。至一九一一年，已达值百抽十九，此自系欧战以前之税率。”

小田切君谓：“本席既为商人，自熟知日本现在情形，倘关税遽行增加，多数工厂势必关闭，可以断言。故本席希望将税率逐渐改正为是。又战后各种税率，顾君未曾叙入，倘亦叙入，可知日本于一九一九年之税率仅值百抽八，因日本为战后影响大受痛苦，其他各国大致相同。至顾君询及一九一九年值百抽八税率是否包括奢侈品在内一节，查日本此项税率连奢侈品计算在内。”

鲍腾爵士谓：“顾君表内所列比较似欠公允，因有重要事项仍多遗漏，例如坎拿大之关税多从奢侈品征收，并不征收出口税，故税率独高，本席以为此项比较无甚裨益。”

主席谓：“以泰西各国而论，税率自较中国为高，此则无庸置辩，或比较者未知日本代表是否提议将值百抽五税则立即实行，否则将以何法变通之？”

小田切君谓：“就本席之经验而论，修改税则至少须半年至一年方能告竣，是中国于此期内无所增收，故本席提议对于沿海及进出口货增抽三成附税。”

主席谓：“此项提议是否欲于现在值百抽三·五之出口税上增收百分之三十之附税？”

小田切君谓：“按照此项增税，中国每年可多收二千万元。”

楷铁尔君谓：“关于中国关税问题，本席以比国名义愿从宽大，赞成提案。本席以为此次会议之目的，不仅谋有约各国之利益，中国利益亦须顾及。中国应使更为强固，而非增加其收入，不克臻此。中国既有强固政府，各国当同受其益，但有数种条件亦不得不注意之：（一）各国须受同等待遇；（二）中国既偿外债，其收入余款应用诸公益事业；

(三)一切变更须经各国同意;(四)海关行政之现行制度应维持之。

至于日本代表提议增收三成附税于应付目前需要,尚不及条约协定之值百抽五税率,以今日所予较少于条约已定之税率,实为一种恶例。”

小田切君答称:“增抽进出口及沿海货物三成附税,每年可增收二千万元,至对进口税增至切实值百抽五,不过增收一千六百万元。”

顾维钧君谓:“本席于提议增加进口税则时应请诸君明了中国并不专就本国利益着想,此项加税日后当能证明,不啻各外国一种最好之投资事业,中国代表团愿赞同鲍腾爵士之提议,惟应修正者,即在实行鲍腾爵士所拟修改税则以前,立即施行一种附加税,约等于切实值百抽七·五之数,所以欲订定切实值百抽七·五为修改税则之基础者,因对于奢侈品得征值百抽一二·五之最高税率之提议有连带关系也。

沙罗君谓:“本席愿赞成中国提案,但应预先声明者,关于奢侈品问题,须有较为精确之解释,因各国对于商品认为奢侈品或非奢侈品,其见解各异。本席对于值百抽七·五为基础之附加税,与应付目前需要之附加税,以及日后裁撤厘金后订定值百抽一二·五之税率,于原则上均可赞同,但各国须得保证此种加税收入须解归政府,不入各省军长之手。苟此项税收不解归北京中央政府,应预定保留,此项税款虽愿用于公共事业,惟继续偿付外债亦须有保障,无论如何须以一部份之余款留作偿付中国外债之用,未知中国能否提出一种计划,分配增税收入,各国并无推鞠中国之意,不过如好友之探听消息,庶提案尤易于解决。”

阿而白丁尼君赞同楷铁尔君及沙罗君之意见,并谓:“中国意见应予考虑,本席希望介于中国要求与日本让步二者距离之间得一和解办法。”

贝拉斯爵士谓:“本席愿赞成比代表之志趣,又对于沙罗君所称须将加税用于中国最有利益之事一层亦表同情。本席愿知所以择定值百抽七·五税率以代他数之理由,查外国商人享有条约上权利,只须支付一种子口税,等于进口税总数之半,即能将货物运入内地,免纳一切通过税(厘金),未知现拟增之税于此项附税(子口税)数目有无变更?”

鲍腾爵士谓:“设于修改税则之前立将值百抽七·五税率施之实行,一如顾君所拟者,则以现在物价互有涨落,并不一律,实非公允。本席虽以为值百抽七·五税率不加修正即予实行,似欠妥善,但仍愿将此问题更加考量。关于修改税则,应遵从两种原则。即简易与固定,总以变更税则愈少愈妙,修订时期务从短促,并可议定修正税则不俟批准即予实行,至贝拉斯爵士所询值百抽七·五之数目一层,应知此中并无奥妙,凡熟悉商情之专家,均赞成此税率,而以值百抽七·五再加值百抽二·五之厘金认为合理,又按照天津条约子口税定为值百抽二·五,并非进口税总数之半,所以增加税率,子口税并不随之增加。”

物司康赛雷斯君对于鲍腾爵士之提议经顾君同意者,愿予赞助。

主席以美国代表团名义声称:“本席对于鲍腾爵士之提议经顾君所赞同者亦愿赞成为幸,但所欲得之结果在今日会议中恐不能达到。矧日本代表尚未表示同意,本席甚望于报告委员会之前能得彼此同意。”

鲍腾爵士谓:“现可延会,由主席再行召集,庶可续行讨论其事,期得一致同意。”

小田切君谓:“本席在今日会议中无复可以说明。”

主席遂宣告延会,由主席再行召集。

《外交文牍——华盛顿会议案》(下)

## 外交部致施肇基

1921 年 12 月 6 日

加税办法,政府愿进出口税一律值百实抽七分半,至税则自主权能施行时为止。已通牒日本使馆及其政府,请允照英国提议办理。南北统一以前,裁厘恐各省不允,但得借款、加税,裁厘当易同时举行,因可以之补偿各省所失厘金,并以关余为担保也。关税能速行值百实抽七分半,以充政府之用度,至要。外交部。六日。

《秘笈录存》,第423页

## 外交部致代表团

1921年12月6日

三日电悉。白尔福所询各节,拟酌答如下:国内军队自去岁至今,业经裁遣二十六万有奇。现政府仍与各省督军切实筹商办法,以期裁汰。其各省截留零星款项,系因频年用兵,事实上所不能免,然不过暂时状态。至谓各省与中央脱离关系一节,自西南五省分立,在表面虽似不相统一,夷考其实,南北之交通无阻,人民之往来自由,商货运输无禁例,法律、教育无异趋,其不相统一者,非由于全体人民之公意,实由于少数政见之不同。政府希望统一,久有表示。现更鉴于人民之渴盼,友邦之期望,积极进行,务使统一早日实现,夫然后国家基础巩固,军、财两政之困难,自当迎刃而解也。会中如有再询及此者,希本此意答复为盼。外交部。六日。

《秘笈录存》,第434页

## 施肇基、顾维钧、王宠惠来电

华盛顿,1921年12月8日

本日,钧说明中国所提原则第三条,备述此种私订关系中国条约之弊害。英白代表以为此系限制订约权,且中国不能自振,他国因商务关系,实难坐视,即或此项条约有害中国,亦应具体指出,不可泛论原则云云。日本附和,亦反对。主席引罗脱原则第二条谓,各国应代中国保留发展之机会,不可认作自己之机会。但此项条约,亦有不伤中国主权者,亦有不必请中国与议者,惟秘密结约则不可。今拟赞成中国提案,但加以限制,以有伤中国主权者为限。次,英葛兹大使提议,将原案改变形式,作为第五条原则,为罗脱四条之续。稍经讨论,即修正通过,作为另议决案。文曰:本会列席九国议决,不得彼此间及单独或联合与会外一国或多国订立条约或合同、或协议、或谅解，其性质足以侵犯或妨害本会一九二一年十一月二十一日所宣言之各项原则。许斯宣言另电。基、钧、惠。八日。

《秘笈录存》，第 441—442 页

## 国务院、外交部、财政部致代表团

1921 年 12 月 10 日

廿六、廿八三电诵悉。兹将应复各条列下：（一）关税自由之时期，至迟不逾三年。（二）进出口税，自民国十一年一月一日起，均加足切实值百抽七五，至税则自主权能施行时为止。裁厘问题，归入税则自主权实施案内解决。至出口税以七五为最高率。（三）现在欧战告终已满两年，进出口货已逾重新估值之期。兹为简省手续起见，暂照旧估加四分之一，以符前案。（四）将来之关税用途：（甲）约以十分之七作分期归还新旧各项长短期内外债款之用，业经核算，足敷支配；（乙）约以十分之一作国内外教育、实业经费；（丙）约以十分之一作国会经费及政局统一时建设费之准备金；（丁）约以十分之一补充中央行政费。以上成分将来实际支配或小有出入，大致以此为标准。（五）用途之保证。甲、乙、丙三项，就各该项性质，由主管机关会同有关系团体或中外债权者暨税司，分别组织基金委员会，视察各该项之用途。至行政费，本系另由他项税收开支，兹由关税补充者仅属少数，应由中国正当审计机关之审计院改良审计法，切实审计。以上各条，政府主旨不外公开、核实两义，如有须变通之处，诸公藻虑所及，只期无损主权，即祈相机公同酌议商定，随时电示为祷。院、外交、财政部。十日。

《秘笈录存》，第 423—424 页

## 刁作谦致外交部电

1921 年 12 月 13 日

总长钧鉴：九日电敬悉。兹再将谦在各报宣言辞职之原因缕渎清听。华会开幕之始，吾国方冀列国能一本正义待遇吾国，及会中讨论中国问题数次，而后乃觉此种希望顿归泡影。如关税自由问题，当会中讨论时，以有一国起而反对，他国即归缄默，结果交分委员会研究，遂成悬案。如撤销领事裁判权问题，仅有上月丙款之决定，于□初无实益，幸而列国对此决议一无牺牲，否则深恐并此空泛决议而不可得。如撤销外军外警、无线电及外邮问题，前数者均无善果，外邮撤消，则须俟之一年之后，是在此一年内中国仍须承认外邮之有权存在。此系纯侵害中国主权，并无条约根据者，结果且如此，其他无论矣。最近中日两国讨论山东问题，列国仅作壁上观，无助中国者。一言蔽之，列国专注重本国之利益，讫无主持正义之倾向，故遇讨论中国提案时，一国以有利害关系而起而反对，他国之微有关系者和之，其无关系者漠视之，此会中之大略局势也。即素称亲善之美，其目的亦专在反对英日同盟，并坚持十与六之海军比例，使日本不能为美之害，一面暗中接洽，谋达此项目的，一面竭力鼓吹，造成空气，似中国在此会中，已大得利，以敷衍门面。谦曾叠次设法谋将会中隐患，揭之报端，但以无款进行，且各报均助本国，因未见效，不得已乃有宣言辞职之办法。此项办法事属从权，纯属一种对外策略。当时不与代表预商而径自行发表，其理由有三：甲、照此办法而有良结果也，可为代表折冲之助，如无良结果也，代表可视为个人行动而不承认。谦前电所谓牺牲个人者是也。倘经预商，转使代表对外多所顾虑。乙、代表持节海外，不得不重视□□上之礼仪，如谦之决绝行动，即与预商，难邀允准。丙、探知该数日内将有大事发生，时机已迫，不容再缓，因决然出此行动。颇闻国人中对谦之辞职有曲为解释者，谦久居欧西，习于率直，如以猜疑之见相度，殊非知谦者也。谦辞职晨，适同时辞者尚有数人，因之此间报纸犹生误会，但此种适逢其会之误会，现已渐就了解。至美京舆论，对于谦辞职一举，除在此中人及政府所辖报纸当然不满，既不仔细研究谦之宣言，并故为恶意之解释百外，凡公正人士之不仰政界鼓吹者，对于谦之宣言，均示首肯。会中情形亦大有进步，八日会中定一决议，亘久不订违反前定原则之约，日埴原三次发言反对，英美仍持不交分委员会。自讨论中国问题，以不交分委员会者，此为第一次；有一国反对，而他国仍坚持者，此亦为第一次。且四国协定于未发表以前，即通知中国，并表示中国此约设有乙国对于中国问题有满意之解决后再履行。凡此均足证明空气已变也。现谦对于秘书厅事务勉力处理，恐念特闻。再谦五日电内谓已将辞职宣言在各报披露，何以钧部京六十六号电尚嘱缓行，恐有错码，合并声明。作谦。十三日。

中国第二历史档案馆藏总统府军事处档案

## 外交部致代表团

1921 年 12 月 13 日

八日电悉。租借地事，法代表表示退还之意，因英、日有所保留，改变前说，此案似尚可望挽回。如再讨论，似可声明本国收回后，亦决不筑炮台，不转租他人，担任无碍商务，希再设法竭力进行，期竟全功。外交部。十三日。

《秘笈录存》，第 439—440 页

## 外交部致代表团

1921 年 12 月 15 日

十二日电撤退外兵案，全文已悉。此次议案，仅以未得条约许可之外兵为言，与中国希望初旨不合；且九国代表调查之举，中国根本不能承认，因此案与领事裁判权案性质绝对不同。领事裁判权完全基于条约施行及于全国，为此次与会各国所同。有驻兵则仅英、日两国，且仅在汉口、新疆、东三省等处。他国在中国并未驻兵，其人民生命财产咸受保护，可证英、日两国并无驻兵之必要。况英、日两国侨民，各埠皆有，而独于此数处驻兵，名为保护，实恐别有野心。总之，外兵驻华，侵犯我国主权，违背罗脱原则，中国不能牺牲公法及原则，致受世界之责难。且地方情形，随时可发生变化，非如司法成绩之固定者比。以两国驻兵之故,遽允九国出而干预,倘调查结果表同情于我国,此项调查报告毫无拘束力,不能强英、日以必从。万一调查结果认为有驻兵之必要,不独英、日永无撤退之望,其他各国恐亦将借口效尤,事经国际公认,我更无术以解其束缚。再三研究,恐贻无穷后患,希即提出抗议,根本否认。再,报载无线电事,法国又有请设委员会之举,嗣后对于此类委员会,应请设法打消,以防潜图共管之渐。外交部。十五日。

《秘笈录存》,第 447—448 页

## 施肇基、顾维钧、王宠惠来电

华盛顿,1921 年 12 月 18 日

关税事,两电均悉。关税分股上月二十九日、三十日两次会议,加至值百抽七五一层,欧美赞成,日本反对。英主增收税款限作兴办事业之用,均经先后电陈。连日托某国向英、日分别设法疏通,两国态度未改。因尚未继续开会,本日钧复与某要人接洽,据云:日本于七五一层,只能允于三四年后实行,现在仅能允加至值百抽五;增收用途,须以一部份偿还我国现欠该国之债款。英国反对此层,仍以兴办事业,如敷设铁路、建筑道路等项为条件。现仍设法向英、日转圜。至稽核用途一层,我国所拟由审计院切实审计,前经提出,各国未能一致赞同,仍望我自行提议,由财政总长、华银行团代表暨总税务司组织委员会,从事稽核。其裁厘加税一层,各国名义上虽不反对,实际上以厘金关系各省,深恐政府或未能履行,意颇踌躇。关税自由一案,虽亦经在全体委员会及股中先后提出,并酌定十年为完全收回之期,尚未及讨论。惟各国代表团以我国政局尚欠稳固,恐讨论时以此为辞,投票反对,多留痕迹,劝我不如暂行寝议,俟国内统一后再提为妥。当经多方辩释,尚无转圜希望。定期三年一节,似难即提。以上各节,特电接洽。基、钧、惠。十八日。

《秘笈录存》,第 424—425 页

## 施肇基、顾维钧、王宠惠来电

华盛顿,1921 年 12 月 22 日

关税事,十八日电计达。钧访晤英专员,据称:关税增收在切实值百抽五以内者,中国当可自由支配;余二厘五收入,似应作为专款,其用途最好为敷设铁路、建筑道路及整顿国内税务与废除沿岸贸易税之所失。至还债一层,彼颇不谓然,但中国既自愿偿还,或可再行商酌,□提拨成数悉归□愈妥。该员又谓:沿岸贸易税征费巨,所收有限,且碍商务进行,问我能否提议废除。至整顿国内税务一层,彼意并非作为条件,但为便利我国将来要求再增之地步,似属良策云云。再,陆路减税制度,英、美似颇赞成,日、法态度不甚明了,并闻。基、钧、惠。二十二日。

《秘笈录存》,第 425 页

## 施肇基致外交部

华盛顿,1921 年 12 月 24 日

今日肇基面告许士:顷接北京电称,中国外交方针并不因内阁改组致有变动。关于华府会议,中国政府仍主张与美国协同动作之政策云。许士答称:得接此种宣言,至为悦。肇基谓:关于二十一条件,前承阁下劝告,以第五项提出大会,其余各项仿照鲁案在会外谈判之意,业经肇基等详加考虑,议决照此办理,以副追从阁下提倡协同动作之志愿。在许士以为二十一条件一提出大会,应即宣布延期再议,庶免中日两国权利在会冲突。今既未签订凡尔赛和约者,仅有中美两国,强逼之理由,必与美国不利,而凡尔赛和约对于强逼一节,虽有积极之规定,然其他各国断不能表决反对。许士又谓其他各国均谓中国情形纷乱,但许士曾在大会声称:中国虽有不静状态,然深信中国主权苟能脱离一切限制,则中国必能设法自行救济。职是之故,中国原有自谋之一法能取诸会议者,则取而有之,以多为妙,不在乎形式者也。肇基询以美国独自或会同各国出任调停,究竟如何,及何时办理。据称将与巴尔福接洽,

并邀请巴氏加入，或者亦请法国加入。肇基谓：基依照麦妙利原拟曾向日本提议鲁案第二次会议须加入法国，但日本代表以请示东京训令为辞，至今尚无所闻。在许士之意，须俟鲁案了结，方可出任调停。肇基谓：极表同意，但要先决鲁案，然后提议二十一条件，并请许士运用其势力，使日人立即复议山东问题。许士答称：可以照办。肇基又谓：二十一条件既蒙许士帮助为理，定必圆满解决，从此在中国境内之日兵撤退问题，亦可了结矣。并告以现在副委员会讨论中之其他问题，例如关税、无线电等，务须迅速解决。今日恩道活邀请顾氏讨论关税问题，肇基盼望必有圆满之解决。至无线电问题，委员会业经提出一议案，又有一议案业已通过，两案中无一能满肇基个人之意者，设使任何一案由大会通过，则其结果必使中国处客邮境地。窃以为最危险者，即许法人在沪法界设立无线电台，创造先例，肇基将必与法律专门委员研究此事。查中国境内之电报，既属政府专利，则中国境内无线电亦应归政府专利，至国外无线电通信暂由华人组织公司办理，准外人加入，但附以指定若干年以后，得由中国购回之规定，该公司有权使用一切无线电之最新色器具。然此乃个人意见，仍待商诸法律专门委员者也。许士以为鄙意甚善，且与其本意相同。肇基谓：此种问题经法律专门委员妥为研究后，当再与许士讨论。肇基与许士对于二十一条件之调停问题，允为暂守秘密。肇基二十四日。

中国第二历史档案馆藏总统府军事处档案

## 施肇基、顾维钧、王宠惠来电

华盛顿，1921年12月25日

关税事，钧二十四日会晤英、美代表。彼出示与我及日本代表迭次磋商后核拟之约文。要点如下：（一）由在会各国设立特别委员会，除研究裁厘等办法外，并规划关余支配方法，以便酌还短少债款，补偿废除沿岸贸易税与整顿税务之所失，敷设铁路，兴修商埠，而以一部份归我自由支配。（二）从速修订税则至切实值百抽五为度。（三）隔四年再修订一次，以后每七年重修。（四）二厘五之附加税及至七五为度之奢侈品附加税两项，须以先行规定支配收入办法及用途之先后为实行条件。其实行日期，均由委员会规定至施行裁厘加税条约时为止。（五）我国一面须废除沿岸贸易税并整顿国内税务，以为裁厘之准备。（六）中国办理海关税务现行制度不加变更云云。钧对于委员会之设立，声明不能同意。美代表谓，如由中国自派财政总长、总税务司及中国银团代表组织委员会办理支配增收税款，彼可同意。惟谓还债一层，日代表坚持须于约内订明办法。至附加税，日本允至早三年后方能实行云。基、钧、惠。二十五日。

《秘笈录存》，第449页

## 外交部致代表团

1921年12月25日

对于南满、安奉两路，交通部王参事景春之意见，详电如下：南满铁路本为东清铁路南部支线，日、俄缔结《朴茨茅斯和约》，俄国许以东清南部长春、旅顺间之铁道及其支线，经中国政府之承认，让渡于日本。中、日之间，乃有新订东三省条约之缔结。正约第一款载明：中国政府允将俄国照日俄和约第五款、第六款允让日本国之一切权利，概行承诺。于是日本乃继承俄国享有南满路权。日本享有南满路权，既系由俄国让渡而来，则中、俄两国所订借地及造路原约，如自路成之日起三十六年后可以备价赎回，八十年期满无价归还中国及其他各节，日本理应遵守。新订东三省条约正约第二款本有明文规定，我国苟有可以主张利益之处，当然可以根据原约对抗日本。至安奉铁路与南满铁路，本属两事。安奉系日、俄战时，日本未得中国允许，自由所造之军用小铁道。日俄战后，中日新订东三省条约附约第六款，订有中国政府允将由安东县至奉天省城所筑造之行军铁路，仍由日本国接续经营，改为专运各国工商货物条文。日本乃取得接续经营该路之权利。但该约曾订有十五年为限，即至光绪四十九年止，彼此公请一他国公估人，按该路建置各物件估价售与中国条文。屈指民国十二年即已届期,已可依约主张赎回。不特此也,依该款所订办理该路事务,中国政府援照东省铁路合同派员查察经理云云,则未赎回以前,我国未始绝对无顾问之权。至驻扎护路军队,附约第二款订有地方平靖,外国人生命产业中国均能保护周密,日本可与俄国将护路兵同时撤退云云。现在南满地方甚为平静,俄国护路军队早经撤退,当可依约请日本亦撤退。对于该两路根本问题,如能趁此时机完全赎回,或将安奉届民国十二年期满赎回,固为上策;纵无赎路资本,似不妨吸收各国投资,以免增长特殊势力,或鼓励国民投资,改为官商合办,酌定年限,收为国有,是亦一策。万一不能办到,可以改为中、日合办,除资本应得之官利五厘外,一切盈余按照原合同之精神,均归中、日各半;铁路各级人员亦中、日各半;路事均须公开,运输待遇一律平等。明定赎回及无价归还年限,照此办法,亦系挽回之道云云。外交部。二十五日。

《秘笈录存》,第476—477页

## 施肇基、顾维钧、王宠惠来电

华盛顿,1921年12月27日

二十五日电计达。昨日钧与英代表接洽,今晨复与英、美代表会晤,并提出修正案。要旨如下:(一)改委员会为临时会议,以防设立永久机关。(二)附加税与支配收入为二事。(三)废除沿岸贸易税须与附加税同日实行,并须另订办法补偿马凯条约实行后之所失。(四)预订章程,由我每七年根据平均物价自行修改税则。(五)声明增收税款用途及自设委员会办理稽核事宜二层,均改为声明书。不变更海关现行制度,亦改为声明书。以上各节,英、美代表意见大致尚属可行。惟谓日代表意如附加税在约内规定,则还债一层亦须同时规定。此层我既难允,不如将废除贸易半税、实行附加税、支配用途、偿还短期借款等争执问题,交由临时会议商议为妥云云。下午分股开会,由英代表提出修正案,并谓:此事久悬,交付解决,惟中、日态度相距颇远,业经一再磋商,现提修正案主要目的在以易于解决而能得一致赞成者列入,余归临时会议商议为妥云云。该案洋文另达。各国代表以须研究,遂散会。明日再议。基、钧、惠。廿七日。

《秘笈录存》,第 449—450 页

## 中国关税分股委员会第三次会议议事录

1921 年 12 月 27 日

一九二一年十二月二十七日(星期二)下午三时

在全美洲联合会董事室开会

出席人名如下:

美利坚合众国　参议员恩特华特君　随同出席者雷君　惠廉士君

比利时国　楷铁尔君　随同出席者推利埃君　华齐君

不列颠帝国　鲍腾爵士　随同出席者朱尔典爵士　斯密斯爵士　克利史底君

中华民国　顾维钧君　随同出席者严鹤龄君　陈銮君　金问泗君

法兰西国　楷美娄君(代沙罗君出席)　随同出席者多瑞君

义大利国　上院议员阿而白丁尼君

日本国　小田切君　随同出席者子持君　佐古君

和兰国　贝拉斯爵士　随同出席者史带根鲍爵士　安求利诺君

葡萄牙国　物司康赛雷斯君

秘书长带同克莱孙君　通译员楷美林克君

主席(恩特华特君)谓:“自上次会议后,诸凡意见歧异之点甚望可得妥协,今可提出一案以资讨论。”

鲍腾爵士谓:“上次会议时本席得聆分股委员会各代表之提议深为荣幸,并随拟规定数项原则,胪列种种,使能一致同意所有分股中其他各代表似均可赞同之案,而日本代表未予同意。本席遂数次走访日本代表及顾君,以期得一办法,彼此均可同意。所得结果本席业已报告主席,但此报告如欲得一致同意,非将数项细目删去不可,盖享有条约上权利之数国非经一致同意此项权利，实难变更。当日上午与主席及顾君会晤后，本席已拟具条约草案一份，此案均照主席所拟办法，不过细目上微有不同。”

鲍腾爵士遂宣读草案如下：

中国关税条约草案

参与本会议各国议定：

（一）应召集特别会议，由中国及参与本会议各国组织之，以便从速筹备废除厘金及履行一九〇二年九月五日中英商约第八条及中美中日条约内同样条款。此次与会各国协定如遵照此种条件办理，各国自仍受各该条款内规定之拘束并将进口税增至值百抽一二・五。

（二）现行进口税则应立即修改，增至切实值百抽五之数。此项修订事宜大致按照上次修订办法，立即在上海召集修订税则委员会，从速进行，其修正之税则应于公布两个月后发生效力，无须等候批准。

（三）在实行本约第一条所载各节以前，除各项条件经已履行外，应由前项特别会议考量所应用之过渡办法，并对于应纳关税之进口货有权准予征收附加税，其征收日期及条件均由该特别会议议定之，此项附加税应一律不超过值百抽二・五，惟特种奢侈品经特别会议认为能负较高税率尚不致有碍商务者，其附加税得增加之。

（四）（1）自此次立即修改税则完竣四年后，应再行修改一次，以期税率确与所订之从价率相符；

（2）再行修正之后，为同一目的，应每七年修改一次；

（3）上述之按期修改，应按照第一条所称特别会议规定之章程办理，以资迅速。

（五）现行海关之行政制度不加变更。

（六）关于关税各项事件，订约各国应有切实之平等待遇及机会均等。

（七）现行之陆地进出口货物减收关税办法应即废止。

（八）俟第一条所称办法未实行以前，凡子口税应定为值百抽二・

五之税率。

(九)凡未参与本会议而与中国有约各国,应请其加入本约。

(十)凡加入本约各国,从前与中国所订各约之条款与本约规定相抵触者,以本约为准。

鲍腾爵士末谓:“本席想此项草案当能与日本代表意见较为接近,而亦可与中国加税之意愿不甚距离。”

楷铁尔君谓:“今提出之案,条文如此之长,苟无相当研究,实不能讨论。故本席提议将此草案延至翌日午后再行讨论。”

主席谓:“此自属必要,无疑日本代表亦赞成斯议。”

主席又谓:“兹以本席个人而言,明日会议当请人代行出席,谅邀许可。”遂将明日会议之提议由全体通过。

楷美娄君谓:“本席于大体上与日本及比国代表可表同意,但有一种概括意见应请注意,今当拟议变更中国税则,不可不知此项变更依据各本国宪法恐受经济上之影响。故本席对于本会议于税则上任何行动至其实行,须完全保留,以待法国国会之通过。而切实值百抽五之税则,可不经国会同意,因不过履行条约中之条款。凡逾越条约之规定,必须取得国会同意,此理显而易见。成立协定,原则上当非难事,不过各须遵照本国法律办理耳。”

主席谓:“凡美国政府订立条约性质之一切协定,须得参议院议员三分之二表决之批准,此自不言而喻。今于延会以前,本席愿略说明分股所经困难,此种困难不特影响于概括原则,凡参与本会议各大国之商务亦有关系,本会议对于援助中国虽曾尽力以赴并以宽大政策将前途已有障碍试为撤除而于现状仍无所补救,至深遗憾,本会议遇有直接反对之处,惟有让步之一法,但苟能进行,自当竭力进行,其不能解决之问题,只可留俟日后考量。”

小田切君谓:“本席拟略论草案第一条一九〇三年之中日条约,即为本席手订之物,本席为当时商订之一人,其时中国代表坚持增加税率至值百抽一二·五,虽磋商至六个月之久,终未成议,后经双方议定该约第一条条文，而值百抽一二·五之税则未经载入，是两缔约国所订税率为与中国有约各国所尽赞同，据本席所知，法国亦与中国商订同样条约，亦因同一理由卒未成立，本席提及此事，不过向分股委员会报告其事耳。”

顾维钧君谓：“各代表于讨论此问题时能与主席具同样精神，实所盼祷。至鲍腾爵士分送之草案，本席今晨已经审阅一遍，但修正案尚未见过。今草案既有数处变动，本席拟俟过目后讨论之。”

鲍腾爵士谓：“多备草案，其实无须于此处提出，实为本席之咎。各该草案于细目上实较现提之案更为复杂，本案内凡似足启争执各点，业已删去。本席所以提出本案，实以本会议若于实质上一无所获即行闭会，殊非所宜，诚如主席所表示者，今困难之点全在中国与日本意见相左，但本席以为若所拟之特别会议即在中国举行，可就地咨询专家意见暨各种调查报告，为此间所不能搜集者，凡本会议不能妥协之意见或可于将来融洽之，本案已将此问题办至一种程度，谅经相当研究后即可在此议定，而特别会议或亦得以成立。”

遂即延会。

《外交文牍——华盛顿会议案》(下)

## 中国关税分股委员会第四次会议议事录

1921年12月28日

一九二一年十二月二十八日(星期三)下午三时

在全美洲联合会董事室开会

出席人名如下：

美利坚合众国　参议员恩特华特君　随同出席者雷君　惠廉士君

比利时国　楷铁尔君　随同出席者推利埃君　华齐君

不列颠帝国　鲍腾爵士　随同出席者朱尔典爵士　斯密斯爵士　克利史底君

中华民国　顾维钧君　随同出席者严鹤龄君　陈銮君　金问泗君

法兰西国　楷美娄君（代沙罗君出席）　随同出席者贾尼叶君　多瑞君

义大利国　巴利亚诺伯爵

日本国　小田切君　随同出席者子持君　佐古君

和兰国　贝拉斯爵士　随同出席者史带根鲍爵士　安求利诺君

葡萄牙国　物司康赛雷斯君

代秘书长　毕埃明德君　威而逊君　亚曹君　通译员　泰拉孟君

主席恩特华特君宣布："今日召集会议，乃为讨论鲍腾爵士之提案，该案业于上次会议时分送各代表矣。"

顾维钧君谓："本席极端赞成以鲍腾爵士所拟之条约草案为讨论基础，但虽然如此办理，凡中国代表团前在分股委员会及全体委员会提出之其他议案未经载入本草案者，尤以经过若干时期后恢复中国关税自主权与自由分别厘订税率办法之提案，中国代表团绝无放弃之意。凡此各点，中国政府拟俟相当机会，催请各国考量。今讨论本草案，请问主席之意应如何进行？"

主席谓："今据顾君声称赞同讨论草案，并问进行程序若何。本席拟将该案逐款宣读讨论，如有意见不同之处，即可设法调解。不知有无异议？"

小田切君赞成此办法。

楷美娄君亦赞成斯议，又谓："法国不能赞同本案第七条，本席尚另有提议。"

主席说明此不过为讨论本案之基础，并非对于草案内任何条款已有成议。

小田切君于讨论第一条时说明如下：

当一九〇二年至一九〇三年为中国关税修订商约在上海开会（本席为日本委员之一），其时所议各问题如左：

（甲）裁厘后中国税收究竟减少若干，中国所拟值百抽一二 · 五之税则，以之抵补裁厘损失，是否有余？此项增加税率是否负担过重以致妨碍洋货进口?

(乙)鉴于中央(北京)政府每不能阻止各省官吏之自由行动,则裁厘之举是否能在中国各省一致实行?

当时因有此情形并为融洽中日代表意见,遂将一九〇三年之中日通商航行条约第一款含混订成。

日本对此各点至今仍多怀疑,且自一九〇三年后厘金制度多有变更,按照一九一九年之政府估计,厘金收入仅得一千二百万银元,如以各督军监督内地税款之现有权力而论,则于现行制度上自不无可惊,故日本确信裁厘加税之事只能于上述情形调查清楚后方可解决。

关于裁厘及通商航行条约问题,中国与各国间已屡经讨论,惟以意见不同,故于增加进口税一节仍未得有具体妥协。

拟增关税至值百抽一二·五之问题,既应待有约各国之详细研究,则此事自以交特别会议办理为宜。

至本会议拟订之约,日本提议将税率只增至能得各有约国赞同为度,故拟将第一条修正如左:

参与本会议之各国议定:

(一)应召集特别会议,由中国及赞同本约各国组织之,以便从速筹备废除厘金并履行一九〇二年九月五日中英商约第八款及中日中美各条约内同样条款,以期增加各该条款内所拟定之进口税率。

主席问:"对于小田切君之修正,有无讨论?以美国代表团而论,此项修正似可赞同,因小田切君之修正似能迎合各人意愿,即召集一种会议,以便增加中国收入。"

楷美娄君赞成此项修正。

顾维钧君谓:"此项修正案似用以替代第一条条文,本席以为现在非讨论裁厘问题之时,第一条提议之目的,在召集特别会议,以便筹备废除厘金及增加关税。本席对于提出之修正案除更易数字外并无异议,惟对于日本代表表示厘金收入总数之意见,不能赞同。又本席赞同此修正案,自以不至减少现行条约之效力或其旨趋为条件。"

主席声明此项修正案除协定日后召集会议外绝无何种变动,亦未拘束何人。

顾维钧君提议将末句修正如下:“以期征收各该条款内所拟定之附加税”,又谓仅提进口税一端似不甚妥当。

小田切君谓其实并无大区别,因附加税本在各该条款规定之内。

顾维钧君谓“拟定”二字似觉太泛,不如改用“载明”或“规定”二字较为妥当。

鲍腾爵士谓:“然。则此句当为‘以期征收各该条款内所规定之附加税’。”

小田切君赞成改用“条约所规定之附加税”字样。

贝拉斯爵士谓:“本席之赞成修正案,与小田切君所提理由无涉,惟对于此种理由,本席不愿表示意见。”

主席谓第一条当可作为通过。

顾维钧君问:“当于何时及何种方法召集此特别会议?”

主席答谓:“当然由中国政府首先发起。”

鲍腾爵士赞成此说。

楷美娄君亦以为然,惟请各代表注意,此特别会议须俟本约批准后方能举行。

主席旋请讨论第二条。

鲍腾爵士提议修正如下:于“从速进行”数字后加“俾于本会议闭会后四个月内修正完竣”。

顾维钧君赞同此修正案。

楷美娄君谓:“本席不解加入此句之用意,因所需时间,全视批准之顺利与否。”

鲍腾爵士谓:“此不过本分股之诚意,或可援助促成修正事宜。”

楷铁尔君谓:“关于此事已有条约上之权利。”

主席谓:“本席虽不解如何能代另一会议于一定时期内办竣一事,然加入此句亦无妨害。”

小田切君谓："所予时期似太短促，倘委员会不能于四个月内竣事，则当如何办理？"

鲍腾爵士答谓："此不过一种拟议，倘委员会不能于四个月内完竣，当然仍须继续进行。"

楷美娄君谓："此事既不能在批准本约前着手办理，本席以为加入此句无所裨益，但本席亦不反对加入此句。"

主席遂谓第二条已照修正案通过，请再讨论第三条。

小田切君谓："本席无修正，惟'除各项条件经已履行外'一句不知作何解说？"

鲍腾爵士谓："倘第一条所引条约发生效力，厘金亦已废除，或因意外事由仍旧回复从前情形则此句可用以应付此种情形。"

主席请发表意见及提出修正案。

鲍腾爵士谓："倘将此句删去，亦无不可。本席不过愿特别会议有应付各种意外情事。"

楷铁尔君谓："倘有此项意外情事发生，中国不遵条约，则他国亦可不受拘束。"

鲍腾爵士答谓："本席非国际法专家，若以英国之普通法而论，则不尽然。"

楷铁尔君谓："照大陆法解释，则可如此办理，本席以为此句颇难明了。"

鲍腾爵士请将"除各项条件经已履行外"一句删除之。

贝拉斯爵士谓："应否另添一句，以备应付意外情事。"

鲍腾爵士谓："似可不必。"

楷美娄君请将此条逐句宣读。

主席遂照修正条款宣读一遍。

顾维钧君提议："将征收附加税一段表明稍为确切，二厘五附加税，中国代表团虽嫌不敷而已予赞同，本席拟将字句略加修改，俾征收附税较为确切。"

主席谓:“应如何修改,请顾君说明。”

顾维钧君谓:“纵使特别会议各代表有核准征收附税之权,恐该会议仍不能一致妥协。”

主席谓:“所以决定召集特别会议,不过使增税上有所妥协而为本会议所不能同意者,此时既有人反对有任何明确规定,故用此程式以避种种困难。”

鲍腾爵士谓:“今由非正式交换意见后已勉强决定将征收附加税之日期及条件交由特别会议议决,实因本会议不能妥协也。”

顾维钧君谓:“本席了解此节本甚明了,但苟能将指定征收附加税之意见列入,尤为所愿。”

主席谓:“本席恐上次讨论所遇各种困难顾君又欲启其端矣。”

顾维钧君谓:“本席愿将字句改为指定程式,惟分股委员会对于此点既不赞成,未知出席本会议之任何国代表可否提出二厘五附加税应否征抽之问题?”

主席谓:“此似属可行,因无论何人并不限于一定程序,召集此种会议,其目的无非欲成立妥协耳。”

鲍腾爵士提议将第一句末段“议定”二字改为“决定”字样。

主席谓:“此项修改既无异议,应作为通过。”

顾维钧君谓:“本席已明了各代表之意并不愿将此事更延长讨论,惟拟将其中‘有权准予’数字改为‘核准’二字。”

主席谓:“此项修正既无异议,当作为通过。”

顾维钧君请将“不超过”三字易为“按”字。

主席谓:“既无异议,顾君之修正案当作为通过。”

楷美娄君谓:“本席虽不愿使分股委员会多所纷扰,但第三条末段将‘奢侈品’提出作为例外,应请注意。法国对于此节关系最重,因法国商务以奢侈品为大宗。惟征诸近代趋势对奢侈品所征之税,自较必需品为多。法国政府非不知此,故以加征税率能适中为条件,不愿绝对反对中国之要求。此项所拟之附加税,本席并不反对其原则,但若不将增加之数确切说明,似难赞同。以实际而论,本席未曾奉有此权,实不能讨论值百抽二·五以上之最高税率,且‘奢侈品’三字太觉空泛,似应确切说明。”

楷铁尔君谓:“现在并非最后决定,尚须留待大会解决,且大会亦须经全体同意。本席以为只将保留案载入议事录可矣。”

楷美娄君答谓:“本席仍主张应载明税则只增至值百抽二·五,不得超过之。”

鲍腾爵士遂宣读该条文并加入下列字句“但附加税之总数不得逾值百抽五”。

楷美娄君谓:“本席愿将此附加税得按物增减,较有伸缩。”

鲍腾爵士谓:“此句措词已甚明了。”

楷美娄君遂即赞成。

小田切君谓:“本席遵奉本国政府训令,须宣读声明书一件,惟此项声明书,本席不能自由加以讨论。”

“日本对于增收此项附加税,实因切愿中国政治与经济地位得臻巩固,虽对华商务因此增税大受损失,仍愿予以赞同,惟于加税收入之用途,特加注意,此项税收将来应保护其支配适当,谅关系各国定能采取切实可行之办法,在日本政府之意见以为此项增税收入应首先用于偿付外债,为今日中国最急切之需要,至以关税拨作公益事业之用,如中国代表所主张者,以目前中国现状而论,实际尚非所宜。且按照现状,此种税款常有供给国内政争之虞,致其结果增加税款非特不能为中国国民造幸福,实足助长其内乱。

至提议监督增税用途委托审计院办理一节,足证尚未明该院之真相,以从前经验所得,可知订定此类办法,完全无用。”

顾维钧君谓:“法代表提议中所有之精神殊为钦佩,但本席以为奢侈品尚可担负较高于值百抽二·五之税率。”

楷美娄君答谓:“奢侈品诚能担负较高税率,法国政府将来或可允增加,但本席现在实难赞同。”

顾维钧君谓:“楷美娄君对于将来可得较好观念,谓本席聆之甚为欣悦。至若日本代表之声明书不过履行其职务而已,此种声明与现在情形未见有何关系,本席当保留随后答复之。

又本席对此声明并未同意,亦应说明之。”

楷美娄君赞成日本代表所称中国增收关税之用途一节,并谓第三条内可加入下文:“增加关税所得之额外收入,如遇关税收入不足时,应先用以偿还外债,亦可用以偿还到期未付之国库券。”

鲍腾爵士谓:“此事恐引起无谓讨论,并空费光阴。本席以为此事应交由特别会议决定,若在此处拟图支配收入,似非得计。”

楷美娄君谓:“本席先不知特别会议有办理此项问题之权,以为应添入数句使意义明了。”

鲍腾爵士谓列入“条件由特别会议决定之”一句即足应付此事并得支配基金。

楷铁尔君问:“仅将此事载入议事录,以免延长讨论,是否已足?”

主席谓:“文字上不致有疑义,盖支配用途问题,由特别会议决定,已经明白载明。”

楷美娄君复请将以上提议之事载入条约文内。

顾维钧君谓:“中国本有订立协定偿付债务之意,并将此项收入一部份留作此用。法国代表所请清理债务一节,正与中国政府之意旨相合,惟将此节载入条文,中国代表团不能赞同,望法代表勿再坚持。”

楷美娄君谓:“本席不得不坚持此议,现在已有两三种借款未曾照付,倘须设法展期,在条约内应有规定。”

主席于此提出调和办法,并谓:“此事仅为他种会议应办之事,并非一种义务,今将于条文内征收日期数字后改为‘及条件连支配税收在内由特别会议决定之’,如是特别会议有权讨论其事,而无论何人不受拘束,即中国于会议时与他国有同样表决权。”

顾维钧君谓:“本席对于主席调和精神甚为感谢,但本席殊难赞同此议。倘中国无意履行其义务,则此种办法始为适当,但实际适属相反。中国欲增加关税，正为偿付外债。试观近时倒闭之中法实业银行，其中，中国政府被倒款项远在中国对法债务以上，此层应请注意。若谓中国无意清偿债务，中国人民绝无此种思想，今中国所要求者，在撤消种种限制，此项要求极为正当。本席不得不一再声明之。”

楷美娄君谓：“顾君所言与本问题无涉，中法实业银行为一私立银行，而现在讨论问题系属公债。”

鲍腾爵士谓：“本席预料此项讨论必无结果。该条条文原具二种目的，第一使参与本会议各国在特别会议内确定其地位；第二免伤中国或任何一国之感情。法国代表见解似有不同，谅楷美娄君曾在中国出席之修改税则委员会并未依同样条文组织之。本席拟向主席及法代表提议于该条内加‘用途’二字似于原意并未增加而可使之更为明了，但亦未尝不可指为抵补厘金之事。”

贝拉斯爵士谓：“中国政府于清偿债务目前虽有困难，然本席深信中国于财政上义务决不失信于人。此种讨论殆亦为中国代表自行牵及。本席检阅十一月二十九日分股委员会议事录，见顾君曾声明‘至于增收税款之用途，中国政府之意本拟用于建筑道路并增进公共卫生及公益事业或提出一部份以偿外债亦无不可’云云。”

顾维钧君答谓：“此项声明系为答覆鲍腾爵士之询问。本席并未料及此项问题致成分股委员会讨论之事，且外债利息延期未发者，寥寥无几。本席愿赞同于该条内加入‘用途’二字，但并不能解作中国承认支配税款。”

主席谓：“依此谅解，倘复无异议，第三条应照修正案作为通过。”

主席请讨论第四条。

此条并无异议，遂照原案通过。

顾维钧君谓：“第五条正与中国政府之意相合，但关于海关行政，中国从未有何协定，不过于一八九八年总理各国事务衙门与驻京英国公使照会内声明，中国政府允将中国海关税务司一席由英国人继续承充云云。现在海关制度办理甚善，中国政府只愿海关上多用中国人员，以资练习,现于四十四税务司中并无一华人在内。本席拟将第五条删去,以此事另拟一声明书。”

鲍腾爵士谓:“本席不反对此种办法,惟请终须附列一款,俾各国得以注意。”

顾维钧君宣读中国声明书如下:

“中国代表团兹向限制军备会议远东委员会声明:中国政府并无变更中国海关现行制度之意,致生纷扰。”

楷美娄君问:“此项声明书应列在何处?”

鲍腾爵士答谓:“应列在条约之后。”

主席问:“有无异议?”遂议定将第五条删去,并认中国声明书为已足应付。

小田切君谓:“现行制度不加变更之议,本席殊为欢迎,并拟声明如下:

中国海关现行制度不加变更之议,日本非特不加反对,且甚欢迎,惟以日本商务在中国对外贸易中所占重要地位,又以日人负担关税多数税款,希望于将来海关办事上定一公允办法,例如海关银行事件与按照国籍雇用洋员,但此项提议并非为承认本条约之条件,不过陈述日本之诚意,亦应声明之。

并盼上项所拟之特别会议当开会讨论保存税款监督用途各问题时,对于日本此种意愿予以考虑。”

法国、意大利、比国、和兰各代表均赞同日本之声明。

顾维钧君谓:“对于日本之声明,本席愿为中国政府于适当时提出保留。”

主席谓:“本席对于日本所提公平派人及均平分配之要求,认为正当,今当提出原草案第六条,即现在第五条,着手讨论该条。既经一致通过并无异议,遂将原案第七条即现在第六条提出讨论。”

楷美娄君谓:“此条因有中越边界之特别情形故,与法国关系重要。多数华人侨居安南,故自一八八六年后即在此区域订立各种特别协定与条约，此事全为中法问题，不能交由新开会议讨论。纵将此条加以修改，本席亦不能赞同。”

主席谓：“美国政府之政策，欲将最惠国条款推及各国，所以凡享有最惠国条款之国，若对美锁闭门户，美国不能允。可此会本为分股委员会，今法代表既不能承认此条，则惟有将此事提交全体委员会办理，未知各代表对此有何意见？”

鲍腾爵士谓：“此条与中印间商务亦有关系，盖中国缅甸间无铁路交通，兹将关于废除现行陆路输入中国货物之减税制度，就缅甸而言，本席拟声明如下：

中国依据条约既予经由缅甸边界输入货物以减税权利，此约亦予中国商业以种种相互让与权利，今如印度放弃此优先权，则于待遇中国商务自亦得恢复其自由权。”

鲍腾爵士又谓：“倘此条一律适用于各边界，英国代表团亦愿赞同之。”

楷铁尔君谓：“比国愿予赞同。”

楷美娄君谓：“中缅商务与中越商务情形完全不同，缘中缅接境之地有崇山峻岭，商务并不繁盛，华人居缅者亦属寥寥。”

顾维钧君谓：“本席为提议此条之原起草人，今请将提议此条之各种理由为各代表说明之。其一，在当初陆路通商准予减税时，原有情形今已不存在，盖从前中俄通商向以驼队运输，今则除缅甸边界外其余各处边境均有铁路相通，而铁路运输实较海道运输费用为廉；其二，此项减税制度使中国国库每年短收二百万银元之谱；其三，维持此项制度实与开放门户之原则显然抵触，因实际上边界不相毗连，各国不能享有此项特殊利益，是维持此项减税制度实使陆地通商与海路通商发生区别。”

小田切君又宣读一声明书如下：

关于废除中国陆路进出口货之减税制度，如其他关系各国即英法俄均表同意，则日本亦赞同此提议。惟应将此制度在中国各边界同时实行,以俄国之现状不定,中国复特别担保废除中俄交界之陆路减税制,又此项废除应自拟增附加税,实行日起亦即履行。

关于此事,日本代表团请注意于法属安南对于运往中国云桂各省洋货所征过境税之特别制度。以日本代表团所知,此项废除陆地减税制度,其宗旨原期撤销与中国接境各国所享之利益,而使与中国不接境各国运货至中国时得受均等待遇。因是之故,安南所征过境税与本案之初旨不符,并与机会均等之根本原则亦不相容,致关系各国对于此事已啧有烦言,法国政府若将承认废除中国陆地减税制,日本希望法政府将法属安南之过境税亦从速废除之。

且以日本与安南并未订有商约,故日本货物运往安南较诸其他与安南有约各国之商货,恒受不利益之待遇,此外日本货物所纳过境税定为进口税五分之一,与有约各国之货物亦有所歧视。

依此情形,如一面日本遵照机会均等原则承认中国之废除陆地减税制,而法国则依然征收外国货过境税,是不啻间接保护运华法国货物,似欠公允,故日本代表团敢请法国代表团注意于此。

主席谓:"日本业已赞同,未知其余三国是否赞同?"旋义大利、和兰及葡萄牙均赞成本条。主席又谓:"法国可于全体委员会中提出意见。"

主席遂将原案第八条,即现在之第七条,提出讨论。当以并无讨论,本条遂即通过。

主席又提出原案第九条,即现在之第八条。

楷美娄君问:"本约是否须由各国承认?"

鲍腾爵士谓:"此事可交由起草股办理。"

主席赞成斯议。

顾维钧君谓:"关于中国依约值百抽五之规定,本席希望不再延搁。"

主席答谓:"此事已有协定。"当将第八、第九条一致通过。

主席提议谓:"今日会议大约为本分股末次会议,所有分股经办事务,当由本席拟具报告。未知各代表有无他项议案提出讨论?"

鲍腾爵士谓:"再开会议一次,藉以讨论此项报告,未知是否适当?"

主席答谓:"当俟报告拟就,本席即再召集会议一次,当时并决定并无交报界应行公布之件。"

本日会议修正之草案如下:

参与本会议各国议定:

(一)应召集特别会议,由中国及加入本约各国组织之,以便从速筹备废除厘金并实行一九〇二年九月五日中英商约第八条及中美、中日条约内相类条款以期征收各该条款内规定之附加税。

(二)现行进口税则应立即修改增至切实值百抽五之数。

此项增修事宜,大致按照上次修订办法,立即在上海召集修订税则委员会,从速进行,俾于本会议闭会后四个月内修正完竣,其修正之税则应于公布两个月后发生效力,无须等候批准。

(三)在实行本约第一条所载各节以前,应由前项特别会议考量所应用之过渡办法并对于应纳关税之进口货得核准征收附加税,其征收日期用途及条件均由该特别会议决定之。

此项附加税应一律按值百抽二·五,惟特种奢侈品经特别会议认为能负较高税率,尚不致有碍商务者,其附加税得增加之,但附加税之总数不得逾值百抽五。

(四)(1)自此次立即修改税则完竣后,应再行修改一次,以期税率确与所订之从价率相符;

(2)再行修正之后为同一目的应每七年(條)〔修〕改一次。

(3)上述之按期修收,应按照第一条内载之特别会议规定之章程办理之,以资迅速。

(五)关于关税各项事件,订立本约各国,应有切实之平等待遇及机会均等。

(六)现行之陆地进出口货物减收关税办法应即废止。

（七）除俟第一条所称办法未实行以前，凡子口税应定为值百抽二 · 五之税率。

（八）凡未参与本会议而与中国有约各国，应请其加入本约。

（九）凡加入本约各国，从前与中国所订各约之条款与本约规定相抵触者，以本约各条款为有效。

遂即延会。

《外交文牍——华盛顿会议案》（下）

## 国务院、外交部、财政部致代表团

1921 年 12 月 28 日

关税问题，二十五日电云，忍痛须臾，以免牵动，卓见极佩。惟年来军政各费恃债为生，愈陷愈深，不可收拾，危险万分。为恢复国家信用计，为巩固中央政局计，为活动社会金融计，首在偿还至急之内外债约华币八千万元，腾出抵押殆尽之盐余，为必要政、学、法、警各费之支出，庶可杜借债度日之风。然欲偿还前项急债，尤在关税立即加征，庶押品有着，可以发行新债，清还旧债，而盐余即可腾出。政费有着，国信恢复，金融活动，关系殊大。否则来日大难，恐将索之枯鱼之肆。是以值百抽七五之宗旨，必须坚持到底。而为目前救急计，暂时勉允立即加征关税百分之三十，或根据小幡公使面称之百分加五十，于明年二月实行开征，以纾急困。据安总税司面称，照上年赈灾加税比例推之，先加三成，每年可得二千一百万元，惟须声明此乃目前暂行办法。至我国所欠各国长短期外债，并未指定关、盐两税，暂尚无清还办法者，数在华币两万万元以外，其中以日本债款占十之七八，若非先行宣布清还办法，必生阻力。此时并请宣言关税实行值百抽七五后，即依照十日去电提出十分之七作分期偿还之准备，届时必有良好办法，以慰债权者之心。如此，缓急得宜，标本兼顾，国家存亡，在此一举。尚望荩筹默运，协力进行，以收美满之效果。再，旧历年关在即，库空如洗，势将瓦解，如有成议，立即电告，俾可指款措置一切。国务院、外交部、财政部。二十八日。

《秘笈录存》,第452页

## 施肇基、顾维钧、王宠惠来电

华盛顿,1921年12月29日

关税事,二十八日电悉。加税七厘五一层,日本既附以实行期限,并以规定偿还该国短期债款办法为条件;英国于该条件表示难色,至以十分七为偿债之用,更属不易赞同。法国则附和日本,而日本三成附加税之提议,英又以二年来物价涨落匪鲜,非即日修改税则,难得公平,未能承允。彼此牵掣,未肯相让,持议纷歧,而同归于指定用途,不免启干涉之渐,且有倡设国际委员会者。他国附和,几成事实。在我库空如洗,增税一厘,固可减一厘之痛苦,而条件苛酷如斯,若果承允,不独有碍主权,国体攸关,且亦饮鸩止渴,隐患弥深。经再三向各方接洽疏通,始允将草约内各项苛酷条件删除,一面仍将增税一层明白规定。昨日会议,又辩驳良久,方将该草约稍加修正通过。修正全文,昨晚已用洋文另电,计达。现在二厘五增税用途,约中既无明白分晰规定,常设机关亦已改为临时会议,由我召集,俾于有关国体主权、活动社会金融两层,不失兼顾之意。该案仍待报告大会议决。特复。基、钧、惠。二十九日。

《秘笈录存》,第453页

## 国务院、外交部、财政部致代表团

1921年12月30日

四十一号电悉。关税事,特别委员会之组织用意险酷,显有监督财政,干涉内政,不能承认。尊处反对,甚佩卓见。目前最要之举,在力争暂行加征关税办法之立即实行,即不能如小幡公使所云百分之五十,苟能达百分之三十目的,亦足以资救济。总以民国十一年二月一日起立即加征,为未行值百切实抽五及增至七五以前之中间过渡方法。此为扼要之点，以速先议决为妙。盖必我国能渡此短期财政难关，得以维持国内秩序，方有从容折冲之余地。日公使、美公使皆面允电达政府赞成此举。盖因所欠外债，以日债为最巨，彼亦深知舍此别无办法。是以日代表主张约内订明还债办法，应即照允，但只能承认其大体，至详细节目，政府尚须通筹匀配，彼此协商也。至美代表所谓自派财政总长、总税司、银行公会组织委员会一节，政府早有此意，此时未便即行者，因恐法、日两国对此又生枝节，一俟过渡方法议决，我国自当自动的组织。国务院、外交部、财政部。三十日。

《秘笈录存》，第 453—454 页

## 国务院、外交部、财政部致代表团

1921 年 12 月 31 日

今日托美公使转电美政府，请其赞成。其文如下：二十七日，中国代表所提议加税之事，须加一条，在切实值百抽五及二五附加税未施行以前，中国因急于应付内外各债起见，拟于一千九百二十二年三月或四月起，照现行税则每百分加三十分至五十分，以补足依据条约中国应得之数，借以应过渡时期之急需，俟起征切实值百抽五之日即行停止。深盼华府会议对于此节于两星期内议决为要。希查照提议。国务院、外交部、财政部。三十一日。

《秘笈录存》，第 454—455 页

## 国务院、外交部、财政部致代表团

1921 年 12 月 31 日

关税案，昨电请将加征百分之三十至五十，迅速进行，以救眉急。现距旧历年关只有旬日，中国商办各银行，因政府不能还债，情形万急。究竟加税案能否于两星期内议决，于明年三四月实行？如能办到，则清还借款，维持年关，均有办法。但恐一时不能实行，则政府为救济目前计，拟先商之中外银团，在中国市场发行短期银元公债九千万元。在加征关税未定以前,暂以盐税作抵,一俟加征案通过,即将担保品移转,仍以关税为抵押,明文规定。刻已商之旧银团,能否办到,尚未可知。此乃治标中之治标,其根本仍在加征关税之案能于极短时间议决实行,庶可腾出完全无缺之盐余,供政府经常之用,以杜借债度日之风。否则,来日大难,崩解之祸,仍所难免。恐尊处及外交方面于此事有所误会,认为主张两歧,用特详告,借资接洽。再,总税务司安格联亦主张此项办法,借以救急。并闻。国务院、外交部、财政部。三十一日。

《秘笈录存》,第454页

## 施肇基、顾维钧、王宠惠来电

华盛顿,1922年1月1日

关税事,迭电计达。取销陆路通商减税办不到一层,美代表□声明,此层非办到,不能望美上议院批准关税协商云云。而日本之同意附带条件如下:一、英、法、俄须同时放弃。二、由中国出具保证书,担任一律施行之于中、俄边疆贸易。三、与附加税同时施行。至法国之反对取销,虽经设法疏通,仍无头绪。昨钧访法代表,据云:滇、越边疆情形特别,取销减税之议不能概论,理由有二:一、近年滇、越之间以减税之故,商务颇旺,且旅越五十余万华侨所需物品,大抵来自滇、桂,两国沿边人民悉赖边界商业为生计,若减税办法一旦取销,不仅侨居越南之华商势必反对,即滇、桂人民恐亦难必遽能同意,尚望贵国郑重办理。二、越南政府以中国曾允陆路减税办法,故对华货入越南及假道越南往中国他处者,均予以征税优待办法,日本垂涎已久,迭经援例要求日受同等待遇,迄未照允。如滇、桂与越南间彼此特别待遇办法全行取销,则将来对待各国势须一律平等,不特法商受累,华商亦将吃亏云云。以上日本所云担保一层,似可照允。惟法代表所称滇、桂、越间商务日旺,各该处华民势必反对一层,究竟实情如何,请分向农商部、税务处迅速查明,电示为盼。基、钧、惠。一日。

《秘笈录存》,第456页

## 施肇基、顾维钧、王宠惠来电

华盛顿,1922 年 1 月 3 日

起草委员会今日开会,格迪外兵案复行提出。顾使遵照十二月十五日部电抗议,旋修正为各国对华之提议,众赞成。顾使未经投票。该议决案原文如下:各国为保护在华合法外人之生命财产,曾随时在华驻扎军队;又,是项军队驻扎中国并无条约或协议之许可;又,各国业经声明愿于中国能担任保护在华之外人生命财产时,即将现时无条约或协议许可在华服役之军队一律撤退;又,中国业已声明诚愿并实能担任保护在华外人生命财产各等因。兹为定明必依如何情形方能实行上述各志愿起见,特为议决如左:现在参与华盛顿会议各国,即美国、比国、英国、法国、义大利国、日本国、和兰国、葡萄牙国之驻北京外交代表,应受其各自国政府之训令,于中国要求会派中国政府代表三人时,即应共同秉公详细调查上述各国暨中国声明志愿所发生之一切问题,嗣后并应作成一详明之报告书,将其关于本案委付调查之事所查得之事实及意见,详陈勿隐,并应呈送于有关系之九国政府报告书各一份。该九国政府应各自将是项报告书公布,并得于认为妥当时加以评语,无论何国代表,可以单独声明或加入少数报告书中陈述其与多数报告书不能同意之点。上述各国可自由采纳或拒绝报告书中调查结果所得之事实及意见之全部或任何一部。但无论何国不得以中国之给予政治的或经济的特别让与恩惠利益或特权为直接或间接之条件,而采纳报告书中之调查所得事实及意见之全部或任何一部。基、钧、惠。元月三日。

《秘笈录存》,第 448—449 页

## 施肇基、顾维钧、王宠惠来电

华盛顿,1922 年 1 月 3 日

本日开关税会议,主席拟具报告,当众宣读。法国确实声明,反对废止陆地通商减税办法,谓中国及越南之间,因土地毗连,且有特别关税,故反对废止此项办法。然法国当以特别权利及优惠税率,许与住居安南之华侨以关于中国土产之物品若干完全豁免税捐,为报答中国此项减税之法。倘中国不能赞成法国将此等特别权利及优惠税率废止,则陆地减税办法不得废止。顾代表谓:废止陆地通商减税办法一事,于入口货物及出口货物一律适用。至于特别权利及优惠税率等,皆与现在讨论之问题无涉。于是法国代表提议,修正案由中国与各国交涉,以冀中国关税得完全划一。美国代表恩特华特坚执废止此项陆地通商减税办法。谓倘不废止,恩氏不信所订协约可通过美国上议院云。鲍滕君提出调和办法,凡各国与中国订有税则条约者,应立即与中国交涉,以冀税率得以完全划一,而在此事解决之前,所有施行之附加税,应于陆地通商及海上通商均一律适用之。顾代表附和恩特华特之言,并提议将原则及修改之本文均载入协约。此事乃延至明日开会时再议。至该报告所列之其他部分,均经赞成通过。鲍滕君答复顾代表,谓关税实行值百抽五之议,亦经副委员会赞成,无须批准,可立即修订进行也。基、钧、惠。一月三日。

《秘笈录存》,第456—457页

## 中国关税分股委员会第五次会议议事录

1922年1月3日

一九二二年一月三日(星期二)下午三时

在全美洲联合会董事室开会

出席人名如下:

美利坚合众国　参议员恩特华特君　随同出席者雷君　惠廉士君

比利时国　楷铁尔君　随同出席者推利埃君　华齐君

不列颠帝国　鲍腾爵士　随同出席者朱尔典爵士　斯密斯爵士克利史底君

中华民国　顾维钧君　随同出席者严鹤龄君　陈銮君　金问泗君

法兰西国　沙罗君　随同出席者楷美娄君　贾尼叶君

义大利国　巴利亚诺伯爵

日本国　小田切君　随同出席者子持君　佐古君

和兰国　安求利诺君

葡萄牙国　物司康赛雷斯君

秘书长带同克莱孙君　威而逊君　通译员楷美林克君

主席(恩特华特君)谓:"上次会议散会时曾议由本席拟具报告,此项报告业已抄送各代表,故无需在分股委员会再行宣读报告。

中国关税分股委员会对于中国代表恢复关税自由及修订税则以补充政费各案既加考虑,报告已将此项问题中数种重要之点有一部份已经订成条约。

本分股委员会于一九二一年十二月二十八日会议时将关税条约除第六条外一致通过,其文如下:

中国关税税则条约

参与本会议各国议定:

(一)应召集特别会议,由中国及加入本约各国组织之,以便从速筹备废除厘金并实行一九〇二年九月五日中英商约第八条及中美、中日条约内相类条款以期征收各该条款内规定之附加税。

(二)现行进口税则应立即修改增至切实值百抽五之数。

此项增修事宜大致按照上次修订办法,立即在上海召集修订税则委员会,从速进行,俾于本会议闭会后四个月内修正完竣,其修正之税则应于公布两个月后发生效力,无须等候批准。

(三)在实行本约第一条所载各节以前应由前项特别会议考量所应用之过渡办法,并对于应纳关税之进口货得核准征收附加税,其征收日期、用途及条件均由该特别会议决定之,此项附加税应一律按值百抽二·五,惟特种奢侈品经特别会议认为能负较高税率尚不致有碍商务者,其附加税得增加之,但附加税之总数不得逾值百抽五。

(四)1. 自此次立即修改税则完竣后,应再行修改一次,以期税率确与所订之从价率相符;2. 再行修正之后为同一目的应每七年修改一次;3. 上述之按期修改应按照第一条内载之特别会议规定之章程办理之,以资迅速。

(五)关于关税各项事件,订立本约各国应有切实之平等待遇及机会均等。

(六)现行之陆地进出口货物减收关税办法应即废止。

(七)除俟第一条所称办法未实行以前,凡子口税应定为值百抽二·五之税率。

(八)凡未参与本会议而与中国有约各国,应请其加入本约。

(九)凡加入本约各国从前与中国所订各约之条款与本约规定相抵触者,以本约各条款为有效。

中国代表团复提出声明书一件,经全体议决,应列于前次条约之后,作为该约附件,其文如左:

中国海关现行制度不加更动之声明书

中国代表团兹向限制军备会议远东委员会声明:中国政府并无变更中国海关现行制度之意,致生纷扰。

又据法国代表向分股委员会声明:纵将第六条加以修改,亦不能赞同等语。

分股主席以美国代表团名义亦向分股委员会声明:凡不列入第六条规定之条约,不能赞同等语。

当时全体既主张关于第六条应征明各代表意见,并将此事报告全体委员会。主席即请各代表发表意见。旋各国代表,除法国代表外,均赞成第六条规定。

故本分股委员会拟请全体委员会对于第六条研究应取办法,以为解决前项条约之一种条件,抑本分股委员会因前项条约系简略草成,其中规定之两种事项性质互殊,即:(一)修改现行税则;(二)其他事项交特别会议办理,故拟请将本报告经委员会讨论后交由起草股,拟成正式条文。”

沙罗君谓:“本席拟于报告之后略附数语,并以数目证明本席所持理由。

查中缅边界所有减收关税之利益，全为英国所有；中日边界减税利益，日本得百分之八十；至中越边界减税利益，全额中法国商务仅得百分之十五，其余八十五分为他国商务所享有，且此百分之十五，其数量总额尚不及三万元。

由此以观，若谓此项减税制度，法国与他国比较享受优越权利，并非事实，而中法间商务大半皆由海道运入，均纳全税。

是以法国态度并非以金钱利益为前提，而实为原则上问题，因中法间现有条约，苟非将约内其他条款原订为交换利益者，亦加修改，实难变更。

倘分股委员会一观地图，可知法国对于中国所处地理上之地位，与出席各国互不相同，中法两国接壤界线约长一千五百公里，为他国所无者，因此法国利益当以他种看法加以考量，实属必要。

今以提出之第六条，请法国赞同，不啻将中越间关系连同相互权利义务组成现有特别情形之全部制度悉行变更，此种中越特殊关系乃边境毗连，利害共同之结果，举凡吾法所得之利益，今欲废弃之者，无非吾法予人以他种利益或负担，他种责任所交换而得者，由此边境毗连，法国方面最感不便，为预防偷税、贩卖鸦片以及海盗等事，支出之费用浩大，仅持此减税所得细微利益以资抵补，又复以让予侨居安南之华人计，特别税则、民法与商法特别，暨其他航行上种种利益，现在侨居华人约有四十万，均享受特别优惠制度。今倘欲使法人放弃其一部分或全部既得利益，则法人或图将让予华人之各种便利亦设法收回之。

盖在美国之关税制度系根据统一主义，而法国之制度每以地理上情形为根据，例如瑞士即为地理上特别情形施行特别制度之国，今法国亦以其固有特别制度之原则行之于安南耳。本席以上说明之理由，谅本分股委员会现在当可谅解。至于中国关税问题，法国并无特别利益，但倘所提变更税则，偶或涉中法间特别关系，则其事又当别论。法国代表团以为此项变更不无碍及法国之特别地位，不得不推测其影响所及，此项问题似应在巴黎考量或经由中法间磋商之。总之，此不过两国间主权范围以内之事，其情形当可更为明了。凡与分股提出问题有关之事，本代表团愿于修正案内将此态度明白载明。本席以为此全体问题须待日后磋商，惟对于均等待遇之原则，法国并不反对。本席所述各节，谅足表明法国态度并未含有要求专利或特别权利之意。总而言之，此非实际利益问题，宁为原则问题，欲加考量，必须于中法特别关系兼筹而并顾之。

本席兹拟将修正案宣读如下：

中国应从速与订有公共边界关税条约之各国开始谈判，俾中国关税制度得以完全划一。"

主席问："对于沙罗君之修正案，有无他项问题提出讨论？"

鲍腾爵士问："此项修正案是否欲用以更代第六条？"

主席谓："各代表既似均不欲提出讨论，本席当首先发言声明，愿赞同沙罗君之修正案，因知此修正案之宗旨欲使中国关税制度得以完全划一，此项原则与美国所主张者相同，并与各国对华均等原则亦相符合，但该案内云应由中国与订立公共边界关税条约之各国开始谈判，是明明谓此项谈判只应由享受议废之特别减税及优惠待遇之各国参与之，依本席所见，凡一种议案仅使享有此让与权利之各国团叙开会，并在此决定美国之权利，本席不敢谓我美或能赞同其事。故本席实不知如何使此案可臻妥协，但各国有何意见，本席甚愿欣聆。"

鲍腾爵士问："'删去公共边界'数字并另加一项规定，即遵照本约征收之一切附加税嗣后应实施划一制度等语，谅可调和双方相反之意见，该修正案应改正如下：

中国应从速与订有关税条约之各国开始谈判，俾中国海陆各边界征收之关税得以完全划一。

在此项谈判未竣以前，凡按照本约应征之任何附加税，于海陆各边界一律按值课以划一税率。

本席希望此项修正案当可与美国意见稍为接近。"

沙罗君谓："此案于表面上本席似可承认，但尚须由本代表团详细斟酌。”

鲍腾爵士谓:“本席提出修正案之宗旨,欲使与中国有约各国均得参与所拟之会议,并立即施行划一附加税之原则。”

主席谓:“此案措词似未必能办到此事,本席提议本分股委员会可休息十五分钟,以便彼此接洽。”

嗣主席于重行开会时又谓:“此事依多数意见似须移交他种委员会解决,以本席而论,于国外贸易上任何区别,现在不便赞同,本会议承认中国主权既示坚决,复以本席所见商务上只可施行完全均等原则,苟此事不能办到,终无解决方法。本席以为均等待遇乃切实修订中国关税税则最要之事,凡最足惹争议者,莫若国际商务上之竞争,故种种区别及不平等待遇,一日不除,世界和平与中国安全因此一日不能脱离危险。”

鲍腾爵士谓:“此问题似应调解。”

顾维钧君谓:“主席表示之意见,即本问题牵涉各国贸易均等之原则,本席完全与之同意,但亦并不能误为本席与沙罗君所言有何不合,盖中越边界情形复杂,一如沙罗君明白解释者,本席亦十分谅解,但陆路通商减税制度是否为华人侨居安南所受特别制度中之一种,不能无疑。沙罗君所谓本案不当从商业或实益方面探究,当从全体利害方面讨论云云,本席亦以为然,日前日本代表曾谓本案倘经关系各国一致赞同,则日本亦无异议等语,本席因之希望解决此事之心益切,兹拟请分股委员会先对于海陆边界之均等及划一原则彼此妥协,然后按照修正案大意订定一款实行此项原则。”

沙罗君谓:“本席须再行声明数语,再将法国情形更为详晰说明。现在盛倡权利上须机会均等及公平待遇,但须知法国情形与他国不同,中法间接境界线绵长,故中国得有数种利益或竟豁免数种关税,是法国于此所有担负为他国即如美国所无者。欲变更现有情形,必须将此事咨报法国国会。本席虽愿赞成此案,惟不能放弃一八八五年(光绪十一年)条约之协定,即使本席擅自允许废止两方有利之关税制度之现行条约,亦必被政府驳斥。此事与均等原则本无关涉,因其情形为自成一类,想无论何国易地而处,亦不愿放弃此地位。惟鲍腾爵士之提案,依本席之眼光观之,顿饶趣味,以后或可得关系各国之同意。此种提案,是将按照前订条约现在征收之税(关于此事中国应与关系各国再行商定)与海陆边界一律按值划一税率征收之新税,分别为二,此项修正或可邀法国之赞同。"

顾维钧君谓:"本席前此并未将所处地位说明,今拟再为明白声明之。本席并不谓特别减税制度与中国并无利益,惟此项制度只施行于中法两国,此次新订办法不仅涉及中法两国,即与法国不处同等地位之其他各国亦同受影响。今就中国而论,只得牺牲华商以谋全体利益。"

主席谓:"本日讨论情形与上次闭会时相同。总之,法代表对于第六条税则上均等待遇不能赞同,谅只好由分股委员会可将此事报告全体委员会,谓第六条各国一致赞成,惟法国尚须保留。未知关于报告有无他种问题尚须提出?"

沙罗君谓:"为法国表彰公理起见,本席不知如何可将本国置于反对分股委员会之地位,本席愿将此问题在全体委员会保留讨论之权。法国地理上情形因与中国接壤,发生特别负担与特别权利及义务均等无涉,仅此一种情形可证应有特殊待遇,谅各国或均能同意鲍腾爵士之修正案,本席可以赞成或竟赞成其所拟之附加税亦非不可。本席不愿议事录内载入法国反对此普通原则,若留待日后讨论,法国并不完全拒绝,凡本席曾提议之事亦无非为保全均等机会之原则耳。"

(此时会议暂停,主席准由各人私自接洽)

沙罗君旋谓:"为使讨论之原则得达妥协起见,如分股委员会以为可行,本席提议将会议延至明日上午十时再议,惟须视海军委员会开会时间与此有无冲突。"

鲍腾爵士谓:"在延会以前似须审定是否只有一种异议,兹为英文词句上稍有修正,本席拟将第一条内'with a view to the levying of'改为'with a view to levying'。"

主席谓:“倘无异议,此项修正当作为通过。”

鲍腾爵士又提议将报告内末句稍加修改,将“本报告”数字后改为“经委员会讨论后交由起草股拟成正式条约,并将可以立时实行各条与须待各国批准各条,分别规定之”。

顾维钧君赞成此议。

沙罗君表示同意并谓中国急需之税收,法国亦甚愿助其修正。

主席谓:“此项修改实际不过将切实征收值百抽五之税率不待批准而已,此乃无可反对之事,本席自亦赞成。现在尚有一问题,因事前已得顾君同意,本席拟于现在提出之,即关于中国各省常置巨额军队一事,本席以为可将此事加入于送交委员会报告之后,作为附件。兹宣读如下:

当分股各代表研究增加关税以应中国政府急需之问题,深感中国国家收入大半皆用于全国各地方留养逾额军队,此等军队大抵隶于各省,军人首领不相统属,且其长此留养军队,似实为中国今日政局不定之原因,故以为将此项军队立即大加裁减,不惟可促进中国政治统一与经济发展,且可迅见中国财政恢复原有状况,故并无干涉中国内政之意,只因竭诚欲睹中国自能发展并维持强固政府,为中国自己之利益亦为商务上一般之利益,又感于本会议之用意原欲由限制军备减削巨额支出,其大部分显系妨碍企业与国家发达者,兹敢提出议案,请委员会研究应否送请大会通过,藉以表示此次会议解兵之切望,为友谊之忠告,请中国速筹切实办法,裁减上开之军队与军费。”

主席谓:“本案似与本会议之精神相符,又切望中国树立强固政府与和平基础,惟一面仍愿尊重顾君之意见。”

顾维钧君遂声明如下:

“顷主席对于中国表示切实裁减军队、军费之希望,正与中国政府、中国人民之意愿与决心完全相符,本席素谂美国对华常表同情正谊,本股主席于会议时又时时道及并信此项提议出于善意,故对此案毅然声明并不反对,本席虽不加入表决而对于此提案之精神实深钦佩。”

鲍腾爵士谓："以此事列入报告，本席完全赞同。此事当可收得相当效果，因顾君亦曾赞同之。本席希望中国经此步骤后得渐入佳境，确保平和并信中国人民当能力自振作，以求郅治，而此事亦惟有由中国人民好自为之。本席平素信仰此伟大民族知其志愿所在，改良政治，凡力行斯愿之华人，本会议当尽力予以援助，此盖不但有功于中国且亦为谋世界和平之伟举也。"

主席谓："除顾君不加入表决外，此节已得一致赞同。"

旋以并无他事讨论，遂即延会。

《外交文牍——华盛顿会议案》(下)

## 中国关税分股委员会第六次会议议事录

1922年1月4日

一九二二年一月四日(星期三)上午十时三十分

在全美洲联合会董事室开会

出席人名如下：

美利坚合众国　参议员恩特华特君　随同出席者雷君　惠廉士君

比利时国　华齐君　随同出席者　推利埃君

不列颠帝国　鲍腾爵士　随同出席者克利史底君　朱尔典爵士斯密斯爵士

中华民国　顾维钧君　随同出席者严鹤龄君　陈銮君　金问泗君

法兰西国　沙罗君　随同出席者楷美娄君　多瑞君　贾尼叶君

义大利国　巴利亚诺伯爵

日本国　小田切君　随同出席者子持君　佐古君

和兰国　贝拉斯爵士　随同出席者安求利诺君

葡萄牙国　物司康赛雷斯君

秘书长带同威而逊君　通译员楷美林克君

主席(恩特华特君)谓："上次延会及召集此次会议，均系应沙罗君之请，因沙罗君对于移送委员会报告内第六条尚有提议事件。"

鲍腾爵士谓:“沙罗君所拟之第六条新草案已送,经主席赞同,惟稍加修改,随即送还沙罗君,亦由沙罗君赞成。”

主席遂读沙罗君提案如下:

中国海陆各边界关税划一之原则即予承认,由第一条所称之特别会议商定办法,实行此项原则,凡遇关税上应取消之特权,曾因交换某种局部经济优惠而许与者,特别会议有权调剂以昭公允。

至将来实施本约所增之税率或附加税,在中国陆海边界均按值划一税率,尽先征收之。

主席当讨论本案并以美国名义承认此案时谓:“按此案用意系现行之优惠税则不应增加,惟以后运入中国之货,无论经由陆路或由海道,均应征以划一关税。特别会议应筹一实施此项原则之方法,在未经决定办法以前,优惠税则不得增加,其完全取消,可待特别会议办理。”

鲍腾爵士以不列颠帝国名义赞成此修正案。

沙罗君谓:“本席更拟将此修正案确切意思详晰说明,现行之海陆关税制度,除有相反之决定外,应仍维持,惟各种增加之税在各处边界应一律征收,俟特别会议召集时可将各种区别与各种特权悉行取消,应顾及现有情形所必要之种种调剂办法。”

主席谓:“本席了解亦属如此。”

顾维钧君谓:“本席将现拟修正案审阅后并无异议,以本席所了解,则‘经济优惠’一语当系仅明指条约所予减税之交换者而言。”

沙罗君赞同此意。

主席旋问:“还有讨论否?”并谓:“倘无异议,本修正案应作为一致通过。”

小田切君谓:“本席赞成本修正案,但关于中国陆地各边界减税之事,愿再声明,日本态度业在十二月二十八日声明书内详晰陈述,当不致有何疑义。”

主席问:“有无他种意见尚须提出?本分股委员会为得此结果毅

力进行,本席实深感谢。"

遂即延会。

《外交文牍——华盛顿会议案》(下)

## 施肇基、顾维钧、王宠惠来电

华盛顿,1922 年 1 月 4 日

关于中东铁道,据报告美国态度之概略如下:欲阻某国之单独管理,则非国际共管不可,半官界中人力争中国在该路有专利之权。中国能否劝告本会议设立共管制度至赎回之日为止,如斯办理,则可得无量之利益。美国之专门委员恐中国倘坚持只与俄国关系人接洽,则使第三国无以置议,且难于阻止日本以对待南满铁道之态度对待中东路矣。中国欲得美国之同情,不与美可持相歧之态度。现有协约国之管理,既未洽人意,则如须办理完善,非加增各理事长之权力不可云。基、钧、惠。四日。

《秘笈录存》,第 469 页

## 施肇基、顾维钧、王宠惠来电

华盛顿,1922 年 1 月 4 日

今晨再议关税,当将陆路通商减税办法之议决案,通过如左:中国海陆各边界划一征收关税之大纲,应予以承认,并应交由第一款所指之特别委员会商定办法,俾该大纲得以实行。特别委员会倘遇昔为酬报地方上之经济益惠而许以行将废止之特殊利益情事,得有权秉公调剂之。同时,按照本协约所征之关税或附加税,若有增加之处,应以海陆各界按值征收之划一税率行之。顾代表谓:所谓地方上经济益惠者,应明白仅指凡许此种益惠之各条约所载减税办法之同等物而言。法国代表亦同意。基、钧、惠。一月四日。

《秘笈录存》,第 457 页

## 国务院、外交部、财政部、税务处致代表团

1922 年 1 月 5 日

二十八洋文电及二十九电均悉。草案第三款对于二五附加税之施行日期、作何用途,由上海修正关税委员会考量规定,在我已不免受其束缚,加以应受何项条件之类一语,则范围太广。届时该会倘滥用职权,提出广泛或苛酷之条件,拒之则有碍加税前途,迎之则有妨主权国体,进退两难,稽延时日,受亏非细,应请提出第三款修改,必不得已,亦应请将条件、范围加以规定,借示限制,而免争端。总之,上海会议与华府会议情形不同,旅居上海之外人,情形既熟,人格较次,居心叵测,一般不明大体之中外商人,又从而利用之,收效甚难,不可不虑。再,加税用途,在我只能承认概括的规定,万不能承认监督用途。至关款存储银行,即不能恢复辛亥以前办法,亦应另定办法。嗣后拟将所收关税以一半存储各外国银行,一半存储中国政府所指定之华银行,借以活动金融,昭示公允。第此层应否提出华府会议,抑或由上海修正税则委员解决之处,并希裁酌办理。国务院、外交部、财政部、税务处。五日。

《秘笈录存》,第 455 页

## 施肇基、顾维钧、王宠惠来电

华盛顿,1922 年 1 月 5 日

全体委员会今日报告并关于关税协议共九段,一如前次电达者,请查照廿七、廿八及一月四日等电。顾代表表示同意,但保留恢复关税自主问题,俟将来讨论关于关税行政事附带声明。所谓不变更现行制度者,不得解释为预阻将来亦不得渐进于国家行政性质。恩特华特云,一俟中国情形安定后,要求关税自主,定当欢迎。又,对中国友谊的劝告裁兵及节用之提议,亦经通过,与一月三日电所陈者相同。代表等未投票。至撤退外兵议决案,亦已通过,见一月三日电。惟第一段“武装军队等”字后,加入“包括警察与护路兵”数字。代表等亦未投票。基、

钧、惠。五日。

《秘笈录存》,第459页

## 施肇基、顾维钧、王宠惠来电
华盛顿,1922年1月6日

关税案,上月三十日、三十一日、本月五日,各电均悉。此案议决先后情形,迭电计达。查关税加征若干成一节,原系日本代表发起,英代表以货价低昂不同,一律加征同样成数,有欠公允,故未赞成。至日本所提还债一层,英国尤深反对。至二五用途,约内规定,有损主权。思索再三,疏通各国,始允删去,而移归临时会议讨论。揣其用意,无非予我国以整理财政、清理外债之机会,庶于临时会议席上可无提出条件之必要;即有所提,在我既已办有头绪,亦不无从容辩护之余地。至临时会议,本为消弭国际委员会而设,其性质与修正关税会迥然不同。关税会,现时即可通知各国,请其派员在沪组织从事修订税则,以至切实抽五为度。至临时会议,须俟新约批准,乃由我国择地召集,筹备裁厘加税及规划未裁厘前增抽附加税之详细办法。会期未定,尽可从长筹备。其税款移存华银行一层,此间关税案既已议决,深恐未便续有所提,将来或归关税会解决,借资迅捷,或由临时会议讨论,以昭郑重,仍照原议,均无不可。再,关税加至切实值百抽五,据专员等计算,约可年增银元一千六七百万,六个月后当可实行。不知能否指定此款酌发公债票,以为治标之策,统乞裁酌。基、钧、惠。六日。

《秘笈录存》,第455—456页

## 国务院、外交部、财政部致代表团
1922年1月6日

一日电悉。取消陆路通商减税办法,中政府于上届修改进口税则时即经提议,此次美代表既主张甚坚,我国自当力表赞成,以符公平待遇之原则。至法代表所持反对两项,第一项,系恐我国将陆路出口税一律加重,损及旅越华侨与滇、桂人民。查旅越华侨在会安、西贡者所需物品多由海运,即海防、河内之华侨所需物品亦十九由海运。至钦州,芒街、龙州、镇南各处出入口商务本不甚多,于陆路通商尚无绝大重要关系。且出口税一项果具特别情形,我国自有权随时酌减,不受条约协商之限制,事关内政,毋庸过虑。第二项,系以华货入越及假道越境货物之优待办法因此取消,恐于法商及华商均有妨碍。查由中国边关路过北圻运回中国货物,应照法关税则完纳过境税,系订于一八八六年中法会议越南边界通商章程第十二款中。此项税则虽不过值百抽二,然征收通过货税,实与最近国际交通之借道运输契约中应行免征货税办法不无抵触,在我原可并案请其取消征税,以符世界交通之成例。日本之对法曾申异议,当系别具理由。且此事果于滇、桂商货有碍,将来中政府对于输入越境及假道越境之货物或另定补助费,或俟铁道成立后减轻运费,尽有救济之余地。法代表所持两端理由,均非充分,希即竭力解释疏通,以期早日通过。其日本所云担保中、俄边疆贸易一律施行一层,应可照允,合并电复。再,关税案承诸公大力折冲,得收效果,极深钦感。第由现在起至实行值百抽五之期,中间至少约需七、八个月,此数个月间,维持秩序过渡方法,极形困难。前于十年十二月三十日、三十一日连次电请提议于实行值百抽五以前,先按现在办法加征关税三成或五成,至实行值百抽五之日为止。此层能否于大会提出,尚祈裁夺,并祈赐复。国务院、外交部、财政部。六日。

《秘笈录存》,第 457—458 页

## 国务院、外交部、财政部、税务处致代表团

1922 年 1 月 8 日

五十号电悉。顷安总税务司告孙督办云,实行值百抽五,关税委员估价一节,无论如何迅速,四个月内万来不及,恐非一年所能竣事。似此情形,六个月后实行万无希望,似必须在大会要求未修改税则以前,按现行税则暂加若干成以为过渡,或另有拘束估价日期,不使借端延

长,此层最关紧要。并希将安税务司之言于会中提明,俾资救济,否则旷日持久,政府、社会均难维持,亦不能指此发行公债。大力斡旋,不胜感盼,并祈电复。国务院、外交部、财政部、税务处。八日。

《秘笈录存》,第459页

## 外交部致代表团

1922年1月10日

修改税则事,以四个月为期一节,查上次修改一年始毕,安格联亦云,四个月恐来不及。如能在实行值百切实抽五之前,由委员会议定酌加若干成作为暂行办法,以资补救而济急需,希酌提,并复。外交部。十日。

《秘笈录存》,第459页

## 国务院、外交部、财政部、税务处致代表团

1922年1月11日

八日电计达。所拟照现行税则暂加若干成,系因修改税则既非一年不能竣事,各国派员会议值百抽二五之附加,亦恐一时不能办到,且或须延至修正税则之后,故拟要求立即暂加若干成,以为过渡,俾可救济财政,且可促成值百抽二五之附加。明知执事等实有为难,惟此事关系极巨,务请鼎力运动各国赞成,无任盼祷。国务院、外交部、财政部、税务处。十一日。

《秘笈录存》,第460页

## 施肇基、顾维钧、王宠惠来电

华盛顿,1922年1月16日

本日开全体委员会,通过一修正中国税则之议案。此议案系增补原草案之第二款,内称:为规定增加关税,以应中国政府之需要起见,列席华府会议之各国互相协定,一九一八年上海修正税则委员会所采用

中国进口各货之税价,应立行修正,以期其税率适合于实行值百抽五之数,如中国与各国所订几种商约内之规定者。至此次之修正税则委员会应赶早在上海开会,立行修正,并遵照上次修正之大纲办理。此项委员会,应由上开各国代表及现在列席华府会议各国承认之政府曾与中国订有税则不得超过值百抽五之条约,而愿参与修正之任何其他各国代表组织之。至修正之进行,应愈速愈妙,俾得自华府会议采用本议案之日起,于四个月以内修正完竣。其经修正之税则,自应及早发生效力,但至早亦不得过修正税则委员会之公布后两月之时期。美国政府则以华府会议召集人之资格,应请其将本议案之各条款转达于未列席华府会议而曾参与一九一八年之税则修正之各国。又,本日全体委员会并通过一关于修正中国关税之议案,内系八款,与前电达尊处之九款草约相同。其原文实系如下,内称:为增加中国政府之关税起见,美、英、法、日、义国等互相协定各款如下:第一款,与前所电达完全相同,但增加一节,内称"特别委员会应于本约批准后三个月以内在中国开会。其日期与地点由中国定之"。第二款,悉与前所电达之第三款相同。第三款,与前所电达之第四款相同。第四款,与前所电达之第五款相同。第五款,与前所电达之第六款相同,惟将"待遇"字样改为"便利"而已。第六款则与前所电达之第七款相同。基、钧、惠。十六日。

《秘笈录存》,第 460—461 页

## 施肇基、顾维钧、王宠惠来电

华盛顿,1922 年 1 月 19 日

关税事,本月八日、十日、十一日各电均悉。政府所拟加抽数成以应急需一节,卓见甚佩。惟关税案早经结束,续议既非易事,又恐他国借口横加阻难,牵动全案,反为不妥。查此节原系暂时办法,前经大部照会各国商办,似仍可按照赈灾加抽先例,商取驻京外交团同意在实行值百抽五以前,先抽若干成。当否?请核夺。基、钧、惠。十九日。

《秘笈录存》,第 461 页

## 中东铁路技术分股委员会第一次会议议事录

1922年1月19日

一九二二年一月十九日(星期四)下午六时

在全美洲联合会董事室开会

出席人名如下:

美利坚合众国　浦尔君　随同出席者詹美生君

比利时国　华齐君　随同出席者铁尔蒙君

不列颠帝国　蓝谟生君

中华民国　严鹤龄君　随同出席者吴昆吾君

法兰西国　楷美娄君　随同出席者伦特尔君

义大利国　巴利亚诺伯爵

日本国　松寺君　随同出席者天羽君

和兰国　安求利诺君

葡萄牙国　物斯康赛洛斯君

代秘书长克莱荪君　通译员泰拉孟君

当由分股全体公推浦尔君担任主席职务,并议定将会议议事录请总秘书处办理纪录事宜。

主席(浦尔君)首述太平洋与远东委员会为组织本分股所提议案之本文,请分股注意,并谓:"远东委员会主席对于中东铁路各问题曾表示意见,略谓关于铁路经济管理方法与管理得法诸问题,就美利坚合众国有关系者而言,即欲保持此路为商业路线,各国均得通用,不得歧视云云。远东委员会主席复提议设一分股委员会,由各代表团之专门委员中选派组织,或即由各代表中经各本代表团认为熟悉此事者派充之,以便立即研究。本会议是否能使此路之车务与其管理得有进步,并经议定凡参预本会议各国,均得派员出席分股委员会。

由前而观,本席以为分股目的在考量本会议可施何项办法,以便中东铁路之车务与其管理得有进步而报告之,本分股委员会自应先行考量概括情形,然后再讨论技术上事宜。关于概括情形,甚望先能妥协,随后将一切意见歧异之点再为详细讨论。本席非敢指导讨论事宜,惟为便利与促进分股会务起见,擅自拟就节略一通,现时即可分送各代表备阅:

因中东铁路为西伯利亚及北满经济发展上最不可缺少之交通机关,且为横贯大陆之国际铁路中最要干线,参与本会议各国均注意于保存此路使车务办理有效并维持为商务上自由运输之路线,各国人民皆可通用,不得有何优待或歧视之处。

查中东铁路之地位,业经规定于一八九六年中国与华俄道胜银行所订合同及一八九六年中国与中东铁路公司所订合同及嗣后中国与该公司所订各项合同以内。

该路建筑所需之费,系由俄政府供给并受俄政府管理监督,由中东铁路公司执行之。其实,该路为俄国政府所有,中国则依据一八九六年原订合同有嗣后收回之权利。

自一九一七年俄国无正式政府之后,曾采用特种方法,以便保存该路继续通车。当一九一九年因俄国请求辅助西伯利亚全线及中东铁路之运输,曾由参与本会议数国以数项条件允予辅助,遂于一九一九年正月间由日本与美国订一协定。其后,中国、法国、英国及义大利国亦均加入。订此协定之根本原因,曾经明白宣布,系为各该铁路之暂时办法,以便随后交还,于利益关系者并不损害现有权利。

此项委托之职,至今仍旧有效,而自一九一九年以来,迭经变更,实有整理之必要。"

楷美娄君谓:"此项节略所说明者,似极明白。"

蓝谟生君谓:"本席亦以为然。"

严鹤龄君谓:"本席方将节略浏览一遍,此项节略大概说明种种事实,确极明白。但本席如承分股委员会认可,拟略声明数语:查节略内第二段有'其实该路为俄国政府所有,中国则依据一八九六年原订合同有嗣后收回之权利'云云,但一考合同全部,可知中国曾付库平银五百万两作为该路建筑资金,合同内并规定一俟路工告竣,该公司须付还中国政府库平银五百万两,惟此事迄未履行。又节略末前段内明白声称,‘订此协定之根本原因,曾经明白宣布,系为各该铁路之暂时办法,以便随后交还于利益关系者,并不损害现有权利’云云,查订此协定乃所以应付当时军事需要,同时并有协约国铁路委员会之组织,该协定内亦规定一俟军队撤退,该委员会亦即撤消。

一九一九年之协定既属暂时性质,则所用‘委托’字样是否适当,不能无疑,且该路既经由中国领土建筑,此路系按照中国与华俄道胜银行所订合同办理,今竟称为俄国政府所有,似欠斟酌。”

主席问:“松寺君有无意见发表?”

松寺君谓:“其实节略内载‘该路为俄国政府所有,中国则依据一八九六年原订合同有嗣后收回之权利’云云,似严君即反对此句,未知此项意见是否表示中国代表力持此路为中国所有者?”

楷美娄君谓:“以本席所见,似一种利益显与所有权无涉,此路苟非坚持为中国所有,则即为俄国所有。”

严鹤龄君谓:“中国有收回权利,应请注意。”

蓝谟生君谓:“按照一八九六年合同,中国当然有嗣后收回权利。”

严鹤龄君谓:“此项收回之权利,亦不能不顾及之。”

松寺君谓:“一九一九年协定之精神,乃在监察西伯利亚铁路及中东铁路,以谋俄人利益,故俄人权利应予尊重。”

严鹤龄君谓:“主席所提节略中,词句可与马克茂雷条约汇编中所载合同文字互相比较。”

楷美娄君谓:“依中国代表顷间所述各节,本席愿一查合同,其原文系法文如下:

中国政府现以库平银五百万两入股,与华俄道胜银行合伙开设,生意盈亏均照股摊认,其详细章程另有合同载明。

中国政府现定建造铁路,与俄之赤塔城及南乌苏里铁路两面相接,所有建造经理一切事宜,派委华俄道胜银行承办,所有条款列后。”

楷美娄君复谓:“按上项条文,本席实未见中国所交库平银五百万两系投资于铁路公司,宁谓为投资于银行,质言之,该款乃为中俄合组银行之一部分资本,而非铁路公司之资本,此路为何国所有,如应讨论,则前项投资事实不能认为构成所有权之要素,凡一种事件其本身已可解释明白,无须讨论,未知本分股是否如此主张?即如中东路为俄国所有,一般均作是想,本席亦信为自然之事。果尔,只须将此事之细目详为规定可矣。"

严鹤龄君谓:"合同内确定所有权之处,谅法代表未能察出,且欲考量此项问题,必须参观全文,合同全文一经研究,即可知此款曾为建筑铁路之用。"

主席谓:"本席只就楷美娄君所言末节而言,今欲讨论中俄间之相互权利,其事至为繁重,非将合同详细释明无从解决;且此事从未为讨论之问题,倘竟提出此事,本席以为惟有将全案交回太平洋与远东委员会并报告分股对于所有权之根本事实意见不能一致。

严君发表之言论,本席确知其意必谓中国对于此路已取得特别利益。"

安求利诺君谓:"此似为意见上问题。"

松寺君谓:"关系各国自订立协定以来于此路已按本席所述之意实行监察,至于此路为俄国所有并无问题,本席愿赞同所拟节略。"

严鹤龄君谓:"法代表与主席意见,以此路所有权问题现在无须讨论一节,本席与之同意。"

主席谓:"现在提出分股讨论之节略,未知严君可否暂予赞同。"

严鹤龄君谓:"本席当暂予赞同。"

遂即延会。

《外交文牍——华盛顿会议案》(下)

## 中东铁路技术分股委员会第二次会议议事录

1922年1月20日

一九二二年一月二十日(星期五)下午六时

在全美洲联合会董事室开会

出席人名如下：

美利坚合众国　浦尔君　随同出席者詹美生君

比利时国　华齐君　随同出席者铁尔蒙君

不列颠帝国　蓝谟生君

中华民国　严鹤龄君　随同出席者屠慰曾君

法兰西国　楷美娄君　随同出席者伦特尔君

义大利国　巴利亚诺伯爵

日本国　松寺君　随同出席者天羽君

和兰国　安求利诺君

葡萄牙国　物斯康赛雷斯君

代秘书长克莱孙君　通译员泰拉孟君

主席(浦尔君)谓："本席为便利分股会务起见，又拟一补充节略，可作本分股委员会讨论概括情形之根据。

为保存中东铁路并使继续通车，提出三项问题如下：

(一)财政　(二)车务　(三)警察

(一)第一项财政问题，如该路经济情形确能措置合宜，其经费用途如有适当监察，则可由银行及其他方面供给资金。为施行此种监察，拟在哈尔滨设立一财政委员会，由参与本会议各国如愿加入此委员会者各派代表一人组织之，此委员会即替代海参崴之协约国委员会及在哈尔滨之技术部，专任管理全路财政及一九一九年所设委托之事务，至建设承认之俄政府时始撤消之。

(二)至车务事项，为极力减少纷扰起见，应归中东铁路公司办理，财政委员会除因第一项第一句所载必须按照办理外对于该路之车务不加干涉。

(三)保护铁路产业及维持铁路区域内之治安，实为根本上之要务，而现在情形实不惬人意，应组织切实有效之警察或军队，以资维护，而该路路线因在中国境内，如中国愿意，此项军警可用华人，但此项军队薪饷应由财政委员会支给，并由该会管辖，该会依委托之协定，应负保护铁路财产及维持现状照常通车之责任。”

楷美娄君谓：“本席对于主席所提节略，除数种细则外，大致可以同意。倘各代表对于此事同此观念，则本日与上次所提节略可作为送致全体委员会报告之根据，此两种节略联合一起，末复加一议决草案，以便由全体委员会讨论，而本分股委员会会务亦可告竣矣。”

蓝谟生君谓：“本席赞同楷美娄君之意见。”

主席谓：“本分股委员会所拟办法，未经全体委员会通过前，如于节略所述范围以外更进有所讨论，似属无益，但楷美娄君拟提议决草案一节，尚须征求全体同意。”

楷美娄君谓：“本席以为加入一议决草案将前后提出各节略摘要录入，或可促进全体委员会会务。”

主席谓：“此层在各代表可赞同之讨论根据未成立以前分股委员会亦未必能向全体委员会提议任何办法，即本席所提两种节略之措词亦未知能否得分股委员会之同意。”

松寺君谓：“本席并无异议。”

严鹤龄君谓：“前日所提节略末段，本席拟以‘办法’二字替代‘委托之职’字样。”

主席谓：“节略内用委托字样，本席并不特别注重，惟委托事实已经中国允认，实已发生，一九一八年及一九一九年各国亦均允认此委托之事，至一九二二年仍不能切实解决，但各国既于一九一九年担负此职，迄今各种情形依然存在，各国自不能规避。”

楷美娄君谓：“主席之节略与一九一九年日美协定似相符合。”

严鹤龄君谓：“本席料楷美娄君所述者即一九一九年三月内宣布之协定，查该协定内有一节，其文如下：

本协定一俟各外国军队自西伯利亚撤退时应即停止施行，其依据本协定委派之各外国铁路专家亦应即同时撤回（按此节系节录一九一九年一月十五日日本驻美大使为监察中东路及西伯利亚铁路事向美国国务卿所提草案第五条,该草案并于一九一九年三月实行)。”

主席谓:“以本席所见,委托之职即属各国负责之一种办法,各国所负之责不啻一种道德上之责任。”

华齐君谓:“此种责任亦似由协定发生。”

严鹤龄君谓:“本席顷聆种种说明,似‘委托’字样本与办法二字有同样意义。”

主席谓:“本席所见,微有不同。按办法二字之意义,确包括委托之职在内。本席初意以为委托之职系发生于原订协定。”

蓝谟生君谓:“此似属事实问题。”

主席谓:“各国所负责任,实无法规避。”

严鹤龄君谓:“关于财政问题,本席尚有疑问,遇有需要款项时,究应由何人筹借。”

主席谓:“本席对于财政上普通问题有所声明,查当初美国为维持中东铁路筹措之款,现在尚有余存,约计七十五万元。本席虽非以美国名义发言,但以本席所知,美国愿于相当监督之下,并为该路正当用途拨用此款,至目下欲向美国银行或其他美国方面另筹款项,实无希望。但本席想为此路于运输及监督上确定最适当条件实属必要而又适宜,以便招徕银行界乐于投资此项事业。因此,本席所以提出现经讨论之各案。”

严鹤龄君谓:“倘遇该路再需款项应由何人筹借。”

楷美娄君谓:“筹款方法属于财政委员会范围以内。”

主席谓:“以现在情形,倘无财政委员会之同意,恐外国银行家断无愿承办垫款者。”

蓝谟生君谓:“财政计划实际上可由铁路公司拟议,而由财政委员会执行办理。”

严鹤龄君谓:“节略末段所论警察问题亦属重要,本席以为警察与警备队不能由财政委员会管辖,因警察恒隶于国家主权之下,不能交由此项委员会管辖。”

主席谓:"实际上应解决之主要问题,即该路现在缺乏相当保护,在此种情形未先补救以前,自不能盼望垫款。本席并无偏见,惟据美国政府所接报告,均谓中国兵士皆未领饷,由各兵设法自给,致酿纷扰,情形严重云云。今如欲筹款,此种情形急须根本纠正之。"

楷美娄君谓:"或依据俄国所有权利,以委托之职亦交由委员会接办,惟此实为非常之举,因一铁路公司取得如此范围广大之权利,本席实所仅见。"

严鹤龄君谓:"此路现有特别军队担任防护,种种现状虽不尽如人意,但自中国接管该路后,其情形已大见进步。"

主席谓:"此项意见惜与美国所接报告之情形不甚符合,因本国所接报告,多数均称现有情形殊属不堪。"

楷美娄君谓:"法国外交官亦有同样报告,本席以为护路兵队应设法给饷,实为中国利益,尤为铁路邻近居民之利益,凡不损及中国权利之办法,本分股委员会应力促严君容纳,矧此项办法不过为中国恢复中央巩固政府以前之暂时办法。"

蓝谟生君谓:"凡管辖警察之机关,中国亦得列席。"

严鹤龄君谓:"中国警备队如何亦可交委员会管辖,本席仍不明了。"

楷美娄君谓:"管理警政与执行国家主权并不相涉,在法国每一城镇均有地方警察,并不归国家节制。"

主席谓:"实际情形亦须顾及,在一九一七年以前,该路本由俄国军队担任防护,照现拟办法,即以警备队替代俄兵,此警备队交由委员会管辖,而中国亦得参预之。"

严鹤龄君谓:"现有警察均系华人,应请注意。"

主席谓:"此种办法已证明不惬人意,苟欲保存此路,必须变更防护方法,如一九二一年八月六日接哈尔滨办理铁路车务之技术代表史蒂芬斯君来电,报告二十四小时内为胡匪滋事,损失已达十万美金云云,足为秩序不宁之明证。"

蓝谟生君谓："英国所接报告亦已证明其事。"

严鹤龄君谓："但此路经过中国领土，当让与此权时，所有政治上一切权利并未放弃。凡希图变更此项权利之任何议案，与本会议精神不能融洽。以本席所见，若将警察交国际机关管辖，恐于此项权利大有妨碍。"

主席谓："严君所述之本会议精神，自应注意。但本会议尚有他种义务，即禁阻侵害俄国之权利。矧此次会议，不幸俄国不能出席，是尤不能损其权利。美国政府已经声明，俄国权利不能侵害，谅他国当亦同此见解。

现在情形可略举如下：溯自俄国政府瓦解以后，美国曾与各国同予友谊援助，俾西伯利亚铁路连中东铁路得以保存，继续通车。迨一九一九年，美、日二国协定中所采方法已将此事切实施行，其后中、法、英、义亦允协同办理。订此协定之根本原因曾经明白宣布，系为俄人利益维持该路，以便随后交还于利益关系者，并不损害现有权利，是即担负委托权之所由来也。至一九一九年，各国均盼俄国情形于比较短促时间以内渐就平靖，以便卸此委托之责，并经中国协力合作，承认其事，将该路交还各国所承认之俄国政府。讵料种种事变与愿相违，俄国迄今仍无正式政府，而各国又不能卸责，不得不接续办理一九一九年所受委托之职，以图保护中、俄两国之利益。"

蓝谟生君谓："委托权之存在实为一种不可避免之事实。"

楷美娄君谓："本席与主席意见完全相同。去年法国政府曾知照中国政府，以凡片面取消俄国权利之举，法国政府不能承认。此次华盛顿会议之目的固为援助中国，但维持秩序即为维持其权利之第一步着想。所有种种事实，本会议现已洞悉。至所拟关于满洲应取之办法，法政府视为不仅宽容大度，且能保护中、俄权利。且现在纷扰情形中之首被牺牲者，即为华人。此项警备队仍为中国警备队，由各国给饷，不必变更国籍，其中一部分以俄人充任，一部分以华人充任，原有中国军队仍可留用。本席以为如此办法可谓宽大而有道德。"

蓝谟生君谓："警察可全由华人充任。"

主席谓："为促进太平洋与远东委员会会务起见，本分股委员会应从速拟一报告草案，若根据已提两项节略拟一报告，未知能否邀分股委员会之赞同？又，严君如欲提出保留，亦可照办。"

楷美娄君谓："此似实际可行之唯一方法。"

巴利亚诺伯爵谓："主席所拟节略内容，本席无重要意见，不过略有说明：第一，于送交太平洋与远东委员会报告中，凡有牵涉推想中国现状之语句，一概不用为妥，只须于缮具分股所拟办法时，明示此项办法系依照现有情形而定者；

其二，按照本会议尊重中国主权之坚决主张，似应明白解释此项警兵归财政委员会管辖，（一）系属暂时性质，即只于时局不稳及中国主权遇有例外情形时施行之；（二）认为必要办法，其理由因睹该地现状复因从前该路局管辖军警时公共安宁较胜目前，更因解决此项问题俄国不能参与其事；

其三，报告内与其用'至建设一承认之俄政府时'一句，不如用'至各国一律承认俄政府时'似较妥洽，盖承认一政府之事实当在其建设之后也。"

主席谓："巴利亚诺伯爵之提议，谅本分股委员会当能赞同，未知严君是否赞同？此报告惟仍可提出保留。"

严鹤龄君谓："关于监督财政问题，如财政委员会管辖警兵以及节略内用'委托'字样，本席不得不提出保留。"

蓝谟生君谓："种种问题须从事实上着想，今有数国确曾以财力或材料实行资助该路。"

楷美娄君谓："本席拟请主席拟一报告，将提出两节略载入报告之内。今各项重要之点既经讨论，分股委员会似无再行召集之必要。倘有提出严重异议，可由主席再行召集。"

主席问："分股委员之意是否如此？"

前项办法即经通过。严君仍主提出数项保留。遂即延会，由主席再行召集。

中东铁路技术分股之报告

因中东铁路为西伯利亚及北满经济发展上最不可缺少之交通机关,且为横贯大陆之国际铁路中最要干线,参与本会议各国均注意于保存此路,使车务办理有效并维持为商务上自由运输之路线,各国人民皆可通用,不得有何优待或歧视之处。

查中东铁路之地位,业经规定于一八九六年中国与华俄道胜银行所订合同及一八九六年中国与中东铁路公司所订合同及嗣后中国与该公司所订各项合同以内。

该路建筑所需之费,系由俄政府供给并受俄政府管理、监督,由中东铁路公司执行之。其实,该路为俄国政府所有,中国则依据一八九六年原订合同有嗣后收回之权利。

自一九一七年俄国无正式政府之后,曾采用特种方法以便保存该路,继续通车。当一九一九年因俄国请求辅助西伯利亚全线及中东铁路之运输,曾由参与本会议数国以数项条件允予辅助,遂于一九一九年正月间由日本与美国订一协定,其后中国、法国、英国及义大利国亦均加入。订此协定之根本原因曾经明白宣布,系为各该铁路之暂时办法,以便随后交还,于利益关系者并不损害现有权利。

此项委托之职,至今仍旧有效,而自一九一九年以来迭经变更,实有整理之必要。

兹提出三项问题如下:

(一)财政　(二)车务　(三)警察

(一)第一项财政问题。如该路经济情形确能措置合宜,其经费用途如有适当监察,则可由银行及其他方面供给资金。在分股之意,以为此种监察之有效办法,最好在哈尔滨设立一财政委员会,由参与本会各国如愿加入此委员会,各派代表一人组织之,此委员会即替代现在海参崴之协约国委员会及在哈尔滨之技术部,专任管理全路财政及一九一九年所设委托之事务,至各国一律承认俄政府时始撤消之。

(二)至车务事项,为极力减少纷扰起见,分股之意以为应归中东铁路公司办理,财政委员会除第一项第一句所载必须按照办理外对于该路之车务不加干涉。

(三)保护铁路产业及维持铁路区域内之治安,实为根本上之要务,应组织切实有效之警察或军队以资维护。而该路路线因在中国境内,如中国愿意,此项军警可用华人。但分股以为依现有之情形及从前俄国护路队之先例,应定一暂时特别办法,即此项军警之薪饷应由财政委员会支给,并由该会管辖。该会依委托协定,应负保护铁路财产及维持现状照常通车之责任。

中东铁路技术分股中国代表严鹤龄君之说明书与保留书

分股委员会中国代表以中国政府对于中东铁路有重要关系而报告之中复有数点为中国碍难赞同者,故如得分股主席之认可,不得不声明保留。

前俄人建筑中东铁路显有军略上作用而属政治性质。该路又横贯中国境地,与中国有特殊利害关系。中国政府为建筑中东铁路曾以库平银五百万两交与华俄银行,订明俟该路完成时铁路公司将库平银五百万两交还中国政府,但此款至今仍未交还。

近以俄国政治变乱必须缔结协定,暂时由中国政府代俄国负该路上之责任,与中国政府将天津、汉口之俄租界代为管理,事同一律。须知中国政府出此行动,并非欲乘俄国之现状攫取不正当之利益,实因该路在中国境内,与中国有利害关系,行使其独立国之主权耳。

又查报告内所称,六协约国于一九一九年订立之协定,明系一种暂时办法,一俟外国军队撤退西伯利亚时即应终止。

报告中提出三项办法,其第一、第三两项实难赞同。就第一项办法而论,以现有之管理与车务组织,中国颇难赞成报告中所拟之由委员会管理全路财政及执行委托职务。至第三项办法,以中国警察或军队皆系政府权力,若照分股所拟隶属财政委员会之办法,姑无论其是否公允,即是否便利,亦不无可疑。关于此节,或有引俄国护路兵为前例,然在法律上殊无根据，因一八九六年合同内曾载明由中国政府设法保护该路路线及车务人员之安宁。因有以上情形，故中国代表对于上述二种办法应提出保留。

中国代表虽说明以上保留，然非不知该路应加种种改良。中国政府于外国友谊之援助当极表欢迎。于该路技术方面、经济方面事务，苟于中国政治主权并无抵触，中国政府亦愿与诸友邦讨论之。

《外交文牍——华盛顿会议案》(下)

## 施肇基、顾维钧、王宠惠致外交部

华盛顿，1922年1月20日

东清铁路问题，美代表十八日在远东委员会提出，各国代表以该问题情形繁复，赞成由各国代表团各派一人组织委员分会研究，我国所派为严秘书长。十九日分会开会，由该秘书长偕交通专员出席。未开会前，美主张共同管理。经设法接洽，未将共同管理一层明白提出。惟对于铁路委员会及技术部拟修改权限范围，以应时变。十九日继续开会，美委员提出办法三条：(一)在哈尔滨设立财政委员会，为东清筹备款项，管理全路财政，并对于该铁路暂负委托之职。(二)除因借款有相当之监督权外，财政委员会对于路之技术、运输，不加干涉。(三)路警由财政委员会管理，其薪亦由该会发给。我委员多方辩驳，惟其余各委员均表赞同。最后，我委员对于第一、第三两条声明保留，以备在大会再行讨论。政府有何卓见，迅盼电示。基、钧、惠。二十日。

《秘笈录存》，第469页

## 外交部致代表团

1922年1月24日

中东路事，二十日电悉。该路为中、俄两国间问题，俄国既未列席，未便在会讨论，况路在东省，尤与我领土主权有关。美委员所提办法，如第一、第三两条虽无共管之名，已攘共管之实，侵损我国主权，断难承认,希查照本部前电及十月廿七日电述理由,向会声明,婉切疏解。如果各国一致赞成,提案未能打消,可声明中国不能承认,以示抵制。并盼复。外交部。二十四日。

《秘笈录存》,第 470 页

## 外交部致代表团

1922 年 1 月 26 日

报载:远东委员会对于许士开放门户案第四条表示反对,完全打销。查该条为全案精神之所注,若被打销,已失立案本意。且检阅全文第一、第二条范围太广,于我主权及将来经济政策不无束缚太甚。第三条审查会,权限含混,况司法、关税均已设有委员会,若再设此项审查会,恐启共管之渐。惟此案未准尊处报告,形势如何,殊难悬揣。特达。希注意。外交部。二十六日。

《秘笈录存》,第 464 页

## 施肇基、顾维钧、王宠惠致外交部

华盛顿,1922 年 1 月 27 日

二十三日全体委员会宣读中东铁路专门股报告,因我国不同意于第一、第三两条,另由各国代表组分股讨论。再,全体委员会通过各案提交大会日期,尚未确定,当亦不远。基、钧、惠。二十七日。

《秘笈录存》,第 470 页

## 顾维钧、施肇基、王宠惠致外交部

华盛顿,1922 年 1 月 27 日

无线电联合案及英日无线电范围之让与,基得秘密通知,三国专门委员正求让与调和之法,将向中国征集意见,请示允诺。近来英国专门委员曾谒交通部某员,该员答谓:马考尼 Marconi 让与事,未奉商议之训条,法人竭力运动,冀得英美日本与彼分享,彼犹抗议之无线电范围让与，此不啻明言法代表在会议中，对于范围一事之计划，乘彼意见不同，基等坚持不拔，切实声明我国无线电范围之权。会议详情，随即呈报。基、钧、惠。二十七日。

中国第二历史档案馆藏总统府军事处档案

## 施肇基、顾维钧、王宠惠致外交部

华盛顿，1922 年 1 月 28 日

二十六日电悉。开放门户案第一、第二两案，所以杜绝他国独霸利益及垄断工商各业之弊。在我藏富未辟，百政待兴，正不宜遇事受制一国，以致难获公平待遇；有此规定，机会均等，供逾于求，或可以得善价。观该两条规定，虽范围稍涉广泛，然于我似尚有益。至第三条审查所，凡我国与他国争执问题在该两条范围内者，始得提交该所。其铁路运价案内，将来发生问题，亦得提交。论其职掌，本限于调查报告，观其地位，有类乎海牙和会。其组织详情，须俟我国自行召集关税临时会议时订定。届时尚可权衡利害，从长规划。且历观前事，凡有争端，在我每以孤立而见凌，其在列强间者，或事虽涉我而暗为平章，吾无与焉。他日审查所既设，遇事遣使参预，似反有折冲余地。至第四条，法、日等国均以管理，深加反对。十八日会议，基曾保留另提驳复。二十二日、二十三日会议，钧提出我国现时国际上之担任一案时，复乘机重申前议要求：（甲）公布各项成约担任；（乙）审定其法律上之效力；（丙）修改有效之各项担任，使其彼此不相冲突，并与大会所决定之原则完全相符。经一再辩护，并凭我国所提大略第六、第七二条，一并讨论，俾现有无定未尽之成约得限以定期，而解释条文亦得有所依据，借可达到开放门户案第四条之宗旨，而使我国国际上一切不公道不平等之成约，有通盘修改之希望。卒以他国反对，由主席宣告寝议。特复。基、钧、惠。二十八日。

《秘笈录存》，第 465—466 页

## 施肇基、顾维钧、王宠惠致外交部

1922 年 1 月 29 日

无线电台案，远东全体会所通过惠暨法代表组织委员会之提议，业于议字二十七号、三十号先后电达在案。二十日开起草会，主席罗脱复提议组织委员会，以审察有关之条约、合同、借款，就近与我政府商请无线电政策，报告各国政府。二十四日正式提出全体会。次日，基在该会之宣言亦已用洋文电达。旋罗脱再提议，组织委员会不提而另提七条。嗣由全体会以原通过案互助，与法代表提议案暨罗脱两次提议一并送交起草会讨论报告。二十五日及次日开起草会，钧以商议东亚全局问题未往，基往列席。主席宣言：原案三、四两条，如经解释为租界等地方内，外人有权建设无线电台，则失该条解释之本旨。基亦宣言：此项电台之建设权，中国断难承认。大致与钧前在起草会声明者相同。旋经起草会拟定维持五条原案，其余提议打消。而另为通过声明书一件如下：除中国外，各国声明去年十一月七日议决案内第三、第四两条之规定，不得视为对于所指之无线电台是否经中国特准一层，有何意见发表，各该国等并通过凡按约第四条规定而商议之结果，须与华府会议所通过之开放门户或机会均等主义相合，各该国等方无异议云。二十七日开全体会，罗脱宣读该项声明，此声明之用意，系预杜法国藉上海法界现有之收信无线电台，提前要求我国准予改建大台。全体通过。基亦正式宣布，中国政府并不承认或给予外国或其人民在使馆界或租界或租借地或铁路区域或其他特别区域内，未经中国政府特准而建设或交通便利用大无线电台之权等语。此案遂告结束。基、钧、惠。二十九日。议字七十四号。范围暨指定区域，独享各约之协助，均不予以赞助，原文另电。基、钧、惠。二十三日。议六十五号。

中国第二历史档案馆藏北洋政府外交部档案

## 中东铁路全权分股委员会第一次会议议事录

1922年1月31日

一九二二年一月三十一日正午十二时

在全美洲联合会董事室开会

出席人名如下：

美利坚合众国　罗脱君　随同出席者浦尔君

比利时国　卡德男爵　随同出席者华齐君

不列颠帝国　健特士爵士　随同出席者斯密斯爵士　蓝谟生君

中华民国　顾维钧君　随同出席者严鹤龄君

法兰西国　楷美娄君　随同出席者伦特尔君

义大利国　上院议员阿而白丁尼君　随同出席者巴利亚诺君

日本国　埴原君　随同出席者松寺君　天羽君　金井君

和兰国　贝拉斯爵士　随同出席者史带根鲍爵士　安求利诺君

葡萄牙国　物斯康赛雷斯君

秘书长带同奥史庞君　克莱孙君　通译员楷美林克君

主席罗脱君请秘书长检点九国代表是否均已到齐，即经点明，九国均有代表列席。

主席谓："中东铁路技术分股委员会之报告已由太平洋与远东委员会交与本分股委员会审查，今拟将此项报告宣读一遍。"嗣因分股各代表各有抄件一份，遂议定报告及严鹤龄君提出之意见与保留案，无须重行宣读。主席又谓："此项保留案，如本席了解不误，似中国代表团以报告内所拟数种办法视为损害中国主权，不能赞同。是中国所反对者，即报告内所称护路军队交国际机关管辖并管理运输开支款项等规定。此项报告连同中国代表团之意见及保留案现既提交本分股，应请即予考量。"

顾维君谓："关于此项报告，所有中国代表团之意见业于技术分股及全体委员会中先后说明，兹复有机会得将中国代表团意见更为具体声明，本席曷胜欣幸。查此项问题，根本上乃一事实问题。中国以外参预本会议各国欲维持此路,办理有效,正与中国政府之意志互相吻合。而中国代表团所以难于赞同此报告者,无非因中国政府对于该路所处之特殊地位。至该路之特殊情形与特别性质,本无庸赘述,兹略举一事,即足证明,即如该路全在中国境内是也。倘各国与该路维持有效,欲保障利益,愿予协助一面,并不损害中国完全主权,则中国代表团自不胜欢迎。兹即根据此项意见,对于报告拟略加修正。"

主席谓:"中国代表团拟提修正案,分股委员会自欣聆无疑。"

顾维钧君谓:"关于中东铁路原拟草案,中国代表团拟略加修正,务使一面能适合技术分股报告内之实在意旨,一面又可解除中国人民心中或致误会之原因。此项提议草案,本席拟即宣读一遍,系连同乌苏里铁路在内,缘本分股委员会讨论之问题,乃发生于一九一九年一月九日协约国订立之协定,此协定已包括西伯利亚全线及中东铁路在内,今倘只将一路特别提出考量而置乌苏里铁路于不问,中国代表团颇难向中国人民解释其事,且中东铁路苟真为商务上干线,则乌苏里铁路实为重要枢纽。"

顾君遂宣读如下:

关于中东铁路及乌苏里铁路之草案

因中东铁路与西伯利亚铁路为西伯利亚及北满经济发展上不可缺少之交通机关,又,保存该路,使车务办理有效,维持为商务上自由运输之路线,各国人民均可通用,实为各国全体利益之事。

又因一九一九年一月间为符合前述理由曾由参与本会议各国内美日两国订一协定,其后中国、法国、英国、义大利国亦均加入,协同办理该路暂时行车事宜,以便随后交还于利益关系者,并不损害现有权利。

又因此项协定除他项规定外曾设一技术部,由当时出兵西伯利亚各国之铁路专家组织之,以谋管理该路之技术经济事宜。

又因该协定内关于技术部职务之条文似应稍加修改,俾该协定之根本宗旨较易实用。

参与本会议各国议定如下:

(一)应以技术部代替协约国委员会并接办该委员会监察中东铁路及乌苏里铁路之车务;

(二)中东铁路及乌苏里铁路之督办局长向银行及其他国外方面商借条件公平之款项及监督借款用途二事,技术部得陈述意见并襄助一切;

(三)按照一八九六年(光绪二十二年)九月八日与华俄道胜银行所订合办中东铁路合同第五条,凡该铁路及铁路所用之人仍由中国政府设法保护,并为切实施行此项计划,应设备新式操练之警兵,此项警兵薪饷由路局发给,其办法由路局商取技术部意见后决定之。

顾维钧君又谓:"顷读草案,系草率拟就,倘主席请各代表对此草案发抒意见,本席深为欣幸。当草此案时,曾根据技术分股之原有计划并未大加变更。"

主席谓:"中国代表团提出之新草案,现请分股委员会加以讨论。"

健特士爵士问:"草案内有'乌苏里铁路',用意何在?请中国代表团向分股委员会说明之。"

主席谓:"关于乌苏里铁路,系另一问题。该路在俄国境内,并不在中国,而本会议并无俄国代表出席。据本席所知,乌苏里铁路经过之地,为自称阿穆尔政府认为已有,该路在一半岛上直抵海参崴,其地亦为自称远东共和国认为沿海省者。但此两政府均未经参与本会议各国承认,故欲即时讨论乌苏里铁路,不无困难。"

顾维钧君谓:"乌苏里铁路系由海参崴起至双城子为终点,复有支路接连肃州矿,另有一段由斯巴斯科直达乌苏里。盖乌苏里铁路为中东路通达海口之接线,倘无乌苏里铁路,则中东铁路于交通上无甚价值。且现仍有效之协约国协定,其依据之原则为暂代俄人管理西伯利亚全线,连中东铁路在内,此项协定由协约各国缔结,中国亦经加入,订约时俄国无代表出席,与现在情形并无所异。"

主席谓:"此项问题只须加入一句,规定乌苏里铁路车务亦归技术部管理,惟须视并无相等反对实力为准,至草案第三段内载凡该铁路及铁路所用之人仍由中国设法保护云云,本席恐中国未必愿担任此义务。”

顾维钧君答谓:“中国常愿担任保护乌苏里铁路,即现在中国亦未尝不担此责任。”

主席谓:“昨日接有技术分股数代表拟具议案一件,与顾君顷读之案大抵相同。据云此件系表示分股中一部分代表之意见,今拟宣读一遍,以便与顾君草案互相比较,其文如下:

因中东铁路为西伯利亚及北满经济发展上不可缺少之交通机关,且为横贯大陆之国际铁路中最要干线,又因保存此路使其车务办理有效并维持为商务上自由运输之路线,各国人民皆可通用,实为各国全体利益之事。

又因一九一九年一月间为符合前述理由曾由参预本会议各国内美日两国订一协定,其后中国、法国、英国及义大利国亦均加入,协同办理该路暂时行车事宜,以便随后交还于利益关系者,并不损害现有权利。

又因此项协定除他项规定外曾设一技术部,由当时出兵西伯利亚各国之铁路专家组织之,以谋维持该路车务并襄助其技术经济事宜。

又因该协定条文似应稍加修改,俾适合改变之情形而使协定之根本宗旨亦较易实用。

参与本会议之各国议定如下:

(一)嗣后技术部应认为用以代替一九一九年所组之机关并负实行本案首节所列之宗旨。

(二)中东铁路之督办局长向银行及其他国外方面商借条件公平之款项及监督借款用途二事,技术部得陈述意见并襄助一切。至于铁路技术事项,应归中东铁路公司办理,技术部除本款第一句所载必须按照办理外,对于车务不加干涉。

(三)按照一八九六年九月八日与华俄道胜银行所订合办中东铁路合同第五条,凡该铁路及铁路办事所用之人,仍由中国政府设法保护,并为切实施行此项计划,应设备新式操练之警兵,此项警兵薪饷一俟与技术部订定借款办法后由路局发给,其方法由路局商取技术部意见后决定之。”

主席谓:“此件除略有数项修改外似与顾君所读草案大致相同,本分股委员会可将此件认为投资中东路与有直接或间接关系人方面之计划或代表此项人民之代表团所拟之办法,其目的正与顾君根据中国政府意见所述者相同,其实此两种议案可谓异途同归,调和而融洽之,其责端在分股,分股可于二案中任择一案,或于两者俱加修改。惟本席愿先将中东铁路之实在情形有所说明,此项情形系经本席研究各关系方面所得者,本分股委员会各代表须知本席于发此言论时宜提出数种保留,实觉必要而又适宜,以免将来中国与围叙此席之各国全体或其中数国间发生争议。兹拟提出数要点,现在即加考量,并请分股将本席顷读议案通过修正以前先求谅解,谅分股委员会将此案慎加考虑后当能通过之。

查中东铁路由中国政府批准之公司所建造,并为该公司所有。该公司实为中国公司,系按照一八九六年九月八日中国政府与华俄道胜银行所订合同而成立者,此公司应组为股分公司(按以前本属如此)。其初建筑中东铁路,即以三种方法募集款项:(一)发售股票;(二)发行债票(此项债票在市场发售,多数售与法籍资本家);(三)借款,即俄国政府之垫款。

该公司由董事会管理,董事九人由股东选出。在原订合同内中国政府曾与该公司以经理铁路全权生意盈亏由公司负责,铁路所需之地,亦与以管理全权,需用华洋人员皆准该公司因便雇觅。

又在合同内中国政府特别担任保护铁路及铁路所用之人。嗣复于一九〇二年中俄条约内中国再为声明担任保护铁路及铁路所用人员之责任。

至一九一九年因欧战结果,致酿纷扰情形,遂由美日二国订立协定,其后中法英义亦均加入。推订此协定之原由,实因赤哈军队被过激派所阻不能离俄归国,当时中东铁路及乌苏里铁路按此协定均由协约国委员会管辖，并规定于一定期间发生效力，乃中国代表顷谓该协定现仍有效云。

当一九二〇年十月二日该协定仍旧有效之际，中国政府与华俄道胜银行即自称代表此银行或继承该银行利益之人订一合同，该合同除他项规定外内载：

（一）中国政府因俄国政治紊乱之故致失其管理该路及维持秩序之能力，并以中国领土主权之关系，对于管理路界以内地方之治安，维持世界公共之交通，实行保护该铁路之财产均有应负之责。

综上述理由及责任，中国政府特于一九二〇年十月二日正式通知该银行，声明中国决定暂时代替俄国政府执行该路合同及现行章程之所有各项职权，此项代执行俄政府职权之期限，以中国政府正式承认俄国政府并彼此商定该路办法为止。

（二）规定中东铁路即将库平银五百万两以铁路债票交与中国政府，此系按原订合同应缴中国之款。

（三）规定中国政府于董事会内除督办外得派华籍董事四人，不以有无股份为限。

今中国于执行主权显已将其境内所筑铁路收归掌中，并由中国公司经理，中国不但有此权利且有办理其事之实力。但按一九二〇年十月二日之合同，中国所有权利并未有所增加，实亦无须增加其权力，此项合同本作为一八九六年原订合同之续订合同，但此为不可能之事，因原订合同业已实行，道胜银行不过一经理公司，实无续订合同之权力。

由此种种致酿成数种结果，试举如下：其一，中国政府既管辖铁路，委派董事，是已将该路从股东手中收归己有，并担负一切责任；其二，中国既负委托之责，则对于数千百万金卢布之外国股东外国持票人以及将来视为该路债权人之俄国政府迟早必负国际上之责任；其三，中国必须按委托办法办理，凡为受托人所不应为之事，均无权办理，例如，中国政府不能于委托财产中发行铁路债票，以扣还五百万库平银，此项债票一经发行，不能有效，并将发生该路关系者之争论，至实行一九二〇年十月二日之合同,不啻于国际上铸成一错,任何关系者均得要求赔偿;其四,中国对于铁路财产之办法及种种处分,务重视该路各债权人,连俄国政府在内,以及法国与协约国持票人之利益。

是中国不得不自认为受托人,顷本席所读草案可作为试行此项委托办法而实现之。中国既允负保护该路之责,但此责任现在并未履行。虽各种困难一经解决,巩固政府一经恢复后,尽人皆信中国必能履行此责,惟现在则确未履行。该路及其财产所受损失为数甚钜,谅中国当重视此两重责任,即一八九六年原订合同,一九〇二年中俄条约内一再声明所负责任与今日复受委托代管该路所负之责任是也。本分股委员会无论通过何项议案必须附带一种宣言,声明各国对于中国不能履行责任并不放弃向中国要求相当赔偿之权利。"

埴原君谓:"关于中东铁路之国籍问题,本席尚须说明一事,作为日本代表团意见,请为注意。顷主席所言,倘本席了解不误,是谓中东铁路公司乃一中国公司,由此推测中东铁路亦为中国所有,复以此根据有所进行,则日本代表团并无讨论此事之权。日本代表团初以为本会议并不讨论条约或合同上权利,即讨论之,于此种条约或合同之解释亦不能有所解决,本会议只有注重事实,设法援助运输而保护之,则为现在情形所认为必要者。若讨论铁路条约或铁路合同致碍及日本重要利益,本席敢确切声明,本国政府并未核准参与其事,因日本对此问题有重大利益,日本代表团若以所拟办法为根据,实不便讨论此问题,希分股委员会准予提出保留。"

主席谓:"埴原君所料结果,本席以为未必实现。今认中东铁路公司为中国公司,并不致引起所有权问题,该路确为股东及债权人所有,惟受中国主权之管辖。今考量中国政府与铁路之实在关系,实为本分股分内应为之事。"

楷美娄君谓:"顷聆主席所提保留,颇饶兴趣。以本席而论,亦拟与日本代表提出同样保留。关于铁路公司之性质,本席并无意加以讨论。就本席所见,此路似为俄国公司,而公司之权力系根据中俄合同之规定，但本席不愿讨论此问题，此项意见无论采纳与否，中国之权利义务并不变更。至一九二〇年合同效力，本分股委员会不能讨论，法国代表团亦无权讨论。倘果认为有效，则讨论现在情形，极为便利。总之，主席之意无非使本席深信，主席为完全主张通过此案者。”

顾维钧君谓：“兹应先为声明本席提出草案，在分股宣读，并未得本国政府之核准，此种办法，无非出于诚意，亟谋实际解决此项困难问题，因凡事欲求圆满解决，须得各方妥洽。凡本席所拟办法，均须呈经本国政府核准照办。今特声明此点，以免日后有何误会。

关于主席所提中国政府与该铁路关系上之言论，此实为一极重要问题，谅各代表当均以为然。现均盼本席将中国代表团对此意见在分股发表并供给各种资料，本席愿于下次会议时得有机会提出之。”

主席提议谓：“顷所读二案，拟请顾君与楷美娄君加以考量而融洽之。”

此议当经一致赞成。

顾维钧君与楷美娄君亦均愿照主席提议办理其事。

遂即延会，由主席再行召集。

《外交文牍——华盛顿会议案》（下）

## 第五次大会议事录（节译）

1922年2月1日

限制军备会议兼讨论太平洋与远东问题第五次大会，于一九二二年二月一日上午十一时在华盛顿大陆纪念堂开会，由美国国务卿许士君为主席。

主席谓上次大会议事录业已分送各代表，所有应行更正之处均已改正，现在如无异议，上次大会议事录当作为已经同意，当以并无异议，即作为通过。

又太平洋与远东问题委员会现仍继续讨论关于中国各问题，并经通过数案，现提交大会正式通过。

兹将该委员会于一九二一年十二月十二日通过之中国客邮一案提出大会,其文如左:

第一项　关于中国政府表示在中国境内之外国邮局除在租借地或为约章特别规定者外期得撤消之志愿,认为公平,因即决议:

(一)有该项邮局之四国允许照下列条件将其撤消:

(甲)中国保持切实办理之邮务;

(乙)中国政府保证现在邮务行政与外国邮务总办之地位有关系者无变更之意。

(二)为使中国及有关系之国举行必要之设备起见,此项办法实行之期不得逾一九二三年一月一日。

第二项　外国邮局尚未完全撤消以前,该有关系之四国各担任予中国海关官员以充分之方法,俾得在各外国邮局查验各项邮件(挂号或非挂号之寻常信于外面查验后显见内所装者,只系缮写之物不在此例)意在察知所装之件应否纳税,是否违禁之品或违反海关章程及中国法律。

主席问:"各代表有无讨论?"并谓:"美利坚合众国同意,比利时国如何?"

卡德男爵曰:"同意。"

主席问:"不列颠帝国如何?"

白尔福君曰:"同意。"

主席问:"中华民国如何?"

施肇基君曰:"同意。"

主席问:"法兰西国如何?"

沙罗君曰:"同意。"

主席问:"义大利国如何?"

司强曹君曰:"同意。"

主席问:"日本国如何?"

加藤男爵曰:"同意。"

主席问:“和兰国如何?”

贝拉斯爵士曰:“同意。”

主席问:“葡萄牙国如何?”

阿而戴子爵曰:“同意。”

主席遂宣告一致通过。

又一九二二年一月五日委员会通过关于在中国之外国军队案,现经提出如左:

因各国为保护合法在中国之外人生命财产,曾随时在中国驻扎军队,连同警察与护路兵在内;

又因是项军队内之某部分驻扎中国未得条约或协约之许可;

又因各国业经声明,无论何时中国能担任保护在中国之外人生命财产,则现在中国服役未得条约或协约许可之军队志愿撤退;

又因中国业已声明,志愿并能力担任保护在中国之外人生命财产。

兹为可以明白了解每一案于实行上述各志愿所必须依据之情形起见,特为决议如左:

现在参与华盛顿会议之各国,即美利坚合众国、比利时国、不列颠帝国、法兰西国、义大利国、日本国、和兰国及葡萄牙国之驻北京外交代表,于中国请求时,应各受其本国政府之训令,会同中国政府代表三人,共同秉公详细调查各国暨中国上述声明志愿所发生之一切问题,随后应即预备一详明之报告书,将其关于本案委付调查之事所查得之事实及其意见,列举勿隐,并应将报告书抄送有关系之九国政府各一分,该九国政府应各将是项报告书公布,并得加以认为适当之评语,无论何国代表,可以单独编制或加入少数报告书中,如与多数报告书有不同之点,可陈述在内。

上述各国之每国,可自由取舍报告书中所载调查结果所得之事实及意见之全部或任何一部,但无论如何,该国中之任何一国不得直接或间接以中国给予政治上或经济上任何特别让与或恩惠或利益或免除为条件,而采取报告书中调查所得之事实及意见之全部或任何一部。

主席询问:“是否可表决此案?”并谓:“美利坚合众国同意,比利时国如何?”

卡德男爵曰:“同意。”

主席问:“大不列颠帝国如何?”

白尔福君曰:“同意。”

主席问:“中华民国如何?”

施肇基君曰:“同意。”

主席问:“法兰西国如何?”

沙罗君曰:“同意。”

主席问:“义大利国如何?”

司强曹君曰:“同意。”

主席问:“日本国如何?”

加藤男爵曰:“同意。”

主席问:“和兰国如何?”

贝拉斯爵士曰:“同意。”

主席问:“葡萄牙国如何?”

阿而戴子爵曰:“同意。”

主席遂宣告业已一致通过。

又关于中国关税一案业于本年一月五日经太平洋及远东问题委员会提出通过,但此项问题系一特殊问题,如得各代表之同意,本席拟不提出于本日大会,俟关税条约预备就绪,再行提出。

今各代表既不反对,当照此办理。

本年一月十八日,该委员会通过关于中国门户开放一案如左:

(一)为适用在中国之门户开放或各国商务实业机会均等之原则更为有效起见,参与本会议之各国除中国外议定如下:

(甲)不得谋取或助其本国人民谋取任何办法,为自己利益起见,欲在中国任何指定区域内获取有关于商务或经济发展之一般优越权利;

（乙）不得谋取或助其本国人民谋取任何专利或优越权，可剥夺他国人民在华从事正当商务实业之权利，或他国人民与中国政府或任何地方官共同从事于任何公共企业之权利，抑或因其范围之扩张、期限之久长、地域之广阔致有破坏机会均等原则之实行者。

惟本协定并不解释为禁止获取为办理某种工商或财政企业或为奖励技术上之发明与研究所必要之财产及权利。

（二）中国政府阅悉上述协定，并声明其志愿对于外国政府及人民之请求经济上权利及特权，无论其是否属于缔结本约各国，悉依同样原则办理。

（三）参与本会之各国，连中国在内，赞同在中国设立一审议局，凡于上述协定及声明所发生之问题，均可交由该局调查报告。

（审议局之组织细则由中国关税条约第一条所载特别会议拟定之）

主席谓该委员会同时复通过另一议案，与开放门户之议案相连，应请审查表决。

缔约各国议定，对于各该国彼此人民间之任何协定，意在中国指定区域内设立势力范围，或设有互相独享之机会者，均不予以赞助。

主席复谓："现在是否愿表决以上各案？"又谓："美利坚合众国同意，比利时国如何？"

卡德男爵曰："同意。"

主席问："不列颠帝国如何？"

白尔福君曰："同意。"

主席问："中华民国如何？"

施肇基君曰："同意。"

主席问："法兰西国如何？"

沙罗君曰："同意。"

主席问："义大利国如何？"

司强曹君曰："同意。"

主席问:“日本国如何?”

加藤男爵曰:“同意。”

主席问:“和兰国如何?”

贝拉司爵士曰:“同意。”

主席问:“葡萄牙国如何?”

阿而戴子爵曰:“同意。”

主席遂宣告两案业已一致通过。

又一月十九日委员会通过关于中国铁路议案,兹提交大会通过之,其文如左:

中国政府约定中国全国铁路不施行或许可何种待遇不公之区别,例如运费及各种便利,概无直接间接之区别,不论搭客隶何国籍,自何国来,向何国去;不论货物出自何国,属诸何人,自何国来,向何国去;不论船舶或他种载运搭客及货物之方法在未上中国铁路之先,或已上中国铁路之后,隶何国籍,属诸何人。

参与本会议之其他各国,聆悉上项声明,对于上称之中国铁路,基于任何让与或特别协约或他项手续,各该国或各该国人民得行其任何管理权者,负有同样之义务。

关系各国俟审议局成立后可将此项声明书发生之一切问题提交该审议局审查报告。

主席谓与此案相关之中国铁路议案,兹由委员会提出,请大会通过之。

参与本会议之各国记录其希望中国铁路将来之发展,一面与存在之合法权利极相符合,应使中国政府实行将铁路统一,成立一种由中国管理之铁路制度,于此项制度之利益,有必要时,可以外国经济及专门技术辅助之。

主席遂请通过以上二案,并谓:“美利坚合众国同意,比利时国如何?”

卡德男爵曰:“同意。”

主席问:“大不列颠帝国如何?”

白尔福君曰:“同意。”

主席问:“中华民国如何?”

施肇基君曰:“同意。”

主席问:“法兰西国如何?”

沙罗君曰:“同意。”

主席问:“义大利国如何?”

司强曹君曰:“同意。”

主席问:“日本国如何?”

加藤男爵曰:“同意。”

主席问:“和兰国如何?”

贝拉斯爵士曰:“同意。”

主席问:“和兰国如何?”

贝拉斯爵士曰:“同意。”

主席问:“葡萄牙国如何?”

阿尔戴子爵曰:“同意。”

主席遂宣告两案均已通过。

又将一月二十日委员会通过之裁减中国军队议案提出如左:

参与本会议之各国深有感于中国公帑上有巨大之支出,因养各处军队,其数既滥而又隶于各省,军人首领不相统属。

又因中国今日不定之政局似大半为继续养此军队所致。

又因觉此项军队立即大加裁减,不惟可促进中国政治统一与经济发展之机会,且可速中国财政之恢复。

为此并无干涉中国国内问题之意,惟为中国自己利益及商务普通利益,欲睹中国发展及自能维持有力巩固政府之诚念所动,并为本会议系欲以限制军备,减削显然为大宗妨碍企业与国家发达之巨大支出之精神所鼓舞。

决议 本会议向中国表示,切望中国政府应举行迅速暨切实之办法,以期裁减上开之军队与支出。

主席谓:“现在是否愿通过此案?”并谓:“美利坚合众国同意,比利时国如何?”

卡德男爵曰:“同意。”

主席问:“大不列颠帝国如何?”

白尔福君曰:“同意。”

主席问:“中华民国如何?”

施肇基君曰:“同意。”

主席问:“法兰西国如何?”

沙罗君曰:“同意。”

主席问:“义大利国如何?”

司强曹君曰:“同意。”

主席问:“日本国如何?”

加藤男爵曰:“同意。”

主席问:“和兰国如何?”

贝拉斯爵士曰:“同意。”

主席问:“葡萄牙国如何?”

阿而戴子爵曰:“同意。”

主席谓:“业已一致通过。”

又一月二十一日委员会通过下列议案,兹提出大会如左:

参与本会议之各国,以各项事件关于中国之政治暨其他国际义务及有关中国各国之政治暨其他国际义务,嗣后应完全宣布,视为必要,因此协定如左:

(一)中国以外之各国应从速将各该国与中国所订或与任何他国,与他国等因关涉中国而订之各条约、盟约、换文及其他各项国际协约,以为仍属有效及欲藉为依据者,开单送交本会议总秘书厅存案,以便转送与会各国,每一案必须指明任何正式或其他书籍内曾载有该项文件正确之原文,其文件未曾宣布者则应将原文誊本送交总秘书厅存案。

以后所订类似上述性质之每种条约或其他国际协约，应由有关系之各国政府于订约后六十日内通告签订或加入本协定之各国。

（二）中国以外之各国应从速将该国人民与中国政府或所属之任何行政机关或地方官所订之一切契约，其中有关于建筑、铁路、采矿、林业、航业、河工、港工、开垦、电汽、交通或其他公共工作、公共事务或售卖军械军火之任何让与权、特许权、选择权或优先权者，或其中有以中国政府或所属任何行政机关之任何国课或官产作抵者，须力求完备，开单送交本会议总秘书厅存案，以便转送与会各国。单内所开每项文件，或指明一种已刊之原文，或附以原文之誊本，以后所订类似上述性质之每种契约，应由有关系之各国政府于接到订约报告后六十日内通告签订或加入本协定之各国。

（三）中国政府允就其所知者，将该政府或中国任何地方官与任何外国或任何外国人民，不论其是否为本协定之一方面已订，或以后所订如上述性质之条约、协约或契约，按照本协定所定之条件通告。

（四）凡与中国有条约关系之各国政府未经参列本会议者，应请其加入本协定。

美国政府以本会议召集人之资格担任将本协定通知各该国政府，以期从速得各该国之加入。

主席咨询各代表是否愿表决此案，并谓："美利坚合众国同意，比利时国如何？"

卡德男爵曰："同意。"

主席问："大不列颠帝国如何？"

白尔福君曰："同意。"

主席问："中华民国如何？"

施肇基君曰："同意。"

主席问："法兰西国如何？"

沙罗君曰："同意。"

主席问："义大利国如何？"

司强曹君曰:“同意。”

主席问:“日本国如何?”

加藤男爵曰:“同意。”

主席问:“和兰国如何?”

贝拉斯爵士曰:“同意。”

主席问:“葡萄牙国如何?”

阿而戴子爵曰:“同意。”

主席遂宣告一致通过。

又一九二一年十二月七日经委员会通过关于无线电台一案,此案连同声明书复于一月二十七日重行通过,其文如左:

以下所列参与限制军备会议讨论太平洋远东问题之各国代表,即美利坚合众国、比利时国、不列颠帝国、中华民国、法兰西国、义大利国、日本国、和兰国及葡萄牙国。

决议:

(一)所有在中国之无线电台,无论其为根据辛丑条约而存留者,抑事实上存留于在中国之任何外国使馆内者,应以收发官电为限,不得收发商电、私人电、非官电(包括新闻事项在内)。但遇他项电信交通梗阻时,经正式向中国交通部知照,附以梗阻之证据,则此项电台于商电、私人电、非官电(包括新闻事项在内)得予以暂时之便利,至中国政府通知梗阻消除时为止。

(二)在中国境内外国政府或其人民依据条约或中国政府让与而办理之各无线电台,其收发电信应以各该电台所藉以存留之各该条约或让与所规定之条件为限。

(三)如有外国政府或其人民在中国境内未得中国政府之允许而存留之电台,俟中国交通部实能办理该项电台以资公益时,经按照设立电台之价值予所有人以公平充足之偿付,则该项电台连同全副设备、机械、材料移交中国政府,由中国交通部接管。

(四)如在租借地及南满铁路地带暨上海法租界内各电台所发生

之任何问题,应视为中国政府与有关系政府间讨论之事件。

(五)外国政府或其人民在中国境内所存留之无线电台,其所有人或管理人应与中国交通部商议,以便筹得共同办法,俾在中国境内各电台所用电浪之长短不至彼此相扰,但仍应遵照为修改一九一二年七月五日万国无线电公约内规定之章程所召集之国际会议订定之普通办法。

关于此案之声明书亦由委员会内中国以外之各国通过之如左:

除中国外,各国声明一九二一年十二月七日议决案内第三或第四各节不得视为对于所指无线电台是否经中国特准一层有何意见发表,各该国并通告凡因第四节而发生讨论之结果,若欲使各该国无异议,必须与本会议所通过之开放门户或机会均等原则相合。

中国代表团对于此案之声明书

中国代表团乘此时机正式声明:中国政府不承认亦不让与任何外国或其人民在使馆界居留地、租界、租借地、铁路地界或其他同样地界内未经中国政府明白许可而有安设或使用无线电台之权。

主席又询:"各代表对于此案及关于此案之声明书载入议事录是否同意?"并谓:"美利坚合众国同意,比利时国如何?"

卡德男爵曰:"同意。"

主席问:"不列颠帝国如何?"

白尔福君曰:"同意。"

主席问:"中华民国如何?"

施肇基君曰:"同意。"

主席问:"法兰西国如何?"

沙罗君曰:"同意。"

主席问:"义大利国如何?"

司强曹君曰:"同意。"

主席问:"日本国如何?"

加藤男爵曰:"同意。"

主席问:“和兰国如何?”

贝拉斯爵士曰:“同意。”

主席问:“葡萄牙国如何?”

阿而戴子爵曰:“同意。”

此案当经一致通过并将声明书载入议事录。

主席谓:当本会议及委员会开会进行之际,中日两国代表正在谈判山东问题,兹据中日两国代表声称,此项问题业已解决,本席不胜欣慰,特为报告大会。

兹将中日两国代表议定条款宣布如左:

一 胶州德国旧租借地

(一)日本应将胶州德国旧租借地交还中国。

(二)中日两政府关于移交胶州德国旧租借地之行政权与公产,并解决其他应行清理事项,各遴派一委员团,与以商订及施行详细办法之权。为此,该委员团应于本约实施时即行会集。

(三)前条所开移交及清理事项应从速办理完竣,无论如何至迟不得逾本约实施后六个月。

(四)日本政府担任于移交胶州德国旧租借地行政权之际并将移交行政权时所必需及移交后管理该租借地及胶州湾周围五十启罗迈当地域所必需之档案、图样、册籍、单契及其他证书或各项签证之副本,现为日本所有者,交付中国政府。

二 公产

(一)日本政府担任将胶州德国旧租借地内所有公产,包括土地、房舍、工程或一切设置等项,无论前属德国官厅所有或日本管有期内官厅所购置建造者,全部移交中国政府,惟列入本约第三节某条者,不在此限。

(二)前项移交之公产,不得向中国政府要求偿价,但为日本官厅所购置建造者及前属德国官厅所有经日本增修者,中国政府应按照日本政府所用之实费给还正当并公平之成数,但以除去折旧估计现值为原则。

(三)胶州德国旧租借地之公产中有为设立青岛日本领事馆所必需者,归日本政府保留,其为日本居留民团体公益所必需,如学校、寺院、墓地等,仍归该团体执管。

以上所开事项之详细办法,应由本约某条规定之联合委员会协同妥议。

三　日本军队

日本军队,包括宪兵在内,现驻沿青岛济南铁路及其支线者,应于中国派有警队或军队接防铁路时立即撤退。

上条所称之中国警队或军队之配置及日本军队之撤退,可分段行之,其每段配置与撤退日期,由中日主管人员预行协定此项。日本军队如能于本约签字日后三个月内全部撤尽,应即撤尽,但无论如何至迟不得逾六个月。

驻青岛之日本守备队,如能于移交胶州德国旧租借地行政权时同时撤尽,应即撤尽,但无论如何至迟不得逾移交行政权之日起三十日以后。

四　青岛海关

(一)本条约实施时青岛海关应即完全为中国海关之一部分。

(二)一千九百十五年八月六日中日所订关于青岛中国海关之临时协定,于本约实施时应归无效。

五　青岛济南铁路

日本应将青岛济南铁路及其支线并一切附属产业,包括码头、货栈及他项同等产业等项,移交中国。

中国担任照上述铁路产业之现值实价偿还日本,偿还之现值实价内系五千三百四十万零六千一百四十一金马克(即德人遗下该项产业一部份之估价)。

主席读至此处,谓:“此系赔偿委员会估定之价否?”

币原男爵曰:“然。”

主席又读如左：

或其同价，并加日本管理期内对于该路产业永久增修所实费之数减去，相当折旧。

本条第一项所开码头、货栈及他项产业不须给还价值，惟于日本管理期内永久增修之费用亦须酌偿而减去折旧。

中日两国政府应各派委员三人，组织联合铁路委员会，按照上文规定，畀以评定铁路产业之现值实价并办理移交该项产业之权。

移交事宜应从速办理完竣，无论如何不得逾本约实施后九个月。

中国因实行本条第二节偿还路价办法，应于该铁路产业移交完竣时，以中国国库券交付日本此项库券，以铁路产业及进款作抵，期限十五年，但得任中国政府之选择，由交付国库券之日起满五年时，或五年后，不论何时，经六个月前通知，将库券全数或一部分偿清。

在上条所称库券未偿清前，中国政府应选任一日本人为车务长，并选任一日本人为会计长，与中国会计长权限相等，其任期均以库券偿清之日为止，此项职员统归中国局长指挥、管辖、监督，有相当理由时得以撤换。

关于前述国库券财政上之专门事项为本节所未规定者，应由中日当局从速协定，无论如何不得逾本约实施后六个月。

六　青岛济南铁路延长线

关于青岛济南铁路二延长线之让与权，即济顺线、高徐线，应由国际财团共同动作，由中国政府自行与该团协商条件。

七　矿山

淄川、坊子、金岭镇各矿山，前由中国以开采权许与德国者，应移归按照中国政府特许状所组织之公司接办，日本人民在该公司之股本不得超过中国股本之数。此项办法之形式及详细条件，应由中日合组之委员会协定之，此委员会应于本约实施时即行召集。

八　开放胶州德国旧租借地

日本政府声明并无在胶州青岛设立日本专管租界或公共租界之意。

中国政府亦声明将胶州德国旧租借地全部开为商埠，准外人在该区域内自由居住，并经营工商及其他合法职业。

中国政府更声明外国人民在德国旧租借地区域内之既得权，无论在德国租借时或在日本军事占领时，经合法公道取得者，应尊重之。

关于日本人民所得此项权利之法律上地位及效力各问题，应由中日联合委员会协定之。

九　盐场

因盐为中国政府专利事业，议定凡沿胶州湾海岸盐场确系日本公司或日本人民现在经营之利益，统由中国政府公平购回，并照相当条件，以该沿岸产盐之若干量数，准予贩往日本。其一切办法，包含移交该项利益于中国政府在内，应由中日联合委员会筹办，并应从速完竣，无论如何不得逾本约实施后六个月。

十　海底电线

日本政府声明，关于青岛烟台间及青岛上海间前德国海底电线之权利、名义、特权均归于中国，惟该两线之一部份为日本政府用以安设青岛佐世保间之海线者，不在此例。至关于青岛佐世保线在青岛上岸与其运用之问题，应由中日联合委员会按照中国现行各合同之条件协定之。

十一　无线电台

青岛及济南之日本无线电台，于该两处日本军队撤退时应分别移交中国政府，而给以该项电台之相当偿价，其数目暨移交之详细办法，由中日联合委员会协定之。

## 附　约

一　优先权

日本政府声明放弃一千八百九十八年三月六日中德条约所规定供给外国人员资本材料之一切优先权。

二　公共营业

关于电灯、电话、牧场等之公共营业，应移交于中国政府，由中国政府接收后再将牧场、电灯、洗衣厂移交于青岛市政厅,由该厅按照中国公司条例组织中国公司,继续经营,惟须遵守市政厅所订规则及其监督。

三　电话

日本政府允将胶州德国旧租借地之电话移交中国政府。

关于电话营业,青岛之外国侨民请求扩张改良,确为公益所必需者,中国政府当予以应有之考量。

四　公共工程

中国政府声明,由日本政府交还中国政府之公共工程,如道路、自来水、公园、沟渠、卫生设备等,青岛外国侨民于管理维持上有相当参与权。

五　海关

中国政府声明,训令中国海关总税务司准许在青岛之日本商人得用日本文字与青岛海关接洽事务,并于选用青岛海关适宜职员时酌加考量,俾于该海关任用规则范围内兼顾青岛商务上各种需要。

六　青岛济南铁路

联合铁路委员会对于应议事项,如有意见不能一致之各点,应由中日两国政府以外交手续讨论解决之。

为决定此等各点,两国政府于必要时得经双方同意,聘任第三国一国或数国之专门家一人或数人相助一切。

七　烟台潍县铁路

烟潍铁路若用中国资本自行建筑,日本政府并不要求将该路建筑权移归国际财团,共同动作。

八　开放胶州德国旧租借地

中国政府声明,于地方自治制度未经通行之前,中国地方官厅应征求居住德国旧租借地外国侨民之意见,凡关于市政事件直接关系该侨民之幸福及利益者。

主席谓中日谈判已得圆满结果,两国间严重之争议卒能磋商妥洽,谅与会各国无不愿向中日两国代表竭诚致贺(众鼓掌)。

币原男爵亦于鼓掌中起立发言,谓:“本席以日本代表团名义于解决久悬之山东问题极表满意(众鼓掌),本代表团对于许士君与白尔福君之居间调处,使中日两国得直接谈判,致有如此愉快之结果,尤为感谢,二君无上之功业,必为日本人民所铭感而不能忘怀者(众鼓掌),亦必为中国人民所拳拳于心不能忘怀者。

此种调解方法在中日双方虽属公允,而欲求各国各部人民尽能满意,实属难能,惟就其大者而观,其最为重要之事即中日两国久悬未决之纠葛问题从此得以确实解决耳。

一般人民心中所存不平之气,从此可永远消灭,其所期望之目的,已觉完全达到。两国政府于谈判中曾经种种困难而能将此项问题和衷解决,不可谓非中日两国均能尽力进行,克竟全功,盖此种公平解决办法足证热忱维持与增进远东两邻邦之友谊,不仅为中日两国之幸福安宁,即世界之和平亦系之。”(众鼓掌)

主席谓:“中日代表谈判时复有所协定,为本约之一部份,兹宣读如左:

(一)中国当局于收回铁路时对于现在该路服务之日本人员有留用或解职之全权,但须于移交铁路之前预发相当之通知。

关于移交铁路时即行接替之详细办法,应由中日两国当局规定之。

(二)日本车务长、会计长所属之职员,均由中国局长委派,并自移交铁路两年半以后中国政府可委派一中国人为副车务长,以两年半为任期。又此项中国副车务长亦可于通知赎回国库券六个月后随时委派之。

(三)日本代表团声明,日本并不欲要求中国政府必须委派日本人为上开所属职员之义务。

(四)前述国库券不得筹集中国以外任何方面之款项赎回之。”

主席请施肇基君演说(众鼓掌)。

施肇基君谓:“对于主席在今日会议席上所读各种议案,本席愿简单发言,不欲再以中国代表团在远东委员会所陈述者重行申说,致延时间。

所有各项声明均与中国代表团在委员会声明者无异,业经载入委员会正式通告,分布大众,故如得主席同意,拟不再宣读各项声明书,即交总秘书处作为已经宣读。"

施肇基君遂将以下各项声明书交于秘书长。

驻在中国之外国军队案

关于一九二二年一月五日委员会通过驻华外国军队案,中国代表团曾声明如左:

中国代表团关于撤退在华外国军队议案,业已阅悉。对于八国政府赞成此案,允于中国政府邀请时训令其驻华各外交代表会同中国政府代表,共同秉公详细调查在中国是否仍有留驻外国军队之必要一节,深为重视。中国代表团以为现在如无相反之表示,则中国政府可于将来必要时利用上述议案,请各国驻华代表将驻在中国某地点或某区域之外国军队调查报告。

中国代表团更愿申说,关于一国或数国军队留驻他国境内而未得驻在国明白允许之普通事件,以本代表团所知,按照国际法已被承认之原则,派遣或驻扎此项军队,只准在情势急迫,有危及各该国人民生命财产之虞时,得以作为暂行办法,一俟危急情形过去,则所派军队应立即撤退。

中国代表团又知,执行此项撤退之义务,于普通原则上不应待至此项军队驻在国之政府允由各国代表调查其维持法律与秩序之国内情形,并具报告,证明无驻扎外国军队之必要后然后撤退,换言之,中国代表团所知者,即通行之国际法承认各自主国之根本主权得拒绝外国军队派遣入境,或在境内驻扎,若自愿邀请各国调查事实,以定是否仍须在境内留驻军队,则此项自愿之举动,或由他国愿于此项调查协同办理之议决案,不得认为减削或限制一自主国拒绝外国军队入境或继续留驻其境内之固有主权。

## 无线电台案

远东委员会于一九二二年一月二十七日通过中国无线电台案。施肇基君曾于一月二十五日开会时为中国代表团声明如左：

本席希望前此声明现在中国之无线电台，凡非中国政府所有或经营者，应商由各该电台所有人从速交还中国政府管理经营一节，业已明了。兹再明白表示，此项在中国之无线电台，未得中国许可，继续由外人经营，不过出于中国之宽容，须俟关系各国取得中国政府正式许可后，各该电台之存在与继续方得视为合法。

中国有线电为国家专有事业，已为世界所共知，今推广此专有事业，使中国境内一切无线电交通均归国有，系属自然之理。盖此两种交通方法应互相为用，而欲使其互相为用，融洽得力，必须均归政府所有而管理经营之。

国际无线电交通，其性质应由国际共同合作。如此，则各国无线电台所发电浪之长短，可不相妨碍，无关需要之高力电台与不适宜之地点，可不必建设，于每一国内无线电信收到后用有线电或别种方法转递，可得适当布置。所以，此项国际无线电交通之重要问题应行讨论，以图各关系之无线电台得以共同合作。本席虽非无线电专家，然以本席观之，如此重要之国际问题，必须就全局讨论，不能仅以中国供国际之讨论，此次本会之召集（其事业业已证明），原为赞助中国废除其主权上现有之限制，今若对于明明专属中国之自己问题，指派委员会，即使仅以讨论或报告为限，恐舆论或有误会。本席器重之友上议院议员罗脱君曾谓，此系一重大政策问题，应由中国政府首先根本决定。此次诚然。罗脱君于昨日复谓各国内或取自由竞争，或取管理之共同合作，于实行上并不一律云云。按照如此之事实，暨无线电全题之重要，中国欲自行决定，应先得有时间详察他国办法，方有所适从。

关于中国与其他国间之无线电交通，中国政府深愿与各该国共同合作，以期达到适用于各国政府，而彼此有益之公共政策，为此，中国政府极愿参与一会议或别种共同动作，以便解决普通原则及方法，俾得建议于各该国政府。如此，则此项全局问题可以互相规定，一如国际邮政，利益之融洽增进。

当委员会第二十七次会议通过此案时，中国代表团亦正式声明如左：

中国代表团乘此时机正式声明：中国政府不承认亦不让与任何外国或其人民在使馆界居留地、租界、租借地、铁路地界及其他同样地界内，未经中国政府明白许可，而有安设或经营无线电台之权。

关于铁路之开放门户案

施肇基君谓："健特士爵士之提案，中国代表团以为至堪玩味。关于此案第一节，兹愿说明中国政府向来之政策（此政策为世所共知，意在发展外国贸易），欢迎外国运商旅客予以同样待遇，从未有何运商以待遇之不公或歧视而生怨者，此项政策已证明为最良之政策，是以中国政府之意愿仍存培养外国贸易。"

施肇基君又提及中国政府对于议决案曾有一种声明，而各国亦有类似之声明。

至关于第三节规定，施肇基君希望不至有需用之时以廖与委员会之各国均切愿远东贸易以公道平允为依据也，然将来如果发生事故，则此项规定亦属有益。施肇基君拟稍加修正，即将"任何"二字加于"各国"二字之前。

至此，施肇基君愿说明中国虽赞同议决案之第一节，但仍保有厘订本国任何铁路运价之全权，以免将来有所误会。

主席谓："以本席所知，此议决案绝不影响于厘订运价之权。"

施肇基君谓："本席系欲免除将来发生之任何问题，并保证中国政府有继续厘订铁路运价之权。"

统一铁路由中国政府管理案

关于一九二二年一月十九日委员会所通过之统一中国铁路由中国管理议决案，施肇基君为中国代表团宣言如左：

中国代表团对于各国所表示之希望将中国现在与将来之铁路俾能

统一由中国政府管理行使，于需要时辅以外国经济及专门技术，业已领悉，殊为欣慰。中国之意本欲从速得有如此结果，并欲按照能合于中国经济、工业、商务所需要之总计画，以发展现在与将来之铁路。至按照开放门户及机会均等之原则，于需要时得有外国经济及技术之辅助，亦为中国将来之政策，并将请各该国对于中国政府竭力，使中国现成与待筑之各铁路归其切实统一管理行使，予以友谊之援助。

施肇基君复谓："关于门户开放问题，以及中国铁路问题，愿于中国代表团向委员会提出声明之外再赘一二语。"

中国对于一九二二年一月十八日委员会通过解释并各国承认开放门户主义之议决案第一条并未表决，仅表示注意而已。缘该议决案第一条之主旨在决定各国对付中国之政策或各国间有关中国之政策，并非干涉中国政府与人民间之相当关系。此层主席前于答复健特士爵士之疑问已明白言之。虽然中国政府兹愿保证嗣后对于有约各国间或各该国人民间之工商业仍当一本从前主张，并不因其国籍不同而加以待遇上之区别。本代表团于一九二一年十一月十六日向本会议提出十条原则内第二条业已说明。

本席对于一九二二年一月十九日委员会通过之中国铁路案愿再略赘数语。

关于在中国之铁路，当健特士爵士提出议决案时，曾经声明此案并非表示中国从前管理铁路之办法与门户开放原则有何抵触。

中国对于各国人民，无论其为旅客，为运商，凡有用中国铁路之时常予以同等之便利，绝无何种歧视，此系中国国内之政策（此项政策中国并无抛弃之意）。

至关于山东问题，承主席及白尔福君之居间调处，得以进行谈判而有如此圆满之结果，本代表团今特乘此机会，以中国政府及人民名义，向主席及白尔福君敬伸谢意（众鼓掌）。

美国大总统邀请各国赴会之请柬内曾表明一种期望，以为因会议所予之利便，凡关涉世界日后隐忧之各项问题，不难得一谅解，藉此可增进有利益关系各国间之睦谊云云。中国代表团为此种同样之希望与志愿所鼓舞，于此次中日谈判，承许士及白尔福二君之盛意，指定评议，从旁赞助，苟与中国主权及合法权利不相抵触，莫不力求自己之意见与日本代表团之意见互相融洽，以便彼此同心规定一种办法，使一种争端不特足以伤及中日两国人民之友谊，并足以惹起其他各国之后虑者得以解决。

此项中国政府与人民之志愿及希望现似实能达到，此种办法业已列入各项协定及谅解，以便汇订条约，由中日两国政府签字。

山东问题似此解决。中国代表团对于此项问题之解决，实深欣慰，盖不仅中日两国政府间之阻碍可以从此消除，且本会所以召集之和平宗旨，中国政府亦可因此助其贯彻也。

主席请白尔福君演辞。

白尔福君谓："本席本不应于此讨论之际发言，缘有两种理由，故拟参加数语。第一因中国代表对于许士君及本席助其解决久悬之要案曾致盛辞，又承黎勋爵告知日本代表亦有同样之声明，惜本席因体质上之缺点以致错过（众大笑鼓掌），但其表示诚恳之意定无疑义。

本席今特向两代表答谢。主席对此当与本席意见相同，本席以为亦可代表主席之意一并致谢，当不至见罪。山东悬案如此解决，列席诸君当无一人不引为欣幸之事（众鼓掌），其中独有两人欣慰尤甚，首即本会主席，其次为本席，因吾二人曾尽力所能及共事调处以解决此久悬不幸之争端，此即本席发言之第一理由。

其第二理由，本席专为英国代表团发言。此次中日解决山东问题之结果，系将一大商埠及一重要铁路之主权交还中国，此商埠通达海口，此铁路接连中国内地人口最繁、事迹最古之省分，但在该省内尚有一租借地为英国所有，亦本席现所欲言者，即威海卫是也。

各代表中凡熟于中国近代变故者，莫不知俄德两国从前逐渐意图侵略中国时中国情形甚为危急，方俄国强据旅顺，因欲加入外国之均势以援助中国并维持各国在远东之均等，中英政府遂议订条约，将威海卫租让英国，订定年限、条件，是以利用此埠防御俄国之侵掠，惟绝不能使之为商业中心，亦不能与现有商务利益有所竞争。

按威海卫所以租与英国之情势，现在不但已有变更，且已完全消灭，而山东省之余部并已按照相当条件收回中国主权之下，本席兹特向本会声明，英国政府亦拟照相当条件将威海卫一埠交还该埠所属之国。

本席深知此埠向系用为疗病之地，并为来自热带及中国迤南各处之军舰作为避暑之所，将来订定办法，该埠仍留作此项无害而有益卫生之用，谅必仍可办到，但此地之主权须还诸中国，一如该省其他部分将来订定交还办法，可以中日解决山东问题为标准，而中日代表得本会同人之热诚嘉许，亦其事迹实足以当之。

俟他日办理完竣，中国山东一省依然如中国人人之所期望，成为一国完整无缺之部。今日本席于主席发表宣言及中日代表答辞之后亦得参加数语，曷胜欣幸。”

主席谓：“中日代表对于白尔福君与本席尽力使山东悬案圆满解决各致盛辞，本席个人实深欣感。本席之得参与其事，甚为荣幸。因预料有此结果，故不得不努力以观其成，今以约内条件之公允，中日两国当必均能满意。

本席对于白尔福君代表英国代表团宣布关于威海卫事件甚觉满意，现在将中国最古至圣之地完全归还无缺，脱离外国之管理，诚如白尔福君所谓系属关于该省之玉成动作也（众鼓掌）。（中略）”

主席请施肇基君演辞。

施肇基君谓：“本席不能不乘此时机起立请准发表一二言（假如时间宽裕，本席之辞尚多）。中国代表团对于顷者白尔福君代表英国代表团关于威海卫之声明表示欣感。

英国对华，以吾人所知，素来为友善之意所鼓舞，此次自动交还威海卫，最足以证明之。中国人民常希望各租借地均得归还，对于白尔福君今日之声明，当永远感忆为一种敦睦国际友谊之豪爽举动，而又为遵守中国人民所最关怀之领土完整原则创一新纪元（众鼓掌）。”

主席谓:“如得诸君同意,本日会议当即散会,由本席再召集之。”

当即散会,时已下午二时四十分。下次大会由主席召集。

《外交文牍——华盛顿会议案》(上)

## 中东铁路全权分股委员会第二次会议议事录

1922年2月1日

一九二二年二月一日(星期三)下午三时四十五分

在全美洲联合会董事室开会

出席人名如下:

美利坚合众国　罗脱君　随同出席者浦尔君

比利时国　卡德男爵　随同出席者华齐君

不列颠帝国　健特士爵士　随同出席者斯密斯爵士

中华民国　顾维钧君　随同出席者严鹤龄君　吴昆吾君　屠慰曾君

法兰西国　楷美娄君　随同出席者伦特尔君

义大利国　上院议员阿而白丁尼君　随同出席者巴利亚诺伯爵

日本国　埴原君　随同出席者松寺君　天羽君　岸田君

和兰国　贝拉斯爵士　随同出席者史带根鲍爵士

葡萄牙国　物斯康赛雷斯君

秘书长带同奥史庞君　克莱孙君　通译员泰拉孟君

主席(罗脱君)谓:“上次会议时所读中东铁路两种草案,分股委员会曾请顾君与楷美娄君设法融洽,未知二君已否准备提出报告?”

顾维钧君与楷美娄君遂将所拟草案提出如下:

因中东铁路与西伯利亚铁路为西伯利亚及北满经济发展上不可缺少之交通机关,且为横贯大陆之国际铁路中最要干线;又因保存该路使其车务办理有效,维持为商务上自由运输之路线,各国人民均可通用,实为各国全体利益之事。

又因于一九一九年一月间为符合前述理由,曾由参与本会议各国内美日两国订一协定，其后中国、法国、英国及义大利国亦均加入，协同办理该路暂时行车事宜，以便随后交还，于利益关系者并不损害现有权利。

又因此项协定除他项规定外曾创一技术部，由当时出兵西伯利亚各国代表组织之，以谋维持该路车务并襄助其技术经济事宜。

又因该协定条文似应稍加修改，俾适合改变之情形并使协定之根本宗旨亦较易实用。

参与本会议之各国议定如下：

（一）嗣后技术部应认为用以代替一九一九年所组之机关并负实行本案首节所列之宗旨。

（二）中东铁路及乌苏里铁路之督办局长向各项银行及其他国外方面商借条件公平之款项及监督借款用途二事，技术部得陈述意见并襄助一切。至于铁路技术事项，应归中东铁路公司办理，技术部除本款第一句所载必须按照办理，对于车务不加干涉。

（三）按照一八九六年九月八日与华俄道胜银行所订合办中东铁路合同第五条，凡各该铁路及铁路所用之人，应由中国政府设法保护，并为切实施行此项计划，应设备新式操练之警兵，此项警兵薪饷一俟与技术部订定借款办法后由路局发给。

楷美娄君谓："本席与顾代表将两案词句互相融洽，尚无困难，曾将顾君草案作为根据，不过有两三处酌加修改：（一）现拟草案内仍列入'西伯利亚铁路'字样，以示中东铁路仅为贯通欧亚全线之一部分；（二）第三款末两句，因觉繁复，故删去之；（三）新草案内仍用"乌苏里铁路"字样，因中东铁路于论理上应认为自满洲直达海参崴之路线，而乌苏里一段即在此路以内。"

主席问："原案内何行认为繁复曾经删去者？"

楷美娄君谓："删去之句即第三款末句'其方法由路局商取云云'，因此乃路局与技术部应商妥之事，故以为无规定此事之必要。"

顾维钧君谓："法代表所称各节，尤以草案内列入乌苏里铁路一节,本席与之深表同情。"

主席问:"本分股委员会对此草案未知意见若何?"

贝拉斯爵士谓:"本席敢问起草此案之二君对于乌苏里铁路之详细情形究竟若何?按该路既不在中国境内,而在俄国领土,讨论其事,似不属本分股委员会范围以内。本席个人自认于该路情形不甚熟悉,未知该路是否为私有铁路?"

楷美娄君谓:"乌苏里铁路共有两线:其一由边界至海参崴,其二则由海参崴至伯利,总之,该路为西伯利亚全线之一段,现所讨论者,即由边界至海参崴之一段,此两公司现均归技术部管辖。"

主席谓:"乌苏里两线中一线即与中东铁路互相连接。"

健特士爵士谓:"只须将第二款内'各'字删去,而于乌苏里铁路则加入下列词句,略谓如'乌苏里铁路亦由哈尔滨中东铁路总局管辖时,专为合办直达通车事项亦可照办云云',则分股办理其事并不逾越权限。"

主席问:"乌苏里路是否归哈尔滨管辖?"

楷美娄君谓:"自一九一九年协约国订立协定后,诚属如此。至健特士爵士所拟词句,本席并无异议。"

顾维钧君谓:"健特士爵士修正之用意,本席不甚明了。查乌苏里铁路加入讨论范围,并非创举,技术部之组织,即系按照一九一九年协定办理西伯利亚全线车务而成立者。现拟草案即根据此项协定,而此协定现仍有效。本席以为,由实际上观察,加入乌苏里铁路,不但事属必要,且依中国代表团之意,凡专为中东铁路特定办法所拟之任何协定,一概不能赞同,又中国本为一九一九年缔结协定之一国,凡本会议对此协定有何修改,本愿赞同,惟若不加入乌苏里铁路,只于中东铁路订定协定,则此协定无甚价值。"

健特士爵士谓:"若加入本席所拟字句,于实际情形并无变更。"旋依顾君之请,将修正文再读一遍,并谓:"此项修正于施行此案并无区别,惟于政治关系上则大有区别也。"

贝拉斯爵士谓:“本案能否邀乌苏里路局之赞同? 未知有无把握?”

健特士爵士谓:“本席所拟修正文之主要理由,实因技术部现在哈尔滨管理此路,惟用本席所拟字句,可免政治上困难问题。”

顾维钧君谓:“协约国委员会现对于西伯利亚全线是否并不切实管理?”

健特士爵士谓:“西伯利亚全线中乌苏里一段现仍归技术部管理,惟技术部于中国境外只决意维持原状,今俄国既未参与本会议,他项决定恐不能发生效力。”

埴原君问:“本案用意是否用以修改协约国协定抑系新订一约?”

主席答谓:“本案用意显系为修改协定。”

楷美娄君谓:“此项协定前由专家订立,今由本会议修正,颇难尽善。”

埴原君谓:“此项协定首由美日订立,后经他国加入,今本席若赞同修正,究应如何向本国政府说明其事? 又现在用意是否欲修正协约国协定? 本席愿确知其究竟。”

主席谓:“以本席所了解,确系如此。”

埴原君谓:“此或为学理上之点,但一种协定是否可由原订约以外之国加以修正? 本席甚愿知之。”

主席谓:“原订约各国现均在本分股出席,至其他各国之赞同修正,不过表示各该国之同意修正与否,仍须由原缔约各国决定之。”

卡德男爵谓:“本席以为本案首节末段内载‘又因该协定条文似应稍加修改云云’已足应付埴原君所提问题。”

健特士爵士谓:“该约首由日本与美国订立,随后他国亦均加入,但此约现在不适用,为一般所公认。查当时有军事运输委员会,为按照一九一九年协定所设各委员会之一,而现在亦已取销。此项协定究竟应否稍加修改,各国均经加以考虑。现在分股提议以哈尔滨技术部代替海参崴之协约国委员会并接管其职务各节,于原订协定无甚出入。”

主席谓："埴原君所提疑问，即原缔约或加入各国以外之国是否可以修正此约，本分股委员会可声明，提议修改并无不可，惟决定办法须听原订约各国办理之。"

埴原君谓："所谓原订约各国，不应解释为只指美、日二国。"

健特士爵士谓："倘六国一致赞成，该协定自可修改，其理甚显。"

埴原君谓："本席所提疑问仅只系手续问题。"

健特士爵士谓："埴原君所提问题并无可议，但事实上原订约或加入之六国现均参与本会议，今倘能意见一致，各代表可将商妥之事各自呈报本国政府。"

主席谓："本席提议，于草案首端加入'经其他各国同意'字句。"

健特士爵士谓："可用'经其他各国认可'字样。"

顾维钧君谓："'认可'字样似只适用于原订协定，今或用'经其他各国加入'字样。"

贝拉斯爵士谓："草案内载'又因该协定条文似应稍加修改'一句，本席不能赞同，因原订约以外之国而谓对于此约应加修改似不适宜。"

健特士爵士谓："此不过词句上问题，实际并无重要关系，本席提议用'原订协定各国'，末复加一段'其他各国均经领悉'云云。"

主席谓："本席赞成斯议。"

顾维钧君谓："本席于第二款修正案不甚明了，兹拟于该款内加入'如乌苏里铁路亦按照一九一九年协定由哈尔滨管辖时'等语。"

健特士爵士谓："有数种事项自一九一九年即归其管辖。"

主席谓："加入此项字句，不知有何必要？凡中东铁路路局无权办理之事，技术部自亦不能过问。"

埴原君问："第一款规定之技术部系一新组机关抑即就原有机关扩充其权限？"

主席谓："谅现有技术部仍当继续进行，但加以一九一九年协约国运输之职权。"

埴原君谓："当初订立协定曾经详细讨论，今倘以其他国际机关之职权亦予技术部办理，似应更改名称，因技术部之设立并非由日本单独组织之。”

顾维钧君谓：“技术部事务大部分均属专门性质，似以保存旧名为妥。”

埴原君谓：“一九一九年原订协定第三条即规定技术部职务者，拟请分股委员会注意，其文如下：

第三条　技术部应推举一部长，主管各铁路之技术事宜。关于技术事宜，该部长得训令前条所称各俄国职员，并得于出兵西伯利亚各国人民中选派助理员及稽察员，规定其职务，派在技术部办事并隶属于技术部之总管理处。该部长于必要时可委派铁路专家若干人，分驻较为重要之车站，惟于委派铁路专家至每一车站时，其担任保护各该车站之协约国利益应予相当注意。又技术部雇员由该部长随便委用，并由其分配事务。”

埴原君谓：“由此观之，倘草案用意在使技术部于现在行使之职权以外再扩充其职务，恐与一九一九年原订协定似难融洽。”

楷美娄君谓：“本席以为草案第一款似属无益，拟即删去。”

主席依埴原君提议，当将一九一九年协约国协定之全文宣读如下：

监管中东铁路及西伯利亚铁路草案

第一条　在协约国现在出兵区域内各铁路应由协约国特别委员会监管，该委员会以出兵西伯利亚之协约国及俄国各派一代表组织之，委员长由俄人充任。

应设立下列各部隶属于协约国委员会：

（甲）技术部由出兵西伯利亚各国铁路专家组织之，以便管理该区域内各铁路之技术经济事宜。

（乙）联合军事运输部受相当军事长官之指挥，调度军事运输事宜。

第二条　上项铁路应由协约国军队保护，每路应留一俄国总管或总办，予以现行俄律所授与之职权。

第三条　技术部应推举一部长，主管各铁路之技术事宜。关于技术事宜，该部长得训令前条所称各俄国职员并得于出兵西伯利亚各国人民中选派助理员及稽查员，规定其职务，派在技术部办事，并隶属于技术部之总管理处。该部长于必要时可委派铁路专家若干人，分驻较为重要之车站，惟于委派铁路专家至每一车站时，其担任保护各该车站之协约国利益应予相当注意。又技术部雇员由该部长随便委用，并由其分配事务。

第四条　协约国委员会雇员之任免及其事务之分配，均由委员会委员长处理。

第五条　本协定一俟如外国军队自西伯利亚撤退时应即停止施行，其依据本协定委派之各外国铁路专家亦应即同时撤回。

埴原君谓："修订协定似仅本席一人阻挠，其事殊为歉然，本席亦不愿延长讨论，但因其事复杂，愿得余暇详加考虑。"

主席提议请顾维钧君、楷美娄君及埴原君共同修订草案，使成一致。

此议当经分股赞同，遂即延会。

《外交文牍——华盛顿会议案》(下)

## 中东铁路全权分股委员会第三次会议会议录

1922年2月2日

一九二二年二月二日(星期四)上午十一时

在全美洲联合会董事室开会

出席人名如下：

美利坚合众国　罗脱君　随同出席者浦尔君

比利时国　卡德男爵　随同出席者华齐君

不列颠帝国　健特士爵士　随同出席者蓝谟生君

中华民国　顾维钧君　随同出席者严鹤龄君

法兰西国　楷美娄君　随同出席者伦特尔君

义大利国　上院议员阿而白丁尼君　随同出席者巴利亚诺君

日本国　埴原君　随同出席者松寺君　天羽君　岸田君

和兰国　贝拉斯爵士　随同出席者史带根鲍爵士

葡萄牙国　物斯康赛雷斯君

秘书长带同克莱孙君　威而逊君　通译员泰拉孟君

主席(罗脱君)谓:"分股委员会前请顾维钧君、楷美娄君与埴原君将中东铁路草案提出修正,现本分股即可将三君所提报告加以考量。"

埴原君遂将草案宣读如下:

因中东铁路与西伯利亚铁路为西伯利亚及北满经济发展上不可缺少之交通机关,且为横贯大陆之国际铁路中最要干线;又因保存该路使其车务办理有效,维持为商务上自由运输之路线,各国人民均可通用,不得有何优待或歧视,实为各国全体利益之事。

又因自一九一七年以来俄无正式承认之政府,不得不取数种办法,规定保存铁路及继续通车,遂于一九一九年一月间由美国与日本订一协定,俾与上述理由互相符合,其后中国、法国、英国及义大利国亦均加入,为俄人利益计,协同办理该路暂时行车事宜,以便随后交还,于利益关系者并不损害现有权利。

又因该协定条文似应稍加修改,俾适合改变之情形,并使协定之根本宗旨于现在情形之中力求贯彻。

兹由原订协定各国议定如下:

(一)技术部应由参与本协定各国代表组织之,各代表之权力权限彼此相等,技术部部长于该部职员中由职员推选,推选方法以最适宜行使职权者为度。

(二)中东铁路及乌苏里铁路路局为办理本案首节所列事项,尤以筹措条件公平之款项以维二路运输事宜及监察该路路局之财政,技术部得陈述意见并襄助一切。至于铁路技术事项,应归中东铁路及乌苏里铁路公司办理,技术部除本款第一句所载必需按照办理外对于车务不加干涉。

（三）一九一九年协定内关于技术部职务之规定，应以上列办法替代之。

（四）至于铁路区域内保护铁路产业及维持公共秩序事项，由两路路局商取技术部意见及其襄助，得取相当办法。

埴原君谓："本席顷读草案，尚拟稍加修改，第一，应将第四款删去，易以中国草案内第三条，惟将'按照一八九六年九月八日与华俄道胜银行所订合办中东铁路合同第五条'之句删去，仍用其余条文作为新草案第四款，其文如下：

（四）凡该铁路及铁路所用之人，由中国政府设法保护，并为切实施行此项计划，应设备新式操练之警兵，此项警兵薪饷由路局发给，其办法由路局商取技术部意见后决定之。"

埴原君又谓："草案内有'为俄人利益计'云云之句，本席知顾君之意亦欲删去。"

顾维钧君谓："草案内复有'不得有何优待或歧视'一句，本席应先请注意，盖按照一八九六年合同，中国政府于运输军队与递寄邮件有半价权利，此项条文本席绝无意变更。其次，顷有人述及本席对于俄人利益所持态度，查中国代表团极力以求意见一致，其事谅足为诚意保护此项利益之明证，而本席所以曾提及删去此句者，只因参观下文，此句似嫌繁复耳。"

健特士爵士谓："本席观此项协定，因悉关于俄人之句为原订协定之一部分。"

顾维钧君谓："据本席所知，一九一九年协定并未载有此句。"

埴原君谓："据本席所知，顾君亦愿删去第二条内'监督路局之财政'一句。"

顾维钧君谓："此句与移交楷美娄君、埴原君及本席审查原草案内之句情形相同，似限制公司权限，而按照现在组织方法，该公司乃为一私有公司，本分股委员会似不应规定此项监察之权。本席所赞成者，仅规定切实筹款方法，并予以相当保障，故本席与楷美娄君前拟草案规定技术部不但可陈述意见，襄助铁路，且得监督借款等语。如此办法，该路债权人之利益亦已足保障，且本席复提议予技术部以监督借款用途之权。”

主席谓：“放款人对此或有所表示。”

楷美娄君谓：“此层已向中国代表解释。”

主席谓：“技术分股提议之事显有二种：（甲）保护铁路，务更妥善；（乙）供给必需基金。今中国对于所拟办法似不能赞同，倘此各事均不能办到，则何必续订协定？但协约国既负数种责任，为俄人利益，亦已议定数事，不知如何可仅以空言卸责。技术分股报告之护路、筹款二事，倘均加以反对，则所订协定，其用意只有排斥史蒂芬斯君而已。本席固知史蒂芬斯君如无相当权限，亦不愿继任其事。按史君才学俱优，五年前当俄政府邀请史君及曾在美国干线服务之铁路专家数人助理路政时，曾与之相值于彼得格勒。旋史蒂芬斯君因奉美政府之命，牺牲五年光阴，从事于此。今本席不能坐视史蒂芬斯君被弃如敝舄，但技术部之组织如加变更以为有益，本席并非绝不容纳，若仅为排斥史蒂芬斯君所拟议案，则本席不能赞同。”

埴原君谓：“日本代表团之态度并不反对分股报告，但现在又提出多数新议案。”

顾维钧君谓：“主席所提史蒂芬斯君之议论，本席可表同情，但草案第一款实难赞同。”

主席谓：“凡一建议可保证铁路车务办理有效而且经济，定能邀史蒂芬斯君之赞同。顾君对此表示同情，本席深为欣幸。但本席既熟识史君，知其对于新提议案必不能容纳。”

贝拉斯爵士问：“此仅为六国间协定之草案，未知确否？”

楷美娄君谓：“本席曾提出此点，请埴原君注意。今晨曾于此发表各种意见，但并无结果。”

贝拉斯爵士谓：“‘兹由原订协定各国议定’之句似与楷美娄君之意见不符。”

埴原君谓:“本席原拟加入一项规定应参与之各国。”

主席谓:“依各方面表示之意见,似以技术分股委员会之报告为讨论根据较为妥善。”

顾维钧君谓:“本席所拟草案系与楷美娄君会同办理,已将各方意见歧异之点竭诚尽力使之融洽。”

埴原君谓:“本席对于中国代表所提草案反对之处甚多,惟主席提议采纳分股委员会报告一节,本席当与赞同。”

主席谓:“若将中国反对之点加以注意,其结果必致草案内有益之事尽行抛弃而仅存无谓之词,此与完全拒绝报告无异。本席以为不如报告全体委员会,说明分股委员会意见不能一致,当由外交方法处理其事。”

楷美娄君谓:“分股意见不能一致,深滋遗憾,现在于数种事项如委托权等可得彼此同意,其他如该路现状不惬人意,亦为分股意见一致之点,此类事件中国以外之各国或均可赞同,而现在紧要之点乃在保障秩序耳。”

顾维钧君谓:“楷美娄君所言之用意,未知本席是否完全明了?倘其所言系根据各国对于中国裁减军队之建议一事,则本席愿说明其异同。盖对于裁减军队之建议,中国代表团所以不表异议者,因中国舆论与此完全吻合;至于中东铁路,则舆论完全反对由国际共管或由国际监督。本席前与楷美娄君所提草案于预杜滥用款项并设法保护铁路二事已竭诚尽力以赴之。”

主席谓:“观于各方意见不同,本席以为似宜重提技术分股之报告而仍听中国提出保留。”

顾维钧君谓:“此项办法似非适当,征诸埴原君发表之意见,分股委员会以此项报告为根据能否一致,尚属疑问。”

健特士爵士谓:“若论技术分股委员会之报告苟于铁路不予切实保护,款项不予相当管理,即关于各该事件之条款均不予维持,则报告中绝无价值可言。”

罗脱君提出一议案请予通过如下：

“决议为利益所有人保存中东铁路，应予该铁路及服役并使用铁路者更加良好之保护。职员遴选更加注意，以便完成业务之能率款项。开支更加撙节，以便防阻财产之浪费。

此事在本会议既不便规定，应移交外交途径办理之。”

健特士爵士谓：“本席拟请以‘有利益’者三字代替利益所有人字样。”

主席谓：“此项修正甚妥。”

卡德男爵问：“在本会议是否不便讨论此事？”

楷美娄君谓：“本席有疑问，不知是否应将此事移交外交上磋商，较愈于先议定其事再报告之？”

主席谓：“本席不过不愿重述分股报告，亦不愿声明中国阻挠其事，惟将使中国地位不甚妥确。”

健特士爵士谓：“本席拟改用‘应即由相当之外交途径办理之’一句，则可立即进行矣。”

主席谓：“此句可以赞同，未知委员会是否愿予表决？”

顾维钧君谓：“本席应先问可否不用‘更加良好保护’之句，以免涉想中国之行为如何？”

主席谓：“本席不能赞同此项修正，但可于议事录内载明中国有尽力保护之意。”

修正之案当经一致通过，其文如下：

“决定为有利益者保存中东铁路，应予该铁路及服役并使用铁路者更加良好之保护。职员遴选应更加注意，以便完成业务之能率款项。开支更加撙节，以便防阻财产之浪费。

此事应即由相当之外交途径办理之。”

主席又谓：“观于一九一九年协约国协定内载之委托权，本席觉与其中所涉利益似应更加保障，至少美国利益应较稳固。故本席增入保留宣读如下：

‘中国以外之各国在赞成关于中东铁路之议决案保留权利,坚要中国对于中东铁路股东公司债券所有者及债权者等之各外国人是否履行义务担负责任,此种义务各国认为自建筑铁路合同及中国照该合同之行动而发生者,各国并认一种代管性质之义务,系从中国政府施行其权力于该铁路之执掌及行政而发生者。’

本席以为此项保留只能认为中国不赞同分股委员会报告论理上当然之结果。”

健特士爵士谓:“英国代表愿赞助此案。”

埴原君问:“此项保留是否拟加入于前述议案以内?”

主席谓:“此非本席之意旨。”

埴原君问:“此项保留案末段有‘中国照该合同之行动而发生者,各国并认一种代管性质之义务,系从中国政府施行其权力于该铁路之执掌及行政而发生者’之句,未知作何解释?”

主席答谓:“中国于执行主权时并已干涉铁路全权管理,以如此行为,应认中国为铁路之受托人,故各国通过此案,保留日后要求中国对于铁路股东债券所有者及债权者等之各外国人是否履行义务担负委托责任。”

此第二案当由各国一致通过,中国未加入表决。

顾维钧君谓:“本席拟稍加说明,以便解释中国政府对于俄人利益所持之态度。当一九二〇年十月二日订定合同时,中国已得俄国股东之同意,其道胜银行所持股票,有北京法使馆证明书可凭。至于中国所负委托,中国政府只对俄人利益允负责任,且中国政府现已竭力维持秩序。倘如此尽力,犹不能副各国之期望,实缘俄国政局不宁之故。据本席所得报告,中东铁路为西伯利亚全线中运输最良之路,至于沿路线发生扰攘情形,皆起因于红白党之互争不已。试观霍尔瓦特将军之非常行动,擅自称为受有全权,最高权力可以知之,征诸上述情形,中国不能承认于该路有失职之处。此则本席应明白声明者。”

楷美娄君谓:“本席固知该路问题有前俄官员自称在沿路有行政

之权，致甚杂复，但现在铁路区域内有二百万俄人，中国官吏对之所取办法全不适用。据本席所得消息，该处情形甚为危急，中国拟根据俄律另设管理制度。本席以为中国试行此项制度，甚属不智。凡生产、死丧、婚姻等事，中国办理登录不能妥善。本席并不愿评论中国官吏，但中国对于俄人所构成之现状，尚望加以考虑。"

顾维钧君谓："中东铁路区域问题与本股考量之事绝然不同，谅楷美娄君即与俄人表同情，当亦不愿将题外之事加入讨论。此种情形全为俄国革命之结果，中国则常存善意，愿为本股再声明之，且中国政府业已着手改良方法。本席提及此事，不过为分股委员会作一报告耳。"

主席谓："本席当将所得结果报告全体委员会，并将专门分股报告暨严君意见及保留书一并提出。"

遂即散会。

《外交文牍——华盛顿会议案》(下)

## 施肇基、顾维钧、王宠惠来电

华盛顿，1922 年 2 月 3 日

中东铁路问题，自一月十九日开议以来，共议七次，迄未解决。经我方一再抗议，并暗中疏通，先将原案减轻，继而设法打消，现已转圜，将此案停议。今日各国通过二决议：(第一)谓该路护路应改良，职员应慎择，用途应撙节。此案将来用外交方法再议。(第二)谓中国政府对该路外国股东债权人等并保护该路负有责任。各国保留将来要求中国负责之权等语。经钧说明我国法律主权上之地位及自我接管以来之成绩，并声明只能承认相当责任云云，以留将来交涉余地。查该路既为各国所注意，此次他国干涉目的虽未遽达，讨论决议书中有再议之语，难保不伺机提出。为今之计，惟有惩前毖后，思患预防，乘此停议之时，各国未向我交涉之前，为竭力改良之计，财政宜节流，核实清还旧逋；护路宜实切剿匪，勿任再有焚烧林场之事；车务宜注意利便旅客，勿令感受困难；并勿令护路军警干涉车务。将来纵有他国发生枝节，我之成绩具在,不难间执其口。尚恳交通部与东省疆吏筹划整顿,以杜借口而维路权,至盼。基、钧、惠。三日。

《秘笈录存》,第470页

## 施肇基、顾维钧、王宠惠来电

华盛顿,1922年2月4日

本日电达之税约附件第一款,原系一月十六日决议中表决之条文,不与正约相连。兹因新税则各种税额将与现行税则规定者不同,按照美国宪法习惯,务需该项决议作为正约,俾得批准,故复将该决议订入正约之内。但该决议之主义,能使速行设法修改税则发生实效。修改一事完竣以前,可望美国批准。税约分议条件,亦为一月十六日所表决者,现似可无需矣。基、钧,惠。二月四日。

《秘笈录存》,第461页

## 第六次大会议事录(节译)

1922年2月4日

限制军备会议兼讨论太平洋与远东问题第六次大会于一九二二年二月四日上午十时三十分在华盛顿大陆纪念堂开会,由美国国务卿许士君为主席。

主席谓:上次大会议事录业已分送,所有应更正之处亦已照改。倘无异议,则上次议事录当作为通过。旋以并无异议,此议事录业已通过。

兹太平洋与远东委员会向大会报告关于中国事件通过之各案,现已拟成条约草案,提出大会,请予通过。该约并不甚长,兹将其主要部分宣读如左:

条约草案

美利坚合众国、比利时国、不列颠帝国、中华民国、法兰西国、义大利国、日本国、和兰国及葡萄牙国,兹因志愿采定一种政策以巩固远东之状况,维护中国之权利、利益,并以机会均等为原则,增进中国与各国之往来,议订条约,因是简派全权代表。

(各国代表衔名从略)

各全权将所奉全权证书互相校阅,均属妥协,议定条款如左:

第一条　除中国外缔约各国协定

(一)尊重中国之主权与独立暨领土与行政之完整;

(二)给予中国完全无碍之机会以发展并维持一有力巩固之政府;

(三)施用各国之权势以期切实设立并维持各国在中国全境之商务实业机会均等之原则;

(四)不得因中国状况乘机营谋特别权利而减少友邦人民之权利,并不得奖许有害友邦安全之举动。

第二条　缔约各国协定不得彼此间及单独或联合与任何一国或多国订立条约或协定或协议或谅解足以侵犯或妨害第一条所称之各项原则者。

第三条　为适用在中国之门户开放或各国商务实业机会均等之原则,更为有效起见,缔约各国除中国外协定不得谋取或赞助其本国人民谋取:

(一)任何办法,为自己利益起见,欲在中国任何指定区域内获取有关于商务或经济发展之一般优越权利;

(二)任何专利或优越权,可剥夺他国人民在华从事正当商务实业之权利或他国人民与中国政府或任何地方官共同从事于任何公共企业之权利,抑或因其范围之扩张,期限之久长,地域之广阔,致有破坏机会均等原则之实行者。

本条上列之规定并不解释为禁止获取为办理某种工商或财政企业或为奖励技术上之发明与研究所必要之财产及权利。

中国政府担任对于外国政府及人民之请求经济上权利及特权,无论其是否属于缔结本约各国,悉秉本条上列规定之原则办理。

第四条　缔约各国协定,对于各该国彼此人民间之任何协定,意在中国指定区域内设立势力范围或设有互相独享之机会者,均不予以赞助。

第五条　中国政府约定,中国全国铁路不施行或许可何种待遇不公之区别,例如运费及各种便利,概无直接间接之区别,不论搭客隶何国籍,自何国来,向何国去,不论货物出自何国,属诸何人,自何国来,向何国去,不论船舶或他种载运搭客及货物之方法,在未上中国铁路之先或已上中国铁路之后,隶何国籍,属诸何人。

缔约各国除中国外对于上称之中国铁路,基于任何让与或特别协约或他项手续,各该国或各该国人民得行其任何管理权者负有同样之义务。

第六条　缔约各国除中国外协定,于发生战事时,中国如不加入战团应完全尊重中国中立之权利中国声明中国于中立时愿遵守各项中立之义务。

第七条　缔约各国协定,无论何时遇有某种情形发生,缔约国中之任何一国认为牵涉本条约规定之适用问题而该项适用宜付诸讨论者,有关系之缔约各国应完全坦白互相通知。

第八条　本条约未签字之各国,如其政府经缔约签字各国承认且与中国有条约关系者,应请其加入本约。

因此,美利坚合众国政府对于未签字各国应为必要之通告,并将所接答复知照缔约各国。任何国家之加入,自美政府接到该国通知时起发生效力。

第九条　本条约经各缔约国依各该国宪法上之手续批准后从速将批准文件交存华盛顿,并自全部交到华盛顿之日起发生效力。该项批准文件笔录由美国政府将正式证明之誊本送交其他缔约各国。

本条约英文、法文一律作准,其正本保存于美利坚合众国政府之档库,由该政府将正式证明之誊本送交其他缔约各国。

兹将议定条约由上列各全权代表签字,以昭信守。

一千九百二十二年二月六日订于华盛顿

“未知各代表是否愿通过此条约草案，吾美利坚合众国同意，比利时国如何？”

卡德男爵曰：“同意。”

主席问：“不列颠帝国如何？”

白尔福君曰：“同意。”

主席问：“中华民国如何？”

施肇基君曰：“同意。”

主席问：“法兰西国如何？”

沙罗君曰：“同意。”

主席问：“义大利国如何？”

司强曹君曰：“同意。”

主席问：“日本国如何？”

加藤男爵曰：“同意。”

主席问：“和兰国如何？”

贝拉斯爵士曰：“同意。”

主席问：“葡萄牙国如何？”

阿尔戴子爵曰：“同意。”

主席谓：“此条约草案业已一致通过（众鼓掌）。”

又太平洋与远东委员会于二月三日复通过一案，兹提请大会通过之如左：

聚集于华盛顿现在会议之各国代表，即美利坚合众国、比利时国、不列颠帝国、中华民国、法兰西国、义大利国、日本国、和兰国及葡萄牙国，因欲规定一种手续以便处理各项问题，由执行将于一九二二年二月六日在华盛顿签订关于各该国普通政策以巩固远东状况，维护中国权利利益，并以机会均等为基础，增进中国与各国往来之条约第三第五条款之规定而发生者。

决议：

在中国应设立一审议局，凡关于执行上项条款所发生之任何问题，可交由该局审查报告。

将于一九二二年二月六日在华盛顿签订关于中国关税税则条约第二条所规定之特别会议,应拟具组织该审议局之详细规则,由各关系国核定之。

“此案现提出大会审议,未知是否尚须讨论或即予表决,吾美利坚合众国表示同意,比利时国如何?”

卡德男爵曰:“同意。”

主席问:“不列颠帝国如何?”

白尔福君曰:“同意。”

主席问:“中华民国如何?”

施肇基君曰:“同意。”

主席问:“法兰西国如何?”

沙罗君曰:“同意。”

主席问:“义大利国如何?”

司强曹君曰:“同意。”

主席问:“日本国如何?”

加藤男爵曰:“同意。”

主席问:“和兰国如何?”

贝拉斯爵士曰:“同意。”

主席问:“葡萄牙国如何?”

阿尔戴子爵曰:“同意。”

主席谓:“此案业已一致通过(众鼓掌)。”

凡委员会通过后复经大会通过之各案,其中有订成条约,有不订成条约者,其区别之点在,所有应经批准之案则订成条约,提请各国施行;其他各案因其性质,无须批准,按照条文于大会通过后即有拘束各国之效力。

兹太平洋与远东委员会提出中国声明书一件,请予载入大会议事录内,其文如左:

中国愿担任不让与、不租借其领土或沿海无论何处与无论何国。

“现应否将此声明书载入大会议事录，抑尚有讨论？吾美利坚合众国愿予同意，比利时国如何？”

卡德男爵曰：“同意。”

主席问：“不列颠帝国如何？”

白尔福君曰：“同意。”

主席问：“中华民国如何？”

施肇基君曰：“同意。”

主席问：“法兰西国如何？”

沙罗君曰：“同意。”

主席问：“意大利国如何？”

司强曹君曰：“同意。”

主席问：“日本国如何？”

加藤男爵曰：“同意。”

主席问：“和兰国如何？”

贝拉斯爵士曰：“同意。”

主席问：“葡萄牙国如何？”

阿尔戴子爵曰：“同意。”

主席谓：“此件声明当载入大会议事录内。

太平洋与远东委员会业已讨论中国关税问题，于一月十六日通过数案，并将此数案编成条约草案，现将该约连同列入各案，提请大会同意。本席兹请恩特华特君将该约提出。”

恩特华特君谓：“出席本会议各代表当无不知各国所以与中国协定税则之理由，盖在二十世纪之国际条约已失拘束政府之力，苟犹欲其存在有效，须得人民间之谅解（众鼓掌）。

凡未研究此问题之世人，必以为本会议先承认中国主权与领土完整，又复与中国订立条约，涉及中国主权以内之内政问题，似有自相矛盾之处。盖仅宣布条约而不加以说明，或致引起误会，所以本席拟于数分钟内将此事沿革使本会议必须缔结本约之故略为说明,载入议事录内。

关于中国海关税则,兹议定两种办法:其一系一种协定,将现行税则表立即修订,以便将税率增至切实值百抽五;其二为一种条约,规定一特别会议,有权核准征收附加税及切实增加税率至值百抽五以上之各事项。

凡欲明此种条约之性质理由,不可不知各国管理中国海关所订现行条约内规定之由来。

查中国关税之由来,始于十四世纪,但当时管理方法尝致洋商与中国发生龃龉,卒于私运鸦片一事肇启衅端,即有时称为一八三九年至一八四二年鸦片之役是也。迨一八四二年(前清道光二十二年),中英两国缔结《南京条约》,其事始寝。中国与泰西各国正式通好即基于此,中国现行关税制度亦自此始。

《南京条约》规定开放五处口岸作外国通商之用,并颁布秉公议定之进出口与其他税率。复于一八四三年十月八日续订条约,依值百抽五之税率订定进出口税则表。至一八四四年中国始与美国第一次缔结条约,即以中英协定之税率作为中美条约内之条款,并予美国以最惠国待遇,其条文如左:

'合众国来中国贸易之民人,(中略)令缴税饷不得多于他国人民,(中略)嗣后中国如另有利益给予各国,合众国民人应一体均沾,用昭平允。'

是年,中国与法国订立同样条约,又于一八四七年与瑞典、挪威订立同样条约。越十年后中国与外国复开衅端,卒肇战祸。

迨一八五八年重修旧好,而银价低落,洋货价目因之变动,以前所订税则表不能代表值百抽五之税率。

一八五八年中国与美、俄、英、法订定《天津条约》。

中英条约因附有通商章程最为详备,系于一八五八年十一月八日在上海签定。该约复规定税则表以代从前实行之税率,大致均按物品时价值百抽五计算，分类制定。自一八五八年通过此税则表后直至一九〇二年，除鸦片烟外从未修订。

而外人管理中国海关实始于太平之役。当一八五三年（咸丰三年）九月上海城市陷于洪杨之手，中国海关随即停闭，致洋商无从缴纳关税。

当时为应付紧急情形起见，由外国领事代为收存关税，直至一八五四年六月二十九日中国与英、美、法国领事协定设立洋稽查处时为止，该处按照协定组织成立征收关税。至一八五八年，召集税则委员会，订定通商章程，始行结束。而通商章程第十款规定，海关制度各口划一办理，由中国政府派大员一人监察外国通商事宜，并任凭总理大臣邀请英人帮办税务并其他关于商务及航行事宜。至一九一四年欧战开始之际，在中国海关服务人员总额七千四百四十一人中，洋员占一千三百五十七名，分隶二十国籍。

观于现行管理制度，以办理成效及对于各方利益并不偏倚，而论极称满意。当此约在关税分股讨论时，列席九国代表已意见一致，全体以为当此中国纷扰情形，政局不定之时，均愿得中国之同意不变更现行海关管理制度。当经顾维钧君于讨论此事时以中国政府名义声明一切。本席承委员会之嘱，兹将此声明书报告大会，其文如左：

今中国代表团向限制军备会议远东委员会声明：中国政府并无意为可以纷扰海关现行制度之变更。

以本席个人之意，极愿中国不日即可成立代议制度之政府，代表其人民于种种事项得行使完全主权，自行厘订关税税则（众鼓掌），但以现在中国纷扰情形，似中国仍应与有商务关系之各国缔结条约，且此约即今日提出大会者亦已得中国政府代表之同意，在一八六九年至一九〇一年间曾订立各种条约，关于商务上之税率予各国以特别权利，当此期间情形最称复杂，致肇拳匪之乱，从此遂倡门户开放主义。

一九〇二年按照辛丑和约之规定，在上海召集修改税则委员会，但仅于进口税及免税表加以修改，所有关税税则多数皆分类从量订定，余则按值百抽五,其未列入表内之商货,均按值百抽五征税,种种税则均受从前条约之限制,而现行出口税则仍系一八五八年订定之税则。

至一九〇二年,中国复与英国续订通商条约。翌年,中美、中日条约均以英约为根据,其大纲大致相同。在中英商约内,中国允将在出产处于转运时及运到处征抽之厘金及他项货税尽行裁撤,英国允于英商运进之洋货加征附加税,惟进口货之附加税不得超过现行进口税一倍半之数,而此项附加税原视裁撤厘金方能征收,至今迄未实行,不过留为中国增加税则之根据。

由此可知,为解决中国关税事项,应有两种办法:其一即修改现行税则,俾得按照条约适合切实值百抽五之率;其二即筹备裁撤厘金,以图增高税率。惟于裁厘增税以前,允认中国政府得增加税收,由特别会议于切实值百抽五正税税率以外对于寻常商品征收二厘半附加税,于奢侈品征收五厘附加税,以应中国政府之需要。

当一八九六年(光绪二十二年),中国曾与俄国订立建筑中东铁路合同。该合同内规定,凡货物由俄国运入中国,经过边界时应照与各国协定税则减三分之一纳税。嗣后法国、日本、英国凡经由陆地边界而非由海道运至中国之货,亦均援例核减。

此项区别办法对于其他各国有欠公允,故此次关税条约草案内有一重要条款,将此项区别办法完全撤消。

该约首端与衔名拟不再一一宣读,只读约内条款。其第一条条文如左:

第一条　关于修改中国关税,依据中国与各国所订现行条约,使税率适合于切实按值百抽五,缔约国各国代表于一千九百二十二年二月四日在华盛顿定有决议,作为本款附件,兹缔约国承认该项议决并担任接受此项修改结果所定之税率,该税率宜从速实行,惟至早须在公布日起两个月后。

此第一条后即系附件,原拟将此附件作为单独议案,使现行税率切实施行。盖中国关税税率本为值百抽五,本席前已言之,而此项税率后又改为从量税率，故中国依照旧制不能得条约上应有之收入，但于提出通过此案时以为现行税率既从量规定于数种条约以内，必须将此案列入条约方能作废，前订条约之规定代以此条。其附件条文如左：

附件　参与本会议各国，即美利坚合众国、比利时国、不列颠帝国、中华民国、法兰西国、义大利国、日本国、和兰国及葡萄牙国，为增加收入以应中国政府之需要起见协定：

一九一八年十二月十九日上海修正税则委员会所采用之中国进口货海关税表应立行修正，以期其税率适合于中国与各国所订商约中规定切实值百抽五之数。

修正税则委员会应赶早在上海会集，即行将税则修正，并遵照末次修正之大纲办理。

此项委员会应由上开各国代表及现经列席华府会议各国承认之政府，曾与中国订有税则不得超过值百抽五之条约而愿参与修正之任何其他各国代表组织之。

修正之进行应愈速愈妙，俾得自限制军备及太平洋远东问题会议采用本议决案之日起四个月以内修正完竣。

修正之税则应及早发生效力，但至早亦不得逾修正税则委员会将该项修正税则公布后两个月之时期。

应请美国政府以华府会议召集人之资格将本议决案之条款转达于未列席华府会议而曾参与一九一八年税则修正之各国。

以下由第二条起，为本约现订之条款，其文如左：

第二条　由特别会议立即设法以便从速筹备废除厘金并履行一九〇二年九月五日中英商约第八款、一九〇三年十月八日中美条约第四款、第五款及一九〇三年十月八日中日附加条约第一款所开之条件，以期征收各该条款内所规定之附加税。

特别会议应由签字本约各国之代表组织之，凡依据本约第八条之规定情愿参与及赞成本约之政府亦得列入。组织本会议惟须及时知照，俾所派代表得以加入讨论。该会议应于本条约实行后三个月内在中国会集,其日期与地点由中国政府决定之。

第三条　在裁撤厘金切实履行第二条所载各条约中诸条款所定条件之前,第二条所称之特别会议应考量所应用之过渡办法,并应准许对于应纳关税之进口货得征收附加税,其实行日期、用途及条件均由该特别会议议决之。

此项附加税应一律按值百抽二五,惟某种奢侈品,据特别会议意见能负较大之增加尚不致有碍商务者,得将附加税总额增加之,惟不得逾按值百抽五。

第四条　中国进口货海关税表按照第一条立即修改完竣,四年后应再行修正,俾能确保按值税率与第二条中特别会议所定者相符。再行修正之后,为同一目的起见,应将中国进口货海关税表每七年修改一次,以替代中国现行条约每十年修改之规定。

按照本条所行之修改,应遵照第二条所称特别会议规定之章程办理,以资迅速。

第五条　关于关税各项事件,缔约各国应有切实之平等待遇及机会均等。

第六条　中国海陆各边界划一征收关税之原则即予以承认,第二条所载之特别会议应商定办法,俾该原则得以实行,凡遇因交换某种局部经济利益曾许以关税上之特权而此种特权应行取消者,特别会议得秉公调剂之。

同时凡一切海关税率因修改税则而增加者,与夫各项附加税嗣后因本约而征收者,在中国海陆边界均应按值课以划一税率。

第七条　在第二条所载办法尚未实行以前,凡子口税应一律课以按值百抽二五之税率。

第八条　凡未参与本约各国,如其政府现经缔约各国所承认,且与中国现行条约定有进出口货税则不得超过值百抽五之规定者,应请其加入本条约。因此,美利坚合众国政府担任为必要之通告,并将所接答复知照缔约各国,任何国家之加入,自美政府接到该国通知时起发生效力。

第九条　凡缔约各国从前与中国所订各条约之条款，与本条约各规定有抵触者，除最惠国条款外，咸以本条约各条款为准。

第十条　本条约经各缔约国依各该国宪法上之手续批准后从速将批准文件交存华盛顿，并自全部交到华盛顿之日起发生效力，该项批准文件笔录由美国政府将正式证明之誊本送交其他缔约各国。

本条约英文、法文一律作准，其正本保存于美利坚合众国政府之档库，由该政府正式证明之誊本送交其他缔约各国。

兹将议定条约由上列各全权代表签字以昭信守。

一千九百二十二年二月六日订于华盛顿。

下列关于修改税则之议决案，系由太平洋与远东委员会于一九二二年一月十六日通过如左（已见条约草案第一条附件）：

参与本会议各国，即美利坚合众国、比利时国、不列颠帝国、中华民国、法兰西国、义大利国、日本国、和兰国及葡萄牙国，为增加收入以应中国政府之需要起见协定：

一九一八年十二月十九日上海修正税则委员会所采用之中国进口货海关税表，应立行修正以期其税率适合于中国与各国所订商约中规定切实值百抽五之数。

修正税则委员会应赶早在上海会集，即行将税则修正，并遵照末次修正之大纲办理。

此项委员会应由上开各国代表及现经列席华府会议各国承认之政府曾与中国订有税则不得超过值百抽五之条约而愿参与修正之任何其他各国代表组织之。

修正之进行应愈速愈妙，俾得自限制军备及太平洋远东问题会议采用本议决案之日起四个月以内修正完竣。

修正之税则应及早发生效力，但至早亦不得逾修正税则委员会将该项修正税则公布后两个月之时期。

应请美国政府以华府会议召集人之资格将本议决案之条款转达于

未列席华府会议而曾参与一九一八年税则修正之各国。

下列关于中国关税之议决案,经委员会于一九二二年一月十六日通过如左(已见关税条约):

美利坚合众国、比利时国、不列颠帝国、中华民国、法兰西国、义大利国、日本国、和兰国及葡萄牙国,为增加中国政府收入起见决议:

(一)由特别会议立即设法以便从速筹备废除厘金并履行一九〇二年九月五日中英商约第八款、一九〇三年十月八日中美条约第四款、第五款及一九〇三年十月八日中日附加条约第一款所开之条件,以期征收各该条款内所规定之附加税。特别会议应由签字本约各国之代表组织之,凡依据本约第八条之规定情愿参与及赞成本约之政府亦得列入,组织本会议惟须及时知照,俾所派代表得以加入讨论,该会议应于本条约实行后三个月内在中国会集,其日期与地点由中国政府决定之。

(二)在裁撤厘金切实履行第二条所载各条约中诸条款所定条件之前,第二条所称之特别会议应考量所应用之过渡办法,并应准许对于应纳关税之进口货得征收附加税,其实行日期、用途及条件均由该特别会议议决之。

此项附加税应一律按值百抽二五,惟某种奢侈品据特别会议意见能负较大之增加尚不致有碍商务者,得将附加税总额增加之,惟不得逾按值百抽五。

(三)中国进口货海关税表按照第一条立即修改完竣,四年后应再行修正,俾能确保按值税率与第二条中特别会议所定者相符。

再行修正之后,为同一目的起见,应将中国进口货海关税表每七年修改一次,以替代中国现行条约每十年修改之规定。

按照本条所行之修改,应遵照第二条所称特别会议规定之章程办理,以资迅速。

(四)关于关税各项事件,缔约各国应有切实之平等待遇及机会均等。

(五)中国海陆各边界划一征收关税之原则即予以承认,第二条所载之特别会议应商定办法,俾该原则得以实行。凡遇因交换某种局部经济利益曾许以关税上之特权而此种特权应行取消者,特别会议得秉公调剂之。

同时凡一切海关税率因修改税则而增加者,与夫各项附加税嗣后因本约而征收者,在中国海陆边界均应按值课以划一税率。

(六)在第二条所载办法尚未实行以前,凡子口税应一律课以按值百抽二五之税率。

(七)凡未参与本约各国,如其政府现经缔约各国所承认,且与中国现行条约订有进出口货税则不得超过值百抽五之规定者,应请其加入本条约,俟各该国加入本条约之后,凡中国与缔约各国从前所订条款与本约抵触者,即行作废。因此,美利坚合众国政府担任为必要之通告,并将所接答复知照缔约各国。

(八)(系通用程式之批准条款)

又有一单独议案亦经太平洋与远东委员会于一九二二年一月十六日通过,其文如左:

应请美国政府以本会召集人之资格,立将关于中国关税条约之条文通知本约所指之关系各国,以期从速得各该国之加入本约。

总之,此约通过施行后,中国陆海关税之收入大约可增一倍,此系约略估计,究之税收之多寡,须视进出口货之数量而定,自不能预料其绝对准确。

今中国政府亟需此项税收,倘本约能早日批准,则于中国现状获益甚钜,本席兹请大会核准之。"

主席谓:"兹承法国代表团之盛意,允将恩特华特君之演词不必译成法文。

兹将委员会通过各案,顷由恩特华特君报告者,连同载入各该案之条约,请各代表通过核准,未知尚有讨论否施君。"(众鼓掌)

施肇基君谓:"关于中国关税问题,顷承恩特华特君将其原起及历史上之发展详细说明,并对于中国人民一致渴望恢复关系中国昌盛最要之关税自由同情赞助，本席愿致谢忱。中国代表团对此问题种种方面之意见，业由本席同寅顾维钧君于远东委员会数次会议时于声明书中尽情陈述，本席兹但请将一九二二年一月五日、一月十六日及二月三日顾君发表之声明书载入本日大会议事录内。”

一九二二年一月五日中国代表团在太平洋与远东委员会发表之声明书如左：

顾维钧君起立，其主旨首在重视恩特华特君所业已告成者，谓：“本席曾列席于恩特华特君为杰出主席之分股委员会，兹愿对于指导该会议事之方表示钦佩，赖恩特华特君之才能已得重要结果，列入陈于本委员会前之议决案，本席代表中国政府乐于赞成。顷者所定之协议，乘此时机愿发表关于恢复关税自由之宣言（此为中国人民最所注意之件）。

去年十一月二十三日，本席代表中国代表团向委员会提出中国关税案。当时所提三款，其主要一款为恢复中国关税自由权，余二款仅拟作为暂时办法，以为早日达到主要目的之张本。同时，本席并声明中国政府无意为可以纷扰海关现行制度之变更，然此项声明揆之于理，明明不能解释为阻碍中国逐渐将此项中国政府之重要部分使其性质更属于中国之正当志愿。

中国欲恢复关税自由之理由，本席亦已说明。其时委员会略加讨论，乃以全案移付恩特华特君为杰出主席之分股委员会。其讨论之结果则列入顷者陈于诸君前之协议内。该协议载有关于实施现行协定税则制度之要点，自是有价值之协议。但恢复关税自由一层，协议中并不包括在内。缘委员会数委员之意，以为现在定期将现行条约内关于税则之条款废止碍难实行，应俟日后察看情形再将此问题决定。

惟中国代表团甚愿当时并不如此主张，盖关税自由为独立国所享有之主权，其自由操纵关系一国之昌盛，极为重要。现行条约内规定征收关税、子口税暨他项税捐之办法，不独限制中国自由动作，且侵犯中国主权。恢复中国关税自由，不过对于中国固有之主权不得已放弃者加以承认而已。

且现行关税制度长此不改,是将使中国政府之收入日有亏损。按现行制度进口税仅值百抽五,所有应缴关税之商货均纳此极低之税,以视他国所征值百抽十五至六十之平均税率相去甚远。以实际而论,因现在征收之关税系根于从前所定之税则,其实在之征收不过等于切实值百抽三又二分之一。故中国之税关收入约只占全国收入总额百分之七零五,而在泰西各大国,平均计占百分之十二至十五不等,战前尚不止此,至现拟寻常商货加抽二厘五,奢侈品加抽五厘之附加税,将来即行实行,然仍不足以抵中国政府疾增之需要。他国之能伸缩其财政制度,大抵恃有厘订关税之自由,今欲给予中国以完全无碍之机会,以发展并维持一有力巩固之政府,当以早日恢复其关税自由为必要。

因征收划一低税以致鼓励奢侈品如烟酒等类之输入,增加过度,况奢侈品税率与日用品税率相同,不独有损税收,而其影响于中国人民之社会习惯与道德风俗,为害亦复甚巨。今陈于委员会前之协议,始允将奢侈品择类额外增抽二厘五之附加税,惟倘欲于奢侈品予以限制之效力,则附加税率尚须增高,此理甚为显著。

况现行之协定税则制度有碍中国经济上之发展,此层要亦不可忽视。盖按照现行制度,中国不得于有约各国享受互惠利益,有约各国运货来华,享受只完值百抽五极低之税之利益,而中国产物及商品运往各有约国时当纳最高之税,有时竟达六七十倍于中国所征洋货之税率,且对于各国输入中国之各项商品,均课以划一关税,则如机器及中国工业所需之原料等,加以此项关税,实妨碍中国工业之发展。现时中国工厂用外国机器及外国制造方法者,其数在千家以上,所营事业可分三十余种,而皆为工业中之重要者。今欲使中国工厂经营发达而令各国极有关系之国外贸易日益增长,则中国于订定税则稍稍操纵实属必要。

又中国税则由条约规定,于事实上未免有不公允之处,且于中国有绝大之损害。例如,中国有所提议或为修改税则期与时价相符,或为增高税率以供加增之需要,必须得十二国以上之完全同意。顾各国对于其本国在华之商务，自无不以保护振兴为怀，而此有约各国之国内工业性质既复互殊，输出货物种类亦皆各异，以故每遇改订税则，或增高税率之时，无不纷纷设法使其本国工业不受担负，因此于修订或加税之时，各国于同意之前往往附以各种条件。

于此可见，关税一案虽极关系中国之昌盛，而有约各国之利益似常置于中国正当利益之上，以如此情形，凡有措施欲其有利于中国，其困难概可想见，而此项为难情形，有时竟无法解除。故遇有中国关税问题，每有视本国一己之利益较重于中国莫大之利益者。此次关税分股委员会成绩固属可观，然以中国代表团之经验，似上项评论之根据尚未能完全撤消，且因必须全体同意，设有一国持见独异，则其余各国共同议定之办法每足以破坏而有余，而中国偶以相当条件有所让与于一国或给以权利，其他各国即援引最惠国条款来相干求，置相当条件于不顾。

兹因鉴于现行关税制度发生困难并欠公允，又因恢复关税自由权后对于中国商务上经济上之扩充与度支制度之发展，其效果必然良美，中国代表团责任所在，不得不声明。此次委员会虽未能将中国之要求加以审量，本代表团于现在陈列诸君前之协议予以承认，然并无放弃恢复关税自由之意，并欲于将来有适当机会时将此问题重行讨论。”

顾维钧君结论谓：“发表此项声明，系将中国人民心中关切之事说明中国代表团之地位，但对于中国关税分股主席所发表之言论价值绝无贬抑之意。”

一九二二年一月十六日，在太平洋与远东委员会第十八次会议时，顾维钧君又声明如左（按照中国记录）：

“本席愿将中国对待无约各国之实在情形加述数语：依议决案草案之规定，凡欲参与修改关税委员会之国，应具有多种条件，其一即该国须与中国订有进口税之条约，其无此条约关系者，当然不在其内，中国政府对于无约各国，业特颁国定税则，苟其税率低于现行条约所定者，则有约各国皆可依照最惠国待遇条款要求一律适用，惟国定税率高于约定税率，是以不得援引开放门户主义以减少关于无约国实施之国定税率。”

一九二二年二月三日，关于不变更中国海关现行制度，中国代表团在太平洋与远东委员会发表之声明如左：

顾维钧君谓：“委员会今讨论此项问题，本席敢进一言。此项声明原系中国政府自愿声明之政策，在座诸君应犹忆，本席当时对于关税问题提出中国之意见时并不因何方面之提议或请求始有此声明，不过以此系中国政府之政策，业已行之数十载，现尚无变更之意。

以本席所知，此项政策并未经何种国际条约或公约之规定，仅见于一八九六年与一八九八年中政府与两次外国银团所订之借款合同而已，此类合同现尚有效，固尚有拘束力。

在分股委员会中讨论此项事件时，是否曾提及签字问题，本席实不能记忆。本席所能忆及者，此项声明书之程式，顷经分股委员会主席报告于本委员会者，与当时在分股委员会通过时之程式相同，此事既属中国内政，谅在座诸君必无意作为国际条约上之义务，现在既经本席解释，各代表对于此项政策上之声明当可完全满意，且此本系自愿诚意之声明，故关于本代表团者，本席愿言无须使其如顷所提议之程式。

本席在分股委员会曾言，此项不变更海关现行制度之声明，并不能解释为阻碍中国逐渐将此项中国政府之重要部分使其性质更属于中国之正常志愿，想列席关税分股委员会各代表犹能记忆。自现行制度成立以来，虽约有六十余年之久，而中国由此造就之人才甚属寥寥，于中国通商各埠税务司四十四人中，以本席所知，并无一中国人在内，此等情形原非本席所欲评论，不过欲略为解释，以明本席命意之所在。今之海关办理得法而有价值，曾经本国官吏多方证明，惟国民中一般舆论以为应多得本国人加以训练，俾充任较负责任之位置。今白尔福君欲以大会公布之郑重形式加诸本国代表团所发表之声明书，当信白尔福君必无将此件所指政策垂诸永久之意。”

施肇基君（继续发言）谓：“恩特华特君所称拟订关税条约不过应

付中国暂时情形云云,其言与本代表团之意见暨中国人民切盼早日恢复关税自由之期望正相符合。

至中国现呈纷扰不宁之象,不过一种过渡时代,凡一国之大变动由专制政体改为民主政体所不能免者,世界各国无不有此经验,而中国人民具四千年政治上之学识经验,固自信不久必能自行发展成为统一巩固之国家也(众鼓掌)。"

主席问:"现在是否更欲讨论此事抑即可付表决?吾美利坚合众国同意,比利时国如何?"

卡德男爵曰:"同意。"

主席问:"不列颠帝国如何?"

白尔福君曰:"同意。"

主席问:"中华民国如何?"

施肇基君曰:"同意。"

主席问:"法兰西国如何?"

沙罗君曰:"同意。"

主席问:"义大利国如何?"

司强曹君曰:"同意。"

主席问:"日本国如何?"

加藤男爵曰:"同意。"

主席问:"和兰国如何?"

贝拉斯爵士曰:"同意。"

主席问:"葡萄牙国如何?"

阿尔戴子爵曰:"同意。"

主席谓:"关税各案暨所拟条约程式均经一致同意。

兹太平洋与远东委员会提出中东铁路各议决案请由大会通过,其文如左:

今议决,为有利益者保存中东铁路,应与该铁路及服役并使用铁路者更加良好之保护;职员遴选更加注意,以便完成业务之能率;款项开支更加撙节,以便防阻财产之浪费。

此事应即由相当之外交途径办理之。

此案现提请大会同意,未知尚须讨论否?吾美利坚合众国同意,比利时国如何?"

卡德男爵曰:"同意。"

主席问:"不列颠帝国如何?"

白尔福君曰:"同意。"

主席问:"中华民国如何?"

施肇基君曰:"同意。"

主席问:"法兰西国如何?"

沙罗君曰:"同意。"

主席问:"义大利国如何?"

司强曹君曰:"同意。"

主席问:"日本国如何?"

加藤男爵曰:"同意。"

主席问:"和兰国如何?"

贝拉斯爵士曰:"同意。"

主席问:"葡萄牙国如何?"

阿尔戴子爵曰:"同意。"

主席谓:"业已一致同意。

又中国以外各国在委员会关于中东铁路另行通过一案,兹提请大会通过之,如左:

除中国外之各国于赞成关于中东铁路之议决案保留权利,坚要中国对于中东铁路股东公司债券所有者及债权者等之各外国人是否履行义务、担负责任。此种义务各国认为自建筑铁路合同及中国照该合同之行动而发生者,各国并认一种代管性质之义务,系从中国政府施行其权力于该铁路之执掌及行政而发生者。

现此案是否愿予讨论?"

施肇基君谓:“关于中东铁路顷所通过之案与现在提出之案,顾维钧君曾在委员会于二月二日发表声明,兹拟提出大会作为已经宣读,载入议事录内。”

主席谓:“现在如无异议,关于中东铁路二案,顾维钧君在委员会发表之声明当即载入大会议事录,作为已经宣读。”

当以并无异议,遂将顾维钧君在委员会之声明载入如左:

顾维钧君谓:“本席愿述数语,明白表示中国代表团对此重要问题之意见。本代表团以为,此中东铁路问题与各国发生关系,始自一九一九年协约国订立之协定,经中国暨参与本委员会之五国加入在内。

中国代表团于讨论此事,有数项要旨应请注意:其一,监督西伯利亚铁路全线之经营,连同中东路在内,既规定于协约国订立之协定,今若对于中东路另定特别办法,使中国不免发生疑虑;其二,中东路之重要关键,在接连欧洲与太平洋之交通,故无论何种协定,如不将接连欧洲之西伯利亚铁路及能达海口之乌苏里铁路包括在内,则其价值亦自有限;其三,该路路线全在中国领土之内,中国主权应予保障。

中东路之由来与其性质暨该路与中政府之关系,本席不欲赘述,因此各节业已载入中俄数种协定及中国与保有该路全部资本之道胜银行所订合同内。

依此三项要旨(即按照一九一九年协定,对于中东路不能另定特别办法;暨关于中东路,任何协定如不施行于能达海口之乌苏里铁路,则无甚价值;并无论何种办法,如与有利害关系之中国之领土主权有所抵触,不应成立),先经中国代表团之代表在专门分股委员会复经本席亲在全权代表分股委员会与各国代表协商可以实行之办法。有一时间,主席指派预备讨论根据之楷美娄君与本席共同拟成一草案,当时本席以为此事可以意见一致。旋经提出分股委员会,乃其他代表意谓必须加以删改,而此删改之处均与本席所述要旨互相抵触,分股委员会经此种种困难与复杂情形得一结果,如顷由罗脱君向委员会所报告者。

又第二案内载,中国以外各国保留权利,要求中国能否履行义务担负责任云云，此自属各国权利以内之事，非本席所得加以评论。本席惟愿将中国意见关于中国与该路公司之关系略述数语。该路法律上地位已明白规定于中俄各协定及中国与该路暨道胜银行所订合同，此后复与该路公司订立合同之内，所有该路内部改组事宜均照一定手续，且时常查照一九二〇年十月二日中政府与道胜银行新订合同办理。本席固知本委员会不愿讨论此合同之事，即本席亦不愿讨论及此，而所以追述及此者，不过作为一种报告，并表明中国政府先经调查明确知道胜银行可以代表该路一切股东及所有股分，且法国政府亦曾为之证明，是以与订新合同。

至中国所负代管责任之范围，自以从前俄国政府按照中俄协定行使之职务与中国现因俄国目前尚无正式承认之政府暂代行使之职务为度，故于此范围以内，亦可谓中国担负俄国政府与该路公司关系上原有之责任也。

按之目前实在情形，该路固有改良之余地，犹之世界各铁路无不有应改良之处也。惟中国政府所遇之困难极大，因俄国政变与其内乱，致在该路区域内发生意外问题，俄国工人屡次罢工，红白两党互争该路，所有种种详情，毋庸赘述，谅本委员会各代表犹能忆及一九二〇年该路总办霍尔瓦特将军取非常办法，宣告自任为该路区域内之最高总司令，行使政府职权之事。

自始迄今，每遇一次事变，中国官吏必竭尽心力以应付此艰危时局，使该路区域内各界人民至今得以安居乐业。外国报纸如可确信，不难复按中国政府按照与俄国政府原订合同条款已尽力保护该路与该路服务人员。倘如此保护，犹有数国以为尚未十分完善，则其咎实由于俄国政治纷扰，较之由于中国方面有何不能毅力完全履行其义务所致之为多。其实当西伯利亚各路腐败情形达于极点之时，而中东铁路有此保护，尚能照常通车，故本席敢望委员会于考量此第二案时将本席所说明者一加注意。”

主席谓：“现在本会对于中国以外各国通过之中东铁路议决案是

否愿予同意?”又谓:“吾美利坚合众国同意,比利时国如何?”

卡德男爵曰:“同意。”

主席问:“不列颠帝国如何?”

白尔福君曰:“同意。”

主席问:“法兰西国如何?”

沙罗君曰:“同意。”

主席问:“义大利国如何?”

司强曹君曰:“同意。”

主席问:“日本国如何?”

加藤男爵曰:“同意。”

主席问:“和兰国如何?”

贝拉斯爵士曰:“同意。”

主席问:“葡萄牙国如何?”

阿尔戴子爵曰:“同意。”

主席谓:“本案业已由大会通过。

又关于山东问题,据中日代表声称已经解决一节,当本会议上次开大会时,本席曾报告其事。兹复准中国与日本代表团声称,关于山东问题条约草案业已磋商妥洽,其条文亦经核定,现在预备签字等语,本席兹特向大会报告之(众鼓掌)。

兹又承太平洋与远东委员会之嘱,将关于一九一五年中日协约或即所谓二十一条要求之事,中日代表之宣言在大会宣读,以便载入大会议事录内。

其第一种宣言系由币原男爵以日本政府名义在委员会所发表者,其文如左:

本委员会前次开会时中国代表团曾提出声明书,请将一九一五年中日协约与换文重行审查并取消等语。日本代表团虽深知中国代表团所处地位之困难,然中国以主权之国订结国际条约,今乃声请取消,其所取手续殊难赞同。

按一九一五年之协约系经中日两国政府任命代表正式签字盖印，并按国际惯例实行交换批准文件。中国代表团似不欲讨论此协约法律上之有效与否，盖中国方面主张将此约取消，亦似谓此约如不取消或在作废以前仍属有效。

凡属国家固不愿放弃其领土或其他重要权利，但如由条约正式让与之权利，以为让与时非出本愿，可以随时要求取消，则将开一非常危险之先例，其影响所及足以危及欧亚暨世界各处现有国际邦交之安全。

查中国代表团声明书内称，中国于一九一五年允认日本要求，原望一日有将此约重行审查取消之机会云云。此种词意殊难索解，当不能谓中国代表团之意系谓中国订一条约即存心一遇机会即行破坏之意。

中国代表团又以此项条约与换文违反本会议通过关于中国主权与独立之原则云云，但本会议亦曾屡经声明，中国前为行使其自有主权由条约所予之权利，不能视为与中国主权暨其独立有何抵触。

又一九一五年中日协约与换文尝用二十一条要求之名称，实非确切而致引起误会。因此种名称或致使人误解为日本原提要求条款，中国系受压迫而全行允认。其实，不特第五号条款，即原提条款内其他事件，于最后提请中国政府允认时，因尊重中国政府意愿已完全删改或已大加修正。两国政府关于交涉此事刊布之公牍可以证明，所有签订条约与换文内最重要之条款在提出最后通牒以前早经中国方面允认。而日本所以提出最后通牒，不过催促此久悬之案迅即结束耳。

日本代表团以为此次会议若将预会一国与他国间之旧事重提，不敢谓有何裨益，惟以希望信仰之意期之将来当与本会议高尚目的最为符合。

虽然日本代表团因鉴于一九一五年中日协约订立以来情势业已变迁，爰于此次会议所予机会，声明如下：

（一）关于建筑在南满洲及内蒙古东部之铁路借款及以此二处税收为担保之借款，前由中国允先向日本资本家商借。兹日本愿将此优先权利交与新组之国际银团协同承办，惟前由参与此银团之各政府间暨组成此银团之各经济团体间关于该银团共同办事之范围，于交换文件与节略内正式宣布之谅解，此次本代表团之声明自不能解释为有修改或取消此谅解之意。

（二）按照中日协约，日本有由中国聘用日人为南满政治、财政、军事、警察顾问或教练官之优先权，兹日本无坚持此权利之意。

（三）日本于签订一九一五年中日协约换文时曾有原提条款第五号容日后协商之保留，现日本亦愿撤回此保留案。

至中日协约内所载关于山东各问题现已尽行调处解决，不必赘述。

日本政府所以决定以上办法经本席声明者，无非具公平中正之意而常以中国主权及机会均等之原则为念耳。

此后，王宠惠君以中国代表团名义为辩答币原男爵之宣言在委员会声明如左：

币原男爵于昨日会议时（一九二二年二月二日第三十次委员会）关于一九一五年五月二十五日中日协约一事所提出之宣言，中国代表团业已聆悉。

日本现愿将关于建筑在南满洲及内蒙古东部铁路借款暨由此两处税收担保借款之优先投资权利交国际银团协同承办，又对于中国如在南满聘用政治、财政、军事、警察之顾问或教练官必须先尽日人一节无坚持之意，并将对华原提条款第五号容日后协商之保留，日本亦愿自行取消等因，中国代表团闻之深为欣慰。

第日本政府不克将一九一五年中日协约内所载之他项要求悉行抛弃，中国代表团仍不无遗憾。

在日本代表团之意，以为废止此项协约将开一非常危险之先例，其影响所至，足以危及欧亚暨世界各处现有国际邦交之安全。

今中国代表团声明，倘有一国未经其他各国责言抗议，适当类似一九一五年协约商订时之情形，向其兵力较弱之邻国取得贵重之让与权，并非以之解决悬案，又无何种交换利益，此种先例尤为危险，其影响于国际邦交之安全更不知伊于何底，且当两国邦交敦睦之际，此国无端突向彼国提出要求，而要求性质之严重又如一九一五年日本向中国所提出者，在历史中实无其例。

今以取消一九一五年之协约，恐为他项协约取消之援例，此则无庸顾虑者，因现皆希望将来不至再发生此类事情也。

当中日协约谈判时之情形极为特别，致使美国政府于一九一五年五月十三日以同样照会分致中日两国政府，有所声明，查照会内首称‘现因中日两国政府业已谈判，及尚在谈判之情势暨以后议订之协定，美国政府兹特照会贵国政府（指中国与日本）声明：无论何种协定或谅解，为中日两国政府业经或行将订立者，凡有损害美国政府及其在华侨民享有条约上之权利与中国领土政治之完整或违反各国对华通称之开放门户政策，美国政府一概不能承认’等语，中国政府亦深知对于各国所负之义务，当于签订中日协约后立即宣布交涉情形，以中国系属被迫签订，对于侵害各国条约上之权利不能负责，复经声明日本最后通牒内所提之各项要求虽因被逼全行承认，而各国间对于保持中国独立领土完整以及保全现状与各国在华工商业机会均等原则所订之各条约，因此次日本要求而受事实上修改之影响者，非中国之所愿。

中国代表团因念此项条件甚欠公允，兹特以中国政府及人民名义，应请在会议席上与远东有重大关系之各国评论此项协约是否公允，及根本上是否有效？

倘日本以一九一五年之协定系经两国政府正式签订，因其法律上之效力据为要求，则可谓此种理由实不适于此次会议，因现在九国会议之用意并非维持合法现状，其宗旨系将太平洋与远东之现在状况能否变更使发展国际永久睦谊，此节在美国大总统邀请各国与会之请柬内即经述及。

中国代表团因有下开理由主张一九一五年五月二十五日之中日协约与换文应再秉公审议,加以废止。

(一)日本向中国要求种种让与权,毫无交换利益,是由此协约所得之利益纯属片面的;

(二)此项协约于重要方面侵犯中国与各国间之条约;

(三)此项协约与本会议对于中国事件所通过之原则不相吻合;

(四)此项协约常起中日两国之误会,若不加以废止,必致妨碍两国睦谊并阻碍召集本会所欲达之目的,且一九一五年六月间前日本议员后为首相之原敬氏曾为此事向日本国会提出一案,附议者达一百三十人之多,本代表团今惟有引用原文一段以资证明,其文如下:

现政府(指日本)与中国所进行之交涉,由种种方面而观,均欠适当,此项交涉足以妨害两国睦谊并引起各国之猜疑,其结果有失日本帝国之威信,既远不能设立远东和平基础,则此事必为日后纠葛之起因。

所以为上项之声明者,以欲将中国政府对于一九一五年五月二十五日中日协约与换文现在所持及将来继续坚持之意见,请本会列入议事录中。

本席亦在委员会以美国政府名义声明美政府之态度如左:

币原男爵日前以日本政府名义发表之重要宣言,本席今认为已至追述美国照会之适当时机。此照会系由美国政府于一九一五年五月十三日同时递送中日两国政府,以明美国当时所持之态度。

致中国政府照会原文如左:

现因中日两国政府业已谈判及尚在谈判之情势暨以后议订之协约,美国政府兹特照会贵国政府声明,无论何种协定或谅解为中日两国政府业经或行将订立者,凡有损害美国政府及其在华侨民享有条约上之权利与中国领土政治之完整或违反各国对华通称之开放门户政策,美国政府一概不能承认,除照会日本政府外,相应照会贵国政府查照。

此照会所言与美国历来对华政策本相符合,美国态度依此照会所言在昔固属如此,今兹亦无变更。

至山东问题为日本原提条款之第一号，亦即载入中日协约之一事，现已由本会从旁赞助，经双方谈判圆满解决，并于二月一日将经过情形报告大会，此诚令人闻之大为欣慰之事。

又日本原提条款第五号即聘用有力之日本人充政治、财政、军事等各顾问，日本设立学校、病院所需地亩，修筑中国南方数处铁路，暨供给中国军械，在中国布教等各问题，在签订一九一五年协约时日本曾提出保留，容日后协商，今币原男爵以日本政府名义声明愿将此保留自行撤销，亦不胜欣慰。缘中国及其他各国向以此号条款如重行提出必将损害中国完整并违反开放门户之原则，是撤销第五号悬案亦即撤销中国与各国之疑虑。

关于南满洲及内蒙古东部之条约与换文，币原男爵亦切实声明，所有由中国聘用日人为南满洲政治、财政、军事、警察顾问或教练官之优先权，日本政府无坚持之意。

币原男爵并称，关于建筑在南满洲铁路之借款及以该两处税收为担保之借款，日本所得投资优先权亦不坚持，愿交由新组织之国际银团共同办理。

于此可知，南满洲、内蒙古两处之前述企业，原由一国资本承办者，将来可由国际银团承办。但须知现行条约关于此种企业各国人民本有均等承办之机会，凡与中国有约各国所有此项普通权利不能仅以加入银团之各国人民为限，亦不能由加入银团各国中之一国政府对于银团各国以外之人民否认其有此项权利。故本席以为日本政府抛弃一九一五年协约内所载建筑在南满洲及内蒙古东部铁路与此两处税收担保之借款权利，其善意之声明当为本席顷所解释之意。

且查一九一五年五月二十五日中日协约第二、第三、第四款关于南满洲及内蒙古东部之条款，中国政府曾允许日人有权租地、建屋、经商、制造，并在南满洲从事农业、居住、旅行，又经营各种工商事业，又在内蒙古东部与华人合办农业及他项事业。

惟在美国政府，对于此项让与权利，则认为并非日本专有之权利，嗣后美国政府仍当按照以前办法为美国人民向中国政府要求中美条约内所载最惠国条款之利益。

本席发言至此稍加停顿,因欲声明中日条约与中美条约所载权利,其效力问题大不相同,中美条约之权利固已确定,从未变更。

美国政府对于此事以及对于美国人民在华承办工商业权利之项各问题,其历来所抱政策,系主张各国人民一律均等主义。此项政策暨本席适间宣读一九一五年五月十三日照会所内载之政策,美国政府自当一仍其旧,始终贯彻,今美国政府因此次九国会议所订条约,于确切证明此种对华政策,使之复活之举,得参与其事,实不胜欣悦。

当时复经委员会决定,将以上各宣言提出大会载入议事录,于通过时顾维钧君又在委员会声称中国代表团赞成主席之提议,将此项重要问题之各项声明载入大会议事录,但一九一五年中日协约内尚有未经日本政府明白抛弃之事项,日后遇有相当机会,自当别图解决之策,此则本代表团应提出保留等语。

即经本席答以关于顾君所述事项,各国权利自均应保留。

现在应询是否可将以上各宣言载入大会议事录,以便永久存案,请予同意抑尚须讨论否?”又谓:“吾美利坚合众国同意,比利时国如何?”

卡德男爵曰:“同意。”

主席问:“不列颠帝国如何?”

白尔福君曰:“同意。”

主席问:“中华民国如何?”

施肇基君曰:“同意。”

主席问:“法兰西国如何?”

沙罗君曰:“同意。”

主席问:“义大利国如何?”

司强曹君曰:“同意。”

主席问:“日本国如何?”

加藤男爵曰:“同意。”

主席问:“和兰国如何?”

贝拉斯爵士曰:“同意。”

主席问:“葡萄牙国如何?”

阿尔戴子爵曰:“同意。”

主席谓:“当照此办理。”

《外交文牍——华盛顿会议案》(上)

## 3.《九国公约》的签订

### 华盛顿会议关于远东问题之条约及议决案

1922 年 2 月 6 日

华盛顿会议关于远东问题之条约及议决案

九国间关于中国事件应适用各原则及政策之条约

美利坚合众国、比利时国、不列颠帝国、中华民国、法兰西国、意大利国、日本国、荷兰国及葡萄牙国,兹因志愿采定一种政策,以巩固远东之状况,维护中国之权利、利益,并以机会均等为原则,增进中国与各国之往来,议决条约,因是简派全权:

美利坚合众国大总统派:国民许士、国民洛治、国民恩特华特、国民罗脱;

比利时国君主派:驻美大使卡德;

不列颠与爱尔兰暨海外属地君主印度皇帝派:枢密院总裁白尔福、海军大臣黎、驻美全权大使健特士;

又加拿大属地代表:前首相鲍腾;

又澳大利亚属地代表:国防部总长上议院议员皮而斯;

又纽丝纶属地代表:大理院推事散而孟;

又南非洲属地代表:枢密院总裁白尔福;

又印度属地代表:印度院议员萨斯赤利;

中华民国大总统派:驻美全权公使施肇基、驻英全权公使顾维钧、前司法总长王宠惠;

法兰西国大总统派:理藩部总长沙罗、驻美全权大使尤赛龙;

意大利国君主派:上议院议员司强曹、驻美全权大使利西、上议院议员阿而白丁尼;

日本国皇帝派:海军大臣加藤、驻美全权大使币原、外务省次官埴原;

荷兰国君主派:全权公使贝拉斯、驻美代办蒲福;

葡萄牙国大总统派:驻美全权公使阿而戴、理藩部专门局长物司康赛雷斯。

各全权将所奉全权证书互相校阅,均属妥协,议定条款如左:

第一条 除中国外,缔约各国协定:

(一)尊重中国之主权与独立暨领土与行政之完整;

(二)给予中国完全无碍之机会以发展并维持一有力巩固之政府;

(三)施用各国之权势,以期切实设立并维持各国在中国全境之商务、实业机会均等之原则;

(四)不得因中国状况乘机营谋特别权利,而减少友邦人民之权利,并不得□许有害友邦安全之举动。

第二条 缔约各国协定,不得彼此间及单独或联合与任何一国或多国订立条约,或协定,或协议,或谅解,足以侵犯或妨害第一条所称之各项原则者。

第三条 为适用在中国之门户开放,或各国商务、实业机会均等之原则更为有效起见,缔约各国,除中国外,协定不得谋取或赞助其本国人民谋取:

(一)任何办法,为自己利益起见,欲在中国任何指定区域内获取有关于商务或经济发展之一般优越权利;

(二)任何专利或优越权,可剥夺他国人民在华从事正当商务、实业之权利,或他国人民与中国政府或任何地方官共同从事于任何公共企业之权利，抑或因其范围之扩张、期限之久长、地域之广阔致有破坏机会均等原则之实行者。

本条上列之规定并不解释为禁止获取为办理某种工商或财政企业或为奖励技术上之发明与研究所必要之财产及权利。中国政府担任，对于外国政府及人民之请求经济上权利及特权，无论其是否属于缔结本约各国，悉秉本条上列规定之原则办理。

第四条　缔约各国协定，对于各该国彼此人民间之任何协定，意在中国指定区域内设立势力范围，或设有互相独享之机会者，均不予以赞助。

第五条　中国政府约定，中国全国铁路不施行或许可何种待遇不公之区别，例如运费及各种便利，概无直接、间接之区别，不论搭客隶何国籍，自何国来，向何国去，不论货物出自何国，属诸何人，自何国来，向何国去，不论船舶或他种载运搭客及货物之方法，在未上中国铁路之先，或已上中国铁路之后，隶何国籍，属诸何人。缔约各国，除中国外，对于上称之中国铁路，基于任何让与或特别协约或他项手续，各该国或各该国人民得行其任何管理权者，负有同样之义务。

第六条　缔约各国，除中国外，协定于发生战事时，中国如不加入战团，应完全尊重中国中立之权利；中国声明，中国于中立时，愿遵守各项中立之义务。

第七条　缔约各国协定，无论何时，遇有某种情形发生，缔约国中之任何一国认为牵涉本条约规定之适用问题，而该项适用宜付诸讨论者，有关系之缔约各国应完全坦白互相通知。

第八条　本条约未签字之各国，如其政府经缔约签字各国承认且与中国有条约关系者，应请其加入本约。因此，美利坚合众国政府对于未签字各国应为必要之通告，并将所接答复知照缔约各国。任何国家之加入，自美政府接到该国通知时起，发生效力。

第九条　本条约经各缔约国依各该国宪法上之手续批准后，从速将批准文件交存华盛顿，并自全部交到华盛顿之日起，发生效力。

该项批准文件笔录,由美国政府将正式证明之誊本送交其他缔约各国。

本条约英文、法文一律作准,其正本保存于美利坚合众国政府之档库,由该政府将正式证明之誊本送交其他缔约各国,兹将议定条约由上列各全权代表签字,以昭信守。

一千九百二十二年二月六日订于华盛顿

(代表签名略——编者)

九国间关于中国关税税则之条约

美利坚合众国、比利时国、不列颠帝国、中华民国、法兰西国、意大利国、日本国、荷兰国及葡萄牙国,为增加中国政府收入起见,决议关于修改中国税则及联带事件订立条约,为此简派全权:

美利坚合众国大总统派:国民许士、国民洛治、国民恩特华特、国民罗脱;

比利时国君主派:驻美大使卡德;

不列颠与爱尔兰暨海外属地君主印度皇帝派:枢密院总裁白尔福、海军大臣黎、驻美全权大使健特士;

又坎拿大属地代表:前首相鲍腾;

又澳大利亚属地代表:国防部总长上议院议员皮而斯;

又纽丝纶属地代表:大理院推事散而孟;

又南非洲属地代表:枢密院总裁白尔福;

又印度属地代表;印度院议员萨斯赤利;

中华民国大总统派:驻美全权公使施肇基、驻英全权公使顾维钧、前司法总长王宠惠;

法兰西国大总统派:理藩部总长沙罗、驻美全权大使尤赛龙;

意大利国君主派:上议院议员司强曹、驻美全权大使利西、上议院议员阿而白丁尼;

日本国皇帝派:海军大臣加藤,驻美全权大使币原、外务省次官埴原;

荷兰国君主派:全权公使贝拉斯、驻美代办蒲福,

葡萄牙国大总统派:驻美全权公使阿尔戴、理藩部专门局长物司康赛雷斯。

各全权将所奉全权证书互相校阅,均属妥协,议定条款如左:

第一条 关于修改中国关税,依据中国与各国所订现行条约,使税率适合于切实按值百抽五,缔约国各国代表于一千九百二十二年二月四日在华盛顿定有决议,作为本款附件。兹缔约国承认该项决议,并担任接受此项修改结果所定之税率。该税率宜从速实行,唯至早须在公布日起两个月后。

附件

参与本会各国,即美利坚合众国、比利时国、不列颠帝国、中华民国、法兰西国、意大利国、日本国、荷兰国及葡萄牙国,为增加收入以应中国政府之需要起见协定:

一九一八年十二月十九日上海修正税则委员会所采用之中国进口货海关税表应立行修正,以期其税率适合于中国与各国所订商约中规定切实值百抽五之数。修正税则委员会应赶早在上海会集,即行将税则修正,并遵照末次修正之大纲办理。此项委员会应由上开各国代表及现经列席华府会议各国承认之政府,曾与中国订有税则不得超过值百抽五之条约而愿参与修正之任何其他各国代表组织之。修正之进行,应愈速愈妙,俾得自限制军备及太平洋远东问题会议采用本议决案之日起四个月以内修正完竣。修正之税则应及早发生效力,但至早亦不得逾修正税则委员会将该项修正税则公布后两个月之时期。应请美国政府以华府会议召集人之资格,将本议决案之款转达于未列席华府会议而曾参与一九一八年税则修正之各国。

第二条 由特别会议立即设法,以便从速筹备废除厘金,并履行一九〇二年九月五日中英商约第八款、一九〇三年十月八日中美条约第四款、第五款及一九〇三年十月八日中日附加条约第一款所开之条件,以期征收各该条款内所规定之附加税。特别会议应由签字本约各国之

代表组织之。凡依据本约第八条之规定情愿参与及赞成本约之政府，亦得列入组织本会议，唯须及时知照，俾所派代表得以加入讨论。该会议应于本条约实行后三个月内在中国会集，其日期与地点由中国政府决定之。

第三条　在裁撤厘金、切实履行第二条所载各条约中诸条款所定条件之前，第二条所称之特别会议应考量所应用之过渡办法、并应准许对与应纳关税之进口货得征收附加税，其实行日期、用途及条件均由该特别会议议决之。此项附加税应一律按值百抽二·五，唯某种奢侈品据特别会议意见能负较大之增加尚不致有碍商务者，得将附加税总额增加之，唯不得逾按值百抽五。

第四条　中国进口货海关税表按照第一条立即修改完竣，四年后应再行修正，俾能确保按值税率与第二条中特别会议所定者相符。再行修正之后，为同一目的起见，应将中国进口货海关税表每七年修改一次，以替代中国现行条约每十年修改之规定。按照本条所行之修改，应遵照第二条所称特别会议规定之章程办理，以资迅速。

第五条　关于关税各项事件，缔约各国应有切实之平等待遇及机会均等。

第六条　中国海陆各边界划一征收关税之原则即予以承认。第二条所载之特别会议应商定办法，俾该原则得以实行；凡遇因交换某种局部经济利益，曾许以关税上之特权，而此种特权应行取消者，特别会议得秉公调剂之。同时，凡一切海关税率因修改税则而增加者，与夫各项附加税嗣后因本约而征收者，在中国海陆边界均应按值课以划一税率。

第七条　在第二条所载办法尚未实行以前，凡子口税应一律课以按值百抽二·五之税率。

第八条　凡未参与本约各国，如其政府现经缔约各国所承认且与中国现行条约订有进出口货税则不得超过值百抽五之规定者，应请其加入本条约。因此，美利坚合众国政府担任为必要之通告，并将所接答复知照缔约各国。任何国家之加入，自美政府接到该国通知时起，发生效力。

第九条　凡缔约各国从前与中国所订各条约之条款与本条约各规定有抵触者,除最惠国条款外,咸以本条约各条款为准。

第十条　本条约经各缔约国依各本国宪法上之手续批准后,从速将批准文件交存华盛顿,并自全部交到华盛顿之日起,发生效力。该项批准文件笔录,由美国政府将正式证明之誊本送交其他缔约各国。

本条约英文、法文一律作准,其正本保存于美利坚合众国政府之档库,由该政府正式证明之誊本送交其他缔约各国。

兹将议定条约由上列全权代表签字,以昭信守。

一千九百二十二年二月六日订于华盛顿。

（代表签名略——编者）

关于在中国之领事裁判权议决案

一九二一年十二月十日限制军备会议第四次大会通过以下所列参与限制军备会议讨论太平洋及远东问题之各国代表,即美利坚合众国、比利时国、不列颠帝国、法兰西国、意大利国、日本国、荷兰国及葡萄牙国,因注意于一九〇二年九月五日中英条约、一九〇三年十月八日中美条约,一九〇三年十月八日中日条约各该国允助中国政府,以便实行其所表示改良司法制度期等于泰西各国之志愿,并宣言:一俟中国法律地位及施行该项法律之办法并他项事宜皆能满意时,即预备放弃其领事裁判权。

又因关于此事,同情促进中国代表团于一九二一年十一月十六日所表示应将中国政治上、法权上、行政上自由行动之现有各种限制立时取消,或体察情形从速废止之愿望;

又因任何决定关于达此目的之适当动作,应就中国法律、司法制度及司法行政手续之复杂情形考察详悉方有依据,此则本会议所不能决定者。

决议:

上列各国政府应组织一委员会(各该政府各派委员一人)考察在

中国领事裁判权之现在办法,以及中国法律、司法制度暨司法行政手续,以便将考察所得关于各该项之事实报告于上列各国政府,并将委员会所认为适当之方法可以改良中国施行法律之现在情形,及辅助并促进中国政府力行编订法律及改良司法,足使各国逐渐或用他种方法放弃各该国之领事裁判权者,建议于上列各国政府。

本议决案所拟设之委员会应于本会议闭会后三个月内,按照上列各国政府嗣后所定详细办法组织之。应令该委员会于第一次集会后一年以内,将报告及建议呈送。

上列各国之每国,可自由取舍该委员会曾建议之全部或任何一部,但无论如何,各该国中之任何一国,不得直接或间接以中国给予政治上或经济上任何特别让与、或恩惠、或利益、或免除为条件而采取该项建议之全部或任何一部。

追加议决案一

未画押之各国在中国依条约有领事裁判权者,于本会闭会后三个月内,将声明加入之文件交由美国政府通知各画押国,亦得加入关于在中国领事裁判权及施行法律之议决案。

追加议决案二

设立委员会调查并报告在中国领事裁判权及施行法律之议决案,中国业已注意,对于上列各国与中国政府取消领事裁判权之愿望表示同情,深为惬意,并宣言拟派一人为代表,有列席该委员会为会员之权。唯对于该委员会建议之全部或任何一部,中国得自由取舍。再,中国愿助该委员会予以一切便利,俾得完成其职务。

关于在中国之外国邮局议决案

一九二二年二月一日限制军备会议第五次大会通过

第一项关于中国政府表示在中国境内之外国邮局除在租借地或为约章特别规定者外,期得撤消之志愿,认为公平,因即决议:

(一)有该项邮局之四国允许照下列条件将其撤消:

(甲)中国保持切实办理之邮务;

（乙）中国政府保证现在邮务行政与外国邮务总办之地位有关系者无变更之意。

（二）为使中国及有关系之国举行必要之设备起见，此项办法实行之期不得逾一九二三年一月一日。

第二项外国邮局尚未完全撤消以前，该有关系之四国各担任予中国海关官员以充分之方法，俾得在各外国邮局查验各项邮件（挂号或非挂号之寻常信，于外面查验后，显见内所装者只系缮写之物，不在此例），意在察知所装之件应否纳税、是否违禁之品或违反海关章程及中国法律。

## 关于在中国之外国军队议决案

一九二二年二月一日限制军备会议第五次大会通过

因各国为保护合法在中国之外人生命、财产，曾随时在中国驻扎军队，连同警察与护路兵在内；

又因是项军队内之某部分驻扎中国、未得条约或协约之许可；

又因各国业经声明，无论何时，中国能担任保护在中国之外人生命、财产，则现在中国服役未得条约或协约许可之军队志愿撤退；

又因中国业已声明志愿并能力担任保护在中国之外人生命、财产。

兹为可以明白了解每一案于实行上述各志愿所必须依据之情形起见，特为决议如左：

现在参与华盛顿会议之各国，即美利坚合众国、比利时国、不列颠帝国、法兰西国，意大利国、日本国、荷兰国及葡萄牙国之驻北京外交代表，于中国请求时，应各受其本国政府之训令，会同中国政府代表三人，共同秉公详细调查各国暨中国上述声明志愿所发生之一切问题，随后应即预备一详明之报告书，将其关于本案委付调查之事所查得之事实及其意见列举勿隐，并应将报告书抄送有关系之九国政府各一份。该九国政府应各将是项报告书公布，并得加以认为适当之评语。无论何国代表可以单独编制或加入少数报告书中，如与多数报告书有不同之点，可陈述在内。

上述各国之每国可自由取舍报告书中所载调查结果所有之事实及意见之全部或任何一部，但无论如何该国中之任何一国不得直接或间接以中国给予政治上或经济上任何特别让与、或恩惠、或利益、或免除为条件而采取报告书中调查所得之事实及意见之全部或任何一部。

关于统一中国铁路决议案并附中国声明书

一九二二年二月一日限制军备会议第五次大会通过

参与本会议之各国记录其希望：中国铁路将来之发展一面与存在之合法权利极相符合，应使中国政府实行将铁路统一成为一种由中国管理之铁路制度，于此项制度之利益有必要时，可以外国经济及专门技术辅助之。

附：一九二二年一月十九日中国代表团关于中国铁路之宣言

中国代表团对于各国所表示之希望，将中国现在与将来之铁路俾能统一，由中国政府管理、行使，于需要时辅以外国经济及专门技术，业已领悉，殊为欣慰。中国之意本欲从速得有如此结果，并欲按照能合于中国经济、工业、商务所需要之总计画，以发展现在与将来之铁路。至按照开放门户及机会均等之原则，于需要时，得有外国经济及技术之辅助，亦为中国将来之政策，并将请各该国对于中国政府竭力使中国现成与待筑之各铁路归其切实统一管理，行使予以友谊之援助。

关于裁减中国军队议决案

一九二二年二月一日限制军备会议第五次大会通过

参与本会议之各国深有感于中国公帑上有巨大之支出，因养各处军队，其数既滥，而又隶于各省，军人首领不相统属；

又因中国今日不定之政局，似大半为继续养此军队所致；

又因觉此项军队立即大加裁减，不唯可促进中国政治统一与经济发展之机会，且可速中国财政之恢复。

为此，并无干涉中国国内问题之意，唯为中国自己利益及商务普通利益，欲睹中国发展及自能维持有力巩固政府之诚念所动；并为本会议系欲以限制军备、减削显然为大宗妨碍企业与国家发达之巨大支出之精神所鼓舞;决议:本会议向中国表示切望中国政府应举行迅速暨切实之办法,以期裁减上开之军队与支出。

关于中国及有关中国之现有成约议决案

一九二二年二月一日限制军备会议第五次大会通过

参与本会议之各国,以各项事件关于中国之政治暨其他国际义务,及有关中国各国之政治暨其他国际义务,嗣后应完全宣布,视为必要。因此议定如左:

(一)中国以外之各国,应从速将各该国与中国所订或与任何他国或他国等因关涉中国而订之各条约、盟约、换文及其他各项国际协约,以为仍属有效及欲藉为依据者,开单送交本会议总秘书厅存案,以便转送与会各国。每一案必须指明任何正式或其他书籍内曾载有各该项文件正确之原文。其文件曾宣布者,则应将原文誊本送交总秘书厅存案。

以后所订类似上述性质之每种条约或其他国际协约,应由有关系之各国政府于订约后六十日内,通告签订或加入本协定之各国。

(二)中国以外之各国,应从速将该国人民与中国政府或所属之任何行政机关或地方官所订之一切契约,其中有关于建筑铁路、采矿、林业、航业、河工、港工、开垦、电气、交通或其他公共工作、公共事务或售卖军械、军火之任何让与权、特许权、选择权或优先权者,或其中有以中国政府或所属任何行政机关之任何国课或官产作抵者,须力求完备,开单送交本会议总秘书厅存案,以便转送与会各国。单内所开每项文件,或指明一种已刊之原文,或附以原文之誊本。

以后所订类似上述性质之每种契约,应由有关系之各国政府于接到订约报告后六十日内,通告签订或加入本协定之各国。

(三)中国政府允就其所知者,将该政府或中国任何地方官与任何外国或任何外国人民,不论其是否为本协定之一方面,已订或以后所订如上述性质之条约、协约或契约,按照本协定所定之条件通告。

(四)凡与中国有条约关系之各国政府未经参列本会议者,应请其加入本协定。

美国政府以本会议召集人之资格，担任将本协定通知各该国政府，以期从速得各该国之加入。

关于在中国无线电台议决案并附声明书

一九二二年二月一日限制军备会议第五次大会通过

以下所列参与限制军备会议讨论太平洋及远东问题之各国代表，即美利坚合众国、比利时国、不列颠帝国、中华民国、法兰西国、意大利国、日本国、荷兰国及葡萄牙国，决议：

（一）所有在中国之无线电台，无论其为根据辛丑条约而存留者，抑事实上存留于在中国之任何外国使馆内者，应以收发官电为限，不得收发商电、私人电、非官电，包括新闻事项在内，但遇他项电信交通梗阻时，经正式向中国交通部知照，附以梗阻之证据，则此项电台于商电、私人电、非官电，包括新闻事项在内，得予以暂时之便利，至中国政府通知梗阻时为止。

（二）在中国境内，外国政府或其臣民依据条约或中国政府让与而办理之各无线电台，其收发电信，应以各该电台所藉以存留之各该条约或让与所规定之条件为限。

（三）如有外国政府或其人民在中国境内，未得中国政府之允许而存留之电台，俟中国交通部实能办理该电台以资公益时，经按照设立电台之价值予所有人以公平充足之偿付，则该项电台连同全副设备、机械、材料，移交中国政府，由中国交通部接管。

（四）如在租借地及南满铁路地带暨上海法租界内，各电台所发生之任何问题，应视为中国政府与有关系政府间讨论之事件。

（五）外国政府或其人民在中国境内所存留之无线电台，其所有人或管理人应与中国交通部商议，以便筹得共同办法，俾在中国境内各电台所用电（浪）〔波〕之长短不至彼此相扰，但仍应遵照为修改一九一二年七月五日万国无线电公约内规定之章程所召集之国际会议订定之普通办法。

一九二一年十二月七日关于在中国无线电台声明书

除中国外,各国声明:一九二一年十二月七日议决案内第三或第四各节,不得视为对于所指无线电台是否经中国特准一层有何意见发表。各该国并通告,凡因第四节而发生讨论之结果,若欲使各该国无异议,必须与本会议所通过之开放门户或机会均等原则相合。

关于十二月七日在中国之无线电台议决案中国声明书

中国代表团乘此时机正式声明:中国政府不承认亦不让与任何外国或其人民在使馆界、居留地、租界、租借地、铁路地界或其他同样地界内,未经中国政府明白许可而有安设或办理无线电台之权。

关于远东问题审议局之议决案

一九二二年二月四日限制军备会议第六次大会通过

聚集于华盛顿现在会议之各国代表,即美利坚合众国、比利时国、不列颠帝国、中华民国、法兰西国、意大利国、日本国、荷兰国及葡萄牙国,因欲规定一种手续以便处理各项问题,由执行一九二二年二月六日在华盛顿签订关于各该国普通政策,以巩固远东状况,维护中国权利、利益,并以机会均等为基础,增进中国与各国往来之条约第三、第五条款之规定而发生者,决议:

在中国应设立一审议局。凡关于执行上项条款所发生之任何问题,可交由该局审查报告。

将于一九二二年二月六日在华盛顿签订关于中国关税税则条约第二条所规定之特别会议应拟具组织该审议局之详细规则,由各关系国核定之。

各国连同中国在内赞同关于中东铁路之议决案

一九二二年二月四日限制军备会议第六次大会通过

决议:为有利益者保存中东铁路,应予该铁路及服役并使用铁路者更加良好之保护,职员遴选更加注意,以便完成业务之能率,款项开支更加撙节,以便防阻财产之浪费,此事应即由相当之外交途径办理之。

除中国外各国赞同关于中东铁路之议决案

除中国外之各国，于赞成关于中东铁路之议决案，保留权利坚要中国对于中东铁路股东公司债券所有者及债权者等之各外国人，是否履行义务担负责任，此种义务，各国认为自建筑铁路合同及中国照该合同之行动而发生者，各国并认一种代管性质之义务系从中国政府施行其权力于该铁路之执掌及行政而发生者。

中国第二历史档案馆藏北洋政府外交部档案

## 施肇基、顾维钧、王宠惠致外交部

华盛顿，1922年2月7日

四日，大会通过各案，关于太平洋远东问题者，计九国条约稿九条，关系条约第七条附件一条。又，载入大会记录者：(一)设立审查所案。(二)中国不租让领土宣言。(三)钧历次关于关税问题宣言。(四)中东铁路保护路产、慎选路员、撙节款项案。(五)各国责成中国负中东铁路对股东债主之义务案。(六)钧关于中东铁路之宣言。(七)中、美、日关于二十一条之宣言。(八)美关于西比利亚之宣言。又，四国附约一条，即"领岛"字样之范围解释。基、钧、惠。七日。

《秘笈录存》，第506—507页

## 施肇基、顾维钧、王宠惠致外交部

华盛顿，1922年2月7日

六日，大会。九国条约及关税条约均已画押。旋即闭会。基、钧、惠。七日。

《秘笈录存》，第507页

## 施肇基、顾维钧、王宠惠致外交部

华盛顿，1922年2月9日

今日基等踵谒美总统，语次略云：华府会议获告嘉绩，不有贵总统远猷硕画,曷克臻此。大地群邦,莫不同深景仰。贵国素来遇事主持公道,此次会议凡关中国问题,辄承据理援助,不遗余力。敝国政府及人民企念高谊,感荷无既。某等谨代掬诚致谢等语。美总统答辞慰悦,礼敬有加,谓:此次会议幸获告绩,就中有裨于贵国者甚多,堪为道贺。贵国外交从此新辟纪元。中、美邦交,从此益臻亲密。惟友邦既尽力奉助于前,尤望贵国奋勉自助于后。继今以往,举国上下,同心一德,早奠国是,日跻富强,宁独贵国之幸,敝国实与有荣施云云。闻惠回国在迩,临别嘱代候主座安康。谨闻。基、钧、惠。九日。

《秘笈录存》,第 507 页

## 顾维钧等致徐世昌

1922 年 2 月 28 日

代表上大总统呈文

为呈报太平洋会议大概情形仰祈钧鉴事:民国十年十月六日奉大总统命令:特委施肇基、顾维钧、王宠惠、伍朝枢充参与太平洋会议全权代表。此令等因。嗣由外交部领到文凭、训条、附件各等因。肇基、维钧、宠惠当即先后抵美,祗遵任事。十年十一月十二日正式开幕,列席者:中国、美国、比国、英国、法国、意大利国、日本国、荷兰国、葡萄牙国共九国。先由美总统亲致开会词,各国代表互致颂词。旋经主席美许外长宣布议事程序,将缩减军备、远东问题分股会议。窃查此次会议,除缩减军备我国暂未参与,此外,远东问题关系,我国十居八九,当时外交形势尚无把握,列国之间或狃于凡尔赛成约,冀遂其蚕食之谋,或藉口我国内政方艰,欲渐肆其越俎之计。肇基等夙夜忧惶,筹维至再,乃于远东分股开会之始,即提议原则十条,本国际公法之精神,示领土主权之有属,破势力范围之成见,杜秘密缔约之危机,因人道厌乱之同情,博世界提携之公论。上托大总统威信,内承院部维持,幸获列邦赞许,并列议程。肇基等乃得本此原则历提主要次要各案:一、关税自由,二、租借地之退还,三、治外法权之收回,四、撤去客邮,五、撤废无线电台,

六、撤退驻华军队、巡警,七、取消势力范围,八、确守战时中立,九、取缔各国对华相互缔约行为,十、现有成约之法律上地位问题,十一、山东问题,十二、废止中日二十一条之要求。此外,各国代表提出者:一、罗脱四原则①;二、维持中国门户开放主义及设调查局问题;三、劝告中国裁兵案;四、停运军火到华案;五、东清铁路问题;六、西比利亚撤兵问题。共计会议三十一次。决议条文,或定期施行,或委员调查,或彼此宣言,或订立条约,或由他国代表撤回,或待将来续议。历年积案告一结束。此远东会议之大概情形也。山东一案,尤为我国上下所痛心。巴黎和会竟拒绝签字于前,而中日互文又拒绝直接交涉于后。政府之焦劳已极,国民之想望可知。开会以后,迭次交涉,英美两国纵有相助之意,而与会各国皆因巴黎和约关系颇受拘束,不愿与议。复经数次会外接洽,美政府竭力劝告,并宣布调停之意,遂将该案于十一月二十八日之大会提及,旋由主席及英代表主张分组。鲁案会议,英美派员参加讨论。自此该案各项问题与远东各案并日开议,兼程并进。前后协议凡三十六次,所得结果:一、胶澳租界完全交还我国,二、海关全归我国管辖,三、德人前在山东之优先权,日本一律放弃:四、公产原属中国及德国者,无偿归还,日占时获得或建造者,酌给原价数成,公共卫生设备及公共营业交还我国官办,或市政局办理,五、我国允将胶澳自行开作商埠,六、高徐、顺济需用资本让归国际资本团承借;七、烟潍铁路由中国集资建筑,若用外资亦归国际资本团承借,八、青岛及胶济沿路日军限期撤退,九、海底电线交还我国;十、无线电台于撤兵日同时交还,由我国秉公给价,十一、胶济沿路各矿由我国特许之公司承办,十二、青岛盐场由我国

① 在华盛顿会议上中国代表施肇基关于远东问题提出十大原则,各国代表无多异辞,后太平洋远东问题委员会开会,美国代表罗脱改提四原则,即:1.尊重中国之主权与独立暨领土行政之完整。2.给予中国以完全无碍之机会,以发展并维持一巩固有力之政府。3.以其势力,切实设立并维持各国在中国境内之工商业均等之原则。4.不得利用中国之现状,营求特别权利或利益,致妨害友邦人民在华之权利,并不得为有害此等友邦人民安全行动。罗脱四原则主要在维护门户开放及机会均等之原则,对我国当时提出十大原则若干点已完全加以抹杀。

备价赎回。惟胶济铁路尤关重要,一因二十一条第一部分交涉及此项问题,一因民国七年换文曾许无期合办,故日本坚持甚久。继犹要求借款付价,历经磋商几至停顿,后仍以友邦劝告斡旋其间,始得以库券赎路,由我国收回自办。库券定五年后可全行赎清。赎路期内酌用日员二人,全归我国该路局长节制,以偿清库券之日止。现有全路日员可以随时撤退,其余节目覼缕备详,订为专约。经函达大会主席美外长报告大会备案。此鲁案协议之大概情形也。山东条约由肇基、维钧、宠惠于本年二月四日会同日本代表,彼此签字,复由主席报告大会。其余关税条约,九国协约于二月六日分别签字。仍由美总统亲临演说,举行闭会仪式。除议事报告咨送外交部外,理合将会议情形具文恭陈。再,前奉训条内列英日续盟业已废止,又蓝辛石井协约亦已无形消灭。合并呈明,伏乞大总统钧鉴。

参与太平洋会议全权代表:顾维钧、施肇基、王宠惠谨呈

中华民国十一年二月二十八日

中国第二历史档案馆藏北洋政府外交部档案

## 舒尔曼致外交部

1922 年 4 月 26 日

大美国特命驻扎中华全权公使舒

照会事:本公使遵奉本国外部训令,现于通知贵总长,本国参议院业经批准本国与英、法、日本等国,关系伊等在太平洋内所有之海岛于上年十二月十三日所签订之条约暨于本年二月六日续订之条约,并在华盛顿会议于本年二月八日签订之下列四项条约:缩减海军条约、关系潜水艇暨军用毒气条约、修改中国海关税则条约、对于中国之理由暨政策条约,除下列之所述外,并无修改暨保留行为。美国参议院批准四国条约暨四国全权代表于上年十二月十三日所签立之协定宣言有保留,根据下列之解说,依本国之意见,在此项条约内之前段或在各条款内并无语文提及预定用武装之责任,并非联盟亦无与他国担负防守之责等

因。相应照会贵总长查照可也。须至照会者。

中国第二历史档案馆藏北洋政府外交部档案

## 外交部致国务院

1922 年 4 月 28 日

咨呈国务院　十一年四月二十八日

为咨呈事:查此次太平洋会议,我国代表会同与会各国代表,签定九国间关于中国事件应适用各原则及政策之条约及九国间关于中国关税税则之条约。又中日两国代表在华盛顿签定之解决山东悬案条约,业由本部将各约应用批准文件敬谨拟就分别缮竣,呈请大总统署名盖玺并予公布。此项批准手续于本月内办竣。相应咨达贵院查照办理外,附华洋约本三种,并请于奉令批准之日发交印铸局照刊公布可也。为此咨呈国务总理。

中国第二历史档案馆藏北洋政府外交部档案

## 外交部致徐世昌

1922 年 4 月 28 日

呈大总统　十一年四月二十八日

呈为呈请批准太平洋会议议订关于中国之条约两件呈请钧鉴事:窃查此次太平洋会议,我国代表会同与会各国代表议订九国间关于中国事件应适用各原则及政策之条约及九国间关于中国关税税则之条约,已于本年二月六日签字。所有大概情形业由代表施肇基等呈请钧鉴在案。兹准该代表等将该约两种咨送前来。查前项条约,业经我国代表签字,自应及时批准,以期实行。兹特将该约两种批准文件,由部敬谨分别拟就各缮二分,恭呈钧阅,均请署名盖玺,发交本部,由惠庆以外交总长名义副署后,寄交美国政府存案。并附呈该两种条约汉洋文合历印本各一册,藉备乙览。再,查民国元年临时约法第三十五条内载,大总统经参议院之同意,得缔结条约等语,是按照我国立法通例,应先提交国会,取其同意,唯现在国会尚未召集,开会需时,(批准)而该约之批准又未便久稽时日,拟请均先批准,俟国会开会时,再行提请追认。是否有当,理合呈请大总统鉴核,并予公布。谨呈大总统。

中国第二历史档案馆藏北洋政府外交部档案

## 外交部致张名振[①]

1922 年 5 月 3 日

发国务院秘书长函　民国十一年五月三日

宾吾仁兄大鉴:顷见政府公报载上月三十日奉指令两道:一为批准九国间关于中国事件应适用各原则及政策之条约,暨批准九国间关于中国关税税则之条约;一为批准解决山东悬案条约。查各国通例于星期颇多避息,上月三十日,适逢星期,拟请由贵厅函致印铸局,在公报上即日设法声明更正为二十九日,以期与通例相符,如属可行,请即见示。因急需将批准日期电达驻美、日公使通知各该国政府,并照会驻京美、日公使故也。专此奉商,即颂台绥,伫候复音。

中国第二历史档案馆藏北洋政府外交部档案

## 陆军部致外交部

1922 年 11 月 10 日

为咨复事:准贵部咨开:准太平洋会议善后委员会函开:各国在太平洋会议对于我国裁兵事项用友谊劝告,希望迅速实行列为议决案之一,即我国近年以来各界舆论亦莫不以此为救国先步。唯兹事重大,所有军制军额之规定,裁汰善后之办法,务须通盘筹算考虑周详,先有一种切实之建议,俾政府实行时有所标准。本会爰持此旨,特设裁兵一股,专心讨论。已开股会五次,及特别会议二次,并征集裁兵提案以及

① 国务院秘书长。

意见、条陈,凡公私著述,中外名言,众说纷陈,咸具精要。公推林理事长民、张理事耀曾,以张理事国淦所提议案为根据,汇合各家扼要之主张,参照迭次讨论之结果,逐条修正,编辑成案,分为四章,都十八条,冠以说略,详译理由,定名曰"裁兵办法大纲"。复经本会第十二次常会议决为裁兵建议案。兹将该建议案送请察阅,转呈政府采择施行等因。查太平洋会议议决各案,期在逐一实行,裁兵一案尤当切实图维,以表示国家对外之诚信。兹准太平洋会议善后委员会函送"裁兵办法大纲"前来,相应检同原件,咨请贵部查照办理,并见复等因。准此,查裁兵事项,匪特友邦期望,亦实为当今救国之先务。本部曾于本年八月设立建设国军案起草委员会,就建设及整理两项分别起草,一俟成案,即拟召集全国高等军事会议,共同商榷,以资进行。唯须特为陈明者,如应留兵额一项,事关国军建设根本大计,强大固重国民担负,而弱小又不足以实国防。现依据人口、岁入、邻国状态、国是及国境关系,并参酌目前情形,拟定全国兵额四十五万,其他兵役制度、战略单位、配备编制各项业经次第分别拟定。至关于被裁兵员之善后办法,本部整理国军案内所定工殖各款,皆与诸公所议大致略同。准咨前因,已将送来该会裁兵办法大纲一件,发交建设国军案起草委员会分别采择,相应咨复贵部查照可也。此咨外交总长。

中国第二历史档案馆藏北洋政府外交部档案

## 驻美使馆致外交部

1922年11月21日

总、次长赐鉴:九月十五日寄呈一函计达钧览,兹有应陈各端详列于后,祈垂鉴焉。华会时缔结之九国条约、关税条约二种,七月间准大部寄到批准文件后,即经照会美外部,请指定日期及存储处所,俾将该批准文件送往储存。旋得复称,俟各关系国批准约本到齐后,再由美国订定日期,同时送往收存等语。业于七月二十八日电达在案。相应将来往函二件抄寄备查。

附件

为照会事:上年华盛顿会议签定九国间关于中国应适用原则及政策之条约及九国间关于关税税则之条约二种,查该项条约贵国尚未批准。兹希望该二种条约早日实行起见,函盼贵国政府本当时会议之精神,迅行批准。相应照会贵公使查照,即希转达为荷。须至照会者。

中国第二历史档案馆藏北洋政府外交部档案

## 刘锡昌[①]接见韩德卫[②]问答

1923 年 1 月 25 日

刘锡昌接见法馆韩德卫问答

十二年一月二十五日下午五时半

韩云:傅公使昨接贵部照会一件,内请法政府早日批准。上年华盛顿会议,曾签定九国间关于中国应适用原则及政策之条约及九国间关于关税税则之条约,傅公使极愿立刻电达政府。唯恐此时去电以中法实业银行业尚未解决,无甚效果,拟稍迟数日,俟该案解决后,再电政府,较有把握。特嘱本参赞前来面请转陈部长为荷。

锡昌云:当即转陈部长可也。

中国第二历史档案馆藏北洋政府外交部档案

## 荷兰使馆致外交部

1923 年 2 月 1 日

为照复事:本年一月二十四日准照称,上年华盛顿会议签定关于中国条约二种,贵国政府尚未批准,函盼贵国政府速行批准等因。业经阅悉。来照之意,本领使当即电达本国政府。兹奉海牙外务大臣电复,该

① 外交部秘书。

② 法国驻华使馆参赞。

项条约荷兰已经于上年十一月间批准,相应照复贵部查照可也。须至照会者。

右照会大中华民国署外交总长施。

西历一九二三年二月一日

中国第二历史档案馆藏北洋政府外交部档案

## 驻意大利使馆致外交部

1923年4月7日

敬启者:前准大部一月二十三日电开:本年华盛顿会议签定之九国及关税两约,意、荷、法、葡四国至今尚未批准。现为希望早日实行起见,函盼上开诸国政府,本当时会议之精神,迅予批准。除照会各该国驻京公使接洽外,希向驻在国政府接洽,并盼复等因,当即遵照。部电照商意外部去后,兹据复称,华盛顿条约关于意国方面刻已备具法律草案,送交国会,一俟国会通过后,本政府即可早予批准,相应照复等语。查华盛顿条约关于中国主权与独立及修正中国税则议决案,已于二月五日由意国下议院通过。除已电达外,合将该外部照复原文,备函呈送大部,敬请察照。此致外交总长黄。

唐在复

中国第二历史档案馆藏北洋政府外交部档案

## 驻意大利使馆致外交部

1923年5月9日

敬启者:华盛顿条约关于尊重中国主权与独立、领土与行政之完整,并各国在华商务实业机会均等之原则,暨九国间关于关税税则之条约,于一九二三年一月二十六日,由意国政府提出,众议院旋由教党议员笃味尼君 Jovini(众议院内外交股股员)提出报告书,付诸讨论。后因众议院放例假十日,于二月六日开院,始将该项条约请求承诺案列入议事日程内,由议长宣读该约全文后,众无异议,即行通过。政府当将众议院已通过之案约，咨送参议院请求承诺，又于二月十六日一致通过。旋于二月十三日经意国君主签字，批准该项条约。现正在审院 Cour des Comptes 审查。因照意国法律，凡君主已签字之敕谕，均须由该院审查合法照予登记，方可在政府公报上公布，在未公布前，不发生何种效力也。除俟公布后再行录报外，合先备函陈达。此上外交总长。

中国第二历史档案馆藏北洋政府外交部档案

## 王景岐[①]致外交部

1923 年 1 月 25 日

公函　十二年一月二十五日时字第四六一号

敬启者：前准上午五月五日电嘱，将驻在国对于大会经过条约议决案等所有批准日期及若何筹划进行，随时分别函电报告等因，经已读悉。兹查上年二月六日，九国在美国所订关于增加中国收入条约，及巩固远东地位，保全中国权利，发展中国与各国间关系等条约，均经比国政府于上年十一月六日用法案形式提交下议院征求同意，并同时附有说明书申明理由，大致谓在前一约之目的，系在增加中国政府之收入。因是特定修改中国关税税则。依该条约之规定，各国应召集一委员会从事修改关税税则上评价之根据，谋期所收税率适合于值百抽五之实在情形，一如中国所曾参加之两种商约所规定者。此外应由中国自行召集此次签约或日后加入各国在北京举行特别会议，从事研究能否取消厘金、增加关税。税则在前项研究得有结果以前，该会议当于明年春间开会，先行允许按值增加百分之二点五，其奢侈品税则可增至百分之五。在后一约之要旨有三：（一）尊重中国之主权独立及其领土行政之完全。（二）协助中国自行设立一确定有力之政府。（三）在中国领土内各签约国力行维持各国工商业上机会之均等。（四）各签约国不应谋求与其友邦人民权利有相抵触之特别权利或利益或赞助其与友邦治

① 中国驻比利时公使。

安有危害之一切行动。此外,九国代表并议决:(一)不得订立协约在中国特定地域设置较他国优越之具有经济或商业性质之一般权利。(二)不得谋取专利或在工商业活动范围内,或于具有公共性质之企业,或于其以范围时期区域与机会均等原则有违背之企业上获取优越之待遇。查各该条约一方面既增加中国之收入,他方面又复巩固门户开放之原则。比国因是弥望本国工商业界,在此幅员广大之中国获取重要之销路,并同时协助向来欢迎比人之中国使之发达等语。前项法案业经下议院于十二月十九日多数赞同,旋即移交上议院讨论,亦经该院于同月二十八日多数投票可决。以上为比国国会通过大会条约之情形,唯至今尚未正式公布,除俟各该约正式公布时再行电达外,相应函报大部,即请察照备案为荷。此致外交部。

驻比全权公使王景岐

中国第二历史档案馆藏北洋政府外交部档案

## 舒尔曼致外交部

1923 年

美国公使致外交总长函

径启者:本公使遵奉本国政府之训令,将日斯巴尼亚国外交总长通知本国政府,声明:日斯巴尼亚国[①]政府赞成限制军备会议于第五次大会一千九百二十二年二月一日所通过关于中国暨有关中国现有成约之议决案,于一千九百二十二年十一月七日之来函一件证明,抄送等因,相应函请贵总长查照为荷。顺颂台祺

舒尔曼启

附件

径启者。本公使欲通知贵总长:

遵奉本国政府之训令,驻美荷兰国公使于本年一月十日,知会本国

① 今西班牙。

政府,声明:荷兰国政府批准在华盛顿缩减军备会议,荷兰国签押关于中国事件应适用各原则及政策之条约及关于中国关税税则之条约。驻美荷兰国公使业已接奉批准之公文,拟按照该项条约有关系之条款,将该项公文送交本国政府备案,相应函请贵总长查照为荷。顺颂台祺

舒尔曼启

中国第二历史档案馆藏北洋政府外交部档案

# 三、一战后中外交涉个案

说明:巴黎和会对山东问题的处置以及由此引发的五四运动,加剧了中外矛盾,一战后中国掀起了一股反帝爱国运动的高潮。本章所收录的福州事件、临城劫车案都是中外矛盾激化的表现。另一方面,西方列强迫于中国民族主义运动的压力,为了缓和矛盾,也陆续将租借地、租界交还中国,或放弃庚子赔款余额。中英关于收回威海卫租借地的交涉和中法金法郎案交涉就是在这一背景下展开的。从这些个案交涉,我们可以看到,北京政府在人民反帝爱国斗争的推动下,同时在顾维钧、颜惠庆等一批爱国的职业外交家的努力下,在外交方面还是收回了部分主权,并对不平等条约的修改和最终废除产生积极的影响。

本章主要资料来源:

外交部编印:《外交文牍——福州中日人民斗殴案》,1921 年 10 月

中国第二历史档案馆藏北洋政府外交部档案、北洋政府陆军部档案、北洋政府内务部档案、北洋政府督办边防事务处档案

外交部编印:《外交文牍——庙街事件交涉案》,1921 年 10 月

中华民国史事纪要编辑委员会编:《中华民国史事纪要》(1923 年,1—6 月),台北,中华民国史料研究中心 1979 年印行

胡菊蓉:《临城劫车案文电一组》,《历史档案》1981 年第 2 期

外交部编印:《中法实业银行复业暨各公使要求庚子赔款用金付给全案》。

## （一）福州事件

说明：受五四运动影响，中国各地展开了抵制日货的反帝爱国斗争。出于报复，1919 年 11 月，福州日侨集合台民暗携武器，围殴学生，并向市民、警察射击，史称“福州事件”。事发后，中日双方进行交涉。外交部派遣参事王鸿年、秘书沈觐扆，会同日本外务省秘书松冈洋右、日使馆通译西田耕一，同赴福州调查。1920 年 2 月调查结束，肇事责任确在日方。中国外交部向日本驻华公使小幡提出道歉、赔偿、惩凶等要求。日方不同意，谈判中断。直到 10 月 12 日此案才换文了结。日方给抚恤金 1300 元，另赔偿顺记番菜店 800 元，并于日本公函中加入“惩儆”字样。

### 陈箓[①]致小幡酉吉[②]

1919 年 11 月 20 日

福州日人围殴学生一事，前经派员面达在案。此事迭准福建督军来电，十六日午后，有基督教青年会学生在南台地方，无故被日本人及台籍人约数十名持械围殴，枪伤一人，刀伤殴伤共五人。经派警劝阻不服，又枪伤警察一名，嗣经警队奋力拿获持枪日人福田原庄等三名。又据岗警报告，有日人在顺记番菜馆放枪掷石，经派警查视，知系日领署内警员七人，当以邦交所关，由交涉署通知日领派人护送至日领署，并将前获日人三名一并交付。此案正待磋商办法，该领忽电政府派舰来闽保护，现已出发，因之人情极为愤激各等语。查近日中国人民因山东问题发生之风潮，渐趋平息。本国政府方冀中日人民感情日渐增进，两

① 外交次长。

② 日本驻华公使。

国得以实行亲善。乃近日福州日本侨民复有无故围殴学生之事,深为可惜。此事在两国政府惟有竭力劝喻人民解除误会,勿为轶出范围举动。贵国领事不待与地方官磋商办法,遽电政府率请派舰,恐非慎重邦交之道。而且加入暴行之日本人内,并有领署警员参列,尤出意料之外。务请切电贵国领事加意严束侨民,勿得再有前项举动,并电贵国政府将派舰之举即行中止,免致激起事变。至中国方面亦当责成地方官严为约束,以免再有冲突。此为祛除两国人民误会及敦笃邦交起见,贵国政府当有同情也。专此奉达,即希见复为荷。

《外交文牍——福州中日人民斗殴案》

## 小幡酉吉致陈箓

1919 年 11 月 20 日

为照会事:本月十七日午后,贵代理总长派贵部熊秘书来告福州中日两国人争斗事后,本使当即电饬驻福州帝国领事将该事件之实在情形调查明白,迅速报告。此电甫经拍去,计未递到,而已迭接该领事报告帝国外务大臣及本使之电报,其所报告该事件之发端及实在情形之概要如下:

十一月十六日,福州学生等与侨居该处之日本人及台湾籍民之间发生大争斗,双方均曾放枪,互有伤者数名。该事件发生之原因,由于从日本商店搬出之商品,中国学生在途中妄行扣留,其曲在中国学生方面。于福州排日排货之气势,最近复形炽烈,凡日本人所属货物,为彼等强夺烧弃者不知若干次,且彼等不拘昼夜,均派人在日本商店附近监视,如有货物搬出,即随行其后至彼等认为适宜之处时,则突然扣留,致侨居该处之帝国商民不安其业。虽经领事再四提出严重抗议,以促地方官之注意,而地方官除以一纸空文告示或形式的回答外,并无切实之措置,虚掷时日,致学生益无忌惮,而有增长其暴行之形势。排外气势前已渐见缓和,而今复盛,致日本商品之交易忽然杜绝。且此种排日运动殆不知所底止。是以在福州之日本人及台湾籍民,特设一团体,凡本国商人所属货物搬出之际,为计其安全,特派人监视保护之,如遇不法学生强行扣留或强夺之之时,若将该学生引渡中国官宪,则地方官当不致放任不顾,或可望该学生等之反省,此该团体之所以组织也。李督军因领事屡次之交涉,虽有饬戒学生之告示,而学生等之行动,毫不为之改变。至十一月十六日,该团员数名由日本商店天田洋行搬出价约一百二三十元之丝品时,派籍民[①]五人随行其后监视之,于午后五时半有学生三人在该地基督教青年会馆附近,又强行扣留该丝品,且欲持去,而搬运该货之苦力因与抗拒,致被学生中之一人殴打。是时监视搬运之籍民为协助苦力,遂生争斗,该籍民等,不得已将殴打苦力之学生暂行带至附近籍民之住宅,随即引渡于中国巡警,请其拘留于警察署,此争斗至此似已告一段落矣。不意其他学生二名,乘隙回至青年会,邀集其他学生,约一小时后有数百名学生由青年会驰至争斗场所。同时闻悉,此冲突之该地附近籍民四五十人及日本人五六十人亦至此地,又起冲突,互相放枪,又有数百名之武装巡警及兵士,亦闻信驰至此地,尚有无数之无赖汉亦加入与日人争斗,致双方各有数名之负伤者,其中中国巡警一名负伤较重,而该巡警之负伤,系中何方之枪弹,原不判明。再,当日闻悉该冲突发生后,依领事之命至冲突场所之江口警察署长及署员数名,于第一次争斗终了后,以无何等异状尚在附近巡视中,见第二次冲突勃发,即临其地劝谕争斗中之籍民等退散,不意中国学生等误认该署长等亦系来争斗者,不仅投以瓦石,且对之放枪。该署长不得已逃至附近之饭店,隐藏于其三层楼上之晒台,始免危险。而该学生等以该饭店藏匿日本人为口实,闯入屋内,破坏其器物,致受损失不少。而江口署长等,因学生之监视甚为严密,不能由避难场所安全逃出,即命饭店之用人将以上情节报告本馆领事。当即与交涉员交涉,由中国派兵护卫之,始得回署。又,台湾总督府留学生福田源藏与江口署长同至争斗场所,被中国兵士以枪柄打伤数处,且被非法捕缚,又以其携带有护

---

① 即在福州的当时日本占领下的台湾籍居民,下同。

身用手枪一柄,即将该学生福田带至警察署,后因领事之交涉,不久即已引渡本馆。现今中国方面谓上述负伤之中国巡警,系福田狙击者,而江口署长坚保证其决无狙击之事。又,外山巡查部长,被学生所投之瓦石后头部负有轻伤。

要之,福州中日两国人冲突之发端及其真相,帝国领事之电报已陈述于上矣。该地方数月以来排日排货风潮,遂为发生此项大冲突之原因,殊属两国间之遗憾。对于本案,除由驻福州之帝国领事与贵国地方官宪交涉外,相应照请贵代理总长查照,希即电令福建省督军、省长转饬学生团,嗣后对于帝国商民适法之商业交易,勿得妄加干涉,不放任其无节制之横行,以切实维持地方之秩序,俾居留外人得安全且自由继续其营业。一面由本使电饬帝国领事,对于居留日本人厉行取缔,使该事件不致扩大或再发见可也。须至照会者。

《外交文牍——福州中日人民斗殴案》

## 陈箓致小幡酉吉

1919 年 11 月 27 日

为照会事:关于福州日本人民围殴学生一案,准本月二十日照开等因,业已阅悉。查中国学生抵制日本商品,本国政府异常重视,曾经迭次分电地方官严加取缔,以免发生轶出范围举动。福州学生即有排斥日本商品之举,在日本人民既经陈明领事,转告地方官加意保护,自应听候官厅设法取缔,乃竟组织团体备储枪械,此种不正当之行为,其为贵国商民有意寻衅,可以想见。即以当日肇事情形言之,日本商民及台籍人民共有百余人之多,而且多数持有枪械。学生方面俱系徒手,以故冲突结果,中国方面受伤多人,而日本方面并无受有金刃重伤,即据领事报告,亦仅有瓦石击伤一人。若系彼此开枪互击,其结果断不能如是。足见来照所述贵国领事报告,于冲突情形实多不符之处。又本部据地方官报告,当肇事之前四日,贵国领事曾有函致特派交涉员称:帝国臣民怒愤已极,将来倘遇学生不法行为,两方冲突,不幸路上见流血重大之事件发生,本领事全然不负责任云云。文到数日,果然发生此事,足见领事于事前并非全无闻见。该报告并称,肇事时领署警员,尚有帮助行凶之嫌疑。兹又准福建督军来电,陈述调查肇事详细情形称,此案系日人无故行凶,并无何种原因。此案发生后,日本领事曾于十八日函致交涉署。设十六日午后学生团又有强制取押天田洋行商品之行为,率至惹起如此重大事件等语,如果属实,何以该洋行并不请求领事照会交涉署,转知警厅取缔。即设该洋行不暇报告,又何能仓卒之间纠集至百余人之多,均各持有枪械。查天田洋行在桥南,肇事在桥北,所谓取押商品,果在何地,是商品当时冲突,商品散落何处,枪伤刀伤巡警、学生、路人非在一处,有由青年会出来至大桥头被击者,有由仓前山过桥在大义道被击者,有路经新桥头被击者。日人及台民竟能将武装弹压之巡警夺去马枪二支,集合人众之多可知,人人各持凶械,其为事前预布可知。警厅曾收有凶犯手枪二支,刀一把,且尚有乔装华人身藏枪械者,均系当场拘获,尤为先事预备之明证。以上情形,自可信预先布置,有意行凶。当时尚有美国人路过,因救护学生被其殴击者,众目睽睽,不容虚构,受伤最重者为武装巡警史孝亮,胸腹受有四弹。海军学生刘祥开,腿部中弹,骨碎已成废疾。平民朱伊才,背肋中弹穿透,均尚不省人事,生命难保。学生郑孝谦、刘钟植受刀棍重伤。凡报经官厅检验者,共有十人,均经日领派人验明属实。学生黄玉苍,因兴化乡人托其汇兑金票赴美留学,受伤发晕时被劫去台票一千元。顺记洋菜馆,被日人闯入,毁坏物品,据其呈报值洋三千余元。近日尚有日人及台人在桥南一带故意挑衅,地方人心极为愤激等语。综观以上情形,是以此次发生冲突,在日本商民,实系自由行动,有意寻衅。除另行调查事实,再商办法外,相应先行提出抗议,照会贵公使,即希转电贵国政府查照。须至照会者。

《外交文牍——福州中日人民斗殴案》

## 陈箓致小幡酉吉

1919 年 11 月 29 日

福州日人围殴学生一事，曾于本月二十七日照达贵馆，并经派员面告，勿令海军兵士登岸，以免激起事端各在案。现福州商民，因贵国海军兵士登岸，极为愤激，迭电请求交涉阻止，业经本国政府切实电达福建省督军，责令完全担负维持秩序之责，仍望贵国方面，即电领事转饬海军兵士勿再登岸游行，致生枝节。又，对于本案，本部现派前驻日本使馆一等秘书官王鸿年、本部秘书沈觐扆，前往实地调查，以明真相。贵公使本月二十六日面谈，会同派员前往调查，即请将所派之员告知本部，以便互相接洽，克日出发，相应奉达贵公使，统希查照办理见复为荷。

《外交文牍——福州中日人民斗殴案》

## 陈箓致小幡酉吉

1919 年 12 月 1 日

据福州特派员电称，二十三日夜一时许有台民李涂水在鸭母洲闯上宁波船，船伙疑其为贼，殴打之后复用修船之桐油烟遍身擦抹，天明送至警厅。旋由日本领事署派人领去。经警厅及本署派员往验，虽状极难看而伤似不重。现船伙三人已由警厅拘押。此事并非学生指使，且与前案毫无关系等语。

《外交文牍——福州中日人民斗殴案》

## 小幡酉吉致陈箓

1919 年 12 月 1 日

为照会事：关于福州中日两国人民冲突一事，业经以事实发生原因暨其他情形于十一月二十日第二三八号公文详细照会贵部在案。关于此案，续据本国驻福州领事报告，其大要如下：

此次冲突事件系因该地中国学生等之过激不法排日行动及对于此

项行动中国官宪未行取缔禁止而发生固不待言,然其直接之原因则因学生等所组织日货调查会之学生三名在途中扣留日商天田洋行所运搬之货物。据该洋行所雇搬运货物之人夫之陈述,此事极为明了。查福州各学校学生分担调查区域并于各处分配人员遇有日货即行毁坏,该地巡警与中国他地一样毫不加以制止。此等事实不但为该地居留内外国人所深知,中国新闻亦时登载有此等记事。由此以观此次冲突事件,全由于学生等之不法行为,毫无疑义。且如前电所述,当初监视货物之籍民将不法学生一人捕交中国巡警后,冲突业已终了,复经逃归之学生二名更约同基督教青年会学生数十名,各持棍棒、竹杆等前来,对于日本人不问为谁肆行击打。其时有籍民数十名,得信遂手持洋杖、棍棒等驰往,遂至发生第二回冲突。该籍民等当时将学生追至青年会门首,并未入门即行驰返,行至二三町之地方(约半华里),其时学生及籍民双方均未开枪。嗣后更有二三百名学生赶至该地,同时始开放手枪。附近居住之籍民前往应援者有五六名。双方冲突之际,武装巡警及军队亦均驰到,彼等即行开枪,援助学生,逮捕籍民,因此籍民方面且应且逃。再关于此次事件,中国方面认日本人有侵入基督教青年会之事实,其实不然。查该会向为排日运动巢窟,常聚有多数学生。若谓籍民闯入该会,不啻身临虎穴。又,此次事件有美国人二名参与,其一人似携有手枪,与学生等共逃时有携带手枪为籍民取去。再,本馆江口署长及署员数名及台湾总督府所派留学生一名,协同翻译一名驰往取缔,为学生等前后包围,虽经该署长等声明为日本领事馆员,该学生等置若罔闻,连呼"杀"、"打",并抛掷瓦砾,以至翻译后头部负伤,并因学生等开枪危险逃入附近顺记料理店暂避。该店主人及使用人等关闭大门,告该署长等以楼上隐藏之处,并熄灭电灯,对于门外猬集之学生言明日本人等业经逃走。学生等不听,闯入店内,所有一切器具均经全部毁坏。当时顺记主人对于该署长等危难深表同情,备具面包及茶等接待。然中国方面则以为日本领事馆员等闯入顺记,损坏器具并有开枪等事实,殊属颠倒捏造。事后顺记主人经中国警察命出具损坏该店器具全系日本人所为应请赔偿损失之请求书。该店迫不得已遵照书写,交与中国警察,此全系出于逼迫不得已之事。又,此案发生当夜,美国领事曾以私函送致本国领事,内称接青年会电话称,有多数日本人及日本籍民等侵入基督教青年会并捕去学生一名等事请取缔等语前来。嗣经本国领事面晤美国领事,告以此次冲突原因及情形并说明学生方面及中国新闻纸所载均非事实,同时并声明如关于此次事件有所声诉,请以照会知照。美领复称此后并无何等交涉之意。此乃此次中日冲突之余波,合并附陈察阅。

关于此案冲突情形,据上述本国驻福州领事续报可见,近数月间福州学生等对于条约国居留商民正当营业常有妨害压迫等不法行为,地方官吏对于此等行动往往放任,致使学生团无所忌惮发生此种不幸事件,毫不容疑。而学生团等乃以外人经营之宗教教育机关基督青年会为排日排货运动之根据地,甚属遗憾。务希贵代理总长就此次事件之原因发端平心考量。再,对于此案发生后之情势,地方官吏责任最有重大关系,此节谅为贵代理总长所知悉,希即电令福建督军、省长慎重办理。相应照请查照办理可也。须至照会者。

《外交文牍——福州中日人民斗殴案》

## 小幡酉吉致陈箓

1919年12月16日

为照复事:关于福州中日人民冲突一案,准十一月二十七日照开等因业已阅悉。查该照会内称中国学生抵制日本商品,本国政府异常重视,曾经迭次分电地方官严加取缔以免发生轶出范围举动云云。贵国政府重视贵国内各地之排日风潮,迭发命令严重取缔一节,本使亦所深知。现在贵国各地方官果能善体贵国中央政府之意,不仅在形式上切实实行取缔,则各地学生团对于中日商人间之正当营业交易所施之不法干涉足可免除,多数纷争亦不至发生矣,此本使所确信者也。惟观察各地之实在情形,学生团以及其他团体于排货排日之际或派人至日本商店守望,禁止交易者出入或取押正在运搬之日本货物,妄行没收甚至焚毁此项商品,又或闯入与日商交易之中国商店,检查其账簿,加之以罚金及其他之惩罚制裁,所有轶出法规之种种不法行为肆行无忌,而当场并无禁阻之者。地方官宪之布告命令,学生等完全置之不理,人所共知,即如福州地方,数月以来此种不法不稳之事层见迭出,该处日本领事对之不止一再要求切实取缔,今试列举于后:大正八年五月二十四日照会福建督军兼省长李厚基氏,请其取实注意为始;此后五月二十八日、二十九日,六月十六日、十七日、十八日、二十四日、三十日,七月十一日、十二日、十四日、二十三日、二十六日,八月八日,十月七日,十一月六日、十二日、十三日,前后照会该督军省长及外交部特派员共计十八项之多,阅时六个月之久,而实际上并无何等效果。此种事实恐福建督军以及贵国官宪不应不知,亦不能不承认者也。上述情形继续之结果遂至居留该地之日本商民等为保卫其正当营业起见不得不组织团体,为避学生等之不法干涉于运搬货物之际不得不派监视保护人。此诚出于不得已。来照称福州学生即有排斥日本商品之举,在日本人民既经陈明领事转告地方官加意保护,自应听候官厅设法取缔,乃竟组织团体,备储枪械,此种不正当之行为,其为日本商民有意寻衅,可以想见云云。对于以上所述,阅时数月之久,日本领事迭次抗议无效,地方官之取缔亦有名无实,学生等对于官厅之布告禁令不与一顾等种种情形,诚未尝一念及之也。假使十一月十六日该青年会学生等如不照旧取押日本货物,亦不至发生此次之冲突情事,盖不难想见。再,学生等数月以来或派人至日本商店守望,阻止其营业或于路上横夺焚弃其货物,此种行为即认其对于各该日商已有意存寻衅之事实,亦属至当。再,来照又称即以当日肇事情形言之,日本商民及台籍人民共有百余人之多,而且多数持有枪械,学生方面俱系徒手,以故冲突结果中国方面负伤多人,而日本方面并无受有金刃重伤云云。勿论当时学生多数持有棍棒、竹竿,即有手枪者至少亦有十余名之多,当日人追逐学生等至青年会之际,由该会窗中放枪射击日人。再,武装警察及军队兵士等于冲突之时对于学生不为何等制止之措置，于群众中见有日人或台湾籍民即以枪把乱打，或以枪口向之而为放枪之式，甚至亦有向日本人方面放枪者。后据日本领事详细报告，实有其事，至双方受伤者，中国方面六名，日本方面五名，均幸无生命危险，其伤状另单摘录。总之，肇事时学生等俱系徒手云云一节，谅系出自贵国地方官方面之误报，全然与实事不符。再，来照又称肇事时领署警员有帮助行凶之嫌疑云云，此乃故意诬蔑日本警察官之言。福州日领署警察署长为保护取缔籍民起见偕同署员数名，台湾总督府所派遣留学生一名并翻译一名，驰至肇事之所，为学生等所包围，陷入极危险之状态中，竟无法保护取缔日本人民，不得已避难于顺记洋菜馆。承该馆主人之好意幸得保全生命，此乃明确之事实。而福州中国警察事后强迫顺记主人以毁坏该馆内之物品种种损失均系该警察署长等之所为，妄行诬告，是何居心，实难索解。此次来照亦竟提出三千元谓为顺记因日人之所受之损害云云，此不过福州贵国官宪容认该地警察对于顺记主人事后之不法挑唆之结果，深为可惜！至于学生黄玉苍遗失台票一千元云云一节，若有此事，当争斗混乱之际，果系何人拾去，非经详明精查确证后不能言定其责任者。来照对于此节并未断定为日本人或台湾籍民之所为，诚属公正。再，来照又称，据地方官报告，当肇事之前四日，日本领事曾有函致特派交涉员，称日本臣民怒愤已极，将来倘遇学生不法行为，两方冲突不幸路上见流血重大之事件发生，本领事全然不负责任云云。文到数日果然发生此事，足见领事于前并非全无见闻云云。此乃日本领事因学生等对于日本商民所为之不法压迫已达极点，此后实难怃慰，日本商民以此实情诉之于各该地方官，以期促其取缔之有成而已。而取缔在事实上并不能行，以致酿成此种不幸之事件。当时警察厅等有当机关人员之福州地方官，若不依然轻视日本领事之注意要求，即行严加取缔，则青年会学生等亦不致有依然敢于取押天田洋行货物之事。总之，来照意谓驻福州日本领事宛如事前期望或预期此次发生之中日人民冲突一节，本使所断难承认者也。再，来照又称，准福建督军电称此案委系日人无故行凶并无何种原因云云，如果福建督军怀有此意，则其容认学生团在其管辖地方阅数月之久为种种不法行动之情形，昭然若揭。因之，条约国之日本商民在中国通商口岸之福州地方从事于条约保障之营业及其他正当业务之安全及自由迭受压迫妨害，而对于此种事实亦不得不谓其全然视同云烟过眼矣。贵国地方官宪甚至身居如督军之重职者而有此言，本使断难首肯。惟本使切盼贵代理总长就本案前后之实情、双方之关系不失为公正之见解，则不胜希望之至。至关于本案肇事之细节等，目下双方委员正在共同调查，俟调查得有结果，更易判明，将来中日两国再行磋商解决办法。兹将受伤者之症状另纸摘录，照送贵代理总长，即希查照为荷，须至照会者。

日本方面

一　福田源藏被北兵用枪身全身乱打，胸部肺部受有打扑伤数处，呼吸步行均觉困难，治疗要三星期。

二　福州时报社主笔兴津与四郎被北兵用枪身乱打，肺部及两腕各受打扑伤数处，觉痛且后头部有长三生的深及骨膜之砍伤一处，治疗约要二星期。

三　客栈主人三木小四郎被北兵以枪身乱打，胸部肺部有打扑伤数处，觉甚痛，呼吸困难，治疗要二星期。

四　外山巡查部长藏于顺记洋菜馆三层楼，被学生寻得后头部受有棍棒打扑伤，治疗一星期，已痊可。

五　籍民一名署长之翻译跟随署长受学生等之投石，后头部受有长三生的深及骨之伤，治疗要二星期。

中国方面

一　兵士一名，左乳下有长三生的线形伤一处，右胁部下有二生的伤一处，一生的伤一处，以上是否枪伤不明，无生命危险之虞，全治要二星期。

二　海军学校学生一名，右腿部有长三生的宽二生的伤一处，右乃枪弹伤，无生命危险，全治要一个月。

三　小学教员一名，左后头部有刺刀刺伤二处，一长二十四生的宽二生的，确系被中国兵之刺刀所刺，治疗要三星期。

四　商店执事一名，左胁下砍伤一处，治疗要二星期。

五　青年会学生一名，胸部及背部受有轻微之打扑伤各一处，现已痊可。

六　青年会学生一名，左肩受有极轻之打扑伤一处，已痊。

中国方面之负伤者上记六名，并无一死亡者及有生命危险者。再，受有枪伤者仅有海军学校学生一名而已。

《外交文牍——福州中日人民斗殴案》

## 小幡酉吉致陈箓

1919 年 12 月 17 日

自今春发生排斥日货风潮以来，日本政府命日本驻京公使及各地领事，向中国政府及地方官屡发切实之警告。然中国官宪多不讲求有效之约束方法，遂致福州发现中日人争斗事件。因此案之结果，从前渐次平静之排货风潮，忽然再燃。观其形势，不惟逐日传播各处，即其所用手段方法，亦有日趋激烈之势。例如十二月二日，在上海之学生团之示威运动，除向中国商人强迫订立誓约外，并继续搜查日货或为强夺烧弃等暴乱行为。同月七日北京开国民大会。八日，南京复有学生团演出暴行。又，本月五日以来，在北京之日本小学堂学生，每于赴校时，途中被人打其头部、背部、面部，或遭其他恶戏者，已达拾数名之多。学生等之暴状至此，亦可谓极矣。据报告，其他各地亦皆有不稳之情形。按此情，排日风潮，殆不知其所底止。此种学生团，对于中国商人之强要誓约，及搜索日货，或强夺烧弃等事实，阻害我经商，迫害我侨民之居住营业，至如对于小学堂学生等幼年儿童加以暴行，尤为人道上所难容许者。故日本臣民在条约上应受保障之各种权利，可谓均被侵害。于此之时，亦有一、二地方，因官宪用严切之约束方法，幸得静稳者，日本政府非不知之。但此不过一局部之事，多数地方往往因官宪缺少诚实，甚或放任一切,恣学生团及其他不逞之徒等,为所欲为。推究起因,不得谓非官宪约束不力,缺少严密彻底之意之所致也。万一将来排日运动日益炽烈,各种暴行事件亦继发生,则中国当局之责任将益行重大,而向来隐忍自重、素取冷静态度之各处日本人,因此后之事,势或将不能更忍。又日本官宪因力劝侨民镇静者,将来或致力有不足,因此而突生不测之事变,亦殊难保其必无也。现在福州事件,已由彼此派员会查,应俟调查之结果,以求圆满之解决。然学生等既在各地为种种暴行,地方议会又为乱暴之宣言,名为亲交国家,不知国交何在,日政府所为遗憾者也。事情如此,应请中政府从速以有效之方法,禁止排日宗旨之集会及散布传单,并约束报馆之记事。凡强夺或破坏在中国商店或船内、车内之日本货物,与迫害日本臣民身体者,概处以严罚,使中日两国之国交得以迅速恢复如常,实日政府所希望者也。

《外交文牍——福州中日人民斗殴案》

## 陈箓致小幡酉吉

1919 年 12 月 26 日

准贵公使十七日面交节略内开等因,业已阅悉。所有本代理部长,对于此事,个人看法曾于是日详细面告。查中日邦交向称敦睦,何以人民忽有排斥货物等风潮,其原因所在,贵公使当早经洞悉,无待申言。本国政府对此极为注意,曾迭电地方官严加注意,不使稍有轶出范围举动。数月以来,内外一致苦心维持,人民等不无激烈言动,如天津、芜湖等处,间有发生事端,均经地方官随时劝导,和平了结。以上情形,早为贵公使所深悉,乃于排货风潮将次结束之际,不幸又有福州日本人民围殴中国学生之事发生,重复挑动人民恶感,因之有如贵馆节略所言,渐次平靖之排货风潮忽然再燃,以致本国政府数月以来调停之功废于一旦,此本国政府所深为可惜者也。现在福州事件,已由彼此派员会查,自应俟调查结果就事论事,彼此和衷商酌相当之解决,不必牵涉排货问题以致辗转溯源,益难收束。至于排货风潮以及类似此项宗旨之言论集会及散布传单等事,本国政府始终异常重视。而于此次福州事件发生以后,国务院于未接贵馆来文之前,业经严饬军警妥为防范,并迭电各地方长官约束人民,勿使有轶出范围举动,并对于日本人民生命财产加意保护。故自福州事件发生以来,京外各处人民虽极为激昂,幸未发生意外事故。其贵馆节略所称,日本人民被人殴打及恶戏各节,业经行知警厅,虽据查明实无确据,然本国政府亦甚看重贵公使之意,并本保护日本人民之宗旨,于本月二十四日,由本部会同国务院通电,并行知地方官,严申前禁。总之,消灭排货之根本办法,应由调融两国人民感情入手。至贵馆节略所称,使两国国交迅速恢复一节,以本国政府看法,中日两国国交素为敦睦,即使人民少有误会,政府自应设法尽其开导之责,力求增进之方。至于邦交上与前仍属毫无不同之处,贵馆节略所称恢复二字,似属尚欠斟酌。相应开诚布复,即希查照为荷。

《外交文牍——福州中日人民斗殴案》

## 陈箓致小幡酉吉

1919 年 12 月 27 日

为照会事:关于福州事件,准本月十六日照开等因,业已阅悉。此案既由双方委员共同调查,自应俟调查结束再由两国政府和商解决,此时原无彼此辩论之必要。惟细绎来照,意义似欲将此次冲突完全责任归在中国方面,此则本国政府所断难承认。查来照所开各节,贵国驻福州森总领事曾两次致本国福建特派员照会,措辞与贵馆来文略同。当经特派员先后明白驳复,并钞稿前来,兹特将该项照会稿二件钞送贵公使核阅,当于责任所在,不难明悉也。除将来照寄闽,交由地方官根据事实报部,再行备复外,相应先行照复,即希查照为荷。须至照会者。

**附件一:王寿昌致森泽暹**①

1919 年 12 月 1 日

为照复事:接准照会,以本月十六日,南台大桥头发生之事。溯源肇因于欧洲讲和会议其中之事件,引起本国人民之愤激,排斥贵国商品。且谓福建政府关于取缔学生非无发出布告,或用兵力,因一旦逮捕,旋即释放,以为取缔不能彻底,而无诚意。此贵总领事未会福建政府之苦心,又不知重本轻末之作用。须知民气之来如水奔放,苟善导之不难渐受范围,若激阻之则横流泛滥,不知纪极。福建政府体中央与贵国日求亲善之意,欲从根本和解,故以督军兼省长之尊严,政务之繁重,不惮烦劳,辄召各校学生入署,亲自演讲劝导,无非欲使其气愤潜消,和平肇见。不然临之以威,束之以力,貌虽从而心则违,他日因消果存,隐患更大,岂为计之得。迨自瑞顺洋行事实发生之后,贵总领事举约章来相交涉,福建政府遂转取严厉手段,学生亦已敛戢矣。岂得谓福建政府为无诚意之取缔乎?乃于学生敛戢之时,贵国人及贵国籍民意无故发生十六日之重大案件。而贵总领事谓其原因,乃天田洋行运输货物,为学生强欲夺取所致。若果将本署前函所述警厅之报告,及被伤者之供词,接笋参观,安有天田洋行输货为学生强欲夺毁之原因,况大桥头一带,通衢大道,众目昭彰,岂无局外一人之闻见,此固理之明者。至当流血之事,其为贵国人及贵国籍民造成之。何以知之,可以来文证之。来文所引十一月初旬,三井洋行输送麦粉,及十一月十二日,天田洋行输送绢线二事(此二事本署并未得贵总领事函知,亦未得警厅报告,今只就来文所叙述者而言),谓皆有学生强欲夺毁,经挑夫奔回报告,或洋行主或由洋〔行〕派员交涉即了。可见学生平日对于贵国人及贵国籍民,并无用武滋事,而是日的系贵国及贵国籍民等,预先排布,持械行凶,演成流血,为不掩之事实。来文有谓中国官厅未能彻底取缔学生一节。大凡交涉事件,若贵总领事不满本署之所为,则宜报知贵国公使向

① 王寿昌系福建交涉员,森泽暹系日本驻福州总领事。

北京外交部交涉,此为正办,奈何舍正路而不由,纵人民违法之过举。幸而福建政府赶派军警保护有方,而贵国人皆完全无恙。若凭贵总领事所言以保护为包围,则当日之情形何堪设想,此理之至明固无烦于辨驳。至顺记洋菜馆所受损害,不特当时巡警报告悉如本署前函之所述,即顺记呈文所称各节亦莫不然。本特派员尚恐该店东有所虚捏,特传其来署询问。该店东矢口不移,事实昭然。本署据情函达,而贵总领事竟以为绝大侮辱,殊不可解。且来文称,贵馆员因被学生军警等包围,并开枪射击,危机迫切,不得已逃难于顺记,隐匿三层楼之桌下。此果属实?贵馆员不过数人,既被军警学生所包围,何能逃脱,即使逃脱而避入顺记洋菜馆,而军警学生岂不能追踪及之三层楼之桌下,又非深邃难觅之处,何能处之安然无恙。更进而言之,试问嗣后贵馆员之达警察署,而领事馆非由军警之保护乎。今贵总领所查,军警等对于贵馆员开枪射击,事实大反,此真对军警为莫大之侮辱矣。总观前后,十六日无故发生如此重大之事件,当然由贵总领事完全担负责任也。除分别呈报,一俟接奉令指,再行交涉外,合就照复,即希贵总领事查照为荷。须至照复者。

**附件二:王寿昌致森泽暹**

1919 年 12 月 19 日

为照复事:接准贵总领事第二二四号来文,谓本署宇字第九十一号照复,以十六日之事,捏造事实,努力嫁架责任于贵国人民,贵总领事断难承认等语。此案发生,乃在通衢大道,众目昭彰,且证据确凿,谁能掩饰。现在贵我政府,各派专员会查,必有水落石出之一日,固无待贵总领事承认与不承认也。至以本省政府取缔排斥日货为无效果,历检贵总领事所交涉,如驳船之装载,码头夫之挑运,报纸之更正,受罚揭帖之禁止,本省政府无不次第办到。间有学生轨内举动,本省政府亦何能作法律外之压制,想亦为贵总领事所见谅。计至肇事之日止,贵国商民所受损失亦不过瑞顺洋行一案而已。来文所称十一月初旬,三井洋行输送麦粉,及十一月十二日天田洋行输送绢丝,以与十一月十二日瑞顺洋行之嫾寸一案类似，故未照会，避烦琐也。查三井之事在前，瑞顺之事在后，贵总领事何由知三井之事之后，当有瑞顺之事发生，避烦琐而不言，殊不可解。本特派员疑此事为乌有，理宜然矣。流血字句仅于二零号来函见之，他函并无有。此函来未数日，而竟发生流血，姑曰此非贵总领事所预知，乃贵总领事所揣拟，然既揣有此事，则当预为约束防范，而竟任其发生，贵总领事实无所卸其责任。又，附送诊断书五纸，更堪诧异。贵总领事第二一二号公文，不过于叙事内言及瓦片掷伤外山贵馆员及通译员之事，纵有受伤，其必极乎轻微，故无指出伤痕及请检验之事。今有事隔一月之久，忽有五人受伤之照会（籍民李涂水受伤，贵署即日请验可为例证），是捏造事实，努力嫁架，恐必不在本特派员而在贵总领事也，伤单碍难承认。至顺记主人曾在警厅及本署亲自供述，一如其呈文，日后自不难明其真相。总之，此案应归双方会查员调查真确，固无烦本特派员之靳靳。为此照复，即希贵总领事查照为荷。须至照复者。

《外交文牍——福州中日人民斗殴案》

## 外交部致督办边防事务处

1919 年 12 月 10 日

径启者：关于福州日人凶殴学生一案，兹经本部将交涉经过情形，至本月四日止编就摘要，以备查阅。除分行外，相应检具一册函送贵处，以资接洽，即希查照为荷。此致督办边防事务处。

外交部

十二月十日

**附件[①]：福州日人殴伤学生案交涉经过情形**

十一月十七日，福州督军电称：十六日午后，有基督教青年会学生

① 附件有“此件倘拟发表，务请改用访员口气，万勿照录原文，以致他方面认为政府公布之件，有所藉口”——原注。

在南台地方，无故被日人及台籍人约百余名持械围殴，枪伤一人，刀伤、殴伤共五人，经巡警劝阻不服，又枪伤警察一名，嗣经警队拿获持枪日人福田源藏等三名等语。外交部当即派员与日使交涉，告以福建肇事情形，并言案情重大，一切俟得详细报告后再行商议，请日使先以电报严令福州日领约束日本商民，勿再有若何举动。日使允为发电，并请外部亦电令李督军设法维持秩序。

十八日，福州特派员电称：日领电请日政府派舰来闽，外交部复与日使交涉，谓日本商民自有李督保护，日本无庸派舰，福州人心异常愤激，派舰前往，恐滋事端，请电日政府中止派舰。日使允发电，惟言福州地方官须能维持秩序，保护日侨，使日侨不致陷于危险地位，日本方可不派军舰。

同日，外交部电福建督军，告以拦阻派舰事并请力维秩序。

十九日，外交部电驻日庄代办，详述日人滋事情形，令即向日外部抗议并请中止派舰。

二十日，外交部致抗议于日使，叙述肇事情形，责其不应无故逞凶，并要求中止派舰。

二十一日，日使照会外部，大意谓：据领事报告，此次起衅，系因学生抵制日货，日领屡次备文警告，督军等除发一、二告示外，毫无切实办法。日商愤极，始设商品保护队以为抵制。至当日肇事情形，则因日本天田洋行派苦力搬运丝品，有中国学生三人前往劫夺，苦力不允，致起争斗。商品保护队之日本人及台籍人，上前相助，获一学生带回私宅，不久又送至警厅。学生团纠众来夺，彼此开枪互击，遂酿如是重案。请中国方面设法约束学生等语。

二十二日，外交部电福建省督军，告以日使照会大意，请即查复。

二十三日，福建督军电告日舰“嵯峨号”已于二十三日入口。

二十四日，福建督军电述肇事详情及学生等受伤程度。

二十五日，驻日代办电述交涉情形，日外部所持理由与日使所称大致相同，并谓非中国政府实有相当保护办法使旅华日侨不至陷于危险地位,日政府暂难允将军舰调回。

二十六日,福建督军电告日本海军拟率队登岸并进城游行等语。外交部即与日使交涉,谓福州已有李督军担负维持秩序之全责,日侨保无危险。海军登岸游行一节,最易激动人心,滋生事端,请电福州日领,务将海军登岸游行事作罢。日使允以外交部意见电知日领,令彼相机酌办。日使又称,李督军来电,虽申明愿负维持秩序之全责,然本馆顷接日领电称:二十三日夜又有中国学生十二、三人围殴一台湾人,背部等处受伤甚重,并以黑油烟遍擦其身,弃置道旁,嗣经路人发现报警,始送回领馆医治,生命能保否尚不可知等语。足见福州情形仍甚危险,军舰恐难即行撤回。

二十七日,外交部陈次长面与日使交涉,日使谓本案发生原因,实由地方官不能约束学生而起。日商在华经商,本为条约所许。乃自本年五月以来,学生排斥日货,日商受害多次,日领屡次行文地方官,要求禁阻,除发一二告示外,毫无切实办法。日商愤极,始设商品保护队,以为自卫之计。本月十六日,天田洋行命苦力运搬丝品,复有学生三人前来劫夺,苦力不允,彼此争斗。保护队之日人及台湾人见而往助,学生团亦纠众来援,彼此开枪互击,遂致死伤多人。推究原因,不得不归咎于地方官。李督军来电虽愿负维持秩序之全责,然二十三日夜又有学生十二、三人围殴一台湾人,背部及大腿均受刀伤,且以黑油烟遍涂全身,生命能否保全尚不可知。据此情形,日政府虽不愿派舰并命水兵登岸,势亦有所不能等语。陈次长答云:此次之事,日商实属有意寻衅,即谓学生排货有违约章自由通商之义,然因排货而直接受害者仍为买日货之中国人,日商不过间接受损,即谓日商实有损害,亦应由日领或公使与地方官及外交部商办,不应擅设商品保护队。国家平按等之理言之,此种举动已足伤害感情。今日姑让一步,暂置此节不论。学生排货虽有不合,然其行为不过伤及财产,日商果受损害,自有条约保护,可以请求赔偿,何得任意逞凶,视中国无政府,况损害财产罪亦不至于死。日商既已擅立保护队,犹以为未足,竟将学生拘至私宅,擅加殴打,继复聚众放枪，死伤多人，谓非有意寻衅，谁其信之。日使谓死伤一节，彼此同之，缘当时彼此均持枪刀，肆意开放，又言此案曲直应俟查明事实，方能论定。陈次长复驳之曰，中国方面已死三人，此后有无，尚不可知。贵使言各持枪刀，中国学生素无此物。观于日领报告，日人皆受砖瓦伤，即可知之。日人如有死伤，日领报告断无不提之理，至于本案曲直，中外各报言之已详，即不调查亦已明了等语。

二十七日，外交部照会日使，正式抗议。照会大意，首责日商组织团体、储备枪械、有意寻衅，为不法；次则比较彼此受伤情形，指摘日领报告之不实，并引肇事前日领照会，认定日领于事前确曾预闻其事；又次则援李督来电指驳日使照会所称学生劫夺天田洋行货物一事为诬枉；末段详叙学生巡警等受伤情形及顺记洋菜馆等损失之数目，申明俟查明后再商办法。

同日，外交部电驻日庄代办再向日外交部切实交涉。

二十八日，外交部派王鸿年、沈觐扆赴闽调查。

同日，外交部接国务院抄交福建督军电，报告日本水兵登岸临行未携军械。

二十九日，外交部与日使交涉，谓日本水兵虽不穿军服，不携军械，以私人资格登岸，然水兵时时来往，究易滋事，请电饬日领以后不得再令水兵登岸并告以本部已派王、沈二员赴闽，要求派员会查。日使于水兵事，允即电知日领，派员事则须请示日政府后方能答复。

三十日，福建特派交涉员电告：二十三日夜一钟，有台湾人李某闯入宁波船，船户疑其为贼，肆行殴打，并以桐油烟遍涂其身，由船户送至警厅。现将船户三人拘留待质。此事与学生无涉，船户亦未受学生指使，台湾人伤势不重等语。

十二月一日，外交部派员赴日使馆，根据特派员来电面交手折一件，申明台湾人被殴与学生无涉，日领指为学生所殴，全属诬枉。又言福州现极平安，日人毫无危险，实无停泊军舰之必要，要求日使撤回军舰。日使允电询福州情形后再议。

同日,外交部电驻日庄代办,告以二十三日台湾人被殴事,令向日外交部交涉,要求撤回军舰。

二日,外交部再要求日使撤回军舰,日使即时发电致其政府。

同日,外交部所派委员,因日使尚无派员复信,不能更待启程赴闽。

同日,驻日庄代办来电报告:日外部据领事报告,台湾人被殴事,指为福州秩序尚未恢复之证,不允撤舰,并言日人闻此消息甚为愤怒。

三日,外交部接日本使馆照会,大意略谓:续据福州领事报告,此次冲突事件,实因日货调查会学生三名扣留日商天田洋行所搬运之货物,据该搬运夫役陈述极为明了。嗣经监视货物之籍民,捕一学生,送交中国巡警,冲突业已终了。后经逃归学生二名,约同基督青年学生数十名,各持棍棒对日本人肆行击打。籍民数十名持杖前往追至青年会门首,即行驰返。续更来学生二、三百名,开放手枪。又有驰到之巡警及军队开枪援助学生,逮捕籍民。台湾总督府翻译驰往取缔,亦被瓦砾击伤。学生等并闯入顺记料理店,将其全部器具毁坏,中国巡警反逼迫顺记主人出具赔偿请求书,谓损坏器具全系日本人所为。是地方官吏一味放任致使发生此事,责任关系最重,望电令福建督军、省长慎重办理。

同日,外交部陈次长会晤日本公使,复与交涉云:此次福州之事,日商向学生逞凶,且学生均系文人,与土匪作乱杀人放火者绝对不同。日侨毫无性命之危险,本不难推测而得。乃日领竟率请派舰,日政府即许之。其实即使日军到闽,亦不能任意攻击手无军械之学生,派舰究有何益?按派舰等事有为示威起见者,此种举动其结果不过令中国人以为日本故意表示强硬态度,使人人脑中存一不快之念。小幡云:日领派舰,则因肇事日侨联名呈请,无可如何。日政府为保护侨民生命财产,不得已而许之。原议事定即回,并无表示强硬态度之意。并云:日本派外务省一等书记官松冈洋右、驻京使馆二等书记官西田耕一赴闽会查。

四日,外交部电闽检齐证据候查并电部派调查员即速赴闽。

同日,驻日本庄代办电:日前根据督军及特派员电报函,向日外交部交涉,谓事前领事不加防范,事后轻率派舰,殊非慎重邦交之道,务请中止去后。兹据日外部复函略称:本国政府所得报告与来函不符。盖发生之动机及冲突之情况暨事后之经过,其曲全在中国,帝国顾念邦交,当慎重公平查明真相,急速解决。至派舰为自卫计,实不得已之举,其职务不外临机保护日商,果至认无必要之时,立即撤退。惟学生团之排日暴举,务请转达贵国政府严行取缔。

中国第二历史档案馆藏北洋政府督办边防事务处档案

## 陈箓致美国使馆

1920年1月6日

径启者:关于福州日人凶殴学生一案,准日本小幡公使先后来照,内有此次事件,有美国人二名参与,其一人似携有手枪,与学生共逃时,其手枪为籍民取去。又青年会为排日运动巢窟,当日人追逐学生至青年会之际,由该会窗中放枪射击日本人各等语。本部当以闽案双方正在会查,不愿以此节提出辩论,致生枝节,转碍进行。现据报告,会查业将竣事。日本公使来照,既有以上陈述,不得不加以调查,俾明真相。除电福州特派员与贵国领事接洽外,相应函达贵署公使查照,即希转电驻福州贵国领事查照见复为荷。顺颂□□。

《外交文牍——福州中日人民斗殴案》

## 美国使馆致陈箓

1920年1月15日

径复者:接准一月六日来函内称:关于福州日人凶殴学生一案,日本公使云,内有美国人参与等因,业已致函日本公使,告知此事系属不符。兹将此函抄录于下:现经贵部函知,接准日本公使照称:近来福州风潮有美国人参与。又云,有美国人一名携有手枪经台湾人取去。又云,由青年会窗中放枪射击日人及台湾人各等语,显系所得之信息,系有人误为报告,因本署公使,未曾得有根据。查有本国卜教士一人,恰巧路经其地,曾见有中国学生一名被多数台湾人殴击,曾经干预,以为可以停止强暴之举动。除此以外,并无其他美国人干预此项风潮。不但卜教士身上并未携有军械,且青年会窗中亦并无人放枪等语。贵代总长拟欲勷助本署,将此案真相查明,本署公使极为感谢。相应函请贵代总长查照为荷。此颂

《外交文牍——福州中日人民斗殴案》

### 陈箓致小幡酉吉

1920 年 1 月 19 日

关于福州事件,准去年十二月十六日来照,业于是月二十七日照复在案。兹据特派福建交涉员根据事实查复前来并另呈清折一件,相应将原呈清折一并抄送贵公使,即希查阅为荷。

**附件一:福州交涉员呈外交部文**

1920 年 1 月 7 日

为呈复事:案奉钧部函开:关于福州日本人及籍民伤害学生一案,抄录日使照会译文一件。

饬即将日使来照内应加指驳各点,据实查复,以便照驳等因,奉此。本署查日使所称,福州日本领事对于福建政府要求取缔,并胪陈自民国八年五月二十四日起,前后照会十八次谓无何等效果。实则不然,查日本领事自五月二十四日起,照会中所最注重著如到口货件不能起卸,即经本署分别勒令挑夫驳船赶速搬运。又如分布有碍邦交之传单揭帖,即由官厅出示查禁,并与揭除。又如报纸登载不合,或经处罚,或令更正。至疑虑电话窃听,亦经转饬电话公司格外注意。他如运往内地货件,地方人夫不为搬运,亦经饬令地方官随时妥为照料。所办各案一一均有效果。今将迭次办理情形摘录清折呈鉴,此固于事实上为有形之消除,更有无形消除者。

李督军于九、十月间日召学生数十名入署,亲加告诫,再三往复,不惮烦言,复用严厉布告以警之。盖宽猛兼济,实具苦心,安得谓之地方官取缔之不力乎?乃福州日本商人,竟有保护团之组织,诚不可解。十

六日发生之事，乃日本人及籍民等无故行凶，而日使来照竟云数月以来或派人至日本商店守望，阻止其营业，或于路上横夺焚弃其货物，认为有意寻衅，甚为错误。查学生等并无派人至日本商店守望，阻止其营业，故日本领事于十八次照会中亦未尝言及有学生派人守望日本商店，阻止其营业之情事，更何由认为有寻衅之行为。至言夺毁日货一节，仅于十一月十二日，日领照会称，瑞顺洋行燐寸被人夺毁，已经本署函请警察厅查办。乃此日，日领照会中即有不幸路上见流血重大之事件一语，曾不数日间果见流血，此非预知故纵而何故？日本领事不能不负其责任也。至当日肇事情形，据青年会学生坚供，系查经班散后出校，为日本人及籍民等乘殴，且受伤至十人之多，中有学生、有警察、有教员、有市民，为类不一，其非集聚可知。其执持器械手枪，更可信为必无之事。日使文称，当日人追逐学生等至青年会之际，由该会窗中放枪射击，而青年会方面绝对以日本人诬蔑为辞，曾经本署函请美领事切实调查，复文另录呈鉴。至武装警及军队兵士等，系出来保护地方安宁秩序，何能见日人及台湾人即用枪柄乱打，更何能向日本人方面放枪，倘如日使所称日本领事报告属实，则当日在场日人虽未能悉数为军队击毙，何至一无死伤。其天田运货一节，委无其事，既已双方派员调查，不难明其真相。又谓：日署馆员数名，及台湾总督府遣派留学生一名，并翻译员一名，为学生等包围，逃避于顺记洋菜馆。夫既被包围，何能逃避，既经逃避，又何以复被学生寻得，致头部受有棍棒扑伤，岂顺记洋菜馆楼上，独一外山馆员存乎？其他之日本人独任外山一人被学生扑打而作壁上观乎？学生果有追至顺记楼上，则顺记楼上岂不成一战场乎？此说太不圆满，其为不实可知。又称：福州中国警察，事后强迫顺记主人，以毁坏该馆内之物品，种种损失均系该日本馆员所为。查顺记洋菜馆主人，于肇事第二日即将店中损失清单开送日本领事署，要求赔偿（十六日之事至夜二时始息，次日顺记店东即将损失单送往领事署）。是则该店东早向日本领事要求赔偿，福州警察安有事后期间而强迫之。学生黄玉苍被抢台票一千元事，乃该学生亲供，当日被日本人及籍民用铁器殴打，并将身上台票一千元夺去，此与争斗混乱之际被何人拾去实在有别。又末附中日受伤者症状，事实上亦不相符。查中国方面受伤之人数计共十人，巡警陈汉章、市民陈金钿被伤后曾往医院诊过，在家医治，市民朱依才被弹中伤，在福州柴井医院英国官医生医治；巡警史孝亮被弹中伤，在城内美国圣教医院胡医生医治；学生黄玉苍被殴伤、学生郑孝谦被殴伤、教员杨尚慈被铁器打伤、学生刘开祥被弹中伤，均在南台塔亭医院英国穆医生医治；学生郑起浩被殴伤、学生刘钟植被殴伤，在青年会美国江医生医治。以上各受伤者，均由地方检察厅会同警察厅并闽侯县署派员看验属实，具有伤单为证，其在外国人医院及青年会医治者，另有外国医生诊断书。且本署曾知会日本领事派员前往各医院验过，事实人数皆极分明，何能强词减少。且中弹者实有三人，更何能指为一人。至日本方面，日使所谓受伤五人，查当时日本领事照会本署时，并未出亦未声请看验，迨至一月之久，钧部派委王、沈二员及日本公使馆所派之调查员西田氏到闽以后，而日本领事忽然提出伤单，似此何能承认。且伤单所开之福田、兴津、三木、外山诸人，当日皆能由警察第四署动身往日本领事署者，查据第四署声称，当时兴津头部有碰伤痕，福田手指有皮破伤痕，余皆无伤，其所受之伤极乎轻微，观其行动举止之自然，已可断定如此轻微之伤，难保非击人所致，所以日本领事当未能提出也。奉令前因，合将详细调查应驳各点，呈请钧部，察核驳复，实深公便。

**附件二:福建王交涉员清折**

1920 年 1 月 7 日

谨将福州关于日货问题叠次来往文牍及办理情形摘录呈请钧鉴。

五月二十六日，准日本领事送到排斥日本之揭帖多种，请设法禁阻等因，即经本署函准警察厅函复：以散布揭帖、传单，如有碍及邦交，自应严行查禁，以维治安，已分令各署切实查禁，并分别布告一体遵照。

五月二十九日，奉督军、省长训令，以准日本领事函福州各新闻肆，其毒笔揭煽排日气焰，请转饬各关系官宪查禁等因。已由署复：以报界任意谩骂,及分布传单,提倡抵制,业经分饬从严查禁,当再分饬该管官厅格外注意,并严密侦查禁止。兹将往来函件抄送,仰即遵照办理等因。

五月二十九日,准日本领事署声称,本日有钱商厚坤、祥康等五家在商会等处开会,抵制台湾银行或与断绝生理,请转达查禁等因,即经本署函请警察厅查明禁止。

五月二十九日,准日本领事一〇二号来函,以《求是报》对于帝国公然称敌国字样,及各报记载不稳,并排斥台湾银行纸币,将行停止支(拂)〔付〕,明明构成刑事罚犯,请责任处罚,并出示以免误会等因。经即函达警察厅查照办理,旋准厅复:已将《求是报》主笔传案惩罚,并由厅分令各警署实行查禁,一面布告一体遵照,将布告原稿抄送查照,经即转送日本领事查照。

六月十六日,准日本领事一〇五、一〇六等号来函,以福州排日暴动蜂起横行,致一船商店均受协迫罢市,对于邦人店铺妇女亦事侮辱,请明确答复等因;并准声称,本国军舰水兵前经商定,不往桥北游行,今阖城紊乱,不往桥北一层,应即取消等因。经即呈奉省长指令,现在商铺已一律开市照常营业,并分派军警严加保护。所请取消游行桥北,仰仍婉商仍照前议等因。

六月十七日,准日本领事一〇七号来函,以电话公司对于邦人电话往来似有窃听形迹,请分派监视,更有各学生对于邦商买入粮食用品加以干涉,应请厉行取缔,以防意外等因。即经本署分别呈报,并函达警察厅查照办理。

六月十八日,准日本领事一〇八号来函,以广贯堂、大和堂等派往建宁之店员,所带货物人夫不代搬运,应请饬知事,加意保护等因。当经本署电饬建瓯县知事查明,妥为保护。

六月二十五日,准日本领事函,据日商杨梦任呈称,派伙杨培基在建瓯采办土货,请为保护等因。经即令据建瓯县呈复,查明建属人民对于杨培基并无强迫情形,除由县随时保护外,呈复察核等情。

七月十一日,准日本领事一二〇号函,以公隆洋行装载煤炭进口已付与洋驳船工费,被其他驳船唆煽不予搬运,开列损害表,请查照办理等因。即经函准水上警察厅函复,已由署饬令驳船前往运载,传经手人处罚。

七月十二日,准日本领事一二一〔号〕来函,以木村洋行购运煤炭到鸭牳洲起卸,该学生胁迫苦力加以种种妨害,请极力保护等因。即经电达该管署派警保护,嗣准声复:已派巡警前往,并未见有学生在场拦阻。现在本村洋行煤炭已经起卸完竣等情。

七月二十三日,准日本领事第一二九号来函,以据福州大坂商船会社呈报,学生强迫驳船栈不与运货,请呈报督军派兵护等因。经分别呈报督军暨分函警厅查照,饬知嗣准水上警察厅复称,经饬巡官卢森林乘坐小轮带警前往马江认真保护,查得所雇驳船向前装载完楚,开驶来省,经巡官沿江保护,该船只煤炭现均暂泊于三井煤厂道头,并无他人阻挠情事,请查照等情。

七月二十六日,准日本领事一三二号来函,以据福州台湾银行呈称:《微言报》登载某银行险些搁浅一节,实系捏造事实,故意损害,请更正。即经本署函准警察厅复称:已饬该报馆迅速更正,并饬以后务当格外慎重等因。

七月二十六日,准日本领事第一二三号来函,以据大坂商船会社呈称:本月二十五日《求是报》新闻栏,内有"甘心媚外之两驳船"之排日煽动揭载,胁迫驳船行全部欲陷湖北丸及该会社并其他船只之货物不能搬运,请严重处罚该报馆等因。经即函准警察厅复称:已传该报馆经理到厅,严加处分,并谕令嗣后不得任意登载,致碍邦交等因。

八月二日,准日本领事一三七号来函,以据邦商广贯堂店员松原信一呈,伊被似学生者三人用毒药喷射,毁坏衣服并负重伤,提出诊断书,请给还医药费等因。即经本署函准警察厅复称:已令第四署侦缉队严密查拿惩办等因。

八月九日,准日本领事第一四一号来函,以据东瀛学校校长野上英呈称:《全闽学生日刊》登载"台湾人存心叵测"一节,请速令更正等因。经即函准警察厅复称:已转令该报迅速更正。

八月二十九日,准日本领事声称:近日街上又有发生"三一学生联合会"传单,有碍邦交,请查照分别撤除等因。经即函达英领事查照,饬令该"三一学校"校长,毋任各学生刊布传单,致滋藉口,并函达警察厅转饬岗警,见有前项传单,一体撤除。

十月八日,准日本领事第一八二号来函,以台城一带有类似学生之流分布印刷单片,并演说排日之语,请呈报督军饬令警察厅逮捕等因。经即分呈并函达警察厅转饬查明禁止。

十一月六日,准日本领事第二〇〇号来函,以学生排日运动提出条件数条:一、以督军名义出示通告;二、解散排日机关;三、勒令停刊排日记事;四、保护日本商品。请查照办理见复等因。当经本署分别呈报,并函达警察厅查照,旋奉省长指令,以非法机关及各团体业经严行取缔,并饬警随时查明解散,候再布告禁止,一面令行警务处转饬各警署严速稽查制止,仰即转达等因。并准厅复:福州学生联合会现已饬令解散,其学生之临时集合者,亦经立即派警制止,新闻排日记事,前已迭饬注意,兹复再行警告,以免妨碍邦交。至买卖日本商品者,自应切实保护等因。

十一月十二日,准日本领事第二〇三号来函,以瑞顺洋行搬运火柴经过中州,被学生十余人押往大庙山焚毁,要求办法三条,请查照办理见复等因。经即函请警察厅,饬侦查明肇事之人,悉数赔偿,并函复日本领事,如遇有此项滋生事端之人,自应就近报知巡警取缔,不得自行藉端生事去后,复准日本领事函称:《求是报》登载焚毁瑞顺之燐寸之学生系马育才、谢祥高、陈公亮、陈杰等因,请查照办理等因。经呈奉省长指令,已据呈令行警务处转饬各警署查明肇事之人,勒传到案,责令赔偿,严速办结等因。

十一月十二日,准日本领事第二〇四号来函,以十一日《健报》揭载,学生联合会函阻劣货一则,请查照办理等因,即经本署函准警察厅复称：学生联合会早经勒令取消，该报所称绝无影响，至十一日所登有劣货字样，系警告以前，嗣后如有此项记载，自应严加取缔等因。

《外交文牍——福州中日人民斗殴案》

## 小幡酉吉致陈箓

1920 年 1 月 30 日

为照复事：关于福州案，准一月十九日节略，附抄福建交涉员上贵部呈文及清折前来，均已阅悉。查该呈内称各节大致无非重述或补足前(前)此贵部根据福建督军等地方官之报告致本馆之照会而已。凡此种种，早经本馆逐一加以详细辨明，兹不再赘。惟该呈主张地方官之取缔历经数月之排货排日等运动，已有效果一节，本使全然不能首肯。自排货排日运动发生以来，李督军对于驻扎福州帝国领事，曾经迭次声明，严查处罚排日主谋者，本案发生以前，固无论矣。即至今日，而亦未曾闻有何等处罚之事，以此征之，不但证明其所声明者多未实行，即其有无尽责取缔不法行为者之诚意，亦不得不有遗憾之感。此种事例，不遑枚举。即如学生等在建瓯强夺烧弃日商南华公司火柴三十箱，贵国警兵不但不加制止，反为协助。对于此事，福州地方官果得谓为已实行有效果之取缔措置耶？又如，冲突事件发生后，十二月二十六日，坂元直宗在马路上，福州学生数名以硫酸浇洒之，该处地方官虽接有帝国领事正当之要求，而对于此种不法学生，果曾按照贵国法律处罚耶？否耶。他如对于籍民李涂水一案，事前疏于取缔固无论矣，事后关于搜查处罚等事，福州官宪不为何等有效之处置，事实俱在，甚为明显。以上取述不过于多数实例中仅举一二。总之，仅称训令取缔，或已为转达云云，与实行取缔截属两事，徒具形式而无实行之效果，此种取缔之声明，终属无益，自不待言，谅贵代理总长亦有同感。此次送来之福州交涉员呈文所附之清折内，所载各事多系申叙宣布取缔及其他形式经过之情形，而与实在施行取缔命令及其效果，并无何等相关之处。即如上年八月间，学生三人以毒药浇注广贯堂店伙一案，对于侦缉队曾有所谓严密查拿惩办之命令,其后果有何等效果耶?而反有如上述十二月二十六日对于坂元直宗复行同样之不法行为之事。又如十一月十一日,学生十数名横夺烧弃瑞顺洋行火柴一案。其行为实系强取财物,律有明文,且帝国领事曾经提出要求,而福州官宪不但对于马育材、谢祥高、陈公亮、陈杰等之不法行为始终放任置之不问,且将本案搁置不理,至今毫无结束。似此情形,文书上徒列举责令赔偿严速办结,以为实行取缔之例,而其实并无何等实行取缔之实绩。再其最难索解者,该呈文内称:查学生等并无派人至日本商店守望阻止其营业,故日本领事于十八次照会中,亦未尝言及有学生派人守望日本商店阻止其营业之情事云云是也。关于本案,帝国领事之大正八年十一月六日第二〇〇号公文中,明明载有,又近来即日本商店亦派有人守望,俟其货物出店,即尾行其后,调查其送至何处等种种暴行,无所不至,而贵国官宪全然放任云云。曾注重此事照会该交涉员在案,而该交涉员乃称,十八次照会中帝国领事未尝言及,且欲据之以证明学生等对于日本商人并无寻衅行为,甚为谬误,且可认为该交涉员对于帝国领事迭次正当照会,并未以充分之诚意相对待,可为遗憾。要之,贵国官宪对于为时历数月之久之激烈排日运动,有此态度,是以帝国领事十一月十二日第二〇三号公文内称,在留帝国臣民之愤怒已达极点,若此后因学生等之不法行为酿成两国人民之冲突,例如途中见流血等之重大事件发生,是乃贵国官宪未尽力取缔排日团及学生等不法行为之所致,本领事全然不任其责,以唤起贵国官宪之注意。而福建督军及其他官宪之取缔,仍然不切实实行,一任青年学生等扣留货物,自由横行,以致发生本案。中日人民冲突之事,已一再向贵代理总长申明之矣。总之,现在两国委员正在福州会查,于会查未竣以前,此间无论如何辩论终属无益,是以关于本案之议论,请为中止。兹特将贵部送来之福州交涉员呈复文中与事实相去过远者,择尤指出,照复贵代理总长,即希查照为荷。须至照复者。

《外交文牍——福州中日人民斗殴案》

## 陈箓致小幡酉吉

1920 年 3 月 12 日

福州日人围殴学生一案,业经两政府派员前往该处会同调查竣事,详阅该委员等所具报告书,此案真相已无遁饰。本国人民对于此案异常愤激,时有表示,然本国政府为顾重邦交起见,仍愿与贵国政府和平商结此案。查本案肇事原因,既据双方调查,其责任实在日本方面。为解除人民误会并免妨两国亲善起见,贵国政府于此自不容不表示惋惜之意,应请由贵国政府以正式公文向本国政府表明道歉,其因此次冲突,中国人民方面所受身体及财产上之损害,应请一律赔偿,所有肇事贵国人民暨台籍人,亦请查明严加惩办,并将办理情形照会本部,至纫睦谊。再,贵国新任驻福州总领事林久治郎,深盼早日莅任,相应奉达,即希转电贵国政府,并早日见复为荷。

《外交文牍——福州中日人民斗殴案》

## 小幡酉吉致陈箓

1920 年 3 月 25 日

关于解决福州中日人民冲突事,准三月十三日[①]贵部节略内开等因,业已详细查阅。查本案之真相,前者虽经两国委员共同调查,双方意见尚未一致,而贵部节略内称,据双方调查其责任实在日本方面,又称真相已无遁饰云云。如已断定其曲全然在日本人,颇为不当。盖自上年五月以来,福州帝国领事对于排斥日货及学生之不法干涉,唤起中国地方官之注意,请其取缔,先后有数十回之多,而其取缔方法,究欠彻底,未见有何等之实效,以致激成此案,此层中国政府亦十分了解无疑。今兹帝国政府顾重邦交,愿和平解决本案,与中国政府全然有其同感,故就贵部节略中所开各项,(无)〔并〕参酌共同调查报告,加以慎重考

① 原节略为三月十二日。下一篇同——原编者注。

虑,认左列各项之解决办法,最属公正妥当。

一、本案冲突事件之发生,其原因在于取缔排斥日货之不彻底,是以中国政府对于地方官之不取缔,应向帝国政府表示遗憾之意,且对于各该官宪戒其将来,并将此意通告帝国政府,帝国政府对于发生此次冲突事件,已向中国政府表示遗憾之意,并将此意通知中国政府。

二、关于本冲突事件之双方负伤者,中国政府对于日本负伤者给予慰藉金,日本政府对于中国负伤者亦给慰藉金。

三、本案责任者究属何人,虽经共同调查,至今尚未十分明了,两国官宪各就其本国人调查,查明后依法惩办。

《外交文牍——福州中日人民斗殴案》

## 小幡酉吉致陈箓

1920 年 3 月 25 日

福州中日人民冲突一案,准三月十三日来照希望林总领事迅速到任等语。查林总领事之任命,日本政府于上年业已内定,适值福州事件发生,恐惹起种种误解,故将其任命暂缓发表。现该案业经中日两国派员调查完毕解决,故日本政府将该总领事任命发表,此事纯属别一问题,与本案毫无关涉,详细情形曾经三月十四日本馆馆员及三月十九日由本使一再面达,经贵代理部长谅解在案。惟近日北京各华文日报,竟谓该总领使之任命,实由关系本案之结果,力为□□,甚如三月二十一日《北京日报》,除列举前次节略中三项要求外,并载称,至前我要求撤退驻闽日领事一节,日政府业已先将该造祸之日领事更换矣。故在要求条件中无再提之必要云云。此节与前次节略末段对照,本使实深诧异,相应再行声明:林总领事之任命纯属别种事项,与本案毫无关系,并希贵部对于此种贻累邦交之新闻记事,设法使其更正为荷。

《外交文牍——福州中日人民斗殴案》

## 陈箓致小幡酉吉

1920 年 4 月 26 日

关于福州日人及台籍人围殴学生一案，准三月二十五日节略内开等因，业已阅悉。此次福州事件，贵公使节略认为系中国地方官不能尽力取缔排货风潮所致，并主张由本国政府以此向贵国政府表示遗憾之意。查中国人民向未遇有对外重大事件不能公平解决有所忿激，因而排斥外货，似此国民感情举动，并非始自今日，亦不仅于贵国货物为然，且并未因此项由本国政府表示歉意，而此项举动卒由两国政府彼此谅解，听其自行平息，于邦交上亦未发生何种影响。此次福州等处人民，因欧洲和会之结果，致有排斥日本货物之举动，正与上述情形相同，纯属人民感情问题。为两国政府计，总应于感情方面设法转移，俾此项风潮自然归于平息，不宜更从压迫挑动人民恶感，使风潮益难收拾。况福州地方，自上年五月以来，每遇人民有类似排斥日货举动，地方官为尊重中日邦交无不立时加以严重取缔。此节曾于本年一月十九日抄录清折，奉达贵馆在案。似此情形足证本国政府对于中日睦谊并无丝毫遗憾之点，而中国地方官对于前项风潮既经随时随地加以积极之取缔，尤难发见应行加以谴责之理由。所有贵馆节略列由本国政府以排货问题向贵国表示遗憾，并谴责地方官各节，本国政府歉难照办。此次贵国在福州之人民围殴中国学生，藉口系由中国学生取押日商货物所致，即使该学生等果有此等举动，在贵国商民只应报告领事与地方官交涉取缔，何得擅自聚众持械行凶，即此一端，其曲直已不难判定。如不就本案范围以求解决，强欲追溯排货风潮，以图减轻责任，则重行激起中国人民恶感，似于诚意解决交涉之道有所未尽。总之，此案按照当日情形，贵国人民全属出于主动，而本国学生人民则居于自卫地位，至为明显。贵馆节略主张抚恤、惩凶二项，须相互行之，本国政府尤难同意。以上各节，应请查照转达贵国政府，并盼从速按照本部三月十三日节略，本公平之趣旨，早日将本案解决，以重睦谊，并希见复为荷。

《外交文牍——福州中日人民斗殴案》

## 小幡酉吉致颜惠庆[1]

1920年11月12日

为照会事：上年十一月十六日，福州地方贵国人民及帝国民惹起冲突，不幸两国人民致有负伤，此固由该地排斥日货所激成，然顾念两国亲善之旨，此种事件发生，帝国政府以为遗憾。本使兹奉帝国政府训令，将以上各节转达于贵总长，相应照达即希查照为荷。须至照会者。

《外交文牍——福州中日人民斗殴案》

## 颜惠庆致小幡酉吉

1920年11月12日

为照会事：关于福州案件，接准来照阅悉。一是查福州地方，自上年五月以来，人民因误会发生排货风潮，虽经地方官尽力取缔，而有时仍不无轶出范围举动，以致贵国商民受其损失。兹为两国亲善起见，本国政府实为惋惜，相应照请贵公使查照，即希转达贵国政府为荷。

《外交文牍——福州中日人民斗殴案》

## 小幡酉吉致颜惠庆

1920年11月12日

径启者：上年十一月十六日，福州中日两国人民冲突事件发生时，不幸致贵国人方面有十人、日人方面有五名之负伤。兹为敦睦两国邦交，速为和平解决起见，将双方负伤程度切实考量，本使兹承诺对于贵国方面负伤者中其负伤程度较重者，给与抚慰金大洋一千三百元。至顺记番菜店之器物损失，虽非日人方面直接之所为，然系因日人等避难于该店致受损失，不无可表同情之处，兹本抚恤之旨，可给与抚慰金大洋八百元。除惩儆及善后事宜，应由本国政府及中国政府查明、秉公处

① 中国外交总长。

理外，相应函达，即希查照为盼。

《外交文牍——福州中日人民斗殴案》

**颜惠庆致小幡酉吉**

1920 年 11 月 12 日

径启者：接准函称，上年十一月十六日，福州中日两国人民冲突事件发生时，不幸致贵国人方面有十人、日人方面有五名负伤。兹为敦睦两国邦交，速为和平解决起见，将双方负伤程度切实考量，本使兹承诺对于贵国方面负伤者中其负伤程度较重者，给与抚慰金大洋一千三百元。至顺记番菜店之器物损失，虽非日人方面直接之所为，然系因日人等避难于该店致受损失，不无可表同情之处，兹本抚恤之旨，可给与抚慰金大洋八百元。除惩儆及善后事宜，应由本国政府及中国政府查明、秉公处理外，函达查照等因。本总长均已阅悉，相应函复贵公使查照为荷。

《外交文牍——福州中日人民斗殴案》

## （二）庙街事件交涉

说明：第一次世界大战后期，日本利用协约国共同出兵西伯利亚的机会，占领了黑龙江入海口附近的庙街。战争结束后，日本并未依约撤兵，而俄国内战已扩大至西伯利亚东部。1920 年 3 月至 5 月，居住在庙街的数百名日军及日侨与俄国红军发生冲突，史称“庙街事件”。庙街事件虽是日俄之间的冲突，然而该地原有中国侨民居住，其时恰巧有四艘中国军舰（江亨、利绥、利捷、利川）为维护黑龙江航权、巩固国防、保护商民计划开往哈尔滨，因受俄国人的阻挠而滞留庙街，并卷入其中。为了援救受困在庙街的军民，中国政府与日本政府展开数月的交涉，在同意日方提出的道歉、赔款、惩处有关人员等要求后，终于撤回军舰、官兵和侨民。

## 林建章[①]致海军部

1920 年 5 月 30 日

并请转国务院边防处、外交部沪署钧鉴:钧处巧电悉。查此案除派员与该报馆辨正外,并经建章晤商驻威日海军川原司令,转由《浦潮日报》于本日登报声明如下:驻海参威中国海军代表林代将为本月二十六日本报所载驻庙街之中国军舰供给红旗军武器一节,于昨二十八日下午林代将关于此事特访川原司令官,所谈如左:报载驻庙街之中国军舰供给红旗军武器云云一节,为绝对所不能有之事,余确信该记事必系根于何等之误报而无疑,而尤恐因此影响中日之亲善等语。查二十六日该报之纪载,不仅北京、威埠两处,闻林公使,各日报亦有同样之纪载。误会关系驻庙街各舰安危,可否电由庄代办派员查明一并声明之处,敬乞钧裁。建章叩。

《外交文牍——庙街事件交涉案》

## 国务院致外交部

1920 年 6 月 1 日

径启者:准海军部抄送林代将建章宥电一件内称,崴埠《浦潮日报》载,庙街俄人惨虐日人事,有中国军舰供给俄人武装,至有如此悲惨之结果云云,该报纯系挑拨,恶感关系甚重,请向日使声明我海陆军对于日俄冲突始终严守中立并请其转饬《浦潮日报》迅为更正免滋误会等因。兹经国务会议核阅,以原电所请,向日使声明严守中立并请转饬该报更正各节,甚为扼要,应由外交部核办,除抄电已经分致不另抄送外,相应函请贵部查照办理可也,此致外交部。

《外交文牍——庙街事件交涉案》

---

① 驻海参威中国海军代表。

## 外交部致庄璟珂[①]

1920 年 6 月 2 日

据林代将电，威埠《浦潮日报》载，庙街俄人惨虐日人一事，有中国军舰供给赤军武器一节，确非事实。已商川原海军司令转由该报声明更正。闻日本各报均有同样记载，请电庄使查明更正以免误会等语，希查明办理。外。

《外交文牍——庙街事件交涉案》

## 外交部致海军部

1920 年 6 月 4 日

径启者：关于日本《浦潮日报》登载庙街俄人惨虐日人有中国军舰供给一事准咨开等因。查此事本部前准贵部钞送代将来电，正拟备文向日使声明请其转电更正，旋复准钞送该代将来电，以此案已商驻威日海军川原司令转由《浦潮日报》登报声明，闻日本各报亦有同样纪载，可否电由庄代办查明一并声明等语。是此事业由该代将直接辨正在先，似毋庸再向日使声明，惟日本报辗转讹传，易滋误会，业由本部转电驻日本庄代办查明一并更正。相应将本部致庄代办电稿钞送贵部，即希查照为荷。此致。

《外交文牍——庙街事件交涉案》

## 国务院、外交部致庄璟珂

1920 年 6 月 18 日

日本东京中国使馆庄代办鉴：据哈尔滨林代将电，称六月八日日本大阪《每日新闻》载，日本海陆军发表依据查得日军将校所遗留之日记中志云，中国军队以炮击日军，当时日军亦由水上还击，因受十二架机

① 中国驻日本代办。

关枪之猛击,日军遂不支而败。兹为根究真相起见,已定外务书记官花冈氏为理事,先于庙街军舰及中国军队援助过激军对于日军执对敌行动之事实,一俟真相判明,必开中日两国外交讼案,刻下日军已将飘泊庙街之中国军舰暂行拘押,暨舰员等一概拘留,以俟文明之裁判,加以严重之制裁等语。查我舰并无炮击日军情事,究竟日政府有无此项正式发表,希即侦察明确,从速电复为要。院、外交部。

《外交文牍——庙街事件交涉案》

## 外交部致海军部

1920 年 6 月 24 日

为咨行事:本月二十日《顺天时报》载东京来电,据庙街守备日本将士记录及避难俄民传述,中国炮舰实有炮击日人情事,并称十八日阁议已决定政策各等语。查此事无论是否属实,而日本方面既认定我舰确有炮击情事,因之决定政策,将来中日国际间自难免一番困难交涉。惟是提出辩论首重证据,对于此事,本部先后所得报告仅有驻威邵领一电,及贵部转到林代将来电两件,均因相距遥远又值庙港邮电阻滞,语焉不详,难以作为辩论根据。事关重要,亟应迅速查明真相以备因应。查江防司令王崇文身任防务,似应由贵部严电责成该司令将庙街肇事详细情形及现时各舰有无被日人监视各节详查具报,以凭办理。相应咨达贵部,查照核办见复可也。此咨。

《外交文牍——庙街事件交涉案》

## 王崇文①致外交部

1920 年 6 月 28 日

北京外交部部长钧鉴:我国黑龙江松花江航权按照《瑷珲条约》本属中俄两国共有,客岁中央政府派遣海军舰队江亨、利绥、利捷、利川四

---

① 吉黑江防司令。

艘东来，本为巩固国防、保护商民起见，乃适因俄国内乱，俄旧党恃蛮竟有炮击我军舰情事。我军舰因上驶被阻，不得已退回庙街，遇冻听候交涉。此实为谈国势者所痛心。嗣因劳农政府觉悟前非，始有正式公文，许我舰驶抵防次，此系继续前好，并非我国军舰与彼新党有缔结若何秘密之条约也。自沿海州一带日俄发生冲突，庙街日军有被俄军乘机戕杀情事。日本各报纸概忿于国军之死亡，爰迁怒及我国军舰，散布种种诬蔑行为，为国际竞争之手段。查日俄战争之役，我国无论海陆军队均系严守中立，中外皆知。乃日本《浦潮日报》始则造作谣言，谓日军在庙街之悲惨均系我国军舰助战致然，经林代将、周联络员据理驳正。继复由东京《朝日新闻报》捏饰事实，谓在尼港（译音即庙街）战死之将校衣袋中得有日记一册，内载当日在该港停泊之中国炮舰有对彼守备队开机关枪冲击，故至死伤多数；又云更据由哈巴鞑夫斯克所达之报告，谓中国方面与过激派互相妥协，许可军舰在尼港哈府间航行，依此推测中国在尼港之军舰与过激派不无何等默契云云。又据九日大阪《每日新闻》载，在尼港与过激派通谋攻击我守备队之中国炮舰，经占领该港之派遣队及陆军调查，并派花冈外务省书记官及理事并宪兵等到该处开军事会议，中国炮舰及中国军队援助过激派对我军执对敌的行动，事已判明，目下在尼港之中国炮舰先经押收，舰员亦暂时扣留，再行严重判断各等语。虽报纸纪载未必尽为确证，然一则曰妥协许可，再则曰默契通谋，甚且于揭明押收扣留之后，继之曰严重判断，抑似我国为无政府者，此等无根之谰言大足为中日两国邦交之妨碍，崇文忝在该舰队指挥，兹谨将闻见所及足为我军舰表明心迹，计有铁证者二焉：查沿海州一带，日本无线电消息异常灵通，果使庙街日俄两军冲突之役我国军舰实有从旁助击情事，何以彼国联络员伊田在海参威对林代将所面称，仅云得该处探报，中国军舰有供给俄人武器情事。无论必无此事，即使如其所言，既云供给武器，则日军之死伤出自俄人所击可知。而日本报纸迩日所揭载已死军人之日记乃云华军机关枪轰击日军，岂彼国联络员所言尚不如该报纸之足为征信？此证诸彼国军官所言，足以证明我国军舰实无开炮轰击日军,可为确据者一也。当两军在庙街战争之后,此间得江亨舰队长陈世英两次来电,报告日俄冲突情形。第二电内云,新党司令欲邀我军为兹事证见,以为日俄将来交涉证据,世英甚恐有碍东邻交谊,业经婉却云云。夫当事起仓卒,该队长确能深明大义,顾全睦谊,为证人尚不肯,讵有供给武器及开炮助击之理?此又证诸我国舰队实地之报告,足为严守中立之确证者二也。推各该报之用意无非始则造作谣言,希图激动公愤,继则捏饰事实,坐实我舰之罪名。不知以死人为凭证,则无现存之人证,可知日记系属活动之物,随便可以移转,所谓欲加之罪何患无辞。且航权本属条约所前定,何庸另行妥协通谋?寥寥三四南来之舰队困顿于冰天雪窖之中,欲求自保且不暇,又安敢违抗中立参加入战争旋涡?此为稍有知识者所不为,又安有辩论之价值?即或于严守中立之时偶因双方误会间有少数人轶出正当防卫行为,亦应由双方派员调查,开始谈判,断无仅据片面之词遽加收押、拘留判断之处分。现在我舰困于远东,函电不通,自无从探明真相。崇文为黄炎国体暨海军全体名誉攸关,故对于日报纸所纪载不能不加以驳正,除电请中央先由外交机关向日公使质问对于该报所纪载是否负责,并该国对我国军舰究竟若何举动,须得切实答复以便交涉外,深恐讹传失实,淆乱听闻,用胪陈兹事本末以正曲直是非。伏乞钧鉴,是所厚祷。海军吉黑江防司令王崇文叩。养。

《外交文牍——庙街事件交涉案》

## 国务院致外交部

1920 年 6 月 29 日

密启者:案查前据哈尔滨林代将电称,日报载中国军队炮击日军,请迅电庄代办侦查并请由部根据日报所载严重质问一案。当经会同贵部密电庄代办,侦察日政府无有此项正式发表,并函达海军部查明庙街各舰是否被拘以备交涉去后。兹据庄代办二十五日电,悉派员赴外务省询,据政务局长芳泽答称,日兵将校所遗日记实载有中国军队误击之事,已派书记官花冈氏前往调查,至日军扣留中国军舰,实无其事,日政府亦尚无正式发表等情,特闻等语。除分行海军部外,相应函达贵部查照可也。外交部。

《外交文牍——庙街事件交涉案》

## 权世恩[1]致陈箓

1920 年 7 月 4 日

庙船来伯,满载俄人,探悉我国军舰、领事、侨民集于麻盖地方,距庙四十俄里,俱为日舰监视,势成绝粮。请速提出交涉,以全国体,以重人命。此间拟派戊通公司船运粮接济回国,惟须俟与日军交涉妥协后方能开往。余容续电。世恩叩。

《外交文牍——庙街事件交涉案》

## 庄璟珂致外交部

1920 年 7 月 7 日

《浦潮日报》所载我军舰供给赤军武器,实属捏造。前经函告日外部去后,兹得复函,谓已领悉等语。特闻。璟珂。

《外交文牍——庙街事件交涉案》

## 外交部致庄璟珂

1920 年 7 月 9 日

庙街事迭据伯利权领电陈,我国江防轮舰领事及全数侨民悉被日人困于离庙街四十里之麻盖地方,派日舰把守,现已绝粮,情形至惨等语。前饬戊通公司派船往援,该公司以无确实保证不敢冒险前往。该处华侨危在旦夕,亟应设法拯救。务速告日外交部,质问因何监视华

① 驻伯利副领事。

侨,并转电该处日军司令,先行接济华侨粮食,再由我另筹救济办法,并盼复。外。

《外交文牍——庙街事件交涉案》

## 陈箓致蔡会办

1920 年 7 月 10 日

径启者:迭据驻伯利权副领事电称,我国在庙街军舰、领事及全部华侨悉被日人困于离庙街四十俄里麻盖地方,势成绝粮,戊通公司船又因日军不肯确实保证不敢上驶,请商中国红十字会,由沪津哈三处派商船,装运衣食药料,迅赴庙街救济等语。查庙街华侨被困绝食,情形殊为可惨,亟应设法救济以保侨命,相应函请贵会查照,迅行派员设法运粮,由伯利搭乘戊通公司船,驶往庙街麻盖地方救济,并准各该船悬红十字旗章,以免中途被阻,并希见复为荷。

《外交文牍——庙街事件交涉案》

## 陈箓致小幡酉吉

1920 年 7 月 15 日

径启者:关于接济庙街中国军舰一事,曾经派员面达在案,兹准海军部函称,叠接林代将、王司令来电,转据驻庙街江亨陈舰长托人转电称,庙街战事发生时该处华侨购船二十艘,于五月二十四日由军舰拖至距庙二十一海里之马沟地方,藉避战线。现日军进驻庙街,舰员、兵丁及侨民五千余人均困于该处,军民粮食断绝,恳迅予救援云云。经派副官陈复与日本公使面商,承允电达该处,派遣队先行接济粮食。兹本部拟派船运粮,驰往该处,接济军舰、员兵及侨民人等,请函达日本公使电饬照料等语。查上述情形实殊紧急,相应函达贵公使查照,即希转电知照驻庙街贵国军队长官分神照料,以免误会,至纫睦谊,并希见复为荷。顺颂日祉。

《外交文牍——庙街事件交涉案》

## 陈箓致小幡酉吉

1920年7月22日

径启者:关于接济庙街中国军舰一事,曾于本月十五日函达贵公使转电照料在案,顷又准海军部函开,已一面采办粮食,一面筹备船只,一俟备妥,即日启行,请商日本公使迅电该处日本军队,对于中国运粮船驶入该地务予格外照料等语。相应函达贵公使,即希查照并案转电办理,并望从速见复,以便转知海军部克日起运,至纫睦谊。顺颂日祉。

《外交文牍——庙街事件交涉案》

## 日本使馆致外交部

1920年7月27日

本年三月十二日在俄领庙街,当帝国军队与俄国(巴尔其赞)开始战斗之际,当时在该港之贵国炮舰有(一)炮击帝国军民,且(二)供给(巴尔其赞)武器弹药之风说。帝国鉴于此事极为重大,当命在庙街帝国官宪加意慎重调查,其结果得有另附之日本兵卒之日记及俄国人等之证言。帝国政府以慎重公正之手段为阐明本案之真相以扫除暗云起见,兹特提议由中日两国该管官宪对于上记中国炮舰及在舰人员严密协同调查,希望中国政府承诺:(一)为协同调查;(二)至此项调查结了止,命中国炮舰仍留于麻郭,不使变更投锚地点。至于贵国军舰滞留中所需粮食物资等之补给,及贵国审查员之派遣,以及在庙街方面之贵国官宪之通信等事,帝国政府不吝与以相当便宜,特此附言。

第一、关于炮击日本军民证据

甲　证人供词

一、(歧奴依拉夫)要塞兵(里岐乌引此哦夫)于三月十二日庙街市街战之际目击中国军舰以机关枪射击日本兵。

二、(巴尔其赞)(空朵拉岐引可)三月十二日早十时庙街电,自目击中国军舰击射日本兵,察觉日本军欲至中国军舰避难,中国方面向之开始射击,二三分后日本军全灭。

三、(巴尔其赞)(乌哦依起由苦)三月十三日早日本军进至日本领事馆后之黑龙江岸之际,中国炮舰对之乱射,由发电所实见之。后来据闻,乃日本兵欲至中国炮舰求助,因被射击云。

四、(巴尔其赞)(劈加贝)三月十四日中国炮舰曾射击日本兵,其炮弹破坏兵营之窗,射中兵舍。

五、庙街港务局工作所技工(司铁巴连可)三月十三日早日本兵自领事馆向中国炮舰由冰上前进,遭机关枪射击,其一部战死。

六、波兰人(里若乌西此阿)当赤卫军炮击日本领事馆之际,若干之日本人曾踏冰求救于中国炮舰,被该舰以机关枪射击,死五六名,其余回领事馆。

上述事实乃中国商会之商人直接所谈。

七、俄国汽船(所可尔)机关士(乌依根加司基)闻日本兵欲到中国炮舰之时,中国炮舰以机关枪对射击云。

八、(巴尔其赞)(苦巴诺夫)闻在领事馆之日本军因求救于中国炮舰向该舰前进,该舰以机关枪一齐射击云。

乙　幸田一等卒之日记

(前略)全部人员已经只有等死而已。数日之后,炮近至约千米达附近,并被炮数门及中国炮舰击,兵房破坏,极为凄惨云云。

第二、关于供给(巴尔其赞)武器之证据(证人供述)

一、(岐奴依拉夫)要塞兵(里岐乌引此哦夫)中国军舰与(巴尔其赞)大炮二门,此事我等一同所互相商议。

二、(巴尔其赞)(劈加贝)三月十四日中国军舰与赤军大炮一门使在练兵场射击。

三、庙街港务局工作所技工(司铁巴连可)三月十三日午前十时,赤卫军本部为安设炮位奉命取雪撬,为决定其大小起见,曾实验口径一寸四分之三之五炮身联接速射炮,当询该炮之来源,据答称得自中国炮舰云云。

四、(巴尔其赞)(苦巴诺夫)闻与赤卫军攻击日本领事馆附近日军之际,由中国炮舰借与赤卫军炮二门云。

《外交文牍——庙街事件交涉案》

## 小幡酉吉致陈箓

1920 年 8 月 4 日

径复者:关于接济驻庙街贵国领事及馆员并停泊该处之军舰舰员食粮,又为救济贵国军舰舰员及侨民起见将派遣装载食粮等件之运送船,请转知该处日本军宪照料等事,准先后函开各等因,当经随时电达本国政府。兹准复称,庙街日本官宪因中国领事之请托,业已分给米八百袋,此外,关于电报之递送,华侨之避难以及其他一切之救济事项,亦当与以种种便利。再,帝国外务省对于今后补给中国官民之粮食及必要品之计划,其后亦曾电致在庙街之花冈书记官。关于救济在该处之中国官民,日本官宪此后亦当尽力与以便利。至中国派遣运粮船一节,自无强持异议之理,但应急措置既如上述各种救济办法均已部置完毕,此时自应从速实行会查华船炮击事件。希本此旨转商中国政府等语,相应函复,即希查照办理为荷。

《外交文牍——庙街事件交涉案》

## 陈箓致小幡酉吉

1920 年 8 月 6 日

径启者:关于庙街事件,前准贵公使七月二十七日来函提议,由中日两国该管官宪对于驻庙中国炮舰及在舰人员协同调查等因,当经转达本国海军部去后,兹准复称,已派副官陈复先往哈尔滨专候日本方面所派人员会同往查,日本使馆拟派何员会同前往,请转询日本公使见复等语。相应函达贵公使查照,即希将贵国方面拟派会查人员衔名暨何日启行,迅即见复,以凭转复为荷。顺颂日祉。

《外交文牍——庙街事件交涉案》

## 小幡酉吉致陈箓

1920年8月14日

为照会事:关于会同调查庙街事件事,准八月六日函开等因,兹奉皇帝政府训令称,为会同调查庙街事件已任命大使馆一等书记官花冈止郎为帝国方面首席委员,萨哈连州派遣军参谋陆军步兵大佐多门次郎,参谋本部附陆军步兵少佐土肥原贤,第二舰队参谋长海军大佐内田虎三郎,第三水雷战队参谋海军大尉泽木赖雄为委员等语。贵国方面除副官陈复外如当派他员,请速任命后将首席委员及其他各委员之职官姓名从速示复。再,帝国政府在海参威业已派妥驱逐舰,拟请贵国委员由该处乘舰前往。相应照会贵代理总长查照,即希将贵国委员到威日期预为通知为荷。须至照会者。

《外交文牍——庙街事件交涉案》

## 外交部致海军部

1920年8月18日

径复者:准函开赴庙街会查事件,已派定副官陈复及江防处参谋沈鸿烈,日本派员衔名,请查询见复。此事关系国际交涉,最好贵部亦派一员,较见周浃等因,正在照转。适准日使来照,略称奉政府训令已任命大使馆一等书记官花冈止郎为日本方面首席委员,萨哈连派遣军参谋陆军大佐多门次郎等四员为委员,请迅将中国方面首席委员及其他各委员职名示复等语。查此事日本方面以侨民被击为理由,系外交范围,故以大使馆书记官为首席委员;我国方面重在辩明海军有无炮击之事,关系全在海军方面,尚未入外交范围,以故本部最初主张外交部无须派员,兹日本既故示郑重,派定委员多人前往会查,在我亦不宜过从简略,似应酌派官职相当之海军人员主持其事,以昭慎重。王司令崇文系江防本舰队指挥长官,对于本案具有专责,应请贵部即行派定该司令王崇文为中国方面首席委员。至本部派员,应俟贵部将首席委员派定知照过部后再行加派,会同前往,以资周妥。相应抄录日使来照,函复贵部,即希查核办理并见复为荷。此致。

《外交文牍——庙街事件交涉案》

## 颜惠庆致小幡酉吉

1920 年 8 月 23 日

为照会事:关于会同调查庙街事件,准本月十四日照开等因,业已备悉。现海军部派定陈复、沈鸿烈为委员,本部派定参事上行走王鸿年、随习领事关裕恩为委员,并由海军部委员中酌派一员为首席委员。又,本部王、关二委员拟定明日起程赴威。相应函复贵公使查照为荷。须至照会者。

《外交文牍——庙街事件交涉案》

## 外交部致海军部

1920 年 8 月 25 日

径启者:关于庙街事,准国务院钞交贵部议案,以各舰情形势难在彼久停,如不赶紧驶出,转瞬又要结冻,各舰必致完全损坏,请外交部与日本方面婉商,先令我四舰驶至海参威等因,正核办间,复准东三省张巡阅使钞送司令王崇文来电,请迅将冻江期迫,调查虽未竣事,舰队亦须上驶一层,要求日使预先允诺等语。查庙街事件,双方正拟会同调查,何时可以了结,殊难预定。现冻江在即,各舰久停该处实多未便,自应由本部转向日使切商,惟贵部议案主张将各舰驶至威埠,王司令崇文来电则声称,上驶究竟各舰应驶至何处。王司令崇文所称一节,曾否由该司令报部核准有案?本部并未准贵部正式来文知照。又,前据驻威邵领事来电,以庙情至堪危虑,一为水兵思变已非一日,如政府再不援救或不派王司令来庙澈查,必当自由行动。又,近据驻庙街张副领事来函亦称,恳商海军部,速派大员来庙,迟恐水兵暴动,大局更不堪设想各等语,似应饬令王司令迅赴庙街,妥为布置并设法宣慰,以免别生变故,益难收束。相应照录王司令来电,函达贵部,即希分别核办,早日见复为荷。此致。

《外交文牍——庙街事件交涉案》

## 外交部致海军部

1920年8月30日

径启者:关于派员赴庙街会查事,准本月二十一日函称,派副官陈复为首席委员,请将贵部加派员名示复等因,本部派定参事上行走王鸿年、随习领事关裕恩为委员,业经起程赴威,相应函复贵部查照备案可也。

《外交文牍——庙街事件交涉案》

## 外交部致小幡酉吉

1920年8月31日

准海军部文称,据王司令崇文电称,在庙街各舰本定暂时不动,惟现在冻江在即,倘不赶紧驶出,深恐冻江后必致完全损坏等语,查本国在庙街各舰前因贵馆来文,有至调查结了止中国炮舰仍留麻郭之言,是以令其暂在该处停泊。现据王司令电称前情,倘俟调查完竣再令各舰驶出,必致江已结冰,发生上项困难情形。况庙街事件双方业经派定委员,不日即可开始会查。本政府拟俟双方委员接洽调查大概后即令各舰自由开驶,以免各舰因冻损坏,相应奉达贵公使查照,即希转电贵国政府转饬在庙街贵国官宪,以免误会,并希见复为荷。

《外交文牍——庙街事件交涉案》

## 外交部致海军部

1920年9月1日

径启者:据会查庙街事件王委员鸿年等电称,二十九日到威,九月一日附日兵轮赴庙街,惟庙威相距四日程,交通、邮电权操日本人,几同断绝我方人证,仅炮舰人员,日本国方面人证,势力范围之下何求不得?

鸿等三数委员孤悬海外，此次会查自问坚持，但恐难十分收效，下月冻冰，我舰如再不开行或更激生事变等语。除炮舰应于双方委员接洽调查大概后即自由开驶一节，业经本部备文知照日使并得复再达外，查庙街水兵恐生变故，本部前据驻威、庙各馆报告业经函达贵部，并请饬令王司令崇文迅赴庙街布置宣慰在案，尚未准复。兹据王委员等电称前情，是王司令崇文就以上情形言之实有前赴庙街之必要，倘能带舰前往，于该委员等返国及通讯一切尤多便利。相应函达贵部，即希查照核办，见复为荷。此致。

《外交文牍——庙街事件交涉案》

## 小幡酉吉致颜惠庆

1920 年 9 月 7 日

为照会事：关于贵国拟于庙街事件会同调查大概终了后即令各舰自由开驶事，接准八月三十一日可字第二八号节略，业已阅悉。当据转达本国政府并请训示，兹准复称，本案会查大概终了后各华舰无妨自由开行，是以无论如何，应使会查于庙街港结冰期前得以竣事，则军舰之开行不致迟延，应请中政府电训中国委员遵照等语。相应照会贵总长查照，务希转饬贵国委员对于此项调查之进行勿得延宕，是所切盼。须至照复者。

《外交文牍——庙街事件交涉案》

## 外交部致海军部

1920 年 9 月 13 日

径启者：关于庙街炮舰事，准吉林督军阳、蒸两电称，舰队似应决定上驶，请迅电王司令遵办。又，筹备开驶，需款万急，请先拨四、五万元，俾资救济各等语。查庙街炮舰开驶一事，本部与日使交涉情形，业经函达在案。兹准吉督电称各节，容应如何办理之处，除原电业据分致外，相应函达贵部查照，即希分别核办，径复吉督并见复为荷。

此致。

《外交文牍——庙街事件交涉案》

## 日本公使馆致外交部

1920年9月18日

帝国政府曩以庙街中国炮舰炮击事件,希望以最郑重公平方法解决本案,曾向贵国政府提议中日共同调查,业经贵国承诺在案。嗣因两国委员亲莅会商地点详细调查,将其结果作成于共同判决文,盖有各该员之印章。查阅该判决文,曩日帝国政府对于贵国政府所指摘之事实,已为证明。帝国政府鉴于中日两国关系至欲迅速圆满解决,兹特提出条件如左,希望贵国政府亦以公正之态度即行允许,应请贵部查照可也。第一,中国政府对于公同判决第二项及第四项前段所载事实,应以公文向日本陈谢;又,对于第一项及第三项、第四项后段所载事实,应向日本表示歉意,此项公文须并同时公布。第二,中国炮舰江亨所属之舰队,司令官应访问庙街守备队所属之日本司令官,为前项同样之陈谢并表歉意。第三,中国政府对于共同判决第二项所载于射击有关系之兵丁及其监督士官,应严重处罚;又,该舰长不但有指挥监督之全责任,且有极力隐蔽射击事实之罪,应从重处罚。第四,中国政府对于本案被害者之遗族应讲适当之吊慰方法。

《外交文牍——庙街事件交涉案》

## 权世恩致外交部

1920年9月21日

外交部钧鉴:日军转到王调查员电称,二十日附宜兴船来伯等语。今午日军司令部云,中国军舰亦于是日开轮来伯。谨先电闻。世恩叩。

《外交文牍——庙街事件交涉案》

## 权世恩致外交部

1920 年 9 月 30 日

外交部钧鉴：今午官员、兵士、侨民、兵商船一律抵伯。谨先电陈。世恩叩。

《外交文牍——庙街事件交涉案》

## 王鸿年面交外交部判决副本

1920 年 10 月 13 日

对于庙街事件，中日会查委员由中华民国九年九月七日起至九年九月十八日止共同会查结果，共同判决如左：一、驻庙街张副领事文焕为保护华侨起见与红党交涉，虽无可批评，但对于认为行同马贼之红党尚与之为个人交际，颇为遗憾。二、与红党接近庙街情形切迫之时，江亨舰长陈世英与白党协定，凡侵入中国军舰及运船周围一定界限者，可加以射击，此事曾由白党公布于报纸，陈舰长对其部下亦下同样命令。及红党入市后仍未将该命令改变，于三月中旬日本与红党战斗中，日本军之一部于三月十二日未明接近中国炮舰时，在炮舰内之监视兵即以机关枪向之射击，及天明始知被击死者为日本兵三名，急即凿冰成穴，投尸其中，以期隐蔽。此事颇为遗憾。三、江亨舰长陈世英借与白党炮三尊，其中五响炮一尊，为红党所夺，陈舰长不即设法取回该炮，以致该炮最后有为红党利用之形迹，颇为遗憾。四、中国水兵于三月中旬日本与红党战争时或有因私事出外，为自卫起见携带军器，行走街中，乃以误解故对于日本兵有射击形迹。又，其中有一两名经过红党炮兵阵地附近时为红党协迫，致有教授炮操之形迹，颇为遗憾。

中华民国委员：

首席委员　海军上校陈复

委员　外交部参事王鸿年

委员　海军上校沈鸿烈

委员　随习领事关裕恩押

日本委员：

首席委员　大使馆一等书记官花冈止郎

委员　陆军步兵大佐多门二郎

委员　陆军步兵少佐土肥原贤二

委员　海军大佐内田虎三郎

委员　海军大尉泽本赖雄押

中华民国九年九月十八日

日本大正九年九月十八日

《外交文牍——庙衔事件交涉案》

## 萨镇冰[①]致颜惠庆

1920年10月15日

海军部为咨行事：据海军吉黑江防王司令庚日代电称，王、关、陈等调查员业于阳日由哈赴京，想陈副官自有详细报告。查此番舰队疏通上驶与调查炮击分为两事，其上驶虽已达到目的，但炮击尚认有嫌疑之点。夫既云嫌疑，则在我舰队为正当防卫起见自有不应得之处分。矧寥寥三四军舰，处于日俄剧战之中，双方责望措置自属万难。该队长等远困异地，九死一生，军心既甚惶惶，竟能始终维持，不至损威辱国，论功行赏，即使实有误会，炮击行为亦当在曲予宽宥之例。务恳钧座咨商。外部于调查完了交涉时婉商日公使，曲予谅解，藉昭亲睦而示激劝，实为同深感戴等情到部，相应据情咨请贵部查照办理。此咨外交总长。海军总长萨镇冰。

《外交文牍——庙衔事件交涉案》

① 海军总长。

## 外交部致小幡酉吉

1920 年 11 月 12 日

庙街案,准贵公使面交节略并附条件四条,均已备悉。查原条件第一条所称共同判决第二项即指舰兵击死日本兵一节,按舰长陈世英有保守军舰之完全责任,是以与白党协定,凡侵入中国军舰及军舰一定界线者,可加射击,判决书内亦曾承认在案。且当庙街发生战事,又在黑夜之际,突有兵士近其军舰,当时既不辨为日人、俄人,为自卫起见,自不能不以武力击退。至凿冰埋尸一层,想彼时华舰正在宣布中立,贵国驻庙街领事馆又适为红党包围,交通阻绝,欲将日兵尸身送交领事馆,纯为不可能之事实,而尸身亦未便任其久为暴露。当时情节谅系若此,惟事前未及报告贵国领事馆,致生误会。所称第四项前段,即系中国水兵对于日兵有射击形迹一节,按水兵登岸射击日兵,判决书内证明实属误解,不无可谅之处。又所称第一项,即张副领事与红党为个人交际一节,按该副领之行为,既系职权外之个人交际,即系个人私事,政府自不能完全负责,况庙街华侨众多,该副领为保全华侨计,自不能不与红党虚与委蛇。此为办理交涉上万难免除之事实,判决书第一条亦曾声明在案。所称第三项,即陈舰长借与白党炮一节,按借炮本意原系援助白党,迨至该炮为红党所夺,彼时华舰方面正虑其追究各炮之由来,致仇视华舰,何能再向红党取回各炮?至炮为红党利用,更非借炮时所能预料,此理本甚明了。所称第四项后段,即各兵为红党胁迫,教授炮操一节,按该水兵即被协迫,自系处于无可抗拒地位,且亦系个人行为,政府当然不能直接负责。综观以上情形,或系个人行为,或系由于误会,或系出于自卫,或系被人协迫,或因善意而致嫌疑,均非出于故意,并与政府无关,政府自不能直接负责。是以对于贵公使提出第一条之公文陈谢一节碍难承认,且就本案观察,总以就事论事,不牵涉政府为宜,此节曾向贵公使当面提及。惟本国水兵无论是否出于误会,既有射击日人之事,为敦睦邦交起见,由江防司令前往道歉,并愿于射击有关系之士官水兵自行加以处置,对于日兵遗族并为相当表示,以便早日结案。相应奉复查照，即希转达贵政府并见复为荷。

《外交文牍——庙街事件交涉案》

## 小幡酉吉致颜惠庆

1920年11月17日

关于庙街一案，接准十一月十三日节略，备悉壹是。来文对于本使前所提出解决条项四条中之第一项，以中国方面之行动，或系个人行为，或系由于误会，或系出于自卫，或系被人胁迫，或系因善意而致嫌疑，均非出于故意，并与政府无关，政府不能直接负责，是以对于以公文陈谢一节碍难承认，又以本案总以不牵涉政府为宜。查本案共同判决书所载各项，既均为挂有中国海军旗而属于中国政府海军之军舰或其舰员之行为，其行为是否出于故意，不成问题，当然由中国政府负责，业经本使再三向贵总长面陈。且中国政府既一方面声明将与本案有关系之士官水兵加以处罚，对于被害者遗族为相当之表示，而他一方面又谓中央政府不负其责，何其自相矛盾？此节本使断难承认。又，来文对于共同判决第二项江亨舰之监视兵开放机关枪一节，系基于与白党所订防卫红党之协定而然。查该舰长前与白军为此协定，且经白军公布，固属事实。然其后红军占领庙街，全市四围情形全然变化，而该舰长对其部下全不讲求更改基于上述协定所发之命令之方法，对于白党之公布并不加以何等处置。即使谓开放机关枪之原因，果如共同判决书所载，且系前与白军有所协定公布之自卫处置，此不得不谓为蔑视中国政府自行选派共同调查委员负有责任之判定。又，凿冰埋尸，来文以当时不能将尸送交日本领馆，又未便任其久为暴露，其情形谅系若此。然其投埋之目的，全在希冀隐匿其事，此亦明白载诸共同判决，两国委员均认为遗憾者，断不能徒以“谅系”二字而摇动该判决所载之事实，况当时贵国军舰虽曾宣言中立，而其实则与事实全相反。再，共同判决第四项前段关于中国水兵射击日兵一节，其射击虽系出于误解，然既为中国军船水兵之行为，当然由中国政府负其责任，征诸多数事例，更不待言。

又,共同判决第一项中国副领事与红军交际一节,如共同判决所载,该副领事与已经认同马贼之红军交际,纵系个人之事,其为贵国官规上甚不稳当之行为,勿庸赘述,而其结果以致累及外国,极为不当,决不能以个人私事论也。且此事虽为保护华侨所难免之事,而共同判决所谓为个人的交际之内,该副领事尚有以红军兵士为其护卫之步哨及将物品供给红军等事实,此均为该副领事所自认,亦为会议录所载明,不得不谓为均系超越保护华侨范围以外之行为,共同判决认此为遗憾之事,亦不外此趣旨。又,共同判决第三项关于五响炮一尊之处置,共同判决之要旨,以江亨舰长全不讲求夺回该炮之方法手段,此点重在该军舰舰长不能尽其职责,至该炮被红军所利用,是否为借与白军,当时所能预料非所问也。又,第四项后段关于各兵教授红军炮操一节,既为中国军舰水兵之行为,无论其是否出于胁迫,中国政府自应负其责任,与关于该项前段所述相同。况当日军与红军战斗之际,中国各兵任意脱离将校指挥,与红军徘徊街市,其中如接近红军炮兵阵地,均由于干部统率不及之所致。按照以上所述,对于本案各项,应由中国中央政府负责,自行表示陈谢遗憾之意,其为至当,极为明显。况与本案关联之中国军舰及官宪之行动,助红军之士气,致使日本方面所受惨害更大具有许多关系之事实,当办理本案善后之际,诚为应加以考虑之点。此已为本使前向贵总长所面述,应请贵总长对于上述各项加以慎重考虑,迅速实行日本政府之要求。再,解决本案条件第二至第四各项,来文所称各节,与本使所提出要求之内容,均有不同之处。此亦为本使所能承认,应请贵总长加以切实考虑,以副日本政府要求之趣旨,并请速为决定。

《外交文牍——庙街事件交涉案》

**颜惠庆致小幡酉吉**

1920 年 12 月 21 日

径启者:关于庙街案,复准十一月十七日贵公使面交节略,对于本部答复各节未能满意等因,查此案彼此意见虽未尽能一致,而希望早日了结则两国政府具有同情,当经商定,改由双方派员,面为接洽,筹商解决办法。现经该员等秉互相让步之意旨,迭次接洽,议定办法如下:(一)由驻东京中国公使以照会向贵国政府道歉;(二)十月二十六日贵使节略第二款应允照办;(三)十月二十六日贵使节略第三款应允照办;(四)给与恤金三万元。以上办法既经双方所派人员议妥,第二、第三两款业经海军部允为照办,贵公使亦必赞同。相应函请查核见复,以便办理。顺颂日祉。

《外交文牍——庙街事件交涉案》

## 颜惠庆致胡惟德[1]

1920年12月23日

径启者:庙街案本部与日使交涉情形迭次函电计均达。十一月十七日,日使又面交节略,对于本部前次答复各节未能满意。当因此案两政府意见虽未能一致,而希望早日结束之意彼此实有同情,因改由双方派员,面为接洽,筹商解决办法。嗣经双方所派人员迭次接洽,拟定办法四端:(一)由驻东京中国公使以照会向日本政府道歉;(二)十月二十六日日使节略第二款应允照办;(三)十月二十六日日使节略第三款应允照办;(四)给与恤金三万。以上办法现正征询日使,同意后即照此结议,其第一款既经议由尊处办理,小幡公使亦已请示政府,兹代拟致日外务大臣照会稿一件,函送冰案。至何日缮发,仍候部电办理。特先接洽,即希查照为荷。此致。附抄件。

拟致日本外务大臣照会

为照会事:案查本年三月间在俄境庙街地方发生不幸事件,经双方派员调查,中国政府本两国素日亲善之旨,对于共同判决书所载事件,特向日本政府道歉。本使兹奉政府训令,将此意转达于贵大臣,相应照

① 中国驻日本公使。

达,即希查照为荷。须至照会者。

《外交文牍——庙街事件交涉案》

**小幡酉吉致颜惠庆**

1920 年 12 月 24 日

为照会事:关于在庙街所发之中国炮舰炮击日本兵士事件,准十二月二十一日函称,本案经双方派员议决办法如下:(一)由驻东京中国公使以公文向帝国政府表示遗憾之意;(二)十月二十六日本使节略第二项应允照办;(三)十月二十六日本使节略第三项应允照办;(四)给与恤金三万元,请求同意等因,业已阅悉。本使对于此项办法表示同意,相应照复,即希查照为荷。须至照会者。

《外交文牍——庙街事件交涉案》

**小幡酉吉致颜惠庆**

1920 年 12 月 24 日

为照会事:在庙街发生之中国炮舰炮击日本兵士一事,准十二月二十一日来文,业经另函奉复在案。查该解决方法,四项中其第三项免陈舰长之职,水兵则按其犯罪之轻重处以六个月以上一年以下之重禁锢处分,后由海军部员以口头通知本馆,其内容不另公布,已经双方谅解。相应照请贵总长查复可也。须至照会者。

《外交文牍——庙街事件交涉案》

## (三)中英关于收回威海卫权益交涉

说明:中英关于收回威海卫租借地的交涉,由英国代表白尔福于 1921 年 12 月 3 日在华盛顿会议期间首先提出,表示英国将在适当条件下将该租借地交还中国。次年 2 月 3 日,白尔福函告中国代表施肇基,威海交还之前,两国政府须协商解决若干事项,拟参照中日解决胶澳事项前例,由两国各派委员先行调查商议,再由两国政府最后决定。中方派梁如浩为接收威海卫委员长,吴应科、吴佩洸为接收委员。英方派翟尔士为英国委员长,白兰德、高林士为委员。10月上旬,两国委员在威海卫开议5次,因英方所提条件过苛,会议中辍。1923年3月16日双方继续在北京开议,至5月31日,举行会议34次,始议定《意见书》24条及附件4件,各呈报本国政府核夺。因国内舆论反对,中国外交部曾于9月20日及10月2日两次致节略于英使,提议对于该《意见书》分实质、形式、文字三类加以修正。英方开始拒绝修改,继而答应文字及形式尚可修正,但实质方面不能更改,否则宁可作为悬案延期交还。在中方的一再催促和坚持下,双方重行商议,经十数次之接洽,英使稍示让步,拟定草案29条并附件等。重要修正之处为:一、取消中英订租威海卫专条;二、确定交还威海卫期限;三、续租刘公岛房屋事;四、外侨参预市政问题;五、确定英兵撤退期限。

## 顾维钧、施肇基①、王宠惠致外交部

华盛顿,1922年1月23日

探询兰卜森对于威海卫意见,伊似欲确知外人既得权之办法,英国舰队向来用威海卫为疗病所,故仍应准许入口,并准用海岛中之一为练习打靶之用,伊又谓英国驻华舰队向来享受此项权利,并愿吾人准许英国公司等仍然留居。伊云并不坚持此为退出威海卫之条件,但须吾人之保证耳。即乞训示代表等,以便于正式提出时方知如何答复也。基、钧、惠。二十三日。

中国第二历史档案馆藏北洋政府外交部档案

---

① 中国驻英公使。

## 白尔福[1]致施肇基

1922 年 2 月 3 日

二月一日本代表在大会声明英国拟将威海卫交还中国之宣言，贵使当能详忆其措词，兹再将当日宣言之记录奉达，以资证明。贵使当能体悉必有若干事项须互商解决，以期我两政府满意，然后方能实行交还。即如将来订立办法准英国兵船仍旧于夏季使用威海卫，不加限制，不征船钞；又海军军需物品之装卸存储不加限制，亦不征税，并保留上述事项所需要之产业；此外关于海军训练之各节，暨关于保护外人财产权之事，以及规定适宜条件，俾外人利益于市政事宜得有相当之参与权，均愿讨论及之。又本国政府或希望中国政府表示意愿允准建筑铁路之便利，以联络威海卫与后面地方。凡此诸端，以及其他相类事项，如确定该港法律上地位之类，自皆不可不以双方同意解决之。解决此事之最便利方法，可效中日解决胶州事项之前例，设一中英委员会，就地研究此问题，并向两国政府建议办法。

上述各项愿中国代表团查照，并愿中国政府留意及之，届时予以最大之便利，以与本国政府互商，以期最后解决，并祈见复为荷。

中国第二历史档案馆藏北洋政府外交部档案

## 施肇基致白尔福

1922 年

接阅尊处三日来函，内抄附二月一日阁下在大会报告，谓英国提议将威海卫交还中国，并指明英政府愿与我政府讨论，并在实行交还之前以相互同意决定之特定事项，又谓解决此事之最可能便利方法须设立一中英委员会，就地研究此问题，并择要报告两国政府。中国代表感谢阁下此项提议，并将以之陈报于我政府。窃相信必能欣然于早速期间

① 英国派驻华盛顿会议的代表。

讨论此事，并相互同意决定之，使尊处友谊之提议得见诸实行也。中国人民对于兹事实铭感无既也。

中国第二历史档案馆藏北洋政府外交部档案

## 外交部关于收回威海卫租借地案报告

1923年

收回威海卫租借地案，十年十二月三日英白尔福代表于华盛顿会议中宣言，在适当条件下交还中国。十一年二月三日准该代表致施代表函称：威海交还之前，尚有若干事项必须两国政府互相协商满意解决，拟照中日解决胶澳事项前例，由两国各派委员先行调查商议，以备各本国政府之最后决定等语。四月二十七日奉令派梁如浩督办接收威海卫事项，从事筹备。九月十一日奉令派梁如浩为接收威海卫委员长，吴应科、吴佩洸为接收委员。同月二十一日，准驻京英使照称，英政府派翟尔士为英国委员长，白兰德、高林士为委员。十月上旬，两国委员在威海卫开议五次，旋因英委员所提条件过苛，会议中辍。十二年三月十六日继续在北京开议，迄五月三十一日，共会议三十四次，双方委员始议定收《意见书》共二十四条，又附件四件，各呈报本国政府核夺。其时各界对于该《意见书》表示不满，纷来质询。本部详加审核，亦以该《意见书》内容尚有应行修正之点，其关于英海军借用刘公岛房屋及外侨市政参与权各项问题尤关重要。因约英使来部磋商修改办法，关于九月二十日及十月二日将该《意见书》实质、文字、形式各项分别拟具说帖致英使，要求修正。准英使复称：奉本国外部训令，不能允认修改，因该《意见书》即是约稿要求，即就原意见书签订，并表示如中国不允签字，英政府不能将威海卫交还中国。经部复函驳办，嗣复约英使来部切商，彼始允再电政府加好意之考虑。旋因英政府更易，未即答复。本年二月间，迭电驻英朱代办催促英政府。三月五日，该代办电称晤英副外部，谓马首相研究此案，认为文字及形式上尚可修正，实质上不能再行更改，并谓如中国政府对于原案欲求实质上变更，英政府宁作为悬案延期交还等语。梁督办于呈送《意见书》后,因病呈请辞职出洋就医,五月二十八日明令准梁督办辞职,所有交涉事宜,责成外交部接收办理。当经迭催英使定期续商,遂于六月十二日重行商议。经十数次之接洽,英使稍示让步。最近始拟定草案二十九条,并附件等,所有迭次商议修正各端大旨如左:

一、取消中英订租威海卫专条。原《意见书》于取消原订租威海卫专条并无明文规定,此次协商,本部提议于草案内加入"所有一八九八年七月一日中英订租威海卫专条即行取消"一语,英使以英政府设立威海卫行政公署之命令实根据于专条,若加入此句,一旦交收条约签字,威海卫尚未交还,该处英行政公署将无存在之根据,而予行政殊多障碍,不肯加入,仅允于交还日将该专条取消。经告以订约惯例应有此项规定,且废弃租借专条原为此次订约收回之主旨,不可不明白规定。至交收期内青黄不接之虑,原属一时,无关重要。一再磋商,始允自行另觅转圜方法而容纳本部意见。

二、交还威海卫日期。原《意见书》于交还威海卫日期亦无明文规定,此次协商,本部为预防将来延缓起见,提议于约文中确定交还期限。英使以威案牵连行政机关颇多,且交收各事头绪纷繁,决非短时内所能竣事,本部主张愈速愈妙,最后议定加入"本约所开移交威海卫地域之行政权及该地域之公产并其他应行移交等件,应于本约实施日实行"一条,并商定两国互换批准本专约文件至迟不逾本年十二月三十一日。此项文件一经互换,本约即当实施。是完全交收至迟当不逾本年年底,于时间上似尚有限制也。

三、续租刘公岛房屋事。原《意见书》第二条规定:"中国允将刘公岛内单开房屋等无偿借与英国海军,以十年为期,期满后英国政府得以按照原定条件展期续借,俟两国政府彼此同意将此项借用终止时,所有借用房屋等一并归还中国。"查此节英政府要求续租虽仅系岛上房屋若干所,本部以该岛为海军停泊要地,将来或须自辟军港,而原《意见书》只提明英国政府得照原定条件续借,而未及中国政府,既欠平允又非妥善办法。且细绎意义，非经英国府政之同意，我国不能停止租借，殆与永租无异，故不予允纳。彼仍持之甚坚，本部提议改为“经双方政府同意后得按照原定条件展期续借”，英使以此为实质修正，坚拒讨论，往返磋商至十余次，最终英使接英政府之训令勉强同意，惟提议须另加一段如下：“交收威海卫条约第二十条双方了解如英国政府于十年期满后愿意提议续租，中国政府对于此项提议非有适当理由不辞却考虑或拒绝续租，倘中英两国政府解释适当理由一语意见不同，不能由通常外交手续解决时，须按照国际公法及惯例所规定之其他友谊方法解决之。”英使以此系奉英政府训电办理，为最后之让步，本部如不赞同，交涉即将破裂。再四筹维，如任其破裂，则收回威海又将延搁，是因租借房屋问题牵动全部，且届期续租与否，依据英使修正条文，我国仍有伸缩余地，较之原《意见书》之权操自英者迥不相同，几经考量，勉予同意。惟商定所提增加一段，既属解释约文，只能用换文声明，不能列入约内。

四、外侨参预市政问题。原《意见书》第十二条及附件五款关于此问题规定设立顾问会及其职权等等，会员人数外人不能少于二人，华人不能多于五人等语。英使以英侨权利所在不能无确实之保障，故对于此款持之甚坚。惟查地方市政原属主权范围，现在普通地方自治制度我国尚未实行，诚望将来必有划一制度，苟于此时在威海卫创一特别制度，订立于国际条约之中，则将来采用划一制度时必感困难，且顾问会之组织如外人不能少于二人华人不能多于五人一语，亦属流弊滋多，因拟将该条改订，俾与华府所订解决山东悬案条约内之同样规定相符。其文如下：“中国政府声明，地方自治制度之法律未经编订及通行之前，中国地方官厅依照中国政府所颁布之章程，关于爱德华埠内之市政事件，凡直接有关侨民之幸福及利益者，应征求居住该埠内外国侨民之意见。”至于保障外侨利益应由中国政府自动于威海卫商埠章程内规定，以保主权。此节与英使几经磋磨，始能商定：凡原《意见书》第十二条及附件所规定之内容由我自行订于威埠商埠章程之内，不再列入约文。

五、撤退英兵期限。原《意见书》于撤退英国驻兵期限并无规定，此次协商，为免除流弊起见，本部提议加入“英国卫兵应于移交日起一个月内撤退”一句，英使表示同意。

六、雇用英人问题。原《意见书》规定于刘公岛设顾问会，于威海卫设道路委员会，均要求加入英国政府代表一人，彼方持之甚坚，我国以该处既由我收回，则凡关于行政事项应由我国自主，所需英人之处，亦只能由我延聘英国专门人员，不能由英政府自行遴派代表，且此事订入条文未免束缚。既系暂时性质，并应一律改用换文，与英使磋商结果如下：

（甲）刘公岛顾问会原《意见书》以英国方面为维持刘公岛现行市政起见，规定“由中英海军各派代表一人组织一会，以备行政长官顾问”，此次本部以为如此规定似有在刘公岛另设一机关之嫌，不予同意。再三磋商，英使提议改为“威海卫行政长官于接收威海卫专条第二十三条所称借用期内应雇用英国海军军官一员为刘公岛卫生医官或卫生副医官”，本部以既规定由我雇用，主权仍操之在我，且有一定之时间，予以同意。

（乙）威海卫道路委员会华盛顿会议时，英白尔福代表曾于致中国施代表函中提议，建筑联络威海卫码头与内地之铁路，以利交通。厥后梁督办与英委员协商，认此种计划为不便于原《意见书》规定“中国驻威行政长官应于接收后在威海组织委员会，召集会议英国政府派一代表与会，以便研究威海卫内地道路问题”。此次本部以为道路委员会系属中国内部行政，英国不应委派代表，提议由“威海卫行政长官雇用英国工程师一人为顾问，帮同究研威海卫内地道路问题”，磋商十余次，英使始予同意。

七、威海卫财政及邮局等事项：

（甲）爱德华埠市政常年经费事项。原《意见书》规定威海卫交还后，中国威海卫行政长官应于常年收入项下提出的款为办理市政经费，其数目应与英国管理威海卫最近三年间行政经费之平均数相等，对为条文。查办理市政诚须的款，惟事属内政范围，未便由双方协定，应由中国政府调令总税务司每年除威海关办公费及担保已借汇丰之债务外，尽先拨付威海卫行政费七万元（内赅现有路政岁修费），以十年为期。

（乙）支配威海卫关税事项。原《意见书》规定威海卫关税自中国接收日起，以十年为限，除支付征收费用及汇丰借款外，其余悉数拨充威海卫行政经费及扩充现有道路之用，列为条文。查此节亦属内政范围，应改由中国政府训令总税务司照办。

（丙）建筑威海卫码头与内地道路经费事项。原《意见书》规定"除威海卫行政经费以外，其余海关收入应作为建筑威海卫码头与内地汽车及大车道路之用，以十年为期"，列为条文。查此节属于内政范围，应改由中国政府训令总税务司照办。

（丁）偿还汇丰借款事项。关于威海卫德胜码头及坞口改良计划，英国政府曾借用汇丰银行款项，截至本年底约欠四千元，原《意见书》规定"威海卫交还后由中国威海卫行政公署继续偿还"，列为条文。此节事属暂时性质，应改用换文，并由政府训令总税务司办理，分月拨还。

（戊）德胜码头对于商民所负义务事项。英威海卫行政公署建筑德胜码头时，在威中外商民多所输助，故允准商民于码头附近储藏货物免征税捐，原《意见书》规定此项责任中国接收威海卫后继续担承，本部以此等事不必列入条文，应改用换文。

（己）刘公岛设立邮政分局事项。原《意见书》规定中国应在刘公岛上建设邮政分局列为条文，现改由中国政府训令邮政总局从速办理。

以上六项，本部提议从约中删去，由我训令所属遵照办理。一面照会英使接洽，经一再磋商，英使亦予同意。

八、刘公岛市政章程之维持。关于刘公岛市政章程，原《意见书》规定中国政府声明切实维持，似无修改之余地，此次本部提议改为酌量维持较有伸缩，英使已可同意。

九、英国海军在刘公岛打靶期限。原《意见书》于英海军在刘公岛登岸打靶期限并无规定，此次本部提议须以英海军借用刘公岛上房屋及给予便利之时期内为止，庶不致漫无限制，英使亦已同意。

中国第二历史档案馆藏北洋政府外交部档案

## 外交部关于威海卫租借地交涉议案

1923 年

查威海卫租借地交涉，本部与英使所议定之约款及换文等业经报告，并于本月二十一日提出通过在案。惟尚有训令总税务司在威海设立海关及训令邮政总局在刘公岛设立邮政分局暨制定威海商埠章程三事，应由我自动办理，于威海交收日施行，并应于签约日一并照达英使查照。兹拟具财政部税务处训令总税务司令稿一件、交通部训令邮政总局令稿一件及威海卫商埠章程草案一件提出讨论，是否可行，统希公决。

中国第二历史档案馆藏北洋政府外交部档案

## 外交部关于威海卫案意见书的说明

1923 年

威海案自去岁梁督办与英委员拟定《意见书》呈报政府后，因国内舆论之反对，本部曾于九月二十日及十月二日两致节略于英使，提议对于该《意见书》分实质、形式、文字三类加以修正。本年三月五日，据驻英朱代办电称：晤英威副外部、谒首相，研究此案，认为文字、形式上修正无妨，惟实质上不能再让，已电知驻京麻使等语。似此情形，转瞬与英使开议，本部所提形式、文字两类修正，或易得英使同意，而实质上修正恐难收圆满结果。查九月二十日本部节略所提实质上修正，共计五点：第一点加入“取销中英订租威海条约”文句，第二点明白规定交还日期，第五点确定英兵撤退期限。此三点，就事实上观察，与英人利益无大关系，英使谅能应允。惟第三点续租刘公岛问题，第四点外侨参预市政问题，必为将来双方争持之焦点。第四点英人之目的，在保护该埠外侨之既得权利及利益，我果允许将原《意见书》第十二条附件，完全规定于商埠章程中，并先期公布，声明自威海交还日起生效，则英人方面保护侨民之目的已达，或可不坚持原案，而我亦可免予威海创一无限期之特别□□，致将来实行普通自治制度时多一障碍。第三点刘公岛续租问题，原《意见书》第二条规定"十年期满后英国政府得按照原定条件展期续订，俟两国政府同意将此项借用终止之时，所有借用房产等一并归还中国"，是与永远租借无异，我国将永无收回之日。本部提议修正为"经中国政府同意，得照原定条件展期续借"，果能如是，则续租与否权操于我，岂不甚善，特恐难强英人就范耳。须不得已，或双方让步改为"经两国政府同意时，得照原条件续租"，较之原《意见书》或易商量。

中国第二历史档案馆藏北洋政府外交部档案

## 接受威海卫督办梁如浩回京

1923年1月7日

接受威海卫督办梁如浩奉北京政府电令回京，准备威海卫交涉移京开议。

关于接收威海卫事宜，中英两国委员谈判已有相当进展，北京政府乃电召接收威海卫督办梁如浩暨所属随员回京，英领事葛尔士亦至北京，与各该管局面商一切后，再展开正式谈判。

《中华民国史事纪要》(1923年,1—6月)，第51页

## 中英委员会第三次会议录(关于接收威海卫事)

1923年1月9日

密议字第八十号　民国十二年一月九日发

中英委员会第三次会议录(关于接收威海卫事)

中英委员会议录

五日第三次会议记录如左：

刘公岛地亩，经英政府租于其他外国人民者，英委员主张保留由中国政府换给契约，并使该国人民与中国人一律上税纳捐。梁督办曾于第二次议席上论及，深恐外国人不肯纳捐。翟委员长以为应由租地人及其本国领事在契约上签字声明，情愿纳捐，否则该本国领事得强迫执行。

翟委员长谓：于交还威海前二次会议时，似有误会，故代表英国委员宣言以为英国租借威海卫当时得有中国政府同意，并非强迫，使非英国在此，恐其他外国用租让九十九年办法，至今尚盘据于此也。关于中国政府之岛上一部份产业，当年中国政府自愿让与，且于英国占据时期内，中国鞭长莫及，实无所用之，英国固取而自用，并用巨款增巩房屋。至于岛上其余地，系英政府用现钱向民间购买，并用去巨款改造修造。中国官产固应交还，至购得产业又何能简单交还而不取偿乎？今英委员建议愿与中国海军同享岛上及港内一部份之优先权利，特为保留数事起见，将岛上所有购业无偿交还中国，可谓过于宽大矣。英政府尚未必肯允准也，而中国犹以为未足乎？其实，关于港内停船处所控深之费用，所耗甚巨，而所要求者不过在中国海军后之优先投锚权而已，否则对英不得要求偿还。若谓明年租借期限即满，然在交还之先，所有每年政费，因经常收入不敷分配，由政府所给之补助费均为大宗，并上项改良修造及购地各费用均应在要求偿还之列者也。华盛顿通过之青岛条约，关于修造改良各费，中国应偿还日本，则是中国方面并无权可以因日本曾使用青岛而向日本要求赔偿。今按照华盛顿第五次大会白尔福宣言，类似日本所用适当条约云云，则是中国并不能因英国曾使用威海卫而向英国要求赔偿也。

梁督办答言：关于港内投锚处所，因英国曾用钱浚凿，中国或愿给予英国海军优先待遇，惟此项让予字句间宜加斟酌，使其与华盛顿九国协约不相冲突。至于英海军在岛上所需要各项，似应为中国海军宽留余地，否则北京政府恐难应允。高委员言：两方面当续为磋商。

英委员所拟海军意见书附件(甲)项内之附表之关于公众产业各项:

公众产业分为四项:

(一)公众建筑内赅道路、堤岸、阴沟、码头、公园、森林、机器各项;

(二)中国官产赅房屋、土地让与英国未经偿价者;

(三)土地由英国政府各机关备价购买及其中所造房屋;

(四)皇家租出地所,此为土地经英政府租于中外人士者,此项租地系按照威海协定办理,其期长短不等,其中最长者为五十年,刘公岛上□旅馆租地系去年所租,尚有四十九年之久。

上开四项,除公众建筑一项,均将岛上岸上分为两类,下面分别详列之:

(一)公用建筑

所有公用建筑均为英政府理审部产业,其在例外者只有两项:

(甲)刘公岛海军部浮桥在千八百九十八年价值五千元,后由英政府添修,又用去一万英镑。

(乙)芝罘威海间电线于千九百零一年安设,价值万六千镑,合银元十六万正。

岸上岛上公用建筑合计共值三十三万五千元,再加森林价值共为三十七万五千元,而战胜浮桥及武库改良建筑两项,顷始完工,用去十万零五千元,尚不在上列数目之内,共详见下列第三项内,刘公岛机器并载在附表内者,系于前二年浚凿,计值二千七百七十元,此款应于上列总数内减去。

(二)中国官产让与英人未经偿价者

在岛上者　前次已经解说。

在岸上者　此项土地极为广阔。

(甲)政府衙署载于附件(地)者,其个性后价值一万七千元。

(乙)皇家租出地十三亩又四十七租地,在英人 ELAO 名下者及滨海六十亩又五十七租于华人名下者,均应再展租期,续定契约。

（丙）战胜浮桥及武库改良办法

此项建筑在滨海地方价值十万零五千元，系借用汇丰银行款项，该借款尚有一部分未及清还，及英政府对于商家之一切义务均应由中国政府代为担任。……

中国第二历史档案馆藏北洋政府外交部档案

## 太平洋会议善后委员会第十四次会议议事录

1923 年 1 月 26 日

议字第九十号　民国十二年二月二日发

太平洋会议善后委员会第十四次会议议事录

民国十二年一月二十六日下午三时开会

出席人数

汪副会长、王理事正廷、梁理事、张理事耀曾、胡理事、沈会员、刘会员馥、金会员（李司长钟岳代表）、徐会员、薛会员、刘会员治洲、严秘书长、吴会办、施司长、李司长景曦、嵇帮办

汪副会长主席续议接收威海卫事宜。

首由主席宣读上次会议议决四项，并请梁督办报告交涉大致情形。梁督办以本案范围甚广，不如就有疑义各点提出讨论。沈会员谓："中英委员往返提案，并外交、海军两部签注已由秘书处编成类汇，若以此为讨论之根据进行，当可便利，但凡有修改之处，当以对内不致发生误会、对外可以商榷为主旨。"

主席谓：似可依赖汇编定程序逐条讨论。如有意见，先加以大旨修改。众赞成。经详加讨论后，第一至第三条修正如左：

第一条

英国政府交还中国政府威海卫地方，内赅威海湾全岛（以一千八百九十九年及一千九百零一年划界委员会所划定建有界石为标准），划作一区，名为威海区，由中央政府派委行政长官，管理该区行政事务，并保持该处原有行政之良法美意（官制名称由内务部酌拟）。

第二条

在威海区境内划出一段,其范围……由中国自辟商埠作为各国通商及居留之用,所有商埠内之道路、桥梁、沟渠、路灯以及公共卫生事宜,得征集居留外人之意见,其办法由中国于商埠章程内定之。

第三条

删去。

并议决下星期五下午三时再行开会继续讨论。

六时半散会。

中国第二历史档案馆藏北洋政府外交部档案

## 太平洋会议善后委员会关于接收威海卫整理文字分委员会会议纪事录

1923年2月14日

密议字第九十五号　民国十二年二月十四日发

太平洋会议善后委员会关于接收威海卫整理文字分委员会会议纪事录

民国十二年二月十日下午三时开会

出席人数

施司长绍常、李司长景曦、吴总领事佩况、严秘书长

严秘书长云:本日我等清理接收威海卫刘公岛意见书草案未讨论以前,似宜先定一范围,以为清理之标准。管见所及约有数端,必须预先决定:(一)整理文字,此层当无问题;(二)条文中倘有不妥之处,是否可用签注法向大会建言;(三)根据大会对于本案之精神,威海应先收回,英人提出保留处所,中国政府应于收回后酌许借用,是条文中遇有保留字样者,似宜设法一律免避;(四)年限问题,关系甚巨,大凡关系我国内政主权者,其势不能订定年限,然不订定亦颇为难,即如就第一条言之,所称划作一区云云,如不订定年限,将成永久之局,日后情移势迁,虽欲变更,亦失自由之权,若使订定年限,此系划区问题,事关内

政,碍难有此办法;(五)原案威海卫与刘公岛分作两起整理意见书草案时,似宜并作一案,以免含有歧视之嫌。鄙见如此,是否有当,应请公决,当经各席赞同,并议决条文中含有关系内政者,应否列入,应由大会再加讨论,以期稳妥。

施司长提议:可将严秘书长意见向大会建议。众皆赞成。

李司长提议:条文中关于英政府无偿交还或允许用各节,似宜分类汇列,以期简明。众亦赞成。

严秘书长提议:将来正式条文中遇有中国政府应如何如何,"应"字最好改为"声明"二字,较为活动。

旋即详加讨论,逐条清理,并分别签注(见本会印件,议字第九十六号),以备大会审议。

六时半散会。

中国第二历史档案馆藏北洋政府外交部档案

## 吉林省议会要求收回威海卫快邮代电

1923年8月5日

北京府院各部、各省督军、督理、省长、各省议会、农工商教各会钧鉴:接山东省议会蒸电暨河南省议会咿电,以威海卫租期届满,自应据约收回。惟当局因循,致英委员提出极苛条件,并据调查所得,有英海军保留刘公岛以十五年为期,该岛抛锚处所必英海军不使用时,中国海军方能使用,此外为外人土地权改为永租,英国所保留之官地中国不得收回,海滨淤地原租户有优先权,威海卫一切收入由英国派人经理各等语,似不啻以威海一隅割与英国,主权丧失无过于斯,应请外交当局严予拒绝,并请全国人民群起力争,领土存亡在此一举。吉林省虽僻居关外,如承明教,亦誓必追随诸君子后,以相周旋。特电布达,惟急图之。吉林省议会。歌。印。

中国第二历史档案馆藏北洋政府陆军部档案

## （四）临城劫车案

说明：1923年5月6日凌晨，以孙美瑶为首的武装团伙，在津浦铁路的沙沟与临城两站间，拦截由浦口开往天津的第二次特别快车，劫持数十名中外人质，酿成震惊中外的临城劫车案，并由此引发中外交涉。在北京官方代表、临城劫匪、外国使节之间展开多次谈判，该案最后以人质平安获释、孙美瑶部被收编为官军（番号为"山东新编旅"）而告解决。临城劫车案对二十年代初期中国的内政外交均产生一定影响，它一方面加剧了北京政坛的派系纷争，加剧了中国政局的动荡；另一方面，对中国的国际地位与形象造成不利影响。列强企图通过临案攫取更多权益，在善后交涉中提出一系列干涉中国内政的苛刻要求，如赔偿损失、保障铁路安全和惩办责任者等。

### 交通部致内务部

1923年5月8日

交通部为咨行事：案据津浦路局电称，本月六日夜三时，由浦口北来特别快车，行至沙沟、临城站间，突被匪徒预先拆毁轨道，夜深未能了见。司机查觉，赶紧停驶，已将机车、邮车及三等客车二辆颠出轨外。土匪千余，开枪肆劫，搭客纷纷逃避，枪伤搭客英人一名，即时惨毙。华人搭客一人、路警一名，均受重伤。其余中外搭客被掳者，约百余人。旅客随身行旅被劫一空等语。接阅之下，实深诧异。当饬该局确查详情，设法救护。七日，据报被掳洋人搭客二十五人，已有七人出险。华人搭客，亦有三十一人出险。尚有洋人搭客十八名，华人搭客数十人被掳未回。修复轨道，约二三日即可竣工。各等情。查临城为津浦路线要道，竟有土匪预拆轨道，聚众千余黉夜肆劫。地方官吏、军队事前疏于防范，临事毫无救援，以致危及外人，损毁国道。沿线路警及压车警察,只能戢靖盗窃,未能抵御多数暴徒。若不速行扑灭,非惟引起重大外交,将国内路权,恐一隳而不可收拾。除咨呈国务院暨咨陆军部,并饬津浦局速筹修复,照常通车,并随时防范侦察外。为此,咨请贵部迅即咨行各该省省长,速饬地方营县肃清匪患,拔出被掳华洋搭客,以图补救,并妥筹善后办法。毋任匪徒肆扰,妨害交通,以维路政而重邦交。不胜迫切,为此咨请贵部,请烦查照,迅速施行。此咨内务总长。

交通总长　吴毓麟

中华民国十二年五月八日

《临城劫车案文电一组》,《历史档案》1981 年第 2 期

## 各国驻北京公使向北京政府严重抗议临城劫案

1923 年 5 月 8 日

英、美、法、义、比五国公使,因临城劫车案,先后向北京政府提严重抗议,又因怕伤害侨民生命,均坚决反对使用武力进剿,并分别报告本国政府,交涉紧急。

《中华民国史事纪要》(1923 年,1—6 月),第 594—595 页

## 北京政府关于惩处临城劫车案肇事地区文武官吏的命令

1923 年 5 月 8 日

六日晨发生之临城劫车案,北京政府以肇事地区之文武官吏有失职守,本日下令将山东督军田中玉、省长熊炳琦交陆军、内政两部议处,其他文武官吏,均先行撤职,听候查办,并责成该督军省长,速将被掳人等先行设法救回。令文如下:

"据交通部呈称:本月六日上午三时,由浦口北上特别快车驶至沙沟临城间,遇匪千余人,毁轨倾车,开枪,强劫伤毙华洋旅客及路警数名,并掳去百余人等语。查此次事变,匪数逾千,地方官吏军队事前毫无觉察,临时亦无救护之法,殊堪痛恨。山东督军田中玉、省长熊炳琦着交陆军、内务两部议处,所有肇事地点文武官吏,均即先行撤任,听候

查办。并责成该督军、省长迅将被掳人等先行设法救回,务令安全出险,嗣后沿路各省区应各一体切实防范,以靖匪患而利交通。如再疏虞,该管军民长官断难当此重咎也。此令。”

《中华民国史事纪要》(1923年,1—6月),第595—596页

## 外国使节与北京政府关于临城劫车案的交涉

1923年5月9日

英、美、法、义、比等五国公使继严重抗议之后,本日又发表声明,限北京政府于三日内,全数救出临城被掳外侨,逾限依时要求赔偿。北京政府以事态严重,遂集中全力讨论营救外侨问题。

北京政府既急于营救外侨,则所有进剿土匪计划,均只好暂搁,即山东督军田中玉亦以遵从外人意见先行相机救出被掳之人为是。本日田中玉电国务院张总理、交通部吴总长、保定曹巡(阁)〔阅〕使曰:

“昌密。叠电敬悉。前因鲁省兖沂一带匪势披猖,经玉饬队严剿,将该匪等历来盘据之巢穴,如豹子谷等处严密围困,以冀根株刬除。不料该匪勾引外匪,竟敢劫车架掳西人,以为要挟,殊堪痛恨。惟此事现既牵动外交,揆情度势,自未便操之过激。昨据美国公使与敝署张参谋面谈,现在临城方面之外人意见,均希望军队对于匪徒暂缓进剿,以免被掳之人,发生不测情事等因。经已飞电兖州何使,相机赶办。如果彼等主张,确于事实有利,自不妨暂行从权办理,知注特复。田中玉。佳。”

是日,北京政府特派代理部务沈瑞麟分访各国驻北京公使,说明北京政府处理方针。此为临城劫车案后,北京政府为此案首次分别与各国公使正式会晤。

当时,以英、义两国公使反应最为激烈,兹节录沈瑞麟分访英、义两公使馆“会晤问答”纪录,用观其概:

一、英馆会晤问答

部长(沈瑞麟)云:此次土匪抢劫津浦快车,绑掳外国旅客,并击毙

贵国人一名,实属意外事变,本国政府抱歉达于极点。

麻使(英公使)云:贵国系文明国,竟有此类之事发生,诚为不幸。津浦铁路系京沪要道,时刻有外人旅行,今因保护不力,以致快车被匪抢劫,掳去外国搭客二十余名,并击毙本国人一名,殊属骇人听闻。……

部长云:自昨日领衔公使谒见总理后,政府已决定采用和平方法,务期先将外人营救安全出险,然后进剿,以免被掳人遭遇不测。本日交通部接准曹巡阅使来电,赞成先用和平权变办法,曹使已派干员驰赴济南,帮同田、熊军民两长,商议急救办法,并带食品慰问被掳外国搭客。

麻使云:此事至为重大,尚不知贵国政府已否觉察其中利害,应请贵代总长转总理暨全体阁员,自从庚子以来,贵国外交事件之重要,诚未有过于此次者,敢请贵国政府急筹相当办法是幸。

部长云:昨日大总统业下命令,将山东督军省长交部议处,并将所有肇事地点文武官吏先行撤任,听候查办,并责成山东地方长官迅将被掳人等先设法救回。此令贵使当已阅悉。贵使所述各节,明日自当代陈总理。惟贵使以为本国政府或不觉察此事关系重大,贵使对于本国政府之责任心,似有未尽了然之处。

麻使云:此次遇匪之本国搭客,除被害之饶特纳君(按即罗斯门),及现时姓名未详一人外,尚有三四位英国人民,现仍被匪拘留,合应开单,以便设法营救。

部长云:一俟本部接有消息,即当随时用电话与贵署接洽。

二、义馆会晤问答

翟使(义公使)云(面提照会一件,口述照会内容要点)……首述穆安素律师尚在匪处,次谓卡罗丽女士(按即六日被土匪释放者)已于昨晨狼狈来京,义人所受损失,本公使应保留要求赔偿之权,穆安素之生命应由中国政府负责。末谓中国政府应即撤回追剿之军队,并立刻救回被掳之人。最后根据领衔公使用外交团名义向总理所作之声明,特向贵政府抗议。

部长(沈瑞麟)云:昨晚总理、吴总长与本次长曾经会议此案办法,先用和平手段救回被掳之人,然后再由四省会剿,以清匪患。

翟使云:此次事故发生,贵政府若不急切设法救出被掳之人,并速图善后办法,则将来影响于贵国前途,诚非浅鲜。

部长云:政府对于此事极为注重,业已电饬当地军民长官停止进剿,迅筹和平办法,营救被掳外人安全出险。此项训令极为严厉。

翟使云:据义女士所称,被掳之人,饮食极苦,并带来面包一小块,以示众人。

部长云:饮食一事,现已由交通总长、曹巡阅使,备就铺盖及食品,运送该处,托由乡人前往送赠。

翟使云:如此甚善。……

《中华民国史事纪要》(1923 年,1—6 月),第 606—608 页

## 孙凤藻[①]致北京政府交通部

1923 年 5 月 9 日

本日津浦铁路局局长孙凤藻向北京政府交通部总、次长及路政司电告临城劫车案发生经过。电曰:

“据警察处张处长文通八日由临城电称,文通在济南谒田督军,将接洽情形报告后,随乘快车于今日十一点抵临,当即招集各段长及逃回之员警,详询一切。据各方声称,失事之晚,匪等先将道旁工警拘禁,后拆轨道,地点距临城十余里,距沙沟八里。车行时,匪众一部包围游击车,大部上客车抢掠。游击警长下车抵抗,因警察不敌,被匪击散。迨陈分段长暨南下游客车李巡官率警赶至,匪众已向娘娘坟、狗窝、豹犊谷、黄风口一带逃去。探闻匪首为孙美瑶,旗上大书‘山东建国自治军第五路总司令孙’等字样,何镇守使已率队前往追剿。又据逃回者云:‘匪众曾向彼等声明,汝等回去转告田督,如将军队撤回,当将洋人放回,否则撕票’云云。查此次匪行此举,一因被兵追逃无路,一即故意

① 津浦铁路局局长。

惹起外交,以为要挟招安地步。观其注点架人一事,即可知其梗概。失事地点现有陆军、路警共同云护。余容续报语。谨转陈,请鉴察。”

《中华民国史事纪要》(1923 年,1—6 月),第 616 页

## 交通部致曹锟、田中玉[①]、熊炳琦[②]

1923 年 5 月 9 日

保定曹大帅、济南田督军、熊省长均鉴:昌密。据津浦局报称,探闻此次临城抢案,匪首为孙美瑶,旗上大书“山东建国自治军第五路总司令孙”等字样。匪众声称如将军队撤回,当将洋人放回云云。查匪众此举因被兵追逃无路,故意惹起外交,以为要挟招安地步等语。此事公使团极为愤激,以为庚子后一次之变,务请积极设法,早将中外搭客营救出险,是所至祷。交通部叩。佳。

《中华民国史事纪要》(1923 年,1—6 月),第 617 页

## 内务部致南京齐督军、韩省长,安徽马督理、吕省长

1923 年 5 月 9 日

南京齐督军、韩省长,安徽马督理、吕省长鉴:鱼日津浦站临城地方,大帮匪徒预拆铁道,劫掳中外客商,迭准交通部暨田督军先后咨电各到部,洵属变出非常,骇人闻听。事关民命邦交,外人责言烦至,影响国际,尤甚重要。除已电致田督军、熊省长迅筹救护中外客商,妥谋善后外,特此电达贵督军、督理、省长,迅于严饬津浦沿线及与鲁省交界地方该管军民官吏,赶速会筹防堵,协力进行,俾清匪患而资补救。并将办理情形,随时电部为要。内务部。佳。印。

《中华民国史事纪要》(1923 年,1—6 月),第 617 页

---

① 时任鲁督。

② 山东省长。

## 内务部致田中玉、熊炳琦

1923年5月9日

济南田督军、熊省长鉴:准贵督军阳电驰报,津浦路被劫情形,同时并准交通部咨达各到部。查此次匪徒预拆铁路劫掳中外客商,实属变出非常骇人闻听,事关民命邦交,外人责言烦至,影响国际尤关重要。应请迅予分别严饬军民官吏,立筹办法,救护被掳中外客商,速使出险,一面妥谋善后,肃清匪患,以资补救。并将办理情形,随时电部,不胜切盼。内部。佳。印。

《中华民国史事纪要》(1923年,1—6月),第617页

## 熊炳琦致国务院等

1923年5月11日

急。北京国务院钧鉴:外交部、交通部、内务部鉴:昌密。临城一案办理情形,迭经电陈,计邀鉴及。续奉青电,使团责难,外交日亟。炳琦身任封圻,责无可诿,自应急图补救,以谢友邦。除已严令肇事附近各县,协同驻军,勒限将中外人士完全出险及加悬重赏,以期救护外,并会同督军派郑帮办率领接洽该匪之人,于昨夜前往临城。再加派冯交(陟)〔涉〕员率人前往招待,并入山接洽。先此电复,余俟续得报告,再行驰陈。炳琦叩。真。

《临城劫车案文电一组》,《历史档案》1981年第2期

## 田中玉致北京政府

1923年5月12日

(衔略)真日各电计达,今晚七时抵临城,沿途视察,九时抵枣庄。据郑帮办士琦面称,峄县绅士李麟阁等三人,偕同被掳释回之杨毓珣,于昨日九时入山,与匪接洽,晚九时回枣。据称匪等待遇外人尚优,惟仍提昨提条件,非先解抱子固(即抱犊崮)之围不开谈判,并不愿与官厅人员接洽,须由外人或地方绅士居间,方足以资保证。琦意先行解围

之要挟，身为军人，似难轻于承认，惟迭奉电令，均以救外人出险为第一义，又驻枣之领团，环请从权，立速允许，以表示救票之诚，当令围攻抱子固之吴旅（按系第二十混成旅旅长吴长植部），暂行撤退，仍由李绅麟阁等偕同美人安迪森入山接洽，尚未据报等语。查此次匪徒，掳挟外人，肆意胁制，投鼠忌器，剿抚两难，竟一步迫于无可如何，已从权允许，而匪情鬼蜮，难保不得步进步，俟接洽稍有头绪，再以奉闻。玉来此接见领团，业将上项困难情形，剀切申说。领团目击实在状况，并见官厅之诚意，营救一切，均深谅解。时期一节，允电使团，勿过坚持，并电附陈，诸希指示。田中玉。文未。印。

《中华民国史事纪要》（1923 年，1—6 月），第 638 页

## 熊炳琦致北京政府

1923 年 5 月 12 日

（上略）顷据吴旅长长植真电报告，本日申刻入山各员回枣，称匪第一步要求，非吴旅先解抱子固（即抱犊崮）之围撤退，无交出余地。本晚已请在枣外人说明交还情形，并奉郑帮办谕，准其求生，覃日午前十时吴旅长、王团长以及保卫团撤至马厂、峨山口待命。文日与美人安迪森、江苏温交涉员、及该县李绅入山，交涉释放中外票民事件等语。查该匪抢车架票，出此毒计，其最要之点，即为解抱子固之围。兹既准其要求，撤退军队，释放票民，当可依限解决，谨先电陈，余容续报。熊炳琦叩。覃未。印。

《中华民国史事纪要》（1923 年，1—6 月），第 638—639 页

## 北京政府代表与临城劫车匪首开议

1923 年 5 月 13 日

在各国驻北京公使严重抗议，并限期“于三日内全数救出被难外侨，逾限依时要求赔偿”之压力下，交通总长吴毓麟于五月九日夜间，专车驰赴济南，会同山东督军田中玉，于次日连袂到达枣庄。

吴毓麟、田中玉到达枣庄之后,为求打开谈判之门,乃先分头拜访地绅,请托协助交涉。经乡绅们会商之后,挽请党金元、李炳章二人入山劝说土匪与官府开议。党、李于十二日入山会晤匪首,经党、李劝说,并责以大义之后,匪首应允与官方代表交涉。本日官府代表交通总长吴毓麟、山东督军田中玉偕美国人安特生(曹锟私人代表)、交涉员温世珍(齐燮元代表)于枣庄与孙美瑶、郭其才正式见面,商议赎放外侨及改编匪军为官军问题。议决官军撤退三十里,解除抱犊崮之围后,匪方即释放被劫外侨。政府方面并应允改编匪兵为正规军队。

**附录:田少仪:“细说孙美瑶与临城劫车案之四”**

李炳章党金元开启交涉之门

且说田中玉、吴毓麟前来枣庄的任务,是限期营救被掳的洋人安全出险,他们的锦囊妙计是“和平手段”、“权变办法”,明白来说,就是要与抱犊崮的土匪们办“交涉”。但官方的要员们,都不能、也不敢冒冒失失的直接入山,必须先探询匪方是否愿意交涉,并能说服他们;因为自事件发生以来,土匪们还没有透露出交涉的意向。对于这个任务,他们很自然的就想到地方乡绅们身上来。所以田、吴二人抵步伊始,席不暇暖,就开始分头拜客,凡地方上稍具声望的乡绅们,一一登门拜候,见面一律是央请出面帮忙,为国家也为地方,请协助官府与土匪交涉。督军总长而有那种卑躬屈节,磕头作揖的样子,实属前所未见。

在地方人士的观念中,所谓交涉,就是“说票”,说票则与土匪同罪。有身家地位的乡绅们,谁都不肯承担这种事情,但经不起官方的苦苦恳求,也为了地方上能早日安静下来,经乡绅们共同商议,总算挽请出党金元、李炳章二人来,并向田中玉、吴毓麟声明,他们二人代表地方,只负责劝告土匪们答应与官府交涉;至于如何交涉,仍请官府中人直接去办,他们不承担那个干系。田中玉等自然表示同意。他们于十二日清晨,就连袂入山去了。

党金元、李炳章入山后,匪首们闻讯立即前来会晤。他们开门见山,以乡长身份责备匪首们说:

“临城劫车这个案子,你们闹得实在太大了,为国家招惹了麻烦,更为地方惹来了祸害。现在南京有个谣传说:外国军舰已集中下关,洋兵就要登陆,前来救洋人。如果真有其事,洋兵们能不能打进抱犊崮来,暂且不说,地方上可要难免涂炭。就是官军如果不顾一切,集中兵力来打,抱犊崮又怎样防守呢?地方上可也要遭受兵荒马乱之灾。请你们为地方上的乡亲们想想吧,不要为地方上多惹事,到死后还留下骂名。”

匪首们听罢,颇为动容。于是继续劝告说:

“你们这样胡闹下去,将来是个什么结局呢?任何事情总得有个了结,现在田督军已下令官军撤出山区,你们不如趁此机会,接受招安,从此洗手,大家可以图个出身,官府也算有台阶可下,这是两全其美的办法,你们觉得怎么样?”

匪首们面面相觑,无人表示意见。沉默很久,据说还是郭其才先说话,他提出条件说:

“两位老爷子这样说,我们当然得依从。不过,也不能太便宜了官府,我们希望:①官军们撤得远远的;②给我们管个饷;③收编我们为一个师,先发给枪弹;④田中玉、何丰玉这两个人最可恶,都得撤职。”

党、李二人立即答覆说:

“我们不是官府中人,也不是来说票。只是看到你们办事没准头,将来无法收拾,指给你们个明路。你们可以再商议,推出代表,一切条件直接去与官府交涉,保证官府不扣留你们代表;官府或许也有代表来,你们也不能扣留或杀害。”

匪首们齐声应诺。于是党、李二人稍事休息,当天晚上十时就回到枣庄,向田中玉、吴毓麟说明详情,他们自是千恩万谢,感激非常,官匪交涉之门于焉启开。

党、李二人之能说服群匪,并不是偶然的;在地方上他们确有一言九鼎的力量。党金元,滕县人,安清帮“大字班”,附近各县的领袖。李炳章,峄县人,是翰苑门第,世代书香,其高祖是大翰林李晓东,他的舅父是光绪朝的翰林,他本人也是安清帮“大字班”,在鲁南一带,人们都以“李太少爷”称之。可见他们的声望如何了。

## 孙美瑶为代表与官方首次接触

匪首们送走了党金元、李炳章后,即时又商议起来。因为党、李二人临行嘱咐他们:推举代表,一切条件直接去与官府交涉;或许官府也有代表来。这是他们马上需要商议的事。

本文前已介绍:抱犊崮山区的土匪共有十余伙,他们互不隶属,要在群匪中推出一个总代表来,还真是一件煞费斟酌的事。细数众家英雄:论实力,应数孙家弟兄美松、美瑶的一伙,和周家弟兄天松、天伦的一伙,实力最大,各有人枪一百多。论智谋,要数军师郭其才,可惜他的实力太薄弱,除其自己外,再没有人枪是他的。论仪表,要数刘清源,与官府办交涉,人样子不坏。论凶狠,应推“馍馍六”,凶名在外,对官军和老百姓都有震慑作用。其余如李振海、张黑脸、齐守江、王二掌柜的……等匪首,也都各有其长短。不过,大家对于要做众家头目的总头目与总代表这个事,都不表示热衷。因为年龄大、经验多的匪首们,自临城劫车以来,都觉得这个案子做的有些卤莽;再听到党、李二人的责备和劝说,似已预感到后果可能不妙;他们更懂得“出头的椽子先烂”的道理,所以谁都不肯出头。只有那个少不更事的孙美瑶,流露出兴致勃勃,跃跃欲试的样子。于是,经过匪首们一番交头接耳,窃窃商议之后,就把孙美瑶推为交涉的代表,要官府收编,孙美瑶就是收编司令,并推郭其才做参谋长,算是保驾。匪方的交涉代表与未来的收编司令,就这样决定下来。

第二天(五月十三日),官方的正式代表果然前来,他们是美人安特生,和齐燮元的交涉员温世珍。稍作洽谈,即邀请匪首们派人与田中玉、吴毓麟会晤,俾开正式谈判。孙美瑶的差使来了,他邀约郭其才相陪,为他壮胆出主意,带了几个自以为悍不怕死的土匪,以单刀赴会的气概,随同安特生、温世珍来到枣庄,田中玉当然要假以辞色;土匪们横眉竖目,表示凶狠,初见世面的孙美瑶则故作大剌剌状。在通名报姓后，官方要求先行释放洋人；匪方答覆陆续释放，但须“官军再退三十里，解除抱犊崮之围”；“先送一批席子毯子毛巾脸盆和肉票的粮秣来”，并“收编我们这支部队”。田中玉完全应允。据说：他曾喜不自胜的拍着孙美瑶的肩头说：“各位有这层弃暗投明的意思，那真是太好了！我跟吴总长负责向黎大总统、张总理说成，保证不出三天，定有佳音。”

这是临城劫车案的官、匪交涉第一次正式接触，时间是五月十三日下午，地点是枣庄车站作为督军行辕的花车上。官匪开议释放洋人、收编军队的消息，迅即传播各地。也从此时起，孙美瑶遂被人们视为抱犊崮土匪的总头目，姓名因而大著。

就在当天的下午，官府与各地公团运来接济被掳人员的物品，包括食物、用具、烟酒、饮料等等，开始雇用民夫运送入山，从枣庄到峨山口的道路上，大车小辆，肩挑背负，人车络绎不绝。土匪们一礼全收，大部份被他们自己所享用，只有极少数粗劣的一部份，分润到肉票。这也就是匪巢的肉票们开始受到优待的一天。

《中华民国史事纪要》(1923 年，1—6 月)，第 640—649 页

## 各国公使再提严重抗议

1923 年 5 月 13 日

在当枣庄的官匪交涉进行之际，各国驻北京公使，因救洋人脱险的限期已过，认为“中央似无能力办理此事”，迫不及待，英、法、义等国公使，于五月十五日，再向北京政府提出严重抗议；竟至严重到要以“无政府之国”对待中国，“直接与匪人谈判”。兹录义大利公使向外交次长代理部务沈瑞麟面提抗议的纪录如后；在这个文件里，可使我们窥见各国态度之强硬、急切，北京政府的处境，以及枣庄官匪交涉的进行实况：

翟使云：津浦车被劫案，据报告：所派部员暨将官，均云未接训令办理云云。查外交团所定限期早届期满，尚无释放被掳人消息。倘此事

在外国发生,主管大员当日乘专车至出事地点;而贵国乃于四五日后,总长督军始行出发;到临城后,并未切实办理。……

部长云:本部长接冯特派员十三日发、十五日到来电一件,内称:昨晨入山人员,晚十时始返;据云前途要求解围招抚等项,田督军为急于营救起见,均允照办。今晨复派人去约该方要人来此商议,对于外人已允先行陆续放还等语。又据枣庄吴总长今日来电一件,内称齐督代表温交涉员世珍,曹巡阅使代表美人安特生,前、昨两日赴匪穴两次与之接洽,嘱其推举代表一人,指定地点开议,以免人众言庞。今日各帮股匪在山会议推举代表,大致要求受抚后如有切实保障,果不失信,然后将外人全数放回……等语。贵公使所接报告如何?

翟使云:本公使所接报告,在该处中国官员并未切实办理,以致被掳外人仍未释回。照此情形,中央似无能力办理此事。如果中央无此能力,则我等可以无政府之国待之,直接与匪人谈判。

部长云:自此案发生后,本部长不分昼夜与交通吴总长、孙次长办理此事,吴总长田督军亲临枣庄,则中央对于此案,不能不为特别注意。贵公使谅已早知,由山中来回系十四点钟。

翟使云:虽如此说,然至今毫无成绩可言。

部长云:撤退军队即是成绩。

翟使云:领袖公使星期日据贵部告知,所有被掳之人,大约于次日或星期二可以放回一部份,此种报告,全属子虚。

部长云:本部亦据所得来电告知领袖公使。贵公使所得报告,内容可见告否?

翟使云:本公使所接十五日所发之电谓,昨日匪人开会,商议提出条件等语。

部长云:据入山人员报告,被掳之人极为优待。

翟使云:优待固好,然至枪毙之时,已无救矣!

部长云:本部长可电询吴总长,盼有较为满意之回电。

翟使云:本公使以此事迫切,贵国无切实办法,故再正式抗议。

部长云:俟得答覆,即行奉告。

《中华民国史事纪要》(1923 年,1—6 月),第 650—651 页

## 熊炳琦致国务院等

1923 年 5 月 15 日

急。国务院、交通部钧鉴:昌密。接枣庄田督军元亥电,抱犊(固)〔崮〕围兵已撤。元晨李麟阁、温世珍、安迪森入山继续接洽,匪众忽有异议,谓须招集各路匪首开全体会议后,再于删日答复。前约分批释放旅客,仅允于明日放回一人,其余须俟招抚改编之后,带同出山。意人穆苏司在匪中患病,迭与磋商先行释放不允。现又托天主教白神甫前往担保,将穆移至医院。能否办到,亦无把握。匪徒鬼蜮,得步进步,恐难就我范围。惟有分途进行,百端容忍,以期有济等语。再据峄县辛知事寒电称:昨据李炳章称,匪要求条件:一、限二十旅退驻济宁,六旅驻原防不动。二、指定滕、峄绅士数十人担保。三、以东口山为开议地点。四、匪称有八千人编两旅。五、匪限兰陵、邹县、上村、山亭店子等处,得自由往来。寒晨,白神甫、德禄入山磋商。晚间,李炳章再往等语。除电复外,合并转陈。熊炳琦叩。

《临城劫车案文电一组》,《历史档案》1981 年第 2 期

## 王怀庆致交通部

1923 年 5 月 15 日

交通部鉴:查本月五日,津浦路特别快车在山东临城被大股匪徒拆毁铁轨,拦劫车辆,伤毙华洋旅客,并掳去旅客多人。此案涉及外交,事情重大。闻此中系含有他项臭味,其步骤先从津浦,次及京绥等路。此种奸谋,既经发现,京绥全路自应加意预防,以弭隐患。所有自宣化至西湾堡,为直隶区域,拟由宣化谭镇守使担任保护。由永嘉堡至堡子湾,为山西区域,拟请山西阎督军饬属保护。由丰镇至饪下营,为察哈尔区域,拟由察哈尔张都统派兵保护。由陶卜齐至包头镇,为绥远区

域，拟由绥远马都统饬属保护。除已分电山西阎督军暨察、绥两区都统，宣化谭镇守使查照办理外，特此奉达。即希查照为荷。王怀庆。五月十五日。

《临城劫车案文电一组》，《历史档案》1981 年第 2 期

## 吴毓麟致王怀庆、冯玉祥

1923 年 5 月 15 日

北京王巡阅使、冯检阅使鉴：昌密。匪劫外客，多方居奇。其又要求解豹子谷围，即放外人，迨围解而人不放。现又要求将附近剿匪之三旅撤退，俾便彼等召集各帮集议。闻其计划用缓兵计，集合范熠新及青岛、河南一带土匪，为一大部份之组织。盖以先绑去百余华人，及在车劫去数十华人，为赎金之用。以被掳未放之十七外人为要求反制军队之用，反复拖延。若不用快(切)〔刀〕斩乱麻之法解决，更恐无期。现经麟邀集士绅二、已经洗手之人，往与彼等开诚见示。如果诚心要求回抚，有一枪即收一人入伍，既为国家军队，应以国家为要，先将被掳中外之人，全数放回。保障之法，毓麟与保定代表杨处长、美人安迪生、温交涉员皆可入山为质，务以释放被掳者为要义。俟编制妥贴，协手同归，破釜沉舟，为最后之商询。且俟调人回报，即再详陈。毓麟叩。咸。

《临城劫车案文电一组》，《历史档案》1981 年第 2 期

## 田中玉致黎元洪等

1923 年 5 月 16 日

北京大总统、国务院钧鉴：外交部、陆军部、内务部、交通部、保定曹巡阅使、洛阳吴巡阅使、南京齐督军、开封张督理、蚌埠马督理、天津王省长鉴：昌密。昨因匪情反复，不履行前约，不得不稍示停顿，以抑其气。当由原居间人李、温、安等致函诘责。今晨匪中派人来枣，□请李、温、安三君入山，安斥以汝曹无信，不愿复任调停，匪使再四挽请，□约，

其确定办法,再行入山。适有前经招抚曾充团长之郭泰〔胜〕,匪中多其旧部,由天津杨处长介绍来枣,嘱往继续接洽,当由玉与吴总长商之郭泰〔胜〕:一、须将外人完全放出,然后由居间要人亲(价)〔往〕匪巢磋议编抚事件,以昭信证;二、编抚人数以山中原有之匪有枪者为限。郭等亦以为然,已先派人入山约其集合匪首,明晨由郭某亲往谈判,俟有端绪,再以奉闻。同时,有匪首孙美瑶之亲属尊长,央求前察哈尔团长陈孝全入山劝谕,孙匪亦有函欢迎。当派陈等分途前往,藉资旁助。本日下午,有法国人一名携出中国女孩一名由匪中回枣,询悉外人均各安适,并此附闻。田中玉。铣戌。印。

《临城劫车案文电一组》,《历史档案》1981 年第 2 期

## 内务部致直隶省等

1923 年 5 月 17 日

内务部为咨行事:本月八日奉大总统令,据交通部呈称,本月六日上午三时,由浦口北上特别快车,驶至沙沟、临城间,遇匪千余人,毁轨倾车,开枪强劫,伤毙华洋旅客及路警数名,并掳去百余人等语。查此次事变,匪数逾千,地方官吏军队,事前毫无觉察,临时亦无救护之法,殊堪痛恨。山东督军田中玉、省长熊炳琦着交陆军、内务两部议处。所有肇事地点文武官吏,均即先行撤任,听候查办。并责成该督军、省长迅将被掳人等,先行设法救回,务令安全出险。嗣后沿路各省区应各一体切实防范,以靖匪患而利交通。如再疏虞,该管军民长官,断难当此重咎也。此令。等因。奉此,相应咨行查照。即希转饬所属铁路沿线各该管地方军民官吏,一体遵令,严密注意,切实防范,是为至要。此咨直隶、浙江省长,河南督理、省长,江西督理,山西、湖北督军兼省长,奉天、吉林、黑龙江督军省长。

《临城劫车案文电一组》,《历史档案》1981 年第 2 期

## 吴毓麟等致黎元洪

1923 年 5 月 18 日

大总统钧鉴:张总理、外交部、内务部、陆军部、交通部鉴:昌密。筱日随杨处长来此之郭前团长泰胜,丁局长宏荃,及中玉委派陈孝全、李麟阁入山接洽,今晚回称,为质换人,匪不见允。经匪首孙美瑶以建国自治军名义致函中玉,要求撤退军队,接济粮米,由彼招集各路首领开议,方有正式条件。并据口称,须委彼以司令名目。现复委曲求全,再派丁、郭随李等入山,与之商洽。由中玉派孙为招抚司令,其副郭某为招抚参谋长,以先放回被掳客人三分之一为第一步。如受调融,军队亦可稍退,再放回三分之一为第二步。俟彼军队编制妥贴,全行放回为第三步。开诚相见,期早解决,尚不知能听从否。谨先电闻。毓麟、中玉叩。巧夜。

《临城劫车案文电一组》,《历史档案》1981 年第 2 期

## 外交部致吴佩孚[①]等

1923 年 5 月 19 日

万急。发枣庄吴总长、田督军电,五月十九日发第九二四号。

巧电悉。顷准领衔葡使节略内称:使团据枣庄各领事暨其他各正式代表等五月十八晚报告称:中国官员与匪党代表会议之停顿,实缘于匪穴围军,虽经中国政府叠次担保撤退,迄未实行;又各国领事及官员接匪首孙贵奇(译音)函称,豹子谷各官军如不即时撤退,战事必起,彼等即不能担保外人之安全等语。使团兹切请中国政府注意前经允予此项官军即日撤退之担保,并为维护被掳者之生命起见,力主此举不可再缓等语。特电达查照。希即迅筹办理。再,使团要求撤兵一节,仍请严守秘密,恐为匪党探知,藉以居奇,更形棘手。诸祈密运,并盼电复。外

① 时任两湖巡阅使。

交部。皓。

中国第二历史档案馆藏北洋政府外交部档案

## 外交部致曹锟①

1923 年 5 月 19 日

万急。发保定曹巡阅使电，五月十九日发第九二五号。

叠电均悉。使团以被掳外人未能如期释回，态度复趋严重。迭经疏解，意稍缓和。惟仍以未得确耗，时来质询。顷准领衔葡使交来使团议决拟致尊处密电一件，请为转达。译文如下：使团据枣庄各领事暨代表等确实报告称，中国政府虽曾迭次确切声明，而与匪党接触之军队，迄未撤退，战机迫切，外人安全不能担保。贵巡阅使为该地最高军事长官，凡军事行动，负有与外人生命及安全有关之责任，应请迅为设法撤退官军，以免各国人民之危险等语。特电达查照。再葡使面称，此电务请严密，彼于洋文报纸，决不披露，恐为匪党探知，藉以居奇，更形棘手。并以奉闻，诸希密鉴，伫候电复。外交部。皓。

中国第二历史档案馆藏北洋政府外交部档案

## 临城劫匪提出释放被掳人质之条件

1923 年 5 月 24 日

北京官方代表与临城劫匪开议释放被掳之人质问题，匪徒提出条件如下：

一、附近兵队当一体撤回至原驻地点。

二、传谕匪徒不得再行劫掠，但政府当设法于编入陆军之前，俾得有所养活。

三、匪徒（时号称计有万人）应编入四混成旅，直辖中央政府，不归何省当局节制，且其军装又须足备。

---

① 时任直鲁豫三省巡阅使。

四、中央政府当预发六个月饷项,其短欠六个月之饷款,亦须补发。

五、上述要求各条件一经表示同意,即由中央政府与匪首订立协约,由外交团代表签名,为担保人。

**附录一:钱锡霖之呈报**

敬陈者:锡霖此行在济南车站与熊省长诸君同见吴交长于车上,并见杨敬林处长,闻杨云:丁振之、郭泰盛均已回京,闻吴总长向王财政厅长令,其速筹军饷,有不分畛域,先急其所急,以顾大局,无论有何意见,将来再说。其言沉痛,实洞见时局之言也。霖在济南住二日,察听匪情,此时已无平和收抚之余地。今日痛剿外,别无良法。盖现在军、政、商、工、财政支绌,已遍及全国,即土匪亦绑架皆穷。山东土匪,从前仅架绅富之当家人或孤子,曰请财神,曰抱凤凰雏。其后渐进而架女界,或刨挖人家祖墓,实因掳财亦不易,不得不变其搜掳之术也。倘此次架外票而可以升官发财,名利双收,则将来国中外人无一地不在危险界中矣。况此次之土匪首领十五人,曰王守业、谟谟六、孙美瑶、孙美松等,其中仅褚、郭、周三匪曾历湖南张敬汤部下,其散匪中亦有少数新安武军,或少数湖南散兵,其大多数峄、滕、沂、蒙之土著,其实数仅千余人而已。此次之举,孙美瑶为当家者,因劫车者孙美瑶为首出力也。其实孙美瑶系新出之年轻人,并非积年老匪也。若纵其召集在包围以外之匪杆,若范铭新、孙矮子、顾得林之类,聚匪成群,则其势大力足,恐所要挟之收抚条件,尤难着手也。总之无论如何,欲救出所掳外人及被难华人,非实行痛剿不可。欲痛剿非实力任事,不存派别,不存意见,筹足粮糈,竭力痛剿,或可密密因势利用暗收匪类,使之伏处匪巢,保护中外人票以作内应,以策万全,是为一计划。锡霖除派旧随兵士之乡居者,并所识之峄、滕、沂山内之绅商,切实侦察匪情,以为他山之助外,谨以管见上陈,略备刍荛之一。谨上。

**附录二:临城劫车后的官匪交涉**

临城土匪劫掠津浦车架掳中外乘客一案,匪方用意虽狡,但当初他们所抱希望,决不如后此的那样奢,是可以断言的,乃驻北京公使团张惶于先,中国官吏张惶于后,土匪看破隐衷,已有不易就范的形势;而国内一般无聊之徒,因此麇集枣庄,群想藉此邀功;官僚政客纷纷以调人代表资格入山,对土匪胡乱提出条件,土匪便益存奢望,交涉更不易进行了!

官吏方面其始对匪竭力的谋妥洽,几有惟命是听的样子,包围抱犊崮军队既退三十里以循匪意;更招集可以与匪说话的人如天津警长杨以德,招安匪首郭泰胜、丁宏荃等入山与匪谈判;并循匪意委孙美瑶为收抚司令,郭其才为参谋。乃官兵退后,匪于十四日夜间在抱犊崮开二十余股匪首会议,突然变卦,既不遵约交出第一批应放外票,更于十五日向官方改提五项条件:(一)二十旅撤回济宁,第六旅回原防;(二)滕、峄两县绅耆担保事后不背盟杀降;(三)指定东凫山为官匪会谈地点;(四)匪众编成两旅;(五)邹县上村等五处改编后许其自由行动。于是交涉形势骤形紧急,据当时传说,土匪这种条件,是一个缓兵之计,意在迁延时日,俾得与河南、青岛等地土匪联合,成一大规模的组织;所以虽有杨以德、郭泰胜而无所施其技,吴毓麟因怕外人变脸,急得要入山为质了。所幸这时外交团已觉前此过事张惶的非计,态度略形和缓,十四日曾声明:(一)前次所定十二日之限期从宽展限;(二)只求中国当局能将此案迅速解决,且设法保障在华外人之安全,则对于此次意外损失并不苛求赔偿。而总统府顾问美国人安特生也由京到枣,加入调和,与温世珍一同入山,与匪为切实的磋商。官匪交涉迁延,至十七日,官方提出最后条件:(一)被掳者完全释出后,再由调人赴匪巢磋商;(二)招抚改编以山中原有匪中之有枪者为限。而土匪所提最后条件的对案则为:(一)官军限二十二日午止,完全撤回原防;(二)改编三师,先补充军械;(三)以上两条件履行后始放人票。其后田中玉最后让步,定三步办法:(一)官方由田循匪意委孙匪为招抚司令,郭匪为招抚参谋长,匪方交出人票三分之一,为第一步;(二)上条实行后官军再退后,匪再交出人票三分之一,为第二步;(三)匪军收编妥贴人票全放为第三步。土匪这时因各派政客多入匪巢谋利用,颇施其手段,一面与临枣官吏敷衍,一面派被掳法人贝路比携照会到京,分致英、美、法、意等领事，请使团压迫中国政府速撤兵。及至二十日有外匪一股意图突破官军阵线，冲进抱犊崮加入，已与驻军开枪。山中土匪更将所掳外票移至山巅，以防官军于决裂时夺票。二十一日晓，官军乃进行包围抱犊崮，吴毓麟、杨以德等先行赴津，陈调元、温世珍回苏，调人星散，田中玉便入京会议剿匪方针，交涉成决裂形势，收抚事件也告一段落了。

官匪交涉决裂后，临城方面由剿匪总司令郑士琦主持包围抱犊崮，使山内土匪坐困；田中玉、吴毓麟则到京分别访谒外交团报告土匪狡诈情形，又迭在国务院及总统府会议进行剿办方针；更以曹锟、熊炳琦竭力主张收抚，田吴又分赴津保疏通。结果，总统府、国务院固始终主剿，外交团亦谅解以剿为抚的用意，曹锟、熊炳琦亦不完全坚持收抚，于是直鲁豫苏等省各抽调军队赴临，增加剿匪军势力，航空署更组织飞机队往匪巢示威，并散布传单：一时主剿的空气大为浓厚了。土匪原是外强中干的，其所以敢于这样变卦，乃是误于政客入山的劝诱，以及鉴于调人的张惶失措，以为可以大事要挟；不料交涉决裂后，包围军既非常愤激，表示要踏破这老巢的态度，山内外又为官军完全隔绝，不能通消息，于是土匪不免略生畏惧，于二十六日央被掳美人上海密勒评论报记者鲍惠尔氏下山，向郑士琦磋商二次和议，形势乃又为之一变了！

二次和议既开，官方由郑士琦、陈调元主持，调人则除鲍惠尔外，亦仅安特生、温世珍等数人，京津、上海所来代表亦组织联合团体，举江经沅等数人主持帮助官吏与匪协商及救济山内被难华人事宜：山外的情形已不似初次交涉时那样乱杂无章，交涉自然易于进行了。

土匪初次托鲍惠尔要求先撤官军，将匪改编两混成旅，并须四国领事签字作证。郑士琦则主张先放人票，收抚时有枪土匪编军，无枪遣散。经鲍惠尔迭次往返磋商，匪已表示让步，二十七日鲍惠尔偕匪代表刘武刚等三人与郑士琦及公团代表接洽，先于三十日放出外票，英人史密斯，美人爱伦以示信。三十一日驻枣各公团救济联合会推本地绅士八人，北京商联会代表二人，上海商会代表一人，红十字会代表一人偕同陈调元、温世珍、安特生等在匪巢附近雾家厚地方与匪代表郭其才、刘武刚等会议,匪允有枪者编,不定人数,请官入山点名改编,临城劫车后,官匪交涉将及一月,到此始得略有头绪!

六月一日陈调元、温世珍携同书记数人,备带名册,入山点名改编;田中玉亦派人赴津购备军装二千副,运洋五万元,预备改编事宜办妥时使吴长植入山分给。以后的事情,记者当于这事完全终了时在本志下期或再下一期作一临城劫车土匪收抚成功记,以贺土匪诸君的升官,并颂办理本案诸官吏的丰功伟烈!

外交团方面态度和缓后,曾准备各国派遣在华军官组织国际委员团赴临枣视察护路围匪情形,向中国政府建议;并调查肇事时的事实报告使团,作将来要索赔偿的标准。这委员团组织事宜,初时中国政府议决拒驳;以后因拒驳无效,决派陆军部人员张膺方同去照料,更因张须留在北京参预政争,临时改派梁上栋于六月一日随同七国武官组织的委员团赴枣。田中玉于拒绝国际委员团赴枣无效后,曾电委员团请过济南时下车晤商,经委员团严词拒绝,预料这委员团的报告一定于中国官吏是有损无益的。

《中华民国史事纪要》(1923 年,1—6 月),第 681—684 页

## 汉口外侨协议临城劫车案善后方策

1923 年 5 月 24 日

汉口外侨于本日夜举行侨民大会,讨论临城劫车案善后方策。当经决议如下:

一、汉口外侨各诉于本国政府,令中国政府即将临城方面军队代表及调停人,与以撤退,由外交团直接向土匪交涉,所需一切费用,归中国政府负担,并将惹起祸害区域内官宪与以处罚。

二、要求中国裁去过剩之军队,于必要时,外国可与以武力的援助。

三、于外国人指挥下,组织守备队,以当保护铁路干线之任并可适宜利用之。该案极为妥当应立与采用。

《中华民国史事纪要》(1923 年,1—6 月),第 684 页

## 田中玉致外交部等

1923年5月31日

急。北京大总统、国务院、外交部、参陆部、内务部、交通都、保定曹巡阅使、洛阳吴巡阅使、南京齐督军、蚌埠马督理、开封张督理、天津王省长鉴:昌密。据郑帮办士琦卅电称:本日安、温、史三君偕同鲍惠尔君至十里河接洽,下午九钟回枣。同来者有英国人斯密斯君、美国人阿兰大佐。据安君等云及同至彼处晤孙美瑶、郭琪才暨前日到枣之刘凤翔、济振江等四人,聚谈之间,颇有觉悟。对于前日驳复条件,亦能晓然。惟编队一事,仍行再要求代为设法增添,俾安部众。且先将斯密斯君与阿兰大佐释回,以表诚意。并谓深愿安君等始终维持,不欲再行加入他人,致生意见。安君等以编队之事不能作主,遂商定卅一日在吴家后庄续行开议,再为解决等语。明日,拟仍托安、温、史君偕同陈使雪轩、黄参谋长德本,及绅士三、四人同往确商,以期速决。至此出险之斯、阿二君,已由士琦亲往访晤安慰,并道歉忱,颇得二君之谅解。知关廑系,谨先电闻。等情。查该匪等就抚形势,虽较前略有觉悟,能否就范,尚不可知。此间进剿准备,仍在积极进行,以防反覆。谨此电达,伏候明教。田中玉。此。印。

中国第二历史档案馆藏北洋政府内务部档案

## 田中玉致外交部等

1923年6月1日

急。北京大总统、国务院钧鉴:外交部、参陆部、内务部、交通部、保定曹巡阅使、洛阳吴巡阅使、南京齐督军、蚌埠马督理、开封张督理、天津王省长鉴:昌密。据郑帮办士琦世二电称:卅电计达,本日安、温二员偕陈使、黄参谋长及滕绅陈炳辰、刘子干、徐廉泉,峄绅金省臣、李麟阁、刘玉德等六君,至吴家后〔庄〕会议,下午六钟全体回枣。据云:到彼,与匪方郭琪才、济振江、刘凤翔及孙美瑶之代表孙汉经等四人晤商一切,彼等对于现在情形均尚了然。编队一事,彼等以伙众太多,一时尚难预定，拟先造一名册，分别愿否编伍，始能规定。并云彼等自在山聚集以来，借地方款项甚多，一经受抚，须由政府给发，以便偿还。察其所言，均尚近情。至于释放中外人士一节，彼等允于议定时，提前办理。拟请明日在半户庄续行开议。一面查造人数，并请携缮写人同来着手。等语。拟□日仍由陈使、黄参谋长及绅士诸人，前往续议。此本日议商之情形也。惟默察此事，如至解决之时，必需一宗巨款，约在十余万之数，请预为筹备。续议详情，容再电陈等情。合亟电闻，仍盼指示。田中玉。东。印。

中国第二历史档案馆藏北洋政府内务部档案

## 田中玉致外交部等

1923 年 6 月 3 日

急。北京大总统、国务院钧鉴：外交部、参陆部、内务部、交通部、保定曹巡阅使、洛阳吴巡阅使、南京齐督军、开封张督理、蚌埠马督理、天津王省长鉴：昌密。据郑帮办士琦冬电称：东电计达。本午陈使、黄参谋长暨各绅回枣，带出西人四，计艾斯、沙西二人，均英籍；恒利一人，美籍；维罗一人，墨籍。又中国人四，计严、张、周、吴等姓。据陈使等云：匪中点查人数未毕，致编队一节，仍未解决。盖匪目人多，殊难一致，且因安、温二君未往，匪中颇有戒心。释放旅客一节，多方设法，始得先释中西各四人。匪人郭琪才、孙琏经、济振江、陈怀荫等四名，随同来枣，面见士琦，适值武官团甫到，无暇多言，仅以最简单之语，晓以利害，并未稍假词色，该等亦知事机已迫，允回从速办理期以五日内决定。午后仍由陈使偕其回山。黄参谋长拟今明日带缮写二名，再行前往。释放中西人士，并经派员慰问。武官团到枣，竭力招待，均尚满意，定明日赴抱犊崮一带视察，由吴旅长陪往。知注谨闻等语。合电奉迭，藉释廑念。田中玉。江辰。印。

中国第二历史档案馆藏北洋政府内务部档案

## 田中玉致外交部等

1923年6月6日

急。北京大总统、国务院钧鉴:外交部、参陆部、内务部、财政部、交通部、保定曹巡阅使、洛阳吴巡阅使、南京齐督军、开封张督理、蚌埠马督理、天津王省长鉴:昌密。本日郑帮办士琦派本署参谋黄家濂,自枣庄回济报告连日办理情形,大致略有头绪。据称:编抚人数,以二千人为限,匪方要求安迪森签字担保。第二十旅旅长吴长植携带现款五万元,军服二千套入山办理编队事宜,即将中外旅客完全释出等语。查此案正当办法,自以剿办为宜,玉由京回济,积极筹备进剿计划,略已齐全,四面包围防线,亦经布置周密。只以各方人士救票之热心,苟该匪等有一线悔悟之机,多主张委曲求全。玉亦不能独违众议,当饬筹备现款五万元,服装二千套,派员送由郑帮办斟酌动用。并谆嘱中外旅客须与吴旅长入山编队同时完全释放,此为第一紧要关键,应特别注意,以免再生万一之枝节。结果如何,尚待该帮办详细报告。知关廑注,谨再电闻,仍盼指示为祷。田中玉。鱼戌。

中国第二历史档案馆藏北洋政府内务部档案

## 田中玉致外交部等

1923年6月12日

急。北京大总统,国务院,外交、陆军、内务、交通各部,保定曹巡阅使、洛阳吴巡阅使、南京齐督军、蚌埠马督理、开封张督理、天津王省长鉴:昌密。顷据郑帮办士琦文丑电称:陈使、黄参谋长,昨日入山未归,今晤安、温二君,恐前议中变,亦相偕入山。迨至午后六时,黄参谋长回枣,陈使仍留山中,据黄参谋长称,十日同陈使至半户与孙、郭各匪首晤谈,大致与前次所商,均尚无甚出入,但孙、郭二人,以此事须先与孙桂枝、周天松商定。于是孙、郭二人即赴十里河,至晚间孙、郭二人回半户,约请陈使与参谋长至十里河晤孙桂枝、周天松。讵意孙、周二人竟翻前议,谓受编人数至少须三千名中,且签字后,先释西人六名,留二名为质等语。陈使与参谋责其约失信，并经反覆譬解，刚柔并用，直至夜深，舌敝唇焦，而该等忽强忽弱，始终坚持。延至今日午间，参谋等深恐安、温二君不得内情，遽行到彼，反无商量余地。遂一面派人至峨山口暂止安、温前往，一面宣称谈判中止，就此告辞。孙桂枝与周天松等不肯放行，斯时始稍有转圜之意。复经一再磋商，窃以此事倘再延缓，恐将愈生枝节，遂议商人数稍予增加为二千五百人，编有枪者二千人，徒手者五百人。至释放西人一节，该等拟留西人二名为质，经陈使与参谋再三驳诘，始行打消，而该等终有疑虑。又拟签字后，留安君暂住山中，此举尤未便认可，复费许多唇舌，遂允以签字后，陈使与参谋暂住山中。商订各事，如有变化，并以二人生命担保，俟编队就绪，再为离去。至是始定十二日午刻签字，届时约同安、温二君及滕、峄绅士并商联会、红十字会各代表均到场，以昭信实。签字毕，即将中外旅客一律释出等语。士琦伏以此事已经延搁至今，而领团日日催迫，加之陈使居间，不辞劳瘁，往返跋涉，未使再为坚持，自应委曲求全，依照所议办理，期早解决，以重外交，而纾廑系。兹拟明日由吴旅长携带军衣款项与黄参谋长同时前往，以期捷速。至签字情形，容再续禀。再，前解到之款，仍不敷用，乞再筹三万元，速派员送枣应用等语。查该匪屡次反覆，自鱼电报告情形后，中间迭经波折，延宕至今，又演出此种状况，能否不生变化，尚不可知，俟中外旅客果否完全出险，再以奉闻，仍候明教。田中玉。文戌。

中国第二历史档案馆藏北洋政府内务部档案

## 田中玉致曹锟等

1923 年 6 月 13 日

急。保定曹巡阅使、洛阳吴巡阅使、北京王巡阅使、冯检阅使、南京齐督军、蚌埠马督理、开封张督理、天津王省长鉴：本日上中央一电文曰：文日各电计邀垂察，临案发生，全国属目，以投鼠忌器之故，委曲迁延，备历种种困难，至此始将被掠外人完全出险。追溯此案肇事之原因,有谓主使有人,作用有在,传闻异辞,未可臆度。又有谓军队无直接护路之规定,事起仓猝,未据报告,当时疏于防范,责有攸归。中玉之愚,均不敢借此以图诿过。自念忝绾军符,镇慑地方,本其职责。滕、峄丛山接壤三省,夙号匪区。连年以来,游勇散兵招募而去,溃遣而来,此未肃清,彼又增益。游手失业,啸聚成群。无论安插无方,养痈成患,抑或围剿过急,铤而走险。有一于此,皆属责所难辞,内咎外惭,悚惕无地。前于上月齐电自请褫职。蒸电复申前请,并声明由中玉办理该案,办结,即派员接替。今幸托政府福庇,邻省协助,该案已略有结果,仍请查照齐、蒸各电,立予褫职,并迅派大员接替山东督军职务,以昭儆戒,而重地方。待罪陈词,伏希鉴核施行,无任迫切。等语。合电奉达。田中玉。元。印。

《临城劫车案文电一组》,《历史档案》1981 年第 2 期

## 田中玉致外交部等

1923 年 6 月 13 日

北京大总统、国务院、外交部、参陆部、内务部、交通部、保定曹巡阅使、洛阳吴巡阅使、南京齐督军、蚌埠马督理、开封张督理、天津王省长鉴:昌密。文日另电计达。顷据郑帮办士琦电称:本日吴旅长带装、款同黄参谋长及绅士并商联会,约会各代表,至峨山口;约同安、温二君齐至十里河与孙桂枝、孙美瑶、郭琪才、周天松、褚思振等开议。不意周、褚复翻前议,以编制人数非五千不可,款项亦须十万之数。孙、郭等无力制止,谈判几至决裂。经大众一再磋商,始改定人数为三千名,政府担保两千七百名之饷,其余三百人之饷,由彼方各首领自任之。此次所给之款,改定为八万五千元,议定于午后四时由安君与孙桂枝双方签字,并经绅士代表等为证。西人八名完全释出,华票先释张强祖、郑炽、洪锡祺、谢三宝等四人。陈、吴、黄及绅士代表均留〔山〕中为质,藉以商办善后,安、温二君陪各西人回枣矣。谨禀闻等语。除派本署参谋长李竟密赴枣面商准驳外,合亟电陈,仍候明教。田中

玉。覃。

中国第二历史档案馆藏北洋政府内务部档案

## 田中玉致国务院等

1923 年 6 月 25 日

北京国务院、外交部、内务部、参陆部、交通部、保定曹巡阅使、洛阳吴巡阅使、南京齐督军、开封张督理、蚌埠马督理、天津王省长均鉴：昌密。临案情形，自文日西人完全出险后，华人仅放回四名，余因匪人要求，须俟编制就绪，再行释放。经即电知郑帮办士琦赶速进行，以资结束。兹据该帮办皓日电称：据吴旅长报告，山中编制，再有五日，可以竣事。惟彼中又拟以编队与释放中票，划为两事。谓中票一节，曾与陈使及商联会江代表等有所接洽，非俟陈等回来不能解决。当以编队本意，即为释放中西票起见，今西票释而中票留，将何以能解？且各省纷纷电责，倘再迁延，实于编抚有碍。经已函知吴旅长切实谕商，俾得早日释出中票等语。续据该帮办铣日电称：据杜参谋由山回枣报告，编制一层，已由吴旅长与孙美瑶规定，即用新编旅名目分为第一、二两团。现第一团已编齐，第二团尚费手续，非数日不能竣事。拟于廿四日先将第一团调出峨山口，择地暂驻，第二团亦限于最短期间成立。请将新编旅长孙美瑶，团长郭琪才、周天松等委任状，先行颁发。至中票一节，据孙美瑶称，仍非陈使回来，不能办理。缘陈曾许以巨款，现孙已专人赴徐州请陈，如果陈实不来，再行从长计议等语。除已分别电复，务将彼羁中票迅速磋商释放，并将编抚善后各事宜，赶紧办结，以免别滋纠纷外，特电奉闻，借纾廑注。田中玉。有。印。

《临城劫车案文电一组》，《历史档案》1981 年第 2 期

## 田中玉致外交部等

1923 年 6 月 25 日

急。北京国务院、外交部、内务部、参陆部、交通部、保定曹巡阅使、

洛阳吴巡阅使、南京齐督军、开封张督理、蚌埠马督理、天津王省长均鉴:昌密。昨电计达。顷据郑帮办士琦敬二电称:本日吴旅长及各绅士代表等带同华票秦锡益、秦汉元、曹星洲、马小周、钱光治、赵翼军、李荣书、王有训、焦宗琴、刘恩玉、沙修夫、庄□轩、庄巽生、吴韵甫、张华轩、王度、符宝斋、史仲修等十八人完全出山到枣。除详情另电外,谨先驰陈,仰慰廑系。又据该帮办敬三电称:顷晤吴旅长,谈及新编旅,准定感日一律编制成立。本日该旅第一团已开出两连至郭里集,暂驻该处,人民均尚相安。该旅完全编成后,拟即分驻郭里集一带训练各等情。特录奉闻。田中玉。径。印。

中国第二历史档案馆藏北洋政府内务部档案

## 山东督军田中玉订定护路防匪办法七条

1923 年 6 月

山东督军田中玉鉴于此次临城劫车事件之发生,职责攸关,倍受谴责,乃作亡羊补牢之法,除将胶济路夜行快车先行停止外,复电召胶济路局长刘堃、津浦路局长孙凤藻会商护路方法,结果定出护路防匪办法七条如下:

一、所有沿线扎定军队及警备队,均应协同保护列车。

二、列车到站时一切警备,应由铁路巡警完全负责。

三、驻扎沿路各军队或县警,对于防备区域,应派部队前往各站,与军警互相联络。

四、所有驻扎沿线之军队、或县警备队、及铁路巡警,应随时侦探附近之匪状,互相通告,俾得先事预防。

五、凡沿路匪徒,将有袭击火车之事发生时,应急电督军署知照。铁路局预先准备以安行旅。

六、遇有紧急之时,铁路应编制军用列车以图抵制。

七、驻扎沿路军队之配置办法,应由各军长官详细计划,呈候办理。

《中华民国史事纪要》(1923 年,1—6 月),第 771—772 页

## 驻北京外交使团致外交部

1923 年 8 月 10 日

为照会事:关于临城案件(即一九二三年五月六日晚间津浦路快车被匪抢劫,架去外人多名),前已由外交团迭次照会中国政府,兹将外交团关于此案之决议,敬达中国政府如左:(一)外交团为该案被害者向中国政府要求赔偿损失;(二)外交团认为将来必须采用之保障,即各督军及其他官吏之责任并各铁路之保护办法;(三)惩罚:即在此案内不能尽职或通匪之官员。

(一)赔偿损失

外交团因临城案被掳外侨向中国政府要求赔偿损失,此项赔偿损失分列各项如左:(甲)当劫车时被掳者之行李与物件因被窃或遗落而致失去者,及在被拘期内每人所用之医药费,均须赔偿,此项赔偿之数以各本人在该国领事前所发誓声明者为准。(乙)外人被土匪拘留中所受生活或自由之拘束,及种种困乏与苛待均须规定赔偿如左:五月六日土匪劫车时,外人被击死亡者,赔偿二万元。外人在五月六、七、八三日被拘期内,每人每日赔偿五百元。自五月九日起一星期内,每人每日赔偿一百元。自五月十六日起一星期内,每人每日赔偿一百五十元。自五月二十三日起一星期内,每人每日赔偿二百元。自五月三十日起一星期内,每人每日赔偿二百五十元。自六月六日起一星期内,每人每日赔偿三百元。(丙)接济被掳者之一切费用均须赔偿。外交团声明:临城案被掳之外人,除上列甲、乙、丙各项所规定之赔偿要求外,如因被拘留所发生或所受影响,以致有体质上之损伤,医术上必需之调治,人款之损失及暂时或永久减少作事上之能力者,按照各人情形得有向中国政府索取额外赔偿之权,此项个人赔偿,须经本人所属之使馆分别考核后提出。外交团对于去年六月至十二月间,外人在豫省所受土匪种种损失,经有关系各使馆向中国政府业已单独提出要求或行将单独提出者,予以助力,以表示外交团确知此事,并赞成其要求之原则。

(二)将来之保障

外交团观察土匪之猖獗,不独山东一隅,尚有直隶、江苏、河南、安徽及其他各省之全部或一部分亦然。而目前所采取治匪之法,殊属无济,至为憾事。中国政府第一之责任,在维持秩序及保护中外人民免受匪徒之暴行与苛待,故外交团请中国政府速命各巡阅使、各督军等互相联合,并各出其最优军队及最严厉之办法为治匪之用。外交团将暂令各使馆武员随时留意此种办法,并缮具报告。

(甲)各督军及其他各省或各地方官吏之责任

一九〇〇年最后之和议书(第十章及附件第十六节)声明各省或各地方文武长官,须谋最有效之方法以保护外人,并于所管辖境内如复遇有伤害外国人民之事,应负维持秩序之责,其不能尽此责任者,将受以下之处罚:"如或漫无觉察,甚至有意纵容酿成巨案,或另有违约之行不即立时弹压,或不立行惩办者,该管督抚文武大吏及地方有司各官,一概革职,永不叙用,不准投效他省希图开复,亦不得别给奖叙。"

土匪为在华外人生命财产及权利之最大障碍物,外交团深愿确悉此种特别乱象,职是之故,遇必要时,决定派员前往匪扰省分考在实地情形,并报告调查之结果。倘外交团觉察其督军、某司令,或某省官吏,或某地方官吏从前或现在不能尽其职务,按照一九〇一年条约所规定保护外人之安宁,除处以相当之惩戒罚金或其他处分外,得要求适用上述条约所规定之惩罚。外交团并保留饬令在通商口岸租界内,不得保护此种文武官吏之权。

(乙)各铁路之保护办法

查津浦路系中国国有铁道之一大干线,此次临城劫案,足以证明外人在该路旅行之危险。外交团所施之调查及派往临城国际军官委员团之报告,其结果已证实中国护路办法之组织未臻完善。外交团认为中国目下护路之改良刻不容缓。故甚愿尽其责任赞助中国政府,协同办理。外交团所拟改良护路之办法,即主改组特别中国警察,以保护中国各铁路,此项特别路警由外国武官监督之。外交团俟详加研究此问题后,保留于最短期内,得将其核定之计划书,提交中国政府之权。

(三)惩罚

外交团请求中国政府惩办军民官吏及津浦路局职员,因彼等或有通匪嫌疑,或事前疏忽,或当时弹压不力,以及事后办理不善,致使延长外人被拘日期。除应行继续追究之详情外,经国际调查委员会及国际军官委员团以及他种方法详密调查后,外交团认为应向中国政府要求惩罚下列所开最少限度之员名:(一)山东督军田中玉。督军为全省军事长官,负有直接及完全维持该省治安,保护外人,并筹发饷糈,严伸纪律之责,应立即免去现有官职,嗣后在中国领土内不再授予何项官职,或正式任务,并不得予以何项荣誉。(二)兖州镇守使兼山东第六混成旅旅长何锋钰。既为镇守使,其在山东南部之职务,与田中玉在山东省之职务相同。该省南部土匪蔓延,除田督军外,该镇守使实负其责,应将其免去官职,并嗣后不得予以何项军事官职。(三)津浦路警务处长张文通。该路警队之纪律与行为,及该段路线内之列车,均由该员负责,应免去职务,嗣后不得任以何项铁路警务之职。(四)随车巡警队长赵德朝。当五月六日快车被劫,该员在车执务,负有保护该车之责,当劫案发生时,该员未着制服,亦未出若何办法,并任土匪将伊掳去,应免去现有官职,嗣后不得再任以警务之职。按照以上第二款甲项末段之规定,外交团对于以上四员保留饬令在通商口岸租界内不得予以保护之权。惟此数员之惩罚,并不能满足外交团之正当要求。此次津浦路之劫案,外人被掳与其拘留时间及种种救援外人方法,均足以证明外人在华并不能享受其应有安宁之担保,故此后中国政府与各省官吏如能确实尊重外人之权利及现行各条约,斯为临城案真正之惩罚也。

外交团决意以全力积极维护此项权利,及此项条约之适用,该项条约于一九一三年十月六日,即在十月十日中华民国成立以前,向各使馆正式宣言承认者。外交团于本照会结论以前,对于中国土匪之状况,请中国政府注意,因照目下情形,此种匪患实为中国全国之绝大险境,并危及外人在华之权利与利益也。中国某处不靖,外交部欲停止外人旅行，即正式通告外交团传知各国侨民，可见中国政府自行承认其国境内土匪之存在及近来匪势之盛。中国政府经外交团答以此项通告，仅能认为在有限期内发生效力。兹外交团向中国政府声明，嗣后此种通告视为中国政府正式承认，在此区域内土匪之存在，如经过一定期限后，中国政府续有此种通告，则外交团视同中国政府正式承认在有匪区域内已无力剿办。外交团以此项土匪损害各国侨民之权利与利益，故力主剿除；但华人所受匪患之痛苦，亦并不减于外人。外交团向中国政府要求剿匪，藉以确保外人在华之安宁；其实外交团亦要求华人在其本国境内，得同样之安宁。近因匪势之盛，而发生不幸之影响者，非由于兵力之不足。盖中国现有之军队，实较多于世界各国，但此种军队不能用于剿匪者，一则因欠饷之故，不愿出全力，以从事或竟与匪勾结；一则以较优之军队，而用于其他方面，如中国政府一任此项有纪律之军队，耗于国内之竞争，实足以使此大国沦于永久分裂，殊与国家军队正当之任务相背，非特不能抵御匪徒之暴行，反足以为中国人民感受痛苦之源。倘中国政府继续姑容或放任此种扰害，并不主剿除此项损害在华外人权与利益之匪患，外交团不得不采用何种办法，以保护外人在华之生命财产权利与利益。中国为世界民族之一分子，得享受其分内之权利与特权，乃不能尽其应尽之义务。但上述权利与特权之享受，实为尽其应尽义务之结果也。关于临城赔偿案，外交团深愿向中国政府切实声明：得达其在本照会内所提赔偿，保障及惩罚各问题之意旨。十六国公使代办署名。

中国第二历史档案馆藏北洋政府外交部档案

## 田中玉致外交部等

1923年8月14日

国务院、外交部、陆军部、内务部、交通部、各部院、王巡阅使、冯检阅使、保定曹巡阅使、洛阳吴巡阅使、南京齐督军、开封张督理、蚌埠马督理、天津王省长鉴：临城劫案掳及外人，鲁省不幸运丁其变，当时居奇要挟,投鼠忌器,宽猛两穷。中玉补过多愆,力排群议,以剿寓抚,中历为艰,所幸善后渐告结束,中外人士被掳各票先后安归,其间三电中央,自请褫职。原希尊重自国主权,藉免对外荆棘,耿耿私衷,讵求人喻。乃中央明令久未下颁,使团通牒要挟过当,中玉自劾在先,宁愿多言。顾以国家互相平等,临案首开交涉恶例于外侨,嗣后安全益多危险,不能不略有所陈,用供鉴择。外国武官监视路警,干涉内政,形同共管,首应力争。临案发生,中国京外有责官吏均竭力自求补救,引为已责。护路另加武装车辆,且自由延请曼德中将视察各路,中外所知。若再以外交方式为监视之要求,不但贻蹊田夺牛之诮,且藉一隅之事以推翻华府会议国际平等精神,殊非所宜。此于通牒外国武官监视路警一层,所应力争者一。又此次遇劫,不仅外人,军事负责官吏闻警营救毫无懈弛,先外后内完全释出,于护路警官及管辖该处军官业已先后分别罢免,中玉并数请中央褫职。以中国主权自明其责,毫无回护,此固为中国豁大之精神,当为全世界人民所谅解。若必以外交方式为漫无等差之惩处,恶风一启,不逞之徒或以私仇或以政争随时随地皆可劫持戕害侨民,假乎外交推翻疆吏,势必使中国益增纠纷,无形中俾外侨自种危险。此于通牒以外交式要求惩罚,互蒙其损,所应力争者二。又中外人民身命根本相同,中外官吏负责宜平等。远者吾民侨处东西各国,被劫被戕,时有所闻,近者吾民寓居沪汉租界被劫被杀亦无岁不有,如亦依通牒所称各节,对于其肇事地点或租界之最高长官为同样之要求,此电于中国国家和平豁□之精神相违,而自国际相互责任言之,则不能不案据使团通牒伸张其理。综核通牒全部内容,系援引庚子条约,两相比较,殊为误会。盖彼则官府纵庇匪徒共同排外,此次则匪挟重外人劫持官府,彼则军队指挥拳匪妄加戕害,此次则军队努力救护终获安全,语其性质根本不同,强相援引是不啻以德为怨,视友如敌,直将全国各界奔走营救慰问之感情概行埋没,不特侵夺国权,抑且有损睦谊,此尤区区之愚亟欲加以剖辨者也。中玉一介武夫,不谙交涉,以上所陈纯系近本事实,远察将来,为自国主权计,为国际平等计,为泯消外交恶例计,为免种侨民危机计,贡自刍荛之私,用备樽俎之折。至个人地位,自请褫职,三电俱在,他无所云,伏乞谅察。田中玉。寒。

中国第二历史档案馆藏北洋政府内务部档案

## 外交部致驻北京外交使团

1923年9月24日

为照复事:关于临城劫车一案,准八月十日贵领衔公使面交、外交团来照,除已照复阅悉外,兹经本国政府详加考虑,本照经外交团全体署名,其人民幸未波及之诸国,亦与其列,益增本国政府之重视焉。查本案系因大股土匪于五月五日至六日夜间,在山东边界临城附近地方,袭劫津浦快车。据本案中外调查委员会之报告,土匪于肇事地点,潜将铁轨上之鱼尾板移去数段,致使火车于六日约二点五十分钟之顷出轨,对于旅客、车役一律肆意抢劫,戕毙外人一名,并掳去其余外人多名暨华人百余名。本国政府对于本案发生之愤慨,实不亚于贵领衔公使暨各国公使,而英人一名被害,其他旅客被匪掳掠,被拘期内备尝艰苦,曾引起全国惋惜之同情,即今事隔数月,本国政府提及此案,其愤慨犹未稍减。所幸此项深可痛惜之案,并非排外举动,亦无特种仇视外人之表征。究其原由,实出于土匪之不法行为,意在抢掠财物,掳劫旅客,藉以要挟官军之撤退,而解抱犊(固)〔崮〕之围耳。本国政府与全国人民之一致痛嫉,因有外人在内,更为严厉,当时对于被掳诸人之积极营救暨公私团体之热诚协助,足为本国友视外人之明证。详论本案事实,实不能谓本国政府负有赔偿损失之责任,但鉴于外人被掳之情形暨所尝之艰苦,本国政府自愿本优厚之精神,给予公平之偿恤。并为分内核计起见,愿就来照所开甲、乙、丙三项办法为根据,至被掳者,被拘时期每一星期累进加偿,其理由似欠明晰。缘释放迟缓之原因,系以改剿为抚,为营救最妥之方法,以达安全释放之目的,恰与外交团所表之志愿相符合。至来照所开个人之“附带赔偿”,在性质上言□属间接损失,或与本案无切近关系,或仅系影响所及者,本国政府碍难一并列为核计外人应得恤偿之根据。来照内开：一九二二年六月至十二月间，外人在豫省所受土匪损失，要求赔偿一层。查豫省之案与临城案无甚并连，情形亦复不同。现正由地方官与有关系之各国领事，就地办理，本国政府希望贵领衔公使对于该案与临城案分别讨论，不加异议。

来照内开将来保障一节，本国政府碍难同意，深望外交团重加考量。查《辛丑和约》于本案似不适用，该约系因解决拳匪之乱而缔结。拳乱之目的在损害外人生命财产，当时中央与各省一部分官吏且有(从)〔纵〕容之事迹。来照所引之该约第十款及附件第十六节，溯其用意，原系应付一种情状而设，此种情状至今从未发生。即就本案论，亦未尝发见，临城土匪劫车掳掠旅客不分中外，既非排外之举，更无官吏(从)〔纵〕容或与匪同谋之据。况该省军队正在临城附近剿匪，匪党因欲要挟官军解围及抢劫财物，始秘谋肇事。自该省当局闻讯，即极力营救，冀使被掳外人安全释放，幸卒成功。总之，各省官吏对于各国人民极抱好感，故本国政府虽极愿尽其力之所能，防止类于临案事件之发生，然终以为引用《辛丑条约》实非正当或必要之保障。倘若坚持，非特有牵动中国人民良感之虑，而于外人生命财产之安全亦无所增益也。

外交团欲见中国改良护路办法，实与本国政府之方针适相符合。本国政府对此项问题，业已详加研究，并已规定办法，以达保护各路行旅安全之旨。所有京汉、陇海、京奉、津浦各路所经之地，现划为四区，每区沿路择定险要地点，驻扎军队，以资保护。交通部并将原有维持车站、列车治安之特别路警，力加改良，决定于必要时聘用外国专门人才，以资襄助。因此，现已设立专处，任用富有经验之军官从事训练路警，改编新队暨办理调遣稽查各事务。本国政府视护路一事为中国目前内政要举，应负之责未尝放弃，自毋待本总长赘述。本国政府虽于外交团之关怀路警问题及其襄助之盛意，深为纫感。然又因职责所在，对于外交团所拟提议之计划，义难承受。但本总长可向贵领衔公使切实声明：本届政府自动改良护路之计划，决意极力进行，期获最良之效果也。

惩罚一项，外交团来照指名要求本国政府惩办官员数人。查此种严重案件，凡应负责之人自当从严惩办。本国政府所不能允从外交团之要求者，实因按照条约，凡惩处中国官吏、人民，皆须由中国政府依照中国法律办理，本国政府对于本案负责之人，并非无意惩办，亦非对于应行惩处者不欲予以应得之处分，在事实上已将本案负责诸人，或早予惩办，或已交议处，俾知警惕，并戒将来。本年五月九日，本案发生后三日，即经大总统命令将山东督军田中玉等交内务、陆军两部议处，其他军官免职，听候查办，又六月二十六日，大总统命令兖州镇守使兼山东第六混成旅旅长何锋钰免职，听候查办，津浦路警务处长张文通及在被劫车上巡官赵德朝等均经交通部立予撤差。是外交团现所要求惩办之四员，本国政府业经按照本国法律分别惩治及交部议处矣。

从临城案观之，如外国旅客在中国内地犹有危险，当系内地各处土匪骚扰之故，非将铁路经过各区之土匪完全肃清，则改组路警保护旅客安全之功效，仍属有限。各省当局鉴于土匪蔓延，有危及一般生命财产之虑，亦尝随时剿办。本国政府为求剿匪速效起见，复于本年八月三十日明令简派干练军官担任剿匪，并选派劲旅，统一其指挥之权，协力会剿，以免此剿彼窜之弊。此项会剿计划，已见明效，假以时日，则来照所述之匪患当可早告肃清也。

抑本总长更有向贵领衔公使切实声明者，本国政府对于外国侨民在中国内地之安宁，素极注重。此次临城案发生之情形，实预料所未及，虽然本国政府责成各省长官保护外侨弗遗余力之决心，始终不渝。故特于本年八月二十九日重申诰诫令各省长官于境内外人切实保护，倘有疏虞，决不轻贷。上述改良路警、会剿土匪及加意保护外侨各端，现既定有办法，本国政府深信在华外人生命财产权利利益之安全，必能益受保障也。除照复来照签字各公使外，相应照复贵领衔公使查照。须至照会者。

中国第二历史档案馆藏北洋政府外交部档案

## 山东省各界代表张思纬等致高凌蔚[①]请愿书

1923 年 9 月

为请愿事:窃维临案通牒,全国愤慨,以肇事属于鲁省,我东各界奔走呼救,业经迭电奉陈。兹据报载:各国对此案之越权已多自反悔,而我政府慎重答复,更早有喧传,似无庸腮腮过虑矣。惟事关国权,匹夫有责,谨再就外牒要求三项分晰陈之。一、关于赔偿问题。查临案发生后,我军事当局即主严剿,外国不察我国匪情,反百般阻挠,代匪要求撤退包围抱犊崮之军队,以致该匪狡谋得逞,难就范围,使当时我国仍主严剿,危及外人,以言赔偿,犹可说也。乃既变剿为抚,曲就外人之主张,希图安全出险,致丧威信、糜金钱而不惜,在我国重视外侨已有莫大之牺牲矣!今反以怨报德,肆其赔偿之要求,不仅事乏先例,且亦无此人情。至因劫所死侨民,在我国怀柔远人未始不当酌给金钱,而外团混为一谈,种种苛索,此鲁民力争驳复者一。一、关于保障问题,按外人来华历负保护责任。现我交通部既设警务处专司路警改良机关,并聘曼德调查路政,实行整理矣。我国素以充分之善意保护外人,尚不免意外之变,今因通牒涉及路警,已激起国民之反感,若强为进行,则将来之祸患更有不堪预言者,此鲁民力争驳复者二。一、关于负责官吏问题。查临城劫车一案,以行政区域言,属于滕县,以军事区域言,属于兖州。滕县知事赵泉策、兖州镇守使何锋钰均属公罪难辞,先后撤任。我政府之处置已极允当,何得再谬引庚子条约,妄干处分大吏之权。且今日中国为内忧外患交迫时期,就国权言,绝对不能以督军田中玉之进退属个人关系,稍事让步。就地方言,山东土匪一日不肃清,则田督责任一日不终了,拟请中央迅令督队严剿,以靖匪患,万不得轻于更动,致滋纷扰,此鲁民力争驳复者三。上述三项,实属干我内政,侵我主权,于国家之存亡、东省之治乱俱生莫大之影响。一发千钧,势难忍视。谨代表我鲁民三千八百万全体意思,匍匐来京,披沥陈词,誓死力争。除分呈国务

① 时任内务总长。

院及外交、陆军两部外,万恳钧部严词拒驳,以保主权而重民意,不胜迫切待命之至。谨呈内务总长。

山东各界代表众议院议员张思纬、省议会议员王金彬、山东法报社编辑褚庆兰、中国大学学员白鹤、朝阳大学学员张世员。现住京前门外第一宾馆。

中国第二历史档案馆藏北洋政府内务部档案

## 驻北京外交使团致外交部

1923年10月4日

为照会事:关于临城案,接准贵总长九月二十四日来照,外交团业已郑重考虑,并以来照内曾确切声明,中国政府及其人民毫无排外之感想,对于可痛惜之临城案,复在中国国内引起抱憾之表示,为外交团所欣慰。惟外交团所欲重行声明者,八月十日联衔照会内,并未谓中国有排外举动之存在,仅谓在中国因土匪蔓延,致生一种现象,危及旅居中国外人之生命、自由权利及财产。此项临案之特殊性质,中国政府似未领会本外交团关于此项紧要之点,对于贵总长来照所叙述者,不得不加以辩正。此次临城劫案,就事实证之,系属反对外人无可讳言,适与所叙述者相背。即如临案主谋之犯亦曾迭次声言,彼等计划系在架掳外人,并因其为外人,遂藉以要挟被掳者所属之各使馆,转由各该使馆要挟中国政府。此项计划,临城土匪之完全有效。彼等以被掳外人为护符,得与中国政府议,迨彼等目的完全达到,始将被掳外人放回。彼等行为系袭用一九二二年河南土匪之故技,嗣乃为湖北土匪所效,尤致被掳之梅司铎竟为所害,最近又为河南土匪所效,尤劫去外国妇女二人,现尚不知下落。因此,凡属外人均可遭此不测之境遇,群相恐慌,此实为临案之主要性质也。临案发生后,外交团原盼中国政府对于国内各处肆扰之土匪加以痛剿,乃观九月二十四日贵总长来照内所指之办法,迄无效果。盖剿匪之举,非仅仅发一命令所能济事,必须实行剿办,方可奏效耳。现在中国各省境内,土匪仍复充斥,地方官于剿匪一层,并未锐意进行,目前得力军队仍用之于荼毒人民之内争,致使中国人民受无穷之困苦也。

兹为旅居中国外人之生命自由权利及其财产谋确切之保障,并于恢复贵国国内之秩序及法治,愿为诚意之协助。为此,外交团不得不维持八月十日联衔照会所注意之各点及办法,全部相应照请贵国政府仍按照上述照会内所指定各项办法施行为荷。须至照会者。

中国第二历史档案馆藏北洋政府外交部档案

## 外交部致驻北京外交使团

1923 年 10 月 15 日

为照复事:接准十月四日贵外交团来照,重提临城一案,本国政府已郑重考虑,对于九月二十四日去照所开意旨及保证之声明,未能使贵外交团变更其旨趣,殊以为怅。惟为看重贵外交团意愿起见,兹将八月十日来照续加考量。关于赔偿一节:贵外交团当能记忆本国政府于九月二十四日照会中曾声明,对于临城被掳外人,愿本优厚之精神给予公平之偿恤,并愿就八月十日来照所开三项办法为分类核计之根据在案。至此外个人之“附带赔偿”问题,本总长本前述之意旨可声明:本国政府对于该项内所指之损失,主义上亦能赞同,认为一种附加核计之根据,但此项损失之性质及其适当之数目,留待日后之讨论。八月十日来照内“惩罚”项下所开之中国官吏四人,曾于九月二十四日去照声明:内有三人早已免职,其一亦经依照中国法律正在议处。现在总长可为贵领衔公使告者,前交陆军部议处之山东督军田中玉业经该部呈复,本国政府已于本月十四日据情呈奉大总统命令准其免去职务矣。本国政府以内地各处土匪骚扰,危及安分之外国侨民,深知有痛剿之必要。此项土匪既肇临城劫案,近又发生贵外交团十月四日来照所提之鄂、豫两案,本国政府为早日肃清起见,定有剿匪计划,业于九月二十四日去照声明。自接贵外交团十月四日来照,本国政府又重行严令各省长官,加紧痛剿,以尽厥职。至关于改良护路办法,本总长曾于前照声明为中国目前内政要举,应负之责未尝放弃。本总长特再声明:本国政府对于外交团有意提出之各种计划，虽难承受，但对于外交团之关怀路警问题及其襄助之盛意，深为纫感。本国政府深信所采严厉之剿匪计划与夫新订之护路办法，定能使外人在中国内地旅行及居住之安全益臻巩固也。相应照复贵领衔公使查照。须至照会者。

中国第二历史档案馆藏北洋政府外交部档案

## 郑士琦[1]致外交部等

1923年10月27日

北京国务院、公府军事处、外交部、内务部、陆军部、交通部、各部院、王巡阅使、冯检阅使、洛阳吴巡阅使、南京齐巡阅使、武昌萧巡阅使、天津王副使、开封张督理、李省长、安庆马督理钧鉴：昌密。孙美瑶抗令伏诛暨所部周、郭两团陆续缴械情形，节经电达，谅邀鉴及。当该部缴械之后，除查明平日秉性未改、犷愤不驯之徒酌予处决，俾销隐患外，其余均已按名发给恩饷，给予退伍执照，连日分别派队押送回籍，一面仍责成各县知事于该退伍兵等遣送到县时，召集各乡社长妥具联保带回安置，以遏乱萌。原任团、营、连长各人，其□未肯附逆，并帮同收缴枪枝者，类皆诚心悔过，仍拟分发各镇旅酌予差委，俾资自赎。此次仓猝定计铲除元恶，幸托远庇，得于数日之间不烦一兵、不折一矢，将该新编旅完全结束，地方秩序安堵如常，诚非士琦始料所及。其遣散该旅用款另文咨报，合将办竣情形撮要奉闻，藉纾(仅)〔廑〕注。并祈军事处转呈主座为盼。郑士琦。感。印。

中国第二历史档案馆藏北洋政府内务部档案

## 郑士琦致国务院等

1923年12月20日

特急。北京国务院、公府军事处、各部院、王巡阅使、冯检阅使、洛

① 时任山东督理。

阳吴巡阅使、南京齐巡阅使、武昌萧巡阅使、天津王副使、开封张督理、蚌埠马督理均鉴:昌密。鲁省新编旅长孙美瑶,本系著名悍匪,杀人越货,罪恶贯盈。前于临城地方劫夺火车,酿成交涉,中外人士,咸以投鼠忌器之故,主张收抚,冀以诚信,感彼凶顽。讵该孙美瑶怙恶不悛,罔知愧奋,对于公家,则索饷索械,要挟多端,稍不遂意,辄怀怨望;对于地方,则纵其爪牙,四出掠夺,人民含愤,控案累累。士琦因念该匪业已投诚,偶有未合,不惜反复诰诫,予以自新。乃该匪野性难驯,益无忌惮。日前苏皖鲁豫剿匪副司令张培荣,驰赴苏鲁边境剿匪,曾令该协同动作,孙美瑶竟敢抗不遵令,自由行动,显露反谋。似此情形,实属忍无可忍,经已密令张副司令,于效日午后,在枣庄地方,将孙美瑶抓获,就地正法,并将与该逆同谋之党羽十余人,一并法办,以除元恶而快人心。刻下该处秩序如常,极为安静。本日并已由省加派军队一营,前往镇摄。一面仍饬张副司令,乘机将该旅全部酌夺情形,妥为收束,俾符除恶务尽之意。除将以后办理情形,随时电达外,恐远道传闻失实,特电详陈。敬希鉴照。并祈军事处转陈主座为祷。郑士琦。号。

《临城劫车案文电一组》,《历史档案》1981 年第 2 期

## (五)金法郎案

说明:金法郎案是民国时期的一大要案,它的发生与法国退还庚子赔款余额问题有关。在 4.5 亿两庚子赔款中,法国获得赔款 70,878,240银两,占总数的 15.75%。中法关于退款的官方谈判始于 1921 年。在华盛顿会议期间,法国总理白理安首次向中国代表提议,将退还庚子赔款作为整理中法实业银行的借款基金,并以其中一部分拨作中国教育经费。北京政府对此表示原则上的同意。1922 年 6 月,法国驻华公使照会北京政府,声称因纸法郎贬值,法国部分庚子赔款此后应以金元计算。北京政府为争取法国早日退款,并使中国免受付金

的损失,将此问题暂时搁置一边。1922年7月中法两国就法国退款用途问题进行换文。法国公使擅自将法国部分庚款余额用金法郎计算作为双方“已商妥”的内容。北京政府在复照中将此删除,不做答复,以免产生争执。这为后来的“金法郎案”再起交涉留下隐患。根据1917年北京政府与有关列强所达成的协议,庚子赔款缓付5年,于1922年12月1日起将重行照付。继法国之后,比利时、意大利、西班牙等三个亦以法郎支付赔款的国家也相继照会北京政府,要求以金法郎偿付赔款。由于金纸出入巨大,1922年12月28日,外交部正式拒绝四国公使的用金要求。法国以取消1922年7月9日退款协定相威胁,并以北京政府承认金法郎作为法国支持中国增加关税的交换条件,扬言仿照日本扣留盐余。因各种利益纠结在一起,此案由中法两国问题而变为多国问题,又由外交问题演变为政治问题,持续多年,悬而不决。直到1925年4月12日,中法两国才达成协定,其中规定中国政府承认将法国退还之款,按照1905年所定电汇方法计算,并加以汇兑或有之盈余,一并折合美金。这实际上满足了法国以金支付的要求。至此,延搁数年之久的法国退款问题终告解决。

## 颜惠庆[①]会晤傅乐猷[②]问答

1921年12月14日

退还庚子赔款事

傅使云:“退还赔款事,本国总理勃理安氏在华盛顿时曾向贵国代表谈过,想贵总长必有所闻。”

总长曰:“然。”

傅使云:“此项赔款应于一九二二年十二月一日起重行支付,共计尚有二十五年期,每年期应付一千五百六十一万六千六百佛郎。现拟

① 中国外交总长。
② 法国驻华公使。

每期提出一百万佛郎,充作两国政府指定之中法事业之用,其余一千四百六十七万四千六百佛郎,则由中国政府用以担保一种美金借款,计三千三百万元,专为改组中法实业银行之用,因维持该行于贵我两国均有莫大之关系。本国现在情形正与贵国相同,财政亦陷于困难之境,无的款可筹,故不得不间接于此项赔款上着想也。法国曾于一九〇一或一九〇二年发行一种公债,虽非用此赔款为担保品,然与担保无异,所以政府曾将其列入预算,并收入国库也。政府现拟将此案提出国会,将来于通过时议院中必有问及中国政府是否同意。因请贵总长早予赐复,倘能于二十日前办妥最好。本公使当以电达本国政府,以期迅速。兹有简单节略一件,配以译文,请贵总长查阅。至详细内容,如借款若干,利息若干,均能随时更变,可容缓磋商。至本公使,如有拜访财政总长之必要,或贵总长有谘询事件时,本公使必能随时领教也。"

总长云:"本总长对于贵国政府之善意不能不代表本国政府表示感激,吾中法两国邦交素笃,对于贵国之提议自当予以赞成,但此事既属财政专门问题,本总长不能不商诸财政总长,及与总税务司安格联接洽,但贵公使所谓中法事业,是否含有实业上、教育上之事业?"

傅使云:"大致可行之于班乐卫君所定之计划,但照本公使之意,其他如医院等公益事项亦可办理也。"

总长云:"倘以十四分为维持银行,而仅提一分充作中法事业,其相差未免太钜,不知尚有商量否?"

傅使云:"本公使既非财政专家,将来自可从长计议。"

总长云:"此款既为整理中法银行之债务,而各中国之银行团体前曾代兑钞票,是否同债权人一律看待?"

傅使云:"债权人有两种,似应区别,如商业性质之债权人,则应完全清偿代兑钞票,系商业性质之债权人也。"

总长云:"如此办法,则中法银行是否重行改组?"

傅使云:"是重行改组,但中国政府可保存固有之权利,现在甘君正为改组银行而来北京。"

总长云:“甘君是否即前驻沪总领事?”

傅使云:“是,甘君现充驻暹公使。”

总长云:“请贵公使稍待数日,本总长当详为研究并转询财政总长再行奉复也。”

《中法实业银行复业暨各公使要求庚子赔款用金付给全案》第1册,第1—2页

## 外交部致傅乐猷

1921年12月17日

径启者:本月十四日准贵公使面交节略内开应付法国之庚子赔款,按照一九一七年十一月三十日协约所定停付五年,惟该协约规定应于一九二二年十二月一日起重行照付,计摊分二十五年付清,每年应付金币一千五百六十一万六千六百佛郎,于每年应付款内应提出金币一百万佛郎,充办各项中法事业之用,其事业由法华两国政府协定之。尚有其他余金,计每年金币一千四百六十七万四千六百佛郎,则用以担保一种中法两国政府商定由中国政府发行之美金借款,此项借款作为重组中法实业银行而尽力维持该行债权人利益之用等因。查此事本部曾准我国派赴华盛顿会议代表来电报告,据法国代表团秘书谈及中法实业银行借款,法国政府拟用法国名下庚子赔款为担保,其用途为一部分救济该行,余充中法教育暨中国行政费用。此项办法业由法国财政总长商得总理同意,可望提出国会,愿先知中国态度等语。兹将中国政府所拟办法开列如下:

一、法国政府拟退还中国一千九百年赔款未经付清之年金,中国政府应答谢法国政府此种高尚及慷慨之举,并表示希望此案得在法国议会通过。此案通过后法国政府即与银行磋商一种美金借款。

二、此项借款由法国政府从中介绍,用中国政府名义商订,此项借款额数为美金三千三百万元,年利七厘,其发行价格将来规定必须使中国政府满意。此项借款以二十五年为期,其还本付息数目不得超过赔款未经付清之数,且如将来美金金元与法币金佛郎兑价涨落致有逾额

之时,中国政府不负责任。

三、此项借款应作为改组中法实业银行及中国教育费之用,其每项分配数目若干,俟法国议会对于上项用途而退还未经付清之赔款原则赞同后再由双方商定。

四、中国政府对于承受三十万红股之提议歉难赞同,此节可俟将来妥商一双方满意之协定。

五、中国政府表示对于中法实业银行存户不分国籍,一律交付半数现金、半数优先股票办法,与法国政府同意。

六、中国政府藉此切实声明其志愿:将来改组中法实业银行须以公允稳固为主,俾中国政府获有管理及议决权,与中国政府在银行内所有之权利、利益相符。

再,中国政府提议将实业借款及各项钦渝库券到期并过期应付之款项,由上项借款项下扣还,并应声明:如退还赔款案法国议会不克通过,则此事完全取消。除业将上开各端面告外,相应函请贵公使查照,希转达贵国政府,并见复为荷。顺颂日祉。

《中法实业银行复业暨各公使要求庚子赔款用金付给全案》第1册,第5—6页

## 傅乐猷致外交部

1921年12月19日

径复者:接准贵总长本月十七日函称,准本公使本月十四日面交节略内开,应付法国之庚子赔款按照一九一七年十一月三十日协约所定停付五年,惟该协约规定应于一九二二年十二月一日起重行照付,计摊分二十五年付清,每年应付金币一千五百六十一万六千六百佛郎,于每年应付款内应提出金币一百万佛郎,充办各项中法事业之用,其事业由法华两国政府协定之,尚有其他余金,计每年金币一千四百六十七万四千六百佛郎,则用以担保一种中法两国政府商定由中国政府发行之美金借款,此项借款作为重组中法实业银行而尽力维持该行债权人利益之用等因。查此事本部曾准我国派赴华盛顿会议代表来电报告,据法

国代表团秘书谈及中法实业银行借款，法国政府拟用法国名下庚子赔款为担保，其用途为一部份救济该行，余充中法教育暨中国行政费用。此项办法业由法国财政总长商得总理同意，可望提出国会，愿先知中国态度等语，兹将中国政府所拟办法开列于下：

一、法国政府拟退还中国一千九百年赔款未经付清之年金，中国政府应答谢法国政府此种高尚及慷慨之举，并表示希望此案得在法国议会通过。此案通过后法国政府即与银行磋商一种美金借款。

二、此项借款由法国政府从中介绍，用中国政府名义商订，此项借款额数为美金三千三百万元，年利七厘，其发行价格将来规定必须使中国政府满意，此项借款以二十五年为期，其还本付息数目不得超过赔款未经付清之数，且如将来美金金元与法币金佛郎兑价涨落致有逾额之时，中国政府不负责任。

三、此项借款应作为改组中法实业银行及中国教育费之用，其每项分配数目若干，俟法国议会对于上项用途而退还未经付清之赔款原则赞同后，再由双方商定。

四、中国政府对于承受三十万红股之提议歉难赞同，此节可俟将来妥商一双方满意之协定。

五、中国政府表示对于中法实业银行存户不分国籍，一律交付半数现金、半数优先股票办法，与法国政府同意。

六、中国政府藉此切实声明其志愿，将来改组中法实业银行须以公允稳固为主，俾中国政府获有管理及议决权，与中国政府在银行内所有之权利、利益相符。

再，中国政府提议将实业借款及各项钦渝库券到期并过期应付之款项由上项借款项下扣还，并应声明：为退还赔款案法国议会不克通过，则此事完全取消。除业将上开各端面告外，相应函请贵公使查照，希转达贵国政府，并见复为荷等因。准此当即如贵总长所请，将该函转达本国政府在案。又，本公使参照前次与贵总长之面谈，相应提醒贵总长关于该项提议应将第三款确定而补足之如左：

此项借款应充作改组中法实业银行及办理各项中法教育事业之用。即请贵总长将对于此节与本公使实相同意之处予以证明示复为荷。又,本公使将贵总长提议转达本国政府时曾将贵总长此次核办此案时所表示之美意一并转达,想本国政府于聆悉中国政府肯竭力帮助法政府改组中法实业银行之时必将欣为满意,中法两国原有之友谊邦交经此次融合必更将亲密而发展也。至贵总长此次办理本案之善意,兹特鸣谢,肃此函复。顺颂日祉。

《中法实业银行复业暨各公使要求庚子赔款用金付给全案》第 1 册,第 8—10 页

## 外交部、财政部致陈箓[①]

1922 年 1 月 19 日

法政府提议退还庚子赔款用途各办法,业于上年十二月十七日答复法使在案,中政府对于法新总理即日提出该案之宣言深为感谢,并望其早由国会通过,以便双方磋商进行,且确信中法实业银行改组后其将来营业当见发达。希将此意转达法外部。外交部、财政部。

《中法实业银行复业暨各公使要求庚子赔款用金付给全案》第 1 册,第 17 页

## 外交部致陈箓

1922 年 2 月 3 日

二十一日电悉。法退款事,傅使提议将每年应付赔款一千五百余万佛郎提一百万充办各项中法事业,余款用以担保一种美金借款三千三百万元,专作改组中法实业银行之用。大致复以此项借款应作改组银行及中国教育费之用,其分配成数俟此案法议会通过后再由双方商定,并提议将实业借款及各项钦谕库券到期过期应付各款由上项借款内扣还,又声明中政府对于承受三十万红股之提议未能赞同,至该银行存户不分国籍一律交付半数现金、半数优先股票办法,与法政府同意。

① 中国驻法公使。

余详函特复。外。

《中法实业银行复业暨各公使要求庚子赔款用金付给全案》第1册,第19页

## 外交部致傅乐猷

1922年2月23日

径启者:关于维持中法实业银行一事,闻法国议会业已通过,现中国政府深愿速与法国政府接洽,俾得讨论最终之协定办法。相应函请贵公使查照,转达贵国政府为荷。顺颂日祉。

《中法实业银行复业暨各公使要求庚子赔款用金付给全案》第1册,第21页

## 外交部致财政部

1922年4月1日

径启者:维持中法实业银行一事,前经本部以闻法议院业已通过,中政府愿速与法政府接洽,俾得讨论最终之协定办法等语,电达驻法陈公使,并致函驻京法使,请其转达在案。兹准陈公使复电内开,遵向法外部陈说,再此项法律已于三月二十六日公布,其文大意如下:允准政府与中国政府商订协定,支配庚子赔款,以维持法国在远东文质上之利益等因。相应函达贵部查照接洽。此致。

《中法实业银行复业暨各公使要求庚子赔款用金付给全案》第1册,第23页

## 外交部致陈箓

1922年6月22日

旬日以来,据路透电登载,法国政府根据国会议案所规定之发还中法实业银行远东存户存款及整顿中法实业银行之办法,对于存户方面将以庚子赔款发还,并云一俟整顿就绪即由一中法实业银行管理公司执行云。中国政府为国民利害关系自可赞同中法实业银行之整顿,并可加入该管理公司,但中国政府对于法国应得庚子赔款余额之处置问题未经法国政府将确实办法正式通知以前无论何种提议中国政府未便

与议，亦未便决定。应请法国政府将确实计画正式通知，以便商榷。即希向法国政府接洽并希电复。外交部。

《中法实业银行复业暨各公使要求庚子赔款用金付给全案》第1册，第27页

## 陈箓致外交部

1922年6月25日

外交部：二十二日电悉。本日晤法外部，中法实业银行事照部电具节略面交。据称，财政部所拟办法大纲已于本早电驻京公使，嘱与中国政府磋商，尚有细节三五日内亦可议妥续电。所有中国政府意见当即转告财政部注意等语。特复。箓。二十三日。

《中法实业银行复业暨各公使要求庚子赔款用金付给全案》第1册，第30页

## 傅乐猷面交外交部节略

1922年6月28日

法国公使兹奉到本国政府训令，准与中国政府商订所有以法国庚子赔款改组中法实业银行及办理各种中法间教育事业之条件。第以市面金融情形及现在时局观之，去年十二月十七日所协订之办法实有未便履行之处，是以法国政府于详加研究之后规定一种改组中法实业银行之计画。傅公使现经本国政府委托，正式将其大旨转达国务总理兼外交总长。兹将此项计画之特点列左：

一、中法实业银行为复业起见将其所有资产租于一种新组织之公司，名为中法实业银行管理公司，租期以五十年为限，该公司资本定额一千万佛郎，先缴足四分之一。该公司于所得盈余项下应得八厘之官利，所剩盈余则分给中法实业银行之各债权人，故对于此项债权人应发给一种无利证券，名为红股。

二、至中法实业银行之远东债权人，则法国政府以五厘金币债票按照票面换回债权人所执之红股，庚子赔款法国部分除去用付上项五厘债票一部分外其余一部分作为办理中法间教育事业及拨付中国政府应

缴中法实业银行股本之用。

法国公使以本国政府名义表示希望中国政府应许加入管理公司，并赞成上开关于改组中法实业银行之大体办法。法国公使准备即与中国国务总理兼外交总长根据上开各节进行协商。六月二十四日。

《中法实业银行复业暨各公使要求庚子赔款用金付给全案》第1册，第31页

## 外交部致财政部

1922年6月28日

为咨行事：准法傅使函称，关于法国部分庚子赔款，自一九一七年以来所定折算办法，核与按约应交之金佛郎数目，暨与法国应得赔款总数均不相符，本公使以为嗣后关于法国部分庚子赔款之各项帐目暨各种应付款项不如不用佛郎，径以金元计算较为简便。此项金佛郎或金元，其折算之行市则宜按辛亥条约规定之率，请令行总税务司将实行上述原则之各种办法立即订定，本公使一面亦拟饬令汇理银行照办等因。前项法国部分庚子赔款停付期内所定折算办法，法使以为与按约应交之金佛郎暨与法国应得赔款总数均不相符，拟请嗣后径用金元计算，是否可行？相应照录原照会华法文，咨行贵部查照转行税务处，饬知总税务司核议具复，转知本部，以凭答复该使可也。此咨。

《中法实业银行复业暨各公使要求庚子赔款用金付给全案》第1册，第35页

## 颜惠庆会晤甘司东[①]问答

1922年6月29日

靳志在座

用庚子赔款恢复中法实业银行事

甘云："关于法国提议用庚子赔款重组中法实业银行事，尊意如何？"

总长云："此事甚复杂，尚望将新定计画详为解释。"

---

① 中法实业银行代表。

甘云:“该计画特点两条,前已由法使备函知照,大致如左:

(一)中法实业银行为恢复营业起见将其所有财产租让于一新公司,名曰中法实业银行管理公司,租期定为五十年。该公司资本为金法币一千万佛郎,先缴足四分之一,已缴足之本金得利息八厘,其经理中法实业银行时间内在赢余上得红利五厘,其余百分之九十五仍作为百分,其五厘为保障该银行旧股票信用之用,其余九十五厘归中法实业银行之债权人,该债权人可得一种无利息特别债票,命名曰赢余份。

(二)对于中法实业银行之远东债权人,法政府以法国所应得庚子赔款作抵发行五厘金元券,即以此项金券将所有远东债权人所得赢余份按照额面数目换取之,其赔款用不完之数用以办理中法教育事业及付给中国政府所欠第二批中法实业银行股本。”

总长云:“此项计画已经阅悉。现在所急欲知者,为中法实业银行负债总数,其债权家之区别,及其将来偿还时应如何分配。”

甘云:“负债总额约为六万万之纸佛郎,其中欧洲债权家占三分之一,即二万万纸币,远东债权家占三分之二,即四万万纸佛郎。两项债权家一律给予无利息特别债票,惟为特别优待远东债权家起见,法政府将以五厘金券收回。”

总长云:“远东债额共计四万万,其中华人债额究占百分之几?必须确实有利于华人,始得邀社会欢迎,易于办理。”

甘云:“远东债权家大多数为华人,然究占百分之几,未易答复。至此项计画确有利于华人,则毫无疑义。”

总长云:“此项无利息特别债票,其收换之法若何?”

甘云:“庚子赔款法国每年应得之数自一千四百万至二千万金佛郎不等,自今以往尚有二十三年,约计为四万万金佛郎。法政府即以此四万万金佛郎作担保发行一种美金债票,此项债票定为年息五厘,除将此项五厘息金预先于四万万金佛郎内扣除外,尚可发行四千三百万金元债券(每一金元约值金佛郎□)约合二万万三千余万金佛郎,用此项金元券将远东债权家所得之无利特别债票按照额面原数收买换回。按照去年十二月旧计画所规定,以其有借款利息七厘又半在内之故,其原定发行债票数目才不过三千三百万金元,今以利息只用五厘,故能增加至四千三百万美金也。日前王总裁曾要求三事如左:

一、代兑钞票还现。

二、中国政府所存于中法银行之实业借款三千余万纸佛郎还现。

三、中国政府欠中法银行七千余万纸佛郎,须以无利证券划抵,不必还现。

现在法国既已提议大概办法,中国方面自可提议条件,如上列三项之类,谅法国必可商办也。然中国自己方面非提议不可。"

总长云:"五厘金元券系以赔款为担保,至于无利息之特别债票究以何者为担保?"

甘云:"中法实业银行之财产及其营业之盈余为担保。此次恢复营业系由法国著名各大银行结合团体共为帮忙,而此项各大银行本身又皆为中法实业银行之债权家,此亦可视为一种担保品也。此种办法系由法国商务审判厅长某君所提议,不必由美国借款担负重利,只由法国各银行结合,众擎易举,成功若操左券。该实业银行旧股东以及债权家均将得莫大利益,亟应助其成功也。其对于中国债权家尤为有利无害,可以断言。中国倘欲提出条件,尽可提出如上述王总裁所要求之三项,关于钦渝债票、北京电车垫款各种均不妨以兴办实业需款孔急为辞请其还现,惟此事亟待解决,法国议院将于七月十二日散会,应于法议院散会前议定办法为要。"

总长云:"此事系由财政董总长主政,当设法催之。教育基金究竟能得多少?倘学界人能使满足,则进行更易为力。"

甘云:"原定为每年一百万金佛郎。"

总长云:"颇欲与该银行赛君一谈,且须与王总裁接洽一切也。再者,仍有一事须请解说,即无利息之特别债票将来法政府换回后将作何用?如能用以作教育基金,大妙。"

甘云:"此项特别债票收回后即将毁焚,如寻常债票一样办法。"

《中法实业银行复业暨各公使要求庚子赔款用金付给全案》第 1 册,第 38—40 页

## 王克敏[①]致外交部

1922 年 6 月 30 日

昨谈中法实业银行之件,兹将意见缮呈。

公阅核定,速赐掷还,因巴黎待复甚急也。所拟复件均从严厉主义,恐巴黎方面未必能全行承认,俟其复电再议,所谓要价还价也。来电洋汉文各一份,即存尊处备核,专上敬请绶公总长、廙公总理、燕公次长钧安。

王克敏敬上

查巴黎荷兰银行致甘司东君电所称各节,当经详加考虑,兹分别各节,附加意见书如左:

一、中国政府对于银行以前之组织及管理未能满意,关于管理公司之组织,应附左列条件:

(一)管理公司章程须得中国政府批准;

(二)管理公司以后应尽能力及财力以发展中国及远东之实业,并履行与中国政府已订之各项契约;

(三)管理公司之董事部及北京管理部,中国政府得照股权比例派相当人数之董事及管理员;

(四)管理公司应设查帐员二人,由中法两国人分任之;

(五)管理公司设法总理一人,华总理一人,对于行务共同负责办理,同受董事会之节制,华总理得同时为北京管理部之管理员并董事会董事,华总理一职由中国政府指定,由董事会聘任之;

(六)管理公司应根据中国银行章程第四十九、二十九条之规定设管理部于北京,董事会付与必需之权限如左:

---

① 中国银行总裁。

(甲)关于履行与中国政府已订及将来定之各项契约及接洽各种发展中国实业计画之事项;

(乙)关于中国各分行经副理之任免及规定经副理权限事项;

(丙)关于稽核中国各分行款目、帐目报告事项;

(丁)关于调济中国各分行款项事项;

(七)北京管理部以法总理为主席,华总理为副主席,法总理不在京时主席事务由华总理代为执行;

(八)管理部办事细则由管理部规定,呈董事会核准施行;

(九)中国各分行设法经理、华经理各一人,由华法总理选定,请管理部任之,原有买办制度即行废止。

(十)管理公司之簿记以中法两国文字合璧登记之;

(十一)将来管理公司解散时本条件仍适用于中法实业银行。

二、管理公司以庚子赔款担保之美金债票发给东方存户只付存款一节,固较对于欧洲存户为优,但东方存户是否承受,中国政府未能代为答复,惟管理公司应设法保证此项债票有相当价格,俾发给时使存户满意。

三、管理公司既继续(或代理)中法银行与中国政府所订契约之权利,当然根据原订契约切实履行,中国政府存于中法实业银行之兴办实业款项亦自应作为管理公司承继之直接债务,不能与普通存款一律办理。

四、发给东方存户美金债票所收回之无利证券均交中国政府收受,作为中国政府归还中法实业银行欠款及股本之用,如有余额应并入中法教育基金项下。

照译巴黎荷兰银行致甘司东君来电

查委托本行组织管理公司一个,刻已商订办法如左:

法国股份有限公司名之曰中法实业银行管理公司,资本法金一千万法郎,分为二千股,每股计五千法郎,实交四分之一,并得有尽先认购续加股本之权。

(一)该公司应代中法实业银行集收各项资产,此项资产应交还中法实业银行。

(二)用本公司名义自主的经营银行业务。

(一)中法实业银行应先交与该公司法金五千万法郎,作为该公司营业期间之流通资本,不计利息。

(二)该公司得用中法实业银行之房屋及行员。

(三)关于中法实业银行收集资产及结束过去各事之费用,应由中法实业银行担任支付。该公司对于左列各项应得

(一)收集中法实业银行资产之册金百分之一;

(二)实业股本八厘股利。

其盈利余额以百分之九十五交与中法实业银行,以百分之五交与该公司,为增进营业之用。

此项管理之契约于中法实业银行付清各存户后或按照中法实业银行与该公司所订契约所载于各项诉案结束之后即行取销。将来中法实业银行加增股本时,该管理公司之股东得按照所执普通股或利益股额数之比例并照股票面价认购股本定额至法金一万万法郎为限,以免恢复原状时其管理权流入外人掌握之中。就荷兰银行及在团各银行之地位声望而论,必能使该管理公司即能开始自主的营业。

中法实业银行之各重要分行应即恢复营业(分行名)。中国政府既为该公司之股东,占有三分之一之资本,应即派遣代表与会,一因该公司拟即刻成立,不再候中法实业银行之停业案结束也。

发还中法实业银行存款手续如左:

所有存户于二十五年内一律十足发还现金,并无利息;或发给无利证券,不规定年限,以中法实业银行之资产及管理公司应缴百分之九十五之余利为付还证券之用(以上办法二则均须按照法国法律规定,但第二办法最为合宜)。同时,法国政府应向东方存户提议,以庚子赔款所担保之美金五厘债票换回上节所言之证券,上项债票以美金为本位,如欲改换他种本币时应于换回日折合。

为维持中法实业银行股票价格起见,其应交与中法实业银行百分之五余利应归中法银行收执。中国政府应缴中法实业银行股本之余额由庚子赔款项下支付。庚子赔款项下(连同过期利息,计美金四千七百一十九万七千九百二十九元;不连过期利息,计美金四千三百五十八万三千六百九十二万元)约余法金一万万法郎作为中法间教育基金之用。

简明言之:

(一)中法实业银行得继续存在;

(二)此种办法可令各重要分行即刻复业,其余分行亦可陆续重开;

(三)东方存户得以最优债券十足收回存款;

(四)中国政府执有银行股票,银行于中国将来整顿财政有莫大之援助;

(五)中法实业银行之股东对于所执股票有恢复从前价值之希望;

(六)中国民意必能满足学费之分配。

中国政府对于承认管理公司股本三分之一及遣派代表各节应请从速决定,见复为盼。

《中法实业银行复业暨各公使要求庚子赔款用金付给全案》第1册,第44—48页

## 陈箓致外交部

1922年7月1日

北京外交部:新中法银行事,二十四日电计达。昨晨阁议已将各项办法核准,大致如下:

甲　设立一管理公司,招股千万,分二千股,先缴四分之一,董事额七八人,法人应占多数,会长亦须法人,该公司负责续管总分行之营业并设法收回外放存款。

乙　归还存户款项,应俟复业满一年后于二十五年内全数摊还,不给利息,并可发行五百法郎红利债券,俾可凭债主认购。对于远东债

主,发行六厘期票偿还之,此项期票以庚子赔款作抵。

丙 股东应缴未付股本,俟股票在市面上可售至二百五十法郎之时再行缴足清结。

箓。二十八日。

《中法实业银行复业暨各公使要求庚子赔款用金付给全案》第1册,第52页

## 外交部致傅乐猷

1922年7月5日

径复者:准贵公使面交节略内开,贵国政府致贵公使来电所称关于未经付清法国庚子赔款作为改组中法实业银行及中法间教育经费之用各节,兹分别答复如左:

一、中国政府对于贵公使节略第一节所开中法实业银行将所有各项资产租与管理公司以五十年为度一节,中国政府以为租让手续将来由中法实业银行与管理公司另行规定契约,其契约期间以中法实业银行能付清存户或将契约内所载各项讼案结束完竣为限。

关于发给债权人一种无利证券一节,中国政府以为远东小数存款应将换给之金债票由管理公司按照票面价格以现金收回。

至关于管理公司股额及股利分配办法,中国政府表示赞同。

二、贵公使节略第二节内开,以庚子赔款未经付清之数作为左列用途:

担保一种四厘金债票换回发给远东存户之证券,中国政府请将金债票利息减为四厘。办理中法间教育事业,中国政府应缴中法实业银行股本余额。中国政府均表赞同,但赔款项下用以担保上项金债票之数目若干及用作中法间教育基金数目若干,应请法国政府将每项数目先行规定通知中国政府。

庚子赔款法国部分除去用付上项四厘债票及中国政府应缴中法银行股本二项所余之数无多,用以办理中法间教育事业,恐未能达到两国所希望之目的,是以中国政府拟请法国政府将发给远东存户金币债票

换回之证券交与中国政府收受,作为办理中法间教育事业及其他最有利益事项之用。此项用金债票换回之证券发还办法,管理公司自有确实之计画,自发行之日起,按年拨还数目应由管理公司向中国政府确切声明,以便上言教育事业及其他有益事项得以预先筹画。

中国政府对于整理中法实业银行事业具有意见如左,应请贵公使注意:

一、所有中法实业银行发行未经收回之钞票,系于中法银行停业后由中国银行公会特别维持,代为兑现,与存款性质不同,且关系恢复远东信用至为重要,须由管理公司以现金收赎。

二、中法实业银行既将所有资产租与管理公司,其中法实业银行与中国政府所订各项契约,当然由管理公司根据原订契约切实履行。中国政府根据各项契约存于中法实业银行之兴办实业款项,因契约上之关系,于提用时应由管理公司以现金拨付,不能照普通存户一律办理。

三、至中国政府应付中法实业银行款项,将来由中国政府与管理公司另订办法,能于退还赔款中扣除,最为妥洽。

以上各节,中国政府认为关于整顿中法实业银行至为重要,于确定后中国政府在中法实业银行管理公司可认入股本三分之一。

四、中国政府现正与协商国提议赔款展期二年一事,故无论本案将来如何解决,仍请法国政府对于具体办法之实行能容纳展期二年之意义。

至管理公司章程,中国政府业与荷兰银行代表甘司东君商订,列入数条以利进行在案。兹将双方同意商定应行列入管理公司章程各条,另纸抄附,以备贵公使参考,为此特请贵公使查照见复为荷。

应行列入管理公司章程各条:

一、管理公司章程须得中国政府批准。

二、公司应尽力于中国及远东实业商业之发展,并与北京管理部研究并设法履行中国政府与中法实业银行所订之合同。

三、管理公司之董事部及北京管理部,中国政府得照股权比例派相当人数之董事及管理员。

四、管理公司应设查账员二人,由中法两国人分任之。

五、管理公司设法总理一人,华总理一人,对于行务共同负责办理,同受董事会之节制。华总理得同时为北京管理部之管理员并董事会之董事,华总理一职由中国政府指定,由董事会聘任之。

六、公司应设管理部于北京董事会,付与必需之权限如左:

(甲)履行中法实业银行与中国政府已订及将订之各项契约;

(乙)关于中国各分行经副理之任免及规定经副理权限事项;

(丙)关于稽核中国各分行款目账目报告之事项;

(丁)关于调查中国各分行款项事项。

七、北京管理部以法总理为主席,华总理为副主席,法总理不在京时,主席事务由华总理代为执行。

八、管理部办事细则由管理部规定,呈董事会核准施行。

九、中国各分行设法经理、华经理各一人,由法、华总理选定,请管理部任之。

十、管理公司之簿记以中法两国文字合璧登记之。

《中法实业银行复业暨各公使要求庚子赔款用金付给全案》第1册,第64—67页

## 外交部致艾维滋①

1922年7月6日

为照会事:查展缓庚子赔款瞬将五年届满,中国政府拟请再行推展二年,籍纾财力,业经本部照商贵公使,并一面电达我国驻勃鲁塞尔王公使,向贵国政府商办。兹准王公使电称,晤比国外部大臣,称庚子赔款延期两年,比国可表同意等因。此次中政府因财政困难提议将庚子赔款再行推展两年,蒙贵国政府首先承认,益征睦谊,中国政府实深欣感,除电令王公使致谢外,相应照会贵公使查照,并请向贵国政府特达

① Everts,比利时驻华公使,1920年6月18日到任,1924年离职。

谢忱为荷。须至照会者。

《中法实业银行复业暨各公使要求庚子赔款用金付给全案》第1册,第68页

## 颜惠庆会晤傅乐猷问答

1922年7月7日

傅云:"对于贵总理本月五日之节略,本公使拟具答复如下,先为贵总理面述之。

一、中法实业银行各小款存户一律付还现金事,查法国法律不许对于一部分存户较之其他存户有所优待,惟法政府可以劝告管理公司购回一九〇一年赔款担保之债票,如此则对于中政府之要求实际上已能满意。

二、一九〇一年赔款担保之债票利息由五厘改至四厘事,傅公使以现在世界市面利率之关系,由五厘改为四厘不能办到,然傅公使应询取法政府之意见。

三、将一九〇一年赔款分配中法实业银行存户及中法教育事业之用事,查此项分配现时万难确定,因付还中法实业银行远东存户之款,只能约略估计,盖以兑换价之变更,账目币类繁多之故,傅公使以为用于中法事业之数目较之以前计算为数更大。

四、购回中法实业银行存户之证券交中政府收管事,傅公使应询取法政府之意见。

五、确定证券之每年进款事,查证券应支管理公司之赢余,其数目年各不同,其进款亦随之而变,是以万难确定。

六、中法实业银行钞票前由中国银行兑现事,此事之解决关系管理公司,法政府不能直接干预,然甘君对于此事作满意之保证,并由傅公使函达颜总理。

七、中法实业银行之中政府存款付还事,此事并非直接与法政府有关,惟管理公司业已研究此项问题。关于此项存款及中政府之合同,以及支付一九二二年实业借款之息票,应由甘君给以保证,俾中政府满

意，并由傅公使保留函达颜总理之权。

八、中政府所欠中法实业银行款项事，欲用庚子赔款偿还中政府所欠中法实业之款，似乎万难办理，且法政府或管理公司对于此事或有声明，必为法国法律所反对，惟在实际上所有中政府之欠款，当然可以特别办理。

九、中政府要求赔款展期二年事，中国赔款展缓二年，其中法实业银行之重组、存户之还款以及拨作中法事业之款，当然亦须同时展缓。”

《中法实业银行复业暨各公使要求庚子赔款用金付给全案》第1册，第70—71页

## 沈瑞麟会晤傅乐猷问答

1922年7月9日

刘锡昌、韩德卫、甘司东在座。

傅云：“关于改组中法实业银行事，前日上午为答复贵部之节略曾面交颜前总理答复草稿一纸，内有二事须询取法政府之同意：其一，即金债票利息由五厘改为四厘问题；其二，即系换回中法实业银行存户之无利证券交付中政府收存问题。兹得巴黎回电，特于昨日午后约颜总理会晤，未蒙赐覆，今特来面见贵次长，并备有答复一件，尚未填明日期，亦未署名。如颜总理对此可表同意，本公使再当填明日期并署名。又，备有协定一件，如得颜总理同意，彼此可署姓名之首字，则本公使可以电复巴黎。”

次长云：“昨晚总理回官舍稍迟，不及相约，今日又系星期出门拜客，尚未回寓。本次长当往谒总理，将贵公使所述各节面为转达。”

傅云：“此事紧急，因法议院明日闭会，本公使必须今晚将电报发出，俾法总理明送可以提出议院，成为法律。否则，将来此事至何程度正未可预料也。”

次长云：“当一并特陈总理。”

法傅使所称答复草案，当面交时说明用毕即行送回，故已于八日午

刻封送韩德卫矣。昌注。

《中法实业银行复业暨各公使要求庚子赔款用金付给全案》第1册,第73页

## 傅乐猷致外交部

1922年7月9日

为照会事:外交部于一九二二年七月五日致法国使馆节略内开,中国政府对于运用法国部分庚子赔款余额及整顿中法实业银行之志愿:

一、关于中法实业银行与管理公司订立五十年之租让一节,中国政府以为租让手续将来由中法实业银行与管理公司另行规定契约,其契约期间以中法实业银行能付清存户或将与该行有关系之各项讼案结束完竣为限,法国使馆关于此节曾接法国政府指令,得容纳中国政府之志愿。

二、关于发给债权人证券一节,中国政府表示将发给远东小数存户之美金债票由管理公司按照票面价格以现金收回。管理公司已通知法国使馆,对于此节可使中国政府满意。

三、关于中国政府表示赞同管理公司股额及余利分配办法一节,法国使馆备悉。

四、关于中国政府未经付清法国部分庚子赔款之运用,中国政府声明赞同左列之用途:

(甲)作为五厘金券付息拔本之用,此项金券即系用以换回发给中法实业银行远东存户之无利证券者;

(乙)中法间教育事业;

(丙)中国政府应缴中法实业银行股本余额。

法国使馆对于上述各节表示与中国政府同意。

五、关于发给远东存户换回证券之美金债票,中国政府拟请将利息由五厘减至四厘。法国使馆对于此节未能使中国政府满意,殊为抱歉。因减少利率与远东存户利益有所冲突,且使此项债票在市面活动甚为难也。

六、关于发给远东存户换回证券之美金债票，中国政府欲知总数若干。兹因兑价无定及存款币类不一，法国使馆在各币核定之前实难确实答复，但法国使馆按照今日兑价合计远东债欠有一万八千八百万金佛郎之数。

七、关于中法间教育事业每年应收之经费，中国政府请规定一确实数目。法国使馆以为可以声明此项事业至少可收一百万金佛郎。

八、关于法国政府用美金债票换回所发给远东存户之证券，中国政府希望将此项证券交与中国政府收受，作为中法间学校及其他与两国最有利益事业之用。

法国使馆奉法国政府之委令，声明此项证券应交中国政府，作为中法间教育事业及慈善事业之用，其数目、性质、预算及管理，将来由中法两国政府协定。

九、关于第八条所载之证券，中国政府欲管理公司正式声明按年归还之数目，俾使中国政府得将前项事业计画预先筹备。

法国使馆声明，此项证券之收赎应视中法实业银行资产之收束及管理公司之得利情形如何，其管理公司之得利则以远东商务实业状况为依归。

十、中法实业银行钞票中国政府以为须由管理公司以现金收赎，因发达此项钞票与中法实业银行将来信用关系至为重要。

法国使馆答复，对于此节将来必使中国政府满意，并无论如何管理公司将调换钞票之美金债票按照票面价格收买。

十一、关于中法实业银行与中国政府所订各项契约，中国政府欲管理公司确实履行。

法国使馆答复，履行中法实业银行所订之契约，在管理公司所订计画之内。

十二、关于实业借款余额，中国政府以为结余之数不能与普通存户一律办理并按照工程所需得随时提用。

法国使馆答复，实业借款款目将来用美金债票拨还，与其他远东之款目亦同,将来由组织管理公司之银行团按照票面价格于工程需款之时收买。

十三、关于中国政府结欠中法实业银行款项,中国政府欲与管理公司另订结束办法,如能由赔款项下扣除所需之数最妥。

法国使馆答复,中国政府共总结欠中法实业银行之款及展期办法,将来由管理公司与中国政府直接规定一最便利中国政府之办法,且管理公司之董事部将来有中国政府之代表也。

十四、关于中法实业银行管理公司之股本,中国政府准备认入三分之一,法国使馆备悉。

十五、关于庚子赔款之交付中国政府,商请协约各国展期二年。

法国使馆以为赔款一经推展,则整顿中法实业计画即难实行,颇与存户不利。此节应请中国政府注意。惟中国政府如能筹出一种计画,一方面可以使庚子赔款再缓付二年,一方面中法实业银行仍可以实行整顿,并无十分巨大变更,则法国政府可以良意的查核此项计画。

十六、关于管理公司章程,中国政府与组织管理公司银行团之荷兰银行代表甘斯东君协定数条,列入管理公司章程一节,法国使馆备悉。

须至照会者。

《中法实业银行复业暨各公使要求庚子赔款用金付给全案》第1册,第77—79页

## 颜惠庆会晤傅乐猷问答

1922年7月11日

刘锡昌、韩德卫在坐

重组中法实业银行事

总长云:“照会译文二件业已收悉,惟其中有一极小参差,当由刘秘书与韩参赞接洽。”

傅云:“极善。”

总长云:“中法实业银行已否由法国会通过?”

傅云:“尚未,惟已提出,今晨接法财政总长来电,可以作为完结。”

傅又云:“重组中法实业银行事,贵总理于上星期休息之日仰承赶办完毕,实深惭感。今特前来用法博总理名义向贵总理声谢。”

总长云:“此次解决中法实业银行问题,两国政府均可满意。本总理得参与其间,甚为荣幸!”

傅云:“此种办法最为完善,盖赔款款项仍在贵国使用。”

总长云:“此次办理完善之结果纯出于两国政府和平之诚意。”

傅云:“此案在法引起各法律之研究,颇为复杂。幸本国博总理主持其间,得有如此结果。”

总长云:“一俟将来事实上手续完竣,再电令陈公使以中国政府名义向博总理表谢美意。”

《中法实业银行复业暨各公使要求庚子赔款用金付给全案》第 1 册,第 89 页

## 颜惠庆会晤克来佛[①]问答

1922 年 7 月 12 日

克参议云:“昨日报载中法实业银行复业条件现已商妥。”

总长云:“此事商妥颇与中法两方有利。按照法国法律,中法实业银行既已倒闭,在未经清理完毕至少需时二年。于是,现行之办法系由旧中法银行董事部将该银行所有财产让与新组之管理公司,一面由法国政府以中国应付之庚子赔款作担保品发行公债券,即以偿还中法实业银行之债权人。此次改组之公司股本实由中国担任三分之一,法国承认以庚子赔款之一部分资助中法共办之教育事业,即如利昂之中国学院,北京、天津、上海、福州各处之法国学堂,此外,本部为欲法国赞同缓付庚子赔款二年起见又于所订办法增加一款,内载中国政府如能设法俾与中法实业银行复业无碍,则法国政府亦承认中国缓付庚子赔款二年。”

克参议云:“若中国缓付庚子赔款,则法国焉有担保品以为发行公

---

① Clive,时任英国使馆代办。

债之用?”

总长云:“但中法实业银行所剩之出息及资产等项为数甚多。”

《中法实业银行复业暨各公使要求庚子赔款用金付给全案》第1册,第90页

## 傅乐猷致外交部

1922年7月13日

径启者:关于一九零一年九月七日条约(即辛丑条约)所载之法国部分庚子赔款,自一九一七年以来所经手续上应办之各种折算有重新核对之必要一节,本公使已于本年六月二十一日函达贵总理矣。当时并曾提议关于法国部分庚子赔款之各项帐目暨各种应付款项暂时不用金佛郎而用金圆计算等因,乃本公使关于该问题深加研究之后以为历来关于该项帐目所用之币实无变易之必要,即暂时的变易亦殊不必,是以特将关于以金圆代金佛郎之提议即此撤回可也。嗣后法国部分庚子赔款之帐目仍以金佛郎计算,每年应付之款仍按照一九零一年条约(即辛丑条约)暨一九零五年七月二日协约所载以金币照付可也。中国政府拨付此项赔款时有权以法国金币或金锭或外国金币(其所含纯金分量须与法国金币所含法定纯金分量相等)。届期按照所欠之金佛郎数目,如数交付法国政府之正式代表。查金锭折合金佛郎,其价值须视其所含之纯金分量,与法国法律规定金佛郎之分量之比较若何为准。至外国金币之收受,则须视其与金佛郎价值之比较若何也。中国政府每年为付法国部分庚子赔款之用,有权于无论何处、无论何时购买应用之金锭及金币。查上列各项办法不过纯系履行辛丑条约而已。在贵总理自能察知也。此泐。顺颂日祉。

《中法实业银行复业暨各公使要求庚子赔款用金付给全案》第1册,第92页

## 甘司东致外交部

1922年7月13日

总理钧鉴:径启者:鄙人现时急欲回国,至迟将于二十三日离京,自

天津乘船至神户,转乘坎拿大邮船,约于八月杪抵法。中法实业银行管理公司之中国代表如能同时启行,实为有益。兹准巴黎荷兰银行电嘱,将请中政府从速举定此项代表前来。相应函请查照办理可也。

《中法实业银行复业暨各公使要求庚子赔款用金付给全案》第 1 册,第 96 页

## 外交部致施肇基①、朱兆莘②

1922 年 7 月 18 日

庚子赔款法国根据条约要求用现金交付,其意当以现在金佛郎与纸佛郎价格悬殊之故,在我究竟能否按纸佛郎市价付款,尚待研究,希向著名公法家征求意见,电复。外。

《中法实业银行复业暨各公使要求庚子赔款用金付给全案》第 1 册,第 99 页

## 傅乐猷致外交部

1922 年 7 月 19 日

径启者:关于中法实业银行复业一案,现经决定于八月十二日在巴黎开股东大会。相应函达贵总长查照,请即派中国驻法公使届时与会为荷。顺颂日祉。

《中法实业银行复业暨各公使要求庚子赔款用金付给全案》第 1 册,第 101 页

## 朱兆莘致外交部

1922 年 7 月 23 日

外交部:新法赔款征求公法家意见事,十八日电悉。兹 Tala John Simon, Ernest Schuster 两公法家,例需五十镑作一意见书。如托办,即电汇一百镑。候示遵。兆莘。二十一日。

《中法实业银行复业暨各公使要求庚子赔款用金付给全案》第 1 册,第 105 页

---

① 中国驻美国公使。

② 中国驻英国代办。

## 财政部致外交部

1922 年 7 月 25 日

径启者:准函开改组中法实业银行一案,前经本部将答复法使节略稿录送查照在案。兹又准该使来照,逐条答复,并将双方所商妥之协定另文照会证明前来,相应照录原送华洋文照会各二件,函达查照核办见复以凭转复等因,并附抄件到部。查法傅使照会所开各节,兹经本部审核,均可赞同。相应函请贵部查照转复法使可也。此致。

《中法实业银行复业暨各公使要求庚子赔款用金付给全案》第 1 册,第 109 页

## 财政部致外交部

1922 年 7 月 25 日

径启者:准函称:"准法傅使函称,关于中法两国政府协定重组中法实业银行一事,现定于下月十二日在巴黎开该银行股东大会,请训令驻法公使代表中政府与会等因,查会期甚迫,可否准如所请,相应抄录法使洋文原函,函请贵部查核,从速见复,以凭办理等因。"查所称改组中法实业银行股东大会开会期迫,拟请训令驻法公使代表中国政府预会一节,本部自可赞同。相应函复贵部查照,迅电驻法公使届时到会可也。此致。

《中法实业银行复业暨各公使要求庚子赔款用金付给全案》第 1 册,第 110 页

## 外交部致傅乐猷

1922 年 7 月 27 日

为照复事:重组中法实业银行一事,准本月九日来文对于本部本月五日节略逐条答复前来,业经中国政府审核,可表赞同。相应照复贵公使查照。须至照会者。

《中法实业银行复业暨各公使要求庚子赔款用金付给全案》第 1 册,第 112 页

## 外交部致财政部

1922 年 7 月 27 日

径启者:本部前以法国部分庚子赔款将来还款时应用何种法币折算关系颇为重要曾分电驻英美各使署,征求著名公法家意见,嗣据驻英朱代办电称,某某两公法家作一意见书,例须五十镑,请电汇一百镑等情。除复以筹款代垫将来由贵部归还外,相应函达查照备案可也。此致。

《中法实业银行复业暨各公使要求庚子赔款用金付给全案》第 1 册,第 113 页

## 外交部致傅乐猷

1922 年 7 月 28 日

为照复事:准本月九日来文以关于未经清付法国庚子赔款,兹两国商定其用途如下:

(一)作五厘金圆债票分期偿本及付息之用,此项金债票应以法国政府名义发给中法实业银行之远东债权人,按票面换回依和解法所定应付该行债权人之证券;

(二)办理中法间教育或慈善事业之用,其执行条件应每年在北京由中法两国政府商定之。

凡有发给远东债权人用金债票换回之证券所得红利,亦应作为该项事业之用等因。中国政府覆核无异,相应照覆贵公使查照。须至照会者。

《中法实业银行复业暨各公使要求庚子赔款用金付给全案》第 1 册,第 116 页

## 董康[①]致外交部

1922 年 7 月 29 日

总理钧鉴:顷闻叔鲁总裁称,有外部致陈公使两电稿,昨日即送敝

---

① 时任中国财政总长。

部,会衔再发等语。康迄未奉到,想日来敝部又有罢工之举,传送有误,查考亦复需时,诚恐误事,用特走笔奉达,请外部会敝部衔先行发出,随后补签可也。敬请钧安。

董康顿首

《中法实业银行复业暨各公使要求庚子赔款用金付给全案》第1册,第119页

## 外交部致董康

1922年7月30日

授经总长阁下改组中法实业银行事,周王两公之意,应将在京所议各要点,由两部会电陈公使接洽,并代拟电稿二件。兹特送请核阅,如荷赞同,即祈示复,以便照发。专肃,敬颂勋绥。

附电稿二件。

《中法实业银行复业暨各公使要求庚子赔款用金付给全案》第1册,第120页

## 外交部、财政部致陈箓

1922年7月31日

此次中国政府与法国使馆商订以法国部份未经付清之庚子赔款作为改组中法实业银行及中法间教育经费之用,双方协定赔款用途如左:

一、作为五厘美金债票分期还本付息之用,此项债票以法国政府名义发给中法实业银行之远东存户,按票面换回依和解法所定应付该行存户之证券。

二、办理中法间教育或慈善事业之用,其执行办法由中法政府在京商定。又,发给远东存户美金债票换回之证券亦应作为上项事业之用。又,同日交换照会规定如左:

(一)设立中法实业银行管理公司资本一千万佛郎,先缴四分之一,中国认股三分之一。

(二)中法实业银行将所有资产租于管理公司,所订租约期间以中法实业银行事务了结之日为限。

（三）发给远东小数存户之美金债票，由管理公司按照票面价格以现金收回。

（四）管理公司所得盈余，除付实交股本八厘官利外，余则分给中法实业银行之各债权人。故对于此项债权人应发给一种无利证券。

（五）未经付清法国部份庚子赔款用途如左：

甲、发行五厘美金债票，换回发给中法银行远东存户之证券；

乙、中法间教育事业；

丙、中国政府应缴中法实业银行股本余额。

（六）中法银行远东债欠约计一万八千八百万金佛郎。又，中法间教育事业每年至少可收一百万金佛郎。

（七）法国政府允将发给远东存户美金债票换回之证券交与中国政府，作为中法间教育事业及慈善事业之用，其数目、性质、预算及管理，将来由中法两国政府协定。

（八）中法银行钞票由管理公司将调换钞票之美金债票按照票面价格以现金收买。

（九）中法银行与中国政府所订各项契约由管理公司根据原约切实履行，中国政府根据契约存于该行款项亦用美金债票拨还，惟将来由组织管理公司之银行团按照票面价格于工程需款时收买。

（十）中国政府欠负中法银行款项，将来由管理公司与中国政府直接规定一最便利中国政府之办法。

以上第四、五、七、八、九、十各条，应请特别注意。又，中国政府与荷兰银行代表甘司东君协定，列入管理公司章程各条如左：

（一）管理公司应尽力于中国及远东实业及商业之发展，并与北京管理部研究在下第五条内所载并受中法实业银行委托设法履行中国政府与中法实业银行所订之合同。

（二）管理公司之董事会及北京管理部，中国政府得三分一比例之董事及管理员。

（三）管理公司应设查帐员二人，中法两国人分任之。

（四）法总理一人，华总理一人，由董事会选任之。华总理一职由中国政府指定，并对于董事会共同负责，华总理得同时为董事会之董事及管理部之管理员。

（五）管理公司应设管理部于北京，其权限如左：

甲、履行已订之各项契约及接洽各种新契约如第一条所载；

乙、向董事会提议在中国各分行经副理职权之规定；

丙、管理并监察中国各分行；

丁、关于董事会交付中国部份之款项，分配于各行事项。

（六）北京管理部以法总经理为主席，华总经理为副主席，如法总理不在京时，主席事务由华总理代为执行。

（七）北京管理部办事细则应呈董事会核准。

（八）中国各重要分行设华副经理一员，由法华总理查看情形，酌量派充。

（九）管理公司对于发给远东存户以还存款之美金债票得收受为放款之抵押品。

（十）中法实业银行管理公司章程须得中国政府或中国政府代表批准。

以上第二、四、五、九各条应请特别注意。外交部、财政部。

《中法实业银行复业暨各公使要求庚子赔款用金付给全案》第1册，第122—123页

## 朱兆莘致外交部

1922年8月1日

外交部：新法赔款征求公法家意见事，二十五日电遵悉。Schuster不办，John Simon邀一律师，合须加送公民费一分，请催财政部汇款，意见书至早本年十月始脱稿。兆莘。三十一日。钞送顾使。

《中法实业银行复业暨各公使要求庚子赔款用金付给全案》第2册，第125页

## 朱兆莘致外交部

1922 年 8 月 2 日

外交部:新公法家 John Simon 允作意见书十月脱稿事,三十一日电计达。伊询一九一七年以前历次交付赔款是否照条约规定每关银一两即三佛郎七五?如此,则佛郎汇率高时付一两以上,佛郎低时付一两以下。请先电复并将历年付款汇价对照表钞寄一份。再,查英国收受赔款,系以英镑实数载在官书。法国一九一七年以先历年预算案内收入中国赔款一项,谅亦载佛郎实数,不随海关银两换价而易其数。除函托法馆觅取法国豫算决算旧案汇交公法家参考外,其他如有足为公法家引证之文件,请并邮寄。兆莘。一日。

《中法实业银行复业暨各公使要求庚子赔款用金付给全案》第 2 册,第 126 页

## 容揆[①]致外交部

1922 年 8 月 3 日

北京外交部:新十八日电悉。遵询各公法家如兰辛等,佥以条约既载明现金交付,无法更变。揆。一日。

《中法实业银行复业暨各公使要求庚子赔款用金付给全案》第 2 册,第 127 页

## 外交部致朱兆莘

1922 年 8 月 5 日

三十一日两电悉。庚子赔款法国部份系按条约规定每关平银一两即三佛郎七五交付,并曾协定将关平银照依各国金钱之价核定,或按伦敦市面银价用银付还,或以金钱期票,或以电汇票,不拘在何处及何银行,任便照最贱之价购买。至历年付款汇价表,俟向财政部索得,另寄。外。

《中法实业银行复业暨各公使要求庚子赔款用金付给全案》第 2 册,第 128 页

---

① 中国驻美代办。

## 外交部致王克敏

1922年8月7日

叔鲁仁兄总裁阁下:此次与法使馆协定改组中法实业银行各项办法,承拟致驻法陈公使电稿,业经本部于上月三十一日与财政部会衔拍发。嗣查稿首称政府与法馆签订合同等语,此项合同本部未曾见及,务祈迅将洋文原件抄示,以资接洽。专布,敬颂台祺。

《中法实业银行复业暨各公使要求庚子赔款用金付给全案》第2册,第129页

## 外交部致财政部

1922年8月7日

径启者:法使根据条约要求将法国部分庚子赔款用金佛郎交付一事,曾经本部分电驻英美各使署,征求著名公法家意见。嗣据驻英朱代办电称,某某两公法家作一意见书,例须五十镑,请电汇一百镑等语。当复以筹款代垫,将来由贵部归还,并行函达查照备案各在案。兹又据朱代办电称,公法家 Schuster 不办,John Simon 邀一律师合办,须加送公民费一份,请催财政部汇款。意见书至早本年十月始脱稿,伊询一九一七年以前历次交付赔款是否照条约规定每关平银一两即三佛郎七五,如此则佛郎汇率高时付一两以上,佛郎低时付一两以下,请先电复并将历年付款汇价对照表抄寄一份。再,查英国收受赔款,系以英镑实数载在官书,法国一九一七年以先历年预算案内收入中国赔款一项,谅亦载佛郎实数,不随海关银两换价而易其数,除函托法馆觅取法国预算决算旧案汇交公法家参考外,其他如有足为公法家引证之文件请并邮寄等语。除将从前与各使协定付还赔款办法摘要电复外,其历年付款汇价对照表,应请贵部查明抄送过部,以便转寄备查。至该用费一百镑并盼早日照数汇往应用为荷。再,同时据驻美容代办电称,遵询各公法家如兰辛等,佥以条约既载明现金交付,无法更变等语。又,此项问题曾据本部部员刁敏谦呈送说帖,所陈亦尚有见地,兹特抄录华、英文各一份,送请察阅,以备参考。此致。

**附抄件:照译刁敏谦博士说帖**

自欧战后佛郎价大跌,法国使馆近声明中国庚子赔款须按照金佛郎之价计算,其理由则以国际联盟之各预算案进出均以金佛郎计算之故。

按辛丑条约第六款有云,赔款共关平银四百五十兆两,应按合各国之金币计算,关平银每两合三佛郎又百分之七十五,每年周息四厘,本息均须用金付还或按照付款时之时价合算等语。

张煜全参事之意,法馆之声明并无不近情理之处。张君似因条约中有用金付还一语,遂谓我国付交赔款应用金币。鄙意窃不谓然,按马克麦莱氏由法文转译英文之辛丑条约,其语句中之用意似谓付还赔款不用银两或关平银,须用各国之金币计算而已。盖现金并非国际商业上通行泉币,不过一假定名词,为国际兑换合算之便利计耳。鄙人非经济专家,然窃意此层解释似尚明了。准此而论,则中国应付还法国之赔款,不用银元或银两而用佛郎者,乃因佛郎为法国政府之金币也,第中国政府对于外界变迁之影响,非本国能力所可转移者,亦不能负责。此次佛郎及英义等国金币跌价,系由欧战之故,如曩日订约各国全权声明赔款以银洋归还,则可免受金价涨落之影响。否则,现时佛郎跌价中国不能负责也。国际联盟之各项进出预算案均以金佛郎计算,乃一例外之事。法国佛郎于此项预算案内遂有二本位,一为金佛郎,一为纸票佛郎。然此金佛郎亦不过欧战前一普通佛郎而已,此项计算亦仅为偿补国际联盟中各供职人员薪俸之损失耳。至现时普通国际商业上所用之佛郎,每英金一镑可换五十八枚至六十枚之谱,在欧战前则仅换二十五佛郎,德国应付各协约国之款,虽亦以金马克计算,然与我国无涉,且亦不过一时权宜办法,将来国际兑汇恢复原状时即将无形消灭也。

九年份中国铁路统计近方出版内有所云:“本年收入赢余以由付还债款中因金价低落之故而得减入支出之数为最大宗,按本年应付之外债,照当日之镑价及佛郎价,本利共洋七百九十一万七千二百四十三元零八分,惟因本年金价跌落,共少付四万元之谱,此款现则为兑换赢余之收入"云云,按此项铁路债券既在欧战前发行,财政部似可援交通部例办理而节省数百万元经费也。

就上所述,则法馆之要求似不能承认。如果与法国各项来往帐目均用金佛郎计算而不用现时通行之佛郎,则此问题自当别论。否则,佛郎即落至与罗布相等之价值,中国亦仍坚持对于国际兑换涨落不能负责之宗旨也。

**张参事说帖**

法币现金与钞票价格殊异,驻京法使要求以现金交付赔款。

按照辛丑条约第六款甲项,此四百五十兆系照海关银两市价易为金款,此市价按诸国各金钱之价易金云云。又云本息用金付给或按应还日期之市价易金似指他国金币付给云云。

细译语意,赔款系金币债款,以银币易成金币,并用各该国或他国金币付款。然则照约我国只能用现金付给赔款,若钞票与现金同一价格,自不发生问题;若异其价格,则法使之要求尚无不合。

张煜全谨呈

《中法实业银行复业暨各公使要求庚子赔款用金付给全案》第2册,第130—137页

## 王曾思①致外交部

1922年8月9日

北京外交部:新实业银行改组事,二十七日电及三十一日两电均已遵照分别办理。该行本月十二日股东大会派员代表事,查戴秘书明辅曾往代表多次,此次拟仍派该员莅会。又,周代表未到以前,所有应与该行接洽事宜,亦派该员暂代接洽,禀承办理,并转财政部。曾思代。六日。

《中法实业银行复业暨各公使要求庚子赔款用金付给全案》第2册,第138页

① 中国驻法使馆秘书。

## 外交部致陈箓

1922 年 8 月 10 日

改组中法实业银行事，三十一日与财政部会发两电，计达。内“七月九日”系“此次”二字之误；“所签订之合同”系“所订之办法”之误；“签订合同”系“商订”二字之误，希分别更正。外。

《中法实业银行复业暨各公使要求庚子赔款用金付给全案》第 2 册，第 141 页

## 朱兆莘致外交部

1922 年 8 月 11 日

（七新）法赔款事，五日电悉。经即托使馆律师转达公法家，据再询数项如下：

（一）所谓曾经协定者是否指一九零五年换文刊在 Macmurray's treaties Volumn one, pages 320, 1921 edition。

（二）法国对此换文有无表示采择何种收款方法？历年付款手续如何？

（三）如所谓协定或换文尚有为 Macmurray's treaties 所未载者，须将原文用英文码电达等语。

请逐项电复。莘。十日。

《中法实业银行复业暨各公使要求庚子赔款用金付给全案》第 2 册，第 142 页

## 外交部致财政部

1922 年 8 月 11 日

径启者：改组中法实业银行一事，前因准法傅使来函，以该银行定于本月十二日在巴黎开股东大会，为期甚迫，请训令陈公使代表中国政府与会等因，经转准贵部复函赞同，当即电知陈公使在案。旋据周前总理与王总裁之意，应将在京所议各要点，由两部会电陈公使接洽，并代拟电稿二件。曾将原稿先行函送贵部董前总长核阅。准复称极表赞同，可即照发，随后补稿会签等语。当即悉照原稿二件于上月三十一日拍发去讫。嗣查原稿内有七月九日中政府与法使馆签订合同等语，该

合同本部尚未见及,致函王总裁索抄。准复称,法使原备有合同一份,请签字,但其后并未签订云云。是前项电稿内签订合同一语,已属不符,业再致电陈公使,声明更正。相应将会电稿四份送请贵部查照补签,并留存二份,以其余二份送还本部备案可也。再,本部续致陈公使更正之电稿,兹特一并钞送,以资接洽。此致。

《中法实业银行复业暨各公使要求庚子赔款用金付给全案》第2册,第143页

## 陈箓致外交部

1922年8月14日

为咨陈事:准大部二十二日电开,旬日以来,据路透电登载,法国政府根据国会议案所规定之发还中法实业银行远东存户存款及整顿中法实业银行之办法,对于存户方面将以庚子赔款发还,并云一俟整顿就绪即由中法实业银行管理公司执行云云。中国政府为国民利害关系自可赞同中法实业银行之整顿并可加入该管理公司,但中国政府对于法国应得庚子赔款余额之处置问题,未经法国政府将确实办法正式通知以前,无论何种提议中国政府未便与议,亦未便决定,应请法国政府将确实计划正式通知,以便商榷,即希向法国政府接洽并希电复等因,当经备具节略,于二十三日面交法外部政务司长。据称,此案现正由财部与银行团协商办法,原议内部稍有头绪即与中国政府接洽,财政部所拟办法大纲业于本早(即六月二十三日)电达驻京公使,嘱与中国政府磋商,尚有细节三五日内亦可议妥续电,所有中国政府意见当即转告财政部注意等语。以上情形除已于二十四日电达外,合将节略原文抄送大部。即请查照备案。此咨陈外交总长颜。

《中法实业银行复业暨各公使要求庚子赔款用金付给全案》第2册,第145页

## 驻法使馆致外交部

1922年8月14日

北京外交部:新据戴明辅称,本日上午实业银行股东寻常会会议付

托管理公司经理该行营业所订租让契约应得股东会许可,当场议决,赞成数三万七千七百五十票,反对数仅五百九十三票。当时明辅遵三十一日电声明,将来法国国会不能通过中法政府所定办法时中国政府现所赞成之契约作为无效等语。特闻并转财政部。曾思代。十二日。

《中法实业银行复业暨各公使要求庚子赔款用金付给全案》第2册,第146页

## 外交部致财政部

1922年8月17日

径启者:准中法实业银行来函,以顷接本行中央行政处电称,担任组织本行管理之债权者曾将该会之资本金原定一千万佛郎改定一千五百万佛郎为宜云云,兹因贵政府当初与甘司东 Kahn 协商之时曾声明贵政府对于本银行管理会之资本金追加至一千五百万佛郎必当欣然赞成,惟须留其三分之一于贵政府,请将此事电告贵国驻法公使等因,相应照录法文原函,据情函达贵部查核见复,再行转知驻法公使可也。此致。

《中法实业银行复业暨各公使要求庚子赔款用金付给全案》第2册,第149页

## 财政部致外交部

1922年8月23日

径启者:准贵部函称,改组中法实业银行一事,前因准法傅使来函,以该银行定于本月十二日在巴黎开股东大会,为期甚迫,请训令陈公使代表中国政府与会等因,经转准贵部复函赞同,当即电知陈公使在案。旋据周前总理与王总裁之意,应将在京所议各要点,由两部会电陈公使接洽并代拟电稿二件,曾将原稿先行函送贵部董前总长核阅。准复称,极表赞同,可即照发,随后补稿会签等语。当即悉照原稿二件于上月三十一日拍发去讫。嗣查原稿内有七月九日中政府与法使馆签订合同等语,该合同本部尚未见及,致函王总裁索钞,准复称,法使原备有合同一份,请签字,但其后并未签订云云。是前项电稿内签订合同一语,已属

不符,业再致电陈公使,声明更正,相应将会电稿四份送请贵部查照补签,并留存二份,以其余二份送还本部备案可也。再,本部续致陈公使更正之电稿,兹特一并钞送,以资接洽等因,并附电稿四件到部。当经本部补行签字,除提存电稿二份备案外,相应检同其余二份函送贵部查收备案可也。此致。

《中法实业银行复业暨各公使要求庚子赔款用金付给全案》第 2 册,第 153 页

## 艾维滋致外交部

1922 年 9 月 4 日

曾经比国政府一面准许停付庚子赔款,其期限前后计展七年,照顾总长关于一九二四年十二月一日续付赔款之各种办法所发表之意见,比国政府愿纳下列各件:

在停付赔款之七年期内所已到期按月期款之总数,自一九二四年十二月一日起于头两年内按月交还期款三个月,于第三年则按月交还期款一个月,共分三年还清。所以,将来中国政府在一九二四年十二月一日至一九二六年十一月三十日期间,于每月一日应交付按月期款四个月,而在一九二六年十二月一日至一九二七年十一月三十日期间,则于每月一日交付按月期款两个月也。

《中法实业银行复业暨各公使要求庚子赔款用金付给全案》第 2 册,第 154 页

## 外交部致国务院

1922 年 9 月 4 日

查缓付庚子赔款截至本年十二月止,五年届满。曾向各国政府商议展缓两年,已得比国政府允认。兹因拟将比国部份展缓两年之款作为抵押,与华比银行商议借款。驻京比使乃以期满付还办法须先行商定,提议前五年缓付之款应依照原议分五年摊还,其后二年缓付之款期满后作一次付还。当告以条件严酷,未能照办。彼复提出由一千九百二十四年十二月一日起将七年缓付总数作八十四份,分三年付清,前二

年每月付还三分,后一年每月付还一分,是为最后让步办法。我如允照办理,届期统计应付该国部份赔款,前两年内每月须交付四个月之款,后一年须交付两个月之款。是否可行,应请总理批示。

《中法实业银行复业暨各公使要求庚子赔款用金付给全案》第2册,第156页

## 外交部致艾维滋

1922年9月4日

缓付庚子赔款办法,接准贵馆节略,以七年中按月所欠总数,应自一九二四年十二月一日起于三年之内按月交清,其前二年期内每月须交付三分,连同常年正项,共计四分,其后一年期内每月只交一分,连同正项,共计二分等因,自可照办,合即复达。

《中法实业银行复业暨各公使要求庚子赔款用金付给全案》第2册,第157页

## 财政部公债、泉币司致外交部

1922年9月6日

径启者:本部准贵部函开,准中法实业银行来函,以顷接本行中央行政处电称,担任组织本行管理会之债权者曾将该会之资本金原定一千万佛郎改定一千五百万佛郎为宜云云,兹因贵政府当初与甘司东协商之时曾声明贵政府对于本银行管理会之资本金追加至一千五百万佛郎必当欣然赞成,惟须留其三分之一于贵政府,请将此事电告贵国驻法公使等因,相应照录法文原函,据情函达贵部查核见复,再行转知驻法公使等因。查中法实业银行管理公司资本原定为一千万佛郎,先缴四分之一,中国认股三分之一各节前经中国政府与法国使馆双方协定,并由贵部会同本部电达驻法陈公使各在案。兹查该行原函所称,中国政府当初与甘司东协商,曾声明管理会之资本金追加至一千五百万佛郎,中国政府必当欣然赞成,惟须留其三分之一于中国政府各节,本部无案可稽,贵部是否有案?相应函请贵司查明见复,以凭办理。此致。

《中法实业银行复业暨各公使要求庚子赔款用金付给全案》第2册,第158页

## 外交部致王景岐[1]

1922 年 9 月 16 日

新比国展缓庚子赔款办法,已由部与比使商定,自期满日起,将七年缓付之款分作八十四份,于三年内付还,前两年每月付三份,后一年每月付一份,经比使请示比政府,俾得与本部互换照会定案。惟多日未得比京复电,而财政部以需款孔亟已按延期两年数目向华比银行商办垫款,作为国会暨教育经费。希催比外部速复,以便进行。外交部。十六日。

《中法实业银行复业暨各公使要求庚子赔款用金付给全案》第 2 册,第 160 页

## 王景岐致外交部

1922 年 9 月 22 日

北京外交部:新庚子赔款展缓事,十六日电悉。缓付之款分期还法,中国与他国间所商定者是否一致?他国态度如何?比外部昨询及,请电复。景岐。二十一日。

《中法实业银行复业暨各公使要求庚子赔款用金付给全案》第 2 册,第 161 页

## 外交部致王景岐

1922 年 9 月 23 日

新十码,二十一日电悉。庚子赔款展缓二年事,比国首先允认,中政府至深感纫。其还款办法已由部与比使商定,并与华比银行商允垫款,充议院及教育经费之用。专候比京复电,即可实行。希再催比外部,迅电驻京比使照办为盼。至其余各国正与磋商。并闻。外交部。二十三日。

《中法实业银行复业暨各公使要求庚子赔款用金付给全案》第 2 册,第 165 页

---

① 中国驻比公使。

## 艾维滋致外交部

1922 年 9 月 26 日

为照会事:接准本年九月四日定字十三号节略内开缓付庚子赔款办法等因,兹奉本国政府训条,以停付赔款总数应自一九二四年十二月一日起于三年之内将七年停付积款一律付清,即照节略所开办法,已属本公使代其表达赞同此办法,即所谓于一九二四年十二月一日起两年内中国政府每月则付(平时之数)四份(或倍)款项,于第三年间即一九二六年十二月一日起一年期内则每月付与二份(或倍)款项。以上所开之付款,以金作本位事,自然系按辛丑各国条约第六条所指之金佛郎为标准,决非纸币佛郎之谓也。相应将以上情节照达,即希照复贵总长之赞同可也。本公使并随时恭候,择定时间,以便将此以金为本位之付款办法办结是妙。须至照会者。

《中法实业银行复业暨各公使要求庚子赔款用金付给全案》第 2 册,第 166 页

## 外交部致艾维滋

1922 年 9 月 27 日

为照复事:缓付庚子赔款还款办法一事,准本月二十六日来文,业经阅悉。所拟还款办法业经贵国政府同意,甚慰。至所称将来还款时须按照金佛郎交付一节,此事不仅关系比国,目下本国政府正从事研究。对于有关系各友邦,深冀早日有双方满意之办法,现可将还款时之佛郎问题暂行彼此保留,以利进行。相应照复贵公使查照为荷。须至照会者。

《中法实业银行复业暨各公使要求庚子赔款用金付给全案》第 2 册,第 169 页

## 艾维滋致外交部

1922 年 9 月 28 日

为照复事:缓付庚子赔款一事,按照本公使先与朱秘书接洽办法,并于收到本月二十七日来文之际已立即电达本国政府,以贵国政府拟

将五年所积应付本国赔款及拟再展二年之赔款付给办法,愿将还款时之金佛郎问题暂行从缓置议,以待日后解决等语,一俟本公使奉到本国复训,则定立即知照贵总长也。须至照会者。

《中法实业银行复业暨各公使要求庚子赔款用金付给全案》第2册,第170页

## 陈箓致外交部

1922年9月29日

外交部:(七新)据戴秘书明辅称,本日中法银行管理公司开股东成立大会,验收各股东认缴股本,十月三十一日开选举董事会,明辅以中国政府股东名义声明中国政府应付管理公司股本将来在京交付,曾于八月一日正式函告和兰银行等语。特闻并转财政部。箓。二十六日。

《中法实业银行复业暨各公使要求庚子赔款用金付给全案》第2册,第172页

## 外交部致财政部

1922年9月29日

径启者:法使声明法国部分庚子赔款每年应付之款应按辛丑条约以金佛郎交付一事,前于本年七月二十二日咨行贵部详为研究在案。兹又准比艾使来文,以比国部分庚子赔款俟展缓期满应以金佛郎交付等因,经先复以此项问题中政府正从事研究,对于有关系各国深冀仍有双方满意之办法等语。此事究应如何办理?相应函达贵部查照,并案核办,迅行见复可也。此致。

《中法实业银行复业暨各公使要求庚子赔款用金付给全案》第2册,第173页

## 艾维滋致外交部

1922年9月30日

为照会事:缓付庚子赔款一事,已于本月二十八日照复贵总长查照去后,兹奉本国电复内开,本国政府深歉不克承受,来文所提之还款时

金佛郎问题暂待日后解决之一节（此还款办法即本馆本月二十六日文中及贵总长本月二十七日来文中所述之拟缓付应还本国庚子赔款至一九二四年十二月一日止展期届满之款项是也）。此问题之解决，应正式加入此次本国对于贵中国政府所承认之展缓二年庚子赔款之互相同意完全办法之内方可等因前来，相应备文，即恳贵总长查照可也。须至照会者。

《中法实业银行复业暨各公使要求庚子赔款用金付给全案》第 2 册，第 174 页

## 外交部致财政部

1922 年 10 月 3 日

径启者：准驻法陈公使九月二十六日电称，据戴秘书明辅称，本日中法银行管理公司开股东成立大会验收各股东认缴股本，十月某日（原码有误，查三日或三十一日均差一码）开选举董事会。明辅以中国政府股东名义声明中国政府应付管理公司股本将来在京交付，曾于八月一日正式函告和兰银行等语。特闻并转财政部等因，相应函达贵部查照。此致。

《中法实业银行复业暨各公使要求庚子赔款用金付给全案》第 2 册，第 176 页

## 外交部致朱兆莘

1922 年 10 月 11 日

法赔款事，前电所云协定即指一九零五年换文，法国对此曾表示用电汇方法。历年每月以上海汇丰银行所定之交款日电汇佛郎之规平价银付给。此外尚无其他换文。前准电询特复公法家意见书，希催办。外。

《中法实业银行复业暨各公使要求庚子赔款用金付给全案》第 2 册，第 180 页

## 艾维滋致外交部

1922 年 10 月 30 日

为照会事：缓付庚子赔款还款办法一事，准上月二十七日文开，比

款还款时按照金佛郎交付一节，本国政府已交与该事专门委员会从事研究等情。嗣后即未得悉下文如何，是特照请贵总长从速示知该委员会所获结果若何。是感兹专请特别注意者，乃本国政府对于贵政府所要求新展缓事之与否赞同，完全根于此还金问题之取决，本公使以为此事务应于十二月一日以前决定办法方妙，因该期限系缓付赔款届满而应如故付款之期也。须至照会者。

《中法实业银行复业暨各公使要求庚子赔款用金付给全案》第2册，第182页

## 财政部致外交部

1922年11月1日

径启者：准周前总理自齐自巴黎来电两件，关于中法实业银行事除会已同贵部电复外，相应将会电稿同式二份函送贵部查照签印留存一份，并交还一份，以便存案。来电两件一并抄附，即希存查为荷。此致。

**附会电稿二份、抄电两件**

巴黎中国公使转周子廙先生：（新十码）远东证券与欧洲证券必须一律办理，应坚持小数存户付现以一千佛郎为限，似嫌太少，请酌办。股本已属中行与赛利尔商洽，由中法钞票垫款内扣付，董事除戴应派五人，查帐一人，总经理一人，管理部理事是否二人？各员俟商定后另电复。款属中行照汇美金，叔鲁言报告及表俟译好即寄，仍盼设法进行。外交部、财政部。二十八日。

**照译十月十六日收到巴黎来电**

达密并转财政总长：十二日电计达。管理公司法股早已收齐，遵商外部，股本一百二十五万佛郎应即交付，以全体面而便发议。此事彼极为注意，董事长面催速交，无论如何务希愿为不能候至复业后也。远东存户用金债票换回之证券，此间舆论以为不应与欧洲存户证券一律相待，此后有先还欧洲证券后还远东存户证券之议，未便赞同，业已婉辞拒绝。赔款总数除原订三项用途外约余八千六百万纸币佛郎，足敷清还政府欠款之用，正在磋商详细办法。公司董事彼举十二人，银行密电

有名人员，我可派六人，戴明辅外缺额五人，查帐员我派。又，华总经理亦应派出，均应请速电示，以便知照公司。十五。周自齐。

**照译十月二十七日接到巴黎来电**

达密并转外交总长、财政总长钧鉴：十四日电计达。证券办法彼仍坚持如前拟在欧洲证券作为甲种先付，远东证券乙种后付。理由为远东存户已得美金债票，实属优待，欧洲存户仅得证券，未免向隅，必须有所区别始可。国会议论纷纷，存户争持激烈。法政府不得不设法调停，商务裁判院长面请照办。弟坚不允从。昨日法外部函致公司，该件办法今日中法银行及管理公司均开特别董事会，皆主张证券分类。弟当即反对。中法董事会议决循我政府俯如所请，而公司董事会竟以多数议决照办。业已专电声明。中法交涉究应如何办理，请速电复。又，远东小数存户付现以一千佛郎为限，应否了事？并速电覆。国会提议在即，法政府预筹对付，万勿延搁，是为至盼。齐。

《中法实业银行复业暨各公使要求庚子赔款用金付给全案》第 2 册，第 184—185 页

## 外交部致傅乐猷

1922 年 11 月 6 日

为照会事：关于中法实业银行复业一事，前经本部与贵公使商定办法，互换文件在案。该办法内曾声明：其以金债票换回远东存户之无利证券应交中国政府作为教育基金及慈善事业之用。现按中国政府派赴巴黎该银行管理会代表周前总理电称，该银行现拟将欧洲存户证券作为甲种先付，远东存户证券作为乙种缓付等因。查此项办法殊欠平允，中国政府碍难承认。相应照会贵公使查照，希电达贵国政府，饬令该银行仍将远东证券与欧洲证券一律办理，以昭公允，并见复为荷。须至照会者。

《中法实业银行复业暨各公使要求庚子赔款用金付给全案》第 2 册，第 186 页

## 外交部致财政部

1922年11月7日

径复者:接准来函,以准周前总理自齐自巴黎来函两件,关于中法实业银行事,除已会同电复外,将会电稿二分函送查照签印留存一分,并交还一分存案等因,前项会电稿业经本部签印,除将一分留存备案外,相应将原送会电稿一分复送贵部查收备案可也。此致。

《中法实业银行复业暨各公使要求庚子赔款用金付给全案》第2册,第187页

## 朱兆莘致外交部

1922年11月7日

外交部:(七新)法赔款事,八月五日来电所云历年付款汇价表曾否付邮?如未寄,可否请律师即将意见书草出抑俟表寄到再办?乞电复。莘。六日。

《中法实业银行复业暨各公使要求庚子赔款用金付给全案》第2册,第188页

## 傅乐猷致外交部

1922年11月8日

为照覆事:关于中法实业银行清理债务办法之更改一节,业准贵总长本月六日照会在案。查此项更改或其他别项更改,本国政府至今并未通知本公使,贵总长来照所引之周总理电,想系指明一种计画而欲征求中政府对此之意见者也。特此照覆。须至照会者。

《中法实业银行复业暨各公使要求庚子赔款用金付给全案》第2册,第190页

## 财政部致外交部

1922年11月8日

径启者:查庚子赔款付还佛郎比国公使要求于展缓期满后以金佛郎照付一事,现据本部顾问宝道送到答案一件,相应钞录原件,送请查

阅为荷。此致。

**照译宝道顾问节略**

(问)按照一九〇一年国际公约第六款,中国对于以佛郎核计庚子赔款之各国,是否应以现金付给之或以各该国之制币付给之?

(答)公约原文已载明庚子赔款系为中国政府之一种金债款,其文如下:“甲、此四百五十兆系照海关银两市价易为金款,此市价按诸国各金币之价易金如左:

海关银一两即……佛郎三. 七五即……”

就此条文观之,不能有他种解释,其意只可谓为海关银一两等于金佛郎三. 七五,换言之,即对于以佛郎核计之诸国,所欠赔款每海关银一两中国政府必须付以金佛郎三. 七五。定案凿凿,窃实不知如何可以逃避也。

现在中国政府已将俄德赔款划作民国三、四年及十一年内国公债之抵押品,是已默认庚子赔款系用金款付给,并非以纸币付给也。盖对于俄德两国之赔款如用俄国罗布票或用德国马克票付给,则其核计银元之实价岂非近于一无所得乎?

至于金佛郎现在尚存在与纸币迥然不同,今为人人所共认。试观国际联合会之预算,包括中国会费亦在内,即以金佛郎计算者也。不宁惟是,除公约原文而外,尚有一文书,即一九〇五年七月二日庆王致各国外交代表之公函(见 Mac Murray 所著中外约章汇编第三一九页),对于斯事更有较为确切之成案,其文如左:

“承认此四百五十兆两定为一种金债款,换言之,即中国对于列国中每国所欠海关银每一两必须照最后公约第六款所载每两之同值数以金付给……”

当时各国代表对此公函已回文收到,并已叙入复文之内。是以中国政府已受其束缚,殆无疑义也。

至于付款之形式问题,中国固不必拘定付给金质之现金,只须付以与现金同值之代价。当初通过之办法,在上述一九〇五年七月二日交

换函件中亦载明在内,其文如下:

"中国偿付此种款项,将根据上列关于诸国钱币确定公约所载海关银两价值之办法计算,照伦敦市场之银价以银付给或以金票或电汇付给均可,由各国选择。倘对于每一国于到期之日以金付给,中国可以就其对于中国利益最为适宜者,在无论何地任何银行以最低之价值或用投标法亦可购买币券或电汇,但约定电汇或币券付款之实数,由中国负责。诸国承认此项提议,必须将上述三种办法中何者为诸国中每月所选用直至债款终了时为止告知中国政府。"

窃以为上述各节情形当可呈以奉复垂询之问题。

宝道上

一九二二年十月二十七日

《中法实业银行复业暨各公使要求庚子赔款用金付给全案》第2册,第194—195页

## 外交部致朱兆莘

1922年11月14日

六日电悉。汇价表财政部迄未送来,可先请律师草具意见书。外。

《中法实业银行复业暨各公使要求庚子赔款用金付给全案》第2册,第199页

## 外交部致财政部

1922年11月16日

径复者:准函称:按周前总理电称,中法实业银行现拟将欧洲存户证券作为甲种先付,远东存户证券作为乙种缓付等语。此项办法殊不平允。请速向法使交涉等因,业经本部根据前此互换文件商定办法,照会法傅使,切实抗议并请其转电法政府,饬令该银行仍将远东证券与欧洲证券一律办理去后,兹准照复称,此项更改或其他别种更改,本国政府至今并未通知本公使,来照所引之周总理电,想系指明一种计画而欲征求中国政府对此之意见者也等因。旋法使来晤,复经面询究竟。据称恐系银行方面与周前总理讨论之一种计画,本国政府并未与闻,照本

公使观察,现时本国政府对于本年六月间中法商定之办法谅无更改之意等语,相应函复贵部查照可也。此致。

《中法实业银行复业暨各公使要求庚子赔款用金付给全案》第2册,第200页

## 陈箓致外交部

1922年11月21日

外交部:(七新)中法实业银行以庚子赔款复业案,本日下议院以四百四十四票通过,并转财政部。箓。十六日。

《中法实业银行复业暨各公使要求庚子赔款用金付给全案》第2册,第208页

## 朱兆莘致外交部

1922年11月24日

外交部:(七新)法赔款事,十四日电悉。据律师称,历年汇价表最为重要,如赶不及邮寄,可询明历年汇付用两抑用佛郎,将一定数目电知,方能着手起草等语。请向财政部详查电复。莘。二十三日。

《中法实业银行复业暨各公使要求庚子赔款用金付给全案》第2册,第209页

## 翟录第①致外交部

1922年11月26日

为照会事:庚子赔款重当接续,偿还之期已近,因此由本公使自应将交款之手续先为申开。查照一千九百零一和约以及一千九百零五年七月二日所订各款,庚子赔款之义国部分仍应照金佛郎计算,且按期拨款亦应以金佛郎实行之,其按期交付此款与义政府指定之正当代表时,归中国政府随意或以义法各国金钱或以金锭或以他国金钱为之。然所交他国之金钱应照足色金,合与义国或法国金钱法定之轻重为标准,其

① Cerruti,意大利驻华公使,1922年任命,1927年离职。

金锭之价值则以金佛郎计算。为此,将其足金之轻重与法国法律所定金佛郎之轻重比例折算,其他国金钱者,则以各该钱类与法国暨义国金佛郎照平市价值扣算,偿还庚子赔款义国应得之各部分,则中国政府有随意不论于何时何处收买金钱以及金锭之权。兹请贵部先行声明所有交款手续照此办理之同意为荷,为此照会贵总长查照可也。

《中法实业银行复业暨各公使要求庚子赔款用金付给全案》第2册,第210页

## 铎使芬德[①]致外交部

1922年12月1日

为照会事:查一千九百一零年九月七日签字辛丑条约内规定,赔还本国赔款应用金币偿还,不能用纸佛郎克偿还。现中国海关代表中政府偿还本国赔款,每月系用纸佛郎克。早拟照请改为用金币偿还,因知贵国财政困难,以故待等便时再请改用。现届其时矣,因刻下各国承认中国增加进口税,每年收增多。特此照请贵总长查照,饬知海关以后偿还本国赔款改为金币,照还法国赔款办法办理并请再饬知海关,本国赔款亦应按照法使馆本年六月二十一日、七月十二日两次去文所定自一千九百十七年起按年将纸佛郎克与金币所受亏损数目若干补还为荷。须至照会者。

《中法实业银行复业暨各公使要求庚子赔款用金付给全案》第2册,第212页

## 外交部致财政部

1922年12月1日

径启者:关于法国部分庚子赔款法使要求用金付给一案,前据驻英朱代办电称,历年付款汇价表曾否付邮,如未寄可否请律师即将意见书草出,抑俟表寄到再办,乞电复等因,业经本部复以汇价表财政部迄未送来,可先请律师草具意见书等语去后,兹又据该代办电称,据律师称,

① Dos Fuentes,西班牙驻华公使,1921年8月8日到任,离职日期不详。

历年汇价表最为重要,如赶不及邮寄,可询明历年汇付用两抑用佛郎,将一定数目电知,方能着手起草等语,请向财政部详查电复等因。相应函请贵部查照,从速查明见复,以凭电复可也。此致。

《中法实业银行复业暨各公使要求庚子赔款用金付给全案》第2册,第214页

## 外交部致财政部

1922年12月1日

径启者:准驻法陈公使电称,中法实业银行以庚子赔款复业案,本月十六日下议院以四百四十四票通过等因,相应函达贵部查照。此致。

《中法实业银行复业暨各公使要求庚子赔款用金付给全案》第2册,第215页

## 外交部致财政部

1922年12月5日

径启者:法、比两国要求以金佛郎付还庚子赔款一事,业经本部列举未便照办各理由,于十一月十七日函达在案。兹又准义、日两国公使先后来照,均以比照法国办法以现金付还庚子赔款为请,究应如何驳(之)复〔之〕处,相应抄录原文各一件,函达贵部查照,汇案酌核见复,以凭转复可也。此致。

《中法实业银行复业暨各公使要求庚子赔款用金付给全案》第2册,第216页

## 傅乐猷致外交部

1922年12月11日

查一九一七年十二月所应允将一九零一年九月七日条约(即辛丑条约)第六条所载之法国部分赔款缓付五年之时期,业于本月一日限满。是以法国公使特请外交总长转饬中国海关部署将一九零五年七月二日互换各照会中所规定之每月付款,嗣后按照法国公使去年七月十二日致颜前外交总长函中所开原则转为照付,此项月款应自本月三十日起即行交付上海东方汇理银行,以该行现为法国政府所委托之银行

也。十二月八日。

《中法实业银行复业暨各公使要求庚子赔款用金付给全案》第2册,第217页

## 外交部致财政部

1922年12月15日

为咨行事:准法馆节略称,查一九一七年十二月所应允将一九零一年九月七日条约第六条所载之法国部分赔款缓付五年之时期,业于本月一日限满,应请转饬中国海关部署将一九零五年七月二日互换各照会中所规定之每月付款,嗣后按照法国公使去年七月十二日去函所开原则转为照付,此项月款应自本月三十日起即行交付上海东方汇理银行等因。查法国要求以金佛郎付还庚子赔款一事,迭经本部咨请贵部核办在案。兹法使以前项庚子赔款展限期满来文催请付款,自系据约立言,惟对于金佛郎问题究应如何驳复之处,相应咨行贵部查照,希速并案核办见复,以凭转复可也。此咨。

《中法实业银行复业暨各公使要求庚子赔款用金付给全案》第2册,第219页

## 财政部致外交部

1922年12月23日

径复者:准贵部来函,以法、比两国要求以金佛郎付还庚子赔款一事,前已将未便照办各理由函达查照,兹又准义、日两国公使先后来照,均以比照法国办法以现金付还庚子赔款为请,究应如何驳复之处,钞录原文各一件,函达汇案核复,以凭转复等因到部。查关于法、比两使请将庚子赔款改以金元暨金佛郎计算一事,前经本部缮具节略,呈由国务总理提交国务会议,议决以纸佛郎计算,业经本部于本月十六日照钞原节略函达贵部查照暨分行税务处转饬总税务司知照各在案,所有义、日两国公使拟请比照法国办法以现金付还庚子赔款之处,自应查照国务会议议决以纸佛郎计算办法,分别驳复,以昭一律,相应函复贵部查照办理。此复。

《中法实业银行复业暨各公使要求庚子赔款用金付给全案》第2册,第222页

## 艾维滋致外交部

1922 年 12 月 27 日

为照会事：庚子赔款比国部份继续付与一事，曾于本月二十六日照达贵总长查照在案，兹将本国对于本年十二月起之应付款项所愿观望实行办法特备专文录左，确切照会贵总长查照施行可也。

嗣后比国部分庚子赔款之账目，仍以金佛郎计算，每年应付之款仍按照一九〇一年条约（即辛丑条约）暨一九〇五年七月二日协约所载以金币照付可也。中国政府拨付此项赔款时有权以比国抑法国金币或金锭或外国金币（其所含纯金分量须与比国或法国金币所含法定纯金分量相等），届期按照所欠之金佛郎数目如数交付比国政府之正式代表。查金锭折合金佛郎，其价值须视其所含之纯金分量与法国法律规定金佛郎之分量之比较若何为准；至外国金币之收受，则须视其与金佛郎价值之比较若何也。中国政府（每年）为付比国部份庚子赔款之用有权于无论何处无论何时购买应用之金锭及金币。查上列各项办法不过纯系履行辛丑条约而已用，特照会贵总长查照，即希从速照覆，其对于上开付款办法同意照办是荷。须至照会者。

《中法实业银行复业暨各公使要求庚子赔款用金付给全案》第 2 册，第 232 页

## 外交部致财政部

1922 年 12 月 29 日

为咨行事：准比艾使照称，缓付庚子赔款拟再推展二年一事，兹奉本国外部训令开，因见贵国政府对于此项问题似乎未肯加紧办结，只有将其允许推展缓付二年庚子赔款一事作为取消，请转饬将比国部分庚子赔款于本月三十日起付与为感。至于五年来所积欠之赔款付还办法，则自应按照一九一八年二月十五日所定办法办理等因。查继续展缓庚子赔款二年一事，各关系国均未允行，只比国一国虽愿展缓而条件严酷，本嫌窒碍难行。今该国政府既欲撤回前议，为数无多，不如允与各国赔款一律照付。至前此五年展缓之款，比国原议系于次五年内平

均摊还,相应咨行贵部查照核办见复可也。此咨。

《中法实业银行复业暨各公使要求庚子赔款用金付给全案》第2册,第236页

## 艾维滋致外交部

1922年12月30日

为照会事:接准贵总长本月二十八日来照,将国务会议关于一九零一年九月七日条约第六款所规定比国部分庚子赔款偿付方法之决议达知前来。查是项决议,其结果无非拒绝本公使本年十二月二十七日函内所表明之要求而已,乃所要求理由充足,仍为坚确主持。惟此项问题既关系于签字一九零一年条约各国全体,本公使以为不宜与贵总长直接谈商,除将贵总长本月二十八日来照通知外交团领袖公使外,相应照达。须至照会者。

《中法实业银行复业暨各公使要求庚子赔款用金付给全案》第2册,第237页

## 翟录第致外交部

1922年12月30日

为照会事:接准贵总长本月二十八日来照,将国务会议关于一九零一年九月七日条约第六款所规定义国部分庚子赔款偿付方法之决议达知前来。查是项决议,其结果无非拒绝本公使本年十一月二十四日内所表明之要求而已,乃所要求理由充足,仍为坚确主持。惟此项问题既关系于签字一九零一年条约各国全体,本公使以为不宜与贵总长直接谈商,除将贵总长本月二十八日来照通知外交团领袖公使外,相应函达。须至照会者。

《中法实业银行复业暨各公使要求庚子赔款用金付给全案》第2册,第239页

## 傅乐猷致外交部

1922年12月30日

为照会事:接准贵总长本月二十八日来照,将国务会议关于一九零

一年九月七日条约第六款所规定法国部分庚子赔款偿付方法之决议达知前来。查是项决议,其结果无非拒绝本公使本年六月二十一日及七月十二日函内所表明之正当要求而已,乃所要求之理由充足,仍为坚确主持。惟此项问题既关系于签字一九零一年条约各国全体,本公使以为不宜与贵总长直接谈商,除将贵总长本月二十八日来照通知外交团领袖公使外,相应照达。须至照会者。

《中法实业银行复业暨各公使要求庚子赔款用金付给全案》第 2 册,第 241 页

## 傅乐猷致外交部

1923 年 1 月 6 日

为照会事:接准贵总长去年十二月二十八日来照,当即将中国政府对于辛丑条约第六条所规定法国部分庚子赔款余而未缴之款项须用金佛郎照付一节竟行拒绝达知本国政府在案。兹准电复,以辛丑条约所规定法国部分赔款余而未缴之每年应付赔款,原应按照颜前总长与本公使去年七月间所签协定各办法,作为改组中法实业银行及办理我两国互有利益实业之用,惟此次中国政府乃竟拒绝以金钱照付款项,遂致法国政府生有迟疑,则恐不便将关于批准是项协定办法之议案在法国参议院继续讨论,特嘱本公使将此情形先为告知贵总长等情。准此,查法国国会内有许多议员故谓中国政府对于去年七月间双方协定各办法之将来若何似有置诸不理之形象,藉以竭力反对此项议案。所有反对该议案之议员将必藉口此次拒绝以金钱缴付庚子赔款一事作为确实证明中国政府对于中法实业银行或中法两国互有利益之实业不独持有置诸不理,而且有反抗之状态。由此情形以观本国政府未必能得所提议案之通过。夫本公使于上月二十七日与贵总长会晤时谈及,如果正式拒绝以金钱缴付庚子赔款,则关于上年七月间双方协定办法必生重大影响。彼时已为预料及此,谅贵总长尚能记忆。故以金钱缴付庚子赔款一节未经完满解决以前,本公使则恐本国政府不能将去年七月间双方协定各办法再于法国参议院继续讨论。关于此次以金钱缴付赔款问

题之讨论,既与数国政府有关,势不免时间长久。在本国政府,以自身关系论之,尚属可待。惟在中法实业银行,则必不能待。况乎该行之各债权人,尤为必不能待耶。本公使所预料之展缓,恐生有取销去年七月间双方协定各办法之虞,以致我两国相互之利益大受损害矣。假使中国政府于六个月以后或一年以后或两年以后无法只得以金钱缴付庚子赔款余而未交之款项,且至彼时因总不顾去年七月间双方协定办法而中法实业银行既已归于销灭,倘如法国普嘉赉 POINCARE 内阁另换其他内阁,并倘国会更换,竟只纯粹执行按辛丑条约法国所享有之权利,如遇上述情形,试问中国政府所立地位岂不极其奇异乎?恐有此等情形将来发现,故本公使密请贵总长以友好情谊为之注意,实为切盼。须至照会者。

《中法实业银行复业暨各公使要求庚子赔款用金付给全案》第 3 册,第 1—2 页

## 施肇基会晤傅乐猷问答

1923 年 1 月 9 日

靳志、韩参赞在座

中法实业银行复业及庚子赔款用金事

法傅使云:“中法实业银行复业办法借用庚子赔款,其一切计画均系以金为本位。去年七月曾与贵部签定办法,此案已经法国众议院通过,参议院方面本来亦定于日内投票通过。嗣以赔款用金问题贵部持有异议,又值贵国内阁改组,未能克日解决。本公使当电致本国,请将参议院投票日期展缓一星期。本国政府以为辛丑条约及去岁七月所签定办法均系以金为本位,对于贵部所持异议颇为诧异,况参议院克日投票即将成为法案,更难使其久悬不决。请特为注意。”

总长云:“中法实业银行复业,中法两方面均有利益。本总长甚愿竭力帮助,使其早日施行。贵公使来函已经读悉,对于贵国政府及议院方面为难情形,尤能见谅。惟本国亦有为难情形,赔款事系属财政部所专管,刻下新财政总长尚未到任,本总长亦系履新伊始,尚未暇遍阅卷

宗,惟深知此事紧急,当速与财政部接洽也。再者,现在对于该案两方面之是非曲直姑且暂不深论,本总长个人意思,忽然想到能否觅得一种暂时调停办法应一时急需,而以正当之解决俟诸他日?"

法傅使云:"去岁七月间所签定办法,赔款用金甚为明晰。今倘用他法调停,则系将全案推翻,恐股东及债权家将群起责问矣。"

总长云:"此不过个人偶然想及,仍当翻阅卷宗,详为考虑,与财政当局接洽也。"

《中法实业银行复业暨各公使要求庚子赔款用金付给全案》第3册,第6页

## 施肇基会晤英克代使问答

1923年1月10日

庚子赔款用金缴付事

克代使云:"关于以金币缴付庚子赔款一事,去岁年底本代使曾面聆贵部王前总长之意见,当以电陈本国外部。昨日奉外部电示内开,按照英国政府之意见,贵国宜以金币缴付庚子赔款,贵国所持之异议,本国未便承认各等因。惟此事于实际上与本国无甚关系,盖本国向用现金也。"

总长唯唯。

《中法实业银行复业暨各公使要求庚子赔款用金付给全案》第3册,第7页

## 外交部致陈箓

1923年1月10日

(七新)八日电悉。庚子赔款法国请改用金佛郎计算,经财政部提交阁议,决定用纸币付给。现法使来文声明,中政府如拒绝用金,则双方协定中法银行复业办法难期法议院通过等因。此项问题重要,政府正在考虑俟新财长到任,自当从速商办。希先婉复法外部。再,闻中法复业案法政府日内提交参议院,讨论情形随时探明,电部接洽。外交部。十日。

《中法实业银行复业暨各公使要求庚子赔款用金付给全案》第3册,第8页

## 外交部致财政部

1923 年 1 月 13 日

为咨行事:庚子赔款法、义、比各使不允以纸佛郎计算,并准法使另文以中政府不以金佛郎偿付,恐于上年七月间协订改组中法实业银行办法大受影响等因,经咨行贵部查照核办在案。兹又准驻法陈公使电称,接准法外部来文,节译如下:"庚子赔款中国政府不认缴付金佛郎,与庚子条约第六款所载海关银两不符,一九零二年六月第一期付款时发生变更问题,业经债权各国会同备文,声明赔款本利用金价合算。中国政府曾经照准办理,又于一九零五年七月二日特别承认在案。此次以庚子赔款恢复中法银行,上年七月九日法使与外交部所订协商还款,曾用金佛郎计算,当时并无异议。事关条约,应请转达贵政府照办速复为盼等语。"应如何答复,乞电示等因。除将本案经过情形摘电陈使外,相应咨行贵部查照并案核办见复可也。此咨。

《中法实业银行复业暨各公使要求庚子赔款用金付给全案》第 3 册,第 9 页

## 陈箓致外交部

1923 年 1 月 14 日

外交部:(七新)庚子赔款用金问题,已将十日电意婉复外部。再,法上议院于十二月三十一日、一月十日讨论中法复业案,尚未议决。议员中有坚持惩办旧董事之议。法总理曾在议院声明庚子赔款照金佛郎计算。余续闻。箓。十二日。

《中法实业银行复业暨各公使要求庚子赔款用金付给全案》第 3 册,第 11 页

## 陈箓致外交部

1923 年 1 月 14 日

外交部:(七新)中法银行复业案,昨日经上议院通过。法总理当场又切实声明,庚子赔款用金佛郎。特闻并转财政部。箓。十三日。

《中法实业银行复业暨各公使要求庚子赔款用金付给全案》第 3 册,第 12 页

## 沈瑞麟会晤傅乐猷问答

1923 年 1 月 17 日

刘锡昌、韩德卫在座

傅使云:“今日本公使来部面谒贵次长,系为中法实业银行之事。此案法律已由法参议院通过,惟尚未由法总统公布。盖法总理之意,欲得中政府确切表示后,始将该法律公布。但迟延数日尚无不可,若迟延过久,总统应将迟延原因向国会解释。查此次参议院讨论以庚子赔款用于中法实业银行复业案之时,颇多异议。因该院议员对于拒绝赔款付金之事作为中政府不愿履行去年七月九日协定之表示。彼等之意见,可于在巴黎、里昂两议员演说中见之,其中,有中政府允给留法学生及在法之中法事业之款未能照付等语。另外,对于去年七月九日协约明定供给之款,议员中亦颇多疑虑。当时法总理即声称,彼可以担任分派此种款项。其余异论,即对于中政府在中法实业银行旧帐之黑幕,法总理对于该行之旧帐当即允承查办。如有不法行为,遇必要时可以惩罚。该行管理公司亦即承认查办之办法。中法实业银行之清理与中政府有极大之利益,以中政府为该行之重要股东。法总理为参议院满意起见将此法律暂停公布,俟得到中政府表示赔款用金暨完全实行一九二二年七月九日协约之后再行办理。以上情形,此系法总理嘱告贵政府者也。查此项法律若在法国,一经总统公布,则去年七月九日协约所定抛弃赔款之事无可再改。惟十日以前应即确切表示,以便法政府将迟延之原因随后告知国会。其法政府要求确切表示,本公使以为最好之法分为三种如下:(一)两方面互换文件,其文语预先互相商定,所填日期彼此皆同,文内须声明一九二二年七月九日之协约决定实行。(二)法国赔款用金付给。(三)分派中法事业款项问题应商一办法,此办法如下:法国赔款用于中法事业者,其管理权可托付一中法委员会,此会设在北京,其会员数目中法两国相等,法国委员由驻京法使选派,中国委员由中国外交总长选派,其会议必须两国委员人数相等方为有效,主席由外交总长之委员担任。该行之中法事业帐目以及每年七月十二月终两期结存之款,分派用途均由该委员会议定办理,不准该行自由借款、垫款,关于中法事业收入之款,由该委员会监视之。另,在巴黎设一分委员会,该分委员会受北京委员会之节制,管理分派留法学生及中法事业之款项,其会员法国方面由法外交总长选派,中国方面由驻法中国公使选派。所有款项或由赔款项下而来或由无利证券项下而来,由管理公司另立一帐名,曰'中法事业之帐'。该帐目由北京委员会确定之,所有动用此项事业帐目款项之支票或命令,应由中国外交总长之委员会同法国公使之委员双方签字。其在巴黎之同样帐目,亦照此办理。以上办法系本公使提议,倘贵政府另有办法亦可考量。再,此案若因金佛郎问题不能解决,势必将去年七月之协定同时废止,法国方面势不得不按月照收赔款。"

次长云:"顷贵公使所云各节,当即转达总长。事关重要,自当速筹解决之法。但此案属财部主管,在新财政总长未到任以前,实无从办理。"

傅使云:"此节本公使亦早谅解。"

次长云:"此案如何解决,不仅由财政部决定,且须经国务会议通过。"

傅使云:"此案若能圆满解决,则华盛顿关税条约将来法议院必易通过,盖法议院对于华盛顿会议所定条约不甚满意,贵次长谅亦知之。"

次长云:"法议院所不满意者,似系对于缩减军备之条约。"

傅使云:"此案最关紧要之点,即系应付金佛郎也。"

《中法实业银行复业暨各公使要求庚子赔款用金付给全案》第3册,第13—14页

## 外交部致财政部

1923年1月18日

为咨行事:准驻法陈公使本月十三日电称,中法银行复业案昨日经上议院通过,法总理当场又切实声明庚子赔款用金佛郎等因,相应咨行

贵部查照。此咨。

《中法实业银行复业暨各公使要求庚子赔款用金付给全案》第 3 册，第 15 页

## 傅乐猷致外交部

1923 年 1 月 22 日

为照会事：查本国前有法律允准按照一九二二年七月九日之中法协定让弃法国部分庚子赔款以作中法实业银行远东债权者及关系中法两国事业之使用，该项法律业由国会参众两院予以通过，待经大总统以命令宣布后则即不能撤销，惟在本国宪法限定之一月期间可暂停宣布，以俟中国政府方面妥为措置一切，俾使一九二二年七月九日之协定得以完全履行。此层已于本月十七日向贵部次长正式面达，谅贵国政府必当妥为措置，使中法两国政府能以将上项协定偕同正确实行。然本公使应为预料意外发生诸事，假如中国政府于相当期限内并未妥为措置，使一九二二年七月九日协定得以履行，则法国政府因中国政府之行为有认该协定为无效之权。本公使自须先为声明保留并应特为切实表明本国政府要求庚子赔款以金钱照付一节并不因此项保留致有任何变更，本国政府对于一九二二年七月九日之协定不顾其将来若何而于现时及将来必为依照辛丑条约及一九零五年七月二日互换文件所援引之诸权继续追其执行，倘遇一九二二年七月九日协定之撤销，则本国政府即以其部分庚子赔款之每年摊款任便自由用之，殊属显而易明者也。须至照会者。

《中法实业银行复业暨各公使要求庚子赔款用金付给全案》第 3 册，第 16 页

## 外交部致凌文渊[①]

1923 年 1 月 23 日

植枝仁兄次长阁下：径启者：法国退还庚子赔款维持中法实业银行

---

① 时任财政部长。

一案,前准法傅使来部面谈办法三条,兹又准该使照会,大致以中政府如不于一个月限期内约计自一月十二日起至二月十二日止妥为措置,彼方即有取消前次协定之权而付款用金之要求仍不因之稍变。此事关系甚大,究应如何办理,除咨行贵部外,用特函达台端,即希饬司速办见复为荷。再,法使来部问答已另文抄送。顺颂勋祺。

《中法实业银行复业暨各公使要求庚子赔款用金付给全案》第3册,第21页

## 朱兆莘致外交部

1923年1月26日

外交部:(七新)法赔款索金佛郎事,十一月二十五日电计达,迄未见复。公法家又来催询,意见书应否即行提出抑缓办?候电示遵。莘。二十五日。

《中法实业银行复业暨各公使要求庚子赔款用金付给全案》第3册,第22页

## 税务处致外交部

1923年1月30日

为咨行事:准财政部咨称,查各国庚子赔款展缓五年期满所有展缓之款应如何付还一事,前经本部咨请贵处转饬总税务司核议,并先后准贵处来咨,由部钞录原案,于十一年十二月二十日及本年一月二十三日咨复贵处各在案。兹准外交部来咨,以准日本小幡公使照称前项展缓赔款奉政府训令对于上次来文更加以好意的考虑,特别容纳贵国政府之希望,所拟将原定偿还年度推展至一九四五年为止各节并无异议,请饬该管机关遵照以便付款等语,咨行转饬遵办等因,查日使照开庚子赔款付还办法,尚属公允。各国部分赔款如能照此办理,既于海关支出上不至加增额数,即就计算方法而言,亦较便利。应抄录原咨送请查照转饬总税务司汇案核议具复以凭核办等因前来。查本处前准贵部咨,将关于缓付庚子赔款与各关系国商议展缓期满后付还办法之往来文件钞送到处,业于一月二十三日令饬总税务司遵照详议具复在案,查阅钞件

所载,英、日两国已允照我国原议按庚子赔款付款程序推展至一九四五年还清,而法国则允于接续交付赔款之次五年将前五年间未付之款按年摊分。比国则允自一九二二年十二月一日起以五年为限将积欠之缓付金款平均分开,随在上言之五年期内应付款项一并付给。并准贵部咨开,他如义国,坚请展期届满即须一次清偿。葡国迄无确实答复。是与各该国所商定之办法并非一致。日前总税务司来处谈及此事,以为若照法、比、意三国所请,是五年内应付该三国赔款必须骤增钜额,更形支绌。伊以前此法、比两国曾要求庚子赔款应照金佛郎付给,原系根据辛丑条约,势难驳拒,不如趁势让步,允以金佛郎交付,而商请法、义、比等国将展缓赔款期满之后补付办法务期与英及日本所许一律办理为交换之条件,似较有益。核其所陈,亦尚具有理由。除分咨财政部核办外,相应咨行贵部查照酌核办理并希见复以凭饬遵可也。此咨。

《中法实业银行复业暨各公使要求庚子赔款用金付给全案》第3册,第28—29页

## 靳志会晤韩德卫问答

1923年1月30日

庚子赔款用金暨中法实业银行复业事

韩参赞云:"中法实业银行复业一案,原来计画系以金佛郎为根据,如庚子赔款用金问题中国不予以圆满解决,则银行复业计画即完全破坏,所有远东存户及中国教育慈善方面应得各种利益亦即完全化为无有,颇不利于中国。前次已经详为说明,不必赘述矣。法国参议院已将银行复业案通过,法国大总统应于本年二月六日以前将此议案用命令正式宣布,所以法国傅公使应于二月初四日以前将中国政府对于赔款用金问题办法电达本国政府,注意此层,法傅使之意并非向中国政府下哀的美敦书,不过为时期所迫。法国法律上之手续均有一定时间,不能任意展缓也。以上所述,系法傅使为难及着急情形,请贵部注意并加以原谅。"

《中法实业银行复业暨各公使要求庚子赔款用金付给全案》第3册,第30页

## 财政部致外交部

1923 年 1 月 31 日

径启者:关于法国公使要求将庚子赔款法国部分按照金佛郎付款一事,现在亟待讨论办法。惟此事关系甚大,与上年七月九日所订之中法实业银行复业协定文件互有关连,不能不慎重考虑。查前项协定当时一切交涉系由贵部主持办理,其庚子赔款一项本部所有档案亦不完全,自应由本部会同贵部及税务处并总税务司办理。兹特派定钱司长懋勋、李总办景铭、程秘书锡庚、徐佥事行恭为接洽此案人员,相应函达贵部查照,务希尽二日以内由贵部召集税务处及总税务司主管各员会同贵部指定人员及本部派员在贵部开会,妥议办法,以资应付。事机紧急,并盼火速进行,至纫公谊,会议日期决定,希即知照以便饬遵。此致。

《中法实业银行复业暨各公使要求庚子赔款用金付给全案》第 3 册,第 31 页

## 外交部致财政部

1923 年 1 月 31 日

径启者:关于法国部分庚子赔款法使要求用金付给一案,前据驻英朱代办电称,据担承草拟意见书之律师称,历年汇价表最为重要,须先将历年汇付用两抑用佛郎及一定数目电知,方能着手起草等情,业经本部于去年十二月一日函请查明见复在案,未准见复。兹又据该代办电称,律师又来催询,意见书应否即行提出抑缓办,候电示遵等语。应如何办理之处,相应函达贵部查照,希速酌核见复,以凭电令遵办可也。此致。

《中法实业银行复业暨各公使要求庚子赔款用金付给全案》第 3 册,第 32 页

## 沈瑞麟会晤傅乐猷问答

1923 年 2 月 1 日

刘锡昌、韩德卫在座

付庚子赔款法国部分用金佛郎事

傅云:"尚有一问题,即本公使常常向贵部所催询者,今乘此机会不得不向贵次长一提。"

次长云:"此项问题,今由各主管机关开一会议,该会议所发表之意见由财政总长送交阁议。"

傅云:"如此甚善。本公使以此案急迫日前曾亲自往访财政总长,当告以时期局促,请速解决。又,法政府前对于法人勒诺阿被匪掳去一案不准报纸宣传颇表示一种友爱之态度,今因金佛郎问题甚形不满,屡次来电催促。"

次长云:"贵公使可将此间更换内阁财政总长近甫就职情形报告,贵政府自能谅解。"

傅云:"此种情形不如不报告为妙,盖恐生出许多误会也。"

次长云:"中法实业银行之佛郎存户将来是否以金佛郎偿还?"

傅云:"将来换给金圆债票以偿还之。"

次长云:"换给金圆债票,谅必以金佛郎市价合算。"

傅云:"系以纸佛郎合算,盖所存者为纸佛郎也。"

《中法实业银行复业暨各公使要求庚子赔款用金付给全案》第3册,第34页

## 傅乐猷致外交部

1923年2月6日

为照会事:查本公使于上月二十日已向贵总长照会内称,查本国前有法律允准按照一九二二年七月九日之中法协定让与法国部分庚子赔款以作中法实业银行远东债券者及关系中法两国事业之使用,该项法律业由国会参众两院予以通过,待经大总统以命令宣布后则即不能撤消,惟在本国宪法限定之一月期间可暂停宣布,以俟中国政府方面妥为措置一切,俾使七月九日之协定得以完全履行。此层已于本月十七日向贵部次长正式面达,谅贵国政府必当妥为措置,使中法两国政府能以将上项协定偕同正确实行。然本公使应为预料意外发生诸事,假如中

国政府于相当期限内并未妥为措置,使一九二二年七月九日协定得以履行,则法国政府因中国政府之行为有认该协定为无效之权。本公使自须先为声明保留等因。该照末尾又云,倘遇一九二二年七月九日协定之撤消,则本国政府即以其部分庚子赔款之每年摊款任便自由用之,殊属显而易明者也等语。查批准一九二二年七月九日中法协定之法国法律,曾于一九二三年一月十二日业经通过。按照法国宪法,至迟须于本月十二日宣布。本公使所请贵国政府务必妥为措置俾中法两国政府能以将一九二二年七月九日之协定偕同正确实行一事,迄今贵国政府对此应行措置办法并未达知。故因用为转达此事于巴黎之必须期限紧迫,不得不将贵国政府对于本公使上月十七日及二十日先后照请设法而并未予以正式照复之处立即达知本国政府。所有本国政府关于此事将来采取若何决断,本公使自不应预为推测,在未悉此项决断以前,其上月二十日照内声明保留各节仍须依旧主持也。须至照会者。

《中法实业银行复业暨各公使要求庚子赔款用金付给全案》第3册,第35—36页

## 朱鹤翔会晤韩德卫问答

1923年2月9日

庚子赔款以金佛郎偿付事请即日正式照会法傅使事

韩云:“顷在财政部方面探悉,庚子赔款以金佛郎偿付事,贵国政府业已决定承认。傅公使以明晨须电告巴黎,嘱余来见阁下,转请贵部长于今晚正式通知本馆,俾可依据来照电达本国政府,缘为期只有两天,如非明晨发电,恐于十二日以前不能达到巴黎故也。”

鹤翔云:“本部现候国务院来函,一俟该函送到,当即备文通知贵馆。今晚恐已不及。”

韩云:“至迟明日午前须送到。”

鹤翔云:“当将阁下所述情形陈明部长可也。”

《中法实业银行复业暨各公使要求庚子赔款用金付给全案》第3册,第42页

## 财政部致外交部

1923 年 2 月 10 日

为咨行事:关于法国公使要求将法国部分庚子赔款按照金佛郎付款一案,二月九日承准国务院交到呈大总统折一件内开,本日特别国务会议议决,法国部分庚子赔款有上年七月九日抛弃赔款,拨充发还远东存户存款五厘金券基金,中法间教育事业,中政府在中法实业银行未清股本及代偿中政府短欠中法实业银行各债款之协定关系,应仍照案以金佛郎计算,呈请鉴核批示等因,奉大总统批可,相应咨请贵部查照办理。此咨。

《中法实业银行复业暨各公使要求庚子赔款用金付给全案》第 3 册,第 43 页

## 外交部致傅乐猷

1923 年 2 月 10 日

为照会事:关于法国部分庚子赔款按照金佛郎付款一案,迭准贵公使照会,均经本部先后咨行财政部核办在案。兹准该部复称,二月九日承准国务院交到呈大总统折一件内开,本日特别国务会议议决,法国部分庚子赔款有上年七月九日抛弃赔款,拨充发还远东存户存款五厘金券基金,中法间教育事业,中政府在中法实业银行未清股本及代偿中政府短欠中法实业银行各债款之协定关系,应仍照案以金佛郎计算,呈请鉴核批示等因,奉大总统批可,相应咨请贵部查照办理等因,相应照会贵公使查照可也。须至照会者。

《中法实业银行复业暨各公使要求庚子赔款用金付给全案》第 3 册,第 44 页

## 上海总商会致外交部

1923 年 2 月 11 日

外交部黄总长钧鉴:顷阅中西报载政府承认中法欠款改纸佛郎为金佛郎,查金纸佛郎价值相去数倍,如果改换,损失甚巨,我公履任伊始,不宜即留污点,为全国诟病。务请明白宣布,以释群疑。一面根据

前案慎重对付,不胜企盼。上海总商会叩。灰。

《中法实业银行复业暨各公使要求庚子赔款用金付给全案》第3册,第45页

## 傅乐猷致外交部

1923年2月13日

为照会事:关于庚子赔款余而未付每年摊款之使用,所有批准去年七月九日中法协定之法律,业经法国大总统宣布。兹奉训令嘱为正式达知贵总长,并准本月十日贵总长来照,以法国部分庚子赔款已经中国政府于二月九日议决,按照金钱付款等情知照前来,本公使阅悉之。次查中国政府意见,以为所有辛丑条约第六条所规定之赔款,法国本照该约所享之权利已经去年七月九日之协定将其重为证明不使更改,而本国政府亦以为如此,且本国政府对于该项赔款原有国际性质之体制必要坚执其完全维持并将来不认可是项体制受任何之更改,以使辛丑条约载明之担保各项得以完全保守,而中法实业银行之远东存户暨中法教育慈善事业以及中国政府将来均获其利。该庚子赔款余而未付之每年摊款,兹后须照一九二二年七月九日协定及颜前总长解释该项协定之同月互换公文规定,其使用此项协定办法应即迅速实行。谅贵总长对此必与本公使表示同意,故请立予转饬总税务司,将庚子赔款(查该赔款到期未付之款项已有两月)以金钱交付本公使,随即祗候教言,俾将一九二二年七月九日协定之履行与贵总长规定一切以副各关系者,所切盼之至意也。须至照会者。

《中法实业银行复业暨各公使要求庚子赔款用金付给全案》第3册,第46页

## 黄郛会晤艾维滋问答

1923年2月14日

刘锡昌在座

庚子赔款用金事

艾使云:“本公使尚有一言为贵总长道之,即庚子赔款用金是也。

贵国应付赔款已逾两期,比政府屡催询中政府之决定。闻该赔款于法国部分业由贵政府与法使馆解决用金,但比国部分事同一律,自应同时解决。”

总长云:“法国部分以有中法实业银行去年七月协定关系之限期,故提前决定。”

艾使云:“本公使看法,限期分两种,比国赔款已逾付款之限期。”

总长云:“本总长到任未久,比国赔款案卷尚未阅过,俟春假后阅过案卷送交国务会议讨论后再当奉告。”

《中法实业银行复业暨各公使要求庚子赔款用金付给全案》第3册,第57页

## 黄郛会晤翟录第问答

1923年2月14日

刘锡昌、贲萨在座

庚子赔款用金事

翟使云:“尚有一言愿为贵总长道之,庚子赔款用金问题亟须解决,盖华盛顿条约两星期内即可由义国会通过,倘用金问题不早解决,则华盛顿条约虽经国会通过,不易实行。”

总长云:“法国部分庚子赔款用金问题,现国会方面正在质问,政府设法解说。”

翟使云:“向国会解说一事甚属危险,倘法国以中法实业银行关系之故赔款用金作为解说,则义、比两国赔款将来不易办理。查此案驻京外交团各受政府训令,应照条约用金付款。”

总长云:“向国会解说,系财政部主稿,明日可与刘总长谈及之。”

总长又云:“本总长到任为日无多,关于义国赔款案卷尚未阅过,俟将案卷查阅送交国务会议讨论后再当奉告。”

《中法实业银行复业暨各公使要求庚子赔款用金付给全案》第3册,第58页

## 黄郛会晤铎使芬德问答

1923年2月14日

朱鹤翔在座

庚子赔款以金佛郎偿付事

铎使云:"兹有一事乘便与贵总长一提,庚子赔款用金佛郎偿付事,从前本使曾备函致送贵部。比闻法、义、比各公使均主张用金佛郎偿付,本国应得之款为数甚微,但为公道计,本使亦赞成法、义、比各公使之主张。"

总长云:"法国部分之赔款因关系中法实业银行问题,故急于解决。本总长莅任伊始,对于其他各国与此案之关系尚未知悉,拟俟春假后详加研究,再当提交内阁同寅共同讨论也。"

《中法实业银行复业暨各公使要求庚子赔款用金付给全案》第3册,第60页

## 国务院致外交部

1923年2月15日

径启者:公府秘书厅函送众议院咨议员王葆真等为中法实业银行复业协定及法国退还庚子赔款改用金佛郎有关国库负担请将该案速交国会议决原文一件,奉大总统谕交院等因到院,除分函财政部外,相应抄录原文,函请贵部查照,希即赶速备案送院以便提交国会议决,至为殷盼。此致。

**附众议院咨文**

众议院为咨请事:本院于二月十三日依照议院法第四条第二项之规定特开紧急会议,王议员葆真、李议员庆芳、张议员琴动议,谓中法实业银行复业协定及法国退还庚子赔款改用金佛郎有关国库负担一案拟咨请政府将该案速交国会议决等语,经众赞成,多数可决,相应备文,咨请查照办理可也。此咨大总统。

《中法实业银行复业暨各公使要求庚子赔款用金付给全案》第3册,第61页

## 王廷弼[①]等致外交部

1923 年 2 月 16 日

抄送大总统、各部、参众两院、冯检阅使、各省巡阅使、督军、督理、省长、总司令、督办、都统、护军使、省议会、各法团、各报馆钧鉴：庚子赔款我国忍痛久矣，从前偿还法款均按市价，以海关两折纸佛郎交付，纸佛郎与金佛郎市价虽甚悬殊，在法国政府当认为有同等价格，故我以纸佛郎交付，彼亦受而无词。乃政府对于今后应缴法国赔款之三万九千一百五十余万佛郎竟于本月九日阁席议决一律改还金佛郎。查目前一纸佛郎合银元一角二分五厘，一金佛郎合银元三角二分五厘，比较相差，损失在七千万左右。据政府宣付谓此事如为单纯赔款问题，则用纸用金损益即可确定等语，是政府已自明认用金价还确有钜额损失。又谓苟从法律上认定，前项赔款有交付金佛郎之必要时，则由赔款项下移充中法实业银行复业用款及拨充中法间教育经费等项数目亦可增多，就我国本身观察，实属损益互见等语。不知所谓认定有交付金佛郎之必要者是政府认定耶抑是法国人认定耶？苟为法国人认定要交金佛郎，政府即不惜牺牲七千万，敲剥吾民骨髓以奉之，是媚外也。设政府以增多中法银行复业用款及中法间教育经费为理由，认定交付金佛郎为损益互见，试问损国库者七千万而益于吾民而有几？岂真明察毫毛而不见邱山也，是直巧饰其说以欺矇国民也。舆论喧传咸谓前在中法银行有债权之中国人，类多权要，藉此以便私图。若果如此，是内阁故意损削国家以附益个人也。况我国庚子赔款不仅法国，倘有情事相类援例要求，损失之大，更将继七千万而数倍之。民膏已竭，国将破产。而内阁一切不顾，悍然为之，是可忍，孰不可忍？鄙人等代表国民缄默难安，除请求元首即将现内阁通过此项原案取销外，务恳合力纠正以资挽救。临电迫切，诸维亮察。国会议员王廷弼、王泽文、任焕藜、黄佩兰、任同堂、陶毓瑞、陈鸿畴、田增孔、庆恺、李永声、汤大道、王志勋、童

① 国会议员。

效先、高旭、王法勤、邬元、胡鄂公、马骧、王葆真、彭养光、张树森、黄攻素、胡祖舟、骆继汉、钱崇垲、贺赞元、康士铎、褚辅成、张鼎彝、张善兴、王兆离、窦应昌、王用宾。元。

《中法实业银行复业暨各公使要求庚子赔款用金付给全案》第3册,第62—63页

## 外交部致上海总商会

1923年2月16日

灰电悉。查法、日、义、比等国要求用金佛郎付款,系专指庚子赔款,并非欠项。来电称欠项云云,当系误传。缘此项赔款按照辛丑和约原有用金付给之规定,光绪三十一年外务部与各国公使换文内复经允认金款。从前历用电汇还款办法,纸币现金不生差异,原无问题。欧战以后金、纸佛郎汇兑率相差太巨,遂据约要求用金付给。政府初曾议定以纸佛郎付给,冀得便宜。旋各使复文坚拒。法使来文且有如果迁延不决则去年两国协定退还赔款用以维持中法银行复业及两国间教育慈善之补助各办法只得取销而仍要求履行辛丑条约第六条用金付给赔款之规定等语,政府再三酌度,以对于法国如果始终坚持,不但赔款不能退还,徒使去年协定悉行推翻,政府与中法银行之中国存户将胥受其损失。迭经国务会议五次讨论,最后议决对于法国准照原案以金佛郎付给赔款,并经呈奉大总统批准在案。此案之办理经过情形,财政部印有报告书及说明书各一册,各报已摘要登载,当蒙鉴及。弟权膺国务,时凛冰渊,固不敢徇私以误国,亦不敢违约以沽名,但求心之所安,并冀事之有济。尚希谅解,并释群疑,是所切盼。总长衔。

《中法实业银行复业暨各公使要求庚子赔款用金付给全案》第3册,第64页

## 国务院交抄致各省区电

1923年2月21日

(衔略)均鉴:近政府议决以金佛郎付给法国部分庚子赔款一案,外间不无误会,特为详述事实,俾明真相。查从前偿付法国部分庚子赔

款，以关平银照约购买佛郎电汇交付，其时佛郎为法国惟一货币，并无金纸之分，故以银两购买电汇，历年从无问题。欧战以还，佛郎汇兑率低落，乃有金纸之殊，适又在缓付五年期间以内，故亦不生问题。直至上年十一月底，缓付五年期满，法使乃据约声请以现金交付赔款。查光绪三十一年五月即西历一九零五年七月，前外务部总理庆亲王与驻京各使换文，对于交付赔款一层订定，或按伦敦银价用银付还或以金期票或以电汇票，各债权国有自由选定权，惟政府希图减轻国库负担，曾一度议决否决以金佛郎付给。旋接答复，始终据约坚持，法使且引去年七月九日中法换文抛弃赔款用以维持中法银行复业及拨助中法间教育事业与代偿中政府欠缴该行股本并积欠之协定，谓如再迁延，迫不得已只得取消协定，仍须履行辛丑和约第六条之规定等语。政府以兹事体大，迭经国务会议五次讨论，佥谓法使即根据条约主张，倘我坚允不许，其结果：一为庚子赔款不能退还，二为去年七月九日之协定悉行推翻，三为中法银行存户受损，而政府积欠该行八千余万佛郎势须另筹的款付还，四为前此缓付五年赔款协定内应允推展至一九四五年之办法随之取消，须于最近五年期内连同各该年度应付之赔款一并摊还。政府斟酌各项情形并基于退还之原则，议决照原案仍以金佛郎付给，呈请大总统裁可，并由院交由财政部咨请外交部查照转复法使。此政府办理此案之经过情形也。抑更有陈者，法国方面实行上年七月九日协定，以本年二月十二日为最后限期，由北京通电巴黎时间约须两昼夜始达，故法使要求中政府之答复文必须于二月十日正午以前送交法使。上述五次阁议，最后一次为二月九日，限期迫促，稍纵即逝，此又当时之实在情形也。兹恐远道传闻失实，用特详述，诸希亮察。院、部。巧。印。

《中法实业银行复业暨各公使要求庚子赔款用金付给全案》第 3 册，第 67—68 页

## 外交部致陈箓

1923 年 2 月 22 日

中法银行管理公司章程，按照去年七月间换文，须经中政府批准。

现该公司章程未据呈请批准,竟定于本月二十六日开幕,手续殊欠完备,除照会傅使转饬暂缓开幕外,希请法政府转饬遵办并复。外。

《中法实业银行复业暨各公使要求庚子赔款用金付给全案》第3册,第69页

## 外交部致傅乐猷

1923年2月23日

为照会事:案查改组中法实业银行一事,前经本部于十一年七月五日备具节略并开列应行列入管理公司章程各条,送达贵公使查照。其应行列入管理公司章程之第一条,条文为管理公司章程须得中国政府批准。嗣准同年七月九日贵公使照复,允行在案。现在尚未据管理公司将拟订章程呈请中国政府批准前来,而该公司竟有于本月二十六日开幕之说。中政府认为手续未备,未便遽行开业,相应照会贵公使查照,希速转饬该管理公司遵照,一面仍饬将该公司章程呈送中国政府核阅,俟批准后再行办理可也。须至照会者。

《中法实业银行复业暨各公使要求庚子赔款用金付给全案》第3册,第70页

## 陈箓致外交部

1923年2月25日

北京外交部:(七新)二十二日电悉。中法银行事,法外部称,未接傅使来电,难以主张,当与管理公司交涉,允即电京行,速商傅使,就地酌定。箓。二十四日。

《中法实业银行复业暨各公使要求庚子赔款用金付给全案》第3册,第71页

## 朱鹤翔与韩德卫问答

1923年2月26日

中法实业银行开幕事

韩云:“日前接奉贵部来照,以中法实业管理公司章程未经送交中国政府核准为词,请展缓本月二十六日中法实业银行开幕之期。傅公

使旋又据奉本国外部来电，告知贵国驻巴黎陈公使，以中国国会反对金佛郎之风潮为词，亦请暂行展缓该银行开幕之期。傅公使因贵部与陈公使关于此事之措词完全不同，所以对于贵部来照拟不作覆，至管理公司之章程须经中国政府核准一层，此项手续已在巴黎完成。故本日中法实业银行已正式开幕矣。傅公使嘱将以上情形面告阁下并请转陈贵部总次长。”

鹤翔云：“管理公司之章程须经中国政府核准，阁下顷云此项手续已在巴黎完成一节，是否经由本国驻法陈公使办理？”

韩云：“大约并非陈公使，至详细情形，余未知悉也。”

鹤翔云：“当将阁下所述各节转陈本部部长可也。”

《中法实业银行复业暨各公使要求庚子赔款用金付给全案》第 3 册，第 72 页

## 黄郛会晤翟录第问答

1923 年 2 月 28 日

刘锡昌、贲萨在座

庚子赔款用金事

翟使云：“前次晋谒贵总长时以有数项问题须待面商，请订日期来部会谈。想贵总长政务殷繁，无暇顾及。”

总长云：“本总长到任伊始，各种案卷均须接洽，故迟迟未约。”

翟使云：“中义间悬案甚多，兹择其重要者有四，特草开一单，以备预先接洽（单内所开：一、京津间汽车问题；二、付义赔款用金问题；三、望远镜问题；四、库伦义妇所受损失赔偿问题），其中最重要者，厥为赔款用金问题。”

总长云：“现在一般舆论及国会方面均以一九零一年订约之时欧洲各国币制原无金纸之分，迨至今来始有此项分别。”

翟使云：“此系完全错解，即以义国论，国内币制有金、银、纸三种，此三种分别均因边界而发生，譬如义国债票为他国人所持有，则还款当然用金付给。近见报载，日斯巴尼亚部分赔款不应用金，法国部分赔款

用金系因中法实业银行问题,均系误解。”

总长云:“关于此项问题,八国公使会衔照会顷已阅过,但此事难与一国讨论,且此事属于财政部,本总长当与财政总长接洽并送交同寅阁员讨论,定一普通办法。盖此事非本总长一人所可决定也。”

翟使云:“贵总长所言,本公使极为赞成,送交同寅阁员讨论,亦甚谅解。”

《中法实业银行复业暨各公使要求庚子赔款用金付给全案》第3册,第77页

**全国商会联合会致外交部**

1923年2月28日

呈为中法实业银行复业关连金纸佛郎、国家公利、商民私益各问题,在以上诸问题未经明确解决以前,恳请令缓开业事。窃自金佛法郎问题发生以来,举国上下咸以关系国家利害至巨聚讼纷纭,迭经敝会各省区总商会驻京代表开会评议,佥以为欲解决本案根本问题,当先将去年七月九日周自齐、董康两君与法人所订十六条之协定及与法国往来函件报告并中法实业银行章程组织内容等逐一详细研求,庶真相大明,此案乃有根本解决之希望。业于日昨由敝会具函恳请大部将各该件照抄全份发下,俾即从容研究以求根本解决。正待命间,忽闻中法实业银行有即日复业之讯。敝会同人认为,该银行发起之初曾向我国政府请求立案,并由国家加入巨股以示提倡开业,以后各地发行纸币,吸收存款,备形踊跃,乃办理不良,中途停止。此来恢复营业,尤多赖我拳匪赔款之助力,因而牵及金纸佛郎之风潮。关于此点,容俟大部抄下各要件再为澈底之讨究图谋根本之解决外,所有该银行今次复业所谓新管理公司之组织及此后中法职员之分配与管理之权限,以及此后营业之方针等等,未经我国人同意我政府批准以前,不能遽听即行复业,为此呈请鉴核施行,实为公便。谨呈。

《中法实业银行复业暨各公使要求庚子赔款用金付给全案》第3册,第78页

## 傅乐猷致外交部

1923 年 2 月 28 日

为照复事:接准贵总长本月二十三日正字四十号照会,经已阅悉。本公使对于照内所表志愿未能作满意之对付,亦未便令饬中法实业银行管理公司将其在中国之分行缓行开业,盖该公司既系在法国合法组成之机关,则凡在法国合法组成公司依法所享之权利暨独立,该公司亦自享有之。故本公使并无向其饬令之权。兹试向贵总长提醒者,即按诸去年七月九日协定及本公使同日照会,以法国政府对于办理中法实业银行管理公司一事,其所干预者仅只严限于欠缴庚子赔款余而未付每年摊款之所得款项用途而止,凡有与该款项用途无关之事,本国政府匪但必欲将中法实业银行管理公司视作寻常法国公司相待,而本来亦应如此,且对于该公司决不欲负担何等责任。再者,中法实业银行管理公司章程原应经中国政府批准,而在该公司于巴黎组织成立所必需之本国法律上手续未完备以前,中国政府却已批准矣。相应照复。须至照会者。

《中法实业银行复业暨各公使要求庚子赔款用金付给全案》第 3 册,第 79 页

## 财政部致外交部

1923 年 2 月 28 日

径启者:关于法国部分庚子赔款每年应交数目之现今价值 Present Value 及折合美金数目,按照周前总理所交清单计算,未甚明了。虽经本部加以推算,诚恐与实际或有未符,拟请贵部即日照会法国公使转饬中法实业管理公司,按单详细说明计算方法,并另开具分年计算连带小数 With Decimals 之详细清单,转送本部查核,以昭核实,相应函达贵部查照,希即迅速办理为荷。此致。

《中法实业银行复业暨各公使要求庚子赔款用金付给全案》第 3 册,第 81 页

## 虞维铎①致外交部

膺白先生大鉴:顷谭甚快,金佛郎案,鄙意唯一要点须证明协定内有无国库负担。昨询财、外两部主管,均云无负担问题。因贵部周司长解释负担契约,谓须签字换文,似与约法十九条四项未深研究。盖负担果出诸国库,虽口头契约,亦属约法十九条问题。即恐涉及库担,政府既不依法谘询,又不提交议决,实发生法律问题。倘无库担,极易解决。以立法机关议员断不能于法定权限外侵越行政职权,一蛮到底。何况本案系根据辛丑条约及一九〇五年换文要求用金,且利益甚多也。总之,有无库担,非一阅原卷,不敢轻于下笔。此弟请求阅卷之由来也。顷详阅今早抄存法使照会协定十四款内有"中法实业银行管理公司之股本中国政府准备认入三分之一"一条,就表面解释,确系国库负担,惟查协定全文尚有数点可以解脱:(1)协定四款第三退还庚子赔款可作中国应缴中法实业银行股本,不知此所谓股本是否即管理公司股本?按照一款,银行与公司系属两事,如能以退还赔款作管理公司股本,亦不发生库担问题。(2)管理公司目下已否组织?股本全额若干?外部如能知其梗概,亦尚有词可答国会。(3)结协定时有无约束?此项股本限定中国政府或许人民购买?以上三项,希向贵署主管一询真相,示知为祷。弟以为此案只须将此点解决以外,实无国库负担可言,其强定以后二十三年金纸价格等于现在指为损失七八千万,一经说破,自可不成问题。若从无国库负担,委婉叙述,依决定程序,用谘询方式,由院咨达国会,既可免否决之危险,亦可望和平结束。不识高明以为何如,恳布。顺颂台安。盼速示复。弟虞维铎拜启。二十四夜。

如是办理,必交审查。凡交审查之议案,少数作用,即可免除。弟遇事好负责,不怕麻烦,即难免麻烦人。尚祈谅察,详询示知。至叩,至叩。

《中法实业银行复业暨各公使要求庚子赔款用金付给全案》第3册,第85—86页

① 国务院参议上行走。

## 外交部致虞维铎

1923 年 3 月 1 日

春汀先生大鉴:展诵华翰,于金佛郎一案备承指教,佩慰莫名。兹经饬司,就开示三端,详查案卷,条答如下:(1)协定第四款所谓股本系银行股本而非管理公司股本。(2)按照上年七月间换文,管理公司章程须经中国政府核准,现尚未据该公司将章程呈请核准前来。管理公司股本全额原定一千万佛郎,嗣又据中法实业银行函称,经当事人改定资本为一千五百万佛郎。中政府与甘斯东君协商时曾声明中政府对于增加资本至一千五百万佛郎必当欣然赞成,请将此事电知驻法公使等语,因查答案,据于去年九月十五日函询中国银行王总裁,尚未答复。(3)管理公司系法国银行家所组织,换文内只规定中政府与法股东认股之成数,并无许人认股之规定。用特专函奉复,即希亮察是荷。顺颂勋祺。总长衔。

《中法实业银行复业暨各公使要求庚子赔款用金付给全案》第 3 册,第 87 页

## 中华全国商会联合会致外交部

1923 年 3 月 1 日

膺白总长赐鉴:敬启者:自金纸佛郎问题发生以来,举国上下咸以关系国家利害至钜,聚讼纷纭。迭经敝会各省区总商会驻京代表开会评议,认为欲解决本案根本问题,当先将去年七月九日周自齐、董康两君与法人所订十六条之协定及与法国往来函件、报告,并中法实业银行章程、组织内容等逐一详细研求,庶真相大明,此案乃有根本解决之希望。特具书奉恳敬希饬司照抄全份赐下为荷。再,当日周、董两君与法人订立此项协定时系受何处之委托?并乞示及。耑肃,祗请勋安。

《中法实业银行复业暨各公使要求庚子赔款用金付给全案》第 3 册,第 88 页

## 外交部致虞维铎

1923年3月2日

春汀先生台鉴:金佛郎案于本部说帖上签批各节极佩卓见,惟此案是否关系国库负担,事属财政部主管,本部未便越俎代谋。又,前内阁已承认金佛郎之说,似可由院复国会文内叙明,以明责任。至法国与义、比各使同文照复,措词甚简,大要业经叙在说帖之内,故未列入附件。兹特照尊意补抄并将原说帖及附件全份另行抄送台端,察核办理为荷。顺颂时祺。

《中法实业银行复业暨各公使要求庚子赔款用金付给全案》第3册,第93页

## 外交部致傅乐猷

1923年3月3日

为照会事:准财政部函称,关于法国部分庚子赔款每年应交数目之现今价值 Present Value 及折合美金数目,按照周前总理自法携来清单计算,未甚明了。虽经本部加以推算,诚恐与实际未符。请即照会法国公使转饬中法实业管理公司,按单详细说明计算方法并另开具分年计算连带小数之 With Decimals 详细清单,转送本部查核以昭核实等因,相应照请贵公使查照,迅饬遵办并见复为荷。须至照会者。

《中法实业银行复业暨各公使要求庚子赔款用金付给全案》第3册,第94页

## 外交部致财政部

1923年3月3日

为咨行事:准比、日①、美、法、义、英、日本、和兰各使会衔照会称,关于庚子赔款用金偿付事,接准上年十二月二十八日照会,已由比、日、义各国公使据情达知辛丑和约签约诸国驻华公使在案。查是日来文内

① 即西班牙。

开,辛丑和约第六款所称金款及用金付给等字样只能具有一种意义,即指金币而言,用以区别赔款总数所称之银币,至该约中所言各种折价,于实际汇兑上并不适用等语。当即转达各本国政府去后,兹各奉本国政府训令,特嘱照会贵总长,以各本国政府同一主见,均以辛丑和约及一九零五年七月二日所订各节,对于庚子赔款应付现金字句为毫无疑异之余地,文词既明,断无辩驳之有,各国政府一律如此决断,此即所谓付与每国每海关银一两,中国政府应即按照辛丑和约第六款所载折成现金付出是也等因,相应咨行贵部查照核办见复,以凭转复可也。此咨。

《中法实业银行复业暨各公使要求庚子赔款用金付给全案》第3册,第95页

## 外交部致财政部

1923年3月5日

径启者:准比、日等八国公使会衔照会,以庚子赔款一致主张用金付给等因,业经本部咨达在案。兹事体大,自应由阁议决定应付办法。相应拟具说帖稿函送贵部查照,会同提出讨论可也。此致。

《中法实业银行复业暨各公使要求庚子赔款用金付给全案》第3册,第96页

## 外交部发国务会议说帖

1923年3月5日

准比、日、义、法、美、英、日本、和兰各使会衔照会称,关于庚子赔款用金偿付事,接准上年十二月二十八日照会,已由比、日、法、义各国公使据情达知辛丑和约签押诸国驻华公使在案。查是日来文内开,辛丑和约第六款所称金款及用金付给等字样只能具有一种意义,即指金币而言,用以区别赔款总数所称之银币,至该约中所言各种折价,于实际汇兑上并不适用等语。当经转达各本国政府去后,兹各奉本国政府训令,特嘱照会贵总长,以各本国政府同一主见,均以辛丑和约及一九零五年七月二日所订各节,对于庚子赔款应付现金字句为毫无疑义之余

地,文词既明,断无辩驳之有,各本国政府一律如此决断,此即所谓付与各国每海关银一两,中国政府应即按照辛丑和约第六款所载折成现金付出是也等因。兹事体大,应如何答复之处,请予公决。

《中法实业银行复业暨各公使要求庚子赔款用金付给全案》第3册,第97页

## 财政部致外交部

1923年3月6日

为咨复事:准贵部咨开,准比、日、美、法、义、英、日本、和兰各使会衔照会称,关于庚子赔款用金偿付事,接准上年十二月二十八日照会,已由比、日、法、义各国公使据情达知辛丑和约签约诸国驻华公使在案。查是日来文内开,辛丑和约第六款所称金款及用金付给等字样只能具有一种意义,即指金币而言,用以区别赔款总数所称之银币,至该约中所言各种折价,于实际汇兑上并不适用等语。当即转达各本国政府去后,兹各奉本国政府训令,特嘱照会贵总长,以各本国政府同一主见,均以辛丑和约及一九零五年七月二日所订各节,对于庚子赔款应付现金字句为毫无疑义之余地,文词既明,断无辩驳之有。各本国政府一律如此决断,此即所谓付与每国每海关银一两,中国政府应即按照辛丑和约第六款所载折成现金付出是也等因,咨行查核见复,以凭转复等因。查此事关系外交,究应如何交涉,应请由贵部主持并将办理情形随时知照本部,以资接洽。准咨前因,相应咨复贵部查照办理。此咨。

《中法实业银行复业暨各公使要求庚子赔款用金付给全案》第3册,第98页

## 国务院致外交部

1923年3月6日

径启者:准参议院咨送议员张汉章等对于金佛郎案政府不将原案提交国会提出质问书一件,请答复等因,除分函财政部外,相应抄录原质问书,函请贵部查照,迅速拟具答复送院,以凭议定转咨。此咨。

**附件**

为质问事:自金佛郎案发生,其中种种黑幕,各报纸揭载已惹起全国之注意。议员中有人提出意见,认为国家损失甚钜,而政府力言于国家有益。究竟有益有损,非将内容详细讨论,不能得其真相。查此案既为赔款,当然国库负担;既属协定,当然缔结条约;既系国库负担缔结条约,应交国会通过,约法明明规定。日前,政府当局出席众院,允以此案交议。为日已久,闻众院尚未接到此项咨文。如果真无黑幕,何妨将此案文件和盘托出,交涉经过据实说明,悉交国会以释群疑而便施行?乃政府迟延不交,更增人民之惑,试问据何理由?日前,遵守约法之命令,恳切申明,此案不交国会,是否违背约法?政府以命令责人遵守而自身先不遵守,试问据何理由?谨依约法提出质问,限三日内答复并希速将此案交议,依法办理。尚祈即日咨达政府。

提出者:张汉章

连署者:杨国瑞、赵成恩、姜继、张骏烈、刘丕烈、徐宝田、雷殷、尹鸿庆、辛汉、张鲁泉、王猷、叶兰彬、郭步瀛、周兆阮、徐万清、谷嘉荫、孔昭凤、刘哲、师敬先、黄金声、逯长增、张凤翙、那旺呢嘛、侯汝信、潘大道、楚纬经、车林端多布、赵世钰

《中法实业银行复业暨各公使要求庚子赔款用金付给全案》第 3 册,第 99—100 页

## 国务院致外交部

1923 年 3 月 6 日

径启者:兹送上关于金佛郎案抄件一册,即希贵部核对,于骑缝内盖用司印,即日交还,以凭转咨停案以待,幸弗稽延为盼。此致。

《中法实业银行复业暨各公使要求庚子赔款用金付给全案》第 4 册,第 101 页

## 外交部致国务院

1923 年 3 月 6 日

敬复者:承准钧院函称,兹送上关于金佛郎案抄件一册,即希核对,

并盖用司印,即日交还,以凭转咨等因。查附来抄件乃钧院另抄之件,且于该抄件中列有眉批多处,本部未便盖印,相应将原送附件一册送还钧院查照,即请将本部前次随文附送之抄件从速交还,以凭盖印可也。此致。

《中法实业银行复业暨各公使要求庚子赔款用金付给全案》第4册,第102页

## 外交部致财政部

1923年3月6日

外交部:为咨行事:准国务院公函,以众议院议员王源瀚等为政府承认金佛郎理由安在及计算不明不确提出质问书一件,请迅具答复等因,查该质问书业经国务院分致贵部查照核复在案,事关财政,应如何拟具答复之处,相应咨行贵部查照,主稿答复并知照本部可也。此咨。

《中法实业银行复业暨各公使要求庚子赔款用金付给全案》第4册,第103页

## 外交部致全国商会联合会

1923年3月6日

径复者:接准来函,嘱抄送金佛郎问题案卷并询当日周、董两君与法人订立此项协定时系受何处委托等因,具征关怀国计,佩慰良深。查政府与法人订立此项协定文件,系董君在财长任内之事。至周君赴法京参预会议,则在协定之后,系财政部函请周君代表前往。用特抄录此项案卷共八件,函复贵会查照可也。此致。

计附件:

本部与法使来往节略各一件。

本部与法使来往照会各二件。

本部与财政部来往函各一件。

《中法实业银行复业暨各公使要求庚子赔款用金付给全案》第4册,第104页

## 傅乐猷致外交部

1923 年 3 月 8 日

为照会事:关于辛丑条约规定之法国部分庚子赔款计算一事,接准贵总长来照,以财政部所请,对此愿接受中法实业银行管理公司种种详情等因,达知前来。查每遇中国政府请求本公使代为通知本国人或本国公司之事,本公使将必为之转达,且必提请彼等予以注意。故兹特将贵总长此次照会抄录送达中法实业银行管理公司驻京经理,以烦其注意焉。惟本公使藉此应将本年二月二十八日照内关于本公使馆与中法实业银行管理公司之交际所声明各节合向贵总长提忆,盖以该公司本享有完全独立,本公使毫无向其饬令之职权,则凡其所声言及行为,在本国政府与本公使均不负责也。须至照会者。

《中法实业银行复业暨各公使要求庚子赔款用金付给全案》第 4 册,第 105 页

## 外交部致国务院

1923 年 3 月 9 日

敬复者:承准钧院函开,准参议院咨送议员张汉章对于金佛郎案政府不将原案提交国会提出质问书一件,请答复等因,除分函财政部外,函请迅速拟具答复送院以凭议定转咨等因,并附抄原质问书到部。本部前承准钧院交来众议院咨文,请将该案速交国会等因,业经拟具说帖,函请查照转达在案。兹准前因,相应函复钧院,并案查核为荷。此致。

《中法实业银行复业暨各公使要求庚子赔款用金付给全案》第 4 册,第 108 页

## 刘锡昌往晤翟录第问答

1923 年 3 月 9 日

赔款用金问题

锡昌云:“贵公使前曾交悬案草单一纸,本部总长原拟日内奉约面谈,嗣内阁发生全体辞职问题,只能将会谈之事展缓日期。”

翟使云:“现在辞职期内不能谈判公事,本公使亦甚谅解。”

锡昌云:“本部总长特嘱鄙人前来,将四悬案办至如何程度一一先为贵公使言之。”

一、赔款用金问题

锡昌云:“此项问题,关系不止义大利一国,将来必定一普通办法。”

翟使云:“上次会晤时,黄总长亦以为言,本公使亦表同意。”

《中法实业银行复业暨各公使要求庚子赔款用金付给全案》第4册,第109页

## 杭州总商会致外交部

1923年3月9日

外交部钧鉴:改纸佛郎为金佛郎一案,我国损失为数甚钜,且此端一开,若各国援例要求,其损失尤不可计。事关增加负担,国民万难承认。为此电请据理力争,以保利权,无任翘企。浙江杭州总商会。阳。

《中法实业银行复业暨各公使要求庚子赔款用金付给全案》第4册,第110页

## 外交部致财政部

1923年3月12日

为咨行事:查中法实业银行管理公司章程,按照上年七月间换文,应由中国政府批准。乃此次章程尚未据呈请批准前来,而该公司竟已开幕。本部业于事前照会法使,告以手续未完,请饬缓办。兹准该使照复,有中法实业银行管理公司章程中国政府却已批准等语,是否属实,本部无案可稽。相应照录原文,咨请贵部查明,从速见复,以资接洽可也。此咨。

《中法实业银行复业暨各公使要求庚子赔款用金付给全案》第4册,第111页

## 外交部致财政部

1923年3月21日

为咨行事:案查法国部分赔款用金付给一案,前经贵部提出国务会

议议决并奉大总统批准，咨行到部，业经本部照会法国公使在案。兹准国务院函称，公府交大总统发下本月十日准众议院咨送议员沙彦楷请速向法国声明中法实业银行复业协定及折合佛郎金价事件非经国会同意不能生效提案一件，请查照办理等因。兹事体大，应否提出国务会议之处，除原提案业由国务院分致勿庸另抄外，相应咨行贵部查照，主持办理并知照本部可也。此咨。

《中法实业银行复业暨各公使要求庚子赔款用金付给全案》第 4 册，第 117 页

## 财政部致外交部

1923 年 3 月 24 日

径启者：承准国务院函开，公府交大总统发下本月十日准众议院咨送议员沙彦楷请速向法国声明中法实业银行复业协定及折合佛郎金价事件非经国会同意不能生效案，请查照办理，文一件，提案一件，奉谕交院等因，除分函外交部外，相应照抄原咨并提案函达贵部查核办理等因，分函到部，除原咨并提案业经分致不再钞送外，相应函请贵部查核主稿，会同本部办理。此致。

《中法实业银行复业暨各公使要求庚子赔款用金付给全案》第 4 册，第 118 页

## 外交部致财政部

1923 年 3 月 26 日

径启者：中法实业银行复业一案，准函复称，上年七月间换文系由贵部主稿办理，此项换文是否曾经批准，本部无案可稽等因。查此案缘于上年六月二十四日准法使送来节略，声请正式商订，本部据咨贵部核办。旋准贵部交到拟具答复法使节略稿，嘱由本部缮送法使，是为协定成立之始。原稿具在，当可覆按。来函谓前项换文系由本部主稿，似属误会。至此项法使来文有该公司章程中政府却已批准之语，系指公司章程而言，本部因无案可稽，是以函请贵部查明，期得真相，并非询及换文之事，相应函达查照，仍希迅即查明见复为荷。

此致。

《中法实业银行复业暨各公使要求庚子赔款用金付给全案》第4册,第119页

## 外交部致财政部

1923年3月27日

径复者:准函称,众议院议员沙彦楷请速向法国声明中法实业银行复业协定及折合佛郎金价事件非经国会同意不能生效一案,函请查核主稿会同办理等因。查法国退还庚子赔款维持中法实业银行复业一案,向由贵部主持办理,嗣后金佛郎问题发生,亦由贵部拟具议案,提出国务会议议决,呈奉大总统裁可,咨由本部据复法使各在案。此次该议员提议各节应如何办理,应仍由贵部拟具复稿,径行函复,相应函复查照办理,仍希于答复国务院后录稿函送本部,俾资接洽为荷。此致。

《中法实业银行复业暨各公使要求庚子赔款用金付给全案》第4册,第120页

## 沈瑞麟会晤傅乐猷问答

1923年3月28日

议员质问中法实业银行事

刘锡昌在座

傅使云:"近接四五议员署名来函一件,大致以中法实业银行关系股东,与本使不涉,限三日内答复等情,本公使现尚无答复之意。万一将来有答复之必要,拟按照国际手续,函请贵部转达。"

次长云:"可。"

《中法实业银行复业暨各公使要求庚子赔款用金付给全案》第4册,第121页

## 四国公使致外交部

1923年3月29日

关于一千九百零一年和约第六条所订赔款一事曾于上月二十四日

日、比、西、和、美、法、义、英各公使代表签字该约之各国致照贵部,声明各该国一致之同意应以金币交付在案,查上开照会以及前由各该使署迭次所发文件尚未接得贵部回覆。兹凭二月二十四日公文,比、日、法、义各国公使会商辛丑和约签字诸国之后,今向中国政府力责应照一千九百五年七月二日彼此换文约定交付各该银行之赔款,即将上年十二月三十一日及本年一月三十一日、二月二十八日以及本月三十一日并往后到期各款,按照上开会衔照会办法立时以金币交付上海各国指定代行收款者收讫。是要本公使等深信贵部总长勿缓令海关总税务司查照办理,以便应其要求也。

《中法实业银行复业暨各公使要求庚子赔款用金付给全案》第 4 册,第 122 页

## 外交部致国务院

1923 年 3 月 31 日

敬启者:查庚子赔款各国要求用金偿付一事,本年二月间准比、日、美、法、义、英、日本、和八国公使会衔来文请求,曾经本部咨行财政部核复在案,尚未准复。兹复准义、日、比、法四使会衔催复。兹事体大,究应如何办理之处,除咨行财政部核办外,相应抄录两次来文,函请钧院查照可也。此致。

《中法实业银行复业暨各公使要求庚子赔款用金付给全案》第 4 册,第 126 页

## 吉林省教育会致外交部

1923 年 4 月 1 日

外交部:金佛郎变价增重负担,明享利益,阴受损失。全国法团一致否认,万望政府力图挽救。锱铢之积,膏血所系。法使言词,鼎力拒绝。管窥蛙见,伏希谅察。吉林省教育会叩。鏮。印。

《中法实业银行复业暨各公使要求庚子赔款用金付给全案》第 4 册,第 127 页

## 国务院交顺直省议会常驻委员电

1923 年 4 月 3 日

北京大总统、参众两院、各省各巡阅使、各督军、省长、督理、都统、各省议会、教育会、商会、农会、各法团、各报馆钧鉴:以金佛郎付给法国部分庚子赔款,不惟无端增重国库负担,且易引起债权团藉词要挟。乃政府不此之察,竟曲循法使之请,贸然承诺,致国家名享利益,隐受损失。倘不急起直追,国将不国。万恳各方一致协争,力图挽救,临电无任翘企。顺直省议会常驻委员。沁。印。

《中法实业银行复业暨各公使要求庚子赔款用金付给全案》第 4 册,第 132 页

## 外交部致财政部

1923 年 4 月 5 日

为咨复事:众议院议员王源瀚等为金佛郎案提出质问一事,准咨称王议员等质问书内关于理由各条,请拟答案,咨由本部会复等因,相应拟具答案,咨复贵部查照办理可也。此咨。

附件

查原质问书所开,关于理由各端,或以未尝无交涉余地,或以应加考虑而归之于政府何以不据理力争。凡此有利于我之主张,即政府当时亦曾有见于此,是以上年十二月间外交部驳复法、比、日、义各使文内立意措词正复相同。厥后各该使邀同辛丑和约签字各国驻京公使来文,一致主张据约以金付给,而法国又有退还赔款维持中法实业银行复业暨办理中法间教育事业关系,政府权衡再四,始由国务会议议决,允法国以金佛郎付给,并呈奉大总统批准在案,原质问书疑政府从未据理力争,似有误会。

《中法实业银行复业暨各公使要求庚子赔款用金付给全案》第 4 册,第 133 页

## 财政部致外交部

1923 年 4 月 7 日

为咨复事:准贵部咨开,准义、日、比、法四国公使节略称,关于一九

零一年和约第六款所订赔款一事,曾于上月二十四日日、比、西、和、美、法、义、英各使照请以金币交付在案,尚未接到复文。兹凭二月十四日公文,比、日、法、义各国公使会商辛丑和约签字诸国之后今向中国政府力责应照一千九百零五年七月二日彼此换文约定交付各该银行之赔款,即将上年十二月三十一日及本年一月三十一日、二月二十八日以及本月三十一日并往后到期各款,按照上开会衔照会办法立时以金币交付上海各国指定代行收款者收讫是要等因,查前准日、比等八国公使照请用金币交付赔款,曾经本部咨请贵部核办见复立案。兹又准义、日、比、法四国公使来文催询,究应如何答复之处,相应咨行贵部查照从速核办并见复等因到部。查庚子赔款法国部分以金佛郎计算一案,业经大总统提交国会,自应俟国会解决。义、日、比各国赔款,应俟法国部分赔款用金一案解决后再行核办,相应咨复贵部查照转行各使可也。此咨外交部。

《中法实业银行复业暨各公使要求庚子赔款用金付给全案》第 4 册,第 134 页

## 财政部致外交部

1923 年 4 月 19 日

财政部为咨复事:准贵部咨开,国务院函称,公府交大总统发下众议院咨送议员沙彦楷请速向法国声明中法实业银行复业协定及折合佛郎金价事件非经国会同意不能生效提案一件,请查明办理等因,兹事体大,应否提出国务会议之处,咨行查照立待办理等因到部。查中法复业事件,早经与法使协定。现在国会方面要求向法国声明,非经国会同意不能生效。外交先例是否可行,应由贵部主持办理。准咨前因,相应咨复贵部查照办理并知照本部可也。此咨。

《中法实业银行复业暨各公使要求庚子赔款用金付给全案》第 4 册,第 137 页

## 王景岐致外交部

1923 年 4 月 21 日

敬启者:关于缓付庚子赔款事,前准上年六月十九日部电,以中央财

政困难断难继续付款,拟再将缓付之款推展两年,嘱向比国政府切实磋商。当经商准,比外部表示同意并经分别函电大部。旋以缓付款项分期还法一层,复准电嘱催请比外部迅电驻京艾使照办,亦经商准赞同。随后因艾使要求以金佛郎还款问题发生,并经遵照部意向比外部接洽,请对于保留一节电饬艾使加以承认,该部经即允商财部再电艾使各案。惟京中对于该案最近与艾使接洽情形如何未承部中见示。顷阅国内报章,有谓各国付赔款推展两年一节因金佛郎问题发生经已停议,外交部已饬税关按月重新拨付云云。前项登载未知是否属实?相应函请大部将我国最近与艾使接洽情形详为见示,俾有接洽,不胜幸甚。再,我国实在尚欠比国庚子赔款若干?每年应付若干?事实上是否不用金币?报章书籍登载不一,前往电询,未承惠复。近来中法人士运动庚子赔款改充兴学费用渐有力量,本馆如能有实在数目,方便之处不言而喻。此致。

《中法实业银行复业暨各公使要求庚子赔款用金付给全案》第 4 册,第 138 页

## 外交部致财政部

1923 年 4 月 24 日

为咨行事:众议院议员请向法国声明中法实业银行复业协定及折合佛郎金价事件非经国会同意不能生效一案,准贵部咨复,以此案外交先例是否可行,请主持办理等因,现在贵部对于中法实业银行复业协定及折合金佛郎之案是否仍拟按照前此国务会议议决及大总统批准者应予维持抑或斟酌利害确有废弃之必要?此属根本问题,应先予以解决,再行咨由本部考量外交情形妥慎办理,相应咨行贵部查照,仍希酌夺见复可也。此致。

《中法实业银行复业暨各公使要求庚子赔款用金付给全案》第 4 册,第 139 页

## 财政部致外交部

1923 年 4 月 24 日

径启者:众议院议员王源瀚等为金佛郎案提出质问书,关于理由各

条，准贵部拟具答案，咨行到部，兹特缮具正稿两份，函送贵部查照签印后送还本部，以便缮发。此致。

《中法实业银行复业暨各公使要求庚子赔款用金付给全案》第 4 册，第 140 页

## 外交部致财政部

1923 年 4 月 27 日

径复者：准函称，众议院议员王源瀚等为金佛郎案提出质问书一案，兹特缮具正稿送请签印后送还本部以便缮发等因，并附会稿二件到部。前项会稿业经本部签印讫除留存一件备案外，相应将原送会稿一件函送贵部查照办理可也。此致。

《中法实业银行复业暨各公使要求庚子赔款用金付给全案》第 4 册，第 146 页

## 外交部致王景岐

1923 年 4 月 28 日

径复者：准函称，关于缓付庚子赔款事，请将我国最近与艾使接洽情形见示。再，我国实在尚欠比国庚子赔款若干，每年应付若干，事实上是否不用金币等因。查比国部分庚子赔款，前经商允续展二年，嗣因艾使要求将来还款时须照金佛郎算付，本部照请将此问题留待日后解决，而该使以奉有政府训令为辞不允照办。随后并准该使照称，本国政府因见贵国政府对此问题未肯加紧办结，只有将其允许展缓庚子赔款二年一事作为取消等因。是时，政府以各国政府于展缓两年之议既均未切实允许，故对于比国事后取消一节亦即不再进行。惟金佛郎问题尚另准艾使来文经本部驳复后，旋又续准该使暨英、美、法、义等七国来文，一致作有力之主张，现正由财政部核办，尚未答复。又，比国部分赔款向来用电汇票付给，与其余各国付款办法相同。至我国欠付比国赔款数目，财政部制有表册可为参考之资，相应照录一分，函送贵公使查照接洽可也。此致。

《中法实业银行复业暨各公使要求庚子赔款用金付给全案》第 4 册，第 147 页

## 靳志会晤韩德卫问答

1923 年 4 月 28 日

庚子赔款克期开始交付事

韩参赞云:“法傅使顷接法政府专电,略谓请知照中国外交部,请其速饬海关总税务司,请其克期交付法国应得庚子赔款。此项问题悬搁已久,中国政府倘愿早日清结,其有利于中法邦交至匪浅鲜云云。”

《中法实业银行复业暨各公使要求庚子赔款用金付给全案》第 4 册,第 148 页

## 陈箓致外交部

1923 年 5 月 1 日

外交部:新顷准法外部照称,金佛郎问题中国政府有意延宕,不独有背条约,即去年七月九日协定及本年二月十日内阁议决总统批准施行之声明亦不承认。法使屡向交涉,未得要领。如此近于破坏向来遵守条约之习惯。中国政府所负责任,关系非浅。请转电贵国政府,第一层:金佛郎问题若不立予照准,法政府所认原有协定势当抛弃;第二层:中国政府所有关税增加及借款问题,法政府不得不改变赞助态度等语。应如何答复,乞电示。箓。三十日。

《中法实业银行复业暨各公使要求庚子赔款用金付给全案》第 4 册,第 149 页

## 外交部致国务院、财政部

1923 年 5 月 2 日

径启者:关于用金付给法国赔款事,顷准驻法陈公使来电一件,事属重要,相应照录原电,函达钧院、贵部查照核办见复可也。此致。

《中法实业银行复业暨各公使要求庚子赔款用金付给全案》第 4 册,第 150 页

## 国务院致外交部

1923 年 5 月 7 日

径启者:准贵部钞交驻法陈公使报告法外部催询金佛郎案请示如何答复电文一件,业经国务会议议决,咨送国会查核并已由大总统咨交众议院迅速议复,相应函达贵部查照转知可也。此致。

《中法实业银行复业暨各公使要求庚子赔款用金付给全案》第 4 册,第 151 页

## 姚钟琳致周赞尧

1923 年 5 月 7 日

赞尧司长仁兄台鉴:久未晤谭,殊深渴想。日昨周廙老面嘱将关于中法实业管理公司章程批准事略节一扣转呈台阅。兹特送上,即请查收为荷。肃此,即颂台祺。

**附节略一扣**

按照民国十一年七月九日中国政府与驻京法使协定十六条内载,中法实业银行管理公司章程须经中国政府批准等语。查去年七月九日协定之后管理公司急待成立,恳请政府遣派代表赴法出席股东大会并董事会,以便讨论规定该公司章程事项。当时政府以期迫路遥,遣派代表不及,曾经电派驻法使署三等秘书戴明辅就近代表政府出席,表决管理公司章程时,即由戴代表出席与议。去年八月,政府复派周前总理赴法办理中法银行事宜。抵法后,对于该公司章程复提议修正数项,亦经该公司董事会通过承认。十月二十一日,该公司特修正章程送请周前总理核复。当经详加考核,与提议修正原案相符,并函复照准各在案。法使照复该公司章程中国政府却已批准之语,谅系根据以上经过之情形也。

《中法实业银行复业暨各公使要求庚子赔款用金付给全案》第 4 册,第 152 页

## 外交部致财政部

1923 年 5 月 9 日

径启者:中法实业银行管理公司章程一事,前准贵部咨复以并无批

准案据等因,本部以法使既有该公司章程中政府却已批准之语,或系周前总理在法所办之事。当经派员向周前总理询问。兹准开送答复节略到部,证明其事,相应照录原节略,函达贵部查照可也。此致。

《中法实业银行复业暨各公使要求庚子赔款用金付给全案》第 4 册,第 153 页

## 傅乐猷致外交部

1923 年 5 月 11 日

为照会事:案查本年二月十日及二月十三日贵部与本公使交换之照会,以及本公使个人并会同签订庚子和约使团迭次商洽照会,并法国总理屡向驻法贵国公使之声请各节,本公使现奉本国政府严重训令,责成转请中国政府立即转饬总税务司,按照本年二月二十四日使团照会及庚子和约第六条所载,将逾期及此后到期应付各批款项从速用金拨付。查按月应拨各款应自去年十二月三十一日起交付,乃迄今尚未照拨。此次照会各节关系重要,应请贵总长特别注意并查照为荷。须至照会者。

《中法实业银行复业暨各公使要求庚子赔款用金付给全案》第 4 册,第 154 页

## 外交部致国务院、财政部

1923 年 5 月 14 日

径启者:准法傅使照称,案查本年二月十日及二月十三日贵部与本公使交换之照会,以及本公使个人并会同签订庚子和约使团迭次商洽照会,并法国总理屡向驻法贵国公使之声请各节,本公使现奉本国政府严重训令,责成转请中国政府立即转饬总税务司,按照本年二月二十四日使团照会及庚子和约第六条所载,将逾期及此后到期应付各批款项从速用金拨付。查按月应拨各款应自去年十二月三十一日起交付,乃迄今尚未照拨。此次照会各节关系重要,应请特别注意等因,此事迭准法使来文催请付款,按诸事势,实属未便再延。除函达财政部、国务院外,相应函请钧院、贵部查照迅筹解决办法并见复为荷。

此致。

《中法实业银行复业暨各公使要求庚子赔款用金付给全案》第 4 册，第 157 页

## 朱鹤翔会晤韩德卫问答

1923 年 5 月 14 日

金佛郎案

韩云："关于金佛郎问题，日前本参赞奉傅公使之命面交阁下照会一件，请贵部迅饬总税务司用金佛郎交付到期各批赔款，并声明本国政府之训电至为严重在案。现傅公使以此事耽搁已久贵国方面似无从速解决之诚意，万不得已只能取极端办法，特嘱本参赞来部声明，自本日起所有关余、盐余两项于庚子赔款未能按辛丑和约第六条之规定用金款交付以前傅使已与有关系各公使接洽一致，反对发放。大约所有签字辛丑和约各国均表同意，不仅与金佛郎有关系之各国反对发放已也。请阁下转陈沈代总长注意此事。傅公使以巴黎政府训令严重，不得不取此办法，深愿贵部谅解如何情形并盼随时用电话告知为荷。"

鹤翔云："日前傅公使来照，本部已备文转送财政部。贵参赞顷云各节，当即陈明部长可也。"

《中法实业银行复业暨各公使要求庚子赔款用金付给全案》第 4 册，第 158 页

## 王景岐致外交部

1923 年 5 月 17 日

北京外交部：（七新）本日比外部约晤，据谓庚子赔款金佛郎事，各使迭函大部未复，如不获解决，比国对关税会议将改变态度等语，特达。景岐。十六日。

《中法实业银行复业暨各公使要求庚子赔款用金付给全案》第 4 册，第 160 页

## 艾维滋致外交部

1923 年 5 月 18 日

为照会事：关于庚子赔款比国部分之应按金佛郎付与一事，本年三月二十九日本公使与法、义、西（班牙）诸国公使曾会衔特为径达贵外交部查照在案。兹特照会贵代总长，以本月十六日本国外部大臣曾照会贵国驻比公使，以为该项赔款之付与不即按照金款为根基，而即刻如前履行之及自上年十二月起到期未付之赔款，如不按照同一金位即时付与本国指定在上海代行收款者，比国政府为迫所致，则须将其对华向来友谊从事之态度变更之，并将（美京）华会所提北京税务会议本国参与（抑悬止）同意权保留之等情，用特照达，即祈查照可也。须至照会者。

《中法实业银行复业暨各公使要求庚子赔款用金付给全案》第 4 册，第 161 页

## 外交部致国务院、财政部

1923 年 5 月 18 日

径启者：准驻比王公使电称，本日比外部约晤，据谓庚子赔款金佛郎事，各使迭函大部未复，如不获解决，比国对关税会议将改变态度等语，特达等因，究应如何办理之处，相应函达钧院、贵部查照核办见复可也。此致。

《中法实业银行复业暨各公使要求庚子赔款用金付给全案》第 4 册，第 163 页

## 外交部致国务院、财政部

1923 年 5 月 19 日

径启者：案查比国催请用金付给庚子赔款一事，兹准驻比王公使来电，曾经函达钧院、贵部查照核办在案。兹复准驻京比艾使照同前因，相应抄录原文，函达钧院、贵部查照，从速核办见复可也。此致。

《中法实业银行复业暨各公使要求庚子赔款用金付给全案》第 4 册，第 164 页

## 刘显世[1]致外交部

1923年5月22日

大总统、参众两院、各行政机关、各巡阅使、检阅使、各省省长、总司令、督军、督理、督办、都统、护军使、镇守使、各师旅团长、各省议会、各机关、各公团、各报馆均鉴:庚子赔款创钜痛深,国民脂膏悉输海外,财政已濒于破产,国势遂因之陵夷,谁实为之?至今为厉,吾国当局应如何激发天良,共图补救。乃近日北京阁议对于法国赔款竟议决改用金佛郎交付,较之从前以纸佛郎交付者,总计损失约达七千余万。舍轻就重,是诚何心?吾人具有良知,安能承认?读众议院诸君元日通电,反覆辩诘,词严理正,深表同情。还望诸公一致力争,取销原款,勿任营私媚外者得逞其志,则中国前途实为幸甚。刘显世叩。皓。

《中法实业银行复业暨各公使要求庚子赔款用金付给全案》第4册,第166页

## 傅乐猷致外交部

1923年6月21日

部长阁下:关于盐余事,本公使所取之办法,业在洞鉴之中。本公使反对中法汇理银行发放此项余款,应俟贵国政府履行辛丑条约之规定,用金款交付法国部分之赔款,并使本国政府对于此事满意之日为止。此项反对态度无论任何托辞不得取消,且本公使暨有关系诸同僚现正筹拟共同反对嗣后发放一切盐余及关余(关余即系担保庚子赔款之收入)也。专此布达,祇颂勋祺。

《中法实业银行复业暨各公使要求庚子赔款用金付给全案》第4册,第167页

---

① 贵州代表,其身份不详。

## 铎使芬德致外交部

1923 年 6 月 21 日

为节略事:本使馆为提醒贵部去年九月三十日照会关于赔还本国庚子赔款请改为金币赔还一事,现本馆并声明中国对于此事之态度必然影响本国政府对于中国之待遇,不但此事,其他悬案亦然也。西历一千九百二十三年五月三十日。

《中法实业银行复业暨各公使要求庚子赔款用金付给全案》第 4 册,第 169 页

## 外交部致财政部

1923 年 6 月 22 日

径启者:前准法使派员来部面称,中政府对于金佛郎问题似无从速解决之诚意,不得已只能反对发放关余、盐余各款等语,业经本部函达在案。兹又准该使函称,此项反对发放关盐余各款态度,无论如何托辞不能取消,现且与关系各使共筹反对嗣后发放一切盐余关余等因,相应照录原函,函达贵部查照核办可也。此致。

《中法实业银行复业暨各公使要求庚子赔款用金付给全案》第 4 册,第 171 页

## 外交部致国务院、财政部

1923 年 7 月 13 日

径启者<br>为咨行事:准驻京日铎使节略称,本使馆为提醒贵部去年九月三十日照会关于本国庚子赔款改为金币赔还一事,现本馆并声明中国对于此事之态度必然影响本国政府对中国之待遇,不但此事,其他悬案亦然也等因,除咨行财政部外,相应函达贵院即请查核见复为荷。此致。<br>相应咨行贵部,查照核办并见复可也。此咨。

《中法实业银行复业暨各公使要求庚子赔款用金付给全案》第 4 册,第 172 页

## 国务院致外交部

1923 年 7 月 18 日

径启者:准贵部函开,驻京日铎使节略称,提醒关于庚子赔款改用金币一事并声明中国对于此事之态度必然影响本国政府对中国之待遇等因,请核复。兹经国务会议议决,交财部迅速核办。除函财政部外,相应函达贵部查照。此致。

《中法实业银行复业暨各公使要求庚子赔款用金付给全案》第 4 册,第 174 页

## 财政部致外交部

1923 年 7 月 24 日

径启者:准国务院函开,准外交部函开,驻京日铎使节略称,提醒关于庚子赔款改用金币一事并声明中国对于此事之态度必然影响本国政府对中国之待遇等因,请核复。兹经国务会议议决,交财部迅速核办。除函外交部外,相应抄录原案,函达查照核办等因到部。查庚子赔款按照一九零五年七月二日互换公文办法,应电汇付款,至债款清偿为止。毫无疑义,本年二月间国务会议议决法国部分庚子赔款按照金佛郎计算,系以中法复业为条件,他国自不得援以为例。现在法国部分赔款用金计算一案,经大总统提交国会,尚未经国会解决。所有日、比各国应付赔款,自应仍照电汇办法,断无改用金佛郎之理。兹准前因,相应函达贵部查照,向关系各使提出抗议可也。此致。

《中法实业银行复业暨各公使要求庚子赔款用金付给全案》第 4 册,第 175 页

## 傅乐猷致外交部

1923 年 8 月 13 日

为照会事:前本年五月十日曾致贵总长节略一件,内开:案查本年二月十日及二月十三日贵部与本公使交换之照会以及本公使个人并会同签订庚子和约使团迭次商洽照会并法国总理屡向驻法贵国公使之声请各节,本公使现奉本国政府严重训令,责成转请中国政府立即转饬总

税务司,按照本年二月二十四日使团照会及庚子和约第六条所载,将逾期及此后到期应付各批款项从速用金拨付,查按月应拨各款应自去年十二月三十一日起交付。乃迄今尚未照拨,此次照会各节,关系重要,应请贵总长特别注意并查照为荷等因,查该节略迄今未准答复。兹本公使将节略再请贵总长特加注意,并务使中国政府将上年二月十日黄前总长节略内所声明之允诺立即履行为要,相应照达。须至照会者。

《中法实业银行复业暨各公使要求庚子赔款用金付给全案》第4册,第177页

## 顾维钧会晤艾维滋问答

1923年8月15日

刘锡昌在座

金佛郎问题事

艾使云:"金佛郎问题,贵总长已否研究?"

总长云:"此项问题当听国会解决。"

艾使云:"此系履行旧条约而现时仍须听候国会解决,实所不解。"

总长云:"因须变更向来之办法,不得不候国会解决。中政府对于金佛郎问题极为重视,张总长到任后当能进行研究。"

艾使云:"条约本规定付金,并未变更办法。"

总长云:"按照当初辛丑条约之规定,中国只须付银四百五十兆两,责任已完。而有关系之各国以当时定有折合各该本国币价因此亏欠,于是有一九零五年之协定,共定三种办法,任有关系之各国自由选择。贵国择定电汇之办法。若仍照电汇办法,自无问题。现在欲付金佛郎,遂发生问题。"

艾使云:"比国赔款之收据向来注明收到十四万四千佛郎或六万九千镑,如贵国勿允付金佛郎,则至少亦须付镑。"

总长云:"付给赔款问题,欧战期内仍照向来办法。"

艾使云:"欧战期内所差不过百分之四分或五分,为数无多,故亦未曾计较。今所差甚巨,不得不要求付金。"

总长云："欧战后金佛郎跌价，此系贵国内部分之事，与国际来往并无关系，譬在贵国国内以五佛郎钞票向国家银行兑现，谅亦照兑。"

艾使云："欧战后发行钞票数目超出国库存储准备金之数甚巨，求过于供，故亦未能照付。如本国国税收入向来只收五佛郎，今如以纸币付税，则须收十五佛郎。又，如本公使在此间向本国侨民收税，亦以金佛郎计算。"

总长云："顷云贵国赔款十四万四千佛郎或六万九千镑，现在镑价较诸从前，亦有相差。"

艾使云："若照英镑之数付款，所差不多，亦可商量。"

《中法实业银行复业暨各公使要求庚子赔款用金付给全案》第 4 册，第 180—181 页

## 外交部致国务院、财政部

1923 年 8 月 17 日

敬启者：关于法国部分庚子赔款要求用金佛郎付给案，前准法使节略以奉本国政府严重训令责成转请中政府立即转饬总税务司从速用金拨付等因，业经本部于五月十四日函达在案。兹又准该使以此事务请中国政府将上年二月十日黄前总长节略内所声明之允诺立即履行为要等因，照会前来，除分函财政部、国务院外，相应函达钧院、贵部查照核办见复可也。此致。

《中法实业银行复业暨各公使要求庚子赔款用金付给全案》第 4 册，第 182 页

## 靳志接见韩德卫问答

1923 年 9 月 13 日

韩参赞云："傅使嘱催问金佛郎案之解决办法。此案久悬不结，法政府亦极表示不满足之意。"

靳志云："当即代为转达。"

《中法实业银行复业暨各公使要求庚子赔款用金付给全案》第 5 册，第 1 页

## 刘锡昌接见韩德卫问答

1923年10月26日

汇理银行扣留盐余事

韩云:“关于汇理扣留盐余一案,兹有照会一件,奉傅公使命送来,面请贵秘书转呈顾总长为荷。”

锡昌云:“当为转呈。”

韩云:“傅公使尚有数言,拟请转陈如下:对于汇理之宣传运动,如不设法立时停止,势不得不联合英、日两国公使另作一种新举动。傅公使又谓将来结果之一,其危险不但为金佛郎一案,势必牵及中法间各种问题也。”

《中法实业银行复业暨各公使要求庚子赔款用金付给全案》第5册,第5页

## 外交部致国务院、财政部

1923年10月26日

敬径启者:准法使馆派员来部面称,接法总理严重训条,谓庚子赔款事中政府前以大选问题未曾解决为词,法政府业经谅解,惟现在大选已告成功,法政府要求中政府将对彼所订之义务速为实行,法国国会定于十一月初间,两会所有付给赔款及实行一九二二年七月协定之两问题应在该日期以前解决,否则法政府不得不采用他法,俾该款得以偿还等因,除函财政部国务院外,相应函达钧院贵部查照核办并见复可也。此致。

《中法实业银行复业暨各公使要求庚子赔款用金付给全案》第5册,第6页

## 沈瑞麟会晤韩德卫问答

1923年10月29日

刘锡昌在座

韩云:“兹奉傅公使命,面呈照会一件,请贵次长查阅。”

次长接阅后告以金佛郎之问题日前傅公使曾有照会到部,业经转

行财政部。

韩云:“因十一月十三日法国国会重开,日期已近之故。”

次长云:“当即转呈总长并即转达财部。”

韩云:“最好送交国务会议。”

次长云:“容呈总长后当请总长送交国务会议。”

韩云:“此事务请贵次长注意。”

《中法实业银行复业暨各公使要求庚子赔款用金付给全案》第 5 册,第 10 页

## 外交部致傅乐猷

1923 年 10 月 29 日

径复者:准本月二十六日来文,为东方汇理银行扣留盐款一事,当经阅悉并即转行财政部核办去后,除俟得复再转达外,相应先行函复贵公使查照。此泐。顺颂日祉。

《中法实业银行复业暨各公使要求庚子赔款用金付给全案》第 5 册,第 11 页

## 顾维钧会晤傅乐猷问答

1923 年 10 月 31 日

朱鹤翔、韩德卫在座

傅使云:“日前本使以身体不舒,未克亲自来见贵总长,特嘱韩参赞到部,晤贵部秘书,送交照会一件。此案耽搁已久,当时因贵国新总统未经选出,本使深悉摄政内阁为难情形,故未催促。本国国会现定下月十三日召集,如此案犹未结束,定将提出质问政府,则届时普嘉莱总理不得不将实情宣布,而设法执行已得之权利。果尔,则于友好之中国殊属不利也。今日见报载有本使与贺财政次长会晤一节,本使对此拟向贵总长声明,贺次长表示欲见本使之意,本使当然欢迎并甚愿尽力帮忙,减少中国政府方面之困难。惟对于原订协定内更动字句一层,本使实无权办理。普嘉莱总理之训令至为明了,务请贵总长迅予设法解决是案为荷。至于贺次长所云由法国声明将庚子赔款完全退还中国,再

由中国依照协定办法办理一节,去年本使亦曾想及此层,但以为法国对于协定所定之用途如教育慈善事业等亦负有相当责任,不能全由贵国自行办理,且声明退还庚子赔款于本国法律手续上亦不易办到。"

总长云:"本总长对于此案极为重视,贵使迭次来照均经详加阅悉。日前本总长在阁议席上提出讨论时经财政总长告以此案贺次长已与法使接洽,由财政部派员与法使署代表商议解决方法等情,贵使对此办法谅已赞许,本总长以为此案由双方代表先行从事接商转圜办法亦是解决之一法,现在似可待商定方法后再由本总长与(英)〔贵〕使接洽。"

傅使云:"对于原订协定之内容,本使方面无法更动。本使仍以日前致贵总长之照会为根据,务请迅予办理。但本使现拟请假回国,甚愿此案从速解决,俾于中法间免除种种困难。如解决后将来履行协定办法于细目上须稍变通,则届时自可商办。本使回国后愿为帮忙。如贵国修改特别关税问题,关系甚钜。届时本使亦愿从中设法,使本国政府提交国会,予以早日通过。但于赔款付给问题解决以前,普总理定不愿将关税条约提交国会批准也。"

总长云:"此项会议本总长甚为重视,深盼早日召集。"

《中法实业银行复业暨各公使要求庚子赔款用金付给全案》第 5 册,第 12—13 页

## 外交部致财政部

1923 年 10 月 31 日

为咨行事:准法傅使照称,兹有代理财政部务财政次长使用中人及新闻报纸威吓东方汇理银行,以该银行如不将盐余项下应归中国政府之款解除扣留,则即以严重办法待之。查此等扣留系本公使以本国政府之名义施行,盖一九零一年和约第六款所载庚子赔款以盐税款项给与法国政府作抵,且此种办法已于本年六月间向财政总长面达,嗣与后任财政总长复行讨论,近来并正式通告盐务稽核所各所长之函中,经本公使加以研究。故关于此事,中国政府及各总长原不应向汇理银行接洽,而正应与本公使直接谈洽。盖贵总长或其他总长有所指教,本公使

总愿倾听。查汇理银行此等扣留,不过系为代理法国政府而始执行。故此,务请迅速设法使反对汇理银行违理之宣传运动立即停止,并请将关于此事所有各项文件统为直达等因,相应咨行贵部查核可也。此咨。

《中法实业银行复业暨各公使要求庚子赔款用金付给全案》第5册,第16页

## 外交部致国务院、财政部

1923年11月1日

敬径启者:准法傅使照称,前于本年八月六日去照内开,务使中国政府将本年二月十日黄前总长节略内所声明之允诺立即履行,并转饬按照本年二月二十四日使团联衔照会及庚子和约第六款所载将逾期及此后到期应付各款从速用金拨付等情在案。查中华民国大总统未选举以前正值政治未定之时期,法国政府对于此案以不便加意催促解决为适宜,此举本诸善意及睦谊之情,谅贵总长必为体认。惟此等时期业已完毕,现奉本国政府训令,嘱为转知贵总长,谓中国政府所负义务总无再为藉词延缓履行之可言,必赖于依照上述办法将庚子赔款逾期应付各款立即拨付。普嘉赉总理训令又云,法国国会于本年十一月十三日重开常会时本总理必被质问,一过上述日期,则中国政府之不履行其责务,必即宣布。况此项债款已经逾期六个月,故法国政府惜不得已只可筹出相当办法以收取此款,嘱为转达等因,除函财政部国务院外,相应函达钧院贵部查照从速核办见复可也。此致。

《中法实业银行复业暨各公使要求庚子赔款用金付给全案》第5册,第27页

## 外交部致傅乐猷

1923年11月1日

为照复事:接准本月二十九日贵公使照会,请将庚子赔款逾期应付各款立即用金付给等因,查此案本部极为注意,除转咨国务院暨财政部

迅予核办外，相应先行照复贵公使查照可也。须至照会者。

《中法实业银行复业暨各公使要求庚子赔款用金付给全案》第5册，第28页

## 八国公使致外交部

1923年11月5日

为照会事：关于庚子赔款用金偿付一事，本八国公使代表辛丑和约签字诸国兹再特应备文(仍行)照会贵部总长，盖此事已于本年二月二十四日照会贵部在案，其文内开："关于庚子赔款用金偿付事，接准上年十二月二十八日贵外交部王前总长照开一切，已由比、日、法、义诸国驻京公使据情达知辛丑各国和约签押诸国驻华公使在案。查是日来文内开辛丑和约第六款所称金款及用金付给等字样，只能具有一种意义，即指金币而言，用以区别赔款总数所称之银币，至该约中所言各种折价于实际汇兑上并不适用等语，本八国公使代表辛丑和约签字诸国即将来文所称意义转达各本国政府去后，兹各奉本国政府训令，特嘱本公使等照会贵总长，以各本国政府同一主见，均以辛丑和约及一九零五年七月二日所订各节对于庚子赔款应付现金字句为毫无疑异之余地，文词既明，断无辩驳之有。各本国政府一律如此决断，此即所谓付与各国每海关银一两，中国应即按照辛丑和约第六款所载折成现金付出是也。相应特行备文，将各本国政府对此问题一致意见照会贵总长查照"等语。查此文所述，虽系纯然传致中国政府对于实行庚子和约一段签字该约诸国同一主见如何，而中国政府向未照复。顷本八国公使等因而深含憾惜之情，不得不使贵部悉及兹特述达贵部，事实亟有紧加注重之必要，盖以如此被弃久悬之案，始终必应履约从速办结为是。须至照会者。

《中法实业银行复业暨各公使要求庚子赔款用金付给全案》第5册，第29页

## 财政部致外交部

1923 年 11 月 8 日

径复者:准贵部十一月三十日函称,准驻法陈公使电称,法外部称金法郎案已训电傅公使催结并拟于国会开会时将中国政府对于此案态度向国会宣布,如中国政府不愿维持中法实业银行及华法教育,法政府惟有取消已允前议,但对于金法郎案仍旧坚持到底等因,除函知国务院外,函达查照核办见复等因到部。查关于中法实业银行复业及华法教育事业等项,本部甚愿维持。惟法国部分庚子赔款似应依照十月三日众议院议定办法,按照一九〇五年换文办理。事关交涉,仍请贵部主政核办可也。此致。

《中法实业银行复业暨各公使要求庚子赔款用金付给全案》第 5 册,第 34 页

## 朱兆莘致外交部

1923 年 11 月 10 日

外交部:(七新)法赔款请公法家草意见书事,七日电悉。查此案自本年一月二十五日电询,迄未奉复,无所遵循,已作缓办。据使馆律师称,公法家及助手律师等酬金加至一百五十坚尼,款须立交,然后起草。乞勿责莘先垫。价表原件仍请邮寄。莘。九日。

《中法实业银行复业暨各公使要求庚子赔款用金付给全案》第 5 册,第 39 页

## 外交部致高泽畬、张岱彬

1923 年 11 月 10 日

泽畬、岱彬仁兄,总理、总长阁下:径启者:金法郎案顷又准法使照会,措词严重,事机紧迫,用特照录原文,函请核夺核办为荷。专布,敬颂勋祺。

《中法实业银行复业暨各公使要求庚子赔款用金付给全案》第 5 册,第 40 页

## 朱鹤翔往晤傅乐猷问答

1923 年 11 月 12 日

鹤翔云:“兹奉总长命来谒贵使。日前星期六晚贵馆韩参赞送来照会一件,业经本部总长阅悉。本国大总统、高总理与本部总长均愿此事从速解决,现在研究妥善办法。惟明日为贵国国会开幕之期,贵使来文中有此事须于本月十三日以前解决之语,本部总长深知贵使与贵国政府关于此事所处之地位,甚欲设法迅予解决,但事涉本国国内政治问题,自当加意审慎,固非短时期间所能筹得妥善解决之方法也。本部总长嘱将上述情形转达贵使并请贵使予以谅解。”

傅使云:“本使所奉普嘉赉总理之训令至为严重,而普总理对于此事之决心为本公使所深悉。但贵部总长所处地位之困难,本使亦能谅解。上星期五赴部会晤时,本使曾与贵部总长言及之,目下本使方面所可为者,仅能电请普总理设法使本国国会将此案暂缓数日提出讨论而已。兹本使请阁下切实回陈顾总长,在此数日之内深盼中国政府自行尽力疏解,俾此协定得以履行为荷。”

鹤翔云:“当即回陈总长。”

傅使云:“今晨见报载财政总长张弧辞职王克敏将继任财长说,不识是否确实?”

鹤翔云:“张总长辞职呈文已见诸报章,王君继任财长命令已否正式公布,迄未知悉。”

傅使云:“本使拟将目下财长正在更动之际一层亦加入致普总理电文之内,此电即晚拍发。”

《中法实业银行复业暨各公使要求庚子赔款用金付给全案》第 5 册,第 43 页

## 傅乐猷致外交部

1923 年 11 月 14 日

为照会事:本年十月二十九日又致贵总长照会内开,务使中国政府将本年二月十日黄前总长照会内所声明之允诺立即履行,并转饬按照

本年二月二十四日使团联衔照会及庚子和约第六条所载将逾期及此后到期应付各批款项从速用金拨付为要等情在案。当时本公使于该照内除将本国政府向来所持善意之态度表明外，促请务于法国国会本月十三日开会以前得以满意解决。查本月十三日期在即，而此案仍无结束。兹又奉本国普嘉赉总理电训，谓一过上述日期，则中国政府之不履行其责务，必即实行宣布，且法国政府必为筹设异于素来所用之办法，俾以收回其债款，请为转达中国外交总长等语。特此备照，转达贵总长查照。须至照会者。

《中法实业银行复业暨各公使要求庚子赔款用金付给全案》第 5 册，第 49 页

## 顾维钧会晤翟录第问答

1923 年 11 月 14 日

靳志、贲萨在座

义翟使云："前次晤谈金法案，贵总长所答复各节过于宽泛。本公使以为金佛郎案不止关系法国，签字辛丑条约各国前日曾有联署之照会，义国政府对于此案非常重视。倘中国政府以中法实业银行之故只知优待法国而使中义两国间久悬不决，则义政府将认中国此项态度为有缺于友谊，而义国亦当变其对华态度，即如关税特别会议之类难望得义国之协助也。"

总长云："赔款用金问题诚然关系签字各国，惟此系辛丑条约解释问题。辛丑条约文意不甚明了，故不得不慎为解释。其解释异同之结果，将对于中国应负之义务有增加或减少之殊。既于本国有此重要关系，自不得不郑重考虑。如在辛丑条约原文不明了之处，更有千九百零五年之换文为之解释。

义翟使云："辛丑条约签字各国既有公同照会，一致主张用金，则是各国之解释条约本无殊异，奈何中国独持异论乎？本公使以为此案久悬不决，非中国之利。请贵部特为注意。"

总长云："大总统及国务院对于此案均甚重视，希望早日解决，使

双方一致圆满。新任财长于前日履新,新旧交替又不能不稍延时日。鄙意以为解释条约本非易事,其最简单办法莫若沿袭向来办法,赓续办理,盖履行辛丑条约付给赔款已近廿年矣。”

《中法实业银行复业暨各公使要求庚子赔款用金付给全案》第5册,第53页

## 外交部致朱兆莘

1923年11月15日

九日电悉。意见书材料经上年十月十一日及本月七日两次去电,摘述大致。汇价表邮寄需时,可先请公法家起草,酬金已由部如数垫汇。外。

《中法实业银行复业暨各公使要求庚子赔款用金付给全案》第5册,第54页

## 外交部致财政部

1923年11月17日

径启者:本月八日接准财字三〇三六号函称,金佛郎案既由众议院议决,应照一九〇五年换文办理,应请主政核办。同日并准财字三〇三八号函称,关于中法实业银行复业及华法教育事业等项,本部甚愿维持,惟法国部分庚子赔款似应依照十月三日众议院议定办法,按照一九〇五年换文办理各等因。查金佛郎案贵部所拟尊重国会之决议,本部极表同情。至维持中法实业银行复业等项,其全案亦经国会同时否决。如果贵部有意维持,其如何计划及其详细办法,事关财政,应请贵部从速酌定见示,以便据与法使交涉,相应函复贵部查照办理。此致。

《中法实业银行复业暨各公使要求庚子赔款用金付给全案》第5册,第55页

## 顾维钧会晤舒尔曼问答

1923年11月19日

总长云:“在贵使此次出京期内,金佛郎案将成为一项重大问题。

前次晤谈后贵使曾得暇研究此案否？所云一九零四、零五年之红皮书，曾得有机会披阅否？"

舒使云："近日本使事务冗繁，一九零五年本国之外交红皮书虽在案头，余竟未克研究。日来贵国报纸似皆谓此案行将解决。"

总长云："本国舆论对于用金付给一层反对极烈，近日各公团关于此案之警告文电纷至沓来。考其字语，俱深有研究，并非盲然反对。因此政府更须郑重将事。"

舒使云："巴黎有何消息？"

总长云："余闻法国政府除非先将金佛郎问题解决，则不能将中国关税条约提交国会批准，否则国会议员对于佛郎案势将质问，甚至竟与关税条约以不利也。"

舒使云："本使亦正为延误特别关税会议焦虑，盖佛郎案延宕不决，则特别关税会议必至被阻。查金佛郎案与本国并无利害，本使于前两次所以连同有关系各国公使签名照会贵部者，实因本署之解释辛丑和约殆为惟一之解释，而本国政府亦以本署之解释为是。又，以此案一日不决，每遇贵国提用盐余而盐余不放，提用关余而关余不拨，加之特别关税会议长此延期召集，贵国所受之损失巨矣。"

总长云："法国现将金佛郎案与中法实业银行复业问题并为一谭，实属不妥。盖金佛郎案属于(之)〔解〕释条约之问题，现时国际间已设备解释条约种种机关。余意此案大可送交国际法庭或付诸海牙国际法庭公断。至于中法实业银行复业问题，彼此应另行磋商办法施行，无须有待于金佛郎问题之解决也。"

《中法实业银行复业暨各公使要求庚子赔款用金付给全案》第5册，第56页

## 朱鹤翔接见韩德卫问答

1923年11月21日

韩云："傅公使近因稍受感冒不能外出，本日下午不克赴部晤见贵部总长，特嘱余来访贵秘书，询问金佛郎案目下贵部与财政部商至如何

程度？再待几日可以照约履行？”

鹤翔云：“闻财政部现正研究此案解决办法。贵参赞所询一节，当为转陈本部总长。”

韩云：“傅公使欲知该案近况，贵秘书陈明贵部总长后如何情形拟请用电话见示为感。”

《中法实业银行复业暨各公使要求庚子赔款用金付给全案》第5册，第59页

## 朱兆莘致外交部

1923年11月26日

外交部：（七新）金佛郎案十五日电遵悉。公法家系旧议员，因运动选举，暂无暇起草意见书。莘已托律师力催。谨闻。莘。二十四日。

《中法实业银行复业暨各公使要求庚子赔款用金付给全案》第5册，第61页

## 国务院致外交部

1923年11月26日

径启者：奉大总统发交众议院咨送议员赖德嘉等提出质问政府此次派王克敏署理财政总长对于金佛郎案持何态度有无遵守法律之决心书一件，请答复等因，除分函财政部外，相应抄录原质问书，函请贵部查照，迅速拟具答复送院，以凭议定转咨。此致。

**附件**

为质问事：政府此次派王克敏署理财政总长，一般舆论佥谓因金佛郎案而来。查金佛郎案久为全国人民所反对，曾经本院一致否决。盖权衡此案之利害，稍受利益者系私法人少数之分子，而国家则蒙莫大之损失，无论得不偿失。即使利害相等，断无增国家人民担负，徇私法人团体之理。稍有天良者万万不敢因济其私而徇外人之请，置国家利害于不顾。究竟政府对于此案持何态度？有无遵守法律之决心？兹依宪法第六十七条之规定提出质问，务于三日内明白答复。

提出者：赖德嘉　李有忱　杜　华

连署者：赖庆晖　林鸿起　高登鲤
乐　山　曾昭斌　黄肇何
李景濂　曹振懋　连贤基
林树春　杨树璜　刘万里
程　铎　袁炳煌　余芹生
杨梦弼　张　琴　文笃周
魏郁文　王钦宇　韩　藩

《中法实业银行复业暨各公使要求庚子赔款用金付给全案》第 5 册，第 62 页

## 朱兆莘致外交部

1923 年 11 月 27 日

北京外交部：（七新）金佛郎案二十四日电计达。律师称公法家 John Simon 约明年一月十日始将意见书交卷，如不能久待，可改请前任总检察长 Sir Leslie Scott，十二月十日可脱稿等语。如何？候电祇遵。莘。二十六日。

《中法实业银行复业暨各公使要求庚子赔款用金付给全案》第 5 册，第 64 页

## 顾维钧会晤傅乐猷问答

1923 年 11 月 28 日

金问泗、韩德卫在座

傅使云："金佛郎事仍请贵国早日解决，因恐延搁太久，敝国国会或将不能谅解也。"

总长云："此案现在正由本总长与王财长商榷解决方法。"

《中法实业银行复业暨各公使要求庚子赔款用金付给全案》第 5 册，第 65 页

## 外交部致朱兆莘

1923 年 11 月 30 日

二十六日电悉。可改请 Sir Leslie Scott 办理，能于十二月十日前脱

稿更善。外。

《中法实业银行复业暨各公使要求庚子赔款用金付给全案》第5册,第68页

## 外交部致国务院

1923年11月30日

敬启者:承准钧院函称,奉大总统发交众议院咨送议员赖德嘉等提出质问政府此次派王克敏署理财政总长对于金佛郎案持何态度有无遵守法律之决心书一件,请答复等因,除分函财政部外,抄录原质问书,函请迅拟答复,送院以凭议定转咨等因,查此案系质问财政部之件,既经钧院分函财政部,似应由该部核复,相应函复查照可也。此致。

《中法实业银行复业暨各公使要求庚子赔款用金付给全案》第5册,第69页

## 靳志接见德礼格[①]问答

1923年12月5日

德参赞云:“今日外交部会晤使团,傅使以感冒未痊未能前来。关于金佛郎案,本馆接法政府来电,以此案久悬不结颇疑中国政府诚意。法傅使属转达此项训令,请贵部注意,从速结束。”

《中法实业银行复业暨各公使要求庚子赔款用金付给全案》第5册,第70页

## 外交部致施肇基

1923年12月7日

金佛郎案,八国两次来照,主张用金。迭与交涉,迄无结果。此案最后或须移付国际公断以资解决。至公断机关,若另组仲裁,耗费需时,当以国际法庭为便。希密探美政府是否赞同并电复。外。

《中法实业银行复业暨各公使要求庚子赔款用金付给全案》第5册,第74页

① 法国驻华使馆参赞。

## 施肇基致外交部

1923 年 12 月 10 日

外交部顾总长鉴:上星期基询马克谋雷氏(Macmurray),谓美外部法律专员对于金佛郎案之意见,许斯氏(Hughes)据以决定帮助法国。此项意见书能否以抄件相示,马氏答称意见书缮本新任法律专员寻觅未得,现彼已嘱令查阅一九零四、五年美国红皮书所载之文件,复核该案矣。再,基得极密消息,谓远东股与法律股对于该案意见两歧,但关于条约上之解释则从法律股之主张云云。现在基应否以阁下为兰辛氏(Lausing)所撰之意见书抄送马氏抑阁下另撰意见书再送?该案既由法律专员复核,倘能将我国一方面主张达到该员,当大有益处。基。七日。

《中法实业银行复业暨各公使要求庚子赔款用金付给全案》第 5 册,第 75 页

## 顾维钧会晤傅乐猷问答

1923 年 12 月 12 日

金问泗、德礼格在座

傅使云:“本使近接普嘉赉总理来电,催请贵国早日结束金佛郎案,以便(覆)〔履〕行去年所订之中法协定。”

总长云:“此案业经本总长与阁员接洽,一面特与王财长商榷解决办法。但因国会迭次流会,事务停顿,以致政府方面尚无机会与国会接洽该案,因而耽搁。甚为抱歉。”

傅使云:“敝国国会闭会有定期,金佛郎案似未便久悬,总以早日解决为妥。”

《中法实业银行复业暨各公使要求庚子赔款用金付给全案》第 5 册,第 77 页

## 朱兆莘致外交部

1923 年 12 月 13 日

外交部:(改编七新)法赔款案,三十日电悉。Sir Leslie Scott 送到

意见书,谓中国不应付纸佛郎或按照庚子条约第六款海关银一两合三佛郎零七四之规定以纸佛郎折合金佛郎付给。查庚子条约载有此四百二十兆两合成金款,本息用金付给,或按应还日期之市价付给等语。又,一九零五年七月二日照会载有中国应付金。中国如径向各国付金,可用(电码不明)法以获益等语。按照约文及照会所载,中国应付金佛郎一层,似无疑义。稽考成章,两国政府办理赔款事务以来,未见法政府有允许以纸佛郎代付之意,至纸佛郎在法仍为法定之币,此于中国应付纸佛郎或应付金佛郎之问题并无关涉云。原文即寄。再,此意见书偏于法国,如不适用,可否再请 Sir John Simon 另草之处,候电祗遵。莘。十二日。

《中法实业银行复业暨各公使要求庚子赔款用金付给全案》第5册,第79页

## 外交部致朱兆莘

1923年12月13日

十二日电有错码,语意不明。中国本意只照一九零五年换文规定,按照历年用电汇方法付给,并无金纸佛郎之别。现虽因佛郎市价跌落,中国应付银数可较往年减少,然此系兑汇关系,法国亦不应据以要求变更历来之办法,希向声明,再行研究,并将意见书用洋文密码电部。外。

《中法实业银行复业暨各公使要求庚子赔款用金付给全案》第5册,第80页

## 朱兆莘致外交部

1923年12月15日

外交部:(七新)十二日电错漏,经遵将意见书原文用洋文密码电达,并将来电向公法家声明,再行研究。莘。十四日。

《中法实业银行复业暨各公使要求庚子赔款用金付给全案》第5册,第82页

## 朱兆莘致外交部

1923 年 12 月 23 日

外交部钧鉴:施稿脱氏(Sir Leslie Scott)之意见如下:十二月十四日贵代办函中所述中政府来电之意见,谓付款必须按照一九零五年之换文办理。鄙人亦以为然,十二月十日所陈管见中已请注意该换文之规定,须用金付给。故今鄙人仍持前次所陈刍见,以为毫无疑窦。然设中政府欲将此事再加考量,鄙人主张可将一切文件提交于一外国银行家或外国汇兑经纪人,请其与鄙人商议其事。谨闻。驻英使馆。十二月二十二日。

《中法实业银行复业暨各公使要求庚子赔款用金付给全案》第 5 册,第 88 页

## 傅乐猷致外交部

1923 年 12 月 23 日

为照会事:关于法国部分庚子赔款用金付款一事,中国政府不尽其所有义务之举必将生出严重影响,此节曾于十一月十日照请贵总长注意。自此以来,本公使屡与贵总长面为谈述。因本公使当时所受相待之雅以及此事终有良果,故敢劝本国政府少为耐候。嗣后遂将曾向本公使确言所需要之时间予以宽假,以便此项讨论经时太长之案得有完全之结束。惟光阴瞬过,庚子赔款一年度之时期已满,并未付给,以故一九二二年七月十日我两国协约之实行生有耽延且可致有为难。其教育慈善事业不克获得由我两国协约所定之款,而其需用尤属最急。中法实业银行远东债户亦不获得伊等债款之第一年年款,而此年款依照我两国协约则应已经付给者也。所以本国政府不日将向广众公布,藉以表明未实行一九二二年七月十日中法协定之责任,非法国政府所负,乃系中国政府完全担负也。至法国政府或于法国国会出席或转达于各国政府以表示此意之时,必将觅取中国政府所有应承之责务与其所行之种种违反,以为宣示。相应预为达知贵总长,本国政府已具有上述之拟意而且留以相机照办也。须至照会者。

《中法实业银行复业暨各公使要求庚子赔款用金付给全案》第 5 册,第 89 页

## 朱兆莘致外交部

1923 年 12 月 23 日

外交部:(改编)金佛郎案遵交公法家覆加研究。兹准送到第二次意见书,另用洋码电达。公法家主张约银行汇兑专家与彼面商一层,现正进行,容续电。莘。二十二日。

《中法实业银行复业暨各公使要求庚子赔款用金付给全案》第 5 册,第 92 页

## 陆洪涛[①]致外交部

1923 年 12 月 23 日

国务院高总理、各部总长均鉴:顷闻有人假借金佛郎案为攻击钧院利器,意图陷中央于无政府地位,殊深骇异。大总统就任伊始,万端待理,诸公忠勤夙著,政绩昭彰,且金佛郎案当轴并未承认,何得藉事吹求。务望我总理及各总长以国事为前提,勿为浮言所动,免中奸人诡计,是所切祷。陆洪涛叩。养。

《中法实业银行复业暨各公使要求庚子赔款用金付给全案》第 5 册,第 93 页

## 外交部致施肇基

1923 年 12 月 25 日

一九零五年七月二日法国择定电汇照会,文曰:"照得赔款一事,办法既已商定,并于本日会同画押,将来凡有本国政府应收各款项,经本国政府定意,均应由电汇付,相应转为备文声明,照会贵爵,请查照可也。"外交部。二十五日。

《中法实业银行复业暨各公使要求庚子赔款用金付给全案》第 5 册,第 95 页

① 甘肃督军。

## 施肇基致外交部

1923 年 12 月 27 日

目前在美外部会商，彼时该部法律顾问曾指出（电码不明），重将文件检阅。后渠因悉在辛丑和约第六款及保票（参阅罗克黑儿报告之三百四十页）内金之一字系与元及卢布相连并用，而于佛郎暨英镑字样之前后则均无金字。据韦伯斯特氏字典，英镑乃系与金衡上之银量在一镑者相等。但查一九零五年之办法，则于卢布之前亦无金字。按照辛丑和约中国可以选择或用金付给或按市价易金付给，究竟一九零五年之办法能否取消中国此项之选择权？渠意以为颇属疑问。因上云两公文所用财政学上之名辞极多，渠意欲托乌而些君转询财部之友人，俟渠与其友人商议后发表意见。当于本星期之下半星期再行电告。施。二十四日。

《中法实业银行复业暨各公使要求庚子赔款用金付给全案》第 5 册，第 96 页

## 施肇基致外交部

1923 年 12 月 27 日

北京外交部：（七新）二十五日电悉。法国择定电汇照会，洋文原稿可否亦请电示以便交兰辛接洽？基。二十五日。

《中法实业银行复业暨各公使要求庚子赔款用金付给全案》第 5 册，第 97 页

## 外交部致财政部

1923 年 12 月 28 日

径启者：准法傅使照称，关于法国部分庚子赔款用金付给一事，中政府不尽其所有义务之举必将生出严重影响，此节曾经照请注意。现本国政府不日将向广众公布中政府所有应承之责务与其所行之种种违反，应预为达知等因，相应照录原文，函达贵部查照可也。此致。

《中法实业银行复业暨各公使要求庚子赔款用金付给全案》第 5 册，第 112 页

## 朱兆莘致外交部

1923年12月30日

北京外交部:(七新)每日邮报北京专电,金佛郎案中国政府因受国会攻击已照会法使拒绝,藉息政潮。路透电亦载此事。莘。二十九日。

《中法实业银行复业暨各公使要求庚子赔款用金付给全案》第5册,第120页

## 顺直省议会致国务院

1923年12月31日

北京大总统、国务院、检阅使、各省巡阅使、督军、督理、督办、省长、都统、各省议会、教育会、农会、商会、各法团、各报馆均鉴:金佛郎案益趋险恶,读参院谏电,发指眦裂,诚以以现金拨付法国赔款,国库损失甚钜,且易引起其他债权国援例要挟。要挟起,即中国主权难保;损失钜,则人民负担加重。况原约本无分别金纸之文,众院又有议决否认之案,政府即当根据民情、根据条约、根据国宪,以与法人抗争。奈竟有秘密承认之说,举国惶骇,愤激莫名。以媚外而违本国宪法,颠倒已极;以利己而失全国人心,危险尤甚。千祈政府速为改图,力拒法人要求,并将交涉公开。尤望全国各界一致力争,庶几可挽垂败之局,而吐中华之气。敢请国人努力奋斗。顺直省议会。漾。印。

《中法实业银行复业暨各公使要求庚子赔款用金付给全案》第5册,第121页

## 外交部致国务院、财政部

1923年12月31日

敬径启者:案查金佛郎一案,前经本部备文驳复关系各使,并录稿函达在案。兹准法使照称,法国因依据一九二二年七月九日所订之协定及本年二月十日黄前总长照会内所声明,中国政府确已承允用金佛郎付给法国部分庚子赔款余额。本公使定为确实坚持本国政府该

项特别权利等因，除分函财政部<br>国务院外，相应照录原文，函达钧院<br>贵部查照可也。此致。

《中法实业银行复业暨各公使要求庚子赔款用金付给全案》第 5 册，第 124 页

## 朱兆莘致外交部

1924 年 1 月 3 日

敬启者：法赔款用金佛郎案，Sir Leslie Scott 所撰意见书业于本日译要电达在案。兹将意见书原稿并另抄两分一并函送大部，即请查照为荷。此颂公安。

《中法实业银行复业暨各公使要求庚子赔款用金付给全案》第 6 册，第 1 页

## 上海总商会致外交部

1924 年 1 月 4 日

少川先生惠鉴：径启者：金佛郎一案，兹有人函致敝会，以为纷扰将及经年，政府迄无坚决表示，嘱即提议切实警告等语。敝会即于本月二十二日第二十六期常会提出交议，佥以此案利害关系最为重要，自应格外审量，期臻妥洽。议决结果，请由台端准将此案经过情形宣告国人，并以后解决时务请公开，俾众周知，以明真相。用是肃函奉达，惟祈察核，力予维持，不胜迫切悬祷，伫候明教。敬颂台祉。

《中法实业银行复业暨各公使要求庚子赔款用金付给全案》第 6 册，第 3 页

## 吉林省教育会致外交部

1924 年 1 月 5 日

外交部钧鉴：法国关于庚子赔款要求用金佛郎偿还及八国公使援例要求一案，此事迭经国人否认，本无考虑之余地，而财政当局以个人问题竟欲变相通过以遂一己之权利。国会否决，全国人士一致反对，务请政府尊重民意，极力主张仍照庚子原案办理，早日公布，勿贻后患，是

所切盼。吉林省教育会叩。

《中法实业银行复业暨各公使要求庚子赔款用金付给全案》第6册,第6页

## 朱兆莘致外交部

1924年1月6日

外交部:(改编)金佛郎案,洋文电已转达各馆并密托路透电发表,今晨各报多已有登载。特闻。莘。五日。

《中法实业银行复业暨各公使要求庚子赔款用金付给全案》第6册,第7页

## 外交部致驻外使馆

1924年1月7日

八国公使请用现金付给庚子赔款,经部驳复情形业已电达在案。驻京各该使已开使团会议一次,尚无结果,希密探所驻国政府意见如何,早日电复。外交部。七日。

《中法实业银行复业暨各公使要求庚子赔款用金付给全案》第6册,第8页

## 王广圻①致外交部

1924年1月9日

外交部:(改)初七日电悉。和外部面称,金佛郎案和政府不愿与闻,前由驻和法使要求协同,即向拒绝并经通知驻京欧使在案。据其所知,欧使初虽与闻,近已脱离关系云云。再,和报并称中国不愿付金,理所当然,其尤著者,法比币价金纸虽有参差,然法律上该国并未取消其金位之根据,何能发生金纸之异议等语,统希鉴核。圻。初八日。

《中法实业银行复业暨各公使要求庚子赔款用金付给全案》第6册,第9页

① 中国驻荷兰公使(时称驻和公使)。

## 陈箓致外交部

1924 年 1 月 9 日

外交部:(改编)七日电悉。法下议院改选,法总理于二日回省,七日晚回巴黎。阁议停止数日。密探金佛郎案,仍照从前阁议办法。又,探闻法外部已电驻京傅使,责令俟金法郎案解决后方准给假回国。再,香槟酒案判决书等已邮寄施植使,该案上诉已定本月二十八日开庭,届期当派馆员前往旁听。特复。箓。八日。

《中法实业银行复业暨各公使要求庚子赔款用金付给全案》第 6 册,第 10 页

## 汪荣宝[①]致外交部

1924 年 1 月 10 日

外交部:(瀛)七日电悉。日来日内阁初定,松井尚未接见。顷访出渊局长,密探日政府对金佛郎意见,长谈一小时。渠意现在华盛顿条约列强中未经批准者止有法国,金佛郎问题实为主要原因,为中国大局利害计,华盛顿条约所得利益决非拒绝付金所得利益可比。若因拒绝金法郎,故使华约摇动,似非得策。即以关税增加二五论,每年收入不下三千万,较诸拒绝金法郎所赢之数,多寡若何,无待详计。故就法理言,中国主张自亦持之有故;若纯就利益言,不如以允许付金与法政府为迅速批准华约之交换条件。自临城事件后,美国对华空气与前迥异,华约根本已生危险,非设法令其赶紧成立,难保不别生枝节。至日本,现处地位对此问题止能与列强取一步调,惟将来付金方法如分期或延期等事,当可为中国尽力云云。特此密闻。荣。九日。

《中法实业银行复业暨各公使要求庚子赔款用金付给全案》第 6 册,第 13 页

---

① 中国驻日本公使。

## 唐在复[1]致外交部

1924 年 1 月 10 日

外交部:(改)七日电敬悉。金佛郎案闻义国仍照原议,与他国取一致态度。复。九日。

《中法实业银行复业暨各公使要求庚子赔款用金付给全案》第 6 册,第 14 页

## 朱兆莘致外交部

1924 年 1 月 11 日

外交部:(改编)金佛郎案,七日电敬悉。英外部未见照会全文,莘用非正式抄送远东股。顷与讨论,渠认条约第三条用金,袒护法国要求。莘将照会内载理由反复辩论,渠意仍不稍改。谨闻。莘。十日。

《中法实业银行复业暨各公使要求庚子赔款用金付给全案》第 6 册,第 15 页

## 朱兆莘致外交部

1924 年 1 月 11 日

外交部:(改编)金佛郎案,二十二日电计达。律师将全卷送银行汇兑专家复阅,对大部照会所持理由颇表赞同,俟与公法家面商后再将意见电达。莘。十日。

《中法实业银行复业暨各公使要求庚子赔款用金付给全案》第 6 册,第 16 页

## 江西省议会致外交部

1924 年 1 月 11 日

大总统、国务院、外交部、财政部钧鉴:金佛郎案扰攘数月,谣言百出,几酿政潮。现经政府据约驳复,仰见尊重民意,顾全国家。查该案关系国库,损失至为重大。倘法人仍敢要求,应请始终根据一九〇五年

① 中国驻意大利公使(时称驻义公使)。

换文及国会议决案坚持到底。临电屏营，不胜企盼。江西省议会叩。蒸。

《中法实业银行复业暨各公使要求庚子赔款用金付给全案》第 6 册，第 17 页

## 王景岐致外交部

1924 年 1 月 12 日

外交部：（新）金佛郎案，七日电敬悉。经即向比外部中人密探，据云去月该部曾准艾使电告我国否认之意，唯答复原文尚未收到，比国恐当与其他关系各国一致行动，不过分要求，亦不能退让。谨复。景岐。十一日。

《中法实业银行复业暨各公使要求庚子赔款用金付给全案》第 6 册，第 18 页

## 外交部致上海总商会

1924 年 1 月 18 日

径复者：金佛郎一案，接准来函，嘱为力予维持。具征关怀国计，佩慰良深。此案关系重要，经政府再三考量，业于上年十二月二十七日详具理由，备文驳复八国公使。兹检送一份，以备察阅。专此布复，即颂时绥。

《中法实业银行复业暨各公使要求庚子赔款用金付给全案》第 6 册，第 20 页

## 外交部致王广圻

1924 年 1 月 18 日

八日电悉。和外部及报界此次于金佛郎案对我特表好意，果系主张公道抑另有其他关系？希设法密探真相电复。外交部。十八日。

《中法实业银行复业暨各公使要求庚子赔款用金付给全案》第 6 册，第 21 页

## 王广圻致外交部

1924 年 1 月 20 日

外交部：（改编）极密。十八日电悉。鄙见似不至有作用，年来该

外部对我所谈一切,较易谅解,不但此案为然,惟文电未易罄述。如该国公使现仍干与此案,尽可以与其外部政策迥不相同,严词驳诘。再,近来国际情势非常变化,此间一切亦多应付难详,极愿回京面陈一切。如蒙照准,可即启行。候电遵。圻。十九日。

《中法实业银行复业暨各公使要求庚子赔款用金付给全案》第6册,第22页

## 朱兆莘致外交部

1924年1月26日

外交部:(七新)《泰晤士报》载,巴黎官报称,自一月二十五日起,国际电报电话收费价目规则每四纸法郎作为一金佛郎等语,此项定价或与解决金佛郎赔款案有关。再,律师称汇兑专家事忙,尚未与公法家面谈,已力催等语。莘。二十五日。

《中法实业银行复业暨各公使要求庚子赔款用金付给全案》第6册,第24页

## 朱兆莘致外交部

1924年2月2日

外交部:法赔款案,汇兑专家意见书(以下译文):中国政府之主张谓中政府得自由按照条约第六款所称之同等代价用电汇付给法国,殊属正当,且一九〇五年之协定曾许中国可以选择付款之办法,而法国直至一九〇七年为止亦尚用电汇也。外交部一月三日致中国使馆之电文中对于该案言之甚为有力,其中所郑重声述之各点均系赞助中政府之意见。夫凡法郎之同等价值即系一金质法郎之价值,各国泉币皆各有同等之价值,但此项价值向未用于国际付款者。凡一外国币折合他国币,向由汇兑市价决定之,所有付款莫不照此办法办理。倘司考德氏(Leslie Scottt)得便预约一时期,鄙人极愿与之讨论此问题。鲍尔(O. W. Ball National Prvincial and Union Bank of England Limited)叩。莘。一日。

《中法实业银行复业暨各公使要求庚子赔款用金付给全案》第6册,第25页

## 陈箓致外交部

1924 年 2 月 7 日

外交部:(改)金佛郎案,密探悉法傅使最近电法外部称,本案情形复杂,已另函详,该函未到之先,请暂缓决定办法等语。闻外部尚未接到该函,此时无甚成见,国会亦并非提出质问,只有与此案有关各银行从旁运动,以冀达到目的。特闻。箓。六日。

《中法实业银行复业暨各公使要求庚子赔款用金付给全案》第 6 册,第 26 页

## 朱鹤翔往晤欧登科[①]问答

1924 年 2 月 7 日

欧使云:"本月四日使团会议对于修正驳复贵部金法郎案照会之文字业经竣事,决议由本使于下星期一、二送达贵部。请烦足下通知顾总长为祷。"

鹤翔云:"当即回陈总长。"

《中法实业银行复业暨各公使要求庚子赔款用金付给全案》第 6 册,第 27 页

## 朱兆莘致外交部

1924 年 2 月 8 日

敬启者:法赔款案,前奉大部本月十三日来电,嘱交律师再行研究。当经遵照转达律师。嗣于本月二十二日据律师送到第二次意见书并经即日将原文用洋文密码电达在案。兹将第二次意见书原稿函达大部。敬祈查照为荷。此颂公安。

《中法实业银行复业暨各公使要求庚子赔款用金付给全案》第 6 册,第 28 页

---

① Oudendijk,荷兰驻华公使,1919 年 3 月 27 日到任,1930 年离职。

## 陈箓致外交部

1924 年 2 月 9 日

外交部:(改编)金法郎案,巴黎 agence quotidienne 报载,法政府要求庚子赔款当用金法郎算还,中国内阁因此惹起辞职改组。金法郎时价比较曩时所定赔款价值昂贵或有三四倍之高,吾人实难解,金法郎之称,非特国际法律无此明文,即本国法律亦无此条文。又谓理财家此次对于中国苛求如此,而对于本国债主相待亦如是否耶?特密闻。箓。八日。

《中法实业银行复业暨各公使要求庚子赔款用金付给全案》第 6 册,第 30 页

## 朱兆莘致外交部

1924 年 2 月 16 日

外交部:(七新)公法家见汇兑家后意见书,兹用洋码电达。莘。十五日。

照译公法家司考德氏意见书

鄙人对于斯奴惠尔氏函业经详加考量,并与斯氏已有一度之交谈。夫有时情形货币之折金价值固可不如常例,并不用于国际间之付款,但当初交付鄙人研究之问题,乃在研究该项条约文件对于付款方法有若何之规定。鄙人对此问题今仍坚持前见,其理由已与斯氏交谈时述及,即谓条约第六条所称各种价值之标准,其意系欲以金镑、金马克、金法郎、金圆、金罗布等付款,苟非然者,则第六条所称"金债款""以金付给"暨一九〇五年协约第三页所载"以金付之"及其第四页所载"以金付给"等字样决不能实行,故金之字样虽仅用于美金、罗布二种,然不得因此认为他国货币即可不必用金付给也。再,自和约订立之日起,法国货币之功用若何(电码不明),此层并未交鄙人研究。关于此点,鄙见仅谓大陆公法家及外交当局对于条约原定字样之解释,其持见或较英国律师为宽大云。

司考德

《中法实业银行复业暨各公使要求庚子赔款用金付给全案》第 6 册,第 78 页

## 外交部致国务院、财政部

1924 年 2 月 16 日

径启者:各国要求庚子赔款用金付给一案,自经本部于去年十二月二十七日备文驳复去后,兹又准英、法等八国公使照会,大致仍以约载用金字样确系指纯金而言,至历来付款方法如何,不能变更债务性质。又,金法郎并非不能用电汇付款,况中国担任国际联合会等经费皆系以金法郎计算等因,除另函财政部、国务院外,相应译录原文,函达钧院、贵部查照可也。此致。

《中法实业银行复业暨各公使要求庚子赔款用金付给全案》第 6 册,第 81 页

## 王广圻致外交部

1924 年 2 月 28 日

外交部:(改编)顷晤和外交总长,探询对俄问题。据称前次俄员来谈,谓拟不久再来,彼正静候等语,并据其在议院宣称,如政府决定与俄通使,必先与院接洽,请加预算。和国近来对此问题,舆论颇多,亦未一致,政府持慎重态度,但有机会亦必进行。又,询其欧使近来报告有无提及金法郎案。彼谓是否关于提交法院之议,圻称据得消息近来北京又接照会,仍系八使联名。彼询欧使是否签名,圻称不知其详,但知为八国公使,并询和政府方针是否如贵总长前言不复干预。彼曰唯。密闻备鉴。圻。二十六日。

《中法实业银行复业暨各公使要求庚子赔款用金付给全案》第 6 册,第 95 页

## 上海闸北地方自治筹备会致外交部

1924 年 2 月 28 日

北京国务院、外交部、财政部均鉴:报载金法郎案法使态度坚硬,此案若稍让步,各国群起援例,势必濒于破产。务祈严重驳复,并将经过宣之国人,共同抵御,以维国本。闸北地方自治筹备会叩。俭。

《中法实业银行复业暨各公使要求庚子赔款用金付给全案》第 6 册,第 96 页

## 顾维钧会晤傅乐猷问答

1924年3月1日

金问泗、德礼格在座

傅使以节略一件面送总长，并朗读一遍该节略，注明一九二四年三月一日日期。其大旨谓法国国务总理对于中国治外法权开会一事，曾向驻法美国大使及其他各关系国政府表示，谓中政府既已继续避免其对外义务与其庚子赔款法、比、义、日部分之付还，则各国政府对于华盛顿会议所生之义务亦取展缓实行之态度等语。

傅使云："法国抛弃庚子赔款，拨充特种用途，原系一片好意，帮助中国。讵知竟成悬案，致敝国不得已屡催结束，至再至三，深抱遗憾。查庚子赔款原系法国预算表内一部份之收入，自法国情愿抛弃而后，下院表决预算，其所列之数虽属至钜，然庚子赔款一项早已删除。故今之所谓金法郎案，其关系于法国政府固不若其关系于中国利益之深也。惟法国国会已届改选之期，约三个月改选毕事，本届国会其对华态度甚为友善，下届国会态度若何，本使此时亦难预料。总之，金法郎案久悬不决，旷日愈多，愈与中国不利。至敝国之所为悬悬者，实为中法实业银行远东债权人之利益计，并为中国慈善事业暨中法合办之教育计也。"

总长云："本总长上次会晤贵使，谈及驻法陈使来电，据称接准普总理照会等语。不幸电码错误，去电询问，往返四五日始接到照会原文。该照会于庚子赔款付款问题催请中国政府从速解决，业经本总长转呈大总统并已送请财政部及其他阁员阅览。敝国大总统及全体阁员均各十分注意。现在贵我两国皆深盼从早结案，以免发生其他枝节。本总长前已一次提交国务会议讨论，以案情之重要，研究之需时，自未能于咄嗟间有所决定。今日上午国务会议，本总长又将该案提出。现可为贵使密告者，即下星期二当有特别会议，专议此案，彼时当可有所决定。至于届时如何决定，自不能预测。不过，贵使与其他各使会衔来文内所述各点，必然予以充分之考量也。"

傅使云:“如此甚善。惟星期三为贵部接见外使之期,来宾既众,难以畅谈。贵政府决定办法后,最好请贵总长定期接见,本使当来面谈也。”

总长云:“善。”

《中法实业银行复业暨各公使要求庚子赔款用金付给全案》第6册,第97—98页

## 傅乐猷致外交部

1924年3月1日

法国公使以为应再向顾总长声请注意者,对于交付法国部分庚子赔款问题,实有于最短期间解决之必要,如延不解决,必发生与中国种种不便利之事。前于本年二月二十日与顾总长会谈之,顷曾述及法国政府于上年十二月三十一日向美国驻法大使致送公文之意思,系答复关于美国大使运动联合调查中国法权团之事者。在此公文中,法国总理指明中国政府对于各国政府如法、日、义、比部分之庚子赔款等类仍不履行其义务,以致列强实行华盛顿会议对于中国应尽之义务公决之保留办法。此其责任自当归诸中国政府。此节应再为提明。法国博总理在该文结论中谓法国政府在未完全取得一年以来中国所欠照约应付之庚子赔款以前,则不能避免此项保留之行为。上项公文并已分致各关系国政府。

傅公使现又得悉,二月十五日法国政府关于庚子赔款之事复致照会与中国驻法公使,谅顾总长定必得有该公使详情之报告。此中意味自邀洞鉴也。

《中法实业银行复业暨各公使要求庚子赔款用金付给全案》第6册,第99页

## 外交部致陈箓

1924年3月1日

(改编)二十四日电转法外部照会原文已悉。此案根本上系解释条约问题,所争乃在彼此解释不同之点。中国政府亟盼解决,绝无蔑视

条约之意。法外部照称各节亦极重视,现正详细考量,俟决定办法再复。希先向法外部声明并电复为盼。外交部。一日。

《中法实业银行复业暨各公使要求庚子赔款用金付给全案》第6册,第102页

## 外交部致驻外使节

1924年3月3日

(改编)法使节略称,去年底法政府答复驻法美大使关于合组调查中国法权委员团事之公文,谓中国政府继续避免对于各外国政府所有义务,而以对于法、日、义、比部分之庚子赔款为尤甚,以致列强采取展缓实行华盛顿会议中国所生义务之态度,此其责任当归诸中国政府。又谓法在未完全取得一年来中国所欠照约应付之赔款以前不能免除此项保留之行为。此文并已分致各关系国政府等语。查法、比等国部分庚子赔款于一九二二年十二月展缓期满之时,政府仍照一九〇五年换文各该国择定之办法拨付,嗣因各国对于约中用金字样认为专指法定重量与成色之金币而言,彼此解释不同,是以各该国拒绝收受,只得仍由总税务司专款存储以待解决,并非吾政府对于条约上义务延不履行,故其责任亦非中政府所能独负。至于华盛顿会议所赋予中国之权利,均为各与会国所公认之义务,既经完全同意在先,何得藉口他案延不实行,致令我隐受损失甚钜。希向驻在国政府详细声辩以免误会。外交部。三日。

《中法实业银行复业暨各公使要求庚子赔款用金付给全案》第6册,第106页

## 陈箓致外交部

1924年3月4日

外交部:(改编)一日电悉。本日约法总理,适出席国会,政务司司长代见,当即遵照部电逐节详晰用口头声叙。据答称,法政府所盼望者,系本案解决之答复,望贵政府勿再延宕等语。特复。箓。三日。

《中法实业银行复业暨各公使要求庚子赔款用金付给全案》第6册,第107页

## 外交部致驻外使节

1924 年 3 月 4 日

金法郎案，三日去电，“致令我隐受损失”句下应加入一段如下：“当一九〇一年各国与中国争议赔款问题经历至四年之久，中外交涉案件均无停顿。现在本案亦因解释条约问题未能立时解决，如因此将华会所许中国之条件完全停顿，延不实行，殊欠公允等语。”希一并查照办理。外。

《中法实业银行复业暨各公使要求庚子赔款用金付给全案》第 6 册，第 108 页

## 王广圻致外交部

1924 年 3 月 5 日

外交部：（改）三日电悉。顷晤和外交总长，先将大总统国书请其转交，旋询其有无接到法政府通知关于华会各节。彼沉思之后答称似乎无有，询圻以故。圻遵电详述。彼微笑称，似此则殊严重，但未能记忆法国有无通知或者贝拉斯接洽。圻询和政府看法如何。彼称法权委员团问题和在美国方面，至对于金法郎案之态度贵使所知等语。圻退访贝，询如前。彼称似未接到。圻亦详为声解。彼颇表示与我同情，并称华会所允，和仍在维持。上年答复美国关于法权委员问题，和即声明业已准备。但他国意见不一，必不得已亦只可缓一年。至于无期展缓，殊不赞成。圻便询其对于关税问题意见如何。彼称此难骤答，因有专门问题，但大纲亦无异议云云。圻。四日。

《中法实业银行复业暨各公使要求庚子赔款用金付给全案》第 6 册，第 109 页

## 汪荣宝致外交部

1924 年 3 月 5 日

外交部：（改）三日、四日电悉。昨晤松井外相，谈及此事。渠谓中国办理此案，内政上自有多少困难，惟长此迁延，实于国家利益上有莫大损失。关于用金解释，不独法国将坚持到底，即其他关系各国亦意见

一致，联结甚固，结局中国亦必让步。为中国政府计，不如及早转圜，俾关税会议从速成立，似较得策等语。查来电辩驳法使节略各语，理由自极正当，惟此事各国联合一致，恐非口舌能争。日外部所言，似亦不无可采。务乞熟权利害，早日解决为幸。荣。五日。

《中法实业银行复业暨各公使要求庚子赔款用金付给全案》第6册，第110页

## 王景岐致外交部

1924年3月5日

外交部：（改）法使节略事，三日电悉。俟比新内阁成立，外长任定，当遵向详释。景岐。四日。

《中法实业银行复业暨各公使要求庚子赔款用金付给全案》第6册，第111页

## 吉林省议会致国务院

1924年3月6日

北京国务院钧鉴：金法郎案，法人无理要求，本会前曾电请坚拒，以免国库损失。惟交涉情形若何，至今未闻明示。应仍请始终坚持，以慰国民企望。吉林省议会叩。径。印。

《中法实业银行复业暨各公使要求庚子赔款用金付给全案》第6册，第115页

## 施肇基致外交部

1924年3月6日

外交部：（七新）三日、四日电悉。法使节略请一并电示。基。四日。

《中法实业银行复业暨各公使要求庚子赔款用金付给全案》第6册，第116页

## 外交部致陈箓

1924年3月7日

金法郎案，法外部照会，希先告以去年两次照会，中政府正因此事

关系重要,久未商得解决办法,故未能以时答复,并非恶意迁延。且法国部分庚子赔款亦因贵国不肯收受,故仍由总税司按月专款存储,并非中政府延不交付。此次来照谓为蔑视条约义务,恐不免有所误会。所可为贵政府声明者,中国政府向极尊重条约,从无违背之事例,现因此案解释条约彼此看法暂难一致,颇引为遗憾,现正详细审察,从速筹谋公允解决方策。中法邦交素称亲睦,深望体念友谊予以谅解,至为感幸等语,并盼复。外。

《中法实业银行复业暨各公使要求庚子赔款用金付给全案》第 6 册,第 119 页

## 刘锡昌往晤傅东猷问答

1924 年 3 月 8 日

锡昌云:"关于金法郎案,本部总长特嘱鄙人前来面交节略一件,该节略系答覆贵公使三月一日之节略,同时并嘱鄙人向贵公使面达:自接贵公使节略后,当即报告于国务会议,各阁员对于法政府答复驻法美大使关于运动联合调查中国法权团之事之公文中指明中政府继续避免对于各外国政府所有义务一语非常重视,盖中政府常以诚意尊重条约上之义务,其所以迟延至今者,实因种种关系并双方解释条约意义不能一致,谅为贵政府及贵公使所谅解。王财长星期四出席阁议,慎重讨论结果,允将财部所有材料即日检送,以备公同讨论,期得早日公允解决之方策。今日之答复,即略系向贵公使解释,中政府始终并未避免对于各外国政府之义务,请贵公使注意并请转达贵政府,幸免误会为荷。"

傅使云:"当饬馆员详细译成法文,报告政府。查法国庚子赔款部分早在预算内删除。本公使深恐新国会成立以后见国家财政如此支绌,又因前年七月之中法协定未能实行,或有提议取消协定,将赔款重列预算以资国用,因法国收入不若英国之一种收入即为数甚巨,法国近年来收入有减无增,如火柴专卖业已取消,已减数百万法郎之收入。本公使深盼此事早日解决,即此故也。下星期三本公使拟再来部与顾总长面谈此事。"

锡昌云:“贵国新国会何时改选?”

傅使云:“约在五星期之后。安南总督约于五、六月间来京,本公使拟偕其同行返法,盖改选以后新议员及新内阁员必须彼此晤面一次,以资接洽。”

锡昌云:“关税会议事因法政府未将条约交国会批准以致未能实行,中国商家非常注意,而银行家注重尤切,有提议先开一预备会议,先行讨论议事日程及正式会议时所应讨论之各问题,纯系一种预备性质。贵公使看法如何?再,此节纯为余与贵公使个人之谈话,务请注意。”

傅使云:“此事法国方面恐未易办到,盖此事与金法郎问题有牵连关系,且法国国会按照法律对于各国货物进口可不干涉,惟对于本国货物出口应有干涉之权,盖法国货物出口者,大半为奢侈品故也。”

锡昌云:“金法郎事迟早必须解决,因此事而牵连其他问题,未免可惜。”

傅使云:“此一无法之事。条约中往往因一事而牵涉他事者甚多,顾总长派贵秘书前来亲送节略,请代本公使表示谢忱。”

锡昌云:“当为转达。”

《中法实业银行复业暨各公使要求庚子赔款用金付给全案》第6册,第121页

## 陈箓致外交部

1924年3月8日

外交部:(黎)三日、四日两电均悉。六日晤法外部并译具节略面交。据称,条约字义明了,本无疑点,中国政府有意作难。当答以一九〇五年换文内各国自择以通行国币电汇,中国继续照约办理,何以贵政府忽提异议?且解释条约,意见不同,亦国际间常有之事,不得谓有意作难。彼称解释条约时期已过,现请贵政府从速履行其上年业经正式承认之允诺。当答以此案与华盛顿会议议决中国应得之权利原系两事,本无交换性质,应分别办理。彼答称此亦国际间常有之事,其责任

不在法国等语。箓。七日。

《中法实业银行复业暨各公使要求庚子赔款用金付给全案》第6册,第122页

## 陈箓致外交部

1924年3月9日

外交部:(黎)七日电计达。七日电悉。现正备文送达法政府,连日以来箓奔走外交部,并与其主管司长、副司长接谈,细察态度,似舍允驳两字答复外一切解释均属空谈。查此案既经国会否决,孙总理向国会宣言,词意亦甚坚决,自难转圜。如作为悬案,我国隐受损失甚钜。最好能于允驳之外另筹解决办法,庶国家尊严、国际信用两得维持。近日府院有无主张?国会态度如何?舆论是何趋向?均乞随时电示接洽,切盼。箓。八日。

《中法实业银行复业暨各公使要求庚子赔款用金付给全案》第6册,第124页

## 朱兆莘致外交部

1924年3月11日

外交部:(新)符礼德谓过巴黎时法政府中人谈及金法郎案,对我国极失望,主张转圜,免碍华会权利。又,因西报纷传元首政躬违和,托代电问安。顺问。莘。十日。

《中法实业银行复业暨各公使要求庚子赔款用金付给全案》第6册,第125页

## 顾维钧会晤傅东猷问答

1924年3月12日

金问泗、施尔满在座

傅使云:“日前贵部派来秘书面递关于本馆所送节略之复文一件,当经报告普总理。惟法国因中法协定所占之特殊地位及去年二月间贵部送来之照会,复文内均未提及,其故安在?似乎不甚明了。”

总长云:“余接到贵使节略后当即口头报告阁员,佥谓金法郎案争

点根本上实在辛丑和约之解释,中国政府并无避免条约义务之意,因即本此意旨答复贵使。所以不提协定及二月间照会者,其故在此。兹承贵使报告普总理,甚感。"

傅使云:"中政府提议召集关税预备会议一事,据余个人看法,此种国际会议须有确定之议事日程方可进行,预备会议原与正式会议有别,各种问题应于正式会议讨论者,预备会议即可无须讨论。总之,预备会议议事日程必须确定限制,方不致漫无范围。抑本使更有进者,由本使在伦敦使馆时之经验观之,国际会议之召集,颇为费事,非易易也。至于外间攻击法国,谓欲以金法郎案为要挟。此种论调甚觉无谓。"

总长云:"华盛顿关税条约,敝国极为重视。敝国初意以为特别会议不久召集,财政债务咸得藉以整理。岂知事隔两年,迄今犹未召集,而中国因二五附加税及奢侈品附加税至今未能开始征收以致财政困难日甚一日。现在正式会议既以形式上尚有难处不能即时召集,故拟先开非正式会议,商定会议日期、地点以及其他相关事项,大纲既定,则他日正式会议诸事均易进行。中政府提议此事,不独为中国利益计,亦且为外人在华之投资事业计。"

傅使云:"关税条约中规定各项,如裁厘加税、如二五附加税、如废除陆路通商减税制度,均颇重要而且复杂,尤以奢侈品增税一层,为与法国商务关系最切,盖法国运华之货物,若以严格言之,似乎大半皆可认为奢侈品。然而,奢侈品之界说及其种类,原无定论,将来会议定多争执也。且本国输入贵国之货,若与贵国商定为奢侈品,则各国亦将援以为例。本使对于预备会议一事尚未奉到政府训令,惟个人意见以为,无论何种会议,必先确定其议事日程而后可。"

《中法实业银行复业暨各公使要求庚子赔款用金付给全案》第6册,第127页

**朱兆莘致外交部**

1924年3月12日

北京外交部:(七新)法使节略事,三日电悉。先就来电大意撰成

节略送威副外部考量。顷面谈,据称英政府对法政府节略不甚注意,但英政府赞成法国金法郎要求始终不改态度,中国政府宜设法转圜,多延一日、多受一日损失等语。莘答国会及舆论反对付金,政府无法转圜。渠云纸法郎愈跌愈低,断难强法政府收受,此等争执将来不成问题,中国不宜坚持,致碍关税会议之进行。莘谓路透电载中国政府照会九国驻北京公使,拟先开一预备会议,讨论二五加税问题,俟各国完全批准华会条约,再开正式会议,事半功倍,英政府能否赞成?渠答未据麻使报告,此事或视美政府态度如何而定。莘。十一日。

《中法实业银行复业暨各公使要求庚子赔款用金付给全案》第6册,第128页

## 朱兆莘致外交部

1924年3月13日

敬启者:法赔款案,公法家与银行汇兑专家晤谈后又发表意见书,本日由律师送到,即用洋文密码电达在案。兹将意见书原稿函送大部,即请查照为荷。此颂公安。

《中法实业银行复业暨各公使要求庚子赔款用金付给全案》第6册,第129页

## 李世中[1]致外交部

1924年3月13日

外交部:(改)三日电敬悉,业已遵向葡外部声辩。据称此案尚无接洽,亦未接到各关系国何等文件,容审查后再复等语。谨闻。中。十一日。

《中法实业银行复业暨各公使要求庚子赔款用金付给全案》第6册,第131页

---

① 中国驻葡萄牙代办。

## 外交部致陈箓

1924年3月18日

十四日电悉。金法郎事,府院现正慎重考虑,俟定有办法即行电告。特复。外。

《中法实业银行复业暨各公使要求庚子赔款用金付给全案》第6册,第132页

## 唐在复致外交部

1924年3月28日

外交部:(改编)金法郎案,三日电悉。义外部称须详加研究方能答复。特闻。复。二十七日。

《中法实业银行复业暨各公使要求庚子赔款用金付给全案》第6册,第133页

## 刘崇杰致外交部

1924年3月30日

外交部:(改)金法郎案,日外部未得日使详报,经迭次说明,始悉经过。答称日国关系较轻,不至独持异议,已电铎使接洽。本日又据日外部面称,并未接到法政府照会,或因日国未与华会等语。查彼国外交,欧洲方面与彼欠洽,对于远东欣然愿相助。铎使遇事未必尽报,马得里固非无因,在我究属不利。部颁庚子赔款用金案印本所载日使与我来往文件可否钞示日外部以资接洽?关税预备会是否仅邀参与华会各国?统祈电示为荷。杰。二十五日。

《中法实业银行复业暨各公使要求庚子赔款用金付给全案》第6册,第134页

## 唐在复致外交部

1924年4月5日

外交部:(改编)赔款用金案,二十七日电计达。义外部复称,此案业经使团讨论后于二月十一日答复,其结论与和约及换文之文义允合,

本国政府仅能将原定主张已令本国驻使通知贵国政府者再行声明，因此案尚未结束而表示惋惜等语。谨闻。复。四日。

《中法实业银行复业暨各公使要求庚子赔款用金付给全案》第 6 册，第 135 页

## 朱兆莘致外交部

1924 年 4 月 17 日

外交部：（七新）远东股长约午餐，谈及预备会议事，坚称英政府不能单独赞同。莘再三与辩。渠转劝我国速承认金法郎案。莘谓承认万办不到。渠劝将该案交海牙法庭以缓和法政府之反对力。莘谓交法庭后延宕多时，我国大受损失，且恐法政府仍不肯批准华会条约，又将若何？如英能担保早开关税预备会议，随开正式会议，不至再为法国挟持，或有商量余地。渠答不敢担保，不妨将予个人劝交法庭意见报告北京，视能否转圜再议等语。股长谈话全注此事，口称个人意见，实则为政府探听消息。应如何答复？候电示遵。莘。十六日。

《中法实业银行复业暨各公使要求庚子赔款用金付给全案》第 6 册，第 136 页

## 朱兆莘致外交部

1924 年 4 月 18 日

外交部：（七新）金法郎交海牙法庭解决事，十六日电计达。顷远东股长面称，已接麻使电，如中国政府将金法郎案提付仲裁，驻北京法使允催政府批准九国条约语。股长又称金法郎案有办法，英政府必协催法政府批准条约，以便关税会议早日开会云。莘。十七日。

《中法实业银行复业暨各公使要求庚子赔款用金付给全案》第 6 册，第 137 页

## 朱兆莘致外交部

1924 年 4 月 21 日

外交部：（改编）极密。顷得可靠消息，英政府确早将金法郎案与

法政府交换他案,力助到底。谨闻。莘。十九日。

《中法实业银行复业暨各公使要求庚子赔款用金付给全案》第6册,第138页

## 李世中致外交部

1924年4月27日

总长、次长赐鉴:谨肃者,迭接本月三、四日大部两电,内开法政府为金法郎案向各国提议将华会所许我国之条件完全停顿延不实行一事,仰向驻在国政府声辩以免误会等因。奉此,适值葡外长乘春令节假出外未归,而外交次长及政务司长皆在病假,不见外宾,不得已延至本日方承葡外长接见世中,即谨据电令所示各节,向其详细声辩。据答,本总长对于此案尚无接洽,亦未接到法国或其他关系国政府何等文件,容加审查按再复。但事关各国,亦非葡政府所能单独解决,未审英美政府所持态度如何。要之,据本总长个人意见,列强如因他案拟将华会对于中国所生之义务展缓实行,固属待议之点,而中国对于该会条件似亦延不履行,喻如合组调查中国法权委员团一事,中政府屡请缓行,实不无可惜之处等语,当经世中复加申辩。旋又谈及金法郎案情,世中即以去年十二月二十七日大部驳覆文件钞稿示之葡外长,因葡法商约交涉,本极反对法国现时政府,而对金法郎之案,探其个人语意,亦为我不平。惟葡国对国际公共问题为其势力薄弱,多从英国态度为转移耳。兹除摘要电陈外,应将所有与葡外长会晤情形呈复大部,敬祈察照是祷。耑肃,敬颂勋绥。

《中法实业银行复业暨各公使要求庚子赔款用金付给全案》第6册,第139页

# 四、一战后的中国与国际社会

说明:“一战”后所构筑的凡尔赛——华盛顿体系既反映了东西方列强实力对比的变化,同时也标志着新的国际格局的形成。战后中国积极参与国际组织,努力融入新的国际社会。在战后出现的有利的国际形势和北京政府与中国人民的共同努力下,中国的国际地位得到前所未有的提升,中国的民族主义情绪普遍高涨。但是由于国力的限制和国内政治的分裂,中国国际化的历程也是艰难曲折,困难重重。

本章主要资料来源:

中国第二历史档案馆藏北洋政府外交部档案、北洋政府国务院档案、总统府军事处档案、临时执政府军务厅档案

外交部编印:《参与欧洲和平大会分类报告》

E. L. Woodward and Rohan Butler ed., *Documents on British Foreign Policy*(1919-1939)(《英国外交政策文件》,以下简称“DBFP”), First Series, Vol. 6(London: Her Majesty's Stationery Office, 1956)

Rohan Butler and J. P. T. Bury ed., *Documents on British Foreign Policy*(1919-1939)(《英国外交政策文件》,以下简称“DBFP”), First Series, Vol. 14(London: Her Majesty's Stationery Office, 1966)

章伯锋、李宗一主编:《北洋军阀》第三卷,武汉出版社,1990年

梁启超著,夏晓虹辑:《饮冰室合集集外文》(中),北京大学出版社,2005年

中国社会科学院近代史研究所《近代史资料》编辑室主编,天津市历史博物馆编辑:《秘笈录存》,中国社会科学出版社,1984年。

# (一)中国与国际组织

说明:“一战”改变了世界,也改变了中国与世界的关系。战后中国积极参与国际组织,努力融入新的国际社会。在战后重建和维持世界秩序中,国际联盟无疑是最值得一提的国际组织。国际联盟是人类历史上第一个具有普遍性和综合性的国际组织,它的建立在国际组织发展史上具有里程碑的意义,标志着第一个全球性的国际集体安全机制的诞生。国联由美国总统威尔逊倡导,旨在维护世界和平与安全,保持领土完整与政治独立,避免和解决国际争端。中国政府和人民对国联的认识经历了一个过程。中国是国际联盟的创始会员国之一,积极参与国联的创立。在国联盟约起草过程中,中国代表积极建言,发挥了一定的影响。中国还当选国联第一届大会行政院非常任委员。此外,中国积极参与国联的常设机构国际劳工组织、国际交通大会等,为维护世界和平与发展作出了努力与贡献。

## 1. 中国与国联

### 国际大同盟与中国

国际大同盟足以抑止强大国对于弱小国之政治的野心,故往往为新进气盛之国家所不喜。如东方之某国,即有人认此为妨碍其国家之发展也。然此事之利害冲突,无宁在英美人之间。美国威尔逊总统倡导此义,全国景从;惟反对之论,英国有之。如与此有关连之海洋自由论,即为英人所踌躇不敢赞同者。兹后要视英国之觉悟何如耳。自中国之地位言之,自应表示赞成。我既赞成,便当从积极消极两方面谋此事之成就。积极云者,政府国民竭其微力,鼓吹是议,与友邦先觉同其活动。消极云者,见秘密外交之害,即勉力避却之;见军国主义之害,即勉力驱逐之。期以促成国际大同盟理想之实现,加入其间,托于大国家团体之下,保其地位,图其发达,以求效用于人类社会也。

《饮冰室合集集外文》(中),第728页

## 国际同盟与中国

美总统威尔逊、英前外相格雷诸名士所鼓吹之国际大同盟,实目前最有价值之新问题,而亦多年最有兴味之宿题也。但昔仅为理论上之研究,今则当为事实上之建设。吾今欲以中国人之眼光,对于此问题一试评论焉。

今次之战,为世界之永久平和而战也。然则此战在将来历史上其评价果居何等,亦视永久平和之能否实现、能否保障以为断而已。凡战乱非起于战乱之时,既伏有战乱根因,则其爆发,早晚终不得逃避。所谓战乱根因者,恒自强国处分弱国而起。弱国之国际关系既在一种不自然不安稳的状态之下,强国因而生心。两强相忌相阨,于是乎有扩张不已之军备,于是乎有秘密捭阖之外交。故当前世纪末今世纪初,协约式之外交流行,武装的之平和俨见。而全世界人心目中,各皆怀莫大之忧怖,共知非常之惨祸,将迫眉睫。果也以一至小弱之塞尔维亚问题,陷全球于血海,举百年来人类休养生息所得之菁华而殉之矣。今黩武罪魁殄灭,于最近之将来,欧洲一隅,无复战祸,固可预卜。虽然,是遂可以高枕即安乎?因俄、德、奥、土等国内乱之结果,欧洲国家之个数,或且生异动;换言之,则欧洲或从此新诞生数国或十数国,皆未可知。而此新诞之幼稚国,随处足以为列强利害冲突之导线。然此犹其小者。其数十年来最恼乱世界政治家心血之远东问题,今犹在极混沌极陧杌之中。在本问题中任举一小问题,皆可以轩然起大波,惹全球之波动。此等果为长治久安之现象乎?质言之,则小弱国国际上之地位,苟无合理的规定与正义的共公的强固保障,而惟由境壤相接或向有特殊关系之数国相持操纵于其间,则其所生恶结果,必至不可思议。此国际同盟之必要者一也。复次,军事战争之惨酷,吾人今已备尝;而经济战争,其惨酷实较军事有过之无不及。吾人过去所受苦痛之教训,已非一度。自今以往,以补偿战后疮痍之目的,各国经济上之猛烈竞争,视前必且过数倍。苟其行动无公认之准则以为相当之限制,必因此而各国间恶感日积,驯至为大乱之阶梯。此国际同盟之必要者又一也。要之此次战争,在世界文明史上有何等价值,要当以国际同盟能否成立为衡。若其不成,则虽谓此战以毫无意义而起讫,亦未始不可。何也?战争之目的,本在求永远平和。此目的既未贯彻,则战争遂等于无意义也。

国际同盟一语,在欧人久生息于国家主义之下者,或以此为太高远之理想,谓不切于事实。我国人则不然。我国往哲所训,皆以"治国平天下"相次连举,而政治家最终之目的,必在"平天下"。盖我国人向来不认国家为人类最高团体,而谓必须有更高级之团体焉,为一切国家所宗主,是即所谓天下也。换言之,则我中国人之思想,谓政治之为物,非以一国之安宁幸福为究竟目的,而实以人类全体之安宁幸福为究竟目的。此种广博的世界主义,实我数千年来政治论之中坚也。在当时以中国交通所及一隅之地指为世界、指其人为人类全体,由今观之,诚觉可笑。然此种世界主义之发挥光大,卒为我中国全部永远统一之根因。而其进行之径路,则与吾侪今日所渴望之国际同盟,其性质颇有相类者。当春秋时代(西纪前七七〇年至三七六年间),黄河、长江两流域间,小国五六十,大国十二,战争无岁无之。至春秋中叶,乃进为霸政时代。北方齐(今山东省)晋(今山西省)等大国,以保护弱小之精神,结为协约,以与南方抱侵略主义之楚国(今湖北、安徽等省)对抗。经数十年之久,楚国卒屈服,亦加入此同盟。然后国际大同盟之形成,保持平和百余年。而我国民化合统一之基础,实树于此。其同盟有种种条约,盟诸明神。其盟约每经数年辄有修改。其约中对于各国军备之配置,及国际调停裁判等皆有所规定;乃至各国内政(如君位继承法等),亦多涉及。与约之国有犯约章者,则以同盟团体之名义共伐之。伐时各与约国应于其国力出相当之兵额,有规避者则与被伐之国同罪。此我国春秋时代,组织国际同盟之大概也。虽今日规模宏大之国际团体,非古代一隅小邦可拟，今日物质文明之发越，尤非古代朴野简单之可比，其应规定之条件，相去固悬绝；然可证明此种方式，为群治进化所必由之径，且行之而实能有效。盖论文明之极致，必以吾国古代所谓大同主义（即人类全体大结合共同活动）为究竟。一切历史，无非向此极修远崇高之前路，节节进行。而求得“大同”之手段，则有两种：一者力征经营，以武力消灭群小，使成一大。此种手段，二千年来屡试屡败。今兹战役，可谓最后试验之落第矣。然不能因此手段之不适，而遂中止。“大同”之进行，盖别有坦途焉，即以民约的精神扩而大之，使各国由联合而渐成为化合。以现在之国家保持现状为基础，使之各应于境遇而有发达其本能之圆满机会；同时使相互间发生种种共同利害，其关系愈密接，则其必须共守之规律亦日增，久之则畛域之见渐泯，驯至成为一体。我国文明史上最有价值之春秋时代，所以能熔铸多数国使卒成为二千年来不可分之一国者，盖循此方式以进行（近世美国之合众国亦略同此方式）。吾以为将来理想的之世界大同，必当取途于是。而国际同盟即其最良之手段也。

当威尔逊初倡此论之时，世人所最忧虑者，则德国之态度也。盖世界上若有一大武力国，感此同盟之不便于己而不肯加入，或不肯以诚心服从同盟之重要条件，则此同盟遂同虚设。前此数次海牙平和会议卒归无效者，凡以此也。今德国地位一转，惟有托庇于同盟之下，尚可得相当之保护，其必乐从，固无待言。（俄亦一大武力国，今亦与德处同一形势之下。）此外为正义人道而奋斗之友邦，安有不乐观厥成之理？故积年理想，今度必将实现，殆无可疑。而完成此大战之价值者，必在此举矣。

闻各国中，颇有曲解此同盟之意义，谓当专以强大之数国为组织之主体者。此与威总统所宣布之主义精神相悖，其必不能成为舆论，固无待言。若如此说，则弱国欲求自进以列于同盟，非先扩张其武力不可，则是诲人以黩武，而与倡立同盟之原意，适相背驰也。其言虽无价值，吾固不容已于辩也。

吾国人热望此同盟之成立，几于举国一致，此吾所敢断言也。此同盟最要之保证条件，即在限制军备。故吾谓我国为表示此热望之真诚起见，宜率先厉行裁兵。盖侵略主义既为天下所共弃，此后我友邦断无复有以此加诸我；藉曰有之，而亦必有他方面之制裁，使莫能发。故此后更无国防之可言，养兵徒以耗国殃民，更复何取！故首当应世界潮流，举偃武修文之实，使与同盟之大主义相应。然后自审其地位境遇，竭其力以为世界贡献，以勉求为将来此同盟中最忠实最优良之一员，则我参战之精神，亦庶乎其贯彻矣。

至关于同盟之实行条件，各国名士论之綦详，吾亦薄有鄙见，更当续贡耳。

《饮冰室合集集外文》(中)，第742—744页

## 关于国际大同盟

协约各国及联合国之共为人道正义自由而抵抗德国也。德国备战四十余年，其军力甚强。协约一方，则筹备未周，初战时，兵有不敌之处。而卒能告此大捷者，能互助也。互助之精神，将为世界之新精神，世界文化，将由此辟一新纪元。且今之互助，非如中世纪之神圣同盟，为专制政府之互助也。今之协约及联合，非为私利，非为权力，而为自由平等博爱之协约与联合，为爱和平、重公理之民族之协约与联合，诚人类互助之一大进化也。

此次鄙人游欧，非仅欲一饱眼界，实欲亲历战事最烈之地，亲见于斯役任绝大牺牲之各民族，藉以吸取此互助之新精神，领略此世界之新文化也。此次和战，皆为人民之和战。中国人民之旧精神，颇有与此新精神符合之处，尤欢迎此互助之新世纪。余此行颇愿发抒我华人民之心理，使他民族之领会；并愿挹取欧美、日本互助之新空气，携归我国，藉于世界之新文化有所尽力也。今虽尚未启程，尚未身历外邦，而已克来贵会挹取此新空气，实万分欣喜。协约国民协会，虽为私人团体，实可谓协约国民联合国民之一小模型，互助新精神之一结晶体。余出游

之前,能先来此观诸君之济济一堂,互谋公益,何幸如之!

……

然互助之举,尚有更大者,国际大同盟是也。贵会为协约联合国民之一小雏型,亦可谓之国际大同盟之一雏型。然吾人终望国际大同盟之实现,且能包举全世界焉。美总统固为鼓吹此大同盟之极有力者,他国政治家及人民亦主张甚力,此同盟当可实现。中国政治学者之理想为大同。大同者,四海一家之意。国际大同盟,功成完满,即达此域。故中国人对于国际大同盟之赞成,必不逊于他国人也。

惟今后国际大同盟,果将取何形式,至何程度?此同盟者,限于自由之民族。惟自由之程度各国不等,当以何程度为限?余意德、奥之武力主义专制政府既倒,此外他国决无有再敢以武力主义专制政治治国者。今将世界各国,皆归入大同盟,当无流弊也。

惟闻有人主张此同盟应由七列强组织之。或谓英国之“法宾”学社即主斯说,余不知其然否。此说实甚可怪。此大同盟,非和平之大同盟耶?七列强之所以强固,由于国家人民之发达,尤因于兵力之强盛。以兵力强盛者组织之,而兵力不强者不与焉,几何其不为中世纪之神圣同盟!德国武力,昔日最强,照此办法,应为国际大同盟之首领矣。他国之不得加入者若希望加入,必增加其兵力,使其国为列强之一而后可。是鼓励武力主义也,是推倒德国,徒多此一举矣,世界和平之谓何?!余意此同盟必须为和平之同盟。爱和平之国家,不问其强弱大小,皆当共同组织之,然后名副其实也。

组织此同盟,当有各国之代表。各国代表人数,当然不等。如海地共和国之代表,当然不能如美国之代表之多。然则代表人数,应有何标准?此同盟既非提倡武治,而为发达和平,则代表人数,当然不得以军队多寡之数为比例,并不当以兵力强弱为比例。限制军备至最小限度,中国必须实行;他国纵不愿即行,其人民必日要求,其结果亦必限至最小限度。故各国兵力,不久当皆至最小限度,当至同一地位。此亦代表人数不当依据兵力为标准之一理由也。

或谓当以人口为此例。余意如仅以一种单纯之事实为此例者，人口比例，应为最公平，因此为人类公共之举。人口多者，其关系亦较多，代表自亦当较多。譬如圣玛林奴小共和国之代表人数，当然应较法、意之人口多数十倍者为少也。

惟一国家之政治及民治主义之发展程度，与经济之发展程度，亦与维持世界和平有关系。又一国富源之丰绌，亦有关系。富源丰沃者，对于世界供给较多也。余意国际同盟内代表人数多寡之标准，当有四种：(一)人口之多寡。人口多者，于人类公共生活之关系较多，代表人数亦当较多。(二)民治主义政治发展之程度。世界平和与民治发展关系极密，必须鼓励。民治程度高者，其国之爱和平亦必较深，故其代表亦当较多。(三)富源之丰绌。富源丰者，其供给世界人类之能力亦较大，故代表亦当较多。(四)赀本之贫富、经济发展之程度。赀本富、经济程度高者，其供给人类之能力亦较大，故代表亦当较多。依此四标准，以定各国代表之人数，庶乎其公允矣。

难者将谓国际大同盟须有强制之能力，以便处理不服从者，故兵力亦一要素。则答之曰：国际大同盟之以兵力强制执行其决议也，必为同盟之公共行为，非为同盟内一国或数国之单独行为，故当有公共之兵力。此公共之兵力，可有两种：(一)国际大同盟公共之海陆军；(二)属于一国或数国之海陆军而供公共之使用者。国际大同盟之组织，虽不限于强国，而强国当然在其中。强国之军备，即有可以借用者，不必同盟内皆属强国，而后方有强制执行之力也。若夫公共之兵力，余意可先以德、奥降伏之海军军舰组织之。当余闻德、奥海军降伏之际，即发生此思想。今闻威尔逊总统亦具此意，未知他国之意如何。若不以此降伏之军舰归诸公共用途，则应属何国，亦一易起争执之事。闻意大利与南斯拉夫国，处置奥国舰队，即有困难之点，此其一征也。德、奥两国之新军舰，合之亦一强有力之海军，足以应用。所惜者，中国军舰，多属无用；否则就余个人之意，亦可奉赠国际大同盟，为公共之用也。此公共之海军，应有使用各国军港之权。若需一专驻地，余意君士但丁及海参威皆可。此外若欲用中国之军港,余意中国人民亦无反对者。惟公共海军舰员,须以各国之人共同组织之,不当专用一国或少数国之人耳。

此次在京勾留数日,即当赴欧。此行得以亲吸欧美之新精神,将来回国时,或能于互助之主义有所献替。彼时贵会当更发达,愿再聆教。

《饮冰室合集集外文》(中),第 799—802 页

## 陆徵祥致国务院

巴黎,1919 年 2 月 11 日

美总统俟国际联合案彼此讨论就绪后,拟定于本月十三日回国。英首相乔治已于前晚暂赴伦敦。祥。十一日。

《秘笈录存》,第 80 页

## 陆徵祥致国务院

巴黎,1919 年 2 月 11 日

十一日晨,联合会开会。英国提议宪法草案应加增修改宪法之手续一条,为第二十三条。大意谓,如有提议修改宪法时,须先由行政部全体通过,再由全体会员多数赞成,即可生效。希腊、葡萄牙均主张行政部通过之后,亦须由会员全体赞成方为有效。若非全体赞成,其中必有不赞成之国。若大国不赞成,不妨退出联合会,而小国不赞成,既不能出会,又明知修正案之于己不利,在会殊觉无味。所以凡有修改案提出,不如由全体通过之为善。旋又议到无论国之大小,其有不赞成多数通过之修改案者,可否即可因此出会,大众均不赞成。义首相谓,如不虑出会之影响,即退出亦可。威总统大不以为然,谓既经入会,即不宜退出。遂改为全体会员四分三之通过。方议决,英国又提议,联合会应设法规定将不合时宜之条约及有碍世界和平之国际状况,随时可以修改之法。其理由有二:一、因和会议决事项均甚急切,恐有不尽周妥之处,后来恐有修改之必要。二、因国际条约难免有不合时宜之时,自应时常修改。若不预先确定修改之手续,势亦须有声明废止之时。若听

其作废,则有损条约之神灵性质。若不允其作废,则又有强人所难之处。乃议决增加一条,为第二十四条。其大旨为全体会员有劝告缔约国修改条约及国际状况之权。法国提议修改草案第八条之修正案。该条为限制各国军备,须以各国比较上之实力及疆界之形势为标准。讨论良久。美国代表谓:法所注意者,当系德国。德经此次挫败,四邻对彼之观感可想而知。今和会又拟完全禁止,消灭其武装,决不至再有五年前迅雷不及掩耳之手段侵犯邻邦。法仍坚持前议。英国主张调停,谓限制各国军备,须视各国所处地位情势为标准。对于第十四条修正案,有人提议,谓无论何国,不能遵守仲裁判决或行政部全体通过之议案者,联合会应执行第十四条第一项所规定之方法对付之。众意以为此层可毋庸加入,故未通过。又,原案第八条修正案两项:一、联合会应设立稽核各国军备委员会,随时查察各国是否遵照规定之办法实行。二、联合会应组织永久国际军队。对于以上两项,法代表持之甚力,并言无此两项,法国议院有不愿加入联合会之意。而英、美代表均以此层事属难行,竭力反对。双方辩论异常激烈,历一小时之久,彼此仍不让步,遂宣告休会。日本代表并谓,下次会议亦有修正案提出。详。十一日。

《秘笈录存》,第80—81页

## 覆国际联盟同志会电

译送国际联盟同志会鉴:奉两电,承以超承乏会长,悚惕之至。当遵会中决议,与各国同志周旋。查三月十日各国此项团体开大会,吾国亦已加入。本会进行,乞时见示。二十五日。

《饮冰室合集集外文》(中),第810页

## 陆徵祥等来电

巴黎,1919年3月22日

十九日,顾使接美总统函称:前拟国际联盟会宪法草案,经邀中立国代表与专股股员交换意见,拟即派英、法、美、比、希、赛等国股员各一人担任接洽，是否可表同意等语。当经议定由顾使答复，同意。二十、二一两日，即由该股员等与阿根廷、智利、哥伦比亚、丹、荷、瑙威、巴拉乖、波斯、萨尔瓦多、日斯巴尼亚、瑞典、瑞士、委内瑞拉等十三国代表开会讨论，英代表主席。各中立国对于草案，除第十四至二十五等十款无评论外，其他各条，均有意见表示或提议修正。其最要者：（一）各国在会委员至多五人。（二）行政部代表改为十八人，五大国、四小国各二人；或改为十五人，大小国一律各派一人，任期三年。（三）小国选举行政部代表时，大国不得参预。（四）此项选举应按语言、文化等关系分列数类，俾得轮流派遣代表。（五）秘书长应由行政部提出大会通过。（六）请准入会之案须三分二之同意，改为多数同意。（七）减少军备计划，须由大会议决。（八）制造军械，禁止商办；设稽查军备委员会。（九）各项国际条约，一律归联盟会担保实行。（十）设调处国际纷争之永久委员会。（十一）国际纷争，应设法分别应交公断与不应交公断两类，□□强迫交公断。（十二）分配军事、经济上义务，应参酌各国特别情形。（十三）永久中立国领土，即联盟会用兵亦不得假道。（十四）凡本宪法，除有明文规定者外，不得认为有限制各国主权之意；联盟会并不得干预内政。（十五）遇有某种特别情形得出会。（十六）修改本会宪法须得行政部全体同意一句，改为四分三之同意。现美总统定今日下午开专股会议，以便讨论结果。容续电。祥等。二十二日。

《秘笈录存》，第 118 页

## 陆徵祥来电

巴黎，1919 年 3 月 23 日

昨日，国际联盟会专股开会，仍由顾使出席。首由美总统宣言，谓各国人民对于前拟宪法草案，均有建议之评论，中立国政府亦有修正案提议，故不得不将草案重行审查，斟酌修改。英股员谓，中立国原无参预本股之权，惟其所提各修正案颇有可采之处，如各股员对于某案以为可同意者，不妨即以各该股员名义提出讨论，以达集思广益之旨。并谓,联盟会宪法业经议定,应列入和约,自不得不将前拟草案五条内“缔约国”字样,一并改为“联盟国”,否则德国一签字和约即为会员,恐断非诸君之意等语。众无异议,旋将逐条审查。第一条,字句略改,意义仍旧。第二条,英提议各国派员到会至多不得过五人,又以日本反对,仍定三人。英又提议,大会除由行政部特别规定外,须公开之。日本、塞尔维亚均反对。美以各国舆论反对密议甚力,与其明定特别规定致启疑窦,莫如一概不定。义赞成美说。英遂将案收回。关于联盟会地点问题,美总统将瑞士政府请愿书提出朗诵。比代表即提议,会所应设在比京,主张甚力。此外,闻和国政府亦间接运动以海牙为地点。旋议定由美总统指派股员四人,先事调查,报告后再决。第三条,选举行政部。四小国一层,英提修正案,主张大国代表不应参预选举。略有讨论,遂通过。比提议部员九人,大国五人,小国四人,均由大会选举。未能通过。英又提议行政部除指定之各国代表外,得于其他国代表中增举人员加入该部,但仍须得大会过半数之同意。此项增举并须以公允为主义,一以防多数欧外小国设法垄断选举;二以各国发展迟速不同,宪法既难修改,若无此伸缩余地,将来遇有新强国出现,即不易待遇。众赞成,亦遂通过。至行政部议决,对于未经邀请到会之国不生效力一节,经删去第四款,增加一段,文曰:“除本约内别有明文规定外,大会与行政部会议均须得派有代表各国全体之同意,方可决议”云。第五款,秘书长改为须由行政部提出大会通过,其第一任秘书长应在专约内指定。第六款,无修改。第七款,英提议改为联合会发起会员国,另列于本约所附之专约内等语。比以此次联合会之成立,悉由协约国以无数生命财产交换所得,中立国不应与协约国并居发起之列。英疑此系排斥中立国之举,争论良久,决议中立国可即入会,惟不得居发起国之列。第八款,日本提议削减各国军备办法,每十年可修改。美国请改为至少十年一次。遂通过。英提议将不担任藏匿军备情形一层,改为彼此开诚相告。法复提议设立稽核军备委员会,英、美一致反对,而法坚持不让。彼此争论渐形激烈,希、赤等代表出而调和,法仍不允。多数股员乃见为时已晚，遂认英案为已通过，散会。祥。二十三日。

《秘笈录存》，第 118—120 页

## 陆徵祥来电

巴黎，1919 年 3 月 25 日

昨晚，联盟会专股开第十二次会议，继续讨论法委员所提第八、第九两款修正案。众意，稽核军备委员会与筹备军事委员会无设立之必要。法委员初仍坚执，旋允撤回。惟第九款所言关于执行第八款云云，加“及第七款”等字样。第十款，美总统以另有修正案提出，尚未拟妥，暂请缓议。第十一款，行政部得设法维持国际平和，“得”字改为“应”字。第十二款，日本委员提议加“自付公断或交行政部调查时起三个月之内，彼此不得从事军备”等语一段。英委员之意，颇难执行。惟美国委员声明无异议，遂通过；但须另作一款。第十三款，无重要修正。第十四款，加“凡行政部或大会所交问题，该法庭亦有受理之权”等语。第十五款，英委员提议由行政部筹设调停委员会，旋以美不赞成，遂收回。美总统提议加“如行政部或大会，查得两造争点按公法实完全属于一国内政、立法范围之内者，应据实报告，不得提出调停办法”云云一节，除删去“立法”两字外，无甚讨论，照原案通过。顾使提议请在美国案内增加一节，除争点虽属某国内政范围，而该国自愿由行政部或大会提出调停办法外，不得提出云云。盖此案在美用意，无非欲阻他国将禁工及入籍等问题诉诸联盟会。但公法所认为属于一国内政范围者，如警察、路政、内河航路等问题，在中国每为外国所干预发生交涉。如临时不能秉公商阻或诉诸该会以申公道，亟应自留余地，并由顾使将理由在会婉委说明。美总统谓此案无害，彼不反对。英委员请设喻解释。顾使即举改良币制问题以对。众无异议，遂通过。第十六款，英委员提议违犯第十五款各端者，亦应视为作战行动。众无异议，遂通过，散会。特达。希代呈。祥。二十五日。

《秘笈录存》，第 120—121 页

## 陆徵祥来电

巴黎,1919 年 3 月 27 日

二十六晚,联盟会专股开第十三次会议。讨论第十七款,略有字句修正。第十九款,改为第十八款,末加“不得强迫无论何国担任代治属地事宜”。第十八款与第二十、二十一两款合为第十九款,并规定凡已订及将来所订关于取缔白奴暨贩卖鸦片等毒药之国际公约,应查照各该约条款,责成联盟会执行。至各国商务应一律公允待遇一层,法委员提议加入“工业”两字,讨论结果,以工业系属内政范围,未通过。法委员复提议联盟国对于外国人民以合法手续所得各项财产权利,悉予以完全保护,互示亲密。美总统谓,人民投资外国,固应鼓励,惟美民对于金钱外交,素甚反对,现今小弱之国,须借外资以发展其工、商业,而资本家时有借借款为名,要挟各该国给予各种特许权利,致侵及其主权之弊,其获得权利手续虽系合法,殊欠公允,故本总统对于此案不能同意云云。众皆以为然,遂打消草案。第二十二至第二十五款无紧要修正。惟第二十六款美总统提议修改,曰“自本月批准日起满十年后,无论何联盟国,可于一年前通知出会之意,惟所有国际上及本约规定之各项义务,须于出会前完全了结”等语。并说明大致,谓出会一层,美上议院甚为注意,各中立国均有要求。按之各国独立原则亦系不可少者。但在美方面,一经入会,断无出会之意云云。各股员纷纭讨论,有主改定二十年后可出会者,有主不明定期限者,结果议决不定期限;惟欲出会,须于两年前通知本会。于是草案二十六条遂议竣。英委员提议增加一款,本会设立各机关,男女得并用,秘书处亦如之。众赞成,通过。美总统遂声明,将全案交由专员编订后,再开会正式通过;并报告联盟会地点问题,拟派英、美、义、日委员各一人从事调查,酌定一处,再提出专股议决。报告毕,英委员又称,联盟会不久成立,所有会所及秘书处组织并第一任秘书长、第十一款问题,亟应准备,请主席派员。众无异议,遂散会。祥。二十七日。

《秘笈录存》,第 121—122 页

## 陆徵祥来电

巴黎,1919 年 4 月 11 日

昨晚,联盟股开第十四次会议,起草委员提出修正案,谓此项草案,仅于条款先后次序略有变更。美总统即逐条付讨论,先问对于总论有无意见。日本代表请暂搁总论,先议他条。遂讨论第一条,众无异议。惟英文与法文意义出入,英、法代表各有主张。美总统云:文字问题已派专员研究,应由大会解决。次及第二、三、四、五、六各条,无甚讨论。第七条,关于联盟会驻在地点,比国颇力争。最后付表决,仍通过瑞士日来弗。第八、九两条,法仍主张添设国际军队并稽核各国军备。英代表反对,遂声明保留将来讨论之权。第十条,关于保全同盟国领土完全、政治独立。美总统提议增加一款,凡维持和局之国际信用,如公断条约或划分区域范围之各项接洽,如孟罗主义者,不以本约法中任何规定而更改其效力。顾使提议删去"划分区域范围之接洽"等字样,并声明原文措词宽泛,不如单提孟罗主义为妥。美总统谓:孟罗主义确系一种划分区域范围之接洽,但可删去数字,仅留"接洽"字样。英代表赞成提出该主义,惟须用概括字句。并谓:修正案对于各国已有之接洽并不增加效力,想中国代表所虑者,无非恐牵入他种臆造之主义,但此层并无关系,惟删去"划分区域范围之"七字,可表同意。法代表谓:孟罗主义系一国主义,不应列入公约,又虑其束缚美国,一旦欧洲有事,美国不能自由来助。顾使云:对于提明美国孟罗主义一层,余赞成美之主持,但若英代表意中并无他种接洽,则仍不如单提为妥,因恐现在措词对于已有之接洽固不增加效力,但无论其性质良否,均不免因之而一概保存,即将来订立之各种接洽,似亦包括在内。顷所提议删去"各项接洽"字样,既难邀同意,则请于其前加"向所公认之"五字,以示限制。英代表云:此数字恐将来难以解释究竟何种"接洽"可称"向来公认",似无确定标准。至所问有无他种接洽一节,英国与阿拉伯久有接洽,该国外交归英国主持,若单提孟罗主义,不但不能包含前项接洽,即与法所主张亦不能相容。现用概括文字,仅引孟罗主义为譬,较为妥当。美总统云:如果有何种接洽侵及内政之领土完全、政治独立者,当然认为与本约相背。今日所提修正案,可无须过虑。顾使乃提议:按美总统之意,改为与本约各条不相违背之各种接洽,如"孟罗主义"等字样。英代表谓:原案已含此义,所提字句似嫌重复。顾使云:虽嫌重复,惟意义更明显,且指出孟罗主义之精神,使其见重于世。英代表云:凡与本约相悖之接洽,已有第二十条之规定。美总统云:如是,则中国代表所提各字,可无须加入。法代表反对明提孟罗主义。美总统云:此次欧战,美国相助获胜,即发扬该主义之精神。今和议未定,法代表于加入"孟罗主义"数字已坚不让步,何感情更变之速。法代表谓:并非故意反对,惟单言孟罗主义,意义欠明。英代表请仍增入"划分区域范围"数字,以餍法代表之意。言毕,美总统以时已夜半,遂宣告散会。其意似视该修正案为已通过。再,此问题关系我国颇巨,会议前由顾使向英、美代表接洽,见其初拟修正案措词更宽切,商酌改。但昨晚提出之案,虽视初项案稿已见较妥,然似觉尚有窒碍。顾使以在会提议修改之点未能通过,于今日访法代表接洽,彼于加入与本约不相违背一层,深表同意。愿于今晚会议拟稿提出一致主张。祥。十一日。

《秘笈录存》,第126—127页

## 陆徵祥来电

巴黎,1919年4月12日

十一日晚,联盟股第十五次会议继续讨论修正草案。于第十一条无讨论。第十二条,三个月内纷争各造不得有军备一节,原由日本代表提出,早经通过。惟是晚英代表提议删去,谓留此一节,野心国可于平时秘密准备,乃与弱小之国寻衅;届时该弱小国若有防御之布置,即可指为违约云。日、义各代表起与辩驳,而美、法赞成英说。辩论良久,美总统谓:此事颇关重要,愿闻他国代表之意见。顾使谓:该两方面用意,无非为维持和局,但恐实际上有事,既不得准备,势必使各国于平时准备,其结果复构成一武装之和局,故不如删去。(赛)〔塞〕、葡亦以为然。

日代表乃允照删。第十三、十四两条无甚讨论。至第十五条内，设法执行行政部之决议一节，因美国舆论反对甚烈，亦删去。英代表提议另加如行政部不能有全体同意之决议，同盟国有权自行设法维持权利公道一节。众无异议，遂通过。第十六条，略有讨论，但无修正。第十七条至第十九条三条无讨论。至第二十条，关于门罗主义，法代表提出修正案，大致谓：合于某某处区域之一切制度、主义，如于缔约国实行会中之义务而无障碍，均应视为与本约不相违背云云。较美原案包含更广。英、美一致反对。而赤哈代表谓：若不于本约内声明门罗主义与本约不相违背，恐将来遇有牵涉该主义之问题，联盟会即将认为不得受理云。顾使复提议：于美原案内“接洽”字样之前，加“与本约各条相符之”等八字，并谓此数字不特能合本席之意愿，或并可使法、赤二代表安心。美总统谓：在原案内无论加何字句，意义上总觉有间接指摘门罗主义之嫌。法代表复与辩论，美总统深不以为然。顾使乃谓：如能于第二十条所载，同盟国缔结本约后，所有彼此业经担任之义务，与本约条款不符者，应即视为废止云云。内凡“义务”二字下，均加“或已订之接洽”六字，本席可将所提修正案作罢。美总统谓：此数字可照加。英代表亦表同意。遂通过美原案。经法代表声明保存将来提议修正文字之权，旋亦通过。第二十一条，日本代表问“太平洋群岛”字样是否包括赤带以北之各岛。美总统答：该款由五国会议所订，无权解释。日本代表谓：此节前与英首相私谈，彼意已包括在内，请将此层登记会议录。美总统谓：私谈并非接洽，碍难记入。于第二十二至二十四各条，无甚讨论。第二十五条，葡、巴代表均谓：本约之修正只须三分二之同盟国批准即生效力，系与本国宪法冲突。英、美、义各代表均以为，如对于某修正案不能同意批准，即可声明出会。于是草案各条讨论毕。日本代表乃提议：于总论内加“各国并赞成邦国平等及公道待遇其国民之原则”等字样。并谓：歧视种族为国际上之大障碍，不得不设法消除之。此次提案比前已退让不少，措词亦再三斟酌，将“平等待遇”改为“公道待遇”，日本全国人民对此问题均主张一致，若并此而不能承认，日本似不应加入联盟,可见日本舆论一斑云云。英代表谓:将来彼此人民社会发达至相等程度,则种族问题当可解决。若时机未熟,而先规定,反恐引许多困难。该修正如属空文,则无裨日本。如含要义,则将来必生轇轕。此次日本加入和会,获侪于大国之地位,受惠已不鲜。将来于行政部又得派永久代表列席,在在可保护其利益。如于种族问题尚不满意,尽可在行政部提出。日代表复与辩论良久。义、希各代表先后赞同日案。法与赤哈亦表同意,惟以为无须列入约内。顾使谓:日本提案所指原则,难免牵及各种问题,而各项问题似非朝夕能求圆满解决。但以原则论,本代表深愿以之列入约内,望诸代表不致有十分困难之处。美总统谓:邦国平等之原则,为联盟会成立之根据。日本提案之精神,已包含于草约之内。若将提案用明文列入,恐徒起大会内及社会间各种议论与误会,不如不言为宜云。旋以日本代表之请付表决,赞成者为中、日、法、意、希、(赛)〔塞〕、巴七国,共计十一人多数。日本代表问:是否已通过。美总统谓:本股会议向须全体赞成,间有反对者,亦必俟其职员不复坚持,方可认为通过。照顷间表决情形,似未通过。英代表谓:本席奉政府训令,坚持反对,若表示赞成,则本国各自治属地势必出会云云。日本代表乃请将表决结果记入会议录,并声明嗣后遇有机会,当以职务攸关,不得不坚持主张。至此,即讨论终止。再,关于行政部员一层,英代表提议,所须选举四国代表,应使中立国居其一。并谓可否由本股推定或请美总统指定。法代表不赞成。谓此层关系重要,应由大会议决。至筹备事宜,众意请美总统指定七人,专任其事。联盟股委员会至此告一结束,所有修正草案可于下次大会提出。祥。十二日。

《秘笈录存》,第127—130页

## 陆徵祥关于国际联合会经过情形的报告

民国八年一月二十日午后三钟,开审查会,选举股员,祥与魏使赴会。国际联合股十七国投票,中国得十四票当选。遂由祥通知大会,此后凡关于国际联合事宜均由顾专使出席。二月三日午后,国际股开会,美总统主席,英、美、义、法等国各有计画。当日讨论以英美之接洽为基础,法以未先接洽不加讨论。塞尔维亚代表演说,意在国无大小,主张平等。比利时、葡萄牙代表亦均有表示。葡代表意每次会议仍须请示政府。日本意亦如是。美总统因下星期将归国,愿将此项问题早见眉目,谓:“此次国际联合会以从前宣布之十四条为基础,日本前亦同意,似可无庸遇事请示,稽迟时日。至于组织法,将来尽可随时修改。”牧野亦遂不说。四日晚八钟开会讨论草案,随时通过罗马尼亚、赤哈、波兰之加入,由此外部提议除五小国赞成外,法、日两国亦赞成之,讨论之要纲即在行政部之组织,英所拟之原案只有五国,美所拟之原案五国各一人,余再设法推定。迨英、美两国合商后之草案,各小国仍无一人,比利时、塞尔维亚主张大小平等,英未赞成。顾使宣言谓:“中国看法有三:(一)大国力量固较小国为优,惟以五十余国之力量与五大国比较自应亦有代表;(一)原案使如是而定势必使其余各小国无由发动其热心,且依此情形不啻勉励各小国必须与人决斗方于会中得有一席之地;(一)如限定大国,则将来行政上动多窒碍,譬如发生一问题亦不过数大国间之关系,世界各国公共之舆论无所得闻,恐亦无以善其后。”英全权云:“众意既如是,不妨将原案第三条修改亦可,使各小国公推数人加入。”五日晨,美、英、义全权特约顾使面询意见,并谓五大国各一人,其余由各国公推二人。是晚八时,续开会议,先讨论第三条要端行政部之组织人数问题。比委员坚持小国在该部代表总数须与五大国代表总数相等,塞委员希望加到四人,但并不坚持。嗣将该问题暂搁,续议第四条选举总秘书及总务厅之组织以及费用之分摊,第五条委员会所享治外法权,皆赞成通过。第六条,美总统提议修正规定,除本约签字各国外,嗣后入会国之资格,以有自治政体者为限一层,英国以印度亦当加入,稍有辩论。除英议员声明将关于将来印度签字及对于入会资格之解释保留,日后仍可讨论外,亦即通过。六日晚八钟,讨论尊重在会各国领土完全与政治独立并共同抵御外侮各问题,顾专使出席。英国代表赞成尊重领土完全、政治独立,至合力抵御一层,谓责任太重,恐世界舆论未能同意。美总统云:“此案原则关系非常重要,设立此会宗旨即在保存领土与政治独立,以免战端。”英代表意见谓,侵犯之事发生,各国看法未必尽同,合力抵御一层于事实或难办到,且小国方面责任太重。所以最后决议仍照原文通过,惟加一句:“遇有应如何设法合力抵御之事,由行政部议决施行。”次讨论第八条缩减军备问题,各国均表赞成,以维持国内安宁及能执行国际上之义务为限。日本代表谓“国内安宁”四字应改为“国家安宁”。美国代表初意甚不谓然,谓此次欧战以前德国即藉口于此,平日加增军队,以致有今日战祸。日本代表谓各国地位不同,不能一律论之。英代表赞成日本之意。美亦让步,谓各国军队究竟应有若干,总须由行政部议决施行。遂改“国内”二字为“国家安宁”,即通过。至废止征兵制一层,法国反对甚力,旋即删去。法国提议组织一国际军队,并未通过。至于制造军械等事,声明并不应再由商办,应由各国陆海军随时宣布。次讨论第九条,无论何国如有恫吓宣战,均认为与联合会有关系,今缔约各国声明随时设法保存国际和平,凡有障碍国际平和之事,缔约国可请联合会之行政部提议设法,他国不得视此提议为不友谊之举,通过。次及第十条,未交公断或行政部审查以前,不得以武力相向,此层彼此各有议论,谓公断之结束应须于相当期间,判决如交行政部审查,亦须于六个月内报告,判决之后如有执行判决之必要,应由行政部议决办法。次及第十一条,须交公断一层,无甚讨论,惟加一句:“所须公断法庭可由两造商定或照彼此前订条约之规定办理。”次及第十二条之组织永久公断院,无甚讨论,通过。七日晚七钟,讨论第十三条,关于第二节所云如果行政部之报告除在案两造外为全体所同意者,两造不得以兵相向。比国提议此种好意不必限定全体,只须多数表决,彼此即不能以兵相向。英代表不以为然。希腊提议如果多数同意后在案两造中有不遵办者,可由缔约各国与之绝交,迫其遵从。英国又反对,云:“联合会事属草创,不宜限制太严。”美总统提议加一句:“凡未经行政部全体同意之办法,行政部多数会员有公布报告之义务,即少数会员亦有报告之权利。”次及第十四条,缔约各国如有违背本约第十条者,当认为宣战之举,其他各国即应与之断绝种种关系,此"即"字,美总统以此种手续须经国会同意,故提议改为"担任即与绝交",通过。次及第十五条,未经加入联合会之国,遇有不能平和解决之交涉,应由联合会邀请加入为临时会员。英国提议加一句:"此项加入须附以特别限制条件,应先由行政部议决施行。"义亦赞同,通过。八日晨十钟,讨论第十六条,由联合会监视军械军火之贸易,通过。次及第十七条,处置德、土两国属地办法。英国提出修正,谓德、土属地中,其人民不能与现今世界相处者,应由联合会委托相当之国代为治理,委托之权限须视受代治人民之文化、土地之远近及其经济状况而定,英国所占之土境内有某数种人民文化颇高,其独立资格可暂先承认,但于其行政上尚须他国指导,为彼选择代治国须依其志愿为准,其意即指 Hadjaz 等应归英国保护,至亚非利加中部人民仍须委他国代治,不过代治国(一)须保障其宗教自由,禁止贩奴及运贩军火、酒精,并不准以土民编练军队;(二)商业机会均等,此外尚有亚非利加南部及南太平洋各岛,人烟稀少,应以代治国之境与之接近者为宜,治理最善方法即由代治国按照其本国法律治之,仿若本国之国境,惟仍须遵守保障上款之条件;(三)代治国每年须将代治境内之情形编具报告送会,其代治权之范围如未经缔约各国彼此商定,应由行政部发给代治证据,规定范围,并在联合会驻在地设立稽核代治委员会,以便审核报告。以上修正办法,英代表声明依据五国会议议决案而定。日本代表对于"仿若"二字,声明五国会议时并无此字,美总统云:"此二字之加入,因有紧要之原则,如果无此字,则与并吞性质无异。"英代表云:"幸第三节所定各种义务已足证明委托代治与并吞性质绝然不同。"美总统即允删去。顾专使云:"所谓德国属地委托他国代治一层,照'属地'二字意义,当然不能包含国际地域权,敢询各代表此项解释如何?"美总统云:"当然不能包含在内。"英代表云:"贵使之意是否指胶州问题而言。"答以此乃一种。英代表云:"租借地与殖民地性质完全不同,所以殖民地之名词并无包含租借地之意义。"查英代表此项答词颇堪注意,因彼为修正案之起草员,此条即照修正案,通过。次及第十八条关于改良工人之状况,美总统云:“工人下应申明改作男女儿童工作之状况。”次及第十九条保障宗教自由及化除宗教歧视之待遇问题,各会员意见不一,旋改为缔约各国担任彼此禁止宗教上之虐待,遇有此种事件发生,联合会即设法禁阻。美总统提议一条,缔约各国承允,不准以奉教之不同而损及人民之生命、自由及幸福与各项权利,旋即通过。十日晨讨论第二十条关于维持交通之自由及公允待遇各国商务一节,美国提议以“公允”二字改为“平等”,比、法、塞三国代表均谓此次战争境内糜烂,似应有特别优待办法,后仍改为“公允”二字。此外又加一句:“凡因此次战争而受糜烂之国,另定特别办法”,通过。次及第二十一条,于会中各国所订无论何种条约,应立即抄送秘书长存案,即由秘书长从速公布。塞国提议云:“本条对于会中一国,会外一国所订条约尚不能包括在内”,因将“会中各国”四字删去,改为“彼此互订”四字,通过。次及第二十二条,关于缔约各国彼此所订条约与本约相冲突者悉认为无效一层,各会员纷纷讨论,谓“冲突”二字应作何解?遇有彼此解释不同时,应由何项机关判决?嗣多数意见谓自本约签定之后即合守同盟,亦认为与本约相冲突,至于专任解释机关一层,多数会员均以不先规定为宜,遂通过。以上各议案第一读已于本日告竣,英、法尚有续加议案,俟讨论后再将全稿付二读。十一日晨,英国提议宪法草案中应增加修改宪法之手续一条为第二十三条,大意谓如有提议修改宪法时,须先由行政部全体通过,再由全体会员多数赞成,即可生效。希腊、葡萄牙均主张行政部通过之后亦须由会员全体赞成方为有效,谓万一非全体赞成,其不赞成之国若为大国,则不妨退出联合会,若为小国,既不便出会,又明知修正案之不利于己,在会殊觉无味,所以凡有修改案提出,不如由全体通过之为善,旋又议到无论国之大小,其有不赞成多数通过修改案者,可否即因此出会?大众均不赞成。义首相谓如不虑出会之影响,即出会亦可。威总统大不谓然,谓既经入会即不宜退出,遂改为全体会员四分三之通过方议决。英国又提议联合会应设法规定，将不合时宜之条约及有碍世界和平之国际状况随时可以修改之法，其理由有二：（一）因和会议决各事项均甚匆促，恐有不尽周妥之处，后来恐有修改之必要；（二）国际条约难免有不合时宜之时，自应时常修改，若不预先确定修改之手续，势必有声明废止之时，若听其作废，则有条约之神圣性质，若不允其作废，则又有强人所难之处。随议决加增一条为第二十四条，其大旨谓全体会员有劝告缔约国修改条约及国际状况之权。法国提议修改草案第八条之修正案，该条为限制各国军备须以各国比较上之实力及疆界之形势为标准，讨论良久。美国代表谓法所注意者当系德国，德经此次挫败，四邻对彼之观感可想而知，今和会又拟完全禁止消灭其武装，决不至再有五年前迅雷不及掩耳之手段，侵犯邻邦。虽然法仍坚持原议，英主调停，谓限制各国军备须以各国所处地位情势为标准。对于第十四条修正案，有人提议谓无论何国不能遵守仲裁判决或行政部全体通过之议案者，联合会应执行第十四条第一项所规定之方法对付之。众意以为此层可无庸加入，故未通过。又原案第八条修正案两项：（一）联合会应设立稽核各国军备委员会，随时查察各国是否遵照规定之办法实行；（二）联合会应组织永久国际军队。对于以上两项，法代表持之甚力，并言无此二项，法国议院有不愿加入联合会之意，而英、美代表均以此层事属难行，竭力反对。双方辩论异常激烈，历一小时之久，彼此仍不让步，遂宣告休会。日本代表并谓下次会议亦有修正提出。

二月十三日晨十钟，联合会开二读会。顾专使出席宪法草案之纲引及首七条，均通过。葡萄牙代表提议谓接政府训令，拟于草案中添一条声明：海牙和会公断约仍归有效，经众讨论，谓海牙公断约本属有效，无须加入。法国提议纲引中应加一款关于此次欧战肇祸之人如何惩办，众谓此事已另有专股讨论，殊可不必。此外，英代表提议除草案内所列三种规定外加一特别大会四年举行一次，专在各国议员中及各界中推举代表到会，其用意在使各界中人均得发表意见，若仅恃各国政府中人，恐在野人民无从表示。比、法均不赞成，谓政府皆系多数党组织而成，倘此政府非代表多数党之组织，则政府亦难存在，所以政府中代表之人即所以代表各国之舆论。英代表之提议并未通过。至将来会中人数问题，有主张每国三人，亦有主张五人，表决时，主张三人者通过。至行政部之组织，除五大国外，现拟其余各国可以推举四国，亦派代表。英代表声明，伊最初主张其他各国人数愈少愈妙，现格外迁就，对于推举四国办法亦可允诺，惟盼小国在大会时一致赞成，四国之数不再要求添加，至行政部中既有九国，每国究有几人，此数尚不能定，经众讨论后，至多不能逾三人。对于第十七条规定，将来他国加入联合会之条件，众谓后项规定须得在会各国三分之二同意，限制甚严。英代表又谓，恐现在中立各国见此一条即生疑虑，裹足不前。讨论后决定，联合会一经组成即邀请中立国加入，可不必经此手续，遂通过。下午三钟半，接续讨论。美总统未到，托由英代表主席。随将第八条至第二十七条付二读，要点如下：(一)关于制造军火改为官办一节，因葡萄牙等国之提议，加一条，谓遇有各他国无力制造军火时，须斟酌情形特别办理；(一)对于第十二条，行政部之议决及公断员之判决，至少须有三个月之犹豫期间，方可用兵，对于此问题，顾使谓此种限制用兵之办法，非但应施之于行政部之议决与公断员之判决，且应施之于联合大会之议决，众皆以为然，遂于第十五条内加一段，通过。对于第十九条处置德属地办法，比国提议对于各国在此项属地内之商务均请平等待遇，英美代表皆云此节经五国会议再三讨论，难于通过，可请比国不必再提，比代表亦允。关于第二十一条禁止歧视宗教之区别，美代表云美总统对于此条保障宗教自由之原则十分看重，盼诸君一致赞成。于是天教各国纷纷议论，谓此种条款颇难实行。最后表决，中国、罗马尼亚及美国主张赞成，其余各国均未赞成。主席云此事究能成立与否，须俟报告美总统后再定。日本提议对于此条另添一节，保障种族平等之待遇，谓现在国际既属平等，人民种族亦当一律平等待遇，其意盖欲乘此机会为将来解除限制黄工之令。主席云日本代表所云精神上当表同情，惟牵及各国内政甚多，倘目前遽加讨论，恐于联合会之成立转生阻力。顾使谓此项原则本代表对于日本所提之精神，自然赞同，此层当为诸君所料及者，现未奉政府训令以前愿以讨论之权声明留于将来等语。其余各条无甚讨论通过。十四日午后三钟开大会，顾使、施使出席。法总理请美总统演说，美总统将国际联合会宪法修正案二十六条正式提出，报告此次草案经十四国代表公同讨论，一致赞成，遂即当众宣读，对于十四、十五两条略有解释，对于十九条处置德属问题，谓此条根据五国会议所决定，读毕后，谓此次国际联合会非常简单，不仅为各国政府之机关，即各国人民亦有参与之机会，按照此项草案，将来派人问题，各国如欲另外添派外交以外人员，亦无不便，此后外交公开，密约杜绝，吞并土地之事从此可以终止。英国全权赞成美总统之主张，谓此会非常公道，非常热心，其要旨不外两端：(一)消弭战祸；(二)提倡国际提携协力进行之办法，条文虽密而于各国主权毫无侵犯，至于保工一条，似乎牵及内政，然现今世界无论何国之人往往牵及经济状况，所以工人关系已成一国际经济问题，此外如买卖鸦片、贩运妇女等事，本应设法取缔，惟目前尚不及讨论。义首相发言表示赞成美总统之倡举。法国特别委员对于宪法草案原则亦表同情，惟彼所主张添设稽查会及军备会两种问题，连日在会讨论，未得同意，今仍多方解释，并谓今日既将草案公布，本委员不能不将主张之两条提出，俾各国人民研究时一并研究。日本代表赞成此项草案，谓须异常审慎，庶可垂之百年，将来讨论时日本尚有数种紧要问题盼望赞成。顾使即演说，大致谓宪法草案之原则完全赞成，中国政府与人民盼望此会之成立不后于他国，今日此案已成，吾侪欣喜之心亦不后于他国，顷威总统所云今日十四国全权在会代表一千二百兆之人民，吾中国即居三分之一，本专使代表中国对于今日草案既成之机会愿表示赞成其原则之意旨，草案内容主张公道和平，此案之精神足以感动人心，亦自委员会中自然之结果，本专使系会员之一，经过迭次讨论，实觉各会员均非常公道，幸承美总统领袖各国代表赞成，奏功迅速，愉快若何，此后禁止国际不法行为而保障世界和平均以是会宪法为枢纽，本专使敢代表政府以及人民特为诸公声明，将来联合会之组织及发达，中国极愿尽其一分子之义务等语。嗣英属澳大利首相起问何时可以讨论草案,法总理答以今日报告仅供诸君研究,如有意见不妨随时送会,将来必有机会可以讨论,望诸君信用五国,彼等决不擅专定断云云,遂散会。是晚,威总统启行回国,所提出之宪法草案只期赞成,不期讨论。英、义方面似均接洽,亦一致赞成。三月十四日,威总统回巴黎。十九日美总统来函称,前拟国际联盟会宪法草案经邀中立国代表与专股股员交换意见,拟即派英、法、美、比、希、塞等国股员各一人担任接洽,是否可表同意等语,当经议定答复同意。二十、二十一两日,即由该股员等与阿根廷、智利、哥伦比、丹、荷、哪威、巴拉乖、波斯、萨尔瓦多、日斯巴尼、瑞典、瑞士、委内瑞拉等十三国代表开会讨论,英代表主席,各中立国对于草案除第一、四、六、十九至二十五等十款无评论外,其他各条约均有意见表示或提议修正,其中最要者:(一)各国在会委员至多五人;(二)行政部代表改为十八人,五大国、四小国各二人或改为十五人,任期三年;(三)小国选举行政部代表时,大国不得参预;(四)此次选举因语言文化等关系分别数类,俾得轮流派遣代表;(五)秘书长应由行政部提出大会通过;(六)请准入会之案须三分二之同意改为多数同意;(七)减少军备计画须由大会议决;(八)制造军械,禁止商办,设稽核军备委员会;(九)各项国际条约一律归联盟会担保实行;(十)设调查处国际纷争之永久委员会;(十一)国际纷争应设法分别应交公断与不应交公断两类,强迫交公断;(十二)分配军事经济上义务应参酌各国特别情形;(十三)永久中立国领土即联合会用兵亦不得假道;(十四)凡本案宪法除有明文规定者外不得认为有限制各国主权之意,联合会并不得干预内政;(十五)遇有某种特别情形得出会;(十六)修改本会宪法须得行政部全体同意一句改为四分三之同意。下午特开专股会议,美总统宣言谓各国人民对于前拟宪法草案均有建设之评论,中立国政府亦有修正案提议,故不得不将草案重行审查,斟酌修改。英股员谓中立国原无参预本股之权,惟其所提各修正案颇有可采之处,如各股员对于某条以为可同意者,不妨即以各该股员名义提出讨论,以达集思广益之旨，并谓联合会宪法业经议定应列入和约，自不得不将前拟草案各条内缔约国字样一并改为联合国，否则德国一签和约即为会员，恐断非诸君之意等语。众无异议，旋逐条审查。第一条字句略改，意义仍旧。第二条英提议各国派员到会至多不得过五人，旋以日本反对仍定三人，英又提议凡大会除由行政部特别规定外须公开，日本、塞尔维亚均反对，美以各国舆论反对密议甚力，与其明言反对特别规定，致启疑窦，莫若一概不言，义赞成美说，英遂将案收回。关于联合会地点问题，美总统将瑞士政府请愿书提出朗诵，比代表即提议会所应设在比京，主张甚力，此外闻荷兰政府亦间接运动以海牙为地点，旋议定由美总统指派股员四人，先事调查，报告后再决。第三条选举行政部中四小国一层，英提修正案，主张大国代表不应参预选举，略有讨论，遂通过。比提议部员九人，大国五人，小国四人，由大会选举，未能通过。英又提议行政部除指定之各国代表外得于其他国代表中增举人员加入该部，但仍须得大会过半之同意，此次增举并须以公允为主义，一以防多数欧外小国设法垄断选举，一以各国发展迟速不同，宪法既难修改，若无此伸缩余地，将来遇有新强国出现，即不易待遇，众赞成，亦遂通过。至行政部决议对于未经邀请到会之国不生效力一节经删去，第四款增加一段，文曰："除本约内别有明文规定外，大会与行政部会议均须得派有代表各国全体之同意，方可决议"云。第五款秘书长改为须由行政部提出大会通过，其第一任秘书长应在专约内指定。第六款无修改。第七款英提议改为联合会发起会员国，另列于本约所附之专约内等语。比以此次联合会之成立，悉由协约国以无数生命财产交换所得，中立国不应与协约国并居发起之列。英疑此系排斥中立国之举，争论良久，决议中立国可即入会，惟不得居发起国之列。第八款日本提议削减各国军备办法，每十年可修改。美国请改为至少十年一次，遂通过。英提议将不担任藏匿军备情形一层改为担任，彼此开诚相告。法复提议设立稽核军备委员会，英、美一致反对，而法坚执不让，彼此争论渐形激烈，希、赤等代表出而调和，法仍不允，多数股员乃见为时已晚，遂认英案为已通过。

二十四日晚继续讨论,众意稽核军备委员会与筹备军事委员会无设立之必要,法委员初仍坚执,旋允撤回,惟第九款所言关于执行第八款云云,加及第七款等字样。第十款,美总统以另有修正案提出,尚未拟妥,暂从缓议。第十一款行政部得设法维持国际平和,“得”字改为“应”字。第十二款,日本委员提议加“自付公断”或交行政部调查时起三个月之内彼此不得从事军备等语一段,英委员之意颇难执行,惟美国委员声明无异议,遂通过,但须另作一款。第十三款无重要修正。第十四款加“凡行政部或大会所交问题该法庭亦有受理之权”等语。第十五款英委员提议由行政部筹设调停委员会,旋以美不赞成,遂收回。美总统提议加“为行政部或大会查得两造争点,按公法实完全属于一国内政立法范围之内者,应据实报告,不得提出调停办法”云云一节,除删去“立法”两字外,无甚讨论,照原案通过。顾使提议请在美案内增加一节,除争点虽属某国内政范围而该国自愿由行政部或大会提出调停办法外,不得提出云云。美总统不反对,英委员请设喻解释。顾使即举改良币制问题以对,众无异议,遂通过。第十六款,英委员提议违犯第十五款各端者亦应视为作战行动,众无异议,遂通过。二十六日晚讨论第十七款,略有字句修正。第十九款改为第十八款末加“不得强迫无论何国担任代治属地事宜”。第十八款与第二十、二十一两款合为十九款,并规定凡已订及将来所订关于取缔白奴暨贩卖鸦片等毒药之国际公约,应查照各该约条款,责成联合会执行,至各国商务应一律公允待遇一层,法委员提议加入“工业”两字,讨论结果以工业系属内政范围,未通过。法委员复提议同盟国对于外国人民以合法手续所得各项财产权利悉予以完全保护云云。美总统谓人民投资外国,固当鼓励,惟美民对于金钱外交素甚反对,现今小弱之国须借外资以发展其工商业,而资本家时有藉借款为名要挟各国给予各种特许权利,致有侵及其主权之弊,所获权利手续虽系合法,殊欠公允,故本总统对于此案不能同意云云,众皆以为然,遂打消。草案第二十二至第二十五款,无紧要修正。惟第二十六款,美总统提议修改曰自本约批准日起满十年后,无论何同盟国可于一年前通知出会之意，惟所有国际上及本约规定之各项义务须于出会前完全了结等语并说明，大致谓出会一层，美上议院甚为注意，各中立国均有要求，按诸独立原则，亦系不可少者，但在美方面，一经入会，断无出会之意云云。各股员纷纭讨论，有主改定二十年后可出会者，有主不明定限期者，结果决议不定限期，惟欲出会须于两年前通知本会，于是草案二十六条遂议竣。英委员提议增加一款，本会设立各机关，男女得并用，秘书处亦如之，众赞成。美总统遂声明将全案交由专员编订后再开会正式通过，并报告联盟会地点问题拟派英、美、义、日委员各一人，从事调查，酌定一处，再提出专股议决，报告毕，英委员又称联盟会不久成立，所有会所及秘书处组织并第一任秘书长等问题亟应准备，请主席派员，众无异议，散会。四月十日继续开会，起草委员提出修正案，谓此项草案仅于条款先后次序略有变更，美总统即逐条付讨论，先问对于总论有无意见，日本代表请暂搁总论，先议他条。遂讨论第一条，众无异议，惟英文与法文意义出入，各有主张。美总统云文字问题已派专员研究，应由大会解决。次及第二、三、四、五、六各条，无甚讨论。第七条关于联盟会驻在地点，比国颇力争，最后仍公决瑞士日来弗，通过。第八、九两条，法仍主张添设国际军队并稽核各国军备，英代表遂声明保留将来讨论之权。第十条关于保全同盟国领土完全政治独立，美总统提议增加一款，凡维持和局之国际信用如公断条约或划分区域范围之各项接洽如孟罗主义者，不以本约法中任何规定而更改其效力。顾使提议删去划分区域范围之接洽字样，并声明原文措词宽泛，不如单提孟罗主义为妥。美总统谓孟罗主义确系一种划分区域范围之接洽，但可删去数字，仅留接洽字样。英代表赞成提明该主义惟须用概括字句并谓修正案对于各国已有之接洽并不增加效力，想中国代表所虑者无非恐牵入他种臆造之主义，但此层并无关系，惟删去划分区域范围之七字可表同意。法代表谓孟罗主义系一国主义，不愿列入公约，又虑其束缚美国，一旦欧洲有事，美国不能自由来助。顾使云："对于提明美国孟罗主义一层，余赞成美之主张，但若英代表意中并无他种接洽，则仍不如单提为要，因恐现在措词对于已有之接洽固不增加效力，但无论其性质良否，均不免因之而一概保存，即将来订立之各种接洽似亦包括在内，顷所提议删去各项接洽字样既难邀同意，则请于其前加'向所公认之'五字以示限制。"英代表云此数字恐将来难于解释，究竟何种接洽可称向来公认，似无确定标准，至所问有无他种接洽一节，英国与阿拉伯久有接洽，该国外交归英国主持，若单提孟罗主义，不但不能包含前项接洽，即与法所主张亦不相容，现用概括文字仅引孟罗主义为譬较为妥当。威总统云，如果有何种接洽侵及一国之领土完全政治独立者，当然认为与本约相背，今日所提修正案可无须过虑。顾使乃提议按威总统之意改为与本约各条不相违背之各种接洽如孟罗主义等字样，英代表谓原案已含此义，所提字句似嫌重复。顾使云虽嫌重复，惟意义更明显，且指出孟罗主义之精神，更使其见重于世。英代表云，凡与本约相悖之接洽已有第二十条之规定。美总统云，如是，则中国代表所提各字可无须加入。法代表反对明提孟罗主义，美总统云：此次欧战，美国相助获胜，即发扬该主义之精神，今和议未定，法代表于加孟罗主义数字已坚不让步，何感情更变之速。法代表谓并非故意反对，惟单言孟罗主义，意义欠明。英代表谓请仍增入划分区域范围数字以餍法代表之意。言毕，美总统以时已夜半，遂宣告散会。其意似视该修正案为已通过。十一日晚继续讨论修正草案，于第十一条，无讨论。第十二条，三个月内纷争各造不得有军备一节，原由日本代表提出，早经通过，惟是晚英代表提议删去，谓留此一节，野心国可于平时秘密准备，乃与弱小之国寻衅，届时该弱小国若有防御之布置即可指为违约云。日、义各代表起与驳辨，而美、法赞成英说，辨论良久，美总统谓此事颇关重要，愿闻他国代表之意见。顾使谓该层用意无非为维持和局，但恐实际上有事既不得准备，势必使各国于平时准备，其结果复构成一武装之和局，故不如删去。塞、葡亦以为然，日代表乃允照删。第十三、十四两条，无甚讨论。至第十五条内设法执行行政部之决议一节，因美国舆论反对甚力，亦删去，惟英代表提议另加如行政部不能有全体同意之决议同盟国有权自行设法维持权利公道一节，众无异议，遂通过。第十六条，略有讨论，但无修正。第十七至第十九三条，无讨论。第二十条关于孟罗主义，法代表提出修正案，大致谓合于某某处区域之一切制度主义如与缔约国实行会中之义务无障碍，均应视为与本约不相违背云云，较美原案包含更广，英、美一致反对，而赤哈代表谓若不于本约内声明孟罗主义与本约不相违背，恐将来遇有牵涉该主义之问题，联合会即将认为不得受理云。顾使复提议于美原案内接洽字样之前加“与本约各条相符之”八字，并谓此数字不特能合本席之意愿，或可使法、赤二代表安心。美总统谓在原案内无论如何字句意义上总觉有间接指摘孟罗主义之嫌，法代表复与辨论，美总统深不谓然。顾使乃谓如能于第二十条所载同盟国缔结本约后取彼此业经担任之义务与本约条款不符者应即视为废止云云内凡“义务”二字下均加“或已订之接洽”六字，本席可将所提修正案作罢。美总统谓此数字可照加，英代表亦同意，遂通过。美原案经法代表声明，保存将来提议修正文字之权，旋亦通过。第二十一条，日本代表问南洋太平洋群岛字样是否包括赤带以北之各岛，美总统答该款由五国会议所定，无权解释。日本代表谓此节前于英首相私谈，彼意已包括在内，请将此层登记会议录。美总统谓私谈并非接洽，碍难记入。于第二十二至二十四各条无甚讨论。第二十五条，葡、巴代表均谓本约之修改只须三分二之同盟国批准即生效力，系与本国宪法冲突，英、美、义各代表均以为对于某修正案不能同意批准即可声明出会，于是草案各条讨论毕，日本代表乃提议于总论内加“各国并赞成邦国平等及公道待遇其国民之原则”等字样，并谓歧视种族为国际上之大障碍，不能不设法消除之，此次提案比前已退让不少，措词亦再三斟酌，将平等待遇改为公道待遇，日本全国人民对此问题均主张一致，若并此而不能承认，日本似不应加入联盟，可见日本舆论一斑云云。英代表谓将来彼此人民社会发达至相等程度，则种族问题当然解决，若时机未熟而先规定，反恐引起许多困难，该修正如属空文，则无裨日本，如含有要义，则将来必生纠葛，此次日本加入和会，获侪于大国之地位，受惠已不鲜,将来于行政部又得派永久代表列席,在在可保护其利益,如于种族问题尚不满意,尽可在行政部提出。日代表复与辨论良久,义、希各代表先后赞同日案,法与赤哈亦表同意,惟以为无须列入约内。顾使谓日本提案所指原则难免牵及各种问题,而此项问题似非朝夕能求圆满解决,但以原则论,本代表深愿以之列入约内,望诸代表不致有十分困难之处。美总统谓邦国平等之原则为联合会成立之根据,日本提案之精神已包含于草约之内,若将提案用明文列入,恐徒起大会内及社会间各种议论与误会,不如不言为宜云。旋以日本代表之请付表决,赞成者为中、日、法、义、希、塞、巴七国,共计十一人,已是多数,日本代表问是否已通过,美总统谓本股会议向须全体赞成,间有反对者,亦必俟其声明不复坚持方可认为通过,照顷间表决情形,似未通过。英代表谓本席奉政府训令坚持反对,若表示赞成,则本国各自治属地势必出会云云。日本代表乃请将表决结果记入会议录并声明嗣后遇有机会当以职务攸关不得不坚持主张,至此即讨论终止。再关于行政部员一层,英代表提议所须选举四国代表应使中立国居其一并谓可否由本股推定或请美总统指定,法代表不赞成,谓此层关系重要,应由大会议决。至筹备事宜,众意请美总统指定七人专任其事。联盟股委员会事宜,至是已告一结束。二十八日下午三时开大会,祥偕顾使出席,美总统先将自美回巴黎后重将宪法草案修正情形略为报告并建议将联盟会第一任秘书长推举英员段吕蒙 Drommond,又行政部临时委员九人,除五国外推定比利时、巴西、希腊、西班牙四国,该四国委员任期至立法院正式选定为止。日本牧野起而申说关于邦国平等及公道待遇其国民问题所有前后提议经过情形,声明该提议未能得全体之同意,日本政府及国民深为觖望,目前可不坚持,但日后在联合会中仍当保留其随时提议之权等情。葡萄牙代表对西班牙得派临时委员于联合会一层颇为反对,但各大国毫不注意,法总理即声明作为全案通过。

《参与欧洲和平大会分类报告》(三)

## 2. 中国与国际劳工组织

### 陆徵祥关于巴黎和会期间劳动股经过情形的报告

查大会中所分各股每股股员仅定十五人，除英、法、美、义、日各派二人外，其余每股尚有五人，由各国委员公推，虽经祥于一月二十五日大会中起立争辩并提议请查照两次海牙平和会先例，各股列单由各国委员择与该国有关系各股随意指定一员或二员入股讨论，未见采纳。至对于劳动一股，当时尤经声辩此次中国工人在英、法方面工作不下十五万人，战事结局，华工间接出力不少，应请加入。惟选举股员时，我国运动结果于劳动一股未能与其他各股一律当选。迨四月十二日大会讨论该股议决各案之时，祥与王全权列席，内容计分两部：一规定国际劳动常设机关之草约，一对敌加入和会之款。英、法、美、义、比等国各有演说，大致均表赞同，古巴、巴利啡、印度等代表或因其本国宪法关系或因其国内情形不同各有声明，中国对于该案先于内部详加讨论，并无窒碍，即对于工作时间虽有难行之处，然尚有斟酌余地，所以并不表示意见，且此约将来归入国际联合会，为实行国际联合之初步，入会各国均应遵守，所以我国更未便有所指摘亦即从众赞同。

该股续经拟定二法：一设国际保工股，一开国际保工公会，均为国际联合会一部分之组织。保工公会定本年十月在美京举行，由美政府主持，邀已入联合会各国派员预会，并准公会筹备处来函，请有注意者三端：第一，每国可派代表四人，专门委员若干人，代表之中二人代表政府，一人代表国内各项雇主，一人代表工人，统由政府委派，惟代表雇主工人者，须先得该二界同意，其委派专门委员手续亦如之，其中至少须有妇人一员，专备谘询女工问题，将来代表与专门委员到会时须将委任状交验合格方准列席；第二，公会费用，按照邮政公会办法分摊；第三，请政府将保工机关之性质宗旨布告国内，俾得周知。其六月三十日以前先须答复者计有五端：第一问（甲）每日作工限八钟或星期四十八钟,有无国家律令或雇主工人间自订契约及其惯例?各该律令契约及惯例适用于何种职业?施行办法若何?是否普及各工?抑专惠一类?专惠何类?有无例外准其逾限?(乙)如有议案提出国会亦请通知;(丙)(子)除休息时间外每日工作限八钟或每星期四十八钟政府有意照办否?(丑)每日工作钟点如何预定?是否任雇主之便抑用他法?(寅)对于特种职业或工人工作时限有无例外?(卯)或因时节关系或有特别情形须限外加钟点者,将详情报告,该项所加钟点有无限制?此外有无核减以相抵偿?(辰)工作时限之实行应否展缓并是否普及抑限于某业或某地方?第二问(甲)关于无职业之禁止意见如何?(乙)禁止无职业办法;(子)运用工作;(丑)禁止逾时工作;(寅)商务不振时减少工作时间;(卯)公共事业之工作由官吏分配;(辰)取缔外人进口;(丙)关于无职业之保险办法如何?(丁)有无公共机关救济无职业者?(戊)工人有无团体预防无业?公家对该团体有资助否?(己)政府对于此事有无办法?各国联合办理如何?第三问(甲)(子)关于女工有孕,其产前产后工作有无律令限制?其限制适用于何种职业?限制期内母子生活何以维持?是否公家资助抑有保险办法?(丑)关于女工如有议案亦须报告;(乙)关于夜间工作,一九〇六年瑞京伯纳条约有意加入否?(丙)关于有害卫生职业如铅、磷各业,女工有无限制?规定此事须由各国联合办理否?第四问(甲)雇用未成年人工作若干年下者于律令为不法,此项律令适用于何种职业?有无例外?如已有议案,亦请报告,倘以十四岁为职业年限如何?第五问一九〇六年条约规定制造自来火禁用白燐,此条实行否?并拟加入此约否?以上各端据限于六月三十日以前答复。查我国实业幼稚保工法律暂无急需,惟此次公会之举为欧美各国工党一致之要求,世界潮流所趋,我国似又未便自外,业经电奉七月三十日大总统令,派顾维钧为国际保工会委员并经阁议将来在会讨论各项问题,应就我国适用者酌加采择,其未能强同者应权衡取舍,无庸附和等因,将来顾使到会之后自应随时秉承中央训令遵行,所有该劳动股议决各条款均详约本正文,兹不复述。

《参与欧洲和平大会分类报告》(六)

## 陆徵祥来电

巴黎,1919 年 4 月 12 日

本日午后三钟开大会,讨论国际劳动法律股议决案。祥偕王专使列席,内容分两部:(一)规定国际劳动常设机关之草约,共四十一条。(一)对敌加入和议之款,共九条。英、法、美、义、比等国各有演说,大致均表赞同。古巴、巴利腓、印度等代表,或因其本国宪法关系,或因其国内情形不同,各有声明。中国对于该案,先于内部详加讨论,并无窒碍,即对于工作时间虽有难行之处,然尚有斟酌余地,所以在会并不表示意见。且此约将来归入国际联合会,为实行国际联合之初步,入会各国均应遵守,所以我国更未便有所指摘,亦即从众赞同。条文译寄。祥。十二日。

《秘笈录存》,第 125 页

## 外交部关于派员参加国际保工会说帖

1919 年

案查国际联盟各国拟于本年十月在美京举行国际保工公会一事,先准陆专使来电报告,该会设立之缘起及注意答复询问之问题,复经驻京英国公使来照,附送保工公会应讨论之各问题,请为克期照复等因。当以事关劳动工业,经本部先后咨行农商部研究,备复各在案。旋由农商部以我国习惯以家庭工业为主体,自欧风东渐,始有新式工厂,其工作时间各依当地惯例由雇主与工人自由订立,并无律令限制,亦无工党之组织,偶有罢工之举,由政府临时斟酌调处。原电所询各端,按之我国特别情形,如欲逐一答复,实无明确依据。至委派雇主与工界代表一节,我国既无保工机关,一般工人又乏相当智识,难得适当人才足资代表,可否暂免派遣。如实不能免派,可否因特别情形商请略示变通,再行筹办等语。电复陆使亦在案。嗣陆专使来电，拟请大总统特令派顾公使为该会委员，所有商界、工界代表以及女工代表如何委派之处，均由顾使在外筹划等因。英朱使亦函请本部迅将前送照会从速答复，除由本部酌照农商部电文大意拟复英使外，查我国工业幼稚，设备俱无，虽无劳动法规，亦鲜罢工举动，□视欧美工界活动情状，中国实较安宁，原不必曲予盲从，致引起同盟罢工之习输入我无识工人脑筋之中。惟此次保工公会之设，为欧叠萨工党一致之要求。默察世界潮流所趋，我国碍难独异，且察阅工会询问各问题，主旨大致在限制工作钟点，保护工人生活，无论男女老弱均有分别维持之方法，意在弥补工众之觖望，藉以消弭工党之野心，各国全力注重此端，足见具有深意。我国似可查照陆专使来电，派定代表，以示赞同。将来会中讨论问题，有与我国适用者，自可采择施行，其未能强同者，自不必谬为附和，权衡取舍仍在政府。是否有当，伏候公决施行。

中国第二历史档案馆藏北洋政府外交部档案

## 容揆[①]致外交部

1919 年 11 月 5 日

外交部、顾：国际保工会业于十月二十九日开会，揆奉派为政府第二委员，当将顾公使及揆衔名送去，惟各国对于该会甚为郑重，资本家、劳动家派有代表者居多，止有我国及南美洲、中美洲数小国未派。昨各国代表在会场，对于未派有该两代表之国颇不满意。审查各国办法，万一审定以不同等相待，殊与国体有关，我国似宜赶紧补派。惟该两代表须由各本团体公举会长甚严。我国止有全国总商会，未有总工团，似宜分别设法用作该各团体名义遣派。但由国内派来恐赶不及，可否就近遴选，以免延误。兹有前外交总长梁如浩在美游历，拟请向中国全国商会联合会疏通，举为资本家代表。又驻□崙名誉领事梅伯，显系由包办

① 中国驻美代办。

开辟铁路起家,工情熟悉,声望素孚,拟请设法举为劳动家代表。所有费用,核实开销。乞即转商裁决,迅速核复。容揆。五日。

中国第二历史档案馆藏北洋政府外交部档案

## 万国劳工会办事处致外交部

1920年4月6日

照译万国劳工会办事处来函　一九二〇年四月六日伦敦发

敬启者:万国劳工会于一九一九年十一月二十九日在华盛顿举行第一次大会,业经贵国代表出席与会。兹特请贵总长注意,查本大会以八十二票对二票通过公约草案,规定工业上作工钟点以每日八小时,每星期四十八小时为限。草案第十一条称:此约条文不适用于中国、波斯、暹罗等国,惟各该国限制作工钟点之条文,应俟将来再开大会时另研究云。又和约第四百零五条所指之各特别国应否适用公约一节,已交由特别委员会研究,该委员会向大会所具之报告,业以六十七票对一票通过。其未具报告之前,曾将关于中国之各种情形详加审查,并对于贵国代表提案详为研究。据该代表所提议予中国政府未调查确凿,将工厂法令成绩具报以前,暂免中国加入公约之意,业经委员全赞同,遂有草案第十一条,暂免中国加入公约范围之规定。同时委员会将其向中国政府提议举办之事,列入报告如左:

委员会对于中国政府允用工厂法令,施行保工主义一事,甚是注重,拟请从速开始订定及施行。关于工业上之法令,因此委员会提请中国政府用工厂法令遵守保工主义,并请将筹备采用该主义之办法,于下年向大会报告。至公约之以每日十小时或每星期六十小时为成年之人作工时限,及每日八小时或每星期四十八小时为十五岁以下之人作工时限者,能否采行,拟请中国政府酌核办理。又拟工厂之雇用工人一百名以上者,须列入法令范围内。兹因中国境内有外人居留地暨租界之存在,致中国政府尚有特别困难情形。本委员会以为此次大会应向有关系之政府提议(即指与中国订有条约现时管理该居留地暨租界□各政府）在各该地界施行中国政府所赞成之同样限制或在其现有治外法权之居留地暨租界明发命令，施行中国政府所颁行之劳工法令。此项建议业经大会采纳施行。现在中国政府曾设施或提议何种办法以实行原议之处，乃国际劳工会办事处所未闻也。又查，以工厂法令保工之主义已规定于一九一四年矿业条例，本办事处盼望中国政府从而推广之，以符上开委员会原议。本办事处稔悉和约所创立之永久劳工组合，业蒙中国政府深表同情。国际保工公约事关重要，不但发展国际友谊而维持之，且以人道正义增进工业状况，是以盼望贵国政府协助华盛顿大会所办之事，并将进行情形详为报告，至为欣幸。本办事处现已分行在华居留地暨租界执行治外法权之各政府，请其注意委员会所报告之末段，余俟贵国政府将实符原议之办法，及后再行转达各该政府外，相应函送贵总长查照办理。

中国第二历史档案馆藏北洋政府外交部档案

## 施肇基致外交部

1920 年 7 月 1 日

外交部：（新十码[①]）十七日电悉。据联合会劳动股查去年华盛顿会议决定，各特殊国应于一年至十八个月内规定工厂法令，秋前此项报告恐不能寄到，惟阅日本业已开始拟订作工最多时间不得逾九小时半，及孩童作工由十四加至十六岁。印度无确实消息，惟该政府允将作工时间问题最多不得逾十小时，加以审查。暹罗尚无所闻云。该劳动股即须迁往瑞士日来弗，此间为留设分监机关，现尚未定。大部电询调查委员会会期、地点，想系因联合会劳动股邀请赴下次万国劳动会议，此会现拟明春在瑞士举行，其目的如下：一九一九年在华盛顿会议，各国仍派代表赴会，报告各该国政府关于华盛顿会议之提议有何决定，及工厂法令如何规定，并宣布各该国劳动界情形。此外，该会主要提议中有

① 无线电编码。

关农工及星期日与春季下午作工问题，闻出境问题亦须议及云。基。十日。

中国第二历史档案馆藏北洋政府外交部档案

## 顾维钧[①]致外交部

1920年9月16日

为咨陈事：民国八年七月三十日奉国务院电开：奉令派顾维钧为国际保工会委员等因。奉此，自应遵照。惟该会在美都华盛顿开会，本使在欧参预和会不及赴会，经电请加派容代办为第二委员，并一面查照农商部复陆专使电，及院电大旨电达，容代办遵照以备参酌各在案。兹回馆据容代办送来赴会报告，并称上年十月十四日奉外交部电派为第二委员，届时与会。该会系上年十月二十九日在华盛顿开会，当将使座及揆衔名先行开送声明为政府代表。惟照章凡与会之国，应派代表四人，二人代表政府，一人代表资本家，一人代表劳动界，均须缴验证书。另派专门顾问若干人，止需报名不需证书，而每代表赴会，止准带顾问二人，多则轮流赴会。其时赴会共四十国，除我国及暹罗、波斯暨南美洲诸小国仅派政府代表外，其余皆有政府、资本、劳动三项代表，并有顾问或七八员或十余员，而日本多至四十余员。是以本馆亦将馆员及勷办员均派为顾问轮流赴会，而揆系代使座出席，王秘书麟阁系代揆出席，经于上年十一月二十九日闭会。查当日会议每日时间上午自九点至十二点，下午自一点至五点，所议关于作工钟点各案，资本、劳动两界代表彼此驳论，争持颇烈，而揆等以所议如与我国未有关系者，持旁听态度，如有关于我国而不能强同者，经即遵照外交部及使座历次来电将情形特别之处详为声辩，其因我国止有政府代表，未有资本、劳动两界代表，屡致质问，亦经遵电向会声明该两界不派代表之故，而各国代表仍以我国亟宜规定工厂法为请，谆嘱再三，当经摘要电陈使座，并外交部在案。

① 时任中国驻美公使。

所有此次保工会开会经过情形,理合详具报告,以备政府参考。计汉文报告四分,另该会送来英文议事录四分,法文议事录四分,又国际草约暨劝告四分,统请咨送外交部分别呈咨国务院暨内务、农商部鉴核施行等情。查保工事宜本属内政,非他国所能过问,且我国工业幼稚情形不同,如欲制定工厂法等,亦须先行详加调查方能着手,势难聚与各国并驾争驰。惟保工用意至善,保工会既经列入和约,而我国于对奥等和约曾经签字,是于□订保工法规及派遣三项代表各节,于条约上似已发生义务。按照和约保工会至少须每年开会一次,若能从早筹备,不独将来开会可免各国之责言,即于我国保工之政亦能稍具端倪,徐图发展,洵属两得之举,尚祈裁核办理施行。兹将汉文报告四分,英文议事录四分,法文议事录四分,又国际草约暨劝告四分,共十六本另行包封邮送,恳请鉴核,并分别呈咨为祷。为此咨陈。

中国第二历史档案馆藏北洋政府外交部档案

## 国际劳动事务局致颜惠庆①

1921年2月4日

敬启者:前于一九二〇年八月二十七日及十一月四日奉上两函,曾将第三次国际劳动机关全体大会之议事日程,及全体大会开会日期(定于一九二一年四月四日举行)并将关于选派代表及顾问人员之意见等,转达在案。兹续有陈者,按照凡尔赛条约第四百条之规定,国际劳动事务局干事部负有编订大会会议议事日程之责,前于本年一月十一日至十四日在日来弗开第六次常会时议决,将大会第三次开会日期延至一九三一年十月举行。

干事部于以前会议时已有此项延期之觉悟,同人一致信以为如是则可从长预备大会之事务也。其实,彼等深盼各政府于开会之前,得有充分时间以审度国际劳动事务局所订关于议事日程各条之报告。

---

① 时任外交总长。

在议事日程各条之问题内,均请贵政府于一九二一年三月一日以前,一一答复。虽开会日期延期至十月,鄙人特重申前请答复须有于一九二〇年三月一日以前收到之必要,惟如有特别情形不能照办者,不在此例。干事部决议将大会延期六个月者,其意无非欲使大会有充分之预备,倘国际劳动事务局于收到各项之答复后,不能在七月初将其报告订就,则不能照上述情形将其报告书送达于各政府,是以深愿大多数之答复,应于三月初经国际劳动事务局收到为好。虽干事会已将第三次开会日期更改,而于议事日程并无变动。有干事部部员数人特别声明,有数项问题实在须分别办理者,从前均汇集于所订议事日程一□条款之内,所以此项条款包括范围太广,有数国政府之代表且特别声明,凡办理议事日程每一条款之代表,每人只限顾问员额两员,实有不敷之处。干事部以为对于议事日程之第二项特有此种情形盖其原来将各种农务问题一律包括在内,所以干事会以为深可将议事日程各条款详细分晰而毫不加入,或改变应行讨论之各问题。且干事会以为深愿将蛀虫问题与油漆内禁用铅粉问题分为两项,从前于议事日程中并为一项,盖此项问题需有专门顾问具不同之资格足以解决此项问题也。

第三次劳动公会议事日程(全文粘附在后)所以分为八项,每项可派专门顾问二人,公会事务之组织,自可照此办理也。专此布达,尚祈察收见复为荷。此致北京外交总长。

会长汤墨斯谨启

国际劳动公会第三次开会议事日程:

(一)修改国际劳动事务局干事部之组织法

(二)关于华盛顿决议工作钟点章程使适用于农业之劳动

(三)关于华盛顿决议

(甲)预防或准备失业办法;

(乙)保卫妇女及小孩,使适用于农业之劳动。

(四)保卫农业工人之特别办法:

(甲)专门农业教育;

（乙）农业工人之生活；

（丙）保护聚集开会之自由；

（丁）预防灾难疾病残废及年老。

（五）消除羊毛之蛀虫

（六）油漆内禁用铅粉

（七）实业界商业界之休息日

（八）

（甲）禁止雇用十八岁以下之任何人为船上整理夫或司火夫；

（乙）强迫在船上佣工之小孩查验身体。

中国第二历史档案馆藏北洋政府外交部档案

### 国际劳动事务局致颜惠庆

1921年2月4日

敬启者：兹谨将关于国际劳动公会第三次开会之议事日程第三项（农务问题）及第三项“（甲）消除染有蛀虫之羊毛”下发生之研究问题另封送，请察览并请注意于改期至一九二一年三月一日为最迟日期，将英文或法文之答复及必要之文件送由国际劳动事务局收存为荷。至关于议事日程其他项下之研究问题，不久即可备发，当从速转达台端也。此致北京外交总长。

汤墨斯谨启

中国第二历史档案馆藏北洋政府外交部档案

## 3. 中国与国际航空委员会和交通大会

### 航空事务处致外交部雷炳焜

径启：航空条约第一次会议业于本月六日举行，并承台端列席与议在案。查航空条约关系我国航空前途至为重要，讨论务求详尽，兹将本处此次分送各机关意见书，以及前次本处函送外交部答复魏公使电询美、加保留各节意见书，连同第一次会议列席人员提出事件汇编一册，共分十一项，送请察阅，即希指示。于九月十三日上午九时半莅处与会讨论一切为盼。

此致雷炳焜君。

**附件：航空事务处启**

航空条约正附约我国应行声明及保留事件意见书

（雷炳焜签注）用正约。

一、航空条约正约第三条禁航区域，我国应声明："中国禁航区域，凡中国民有航空器及外国航空器应照约一律不准飞航经过，违者按照中国法律惩治，不适用领事裁判权。至此项禁航区域所在及广袤应续订通告。"勿庸仿照美、加办法。

（雷炳焜签注）此项以答复魏公使之文件为据，不适用领事裁判权意见勿行声明。

（理由）：查驻比魏使电开：美加对于此案声明有救助本国民有航空器之权等语。查我国民间航行尚未发达，兼以国内多故，时局纷扰，为维持秩序保卫安宁起见，禁航区域不论中国民有航空器或外国航空器，均应一律禁止飞航，勿庸与美、加一致，倘航空器违约经过，亦应照约依中国法律惩治。盖各国在中国境内之有领事裁判权，原□国际间污点，刻下正拟磋商收回，国际航空既系近今创设事业，领空权亦于今日国际法开一新纪元，所有此项违约之航空器，按照本约条文精神，自不得再行适用领事裁判权之惯例。况禁航区域在在与国防攸关，苟不用本国法律统治，亦断难达完全保护之目的也。

二、航空条约正约第十五条；我国应声明："凡根据航空条约及特准入境之外国航空器，经中国领土、领海时，应遵循中国政府所指定之飞越国界地点飞越国界，在指定飞行场降落，并循国际航空线，不得任意飞越及飞航此项指定航线，飞越国界地点以及指定飞行场之所在续订通告。"

（雷炳焜签注）用原正约似本国条约规定自有依据，无须声明取消。

(理由):此项声明系为解释文意尊重主权起见,与条约原文并无抵触。

三、航空条约正约第十六条,我国应声明:“凡外国航空器,应照约不得在中国境内任何两地点间为载运客货之营业。”

(雷炳焜签注)已有原文保留限制字样,勿须再行声明。于公布条约时另以命令公布,此项意见取消。

(理由):我国各项交通事业,如铁路、航线等半落于外人之手,为维持空中主权起见,应限制各缔约国永久不得在中国境内两地点间运载人货,此项声明原系条约所许。

四、航空条约正约第二十七条,我国应声明:凡航空器应照约禁止在航空中携带或使用照相器具。

(雷炳焜签注)此项亦勿须声明取消。须另文通告航空处。

(理由):此项声明原系条约所许。

五、航空条约正约第二十八条,我国应声明:“第一,在中国境内飞航之外国航空器及中国民有航空器,均不得代运外国或外国人以及在中国设立之外国邮局之邮件。但航空器入境时,由外国地方邮局带交中国邮局之邮件,以及中国邮局委托代运之邮件、又中国专供国用之邮务航空器,均不在此例。

(雷炳焜签注)将来定章程时,可加以限制,勿须声明。

“第二,凡在中国境内飞航之各项航空器,须依交通部所定办法负代运邮件之义务。”

(理由):查外国在中国境内所设邮局有碍中国主权,刻正设法收回,而国际航空事业创设伊始,所有国际间权利义务自应一律均等,故在中国境内飞航之外国航空器及中国民有航空器,均不能再援外轮代运外国或外国人以及在中国设立之外国邮局之邮件。航空器飞航入境时,由外国地方邮局带交中国邮局之邮件,均应按照各国办法交由中国邮局转递,作为中国邮件。又中国邮局为便邮递起见,得按交通部所定办法委托各项航空器代运邮件。

六、航空条约正约第三十四条，国际航空委员会之员额，我国应声明："否认"，一面联合五大国以外之各国，请求修正。

(雷炳焜签注)应保留。

(理由)：该条所定国际航空委员会员额，美、法、英、义、日五国各派代表二名，其余各缔约国每国派代表一名，又五国所得最少票额，若以五乘之所得积数比之，其余各缔约国至少须多一票，按此推算，五大国至少占十票或十票以上，其余各国只占九票，五国实占多票数，似有畸重畸轻之弊。倘不声明修正，将来开会时表面上虽有代表出席，实际上不能为有力之主张，会内一切事务将悉听五大国之主张，故应声明保留并联合五大国以外之各国请求修正。

七、航空条约正约第三十六条，我国应声明："凡运载货物之航空器，在中国境内飞航及出入国境时，应遵照中国现有及将来各项税务章程纳税。"

(雷炳焜签注)外部已据此意见答复魏公使。

(理由)：查驻比魏使电开：税务问题美国有完全自由不受该约关税规定之束缚等语。我国税务制度与各国不尽相同，俄约章关于关税之规定，虽无若何束缚，然为慎重税务起见，应声明遵照本国现有及将来各项税务规章纳税，以免窒碍。至于附约章所定条约并于本意见与第十条另行声明办理。

八、航空条约附约中第八款内载各国航空器国籍注册标志，我国系以C字为注册标志之第一字母，似此组合则航空器数目大受限制，应声明："援五大国例注册标志第一字母不受限制。"

(雷炳焜签注)保留。

(理由)：按照该条规定组合之注册标志，我国所有航空器数目，不得逾一万架，未免限制过甚，有碍我国航空事业发展，故应声明保留，并请将注册标志字母组合第一字，不加限制，俾得自行选择，以免此种限制。

九、航空条例附约第十项第二节,我国应声明:“如中国订有航空器载货进口税则时,凡飞入中国境内之外国航空器,应按该税则纳税。”

(雷炳焜签注)第十项第二节我国应声明中国定有航空器运货税章时应照正约第二条第二项各缔约国一体适用。

(理由):按我国海、陆进口货税率格于向章税率规定,未尽适宜,刻正从事修订,所有航空器运载入口货物,自不能再按此项税则课税,所有此项海陆进口税则,未经订定以前,拟即另定航空器载货进口税则,以昭公允。

十、驻比魏公使电开:美国有权与加拿大及西半球各国之未加入该约者订立特别航空约等语。我国应声明:“对于美、加保留表示赞同。”

(雷炳焜签注)已答复。

(理由):此项声明系为排除条约束缚,尊重国权起见,故赞同此项主张。

十一、航空条约末尾载各签约国批准本条约四十日后,对于其他已批准本条约各国开始施行本条约等语。我国应声明:“中国因财政关系,所有国际航空上应行办理事项,如地面上之一切设备等,一时不易完全,深望各协约国洞悉此旨。”

(雷炳焜签注)取消。

(理由):此项声明系为预防此后一切交涉起见。

中国第二历史档案馆藏北洋政府外交部档案

## 外交部存《国际航空委员会与国际航空条约节略》稿

1923年

国际航空委员会为国际联盟指挥下之常设委员会,依一九一九年国际航空条约第三十四条之规定而成立。美、法、意、日各派代表二名,英及海外领土及印度各派代表一名,其他缔约国各派代表一名共同组织之。但美国未批准国际航空条约。表决权一国一票。规定国际联络事务，悉委诸国联指挥之国际航空委员会。本条约共九章四十三条，并附其他各种规则。在平时皆可适用，战时缔约国不论交战国或中立国均可不依本条约之规定而自由行动。本条约有比利时、英国、法国、希腊、意大利、日本、波兰、葡萄牙、罗马尼亚、捷克斯拉夫、暹罗、乌拉圭、南斯拉夫（以上批准国）等二十七国签字，美国等十二国未加批准，此外参加者有布加利亚、智利、丹麦、荷兰、波斯、萨尔□□、瑞典。

中国第二历史档案馆藏北洋政府外交部档案

## 陈箓致交通部

照抄驻法陈公使报告第二次交通大会开会情形咨文

为咨行事：上年十月二十六日复准贵部电开：日来弗第二次交通大会业准正式邀请我国与会，当经本部会商外交部请执事担任中国代表，现经国务会议议决，除呈明大总统外，希届时莅会各等语，当经本公使电覆在案。遂于十一月十三日前往日来弗莅会，该会于十一月十五日在国际联合会会场举行开会典礼，到会者凡三十九国，列举如下：中华民国、亚耳巴厄、德、奥、比、巴巴、英、布加利、加拿大、智利、哥仑比亚、古巴、丹马、唐齐自由城、西班牙、爱斯多尼、芬兰、法、希腊、匈牙利、爱尔兰自由邦、义、日本、里多厄、沙瓦多、里都阿尼、那威、荷兰、波兰、葡萄牙、罗马尼亚、塞尔维亚、暹罗、瑞典、瑞士、捷克、土耳其、乌拉乖、威内瑞拉，此外被邀者，尚有国际机关如国际交通技术顾问委员会、国际铁路联运会、国际铁路联合会、国际商会、达吕扑河流国际委员会、阿德河流国际委员会、来因河流委员会、达吕扑河流技术委员会、沙城统治委员会共九种，俄国则被邀未派代表到会。当日公举义大利上议院议员刚蒂君主席，国际联合会指定交通股秘书长哈斯君担任大会秘书长，旋即根据交通大会会章第二条组织审查全权证书委员会，被选者八人，为法国施斌、爱尔兰马伟德、奥国卜旅、中国陈箓、匈牙利怀德、波兰伟尼阿斯基、暹罗佩德夏、威内瑞拉毕赫，同时分股组织委员会三：（甲）铁路股委员会，公推英代表法郎西藤为会长，法代表罗兰为副会长；

(乙)海岸股委员会,公推乌拉乖代表格的那为会长,巴西代表华罗、比代表毕邑阿为副会长;(丙)水电股委员会,公推丹马代表高而鼎为会长,奥代表扑罗耳、智利代表裴鞠那为副会长。以上三委员会临时各举出报告员一人。至我国代表团之组织,贵部所派专门委员三人分别担任如下:交通部铁路联运处副处长陈清文,专任铁路股委员会出席;国际联合会中国代表团办事处秘书长王曾思,专任水电股委员会出席;工程师国际交通技术顾问委员会会员王咸,专任海岸股委员会出席。开会仅及数日,专门委员陈清文于十一月十九日奉贵部电令前往伦敦办理沪宁铁路债票案件,自是所有铁路委员会会务最为重要,不便缺席,当即加派王咸兼行出席。直至十二月四日,陈清文始由伦敦回瑞时,铁路委员会之议案业经讨论竣事矣。我国代表团秘书处之组织,由巴黎交通部办事处随往者,仅朴尔纳、王炜二人,所有文牍、电报、编译、交际、庶务等事,不敷分配,当由本公使调本馆随员秘书衔林炳琛,并就近借调驻瑞士使馆随员汪延熙到会帮同办理,各任事务,以专责成。铁路股委员会开会计十次,海岸股委员会开会计十七次,水电股委员会开会计十二次,大会开会计五次,至十二月九日闭会。此第二次交通大会经过大略情形也。案查十一月十七日接到贵部电开四议案,惟铁路公约规章为最关系重要,注重处有五端,并经国务会议议决照办,希查照等语。查第一端,公约第一条第三段载明,所有各种义务应由各立约国统治下或管理下之路局履行之云云。此段已于第四次技术委员会例会时由各委员咸提出,并经该会承纳者。此次大会法国代表提议取消该项条文,本公使遂亟与各国重要代表及铁路委员会报告员依萨白君商议维持办法,各国代表多数意见以为,若照该项条文,则各政府于批准条约之先,必当与国内私有铁路公司商议一切,反生阻碍,所以不易保留。各国代表对于法国提议几乎全体赞成,我国补救之法,遂与报告员依萨白君数番商议之后,依君允于报告书内载明,各项义务虽由各国政府厘订,然履行方面则多属诸路局,所以应使各路局明了对于规章内之各种责任等语。本公使复于大会时要求于议事录内增入一段如下:按照法律方面而言，第三段条文似无存在之必要，然为规定路局对于政府之应有权限起见，自应请求保留。如大会不以为然，中国代表亦请予约末登载该项条文，使私有铁路公司于执行公约条则方面，有所取则。盖因有时政府对于私有铁路法权，于前定合同内未曾规定明了也。刚蒂会长当在大会时声明：中国代表要求之件，可以引用第一条条文时根据依萨白君之报告书为准也。第二端，十二年十二月一日，王委员咸在铁路委员会讨论规章第三十八条时，曾函致委员会会长，声明对于该规定章内之第三十八条所云特别规约加以概括保留在案，复经本公使于十二月四日在大会时将王委员原函正式宣读备案。第三端，关于价章一层，贵部之意，应将我国曾在华盛顿会议之宣言在大会重行声明，并应保留一种特权，俾按国内情形以订立内地运价及对于邻国之任何特别契约等语。用意在自由定价不受束缚，王委员咸在委员会内迭次讨论此条，并将贵部意旨向各国代表接洽。其结果自第十八条至第二十四条内容大加修改，且均极有伸缩余地，从前原条文中为我国之不甚赞成者类多删削，自于订立内地运价之自由无复阻碍，即对于特别契约一层亦为新条文所允许。该会即能容纳我意，自不便再行声明保留也。第四端，汇兑问题，原条文意义对于自由规定字样本不甚明了，此次铁路委员会讨论时，王委员咸发表我国政府只能赞成该条文原则，但须保留自由规定之权。同时又向各方面疏通，颇得谅解，遂于第二十八条新条文内载明各国得自由规定汇兑，并可以随时加以修改，当经会中通过。该条所订既与贵部意旨颇能符合，自无提出保留之必要也。第五端，案查贵部于是年九月初，函寄王委员咸审查委员会报告书第五页内载，关于两铁路间之海运及河运一层，以为规章三十八条应有确切之解释，将来派员赴会时，拟请责成该员将应行保留及声明各项在会提议各等语。以上所指各句，语意不甚明了，当经检阅上年八月分委员会会议录内，关于规章第十八条内载，中国代表应能明了此条不适用于铁路与海运之联运价章间于两铁路间之海运，应否视为包括在铁路运输之内，例如中国、日本联运所规定之海线，本会长以为第三十九条已足以概括以上问题，南京浦口之船运已指定在内矣。

贵部对于此端注意之点，因我国水运各线多在外国公司掌握之中，享受特权，而规章第十八条末段复载明本条不包括铁路与水线联运之价章等语。旧规章第十八条已移作新规章第二十条末段所载□各节已于此次委员会中公同讨论删削，是贵部所顾虑之一层，业经无复存在。再旧有之第三十九条已改为新规章第三十八条，该条规定各节均留有伸缩余地，并予立约各国政府在规章范围之内有自由商订此项特约之权，况新规□□何等之窒碍，我国与日本既已订有中日联运规则，是该项水运亦可包括在内。该项条文解释已甚明了，自勿庸再行切实声明也。再，贵部邮寄法文原稿声请书一件，原稿格式系预备在国际联合会开会时提出。上年九月间国际联合会开会时，既未经我国出席代表提出，自应于本次交通大会乘机提出。事前曾经王委员咸与秘书厅接洽，俾该声请书易于采纳，本公使在巴黎时该秘书长哈斯来谒，亦经面加讨论两项办法如下：一、由大会将中国声请书分致与会各国政府；二、由我国技术委员会会员或政府将声请书亲自转致交通技术委员会。以上所拟两项办法，已经大会完全采纳，遂于十二月四日大会开会时由本公使正式向大会提出，并同时将说明书在会宣读。本公使意该声请书既经提出大会之后，第一项办法声请书直接分致各国政府，可使各国政府明了我国意见，第二项办法该声请书可在技术委员会内讨论，我国本次技术委员会复选既经留任，则将来一切进行可由我国委员在该会中着手，自易达到我国所有之希望。惟将来如何进行，应由贵部预定方针，先期饬交该委员研究，俾得于开会时详慎进行，以免临时仓卒也。十二月九日开会，闭会之前进行选举技术委员会会员，按照会章，本届应有六国代表出会，另行新选六国代表以补充之。选举之前数日，各国代表暗中进行甚烈，以冀联任。我国亦向各方面接洽疏通分洲主义须先指定国额，以免蹈本年国际联合会选举被摈之覆辙。先期由大会会长召集各国首席代表商议选举程序，遂议决除永久会员外，应于选举会员十二席之外，新增两席以资分配。分配之法按照国际联合会章程所定分洲主义议决，十二席中分欧洲七，亚洲一，美洲四。所得结果，欧洲方面为那威、尼多里、罗马尼亚、波兰、比、西班牙、奥七国，美洲方面为哥伦布①、委内瑞拉、古巴、智利四国，亚洲方面我国以二十六票当选。新增二席萨瓦多、希腊两国当选。此本届大会选举大概情形也。所有会中重要情形，当经随时电达办理在案，除将交通大会公文全案，及铁路、海口、水电三委员会报告书、约本等另行由驻巴黎办事处检齐邮寄外，相应将大会情形逐节摘要备文，咨行贵部，查照备案。此咨交通总长。

中国第二历史档案馆藏北洋政府外交部档案

## 交通股经过情形报告

八年一月二十五日开第二次大会。祥与王全权同往，议题共计五项，分五股讨论。其第五项为海口及水陆交通之规定，当由祥起立声称：中国地大，海岸之延长及战后交通之发达，对于第五股亦请加入。嗣于二十七日开审查会选举股员，祥与魏全权赴会。事前由各全权分头布置，海口及水陆交通股，中国得十三票当选。当即通知派王全权主任出席。二月三日在工部开会，推义大利全权为会长，英美两国为副会长。英国会员提出意见，法国委员亦提出入手办事方法。十日续开会议讨论分股手续，决定共分两股，一股有十国代表担任，研究普通免税原则办法，十国中除五强国外，有中国、希腊、葡萄牙、波兰、乌拉乖；一股有九国代表担任，研究何种海口、水道及铁道适用于国际公共管理法，九国中除五强国外，为比利时、罗马尼亚、塞尔维亚、赤哈。陆续开会十余次，至四月六日将全部议案决议提交大会，加入和议草约，大要皆为欧洲各国对于敌国问题，可分为两部份：第一部份为便于即时通商起见，特设一种临时交通规制，名谓特别优待交通条件，根据三种原则：（一）借道运输之自由，德国对于各协约国货品之运出输入，不得抽借

① 即哥伦比亚。

道税,不得迟误时间,并不得加以限制手续,可参阅德约正文三百二十一、三百二十三、三百六十七各条;(二)协约国人民应享受德国人民最优等之待遇,可参阅三百二十四至三十及三百六十五、三百六十六、三百七十各条;(三)禁止德国用新式优先条件,以图便利某口岸或某船只之用意,不准特别制定税例,专为私利某口岸,而对于进出之疆界或船只或运输等法,不得分用各种取巧方法,或特别优待条件,以致益己而损彼。以上所定三种原则,专为保存协约国在德境内有享受交通特别之权利,为期五年。而德国在协约国无享受同等权利之交换,可参阅三百二十一至三十及三百三十二、三百六十五、七、八、九各条。至此种特别优待条件之接续办法,可参阅三百七十八条。该条共分三节:第一节云:自和约实行日起,为期五年,国际联合会不论何时有权修改上项优待条件;第二节云:如联合会认为无修改之必要,此项优待条件不拘何条,倘协约国能予德人以相当交换条件,则仍可接续施行;第三节云:国际联合会有权将该无交换之五年优待条件展长之第二部份为防备德人他日在政治上或经济上再生垄断起见所定。交通条件为无期限之条件,其内容可分三节:(一)推广自由航运;(二)便利国际铁道运输;(三)维持新立国得直接海运之权利。总之,主要在设法扩充欧洲之商业与其他进化国之进步。以上为和会中交通股经过情形,至所有该股议决各条款,均详约本文,兹不复述。

《参与欧洲和平大会分类报告》(五)

## 章祜①致国际交通大会会长

1921 年 4 月 14 日

会长执事:敬启者。查借道运输契约草案第十条第一节之规定,以不取消旧约为原则,然有国于此曾与某某等订有旧约,许以特别权利,则他日于该国执行借道,新约难保不发生重大困难。欲为执行借道新

① 中国代表。

约者免除误会计,则对于前项契约第十条第一节之规定,不得不预先加以法律上□实之解释。今敝代表为便利此事起见,特将敝代表对于前载第十条第一节条文之解释另具说明书,随函送上,务请转送法律股,俾该股对于敝代表主张得以表示真确之意见。设敝代表所具之意见竟为该股批驳,则该股亦应将其意见详为宣示也。顺颂台祺。

**章代表对于解释借道运输契约第十条第一节条文之意见书**

查现在东方某种港岸及某种交通线路,因有大宗条约关系,曾经规定一种特别之制度,实与日后借道运输契约第十条第一节之执行可以发生疑虑,敝代表以为该契约第十条第一节之条文,应确定之解释如下:

在东方某种港岸及某种交通线路,如业经订有特别条约,则互订此项条约之缔约国,在借道运输契约第十条第二节所许之修改旧约以前,可仍享此项条约所许之特别待遇。

其未经加入此项条约之非缔约国,在前载港岸及交通线路,将来仅能享受巴尔赛诺国际契约所载借道运输自由及航路公用之制度。

至日后因便利借道运输所开放之港岸及交通线路,则仅巴尔赛诺会议所议决之借道运输契约及航路公用一种契约方为有效。

中国第二历史档案馆藏北洋政府外交部档案

## 国际联盟会秘书长致章祜

1921 年 4 月 20 日

敬复者:日前接到贵代表对于执行借道运输契约第十条第一节之意见,现已交由法律股详加研究,该股意见谓:远东某种港岸及某种交通线路,从前既已与某某等国订有条约规定一种特别之制度,则惟有缔结是项旧约之国,在各该港岸及各该交通线路得以享受此项旧约所许之特别待遇,其未经加入此项旧约之国,除巴尔赛诺国际契约所规定之制度外,不得藉口巴尔赛诺国际契约而享受此项旧约所订制度之利益。设现在征收借道运输之税捐超过巴尔赛诺国际契约第三条所许可之数目,以致因执行此项旧约而发生利益上之冲突,则关系各国可将此种困难直接解决,否则即照巴尔赛诺国际契约第十五条办理。至日后因便利借道运输所开放之港及交通线路,当然仅以巴尔赛诺国际借道运输及航路公用各一种契约为有效等语。特此函复,即希查照为荷。此致章代表。

中国第二历史档案馆藏北洋政府外交部档案

## 孟达诺耶耶报告附件第二号《中国代表之宣言》

敝代表对于国际航路公用契约第七、第八及第十七各条特提出保留案,务请交通委员会悉予存案。盖中国现在某种水道及某种港岸已订有一种特别之制度,此种制度在未经与各关系之国审查备改以前,必仍依然存在。是故就实际上而言,中国纵有调解之意见,然于新契约第二、第三两条所载之自由平等原则,实难以遵守也。

敝代表惟深盼各关系之国,本其调和主张,将上载困难事宜妥为商酌办理,以便将此种属于暂时之困难从早〔划〕除,则幸甚,幸甚。

中国第二历史档案馆藏北洋政府外交部档案

## 国际联盟会秘书长致章祜

1921 年 5 月 26 日

敬启者:昨哈斯君转述贵代表意见,略谓此次巴尔赛诺所议决各种契约,中国或可先签,但中国政府何时方可批准该约,必须在签字之时另作一种声明,不负任何责任,并拟将此种声明公布会众等语。敝处法律顾问对于贵代表意见以为,签署契约一事,并非谓一经签字中国政府对于批准日期即当负若何之责任,前项声明就法律上而言,似属多此一举,并不能作为一种保留之案。如中国政府意谓执行契约之前必须先经某种特别磋商手续,或因其他缘由而必须将前项声明预为提出者,其全权代表之花押既有正当资格,当然亦仍在承认之列也。敝处顾问之意如此,鄙意亦表赞成,特函奉达,即希查照为荷。

此致章代表。

中国第二历史档案馆藏北洋政府外交部档案

## 中国代表签交通新约时之宣言书

谨拟全权代表签交通新约时之宣言书如左,即请审核决定:

中华民国政府特派予为签押一九二一年白色路那大会所议决各项公约[①]之全权代表,在今日签字之时,应向与会各国声明者,即中国政府如加入是项公约,对于批准之日期一节,目前不能负何种责任。

中华民国深愿与会各国对于大会法律委员所确定借道运输公约第十条条文之解释,于事前一致赞成。对于航路公约第七、第八及第十七等条,中华民国提出之保留声明书,即请将通商口岸河道等现行各项条约重加修改,以便与白色路那大会原则不相违背一节,亦请与会列强一致承认有修改之必要。此为中华民国在未批准公约以前所应需之把握也。

故中华民国政府深盼与上载各国将关于前述各条直接磋商正当办法,以便将来彼此不致发生异议。

根据以上理由,中华民国政府特将前在交通大会讨论各项公约代表所提出条文之解释,及保留书等重行声述一次。

且深愿国际联合会秘书厅,速将各该项关系之文件分送与会各国,并盼秘书厅始终维持法律委员解释条文之原议。至所有根据国际联合会信约第十九及第二十两条内允准之修改各案,尤愿秘书厅就其力之所及与以臂助,俾得与各国磋商,以利实行。

中华民国须俟与各国关系国直接磋商一致赞同后,方可正式批准全体公约。

中国第二历史档案馆藏北洋政府外交部档案

① 巴塞罗那关于国际借道自由问题公约——原注。

## 交通部致章祐

×年×月18日

西班牙拔色落纳[①]中国领事馆转章代表祐:交密。顷驻京日使到外部询问:此次交通会议之议决案中,由贵国等所提出之第四条,声明河道国因特别情形可以禁止他国行船,日政府以为贵国所以提出此条之故,大约系为黑龙江、松花江起见,日本政府对于黑、松两江久有行船之意,拟请贵国将第四条撤回等语。查此项声明究竟如何措词,是否由我单独提出,抑经何国连署提出,以及其他各国有无提出与我相同之声明,仰速查明详复,以便答复,至要至盼。交通部。十八日。

中国第二历史档案馆藏北洋政府外交部档案

## 章祐致交通部

×年×月22日

交通部国际交通审查会鉴:交密。十八日电敬悉。日使所询一节,系指航道契约草案第四条而言,当祐在旧交通股时提出,原为保存河道案航权起见,万一黑龙江作为国际河流,中俄航权即可藉此挽回一部分,关系至重,一切详情请查阅施公使寄送之交通股议决案第七十页。现航道契约尚未经大会议及,乞代呈。祐。二十二日。

中国第二历史档案馆藏北洋政府外交部档案

## 施肇基[②]寄送之交通股议决草案之一节(第四条)

第四条:关于沿岸航运问题,经长久讨论后,得有调和之解决。比、英、日本、希腊、荷兰等专使团均以为:无论如何,河道国对于国际河能有保留沿岸航运专利之权,实于航运自由宗旨大相背驰。至于中国、罗

① 即巴塞罗那。
② 时任中国驻美公使。

马尼亚、塞西比等专使团则以为:如该国际河道之各同河道国一致赞成,则当然有保留沿岸航运专利之权。法国专使团意为对于国际利益有限之国际河道,可有保留之权。至对于有国际公共利益之河道(即归国际委员会管辖之河道,而该国际委员会有非河道国之委员在内),本交通股采决对于保留专利权一节,须有特别原因,类如经济上、地理上、技术上遇有不可分离之情形者,方可准许。黑龙江即有特别原因,为中俄两国之交界,中俄口岸间之航运,完全由该两同河道国专利,该种违背航运平等之事实,须与国际航运公共利益无妨害时方能允许,因有一种长久习惯,其旧约之关系骤然变更,想于技术上、地理上所发生之经济状况将受重大之扰乱也。

如遇有争执时,国际联合会有全权评断之,凡国际河道归有非河道国代表之国际委员会审断者,则所有代表国一致赞同之担保,足以严禁各种越权行为。国际委员会内有非河道国之代表,实可增加担保之能力。

本股对于本条如同对于第九条关于工程事件承认,类如该各种河道有公共国际利益之性质较多,惟对于学说之分别,则尚未得有所依据。荷兰专使团对于契约之条虽然赞成,惟对于本节末两语之宗旨则不表同情。

中国第二历史档案馆藏北洋政府外交部档案

## (二)新银行团与其他问题

说明:“一战”后为了打破日本独霸中国的局面,限制日本单独对华借款,1918 年 7 月 10 日,美国向英国、日本和法国政府发出照会并提议组织成立新四国银行团,以从事对华投资与中国公共事业的开发。美国的提议在得到各国政府的承认后,美、英、日、法四国银行团于 1919 年 5 月在巴黎召开会议,协商关于银行团组织的具体办法。日本政府一面表示赞成四国巴黎决议各案，一面又以银行团名义通告美、英、法三国，提出对南满及内蒙古东部的保留权。日本的要求遭到美国和英国的反对。1920 年初，英美两国银行团联合行动，派美国银行团代表拉门德赴日交涉。1920 年 5 月 11 日，拉门德与日本代表达成协议，仅保留日本在南满铁路以及吉林会宁铁路、郑家屯洮南铁路、开原吉林铁路、吉林长春铁路、长春洮南铁路、新民屯奉铁路、四平街郑家屯铁路等的权利。1920 年 9 月 8 日，各国驻京公使通知外交部，宣布新四国银行团成立。这个新的国际金融组织的成立目的是，在中国的经济和财政事务中，以国际合作代替国际竞争，这与一战后的远东国际局势和列强的新的对华政策是一致的。新银行团与旧银行团的最大区别是不再局限于政治贷款，而且包括与各国在华势力范围关系密切的铁路借款。各国财团的合作是基于各自的利益考虑，并非真有共同的精神，其目的更多在于削弱日本的势力，向中国提供铁路借款则缺乏诚意。新银行团的垄断性日渐明显，在“平等、尊重主权”的幌子下，限制中国举借外债。它在中国朝野逐渐遭遇冷落，在中国民族主义情绪普遍高涨的背景下，中国政府和民众对新银行团所体现的强权政治色彩愈益有了清醒的认识，努力目标更加集中于废除不平等条约。

## 1. 在华国际新银行团

### 蓝辛[①]致美国各银行

1918 年7 月10 日

各银行执事公鉴：一九一八年七月八日来书，余已详加考虑，其中有数要点必加讨论者，兹按次说明之：

英、法、日、美以及其他各国因战争之影响，已处于和协及相助之地位。从前各国对于国外之利益，其相竞之精神，至为浓厚。至于今日，

① 美国国务卿。

此竞争之精神已一变而为互助与协力之精神矣。其所以然者,盖以一国国内之资本既形缺乏,则不得不仰给于外资以应战争之要需;而各国因利益相关,当不得不协助之也。

各团因借款之故,既须有协助之必要,故吾以为即在美、日两国,一时应当担任某借款之时,英、法一方之援助,亦不可少。盖四国悉愿中国国力雄厚,使对抗中欧各国更为有效。故四国对于可使中国国力雄厚之举,无不极愿各自效劳也。日本方面,已拟与中国以财力上之援助,以前已有两种借款,以为必须担负。而此两种借款,均与英、法国民之利益直接有关系者也。然则不与有关系之方面一同协议,则吾不能认为适当也。

是以当此之时,英、美、法、日四国之银行团,是当结合一起,使四国之利益并在一处,而共同与中国政府商议借款于中国之事务。吾并希望若如此办理之后,则中国财政问题之全部可得为较宽广之讨论也。假使每次借款之条件,苟能交与美政府及他协力之政府,而得其批准,更得中政府之批准。此种办法,美政府非但不加以反对,并以为必无忤于中国之幸福及列国之正当利益,而认为列国间因公益而发生密切兼友谊之交易也。盖美国对于有害于中国政治上之管理,或剥削中国之统治权之借款,必加以反对,此吾可断言者也。

至于政府是否愿于借款发行时,说明借款乃因政府之提议而发生,则吾以为,此次借款乃实为政府所提议,则在发行之时,当亦可明白宣布,而无庸嗫嚅者也。

至美国银行团中银行应放弃现在有利于己之各借款之选择,似为银行团员应有之事。各国银行团员是否亦同样放弃,则美国政府并无把握。然余以为,若美国银行团愿彼等如是者,则美国政府亦可尽力而图达此目的也。

因战争之故,列国政府与其国民对于别国政府之间已有利益之关系。以前两国间之畛域,今已尽泯。国际之交易,因之大为便利。吾前已述之。顾余等外国云利益虽一方膨胀,然投资于外国之危险,亦不可不一计及之。盖此种危险,有时常与国外投资相联,借款国家履行契约上条件之能力与善意,皆须计及也。故美国政府以为,对于提倡美国与别国间互相利益之交易,并使之便利,当然应有相当之办法及强健之代表团,以谋因善意而订立之契约之条件,得完全可以履行之保障焉。

执事等前提议云美国银行团应代表全国之说,实无可攻击之余地,因此说为至确当者也。全国各处于此种性质之事业均所注意,故对于拟定之建造银行团方法,均应助其成功者也。美国银行之正当组织法,既甚紧要,余以为于银团正式组织成功以前,执事等当将预定团中各团员之名称递交政府。

执事等协助之精神甚为显了,颇为政府所欣悦。政府对于此事极愿助以援手,凡有关于促成此新银团事,政府无不乐为出力也。蓝辛白。

《北洋军阀》第三卷,第1269—1270页

## 蓝辛致驻美英代使

1918年10月8日

敬启者:余与美国各银行因组织新银行团,以谋与中国以财政上之协助一事,而来往之函件已于一九一八年七月十日呈诸贵政府。

于此函件之中,可发见美政府之意见,即谓新组成之美国银行团,当代表美国全国;其中会员,以后将包括与中国现在有关系之各银行,以及其他各银行情愿加入而经美政府及银行团中各银行认为可容受者。

现在加入美银行团之银行,共有三十一所,皆为代表美国各部分者也。

各银行均以为美银团团员之条件,须承认对于中国借款时,团中各团员所享受之优先权、选择权须公诸银行团全体;以后有政府担保之中国借款,须视为银行团全体之事业,由银行团全体办理之。至其借用之目的,属于行政或实业,则不问也。盖此即为美银行团自己结合之纲要

至美银行团并以为以后美国所办理之借款,俟国际银行团于成立以后,当由该团担任而办理之。因大战之故,各国政府及其人民对于与中国以建设计划所需之援助时,均发生互相之感想。故现在美国政府之希望,即欲其余各国政府之与中国有重大关系者,而现在处于能与中国实力援助之地位之国家(即英、法、日),当亦视联合于美政府之计划为适当,而各允许组织同样并同一根据之全国银行团,以与美国所组织之银行团协同进行。美政府以为若非如是协力,若非根据于此种纲要,则不能为中政府得至善之结果。对于别国共同之利益,亦不能得至善之结果也。

至若四国政府各自组织一银行团,包有以前各团员之已与中国借款及将借款与中国者,或各团员欲与其余各团员担任将来中国借款,以及包括其他已享有选择权或已享有优先权者在内,则知各国之财政界当不吝予以同意也。

设四国银行团之一,欲与别国银行团共同担任借与中国某种款项之时,此别国银行团对于此借款或已有选择权,则余以为与中国均有至善之利益。此中国最大之利益,即美国欲得关心于中国幸福之各国之援助而求得之者也。

美国政府提起此主张时,并非忘情于五国银行团;美国提议结合新国际银行团之意,并非欲妨害旧银行团之权利。美国所希望者,新银行团之组织,须推广其范围,以至可以容纳以前银行团之分子,以及对于各银行团可以有正当要求加入之各银团在内,庶可以应中国较大之需要及机会;各国于此借款之时,亦可消除其互相竞争之危害及自利之心,而代以共益而和同之精神焉。

各国对于余之计划已加以考虑,余今复以此事之大要通知阁下。如阁下能将此通知呈诸贵政府,则无任欣幸矣。蓝辛白。

《北洋军阀》第三卷,第 1265—1266 页

## 美外交部致法英日三国大使

1918年10月8日

前致贵政府关于建议中国借款普通计划之文件,承蒙收受,美政府不胜欣幸。书中有数论点贵政府要求美国为更透澈之说明者,美国政府兹答复如下:

(一)美国并不拟以近日新组织之美国新银行团加入旧银行团。惟拟重新组织一国际新银行团,包含英、法、日、美各金融机关之代表在内。

美国政府所拟之计划中,并不寓有旧银行团必须解散之意思。其原意不过欲四国政府料理本国国内组织全国银行团之事务。此全国银行团,现已希望其能将以前银行团内各分子与以前未加入银行团,而现在从事于中国之实业,或将来可以从事于中国事业之各方,以及认为有加入银行团需要之各方,一并包括在内。

美国建此提议时,其胸中并不存有即须担任何种借款之意见,不过对于将来之活动,预定一种普通之规则。所谓将来之活动者,即欲从较广泛之范围,以应财政上之需要是也。现在既不过为将来之活动定一种普通之规则,故前文并未提及拟定借款之数目,与其作保证之入款以及关于借款之各详细事项。盖凡此诸问题,当于每次借款时再行决定。现在既无一定之某种借款,故无庸提及也。

至于第二次改良币制借款一事,美国将与美银行作以下提议,即美国银行团非但将与日本银行团各担任其一部,并将让英、法之银行团加入而共同担任之。且非特此一借款如是而已,即以后各种借款,亦无不当视为国际银行团共同之事业也。

(二)关于银行团各分子对于银行团或中国应抛弃其现在单独享有之选择权一说,现在最初只适用于美国银行团,亦仅适用于美国政府与其国内银行之协意。此协意即谓凡银行团分子,对于中国有政府担保之借款,其单独享有之优先权及选择权,当转移至银行团全体而共同享有之也。美国政府以为放弃优先权,实为美银行团分子应有之举动。

并以为有关系之各国政府对于银行分子放弃优先权一事，亦当设法与其国内之银行团接洽，使之亦可实现。且以为组织银行团之各分子，须不问其所享有优先权之性质如何，当一律放弃。盖非如是，则国际银行团之事业，不能循轨而进也。

（三）美国政府之提议，其寓意以为借款当不问其为行政借款，或实业借款，宜一律以新定办法处理。盖因此种借款之界限，事实上常难于划清。此二种借款均须有完全之考虑，且须免去有危害之竞争，故以并而为一为宜也。为达此之合并之目的，故美政府提议各国政府，宜公同允许推广全国新银行团之范围，使所有各种金融组织，其愿从事于中国借款者，均可加入其中焉。

至于一九一三年九月二十六日，各银行团在巴黎会议之时，各银行团曾订定一种协意，即谓各银行团并不反对放弃实业借款。当时美国银行团虽亦赞同此协意，但并不谓美国即系处于反对实业借款之地位，仅可谓美国银行团在此时并未于旧银行团中十分活动耳。但现在新银行团即须成立，此问题自当重新商量也。

（四）所谓借款之条件及情形有害于中国政治上管理及剥削中国之统治权者，仅指以后美国银行团之活动，须不如是而言，并非谓以前旧银行团与中国间，或各国政府与中国政府间有如是之情形也。故现在美国政府明白说明，美国政府并不谓外国在中国管理征收某种税务，及其他因两国互相承诺而为之管理为可反对；且亦并不谓因某种借款而约定征聘外国顾问之事项，为可反对者也。

（五）至俄、比两国银行团在旧银行团之权利，现在并未有将其仍限制于旧银行团内之意思，亦未有纳入新银行团内之举动，前余已声明，新银行团并无必须解散旧银行团之蓄意也。惟照现在之情形，则殊不能保证健全之俄、比两国银行团之组织成就耳。

美国政府并不欲忽视因欲加入国际新银行团而发之正当要求，惟因战争之故，不得不先结合其力量足供给中国以借款之各国以从事。至于其余各友邦，将来或可处于协助中者，其加入问题，请待以后讨论可也。

《北洋军阀》第三卷，第1266—1269页

## 美外交部致英法日驻美大使

1919年5月31日

为照会事：英、法、日、美各银行团代表各得其政府允许之后，已于一九一九年五月十二号，在巴黎开会讨论组织国际银行团，以从事于中国借款上之事务。现在所附上决议案一件，即当时各银行团一致采取而当请四国政府加以核准者也。美国政府现已将以上所云之决议案核准，并希望各政府即与以同样之核准，庶新银行团于旧银团合同在六月十八日取消以前，得正式组织成就。右照会。附各国银团代表决议案一件。第八九三五一号。

**附：银行家巴黎会议之决议案**

1919年5月12日

第一，为从事于中国借款之新银行团其组织之纲要，前于一九一八年由美国政府照会英、法、日本政府者，本会今已议决采用。

第二，议决：（一）于将来新发生各事业外，所有现在已经成立之借款合同及选择权，除关于已曾经发生效果的诸实业（铁路在内）之借款合同与选择权不计外，皆应归诸公众，由公众合出资本，担任此借款。（二）各银团应将以上所述各团享有或归其管理之合同及选择权归诸新银团。（三）各银行团应竭力使享有以上所述借款合同及选择权之各方，使其将享有之合同及选择权归诸新银行团。

第三，俄国政府如经四国政府承认以后，新银团即应设法使俄国银行团加入新银团，本会主席应将本议决案全份送交俄国银行团。

第四，莘蒙君曾报告，谓比银行团曾要求加入新银行团，现在议决，俟新银团成立之后，应即对于比银行团之要求加以讨论。现在即请莘蒙君将本会议决案全份送交比银行团。

第五，议决在新银团中之每银团，应以国家为单位。无论何团团员

在新银行团活动范围以内,不能直接或间接代表别国之利益。每银团应各自订立成文之合同,此合同应抄送各银团。

第六,各种实业及铁路事业应完全经营,不能将各事业分成数部而为分别经营之。现在议决各银团应通知其代表及工程师,俾预备一共同之计划,以实行此定则。

第七,对于日本加入湖广铁路之借款问题,其他各银行团之意思,以为新银行团成立,日本银行团加入之后,各银行团应遵照以上议决办法,即将〔使〕日本银团担任此借款之一部分。

第八,草合同已经本会议决通过,但现在决定,此草合同尚须由各银行团与各本国政府共同讨论之。

《北洋军阀》第三卷,第1270—1272页

## 新银行团草合同原文

订立合同人:第一方伦敦汇丰银行,第二方东方汇理银行,第三方日本横滨正金银行,第四方美国摩根公司、孔洛白公司、纽约国立市银行、纽约担任信托公司、芝加哥大陆商业信托及储蓄银行(以后简称美国经理员),(第四方在英国由麦而根佛来公司代理,在法国由麦而根麦及公司代理),于一九一九年　月　日订立此合同。

汇丰银行、汇理银行、正金银行、美国经理员既各自代表其国内之银行团,而从事于订立合同。而英、日、法、美各银团,又为经理中国借款事务而组织,且复可得其政府外交上之援助。故各方乃得订立合同如下:

一、各银行团得自由增减其团员之数目。但出团之团员,应仍受此合同内限制规定之约束,入团团员自亦应受限制规定之约束,庶各银团(无别银行团之允许)不允许非属其国籍或不在其国内市场之新团员入团。其他各国银行团是否可加入新银行团,当由现在银行团各部决定之,并须得该政府之批准。

二、凡已成立、或将来之借款合同,关于借款与中国政府,或中国政

府内各部或中国各省,或有中国政府及各部担保之各公司,均与本合同有关,但关于在中国国内流行之借款,不与本合同有何关系。现在成立之经理实业各合同,此种实业之经理,已经证明其有物质上之进步者,则此等合同得出于本合同范围以内。

三、凡与本合同有关之已成立、或将来之合同以及由此等合同内发生之事务,应分别交与各银行团,按照本合同之规定以处理之。

四、本合同以根据于各银行团在各方面均须依完全平等之原则而订定,凡各银行对于各种事务应平均担任,其一部所有契约,须共同签字。关于举办各事之费用(除邮费及各方面因欲将其所负担之借款之债票,在市上变卖而发生之费用不计外),亦应共同担任之。各方对于订立各方自负之契约,亦有同一之权利及义务。其余各种之权利、特权利益、责任义务,各方均平均享有之。因此如有因执行契约上订定之事务而需要之垫款,亦应由各方平均负担,而其余各已成立之合同,亦应由各方加入而共同担负,并应让别方对于将来本合同范围内之借款,公共担负之。假使一方或数方欲加入所有现在成立之合同,或现在成立各合同中之任何合同,或将来之合同而担任之,则均可自由加入。但其执行其分别担任之事务,只能在其自己市场之内。

五、订立契约之时,务使各方不负连带之债务。但每一方面对于其自己所负之债务,得分数次履行。对于办理其事务之时,各方当各依其自己之利益而决定其办理事务之方法。惟各国所办理其分别担任之事务,应限于各方自己市场之内办理之。

六、无论一方或数方,其已担任其事务之一部分者,得以文书通知其余各方,将自己所担任之一部,请其担任其全数或半数。受通知之一方,得于其通知内所述之(后称残余部分)为之担任。

甲、别方接到通知,须在所担任借款之最后合同成立以前。

乙、收受此项通知之一方或数方,应自己决定由何方当担任此残余部分之借款。如各方不能决定时,应平均共同担负之。

丙、担任残余部分之各方,对于残余部分及原有部分,不能认为有何等歧异。

丁、担任残余部分之一方或数方，应自行决定其担任之一部分时所需之用费。

戊、担任残余部分之一方或数方，得对于通知之一方要求代办之费用，但不得超残余部分百分之一又二分之五。

己、担任残余部分之一方或数方，并不因本合同之故，负有必供给残余部分之责任，或使此残余必可以供给之责任。

庚、担任残余部分之各方，得将其所得之全数供给借款。

辛、担任残余部分之各方，应竭力设法于其市上招足其担任之部分。

壬、所有之残余部分或其中之一部，发通知之一方，除非得互相承诺以外，不得再行自行负担。

七、非属于其自己市场内之部分，不得以之令他方担任其自己市场内之部分，由别方担任时，仅系其自己之情事。换言之，即属于发通知之一方及担任残余部分一方面之情事。在此发出通知及担任残余部分之时，通知之一方应从长设法，使担任残余部分须不为在其市场以外之某方担任。其他之担任，须得各方面之同意，或由各方共同担任之。

八、本合同于本日起，五年内有效。但各方多数如于十二个月以前用文书通知其余各方，得于无论何时取消此合同。

《北洋军阀》第三卷，第 1272—1274 页

## 叶景莘致外交部

查此次美国银行团代表赖孟德来东方之职务，在磋商银团事宜，同行者有多人。兹探得各人履历大略如左，以供参考。

赖孟德(Thomas W. Lamont)，现年五十岁左右，于一八九二年在哈佛大学毕业，任纽约脱里宾报编辑，数年后脱离报馆，从事商业，为商界所推重，时有纽约财政家组织一银行信托公司延聘之，专司其事，未几即被聘为纽约第一国民银行副经理。及年四十，摩根公司聘之为股东。

赖孟德之专业初为铁路及工商业投资之经营,及入摩根公司后,更研究英法及远东财政问题,成为熟悉世界财政情形之有数人物。欧战开后,摩根公司为协约各国政府订购大宗军火、物料、食品等,垫款甚巨。当美国加入战役时,该公司已垫二千五百兆元美金(即二十五万万元)以上,而订立合同之任实由赖孟德负之。美国加入战役后,摩根公司乃以其财力助美政府。巴黎和会中,赖孟德为代表美国财政部之一人。及其自巴黎回美后,颇鼓励美国人研究欧洲协约各邦财政困难之情形,并助协约各国订借美款,以图善后焉。赖孟德于教育、新闻诸事业亦素具热心,于改善教育方法,曾多尽力。近曾主持哈佛大学募款事宜,所募集至二千五百万元美金之巨。前美富豪卡纳奇捐巨款为教授改良基金,赖孟德盖为其监察人之一也。赖孟德君近复收买纽约晚报,延名人主持之。其于慈善事业及改良戏剧亦颇有助焉。此行同来者其夫人外,尚有下列诸人:

伊耕(Mastin Egan),美西战役,伊耕为战事访员,拳匪之乱及日俄之战时亦然,嗣在菲利滨首都充报馆主笔五年。七年前入摩根公司。此行为赖孟德之远东事务助手。

司密斯(Jermiah Smith),亦哈佛大学毕业者,为卜斯通之律师。美兵赴法助战时服务于法国两年。和会中为美国财政部代表之参议。此行为赖孟德君之法律顾问。

蓝多福(Richard Wood Randolph)为铁路工程师,曾在中国服役数年,川粤汉路之川汉一段即由其测量,近年为美国银行团之工程顾问。

麦克利来(John A. Mccreery)为纽约之外科医生,亦在哈佛大学卒业,欧战中服役于美国军医院之治疗英军者。

铁尔福(J. Ross Tilford)为美国银团之书记,曾偕爱保德来中国前在美国务院任事,辞职后在摩根公司。

威廉姆(Jessie Lynch Williams)为著名之著作家戏曲家,此次偕其夫人同来,为赖孟德之客。

以上各人约于二十号后抵京,已由美使馆在六国饭店包房十间。

窃谓摩根公司为美国资本家之财力最雄者，而赖孟德殆为其公司中最重要之人，此来决非虚行，中国若不欲借美款则已，否则不可不与赖孟德披诚接洽。其于远东财政素有研究，其同行者又多通晓中国情形，接洽时似可以财政现状尽告之，无须隐秘。现在财政困难，纸币充斥，为欧洲各国之普通现象，较我国远甚，我亦毋庸自馁也。愚昧之见，是否有当，谨候钧裁。

叶景莘谨呈

中国第二历史档案馆藏总统府军事处档案

## 国务院、外交部、财政部致庄璟珂

1919 年 5 月 31 日

东京中华使馆庄代办鉴：未密。二十五日电悉。新银行团所提条件，系属片面意思，并未与此间接洽，吾国借款，除政治借款须依民国二年善后借款之规定外，其余并无商定，当然不受拘束，即希查照，如各方面非正式晤谈时，亦可酌量谈及，院、外、财部。卅一日。

中国第二历史档案馆藏总统府军事处档案

## 小田切致拉门德

1919 年 6 月 18 日

敬启者：兹于本月十六日曾与田积君进见阁下，接洽组织新银行团，从事于中国借款一事。兹尚有言者。余等顷接本国当局之知照，谓日本于满蒙有特殊之关系，故所有日本在满蒙境之优先权及选择权，应除出于新银团范围之外，不受所订合同之拘束。盖此实因日本与该两地方历史上与地理上均有特别关系，不与别国相同。此种事实，英、美、法、俄诸国，以前屡次公认者也。故今请阁下对于贵国国务卿于一九一七年十一月二日致日本大使之通知书，加以特别注意。

再启者：以下一事，日本银行团于中国善后借款签字曾声明除外，而现在新银行团合同中乃涉及之。

一九一二年六月十八号，六国银行团在巴黎开会，讨论中国善后借款合同时，田□君代表日本银行团，为以下之宣言，此宣言并曾载当时开会录上。其文曰：

日本银行声明：日本担任此借款有一种了解，即本借款之范围不能妨及日本在南满及接近南满之内蒙古东部所有之特别权利及利益是也。

阁下如能对于前述事项加以详细之考虑，则不胜幸甚。小田切上。

《北洋军阀》第三卷，第1274—1275页

## 拉门德复小田切

1919年6月23日

敬复者：阁下于本月十八日在伦敦寄来一书，内开：阁下得东京知照，据云日本在满蒙有特别权利及利益等情，并命余将(情)〔此〕转致美国银行团，该书余已收到。余并知阁下已将同样书件致伦敦汇丰银行之亚迭士君及东方汇理银行之莘蒙君，请其各自转致英、法两银行团矣。

余因足下知照之故，应有说明者，即余已与英、法两银行团正式接洽，吾等意见均一致，吾等信贵国当局对于此事必有误会，假使彼等仍执定此议，则日本与新银行团将来关系如何，可以不言而喻。吾人亦以为满蒙乃中国重要部分，故若将满蒙圈出新银团范围以外，乃不可承认之事。阁下等所谓之特别利益，余等认为与经济事业无关也。

惟阁下所提出之问题，其关系重大。余等以为，非金融团体即能加以讨论。故余已呈请华盛顿外交部加以斟酌。想其余各银团亦将取同一之举动，以与其外交部商洽也。田□君于一九一二年六月十八日六国银行团开会时，代表日本所述之宣言载在开会录上者，余已看过。故余须知照阁下者。同时该开会录上亦载有以下之宣言："英、德、法、美银行团谓彼等并不能对于政治问题加以讨论，故日本此等宣言，彼等亦并不能接受，或加以讨论。"此宣言于一九一二年六月十一日伦敦日本大使致亚迭士君书中曾表明，已经蒙日本嘉纳者也。拉门德敬复。

《北洋军阀》第三卷，第1275—1276页

## 驻日美大使致日本外部

1919 年 7 月 6 日

美国政府兹告大日本政府,美国政府对于规定政府援助银团之方式,允为略加修改如左:凡四国银团各团员按照一九一九年五月十一、十二日各银行在巴黎所定之议决案及合同而承办之事业,由各该本国政府予以完全援助。设于承办任何指定借款合同时,遇有竞争,则四国政府驻北京之外交代表为获得此项合同起见,必予银行团以全体援助。

《北洋军阀》第三卷,第 1276 页

## 马勒致怀特

伦敦,1919 年 7 月 17 日

亲爱的巴特勒 · 怀特先生:

我已向寇松勋爵提到你本月 14 日的照会,关于你们政府的情报和你所询问英国政府是否同意美国政府不允许日本提出的把满洲和蒙古排除于银行团行动范围的要求的观点。

就如我今天早上电话中告知你的,寇松勋爵授权我声明,他认为日本的要求是完全不可接受的。

DBFP, First Series, Vol. 6, p. 609

## 寇松致康邦[①]

伦敦,1919 年 7 月 29 日

备忘录

在法国大使 7 月 22 日提交的备忘录中提到,如果日本把满洲和蒙古排除出新银行团的业务范围外的要求得不到承认,日本财团将退出,很明显美国财团在这一点会保持中立并考虑余下的三个财团重组银行

① 法国驻英大使。

团。毕盛先生认为日本完全重新恢复他们的行动自由可能与协约国和同盟国之外的国家就中国财政事务达成谅解。

寇松阁下向康邦先生声明,最近美国大使就英国政府在多少程度上同意美国政府不允许日本财团把满洲和蒙古排除出银行团范围之外的要求向外交部咨询,寇松阁下在答复中认为日本财团的要求完全不能同意。令人感到自慰的是,寇松阁下有理由相信日本的要求本质上只不过是一个试探汽球,由各自政府支持的英国财团、法国财团和美国财团的一致反对下,日本财团不会认真坚持他们的要求。

DBFP, First Series, Vol. 6, p. 650

## 美国政府致日本大使馆

1919年7月30日

一九一九年七月三十日,美国政府据报告称:去年五、六月间,各银行在巴黎会议讨论投资中国之新银行团事时,日本资本家代表奉其本国主训令声称:日本在满蒙区域有特殊关系,凡日本在该区域内所执有选择权及优先权,应行除出在合同规定办法之外。缘日本对于上开区域享有地势上、历史上之特殊关系,屡经英、美、法、俄等国承认云云。

美国政府又据报告称:美国银团代表彼时所持之态度,而为英、法银团代表赞同者,即以为苟有谋将蒙满除出银团范围之外,断然不能容许。惟以所提出之问题,全部极关重要,非资本团目前之权能所堪讨论,是以必须陈明本国政府云云。

查日本政府对于日本银行家之意见,并未表示同情。今美政府既经美国代表将日本银行家所提出之问题转达前来,窃以为应将此事知照日本政府。

查日本银团对于银行团目的及用意,或有误会之处。银团目的借资中国中央政府或各省政府,无论为行政或实业之用,包括一切借款之有中央政府或无论何省政府担保,而发行公债者在内,然非故意排除私人事业或经济实业团体之活动。盖此亦非本国政府愿为也。

日本政府须知,美国政府万不能允许美国银行家容许所提议之保留,其故因美国政府深信合同内所拟之各种中国事业,由银行团经营以后,均可收效。故此项经营事业乃银行团正当之职务,应当首先注重。至保留区域一事,则适足损其良善之效用,限制其活动,亦适足减少其提倡国际协助之精神。况订立此新银团办法之其他各方,均允平均其优先权及选择权,除合同条文规定以外,别无所保留。然则非以同一规则适用于各方,又何能为公允。

设若日本政府不能劝告日本银业家服从正理,履行美、英、法银团代表赞成无保留之合同,则美国政府将来闻之必极形失望,而引为遗憾。缘查欧战之时,日、美及其他各国间亲睦之交谊,曾树立一种基础,苟能从此竭诚共建和平事业,则互相获益决非浅鲜。美国政府深信银行团系建设事业之一导线,战时巩结之亲睦精神,可借此一变而为协同动作。此种观察,本非美国政府所独具,观夫英、法两国政府之竭力协助银团,以及比国政府及俄国银行之请求加入,足以证各国无不有如是之观察也。因此深望日本政府于此观察亦表同情,并祈照此通知日本银团,至盼。

《北洋军阀》第三卷,第 1276—1277 页

## 英政府致日政府

1919 年 8 月 11 日

上月二十二日柯逊伯爵曾有通知书一通,内开:英国加入国际新银团,从事于中国借款等情,递交日本大使馆珍田子爵,接阅此通知以后,当能对于以下情形,格外明了,即除英国正式辅助英银行团之情形外(此点现已得完满之决定,现因采取美国所提出列国政府辅助其银行团之方式之故也),英国政府对于美国原来提出之组织国际银行团之规划,已完全容纳。盖此亦即上月二十二日柯逊伯爵致日本代理公使书中所声明者也。

日本大使当然已将巴黎银团会议记事录研究,在该会中已通过议

案,待各国政府之批准此种议案,即各银行团应平分其所有现在已成立及将来之各合同及选择权之关于应发行公债者。且各银行并约定应竭力设法使团内各方之享有或管理此项合同者,放弃此项权利于新银行团焉。

现在英、美、法三国已将按照美国对于各国政府正式辅助其新银行团计划之解释,对于新银行家会议各项之记事录,加以批准之情形,各自知照其银行团。惟据柯逊伯爵所知,日本政府尚未为同样之批准,而组织银行团之事宜,亦遂因之而停顿。

英国政府闻巴黎之日本金融界代表奉其本国领袖之训令,曾声称日本在满蒙区域有特殊关系,凡日本在该区域内所享有之优先权及选择权,应除出于合同规定办法之外,缘日本在上开区域享有地理上及历史上之特殊关系,屡经英、法、美、俄等国承认云云。英国政府闻之,殊引为遗憾。

英国政府又据报告称:英、法、美三国银行团对于日本此项要求所持之态度,即以为苟有谋将满蒙除出于新银行团范围之外,断然不能容许。惟以该项问题全部极关重要,非金融团体目前所应讨论,必须陈明本国政府取决云云。当此情形,英国政府以为,应将此事知照日本政府。闻美国亦已为同样知照英国政府,并祈日本政府设法使日本银行团对于此点变更其态度为盼。

英、日、法、美四国政府所接受之美国新银团提议,其中最要目的之一,即为排除在特别利益范围之内特种要求,及使中国各处对于国际银行团之活动完全开放,而无何种区域之除外。欲达此目的,则苟非参预于此计划内之各方,完全情愿于无论何种政治势力范围,而牺牲特种享受权利之要求,则无能为也。满蒙为中国重要之省分,苟有谋将除出于新银团范围之外,则不啻于新银行所根据之原理直接加以否认,或者将引起别国同种之要求,而使新银行团所欲免去之种种困难仍旧发生。况除日本银行团之所有,预分各方,均允平分其优先权及选择权,除合同之外,别无所保留。今若不以同一之规则适用于各方,又何足以称公允乎。

英国政府因种种理由,深信日本政府对于各种观察必能表示同情,且并能使日本银行团撤回其满蒙除外之要求也。

《北洋军阀》第三卷,第 1278—1279 页

### 寇松致美国驻英大使

伦敦,1919 年 8 月 11 日

阁下:

在答复阁下本月 1 日的第 521 号照会中,为通知美国政府,我已附上致日本大使备忘录的副本,敦促日本财团撤回把满洲和蒙古排除在为中国提供贷款的新国际银行团范围内的声明。

我也向法国大使送了一份副本以知会法国政府。

DBFP, First Series, Vol. 6, p. 666

### 驻美日大使致美政府

1919 年 8 月 27 日

日本政府赞成并追认一九一九年五月十一、十二日美、英、法、日四国银团代表在巴黎会议组织在中国投资之国际银团时所采定之议决案,但该议决案之赞成及追认,不得视为或解释为有损害日本在南满洲及东部内蒙古所执有特别权及利益之作用。

《北洋军阀》第三卷,第 1279 页

### 美外部致日本使馆

1919 年 10 月 28 日

美国政府接读一九一九年八月二十七日照会,业经详加考虑。据该照会贵大使称:日本政府赞成并追认一九一九年五月十一、十二日美、英、法、日等银团代表在巴黎会议组织在中国投资之国际银团时所定之议决案,但附以下开条件:

“该议决案之赞成及追认，不得视为或解释为有损害日本在南满及东内蒙所执有特别权利及利益之作用。”

本国政府对于此项提议，切实研究，殊觉不能加以容许。关于南满、东内蒙之条件所拟保留，只能视为对于投资计划含有要求政治专利之混用。其他有关系政府对于此项计划，莫不具大度无私之精神，并力求解除一切扰乱政治之动机及目的。若现在日本政府具此种主张，是不啻欲新银行团采用彼前清末叶时列强施行于中国领土之利益范围主义，且更变本加厉焉。

本国政府从中国之正当民意方面观察，或从中国利益方面观察，以为日本政府抱此主张，实为不幸。故不得不认日本政府之持目前态度为有误会新银团目的之处，盖定以为其他政府故意侵犯日人在所开区域现有之利益。其实各该政府并无此意，稽之五月十一日合同条文，自可了解。查合同第一条规定，只共同承办现无确切进行之实业事项。此种句语，显然将现已经营而成为产业上利益之事业者一切除外（例如南满铁路、四郑铁路、抚顺煤矿等），此种规定，且不妨释为亦将延长已办铁路之现有优先除外（例如所拟四郑铁路之延长至洮南，及吉长铁路之延长至会宁）。设使日本坚持保留，只为保护其现有权利之利益计，则现在苟能对于银团之无意侵犯已办之实业事项，或无意希望合办日人现有之延长铁路优先权一层，使其切实明了，俾足以保存日本之一切正当利益。日本政府对于某种指定事业除外之理由，自应完全满意。总之，本国政府对于无论何种地理上之保留，足以引起纷扰新银团目的者，悉不能容许。然犹望日本政府因日人之正当权利或利益已有不受损害之充分保证之故，仍设法使其本国银行团加入新银行团也。蓝辛。

《北洋军阀》第三卷，第1279—1280页

## 英外部致日本大使

1919 年 11 月 20 日

九月一日柯逊伯爵接到日本大使照会，内开："本政府对于美、英、法、日等国银行团代表于一九一九年五月十一、十二两日在巴黎会议讨论组织在中国投资银行团时所定之议决案，已赞成而追认之。但日本政府之赞成及追认该议决案，不得视为或解释〔为〕损害于日本在南满及东内蒙所享有之权利及利益等因。"

又日本珍田子爵因同样事故，遵照其政府之训令，复与柯逊伯爵会晤，声明日本政府对于东内蒙及南满之定议。因之本国政府对于日政府此项提议，已切实研究，但以为满蒙除外之要求，乃一种领土性质之要求，英政府殊无承认之理由。

英政府于一九一九年八月十一日说明书中曾指出：日政府谓若允许某国于中国某部广大之地域内得有商业专利之要求，是不啻于新银行团所根据之理由直接加以否认。至所谓银行团根本之理由者，即排除利益之范围，而使中国全部对于国际银行团之活动完全开放是也。

柯逊伯爵以为，日本政府对于新银行团之范围，必有误会之处。要知新银团之意思，并不欲侵犯已成利益，五月十一号所订之国际银行团合同之第一条，即特别规定凡关于现在已发生进行效果诸实业之合同及选择权，并不归各银行团共同享有之故新银行团之范围，实限于承办中国将来之事业，而此范围并不扩充之，而使可以包括已成立之实业事项也。至以南满一地而论，柯逊伯爵承认者以内已有若干紧要铁道及其他实业事项，已确已举办或已由日本承办而得有效果，凡此种种均不在新银团范围以内，均甚属明显者。但东内蒙情形并非如此，日本对于该地铁路虽已有选择权，但此项事业，并未着手进行。且日本此项要求保留之区域，其范围殊广，其两方之界线，简直将北京及直隶包括在内。故此项要求，实与日本往日矢言自愿顾全中国独立与中国疆土保全之主旨相背也。

是故本国政府现在希望日本政府因鉴于以上所述缘故，切勿拒绝变更其对于满蒙所持之态度，当允设法使其本国银行团根据别国银行团所本之根据，而加入新银团焉。

中国现在自谋进步，情形殊形困难，故亟待新银团为之辅助，此所以新银行团之亟待组织，此情形亦日本政府之所承认而无庸疑虑者也。

《北洋军阀》第三卷，第1283—1284页

## 日本驻英大使馆致英国外交部

1920年2月

帝国政府对英国政府关于对华新借款团组织问题于去年十一月二十日提出之公文，已作慎重考虑。然而英国政府以帝国政府关于南满洲及东部内蒙古之提议，或认为作地理上保留，或认为经济上利益独占，或认为确立所谓势力范围，尤其甚至认为与中国独立及领土完整之主张不相容。英国政府对帝国政府提议宗旨如此误解，殊感意外且颇为遗憾。帝国政府就此兹再开诚披陈所见，藉促英国政府考虑。

盖南满洲及东部内蒙古一带地方，与我领土朝鲜接壤，作为自然结果，对我国防及国民生存发生极深切特殊关系。为此，在该地方之事业，往往包含国家安危密切问题，日本以是在该地方有特殊利益，且从来设定若干特殊权利。帝国政府对新借款团组织之目的及宗旨，从未抱有任何误解顾虑，以此与列国共为增进中国福祉协力颇感欣幸。然而将在南满州及东部内蒙古地方与日本国防及国民经济生存有重大关系之事业，举而委诸如此次之新借款团计划，纯从经济打算之国际财团之共同活动，在维护国家安全、自卫方策上讲，则有难期安全之虞，实为我之国是论者所不能同意。就此，已于去年九月一日会见时，由珍田大使向寇遵爵士详为说明矣。加之，俄国政局最近形势殊有波及东亚之影响，深堪忧虑。现下西伯利亚发生之事态，最近以急转直下之势，对帝国安全、远东治安引起极为危险情势，危险势力之跳梁骚乱，有浸及全东亚之虞。危局之兆，如斯迫切，帝国有鉴于此，深为凛悟，为我国与远东安危计，必须讲求防御对策。而满蒙实为此等势力浸润远东、威胁

帝国及东亚安宁之门户，在如此情势下，帝国政府之于满蒙地方，与其他列国不同，有生死攸关之密切关系。为此不得不在国家及国民生存上作出必不可少之特殊正当保留。确信英国政府可予谅解。总之，关于满蒙地方帝国之提案宗旨，如前所说明者，其重点在国防与国民生存上，进而顾及全远东和平，大致不外乎此。而随最近事态发展，益加深此一信念。因此，限于不破坏上述意旨，当然不辞与各国资本家在满蒙协力合作，根本并无设置任何地理区别，垄断经济利益以及确保增设所谓势力范围，或违反中国独立及领土完整之动机也，则不待多言。关于此点，切望英国政府特别予以慎重考虑。

然而日前寇遵爵士对珍田大使表示，希望日本就新借款团推行之计划，从日本国防见地上，提出一项预防安全不受威胁之适应方案。由此可见，英国政府幸而亦为帝国政府分忧，不胜欣快之至。帝国政府此际已批准日本银行团与其他国家银行团在同一基础上，加入新借款团。同时，拟参考所述宗旨，与关系各国政府进行交换下记“方案”之适当文书。

日本政府确认一千九百十九年五月十一日在巴黎为组织对华借款团所举行之日、英、法各银行代表会议之决议。但关于南满洲及东部内蒙古之借款，在确保帝国国防及国民经济生存之安全上，认为有重大妨碍时，帝国政府则保留为保障其安全有执行必要措施之自由。

**附：二月二十七日内田外务大臣致珍田大使第 80 号电报，关于不属于新借款共同范围之说明书**

第 80 号

一、南满洲铁路及该路支线与其附带事业之矿山，当然不属于新借款之共同范围。

二、吉长铁路、新奉铁路及四郑铁路工事已然完成，正开始列车运行，此在新团体规约第二条，属于所谓的已开展之事业，当然不属于新借款团之共同范围。

三、从吉会铁路、郑家屯洮南铁路、长春洮南铁路、开原吉林铁路、洮南热河铁路及洮热线之一地点至海港之铁路，不仅为南满铁路之支线或营养线，且在帝国国防上与南满铁路实有相辅相接合之极重要关系。且顾及维持远东治安之基准，所以期望从新借款团共同范围除外。前项所述，其中尚有多为英、美两国已同意除外者。虽然如前项除外，但当他日发行实际公债时，亦将在欧美市场募集投资。

《北洋军阀》第三卷，第1312—1314页

## 日本大使馆致美外部

1920年3月2日

去年十月二十八日美国政府递来之关于组织新银团之说明书，业经日本政府慎重考虑。按美国政府之意，似觉日本关于南满、东内蒙之提议，不啻要求政治专利，或建设利益范围。日本政府愿意开诚将其意见一再列陈，以明其提议之宗旨，并请美国政府对此问题再加考虑。由此事之性质言之，南满与东内蒙毗连，于日本之高丽与日本之国防及经济生存有密切及特殊之关系。故该各区域内应举办事业，常致牵涉日本安全所系之问题。此日本所以在该各区域内有特殊关系，且在该处建设各特殊权利也。

日本政府于组织银行团之用意，并无误解及过虑之处，且亦乐与有关系各国按照此项办法相与提携，以增进中国大局之幸福。然若各银行团组织之提议，仅应商业上之理由，意欲开放日本经济生存上及国防上有生死关系之南满、东内蒙各区域之事业，以供国际资本团之公共活动，恐不能得日本舆情之赞同也。去年八月二十七日，代办使事出渊会晤贵国外务第三副卿时，已将此项理由详述之矣。

不特此也，近日俄国局势之发展，实于远东有不良之影响，此日本所引为重忧者。盖西伯利亚之情形，近日发展之速，颇更可惊，而不难发生危险之局势，故随时可危及日本之安全及远东之治安，或使亚洲之东部全为极端派势力所蹂躏而后已。日本政府鉴于此种危急之朕兆，为远东及日本之利益起见，更觉挽救办法之不容缓。盖南满及东内蒙

适为此种可怖势力侵入日本及远东之门户，现在苟不早为设法，以资救济，则此势力将由此而危及日本及远东之安全也。日本政府深信，美国政府苟鉴于日本在南满与东内蒙古之生死关系非他国可比，必能知日本国家与人民生存所系，不得已而始提出特别且正当之保留也。

简言之，此次日本政府关系南满及东内蒙之提议，不外如前之解释。盖基于经济生存及国家安全之无上重要，兼以远东大局治安之故。各国以后如能继续尊重日本所提议之宗旨大纲，则日本亦愿在南满、东内蒙与有关系之各国资本家相提携，并不存有区划疆界，垄断经济，要求政治专利，或争持任何利益范围之意思，而不敢置中国真正民意与有关系各强国所有利益于不顾之意，固不言而喻矣。以上诸端，深望美国政府加以慎重之考虑而讨论之。

美国政府说明书中，说明美国不独已承认日人在南满、东内蒙已经营而成为产业上利益之事业，并除出于新银行团范围之外，且承认其延长已办铁路之有优先权，例如四郑铁路之延长至洮南与吉长铁路之延长至会宁，亦除出新银团公共活动范围之外；并对于不得侵犯日本正当权利及利益一节，已使其切实明了。日本政府至为欣悦。且今鉴于上开保证国家安全之各理由，是以盼望附送说帖内开之日本重要正当事业，均除去新银团公共活动范围之外。查去年十一月十九日，英国外务大臣向珍田子爵称，如恐有藉新银团为名而提出计划致危及日本军略上安全者，则请提议一相当之方式，以防此危机云云。日本政府深信美国政府对于英国政府关于此节之意见，亦表同情。

因此日本政府一面令行日本银团按照其他有关系各国银团之同等基础，加入所拟之新银团外，一面提议由有关系各国互换照会，声叙下列方式之意义，藉资解决此事。

**附：日本政府之方式及说帖**

方式

日本政府赞成并追认一九一九年五月十一、十二日美、英、法、日四国银团代表在巴黎会议组织新银团时所通过之各议决案，但关于有涉南满及东内蒙之借款，经日本政府认为于日本国防及经济生命之安全上足以发生重大障碍者，日本政府须保留其施行必要办法，以保证此项安全之权。一九二〇年三月二日。

说帖

一、南满铁路及其各支路连同附属于铁路之矿产，不受将来新借款之影响，故亦不受新银团公共活动范围之影响。

二、吉长铁路、新奉铁路、四郑铁路业已建筑完竣开始营业，应列入所拟银团合同第二款所指已有切实进行之实业项下，不在新银团公共活动范围之内。

三、吉长铁路、郑洮铁路、开吉铁路、洮热铁路及由洮热铁路之一点至一口岸之铁路，或为南满铁路之支线，或为南满铁路之挹注线等路线，因鉴于三月十二日说明书内所述之理由，应与南满干线同视为与日本之国防有重要关系，且为维持远东治安及秩序一有力之要件。再此等路线，即系美国说明书所开延长已办铁路之线，故成为日本正当权利之业，是以盼望其置于新银团公共活动范围之外。英国政府及美国政府对于此点均已明悉，然将来关于各该路线如有举行借款之事，未必不邀请欧美市场认购债票也。

《北洋军阀》第三卷，第1280—1283页

## 币原致内田

1920年3月3日

第108号。

关于第92号贵电

三月二日会见代理国务卿，提交同另电第93号照会及94号声明，俟其读后，本使作了如下说明：

关于满蒙借款一事，日本与欧美诸国有从不同见地考虑之必要，就此特请美国政府同意。盖因本借款案，在欧美国家言之，仅为单纯的经济问题。反之，在日本言之，常常包括国家安宁之问题。因而当决定该

借款时之态度，欧美资本家对其投资，只要经济上认为有利即可。而在日本，则要从该借款事业目的而不影响我国家之安宁来确定之。倘在这一点感到不安时，则为保全本国安宁，得以保留执行必要手段之权利。如果无此保留权利，日本亦全与欧美诸国从同一观点来考虑满蒙借款，则违反了国家自卫观念，终难获得我国是论者之承认。窃恐亦非美国政府之本意。照会记述之方案，系基于以上趣旨，为日本今后对提议之满蒙借款执行何种态度定出准绳。而附属声明，系就日本已在中日间存在协定之重要事业宣明日本之地位。

代理国务卿听取本使以上说明后，表示充分谅解，但对本案，须在深加考虑之后，方可于近期答复云云。已转电英、法、意。

《北洋军阀》第三卷，第 1315 页

## 井上[①]致芳泽[②]

1920 年 3 月 5 日

拜启者：附上另纸与拉蒙忒之会见录，请参阅，并呈送次官与大臣传阅。阅后如有指示事项，当即趋谒听命。匆草不另。芳泽局长台启。井上准之助。三月五日。

大正九年三月四日

关于中国新借款团问题拉蒙忒氏与井上总裁会见录

会见席上谈话要旨如左：

井上：关于美国对华借款新提案，如有所闻，能先告知，对余则系至为方便。

拉氏：关于该问题之演变，相互已全了解，前在巴黎会议，日本就满蒙提出保留，因而陷入今日僵局，关于本问题，我正想听询您的意见。特别就本问题，我已得到美国政府谅解，所以此际如能将与您协调结

---

① 日本银行总裁。

② 日本政务局长。

果,亲自提议,必能得到华盛顿政府赞成。加以余此次来日,已得英、法团体谅解,对余认为妥善事项,相信英、法团体亦必赞同无疑。

井上:关于本问题,从去年大正七年美国提案当时,我对该提案即表示莫大赞意。它既可解决中国困难问题,尤其在日本关于中国问题动辄受世界误解之际,此提案对扫清误解,无疑是颇得时宜。唯日本亦需考虑与旧团体之关系,在尚未对美国作出最后确实答复期间,去年十月左右,美国团体关系者之一芝加哥之阿勃特氏来日,就本问题与余重行讨论。日本政府则决定承认以新团体为原则之美国方案。其后已届巴黎会议。巴黎会议之后,余以此问题对世界各国有重大关系,故从务期圆满解决之精神出发,就本问题与许多人进行讨论。过去几个月以来,为本问题曾屡次得到会晤内阁各大臣之机会。结果今天在此就余之认识及关于本问题之感想,大体与您进行协议,诚为欣快之至。

关于满蒙保留一事,日本原意本非主张领土的例外精神,遗憾的是,世界关系各国从来将日本满蒙例外主张误解为就是领土例外之顾虑。而今已成过去。今天余可本自己所知,谈谈政府当局所考虑者以及余之想法。就对华借款团主张满洲及东部内蒙古例外,丝毫没想划该地区为势力范围,或者独占该地区之经济活动。此可明确奉告。然而,从满洲及蒙古之于日本的历史上关系或日本实际上之必要,在日本则有特殊关系,此亦须向您说明。如承您充分谅解,然后如能通过您得到美国谅解,最后得到英、法谅解,则实为幸甚。

日本从历史关系上,抑或从实际上之必要,也就是从日本国防及其经济上、国民生存立场观之,对满蒙是有特殊关系。因之如无有实际上之必要的重要关系,未必不可举满蒙地区委诸各国的共同活动。在军事上,满蒙对日本关系,我们是门外汉,虽然知之不多,但对连自国安宁都不能保持之中国现状,以与中国领土相接之日本立场言之,不难得出其间是存在重大关系的。再从出兵西伯利亚之现状,及看到过激派在西伯利亚之跋扈情形,从满蒙地方与朝鲜国防上之重大关系言之,无论如何应予以承认。其次,从经济见地来看满蒙:第一,日本人口仅以国内而言，每年增加达六十万以上，而粮食增产则赶不上。尤其就日本之主要粮食大米来说，向来即在丰收之年，亦需计划从外国进口。而战争以来需要又急遽增加，结果，今后不论丰歉如何，任何年份，大势所趋，都不得不仰赖进口。去年度日本之米产量，是相当丰收之年，然而由于全国需要增加，结果出现了终难避免依赖进口外国米来补足之状态。去年一年，外米进口约一千万担。但是，进口外米也存在问题，仰光禁止米输出，因此，在该地一担米也买不上；而在唯一供给地西贡，由于日本买米全集中此地，致使该地米价暴涨，每担一百三十二元，顿时一担米涨价五十圆。因而日本政府在购进与售出一百四万担米中，就得负担三千三百万元的损失。如说此种损失是由日本政府低价售米所造成，然而，实际上则是受供应地米价暴涨的影响。照此下去，西贡米一担涨价由五十元而再暴涨一百元或二百元时，今后将使日本日益陷入不得不忍受巨大损失之困境。而返观满蒙之情形，该地方所产食粮中之小麦产量颇高，恰与以威尼倍克为中心之加拿大情况相同。又如在铁岭、奉天以南之稻米耕种，近来成绩良好，颇有成效；而在该地区住有精于种稻之三十万朝鲜人从事稻谷耕作；至于该地区一带之土著居民，向不以米为常食。从这一点来看，该地区在不远将来将占有米供给地之重要地位。再就羊毛来说，日本战前所用羊毛，单靠澳大利亚供应，战争开始以来，受英国羊毛管理政策限制，仅可得到微不足道的数量。不得已而向南美阿根廷以补不足，则因世界各国所需集中该地，亦难满足所需，转而向南非求取一部分，经过曲折困难，勉强维持工业生产。日本从来不产羊毛，殆近于无，必须仰赖外国，始得满足需要。然在蒙古，羊毛质量现下虽稍低次，而数量则颇可观。至于质量，不难逐见改良。

其次，就制铁现状来看，日本每年进口钢铁一百二、三十万吨，而日本国内产量不过仅仅达到六十万吨。就此依赖中国供应之矿石数量及供应合同年限来说，在确立日本制铁事业之基础上远远不足。而日本之产业，在战争期间虽有显著发展，今后更将逐日增加铁之需要，必须巩固制铁事业基础。在此时期,幸而满洲有本溪湖,或在计划中之鞍山,前者有一百三十吨炉两座,与另外二十吨炉两座,年产量约十一万吨;而后者系在三年前开始创建,尚有在计划中正待完成之二百吨炉六座,计划完成之后,又可得相当产量。但是,满洲全部产铁充其量仅可满足日本制铁事业之最小限度的要求。

如以上概述来看日本在经济上所处地位,从粮食到重要原料,无有一项具有独立自给资格。战时期间,米及羊毛向英国、铁向美国分头极力交涉供应,尚不能满足需要,此种情况已暴露无遗。

由是观之,日本现下粮食及原料品之情况,在国民生活上已成重大问题。由于粮食品、原料品如此欠缺,国民所尝到之痛苦经验实为重大,此为我国民终难忘怀者。故目前虽付出任何重大牺牲,亦须调剂粮食及原料之供给,此已成为本国舆论。单靠满蒙地方虽难解决这一问题,但为救济目前一部分窘困,深信除借助满蒙外别无他途。

就上述之重大关系与国民之普遍感情,希望各国政府或各国银行团能充分理解日本所处之地位。

拉氏:关于日本与满蒙之特殊关系,余从来多少知道些,今日听到您坦怀而详细的说明,又有了更深一层的了解。

关于满蒙两地,从日本国防上的必要,或日本经济上之立场,乃为日本在生存上极为必要之土地,余对此主张不能提出异议。美国之借款提案,原希望进一步增进关系诸国之繁荣,对此丝毫无有任何阻碍念头。因而此借款团缔结对华借款会带来如您所说之二点危害,可以说不须多想。况且日本代表亦系此借款团成员之一,更不需如此设想,这一点既然加入借款团,自必保持共同信守互相亲善之关系。

余为巴黎会议团体规约提案之起草者,在该规约上,加入“各国拥有之利权中已取得实质的进展者则无有与他国共同经营之必要”一条,其用意亦即在此。尚且余个人意见认为,各国各具有特殊意见,或者对共同经营不感兴趣,或者将该规约作扩大解释,以为将其从共同经营中除外亦未尝不可。因而既然已承认日本对满蒙之特殊关系,相信在实际问题上看不出协定有何困难。

井上:因余之说明,就日本对满蒙之特殊关系得蒙谅解,不胜满意之至。今从您所说明,以及从美国政府一向对日本之提案来看,以实际问题而言,或者不必要进一步再讲任何方法,或寻求任何谅解亦未可知。然而就本问题,如前所述,日本国民以历史上关系和实际上必要,颇具敏感。现从您的朋友马勃特于前年来访之际,日本各报望风扑影地盛传美国对中国以至满蒙有所活动这一事来看,足可窥见一斑。日本政治家是以对满蒙具有如此敏感之国民为背景者,关于满蒙问题,希望在国家间或者团体间取得相当谅解。相信这并非是无道理的。

拉氏:日本在巴黎之提议满蒙保留,实际上究竟是否意味着领土的除外,姑且不论,而从当时情势及日本一向对满蒙之抱负,各国根据举世皆知之事实来理解,日本之满蒙保留,即为满蒙领土除外。不妨说,各国对日本全有某种反感。以美国来说,提出此新借款团案,系为谋求世界和平。然而,鉴于现下之世界问题,常以中国为轴心而转移之事实,所以对中国之新借款团,在美国来说,乃系相当重大问题。因而,美国对满蒙之领土除外,当然不能赞成。即使对此以外,如划定独占利益范围之排他行为,美国也终难予以赞成。然而,总之满蒙之于日本的特殊关系,至少日本就粮食原料之供给,不得不倾其全力一事,任何人都不能不予谅解。所以,就您所说之两点,余欲草成使各国能予谅解之备忘录,如果备忘录成立,两者间达成互相谅解,其后问题,余愿竭力争取华盛顿政府赞成。但不知您能否取得日本政府同意,如幸而获得政府间谅解,此谅解仅止于政府间而已,抑或亦需取得团体间相互谅解?

井上:就第一点,即谋求政府间之谅解,余可欣然竭力为之。而第二点,不论经过任何途径余认为无大问题,此不过为一专门的手续。故就选取任何途径,余拟在下次会议之前作好考虑。(完)

与拉蒙忒协议事项

一、关于对华新借款团事件

(甲)满蒙除外问题

成为对华新借款问题搁浅之原因,是满蒙除外问题。就此我国改变主张形式,只就于我国国防及经济生存有重大关系之借款保留从协同范围除外之权利;另外再与各国团体间去寻找妥协点。

(乙)在新借款团成立时其活动要运用灵活之方法

新借款团也包括经济借款,因此关系,在运用上,如不讲求极为灵活之方法,对团体参加国来说,借款团徒成为阻碍对华借款行动之工具;而由中国本身来看,则适造成外资输入门路反更狭窄之结果。故讲求新借款团之灵活运用方法颇为紧要。如将其本部设于北京较为方便。现在四国团之交涉中心在北京与伦敦,而驻北京代表遇事则须一一请示伦敦本部,伦敦本部又须一一请示本国政府,其交涉经过,甚为复杂且又迁缓,致使四国团从前办理借款往往失去机宜。损害其成立之精神者,主要由于该交涉系统有缺陷。故新借款团应撤销伦敦本部,另设本部于北京。

二、铁路共同管理问题

此将启列强干涉中国内政之端,故绝对反对。

三、日美在华共同事业之研究

为在中国建立日美将来共同事业之基础,其第一着,两国须派定相互交涉之代表,然后相互开诚协商选择何种事业。

四、国际汇兑协调问题

就恢复欧洲及国际汇兑问题,本国与美国政府所见相同。认为应由欧洲各国官民之自觉与努力,自然的解决,不能依靠人为的政策,仰赖外力来作。尤其日本为维持战后本国生产,所需资金颇大,而对于欧洲各国之恢复事业,绝无余力作出贡献,此点极为遗憾。

五、中国币制改革问题

中国币制改革为当务之急。日本先前曾为中国币制改革调查,聘请日本顾问事宜得到中国与列国谅解,此际又得美国方面谅解,愿在各国协力之下,迅速着手这一改革事业。

六、关于退还本国现在持有之美钞问题

本国所存在美之硬币中,有为政府结帐保有者。此种硬币为日本政府在时局中调节日美间汇兑而编入国库金项下,备作汇兑结算而留在美国。故今后根据国库情况,将有部分需要送回本国之情形,实施时当然要考虑美国市场情况,关于其时期及款额必与美国方面会商后实行之,此事希望先获得美国谅解。

《北洋军阀》第三卷,第 1315—1322 页

## 美国国务院致日大使

1920 年 3 月 16 日

一千九百二十年三月二日节略美政府业已收到,并业经详细讨论。查日本公使于该节略中叙述日本政府对于组织国际银团贷款中国之意见,并声明日本对南满及东内蒙古并不要求垄断经济与政治权,美政府极为欣慰。

但美政府仍有不能不大感失望者,则以日本政府所提出之方式,其名词极为含混,其性质极为坚决,仍可视为日本政府尚有继续排斥美、法、英三国银团,使不得加入启发中国重要部分,以帮助中国之意愿。照此说法,殊与维持中国领土独立之主义,不能相容。

关于日本所提方式中之主义之目的,美政府非不表示同情。但美政府以为:第一,所谓国家自保权者,乃系国与国间普通所承认,不必对于某事之适用提出特别方式;第二,此项主义之承认,已包含于一千九百十七年十一月二日之蓝辛、石井交换照会中。故美政府以为,美日两国间已有互行谅解之特别关系,且现拟与日本共同加入银团之各国对于日本,闻亦有如日美间之同样关系,故日本对于银团之行动,似不抱侵害日本国防与经济生存之忧。

日本可完全信任美国与其他加入银团,两国之善意决不致赞助妨害日本生存利益之任何行动。日本今坚持其他三国之加入银团,须按照日本所提出之方式以为条件,无非引起误会而已。

况日本所提出之方式,不独非属必要,且足以引起误解。盖此项方

式，显将南满与东内蒙古之地位与其他中国领土之地位划为二事。仅就此划分之事实而论，恐已足以引起问题，而使业已复杂之中国情事，愈趋不定。故美政府希望日本政府鉴于日本与美国及其他两国间业已有互相谅解之关系，能信赖三国对于此事之善意，而取销其要求明白保障之提议。仅此要求明白保障之一说，已足启将来或易生误解及误会之径途也。

日本政府对于其国人在满蒙之特别利益，为日本所拟提议不在银团活动范围以内者，随时愿列举声明，美政府殊为欣悦。但美政府视为难信者，何以为适应日本经济政治之安全之必要起见，必须由日本独自建筑并营理，有如洮南热河前达海口之一线之铁路。

美政府希望，现方在东京由拉孟德君代表美国银行家与日本银行家代表正在进行之磋商，其结果对于满蒙特别企业问题，能得一完全之谅解，于满蒙不在银团活动范围以内一层，容可使双方互相满意，于是日本政府于对此项谅解，可畀以无条件之认可。

美政府最后表示欣悦之意，则为双方以前所有坦白意见之交换，其结果已得一互相谅解之根据。既有此项谅解，自可信赖组织银团一事之能从速告蒇也。

《北洋军阀》第三卷，第1284—1286页

## 英外部致日大使

1920年3月19日

本月十六日，日本政府大使递来之关于新银行团而声明东内蒙、南满地位之说明书，英国政府外交总长已慎重考虑。兹将其意见照会贵大使如下：

按柯逊伯爵于去年十一月二十日致珍田子爵说明书中，曾将英国反对日本所提出满蒙除外要求之理由声明。现在柯逊伯爵以为，日本新近所提出中并未将满蒙除外之初旨加以更改，其中日本所提出之规定（关于南满、东内蒙之借款，经日本政府认为与日本国防经济生活之

安全上足以发生重大之障碍者,日本政府保留其得施行必要办法,以保证此项安全之权),其性质未免太泛。此种规定,对于从事增进中国各重要区域之利益的事业一方,仍足以表示日本政府有拒绝三国银行团参与之蓄意。而此种意思,亦仍与维持中国独立及保全其领土之理解相背谬也。

日本政府因谋高丽疆境之边防及应其经济生活需要起见,当然应可要求粮食与原料等供给之确定。英国政府对于此种要求,亦承认之。惟以为日本欲达此项目的起见,实无须乎必定单独管理或单独建筑第三保留规定中所举之在南满铁路以西之三条铁路也。夫规定特别区域,必致发生各国承认利益范围之说。英国政府一方面欲使日本得满足,而一方面欲使利益范围之说不致发生起见,拟用一种文书,以保证新银行团并不欲施若何活动,以妨害日本国防与经济生活,而日本政府亦可藉释其疑虑及明白各国政府之善意也。

《北洋军阀》第三卷,第 1286—1287 页

## 驻美日使致美国务院

1920 年 4 月 3 日

日本政府已收到一千九百二十年三月十六日美政府函,略称:美政府于此函对于组织一新银行团贷款中国之日本提议,续行明白表示美政府之意见,此函业经日本政府细密讨论。

美政府对于日本政府提议方式中所含之主义,完全了解,而且表示同情,日本政府极为欣感。但美政府以为,就方式中之名词与性质观之,可视为日本仍有继续排斥其他国家使得加入启发中国重要部分之意,容或致引起非必要之误会。故美政府希望日本政府取销其在上项方式中所包含要求明白保障之提议。日本政府虽承认美政府之提议系出于最友谊之精神,但须声明当初日本所以有上述之提议,盖以日本政府以为此举系有用而且重要,藉此可使日本因地理接邻及特别利益而发生之特别地位趋于明了。

日本政府迄未思及日本所提议之方式,可以引起有如美政府所指陈之误会或误解。日本政府所引为欣幸者,则以美政府特持异议之点,不在该办法之主义,而在该办法之形式。查美政府来函中声明国家之自保权,即日本所引为要求保障之根据,藉以巩固日本之国防及日本人民之经济生存者,即系各国普通承认之权利,且蓝辛、石井交换照会中,亦包含承认之意,故新银团决不致有侵害日本国防与其经济生存之任何行动。加入银团之各国,亦不至赞助妨害日本生存利益之任何企图。日本政府经细密讨论而后,兹特信赖美政府之保障,决定欣然承受美政府之提议,而取销有须由其他有关系国承诺其所提方式之请求,但以各该国必须认可美政府所提出之上项谅解为条件。

至关于日本,当然希望其不在新银团公共活动范围以内之铁路及其他企业,美政府表示怀疑是否有须由日本独自建筑并管理,有如洮南、热河一路之必要。查此路及自此路联络一海口之路线,其计划系为军略上之目的,意在藉此为中日两国之公共防御线,抵制库伦方面外力之侵入。虽尚有启发路线经过各地方之一目的,但与上项目的不能混为一说。故日本政府对于误会之存在,以为此项路线将来足以威胁北京者,深抱遗憾,且引为可骇。深望美政府对于日本在此事之地位能完全了解日本政府注意各国之公共利益,不反对将上两路作为新银团公共企业之计划。但鉴于日本对此两路之特别关系,窃望美政府能完全赞助下开之二项提议:

(一)设新银团,日后而有延长热洮线,北接中东路之计划,则事前必须由日本银团为居间,先得日本政府之许可。盖以此项延长路线,不啻为锦州瑷珲路线计划之复活,日本于数年前当此问题发生时,曾提出抗议,此项路线足使南满铁道大受影响。

(二)鉴于日本拟将上两路尽速建筑之特别意愿,设日本银团于向他国银团商议而后,而其他加入新银团之三国不愿投资者,则应允许日本银团独立担承两路之建筑。遇此情形发生时,则以该两路必须于某地点通过京奉路线,美国银团应赞助日本资本家对于英银团所提出之提议,以便完成该两路之联络。

关于日本在满蒙之铁路权利,按照日美两政府之谅解,究以何者应划出新银团公共活动范围以外之具体问题,日本政府完全与美政府抱同一意见,希望现在东京由拉孟德君与日本银团代表正在进行之磋商,能得一双方满意之解决。日本抱此信仰,特令其银团代表以解决此项性质之问题为目的,而与拉孟德君进行磋商。

《北洋军阀》第三卷,第 1287—1288 页

## 寇松致艾斯顿

伦敦,1920 年 4 月 3 日

在美国和法国政府同意的前提下,英联邦政府准备作出让步,尽管考虑到我们在同意日本对南满铁路东段要求方面与他们作了很长时间的会商,但我们仍认为日本人会对我们主动签署的总保证表示满意。

就美国政府和法国政府的通告,回复华盛顿和巴黎。请回复北京政府。回复华盛顿 317 号电报。

DBFP, First Series, Vol. 14, p. 1

## 蓝普森[①]致寇松

北京,1920 年 4 月 5 日

拉门德[②]先生未能如期到达数天,因此由我提供如下的初步观察,但是我还没有收到日本政府备忘录的文本。

如果我理解联邦政府立场正确,联邦政府给予日本正式的总保证,以避免日本对于所有特殊地区的幻想(外交部致东京 86 号电)。同时,拉门德先生所提议书面决定中,关于南满铁路的特定段排除出银行团——东京电报 106 号。我相信联邦政府所提议的总保证的方式——

① Lampson, Miles Wedderburn, 时任英国驻华使馆头等参赞。

② Lamon, Thomas William, 美国银行家。

日本很明显可以接受(东京 112 号电)——在政治上更为可取,而且更容易被中方接受,中方的观点是目前仍要考虑的一个重要因素,而且中方肯定会反对任何扩张政策。我确认,没有从商业的立场反对排除所提及的线路。南满已经得到较好的开发,银行团很可能在某一时刻在中国其他方发现更有利可图、更迫切需要建设公司,例如汉口——广东、北京,等等。

关于在东京 112 号电中所提到的两个日本的建议,我提交如下观察:

1. 洮南、热河铁路与中东路联结。如果银行团在决定启动这项工程之前,把自己束缚于确保日本政府的先行同意,那是最不明智的。日本人毫无疑问怀有对中东路、东蒙和北满的企图。为抵制日本人的企图,由于俄国的放松控制,中方此刻正忙于巩固其对中东铁路的掌控,此时同意日本人在中东铁路事件上的主张,将遭致中方猛烈而直接的反对。因此我认为不应把日本置于否决建设东蒙和北满商业路线方式和选择到南满的价值路线的权利。向北可能经齐齐哈尔通过滨海路联络黑龙江铁路也不能被忽略。如果银行团想营利的话,很可能仅仅修筑铁路。

2. 至于日本要求允许单独承建洮南、热河铁路的请求,这条铁路通向海湾的港口,很可能是葫芦岛,我考虑强烈的反对。除开其他考虑,这条铁路事实上最终与北京相联,这是一条对国际事业和管理极为重要的铁路,由日本单独承建在政治上是极不可取的,也可能导致资本的控制。如果这条铁路是银行团的事业,我们就不能反对在合理范围内与遗留下来的京奉铁路间的竞争;但是这条铁路单独控制于日本人之手,它将是一个巨大的威胁;此外,通过与北方的联结,这条铁路线无可避免碰到悬而未决的恰克图线的建设,将代替南满铁路和京奉线成为洲际交通的大动脉。

因此我确信,有疑问的两个日本建议将被搁置。没有一个能够被合法的接受。

给东京回复。

DBFP, First Series, Vol. 14, pp. 1-3

## 驻英日大使致英外部

1920 年 4 月 14 日

关于组织新银团以借款与中国一事,前日本政府曾有所提议。英国政府因重新表示其对于日本政府提议之意见,于一九二〇年三月十九日递来说明书一通。此项说明书,日本政府已经收到,并已加以慎重考虑。

日本政府知英国政府对于日本所提出方式中之原理,即日本所表示关于日本之国防及其人民经济生存一节之意思,已完全赞同。且英国政府并允许及保证对于日本政府之提议于其权力以内,必行使一切达其目的之手段一层,日本政府至为欣悦。但英国政府以为,就方式中之名词与性质观之,似可视为日本似有继续排斥其他各国,使不得加入共同启发中国重要部分之意,且谓日本此种意思,亦仍与维持中国之独立及保全其领土之意思相背谬。又谓规定特别区域,必致各国发生承认利益范围之说,英国政府不愿此种之说发生云云。日本政府深悉英国政府为上项之提议系出之于最友谊之精神,但日本政府仍欲声明当初日本所以有上项提议真义之所在。

盖以日本政府实以为此举甚为重要,藉此可使日本因地理上之接近,及特别利益而发生之特别地位趋于明了也。日本政府迄未思及日本所提之方式,足以引起英政府所指陈之误会或误解。日本政府所引为欣幸者,则以英政府特持异议之点,不在该办法之主意,而在该办法之形式。

查英国政府已允以书面保证声明,承认日本国防与经济生存应行保障之意思。日本对于英政府此项承诺,已加以详细考虑,藉知新银行团决不至有任何举动侵害日本之国防与其经济生存;加入新银行团之各国,亦不至赞同任何有妨害日本生存利益之企图。故日本政府已决定承认英政府所提出之上项谅解为条件。

至关于日本,当然不希望其在新银行团活动范围以内之铁路及其他企业一节,英政府表示怀疑,以为南满铁路以西铁路三条,似无必须由日本独自建筑及管理之必要。查洮南热河一路,及由此铁路联络一海口之铁道,其建筑之计划,系含有一种军事上之目的,意在藉此为中日两国之共同防御线,抵制库伦方面外力之侵入,并非有藉之以启发该路线所经过各区利益之目的。日本政府闻英政府所谓此项路线足以威胁北京治安之说,深为惊异,并引为遗憾,深望英政府对于日本在此种所处之地位,能完全了解。现日本政府因注意各国利益之故,不反对将上开两路作为新银团公共企业之用,但仍望英政府鉴于日本对此两路之特别关系,能完全赞助下开二项提议者也。

(一)设新银行团,日后而有延长洮热铁路,北接中东路之计划,则事前必须由日本政府为居间,先得日本政府之许可。盖此次延长路线,实不啻锦瑷路之复活,锦瑷铁路足使南满铁路大受影响,日本于数年前增加以抗议者也。

(二)日本有将上开两路从速建筑之特别意志,故日银行团与别国银行团商洽之后,而其他加入新银行团之三国银行团不愿投资该路者,则应允许日本银行团独立担承该两路之建筑。遇此情形发生时,以该两路必须于某地点通过京奉路线之故,英政府应竭力设法,使日本资本家及英国银行团之协议得有美满之结果,并使该两路之联络得以完成。

关于日本在满蒙铁路权利,按照英日两政府之谅解,究以何者为应划出于新银团公共活动范围以外之具体问题,日本政府完全与美国政府抱同一意见,即希望现在东京美国银行团代表,而与英法银行团已具有确定谅解之拉门德君与日本银行团代表正在进行之磋商,能得一双方满意之解决。因此之故,日本政府预备令其银行团代表以解决此项性质之问题为目的,而与拉门德君进行磋商。

《北洋军阀》第三卷,第1289—1290页

## 小幡酉吉致内田[①]

1920 年 4 月 16 日

第 350 号。

财政总长于四月六日来访本使，谈及新借款团问题。据告，已与拉蒙忒氏会晤多次，但多系在宴会席上，未得充分交换意见。但拉氏初访财政总长时，已表示彼之此行于新借款团有关系，以及新借款团之事业范围，政治借款自不消说，并希望也包括铁路等其他实业有关借款。当答，此事在中国关系重大，须经内部充分审议后始能奉告。余就此事，其后向政府作了报告，经过种种讨论，政府内部多数意见认为：政治借款可照向来比额关系，交新借款团继续承办，而关于铁路实业借款，则依中国需要随时与新借款团协议。此本毫无异议之事，但因一开始就限制铁路实业等借款包括在内，必须全部交由新借款团承办，则碍难赞成。此为一致意见。因上述关系，中国政府不接受拉蒙忒氏之有关借款限制。此外有否筹措政治经费之办法呢？据告，彼之此来征询本使意见，完全系以私人资格。本使就此告以目前拉蒙忒氏特为援助中国财政代表关系诸国财团而来京者，就此问题，中国政府应当开诚布公与之交换意见。如果双方互相斗智，不说实话，窃以为对双方都无益处。因而当拉蒙忒为协议此事来京之时，却来征询本使，可谓不合机宜，应从速与拉蒙忒开始谈判为要。财政总长答称，实际上政府也作如此想，故以财政总长、次长，交通总长、次长，币制局总裁、烟酒专卖局督办等七人组成委员会，进行研究新借款问题，不日将有决定。据本使观察，财政总长今日来此，似为探询日本对新借款团之意向。请作参考。

《北洋军阀》第三卷，第 1304—1305 页

① 日本外务大臣。

## 艾斯顿致寇松

北京,1920 年 4 月 17 日

拉门德先生在这儿的时间非常有限,昨日他电告华盛顿,他相信,为了防止他此行达成目标,日本政府威胁有意推迟最后的答复,直至他返回东京。我明白了法国和美国同仁同意他的观点,如果他的访问有什么成果的话,那就是该到考虑三国银行团组建的时候了——如我在第二段中所预言的。

但是为了有时间收到你对我提出观点的指示,我同意,如果日本政府在接下来的几天未能通报他们对银行团的遵从,如果我们可敬的政府同意诸如此类的项目,那仅仅发布一个公告就可以了。

日本首相昨天向我保证,日本政府授权他们的小组签署对银行团的批准。我从东京获得的印象,三国正在考虑独自推进银行团。这一完全赤裸裸的谣言可能加速事情的进程。

到目前为止,中国政府还没有向拉门德先生暗示他们的态度。

给东京复电。

DBFP, First Series, Vol. 14, p. 11

## 柯逊致珍田

1920 年 4 月 28 日

日本政府四月十四日所发照会,英政府业已收到,并已加以详细考虑。兹答复日本政府如下:

查日本政府对于三月十九日柯逊伯爵致珍田子爵照会中所开,柯逊伯爵愿意提出声明之保证,已预备承受。又查日本政府以为,若银行团中各国,若与日本以同样之保证,则自愿取消其三月十六日函中,欲令各国承认之方式。英政府得悉日本上两项意见,至为欣悦。

至关于日本照会中所提两项办法,英国政府以为,现在美国银行团代表拉门德君与日本代表在东京已可以将和解办法协定,故有关系之各国,止有根据此项和解办法,而得一种协议之机会,而日本政府乃适于此时提出两项办法，英政府殊引为遗憾，并以为设日本坚持所欲而讨论前开二项提议，恐适足以延宕事务之进行。是以英国政府为有关各方之利益计，特请日本政府将该两项提议取消，而以承受英国前所提供之保证为可以满足日本之意见。且此项保证，日本政府业已预备承受者也。

英国政府为顺从日本之意见起见，预备对于拉门德氏在东京所提议之和解条件，即将洮长及洮郑二线除外，予以同意。关于日本之第一项提议，日本不啻要求一种可得阻止新银行团建筑自洮南府联络中东路一路线之权利。其所据理由，则谓此项延长路线等于锦瑷铁路复活，锦瑷铁路乃日本数年前抗议者云。

但英国政府对于可以妨害日本经济生存上之事体，并无举办之蓄意，且前已声明提出保证，藉使日本之利益得以处于安全之地位。又英国政府以为，新银行团成立以后，新时代之曙光已启于前，种种情形，亦已大为变动，而以后各国应舍从前互竞之精神，而取和衷共济之精神，从事于共同之工作。此时若以可以阻止某路建筑之权，畀之新银行团中之任何一国，则与新银团所根据之主义，恐不无背谬也。

至关于第二项提议中所预想之事实，据英国政府之意见，似已规定于五月十二日在巴黎所定新银行团合同中之第四款第十九节，此项合同英国政府业已表示承认。

英国政府兹特以诚恳之意，信任日本政府能承认英国政府以上之意见，系由最友谊之精神而来。并深信日本政府必能与他三国按照所提议之解决办法之方针，和衷共济，同策进行。英国政府对于日本政府拟令日本银团与拉门德君继续磋商，以期得解决一事，深为欣感。英国政府尚希望日政府从事于此事之际，不再附以从前所提议之保留一条件。庶各国银行可乘此拉门德君尚在北京之际，得缔定最后之解决，并希望美、日两国代表间交换书函事项，得以迅速之手段办理云。

《北洋军阀》第三卷，第 1291—1292 页

## 小幡酉吉致内田

1920年5月5日

机密第181号。

关于本案，姚震、曹汝霖、张弧等对西田翻译官之密谈，翻译官西田提出报告，现即时转呈，其大要如下：

一、五月一日，姚震说，拉蒙忒在当地逗留中，关于湖广铁路公债利息问题，虽有谈判，但中国方面以该问题如有确证系在中国“禁止对敌通商”以前之事，尚可考虑，否则绝对不能承认美国人购买该公债券为有效，对此当然不负支付责任，加以拒绝。然而，美国方面主张，该公债系无记名方式转让者，难以提出何时购买确证，对持有该债券者，当然可认为有所有权，负有支付利息责任。而中国方面却不承认。拉蒙忒氏另外露出意欲商谈二亿元币制借款。该借款条件内容有：新设立中央银行，并在审计院设外国监督官，以监督中国之全部财政。这样不仅中国现有之中国、交通两银行大受其影响，而由于借款，中国政府之财政亦全归外国人监督，主权将受重大破坏。以是，币制局总裁周自齐首先反对（幕后系梁士诒反对）。据说，商谈完全失败。外间尚有续借烟酒借款及三亿元田赋借款一说，不过，全系误传，余毫未闻及。拉蒙忒此次来华，只是为了调查中国财政状况，对于借款问题，本不打算谈出如何结果。所以，即便假令谈到特殊借款，亦须在归国后与本国各资本家商洽，在此之前难以谈出究竟来。就政治借款，表示出在中国南北统一之前，绝对难以实现之意。总之，拉蒙忒此次来华，除视察中国财政外，似乎无有任何收获云云。

二、五月二日，曹汝霖说，拉蒙忒此次来华，并无任何特别收获，相信是败兴而归。梁士诒起初本想借拉蒙忒来华之机，以中国财政困难作借口进行借款，以供扩充势力之用。虽有续借烟酒借款提议，但拉蒙忒对此提出一项条件：提议偿还湖广铁路公债券之利息问题，中国方面对此断然拒绝。同时，拉蒙忒再三表示借款须有严密监督，此予中国以不良印象，不仅如此，且有假令签订借款条约，亦无即时支付现款之意。

为此梁士诒撒手不管，结局以无任何成果而终。

三、四月下旬，据张弧谈：拉蒙忒来华之际，先由日本到上海，在该地之美侨及亲美派华人之间，即盛行哄传出一种办理借款中国方面之缔约者，必须为受人推重之名望人物，频频赞誉王正廷之为人。而拉氏抵京之后，亦曾强调，办理借款时，中国方面之签约者，必须起用如王正廷这样人物，使其立于相当责任地位。至于美国方面之所以不断称赞王正廷等亲美派，拟拥立为当权者，盖出于他不了解其他有实力之中国人；另一原因，他内心欲使亲美派获得中国政权。王正廷虽然精通英语，头脑相当聪明，但从该人迄今之阅历来看，不过是位参议院副议长，因其擅长演说，曾任过巴黎会议委员，可算一位适任人物，然而此亦不过是善于言论，而无实际政治经验，如以此类毫无政治经验之人物，来处理中国之实际政治，则中国永将陷入今日状态。且拉蒙忒氏以新银行团代表姿态，一再透露出中国政府全部财政由于借款有接受外国人监督之必要。其重点放在铁道借款上，大有将政治、实业两种借款一并纳入新银行团掌中之意。中国当然不能承认。一部分人反对因借外债而接受外国监督。余则不同，相信在中国之现状下，如向外国借款，就有必要接受外国人之合理监督。但反对以些许借款而监督中国全部财政，以一银行团而垄断中国政府之全部借款。中国政府当前虽有财政困难，然而今后如能整理各种税收，则中央政府之经费不至于不足。而今后裁军及统一经费，以少数善后借款即可解决。各种税收整理之根本方针一经确定，则维持中国财政而有余。如不从整理税收之根本问题下手，徒以借外债而弥缝一时，现在关税、盐税、烟酒税已全作外债担保，不久地亩税亦将作为外债担保，而受外国监督。如此下去，中国只有陷入借债亡国之命运。所以，除一部分人以外，一般中国人皆不欢迎拉蒙忒氏之借款政策，原因盖在此也云云。谨呈。

本函抄件转发上海、天津、广东。

《北洋军阀》第三卷，第 1305—1307 页

## 美国务卿致日本大使

1920年5月8日

一千九百二〇年五月八日之日本帝国政府节略答复上月二十九日美政府之节略者,美政府业经收到。日本帝国政府对于有关洮南、热河线及自洮热线联络海口之二项提议,谓无坚持要求美政府明白保障或许可之意,美政府深为欣感。

又,日本帝国政府预备赞助有关系银团间协定之告成,并按照美、英、法三国之办法,对于此项协定无条件的畀以必要之批准,美政府亦极欣悦。

新国际银团里面之主义与政策,现已完全了解,而互行承认。于是银团之代表可着手进行组织,并讨论实行后之办事细则,美政府极为欣慰。美政府兹特明告日本帝国政府,美国政府对于现告终结之过去一切交涉,其唯一目的,无非欲得到一种协定,以互生利益,并谋中国永久之利益为根据,而巩保有关系各政府间之完全互助。美政府对于银行团协定中所含友谊之互助,特刮目相看,深信此项实际共同之计划,系两政府善意与成功之新纪元之开始。

《北洋军阀》第三卷,第1295页

## 日大使致英外部

1920年5月11日

四月二十八日,英国政府因答复日本政府四月十四日说帖所递来之函,日本政府业已收到,并已加以详细考虑。

查英国政府关于日本政府信赖英国政府三月十九日函中所举之保障,预备取消其请求外国承诺日本所提出办法之提议一节,至为欣感。又,查英国政府对于前所提供之保障,复表示重视之意,日本政府闻此二者,非常欣慰。

英国政府对于日本关于洮长及洮郑二铁路除外之提议,已取消其反对之态度,日本政府闻之,亦不胜欣悦。

至日本所提议关于洮南、热河铁路,及自此铁路联络海口一线之二项办法,英国政府似以为此项提议系新近发生,并以为当此有关系之四国正有得一协定希望之时,而日本政府提出此项问题,特表示遗憾。

且英国政府抱有一种意见,对于彼关于日本有延长洮热线意愿之第一项提议,视为等于要求一种绝对阻止权,而以为与新银行团所引为根据之原则不相符合。但查日本政府当时提出此项提议,并无提出新条件或新要求之意愿,仅为免除将来误会起见,特举此一端作为实例,表示何项企业足以妨碍日本之生存利益,而为英国政府所保障之要件。日本政府深信关于此事项中之问题,即在保障之列,则与银行团有关系之各国政府,当能以互相信任及友爱之精神,了解日本之意见。至关于日本政府第二项提议,日本之所以提出此议,仅在表示于洮热线及联络海口线建筑时,日本视为应有请各国协助之必要之情形也。

兹日本政府特再表示其希望,其意仅欲得彼新银行团所根据之协助精神之援助,此外别无他种意愿。

再,日本政府维持有如上述之意见,但并无坚持要求英国政府对于二项提议须有明白保障,或许可之意,仅欲使有关系之各国了解日本对此方面之见地,及解释英国政府以友谊之精神,曾郑重声明,英国政府所提供之保障,尽足保全日本之利益。日本政府特信赖此项友谊精神,以后不再坚持此二项提议之须提出讨论。并为组织新银团之便利,不致有稽延时日起见,日政府于目前仅将其对于此问题所据之见地及解释告之英国政府而止。并预备赞助有关系之各国以谋银团协定之成功,而畀以必要之批准焉。

《北洋军阀》第三卷,第1295—1296页

## 梶原[①]致拉门德

1920年5月11日

敬启者:去年五月十一、十二两日,日、美、英、法四国银行团代表,因组织新银行团,曾议决合同一件,及各项议决书,以待各国政府之批准。日本银行团因接到日本政府通知后,曾于六月十八致书于阁下,提出容纳新银行团合同之条件一节,阁下当均能忆及之。

现在该规定银行团活动之合同中,种种不甚明了之点,日本政府及某等均十分了解。前次六月十八日所提出之函,某等已奉日政府之知照,可以将其撤回,并将遵照美、英、法三国银团所依照之文件,容受新银行团合同,谨此知照阁下。日本银行团代表横滨正金银行行长梶原上。

《北洋军阀》第三卷,第1296—1297页

## 拉门德致梶原

1920年5月11日

顷奉来书,阅悉。阁下代表日本银团转告同人,谓阁下等已奉到贵政府知照,准将去年六月十八日一书撤回,并准依照美、英、法三国银团所依照三条件,容纳新银行团以谋设立为求中国利益起见之新银行团等情,阅后不胜感谢。又查贵政府与日本银行团前对新银行团种种不明了之点,现已一律了解,同人等闻之,又不胜欣悦。自此新银团办事前途,想诸事皆一无窒碍矣。前吾人讨论时所发生之问题,关于满洲及蒙古之特种铁路事业,吾人所同意之办法,兹决定之如下:

(甲)南满铁路与其现有之支路,连同附属于该铁路之矿产,不在新银行团范围之内。

(乙)洮南、热河铁路及议筑之联络该铁路之一点及一海口一线,

① 日本银行团代表。

归入新银行团合同条款之内。

（丙）吉会铁路、郑洮铁路、开吉铁路（经过海龙）、吉长铁路、新奉铁路及四郑铁路等，皆在新银团共同活动范围之外。以上诸语，余虽代表美国银行团而作，然亦已得英、法、美各国政府及其新银行团之批准焉。

诸贵银团内各方烦代表〔致〕意，并云吾人深愿四国共同事业早日成功也。拉门德上。

《北洋军阀》第三卷，第 1297—1298 页

## 内田致币原①

1920 年 5 月 11 日

第 211 号。

关于前电第 201 号，五月十一日我银行团代表者与拉蒙忒之间交换去电第 152 号，别电甲乙两号公函。不过，该别电乙号末项将 Will have 修正为 has，将 confident 修正为 assured，是项修正经拉蒙忒以电报照会英、法两团体，据推测结果可能得到其确认。请将右电转电英、法、意。

注：内田外务大臣当日按该电报同一趣旨对小幡驻华公使发出第 262 号电报

**附记：日本银行团代表者致美国银行团代表者公函**

1920 年 5 月 11 日发

拜启：兹有陈者。如阁下所知，当去年五月十一日及十二日在巴黎组织借款团，日、英、美、法各银行团代表各自以得到本国政府承认为条件而始在决议及规约上签字。复有日本银行团基于日本政府训令，关于本团承认该新借款团规约之条件，已于同年六月十八日备函送致贵国借款团一事，想亦知悉。前关于借款团规约及其运用，尚稍有暧昧之

① 日本驻美大使。

处,日本政府及本团今已得到满意的澄清,是以本团遵循日本政府训令,将去年六月十八日前记公函撤回,表明与美、英、法各银行团协作,在与上记该银行团同一条件下,承认该借款团条约。同时,对借款团关于中国之一般计划及目的所表示衷心协作之意,极感光荣。

敬具。

T. W. 拉蒙忒台鉴。

梶原仲治

千九百二十年五月十一日

《北洋军阀》第三卷,第1307—1308页

## 美国银行团代表致日本银行团代表

1920年5月11日

拜启:兹有陈者。今贵国银行团奉日本政府之训令于五月十一日函请撤回去年六月十八日公函,并通告与英、美、法各银行团在该各银行团同一条件下,承认关于对华新借款团组织规约一事,来函已收到。本团欣悉贵国银行团及贵国政府方面对所存尚为暧昧诸处已行明了,且信能与贵国银行团共为新借款团活动开辟道路。关于在满洲及蒙古计划且事实上已经着手之特定铁路企业地位,前在协商中产生之二、三问题,本团对左列事项,兹再确认与贵国所见一致。

(一)南满洲铁路及其现有支线与该铁路之附带事业矿山,均不属于借款团之范围。

(二)洮南热河铁路及由洮南热河铁路之一地点至海港之铁路,包括在借款团规约条项以内。

(三)吉林会宁、郑家屯洮南、开原海龙、吉林长春、新民府奉天及四平街郑家屯各铁路,在新借款团共同活动范围之外。

本函为美国银行团所起草者,但确信为英、法两国银行团及英、法两国政府所真实赞同。特一并奉闻。对日本银行团所属各位特致敬意,并祝愿四国共同企业成功。谨此奉达,希予谅誉。

敬具。

梶原仲治台鉴。

T. W. 拉蒙忒

千九百二十年五月十一日

《北洋军阀》第三卷，第 1308—1309 页

## 艾斯顿致寇松

北京，1920 年 5 月 14 日

东京 170 号电。

在答复我的质询中，代理外交部长告诉我，外交部最终准备在内阁会议上考虑对日本拒绝直接谈判照会的答复。国务总理现已经辞职，表面上的原因是政府的财政状况，但真正的原因归结于安福系的压力，他认为事情应交付于他的下一任。

我最近到达这儿的总体观察过程中，我向代理外交部长建议，通过发出一个日本照会的知会，中国政府不会失去什么，然而通过完全忽视日本建议，中方的敌意很可能增长起来。

面对反对热力，既不是代理外交部长，也不是政府的任何成员有能力负责或者作出决定。

给东京回复。

DBFP, First Series, Vol. 14, p. 26

## 内田致高桥①

1920 年 5 月 17 日

政一机密函送第 123 号。

日本对华投资团规约案请予承认之件关于本案，收到如该规约案附加另纸甲号抄本之横滨正金银行总经理之申请。本省对此案并无其

① 日本大藏大臣。

他异议,因此,请就另纸详述原委,加以审阅,如贵省亦无异议,则请在另纸乙号指令案盖章发回,特此照会。

**附件:梶原横滨正金银行总经理五月十五日函致内田外务大臣及高桥大藏大臣之申请书**

另纸甲号

日本对华投资团规约,如另册草案所决定,准备签印,请予承认,特此申请。

外务大臣子爵内田康哉钧启

大藏大臣男爵高桥是清钧启

横滨正金银行总经理　梶原仲治印

大正九年五月十五日

日本对华投资团规约案

大正八年五月二十四日,应帝国政府劝导,以左列法人组成日本投资团,经过协议,决定规约如下:

股份公司第一银行　股份公司第百银行

股份公司安田银行　股份公司台湾银行

股份公司浪速银行　股份公司山口银行

股份公司第三银行　股份公司三井银行

横滨正金银行　朝鲜银行

股份公司位友银行　股份公司加岛银行

股份公司十五银行　股份公司三菱银行

股份公司日本兴业银行　股份公司三十四银行

股份公司鸿池银行　股份公司近江银行

第一条　本团与在大正八年五月十一日根据巴黎会议决议所组成之对华借款团之外国对华投资团协作,以对中国进行借款或融通为目的。

第二条　本团可以借款或融通之范围决定于下:A. 对中国中央政府或地方官厅所保证之部、局借款或融通。B. 对中国中央政府或地方官厅所保证之中国法人借款或融通。借款或融通属于普通银行业务者，或不按公募方法者，不在本条之限。

第三条　团员不经其他团员过半数之承认，不得退团。团员虽已退团，但仍享有退团前以团员取得之权利并负担义务。

第四条　愿新入团者，只有经团员过半数之允许方得加入之。新入团者，就入团以后所发生之事项，与其他团员有平等权利义务。

第五条　团员之出资一律平等。团员不得其他团员过半数之承诺，不得参加某种借款或融通。属于团员未参加之份额，由参加团员平等均摊之。

第六条　为借款或融通所用之经费，由参加之团员平等负担。但中途退团者，仅负担其在团员期内参加之借款或融通所用之经费。而新入团者仅负担其入团以后所参加之借款或融通所用之费用。

第七条　借款或融通所得之收益，由参加此项借款或融通之团员平等分配之。但横滨正金银行根据第九条为本团之代表者，其因此行动必需之各种费用及报酬，则须按公债或股票额面千分之五，另行交付该行。

第八条　横滨正金银行及股份公司日本兴业银行以本团之干事银行，综理本团在日本国内事务，决定对团员通告或须提议事项，并推行本团事业所必须手续。

第九条　横滨正金银行为本团对外代表者，就该行以本团之代表者所作行为，则团员共同负责。但与中国当事者及他国之对华投资团间缔结契约时，须先取得团员过半数之承诺。

第十条　借款或融通交付之资金，本金之偿还利息或债券利息之支付，由正金银行办理之。

第十一条　关于对中国政府之借款或融通资金之受托，由横滨正金银行任其责。

第十二条　团员作前项资金之受托时，横滨正金银行得使其提供担保。

第十三条　本规约非经团员过半数同意不得变更。

第十四条　本规约及本团所推行之事业，须事先得到大藏大臣及外务大臣之承认。

第十五条　团员在本规约盖章，各持一份。新入团者在本规约追加盖章，持其一份。(订约银行名称见前，故略。)

《北洋军阀》第三卷，第1309—1312页

## 寇松致艾斯顿

伦敦，1920年5月18日

兹回复东京的第166号电报和你的第190号电报。

与中国政府开始谈判是否适宜，请与你的美国、法国和日本同仁协商。

DBFP, First Series, Vol. 14, p. 28

## 艾斯顿致寇松

北京，1920年5月25日

谨答复您的第191号电报。

关于银行团，当前在北京观察到如下情势：

1. 拉门德先生5月1日离开这儿，他表示，只要中国政府对偿还湖广铁路和津浦铁路的德国债券和息票继续实行区别歧视政策，就不愿意给中国政府任何预付款。

2. 基于上述考虑，他认为目前最大可能限额的预付款是二千五百万美元，这笔款项将专门用于支付上述债券，恢复太平洋发展公司的贷款，三百二十万美元的余额用于湖广铁路建设。他反对给现政府任何行政性目标的预付款。

DBFP, First Series, Vol. 14, p. 30

## 法国外交部致驻法日本大使

1920 年 5 月 25 日

启者:承巴黎日本大使馆于本月十日将日本驻美大使馆送致华盛顿外交部之公文照会本部,该文称:日本政府对于三月十六日美国国务院公文内所载各节,为足资保证洮热铁路之办法,因极愿意协同组织各国投资之新银行团等语。法政府深引为荣幸的通知日本政府,谓中国事与美国为同样之保证。且深庆为中国利益有关系之列强,能缔结此样友谊的合同也。

《北洋军阀》第三卷,第 1299 页

## 各国驻京公使致外交部

1920 年 9 月 28 日

法公使波勃、日公使小幡、美公使克兰、英代公使克乃夫,为通知事:法、日、英、美四国前所讨论之新银行团,其预拟之内容及目的,四国政府认为现在已可会同通知中华民国政府。

按一九一八年美国政府知照三国政府组织美国银行团,而供给中国以财政上之援助等情。至其美国银行团组织之纲要,则谓该银行团团员中对于中国借款所享受之优先权、选择权,当一并推及于美国银行团全体享受之;凡以后所有由政府担保之借款,无论其借用之目的属于行政或实业,应视为各银行团共同之事务,由各银行团公同办理云云。

又,美国政府于知照三国政府时,并谓自大战以后,各国政府及其人民之间,均发生互相利益之精神。本于此种之互相利益,各国对于协助中国以财政上后援之计划,实有通力合作之必要。故现在提议,凡与中国有重大关系之各国,于某种地位及时间应与中国以此等援助者,应联合美国共同从事于前所订定之协约方法,并应组织与美国同样并同一根据之国家银行团,与美国所组织之银行团协同进行。故美国政府之计划,即为将旧银行团重行组织,此新银行团并无妨害旧银行团本有权利之蓄意。至新银行团之希望,则为推广银行团之范围,以至可以容纳旧银行团之分子,以及对于银行团可以有正当要求加入之各国。如此则可使中国得有较大之借款,以应其需要,而各国亦可消除互相竞争之危害及自利之心,而代以共益而合(致)〔作〕之精神云云。

英、法、日三国政府接到美国所拟之计划后,即详加筹虑。其结果遂有一九一九年五月十一、十二两日四国银行团代表在巴黎之集会。集合时各银行团总代表列席,讨论以后财政之计划以及银行团活动之范围。

当时即订定草案,美国所提议之外国可以加入之说,亦规定在内。但本照会之用意,并非欲表示此问题之大概,或述及彼将待八月中在纽约银行团开会时决定之财政的计划。盖欲明白将各要点说明,以免发生误会,盖即将各国政府所能协助各银行团,或银行团全体之范围加以说明也。

各国政府现拟出其全力辅助各该国家之银行团,以举办巴黎到会各银行家所决定之计划。此等计划于现任及将来中国政府所担保、所借款之合同,规定借款办法者有关。盖现在各银行团之合同,其规定实业各事须已举办者均包括之条文,须从所定计划书内除去是也。各政府关于银行团之文书,以及美、日银行团往来之函件,今一并开列清单,同时附上。此等文书,当能助中国政府易于了解银行团之完全情形,庶中政府以后协议时,可得便利。

尚有须表白于阁下者,即各本国政府甚愿中国早日完成统一之政府,庶新银行团对于四国政府之希望,得有以报命,并使其得助中国以谋更远之进步也。右照会中华民国外交总长颜惠庆阁下。

附件

一、一九一八年七月十九日,美国务卿致美银行团函。

二、一九一八年十月八日,美国务卿致驻美各大使函。

三、一九一九年五月三十一日,美国务卿致驻美英大使函。

四、一九一九年六月十八日,小田切致拉门德函。

五、一九一九年六月二十三日,拉门德复函。

六、一九一九年七月三日,美外交部致驻美各大使函。

七、一九一九年八月十一日,英外部致驻英日使函。

八、一九一九年九月一日,驻英日使致英外部函。

九、一九一九年十一月二十日,英外部致驻英日使函。

一〇、一九二〇年三月十六日,驻英日使致英外部函。

一一、一九二〇年三月十六日,美外部致驻美日使函。

一二、一九二〇年三月十九日,英外部致驻英日使函。

一三、一九二〇年四月十四日,驻英日使致英外部函。

一四、一九二〇年四月二十八日,英外部致驻英日使函。

一五、一九二〇年五月十七日,驻英日使致英外部函。

一六、一九二〇年五月十七日,英外部致驻英日使函。

一七、一九二〇年五月二十五日,法外部致驻英日使函。

一八、一九二〇年五月十一日,日本银行团代表梶原致拉门德函。

一九、一九二〇年五月十一日,拉门德〔复函〕。

《北洋军阀》第三卷,第 1299—1301 页

## 顾维钧致外交部

1920 年 10 月 16 日发,10 月 18 日到

转公府秘书长吴士翁鉴:昨电计达。银行团问题,因日本欲将南满东蒙划出公摊范围之外,事遂延搁至今。顷得密询,知一星期晚提出调停办法,将东蒙境内所得一切铁路敷设权、采矿权等等归入公摊,或长春以南南满境内各项让与及权利准由日本独办。日昨美政府答复坚持原议,现闻美政府意倘日本必欲将南满东蒙划出,美愿独设银团,投资我国,兴办各项事业云,特闻,并祈代呈主座。再,国内政局如何,沪上和议有无进步,外人询者纷纷,务请随时密示,以资接

洽。钧。十六日。

中国第二历史档案馆藏总统府军事处档案

## 施肇基[①]致外交部

1920年11月16日发,19日到

昨晤汇丰银行总理,谈询新银团纽约会议结果,据称现订立合同以五年为期,所云日本限制一层,即东三省八铁路当时日本要求尚有南洮南热河一路,因该总理毅然不让,日人始允删除。倘南满洲以西之路多加时,各国能始终坚持,日本或亦可退让。此事系因美国与日商议,或美人不谙中国地势之故,致允日人。至山东铁路,前曾承嘱注意,因胶济一路为和约牵掣,未能遵办,但高徐顺济已由日人允归银团合办,幸不辱命,其中国银团加入一层,议定:(一)该团应得中国政府之同意,(二)应将能以代表中国各银行之训示,(三)既欲享受新银团所得之权利,亦应担任新银团应尽之义务,即如该华团不能仅往会旁听议事,倘遇出发债票之时,亦应担任在华出发债票,至出票以银为本位,但用金本位亦可,此次一切会议情形已由各银团报告各本国政府,现俟各政府转饬驻京公使,以同样照会通知中国政府云云。又浦信补救另发行债票一层,并询据称此次未经提及,所提及者,系出票为粤汉之用,粤汉以后借款为建筑宜夔路之需,特闻。再,英自治各属地首相来伦会议,已正式公布,明年六月举行矣。英日盟约届时即须议及。基。十六日。

中国第二历史档案馆藏总统府军事处档案

## 外务省公布关于成立对华新借款团之件

1920年11月20日

关于以援华为目的之新借款组织,日、英、美、法四国投资团代表者

① 中国驻英国公使。

于去年五月在巴黎已成立的协定;今经四国银行团签字确认。对此报告,帝国政府至为满意。如上所述,在借款团名义下成立之国际的联合,已经上列四国政府完全承认。由于该四国各银行业者之协作,中国政府得能筹措改善交通及建设运输机关所需要之资金(筹措资金要对具有中国政府或地方官厅保证之代表者关于公募借款之合同),四国借款团必将成为在极大增进中国人民利益信念下之组织。这样一方面对中国人民为巩固中国统一与安定所作之努力予以援助,而另方面,对各国人民之个人的企业,提供了机会均等与开发中国经济更广泛的活动范围。此为甚所希望者。无容置疑,依此协同动作,更可使五国民间关于远东问题进一步增进了解与协作。

《北洋军阀》第三卷,第 1312 页

## 各国驻京公使致外交部

1921 年 1 月 18 日

英公使艾斯顿、日公使小幡、美公使克兰、法公使波勃,为照会事:照得上列四国投资界,前曾根据于一九一九年五月所定组织新银行团,以供给建设所需费用,而扶助中国之各方针,议定一种协议。此协议现在已由四国银行团正式信任之代表在纽约签字,认为完全决定。此新设之国际协议,以新银行团名义成立,并已蒙四国政府之完全赞许。

至此一九二〇年十一月十五日,在纽约所签定协议之本文,已由银行团代表赍呈财政、交通两部矣。

右照会中华民团外交总长颜惠庆阁下。

《北洋军阀》第三卷,第 1301—1302 页

## 2. 其他问题

### (1) 中外贸易

### 齐耀琳[1]致田文烈[2]

1918 年 3 月 11 日发

焕亭仁兄总长大鉴:近日迭接地方士绅函称,沪报所载贵部派员来苏调查粮食有购运出口之说,此节为吾苏民食所关,即为吾苏治安所系,至为紧要,请维持前来。正拟函询间,适晤贵部所派之秦君瑞□,始知调查粮食实有其事。购运出口尚在未定,此事不特关系民食,关系治安,且与约章亦有牵涉,今为我公详述之。查中英续议通商行船条约第十四款内载,米谷等粮,英商欲运往中国通商别口,照依税则纳税。若禁止米谷等粮出口,各商自当遵办,倘船只为专租载运米谷而来,若在奉禁期前或甫届禁期到埠,尚未装完已买定之米谷者,仍可准于禁期七日内一律装完出口。惟米谷禁期之内,应于示内声明漕米军米不在禁列。如运出口者,须先载明数目若干,除此之外,其余他项米谷一概不准转运出口。倘于既禁之后如准无论何项米谷载运出口,则应视该禁业已废弛,若欲再行禁止,则须另行出示,自示之后以四十二日为限,方可照办。至米谷等粮,仍不准运出外国等语。是米谷等粮在禁期以内尚不准运往中国通商别口,其不能运出外国更无论矣。从前江浙运漕岁有一定数目,故约文叙有示内载明数目字样,限制甚严。苏省禁米出口已届多年,若一经弛禁,必致纷纷外输,米价立时飞涨,在商贩垄断居奇,岂复顾念本地民食。即使复禁,照约须以四十二日为限,且又有专装米石船只禁期以前不及装完,复准宽限七日,断不能以出示之日即作

---

① 江苏省长。
② 农商总长。

为截止之期，似此数十日中，外人运输米石何可胜计。米商竞贩出口，更难究诘米价之增高继长，可以断言。苏省连年荒歉，民鲜盖藏，江北一带，瘠苦尤甚，每遇办赈办粜，必向外省购粮，本省存粮无多，是其明证。江南北去冬严寒无雪，麦已受伤，徐海各属，上年变乱之后，商民十室九空，目下匪氛未熄，仍有围城抗兵之事。长江流域素为盐枭帮匪出没之区，游食孔多，隐忧滋大。沪埠因欧战影响，商业萧条，贫民失业尤众，维持安插，正苦无可为谋，全赖粮价稍平，尚有一线生计，稍维现状。前清时代有因粮贵扒抢者，风潮极大，殷鉴匪遥。前次省议会开会期内，公同议决咨请重申米禁，曾经通行在案。此次贵部派员到苏调查粮食，人民不知底蕴，遂有开禁之谣。近日沪宁等处粮价较之平日，每石飞涨至一元以上。值此多事之秋，人心本已浮动，倘因开弛米禁，致有不肖之徒从中煽惑，激生事变，善后尤难。莅任四载以来，熟察地方情形，利害关系，莫过于此。用敢披沥直陈，务乞俯赐采纳，力予维持，苏省人民戴德无既。临颖迫切，惟希见示。专此，即颂台绥。齐耀琳敬启。

中国第二历史档案馆藏总统府军事处档案

## 齐耀琳呈大总统并致国务总理暨部处

1918 年 8 月 28 日发

北京。大总统、国务总理钧鉴<br>外交部、内务部、财政部、交通部、农商部、税务处鉴：统密。

近日迭接地方士绅函称，风闻中央有派员来苏购运粮食出口之说，此节为吾民食所关，即为吾苏治安所系，至为紧要，请转陈维持前来。查苏省禁米出口已届多年，不特关系民食，关系治安，且与中英续议通商行船条约第十四款内载各接颇多牵涉。米谷等粮在禁期以内照约尚不准运往中国通商别口，其不能运出外国更无论矣。若一经弛禁，必致纷纷外输，米价立时飞涨，在商贩垄断居奇，岂复顾念本地民食。即使复禁，照约须以四十二日为限，且又有专装米石船只禁期以前不及装完，复准宽限七日,断不能以出示之日即作为截止之期,似此数十日中,外人运输米石何可胜计。米商竞贩出口,更难究诘米价之增高继长,可以断言。苏省连年荒歉,民鲜盖藏,每遇办振办粜,必向外省购粮,本省存粮无多,是其明证。本年江北多蝗,江南患螟,虽经竭力搜捕,秋收如何,尚无把握。徐海各属,屡遭匪患,元气未复,伏莽堪虑。长江流域,素为盐枭帮匪出没之区,游民孔多,隐忧滋大。沪埠因欧战影响,商业萧条,贫民失业尤众,以故同业罢工,小贩罢市,屡起风潮。前清时代有因粮贵扒抢者,几至不可收拾,殷鉴匪遥。上次省议会开会,议决有重申米禁之请,迄今各议员及农会仍复呈电纷驰,请严米禁,是以近日驻宁英领事迭次来函,要求英轮各公司运米出口,节经函复拒绝,并分咨部处在案。总之,小民生计维艰,全赖粮价稍平,尚有一线生机,俾得安分度日。今因有弛禁之谣,各处粮价已见飞涨,若竟实行弛禁,后患何堪设想。耀琳熟察地方情形,利害关系,莫过于此,合无仰恳鉴纳,俯赐维持,苏省人民戴德无既,迫切上陈,伏祈垂鉴。齐耀琳。

中国第二历史档案馆藏总统府军事处档案

## 齐耀琳致财政部

1918年8月30日发

北京。财政部、农商部鉴:堂密。俭电悉。苏省禁米出口已历多年,前因地方士绅函电纷驰,咸以中央有派员来苏购运粮食出口之说,深恐有妨民食,致碍治安,请转电中央力予维持,当于感日详细电陈在案。查米谷等粮即非禁期以内照约不准运出外国,倘违约外输,各国纷纷援引,何所底止,此端一开,实于外交内治关系甚巨。况苏省连年荒歉,民鲜盖藏,本年江北多蝗,江南患螟,秋收如何,尚无把握。近日上海米价每石已至八元以上,内地各处粮价亦日见增涨,此有事实可考,决非虚言。谷既不贱,农何致伤?从前本有规定,沪市米价已过八元,各县米粮即禁出省,此尤人所共知,久成惯例。日使所称中国南方近年丰收,因禁米出口致米价跌落,农民收困各节,他省不得而知,苏省实无其事。无锡地方向为米商聚集之区,上海等处米商存货往往寄存无锡堆栈,又有商业竞争上之关系,囤积或所不免,聚之似觉其多,散之尚虑不足,安有余剩之米?此外更无囤米可多之处。日使所称江苏剩有米二三百万石,或即指此开弛米禁,事关地方要政,何敢轻许?日使谓江苏省长已表允意,想系误会,断难承认。前曾饬属调查,江苏全省产米,即以丰年而论,已觉供不应求,况在荒歉之后?民食不敷,尤可概见。江北屡遭匪患,上海同业罢工,小贩罢市,迭起风潮,皆因小民生计维艰,谋食不易所致。农商绅学各界因有弛禁风传,惊惶万状,有岌岌不可终日之势。再三考察,苏省万难开弛米禁,务祈迅咨外交部婉予谢绝,俾苏民困,不胜迫切翘祷之至。齐耀琳。卅。印。

中国第二历史档案馆藏总统府军事处档案

## 省议会议案

1918 年 10 月 25 日到

江苏省议会为咨行事。查米谷等粮运往外国,向悬厉禁,中英条约订载甚明。迩年雨旸不若,螟灾迭告,本省所产,仅以自供,犹惧不给,以故京津及邻省告粜,每苦爱莫能助,迄难弛禁,条约所定,讵容破坏。乃奸商惟知射利,罔恤民艰,出省出洋时多偷漏,米价翔贵,职是之由。每当青黄不接之交,哀鸿嗷嗷,危于鹿铤。本会为维持治安起见,于十七日提出会议,多数可决咨请贵省长重申米禁,严杜私运,以维民食而弭乱萌,大局幸甚。此咨江苏省长齐。

议长钱崇固

中国第二历史档案馆藏总统府军事处档案

## 齐耀琳致国务院

1918 年 11 月 4 日发

北京。国务院钧鉴:中密。冬电敬悉。日本请运米粮一案,曾将困难情形迭次电陈在案。此次日使重申前请,无论购运多寡,但于外交无碍,民食无妨,自当力筹接济,以敦睦谊。无如约章限制于前,省会议决于后,爱莫能助,良以为歉。今将窒碍情形再为钧院详陈之。查中英通商章程第五款内载,凡米谷等粮不拘内外,土产不分何处进口者,皆不准运出国外等语。是米谷等粮即非禁期以内照约不准运出外国,倘违约外输,各国纷纷援引,何所底止。日前驻宁英领事屡次来函,要求英伦各公司运米出口,节经函复拒绝,迨后英使迭向外部争议,行文到苏,又经详叙理由,电请驳复出口一事,交涉已如此为难,若运往外国,将来枝节横生,何堪设想。此但就外交一方面言之,今复考察地方舆情,证以省会议案,万难开弛米禁。盖农商绅学各界因有弛禁风传,惊惶万状,纷纷电请维持米禁,以保治安。省议会此次召集常会,开幕之始即提出议案,原咨内称:迩年雨旸不若,螟蝗迭告,本省所产米谷等粮,仅以自供犹惧不给,以故各省告粜,未能接济。每当青黄不接之交,哀鸿嗷嗷,危于鹿铤。为维持治安起见,于十月十七日提出会议,多数可决咨请重申米禁,严杜私运,以维民食而弭乱萌等因前来,当经通令各属查照办理在案。运米出洋为众目共睹之事,谓非弛禁,其谁信之?总之,开弛米禁运出外国,于外交民食均有极大关系,再四思维,实无万全之策,惟有电请钧院婉言谢绝,并致歉忱,是所翘祷。齐耀琳。支。印。

中国第二历史档案馆藏总统府军事处档案

(2)赈济日灾问题

### 安徽吕调元致国务院等

1923年9月8日

北京。国务院钧鉴:支电祗悉。前复鱼电计已上达。日本震灾,从古未有,恤邻救急,谊不容辞。敝署日前得电,已筹备两万元分别汇寄,并先以三千元派员渡拯皖籍学子。顷又商由安徽华洋义振会广为筹募,源源接济,俟有成数,即行续汇,以副尊嘱。特先电达,请即查照。

吕调元。庚。印。

中国第二历史档案馆藏北洋政府国务院档案

## 阎锡山致国务院

1923 年 9 月 8 日

北京。国务院钧鉴:支电悉。日本惨遭奇灾,同深惋惜,自应力筹赈款,藉资救济。一俟集有成数,再行奉闻,特此奉复。阎锡山。庚。印。

中国第二历史档案馆藏北洋政府国务院档案

## 齐燮元、韩国钧致国务院

1923 年 9 月 9 日

(1)北京。国务院钧鉴:支电敬悉。日本震灾,诚为亘古未闻之浩劫,我国侨商学子同被奇殃。警电传来,不胜骇悼。燮元、国钧等昨于宁垣特开救恤日本震灾会,召集各界筹募急赈,一面会派专员赴沪协商各公团接洽进行,并驻沪办理拯济事宜。拟先募集巨款,购备食料,送沪附运,委托驻日使馆转交发放,一面筹拨专款,另派专员会同留日学生监督及各灾区驻日领事,分别拯济我国旅东学生商民,俾得脱离厄境。并通电各省区广为提倡,筹集巨金,分投拯济矣。谨复。齐燮元、韩国钧。佳。印。

(2)(若干份)北京。国务院、各衙门、(若干份)各省区军民长官、各公团、各报馆均鉴:此次日本巨灾,苏省筹拟救恤办法,前经电达在案。昨在秀山公园开会,除银行公会及绅界尚须另行接洽认定外,当场共募银三万四千余元,拟即购办食品输运往赈,刻已派卢绅殿虎赴沪办理赈济事宜,并属其与各方接洽,以期一致进行。又派沈知事沂赴日救济侨商及留日学生,并由国库拨发两万元,藉资救恤。合电奉达,尚希公鉴。齐燮元、韩国钧。佳。印。

中国第二历史档案馆藏北洋政府国务院档案

## 吴佩孚致国务院等

1923年9月9日

急。北京。参众两院、国务院、各部院、王巡阅使、冯检阅使、步军统领、警察总监、京兆尹、保定曹巡阅使、各省督军、督理、督办、省长、总司令、都统、护军使、镇守使、师旅长、省议会、教育会、商农工会、各报馆均鉴:日本此次地震,继此大灾,海啸演成巨劫,城市为墟,死伤枕藉。侧身东望,天日为昏。夫人类具有同情,互助原无国界,我国夙于大同博爱立国,救灾恤邻,古有明训。况在兄弟亲善之国,更切死丧急难之心,重以商学侨胞同罹浩劫,扶伤救死,义无可辞。故自噩耗传来,我政府既慰唁筹赈于先,曹巡阅使更提倡拯济于后。谁无好善之情,敢复缨冠之义,尚望我全国善士发抒悲悯,慷慨输将,输粟泛舟,通于秦晋,仁浆义粟,辨于咄嗟。岂惟救助之常,要亦人道应尽之责。谨布愚悃,伫候义声。吴佩孚。泰。印。

中国第二历史档案馆藏北洋政府国务院档案

## 田中玉、熊炳琦致国务院

1923年9月10日

(1)北京。国务院钧鉴:支电谨悉。日本奇劫,亘古罕闻,属在比邻,同深悲悯。鲁省现正召集各界开会,讨论募款及一切救济办法。除俟筹有成数再报外,谨先电闻。田中玉、熊炳琦。蒸。印。

(2)二份。北京。国务院、外交部鉴:本日集合各界公议救济日灾,先筹垫四万元,余待募续交。查此款究应汇缴何处,希速赐复,以便兑缴。田中玉、熊炳琦。蒸。印。

中国第二历史档案馆藏北洋政府国务院档案

## 曹锟、王承斌致国务院等

1923年9月10日

北京。国务院、各衙门、各省区军民长官、各公团、各报馆均鉴:此次日本奇灾，亟宜拯恤，以符亲仁善邻之谊。除由锟先捐五万元，以三万交日本馆转汇散发、两万元交张代办专为我国侨商学生外，天津方面先委托警厅所办天津急赈会，赶募急赈，已成立直隶省日灾救济会，联合绅商及慈善团体，柬请各界在省公署开会，到者数百人。后经锟、承斌各捐万元，当场宣布，群情踊跃，足征好善自有同情，当可集成巨款。先肃电达，惟希公鉴。曹锟、王承斌。蒸。印。

中国第二历史档案馆藏北洋政府国务院档案

(3)中外航空

## 航空署致外交部及外交部复函

1924 年 4 月

航空署致大总统府军事处公函(1924 年 4 月 25 日)

航空署公函航第三三九号

径启者：查应付美使请求变通特准美机来华办法一事，前在本署第二此会议议决情形，业于三日十七日函达贵处在案，现准外交部函开，变通应付美机来华一事，前准来函，当经转行驻京美使查照办理，并无何项窒碍难行之点，业已转知该项飞航员知悉等语，相应将本部前致美使函稿及此次该使来函抄送查照转行等因到署。惟此次美机来华，关系綦重，我国为优待环球飞行起见，对于美使前提携带无线电机，以保安全，将来该机到华，自应按照先后议决应付办法，严格检查，藉维空权，除呈报及分行京内外有关系各机关及该机到华确期仍俟美使通报再行奉达外，相应抄录修正中国特准美国飞机飞航国境临时办法并外交部原函暨转送美使来函，送请查照为荷。此致大总统府军事处。

**附件：中国特准美国飞机飞航国境临时办法**

1924 年 4 月 25 日

一、此次美国飞机来华，系由驻华美公使先期正式通告，经中国政府特许后方得飞航入境。

二、此次环球飞行飞机既经美使声明不为军用，并不作他用，但在中国境内各升降地点均应受中国政府派员之检查。

三、美公使应将左列事项（除已定各项外）开送查核：

甲、飞行目的（已定为环球飞行）。

乙、入境暨出境地点（已定为青岛暨厦门。）

丙、来至地点及飞往地方（为由仁川至青岛，转往上海、厦门、香港、越南之海防）。

丁、出发及到达中国各地点，并在中国境内停留日期。

戊、飞航员及其他航务人员人数及姓名。

己、飞机之式样、数目、标识、发动机之式样及马力。

四、美飞机在中国境内飞往之航线由美公使开送，经中国政府核准后指定之，该飞机应即按照指定线路飞航，不得飞往他处，并不得于指定地点以外自由升降，至该线路左右界限为二十公里。

五、此次美飞机在中国指定之航线内飞航时，其上海兵工厂、吴淞炮台、福州闽口炮台、马尾船政局周围五公里之上面禁止飞航经过。

六、此次美飞机来华，中国政府于上海、青岛、厦门三处指定地点升降，但仅供此次飞机上下应用一次。

七、不得携带违禁物品、照相器具及邮件并运载货物。

八、为优待环球飞行起见，准其携带无线电机，在飞机升降地点应受中国政府派员检查，且通信须用明码，并以传递飞行消息为限。

九、沿线经过人烟稠密地方，不得为低度之飞行，致危及人民生命财产，并不得由天空撒落物品。

十、此次美国飞机飞行，在中国境内须携带各种飞航必备之证书及日记，以备检查，并须遵守空中一切规则。

十一、以上办法系此次美机航行环球飞航经过中国临时特别允许之办法。

另行声明者一项（拟在照会文内声明）：

与中国尚未批准之国际航空条约无关。

中国第二历史档案馆藏总统府军事处档案

## 外交部致航空署

1924 年 4 月

外交部致本署函亲字第二六四号

径启者:变通应付美机来华办法一事,前准三月十五日来函,当经转行驻京美使查照办理。兹准复称,所送变通办法,并无何项窒碍难行之点,业已转行该项飞行员知悉。该机不久可到中国,请速转该管机关饬知青岛、上海、厦门等处地方官等语前来。除由部函复该使须将该机来华确期早日知照外,相应将本部前致美使函稿及此次该使来函汉洋文一并抄送贵署查照,即希从速转行该机经过各地方长官饬属遵照可也。此致航空署。

中国第二历史档案馆藏总统府军事处档案

## 何遂致临时执政

1925 年 6 月 24 日

呈为呈报苏联飞机来华办理情形,具折恭陈,敬祈钧鉴事。窃职署前于四月三日接准外交部函开,准苏联驻华大使函称,本国航空队拟由赤塔经中国张家口、上海等处,可否允准,请核复等语,相应函请核办等因。当以俄使函内有航空队字样,实与我国领空主权有碍,即经职署函请外交部据理驳复。嗣准外交部函开,准苏联大使函称,此次本国派遣来华之飞机纯属私人性质,其数量仅有一二只等语,请核定见复等因。复查历届外机来华均经特准入境有案,此次俄机来华,既准驻京俄使声称系试验性质,核与成案尚属相符,业经核准入境,藉睦交谊。并以库伦地方不靖,仍查照前年德国飞机飞行来华改定路线之先例,令其改定飞航路线,由满洲里入境,沿铁路线飞行,经长春至北京,再行飞往上海,以免检查保护均感困难。并连同职署参照成案所订入境后应付办法八条,函复外交部,请转复俄使去后,旋准外交部函开,特准苏联飞机飞航国境办法业经转送苏联驻京大使,迄未准复。叠经驻莫斯科李代表电称,俄机六架本月十日出发,经库伦、张家口至京,该机业与西北接洽,其职员人等并未来馆签证等语,请查照等因。正核办间,复准外交部函开,前准驻莫李代表来电,当即函诘驻京苏联大使,一面电询西北边防冯督办有无消息。兹准冯督办电称,未接正式公文,无从查悉等语,若该机自行入境,应否设法禁阻,并应如何施行检查及保护之处,请查照,即希径与西北边防冯督办接洽办理各等因到署。刻下俄机业已出发,并闻有抵库伦之讯。似此行动,不惟未经我国政府同意,且与职署前提应付办法不符。是项飞机入境,自应予以拒绝,事关领空主权,未便遽予通融。除分行京内外有关各机关在此案未经我国政府正式核准以前,请其饬属勿任该机飞越国境,暨函知外交部转达驻京苏联大使,并将将来办理情形随时另文呈报外,理合缕陈应付该机经过情形暨中国特准俄机飞航国境办法具折恭呈,敬祈鉴核批示祗遵。谨呈临时执政。

附呈中国特准俄机飞航国境临时办法清折一扣。

航空署署长何遂

中华民国十四年六月二十四日

中国第二历史档案馆藏临时执政府军务厅档案

### 中国特准俄机飞航国境临时办法

谨将中国特准俄机飞航国境临时办法缮呈,敬祈鉴核。

计开:

一、此次俄飞机来华,系由驻华俄大使先期正式通告,经中国政府特许后方得飞航入境,并受中国政府派员之检查。

二、俄大使应将左列事项(除已定各项外)开送查核:

1. 飞行目的地(已定为试练)。

2. 详细飞行路线及在中国境内停留日期。

3. 出发及到达中国各地点日期。

4. 飞行员及其他航务人员之人数及姓名。

5. 飞机之式样、数目、标志、发动机之式样及马力。

三、俄飞机在中国境内飞经之航线由中国政府指定之，该飞机应即按照指定路线飞航，不得飞往他处，并不得于指定地点以外自由升降至该路线左右界线共为二十公里。

四、此次俄飞机来华，中政府指定黑龙江属之满洲里为入境地点（出境地点同），由满洲里沿铁路线经长春，沿铁路线飞抵北京后，再行飞往上海，再于满洲里、长春、上海等处指定地点准其自设临时飞机升降场，供此次飞机上下应用一次。北京则指定南苑航空学校飞行场为升降之地，但到达北京时如须飞航北京城上面，须先通知中国政府核准之。到达上海时，其吴淞炮台周围五公里上面因军事关系禁止飞航通过。

五、不得携带违禁物品、照相器具、无限电机及邮件并运载货物。

六、沿线经过人烟稠密地方，不得为一千公尺以下之飞行，致危及人民生命财产，并不得由天空撒落物品。

七、此次俄飞机在中国境内飞航，须携带各种飞航必备之证书及日记，以备检查，并遵守空中一切规则。

八、以上办法系此次俄飞机入境临时特别允许之一次办法，与中国尚未批准之航空条约无关。

中国第二历史档案馆藏临时执政府军务厅档案

## 冯玉祥致北京航空署

1925 年 6 月 27 日

致北京航空署电

北京航空署鉴：顷准贵署函开，刻下俄机业已出发，并闻行抵库伦等因。查飞机既到库伦，不日当可到张，事极紧急，应用何项方法不准入境，即请贵署迅速派员莅张办理此事，免致遗误，无任盼切。冯玉祥。

中国第二历史档案馆藏临时执政府军务厅档案

## 航空署致执政府军务厅

1925年6月29日

航空署公函　第　号

径启者:查苏联飞机拟作中俄长途飞行,道经我国张家口、北京、上海等处,前由本署提出应付办法,并令改道由满洲里入境,请外交部转复去后,迄未准复。嗣闻该机抵库伦,复经本署函外交部质问驻京俄使,并通行有关系各机关,请饬属查照,在我国未经正式核准以前,暂不许飞越国境,业经函达查照在案。兹准外交部函开,特准苏联飞机飞航国境临时办法八条当经转送苏联大使去后,兹准复称,此次苏联飞机拟经张家口等处来华,早经预备妥协,且途径较近,因有种种困难,应请特别通融,合将驾驶员姓名飞机号码开列,请核准等语。查苏联飞机来华途径似应通融应允,届时请派员往张家口施行入境检查,请贵署查照办理等因,暨附件到署。查驻京苏联大使来函所陈不能由满洲里入境之困难情形一节,情节不无可原,本署为奖励长途飞行、敦睦邦交起见,势难遇事坚执。兹经本署特别通融核定,准由库伦入境,经张家口飞至北京,再行直至上海,届时即当先行派员遄赴张垣施行入境检查,藉昭郑重。除该机入境日期仍俟驻京苏联大使函复再行通知并分行外,相应抄录外交部原函及附件暨改定应付办法,函达查照为荷。此致执政府军务厅。

**附件:外交部致航空署**

1925年6月29日

径启者:前准函送特准苏联飞机飞航国境临时办法八条,请转行苏联大使饬知该机改由满洲里入境等因到部,当经转达苏联大使去后,兹准复称,此次苏联飞机拟经张家口等处来华,合将该机驾驶员姓名暨飞机号码另纸开列,请转行核准见复等语,并准西北边防冯督办抄送与喀大使准予该机通行张家口之往来原函前来。查苏联飞机来华途径既准喀大使来函陈明不能由满洲里入境之困难情形,而取道张家口一节亦经冯督办允予通过,似应通融照允,以期中央地方办理一致,拟请分行有关系各机关暨该机经过各地方长官饬属遵照，届时并请派员前往张家口施行入境检查，以昭郑重。相应抄录喀大使来函及附件，并西北边防督办与该大使往来函件，送请贵署查照办理并见复，以凭转复可也。此致航空署。

**附件：中华民国十四年六月廿七日苏联大使馆致外交部**

1925年6月27日

径启者：查苏联航空队拟飞行来华，藉资试练一案，接准四月廿九日函称，经本部据函航空署，兹准复称，苏联飞机来华，既以试练为目的，自可准予入境，惟拟经外蒙古入境究有未便，请改由满洲里入境，经长春等处抵京，再飞往上海，以免障碍。兹拟定特准苏联飞机飞行国境办法八条，请转达苏联大使等语。查航空署所定飞机入境办法系参照历届成案办理，惟入境地点经由库伦实多未便，故改由满洲里沿铁路线来京，再飞往上海，以便保护。相应抄录该飞机入境办法八条函送贵大使查照，即希转饬遵办并见复，以便转行预备等因。据本大使所得消息，该友会航空队原拟经行张家口等处来华，早经预备妥协，且途径较近，若改为由满洲里来华，于彼等殊多不便，因有此种种困难情形，请特别通融仍准由张家口等处来华，相应连同该友会航空队驾驶员姓名暨飞机号码单一纸，一并函请贵部查照，转行允准并见复为荷。此颂日祉。

西历一千九百二十五年六月廿六日

中国第二历史档案馆藏临时执政府军务厅档案

## 执政府军务厅致西北边防督办公署

1925年6月30日

公函第一四〇六号

径启者：案准航空署函称，查苏联飞机拟作中俄长途飞行，据苏联大使来函所称可能由满洲里入境之困难情形一节，不无可原。本署为奖励长途飞行、敦睦邦交起见，势难遇事坚执。兹经本署特别通融核定,准由库伦入境,经张家口飞至北京,再行直至上海。届时即当先行派员遄赴张垣施行入境检查,藉昭郑重等语。相应抄录原函附件,函请查照。此致西北边防督办公署。

附抄原函一件、中国改订特准俄飞机飞航国境临时办法八条、俄国飞机驾驶员姓名暨飞机号码单一纸。

中华民国十四年六月十日

附抄件(略)

中国第二历史档案馆藏临时执政府军务厅档案

## 何遂致临时执政

1925 年 7 月 7 日

呈为谨将日本朝日新闻社飞机举行日欧飞行道经我国特准飞航入境办法缮折恭陈,敬祈钧鉴事。窃职署前于三月二十五日接准外交部函开,准日本公使函称,奉本国政府训令,东京朝日新闻报馆举行日本欧洲间之长距离飞行,该机系于五月间自东京出发,预定经过东三省内之凤凰城、抚顺、开原、齐齐哈尔、满洲里等处,并预定哈尔滨为升降地点,请予承认及援助各节,抄录该使来照及附表,送请查照,希核定从速见复等因。当以民国十年间日本航空学校飞机飞航东省及历年意英法美等国飞机来华均经特准入境有案,此次日本朝日新闻报馆举行日本欧洲间之长途飞行,道经我国,事同一律,为敦睦两国交谊起见,业已特准入境。爰经参照历届成案,分别拟订飞航国境应付办法八条,当经函请外交部请转复驻京公使去后,兹准外交部函开,特准日本朝日新闻社飞机飞航国境临时办法,当经转送驻京日使去后,兹准该使复称,该项办法指定凤凰城五处为降落地点,惟各该地方均为经过处所,其降落地仍在当初通知之哈尔滨,往返入境检查请在平壤及哈尔滨施行,并改于七月十日由东京出发,另开未曾通知各款,请转行允准见复等语。相应抄录该使原函,送请查照,分行东三省地方长官转饬遵照,届时应如何派员前往检查,并希核定办理,一并见复等因到署。除函复外交部请转复日使查照暨分行该机经过地方长官饬属协助一切，届时遵照应付办法详细检查，并经督同在事员司妥慎办理，以及将来该机抵东三省时一切办理情形另文呈报外，所有议订特准日本朝日新闻社飞机飞航国境临时办法各缘由，理合缮折恭呈，敬祈鉴核备案。谨呈临时执政。

附呈中国特准日本国飞机飞航国境临时办法清折一扣。

航空署署长何遂

中华民国十四年七月　日

**中国特准日本国飞机飞航国境临时办法**

谨将中国特准日本国飞机飞航国境临时办法缮折恭呈，敬祈鉴核。

计开：

一、此次日本国飞机来华，系由驻华日公使先期正式通告，经中国政府特许后方飞航入境，并受中国政府派员之检查。

二、日公使应将左列事项（除已定各项外）余均开送查核：

1. 飞行目的；

2. 入境暨出境地点；

3. 详细飞行路线及在中国境内停留日期；

4. 出发及到达中国各地点、日期；

5. 飞行员及其他航务人员之人数及姓名（已定）；

6. 飞机之式样、数目、标志、发动机之式样及马力（已定）。

三、日飞机在中国境内飞经之航线由日公使开送，经中国政府核准后指定之，该飞机应即按照指定路线飞行，不得飞往他处，并不得于指定地点以外自由升降，至该路线左右界线共为二十公里。

四、此次日飞机来华，中国中国政府于凤凰城、抚顺、开原、齐齐哈尔、满洲里五处指定地点，准其自设临时升降场，仅供飞机上下应用一次。

五、不得携带违禁物品、照相器具、无线电机及邮件并运载货物。

六、沿线经过人烟稠密地方，不得为一千公尺以下之飞行，致危及人民生命财产，并不得由天空撒落物品。

七、此次日飞机在中国境内飞航,须携带各种飞航必备之证书及日记,以备检查,并遵守空中一切规则。

八、以上办法系此次日飞机试演日欧飞航入境临时特别允许之一次办法,与中国尚未批准之航空条约无关。

中国第二历史档案馆藏临时执政府军务厅档案

## 吴俊陞致外交部等

1925年8月6日

北京。执政府、军务厅、外交部、陆军部、航空署均鉴:日本飞机二架支早八钟经过江垣,向西飞驶。旋据海拉尔张镇守使、满洲里梁司令支电称,日飞机今早十钟十分由海经过,十一点二十分过满赴俄,并未降落各等情,特并奉闻。吴俊陞。鱼。印。

中国第二历史档案馆藏临时执政府军务厅档案